점성술과 융 심리학

융 사상의 기원으로서 점성술과 마법

점성술과
융 심리학

Jung's Studies in Astrology

융 사상의 기원으로서 점성술과 마법

리즈 그린 지음 | 조남호·이원우·정선형 옮김

글로벌콘텐츠

일러두기

- 이 책은 Liz Greene, *Jung's Studies in Astrology: Prophecy, Magic, and the Qualities of Time*, Routledge(2018)을 번역하였다.
- 이 책의 각주는 역자가 넣었는데, 인물은 위키피디아와 네이버를 참고하였고, 그 밖은 수업에서 검토한 내용이다.
- 미주는 원서의 내용을 그대로 번역한 것이다. 미주의 CW13은 융의 『선집』(*Collected Works*)에 있는 책(volume)의 번호이다.
- Self는 일반적으로 '자기'로 번역하는데, 내용적인 의미로 볼 때 '참 나'가 적절하다고 생각하여 이에 따라 번역하였다.

소누 샴다사니의
서문

이 책은 내[1]가 수십 년간 계속 구하다가 겨우 입수하게 된 연구성과이다. 그렇다. 이것은 지금이라는 시기를 얻어 비로소 쓰는 것이 가능하게 된 책이다.

몇 년 동안, 나는 융의 저작 중에서 점성술의 위치의 의의를 확정하려고 했다. 연금술의 수수께끼(불가사의)와 같이 점성술의 암호는 융의 저작 속에서 많이 발견된다. 프로이트와 편지, 환자나 지인의 회상에서 융이 점성술을 연구하고 있었던 것을 나타내는 말과 연금술을 다룬 저서 속에 나타나는 다수의 점성술에 대한 언급, 동시성[2]에 관한 논문에서 '점성술

---

1   소누 샴다사니(Sonu Shamdasani, 1962-현재), 『레드 북』의 편집자이며 유니버시티 칼리지 런던의 필레몬 재단(융의 전작을 출간하기 위해 설립된 재단)의 교수. 런던의 저술가, 편집자, Wellcome Trust Centre for the History of Medicine의 교수이다.

2   '의미가 있는 우연의 일치'로 비인과적인 복수의 사상(사건)의 발생을 결정하는 법칙원리로서

의 실험'의 역할, 게다가 저서 『아이온』3에서 거론되고 있는 춘분점의 세차 이동에 관한 심리학적 중요성에 관한 연구에 보이는 포괄적인 점성술적 패러다임⋯ 등등이다. 하지만 융에게 있어 점성술이 의미하는 것은 여전히 수수께끼인 채로였다. 그러한 점성술적 연구는 그의 저작 내용이나 그 작성과정과 어떻게 연결된 것인지도 명확하지는 않았다. 더구나 20세기 점성술사들이 융의 업적을 받아들이려 하면 문제는 점점 복잡해지고, 복잡한 점성술 수용의 경위를 재고할 필요가 있다는 것도 명확하다. 그럼에도 불구하고 19세기 후반에서 20세기 초에 걸쳐 연구의 출발점이 되어 방향을 정할 수 있는 점성술에 관한 2차 자료 또한 부족했던 것이다.

지금에 이르러 두 가지 점에서 이 어려운 문제가 해결되었다. 하나는, 융의 『새로운 책』(『붉은 책』4)의 공간에 의해 비로소 1차 자료를 근거로 한

종래 알려져 있던 '인과성'과 다른 원리로 융에 의해 제창된 개념의 영역이다. 무엇인가 복수의 사상이 '의미・이미지'에 대해 '유사성・근접성'을 갖출 때 이러한 복수의 사상이 시공간의 질서로 규정되고 있는 이 세계 안에서 종래의 인과성에서는 어떤 관계도 가지지 않는 경우에서도 수반해 현상・발생하는 경우 이것을 동시성의 작용이라고 본다. 융은 노벨 물리학상 수상 이론물리학자 볼프강 파울리와 후에 1932년부터 1958년까지 파울리-융 서간으로 불리는 파울리의 꿈과 그에 대한 융의 해석의 동시성의 논의를 해, 그것을 정리하고 공저한 *Atom and Archetype:The Pauli/jung Letters, 1932-1958*(『원자와 원형』)을 출판했다.

3   이 책에서 칼 융은 예수 그리스도를 중심으로 '참 나'의 원형을 찾고 있다. 예수 그리스도의 여러 속성들은 분명히 그리스도를 자기의 구현으로 두드러져 보이게 만들지만, 심리학적 관점에서 보면 그리스도는 원형의 반에 지나지 않는다고 한다. 원형의 다른 반은 적그리스도에게서 나타난다. 적그리스도는 자기의 어두운 측면으로 이뤄져 있다는 것만을 빼고는 똑같이 자기의 한 표현이라는 것이 칼 융의 분석이다. 김세영 옮김, 『Aion(아이온)』, 부글북스, 2003.

4   융의 저작이다. *Liber Novus*(『새로운 책』)이라고도 불린다. 제1차 세계 대전을 앞에 두고 정신 상태가 불안정하게 된 융은 검은 표지의 노트에 자신이 본 꿈이나 비전을 적었다. 이것을 『검은 책』이라고 부른다. 그 후, 주석과 일러스트가 추가되어 융 자신의 손으로 붉은 표지의 큰 가죽

융이 대강 훑어본 전문문헌 간의 연결고리를 조사하는 길이 열렸다는 것이다. 그것들이 어떻게 융의 꿈, 비전, 공상을 자극했을까. 융은 그것들을 어떻게 이용해 문학, 신학, 철학, 회화작품의 상징적 유사성을 통해 그 개인의 코스몰로지(Cosmology)[5]를 창조해 냈을까. 그리고 어떻게 거기에서 불필요한 요소를 없애고, 형성도상에 있었던 새로운 심리학의 개념 언어로 삼고, 그것을 비교적(秘教的) 전통에서의 변용 과정의 비교연구를 위한 해석의 열쇠로 사용하려 했는지, 이러한 것을 이해하는 전망을 이것으로 열 수 있게 되었다. 최근에는 그의 인생, 활동, 저작물을 결부시켜 이해하는 데 불가결한 자료도 이용할 수 있게 되었다. 이들은 융의 저작 위에 겹쳐져 버린 많은 신화와 전설을 제거하는 도구가 될 것이다. 그리고 또 하나는 필요한 관련 분야의 전문지식을 갖고, 이들 자료를 통해 융의 저작에 있어서 점성술의 위치 그리고 점성술의 역사 속에서의 융의 저작의 위치를 특정할 수 있는 저자가 등장한 것이다.

이 책은 점성술의 렌즈를 통해 심리학을 보는 것도, 심리학의 렌즈를 통해 점성술을 보는 것도 아닌, ─그와 같은 검토를 위한 자료를 풍부하

장정의 노트에 베껴 썼다. 『붉은 책』의 일러스트는 풍부한 색채로 그려졌으며 문장·문자도 중세의 사본을 방불케하는 장식적인 캘리그래피로 써졌다. 김세영·정명진 옮김, 『칼 융 레드 북』, 부글북스, 2020.

5   천문학의 한 부문. 전체 우주 속에서 관측이 가능한 부분에 대하여 연구하는 과학을 말한다. 현재의 우주론은 물리학 및 철학을 포함하고 있다. 일찍이 원시시대 이래, 인간이 자신을 둘러싼 우주에 있어서의 위치를 확정하고자 하는 욕구에서 우주론이 발생하였다. 이것은 이윽고 인간의 경험의 획득이나 고대의 철학적 견해 등으로부터, 현상적으로 인정되는 별(星)의 작용에는 그들을 지배하는 법칙이 있을 것이라는 상상을 불러일으켜 천동설의 입장을 성립시켰다. 그러나 근대 초기의 과학적 연구의 발전 과정에서 자연철학적 구상이 척결되고 지동설이 주장되었다.

게 제공하고는 있지만 ―융 심리학이 구축될 때 융에 의한 점성술의 이용이 어떻게 변화해 갔는지― 혹은 이 책에 기술되어 있는 것처럼, 당시의 다양한 점성술의 형태와 추세(이것은 현재의 심리학적 점성술로의 길을 열게 하였다)가 융의 심리학 형성에 어떻게 반영되어 있는가를 추적하고 있는 것이다. 융이 참고로 한 점성술은 다양했고, 또한 융이 점성술을 쓰는 법도 다양한 것이었다. 융의 점성술 이용범위는 '참 나' 이해, 즉 실천에 부수하는 참 나 실험(특히 능동적 상상과의 관련), 상징체계의 이해와 해석법 그리고 그의 학문적 저작에 있어서 만년의 점성술 연구에 이르기까지 다양한 확산을 갖고 있었다.

융의 심리학은 그 대상의 폭의 넓이뿐만 아니라, 그가 참조한 분야의 범위의 넓이에 의해서도 특징지을 수 있다. 그럼에도 불구하고 융 연구의 대다수는 융 사상의 근원을 단일 요인에 환원해버리고 있다. 융 사상의 엄선을 프로이트(지금까지 가장 많이 볼 수 있는)에 두던 영지주의6, 카발라7, 독일

---

6   일반적으로 1세기 후반에 유대교와 초기 기독교 종파 사이 시작된 종교적 사상 및 체계를 말한다. 여기에 속한 다양한 집단이 존재하였으며 이들은 교회의 정통 가르침, 전통, 권위에 대항한 개인적인 영적 지식을 강조했다. 육체적 존재를 결함이 있거나 악한 것으로 본 영지주의의 우주기원론은 일반적으로 우월하고 숨은 신과 물질 세계를 창조한 악한 신 데미우르고스(때로는 구약성경의 야훼와 연관)를 구분하는 특색이 있었다. 영지주의자들은 구원에 이르는 주요 요소가 신비주의적 혹은 밀교적인 이해 형태 방식으로 최고 신성에 관한 진실된 지식이라 생각하였다. 많은 영지주의 문서는 원죄와 회개라는 개념을 대신하여 환영과 깨달음이라는 개념을 다룬다.

7   중세부터 근세에 걸쳐 퍼진 유대교의 신비 사상. 또, 그 가르침을 기록한 책. 에스파냐의 신비 사상이 탄생시킨 1300년경의 '광휘(光輝)의 서(書)'는 유명함. 헤브라이어로 '전승(傳承)'을 뜻한다. 구약성서『창세기』의 천지창조 이야기나『에제키엘』의 하느님이 나타나신 이야기를 둘러싼『탈무드』의 신비주의적 교리로 말미암아 실천적 내용은 박해가 심했던 13세기의 독일에서, 이론적 내용은 14세기의 에스파냐에서 성행하였다. 그 교리는 다음과 같다. 창조 과정에서 악이 세계에 혼입되었는데, 그 악으로부터의 구제, 질서의 회복은 하느님 나라의 수립이라는 형태로 종말론적

의 미학적 전통, 또는 스피리추얼리즘(Spiritualism)[8] 등 어디에서나 구하려 하지만, 그렇게 되면 부분을 갖고 전체를 나타내려 하는 파르스 프로 토토(Pars pro toto)[9]의 입장에 빠질 수밖에 없게 되어 버린다. 융 연구의 다수의 저작은 귀중한 통찰을 가져오기는 했다. 그러나 그것들은 다양한 분야를 횡단하고, 그것들을 동등하게 취급하여 결합, 혼합해가는 융의 스타일을 충분히 다루지는 못했다는 것이다. 그리고 이 혼합주의에서 점성술의 역할은 지금까지 맹점이 되어 왔다. 본 연구가 중요한 것은 유일 원인에 의한 설명을 하나 더 제안하는데 그치지 않고, 융의 점성술 이용을 가치중립적으로 역사와 문맥을 중시하는 방식으로, 보다 넓은 틀 속에 두고 있다는 것이다. 특히 이 책은 융과 에소테리시즘(esotericism)[10]이나 헤르메스주

으로 실현된다. 사람은 하느님의 협력자로서 창조되어 천상계(天上界)와 지상계(地上界)의 접점(接點)을 이루고, 신비가는 금욕 및 신과 천사의 이름을 외는 것을 통해 황홀경에 들어가며, 천상계의 비의(祕儀)에 관여하는 신비적 경험을 얻는다. 그때 다른 신비주의가 주장하는 것처럼 사람이 신적 존재에 흡수·동화되는 것이 아니라, 하느님은 사람이 찬양해야 할 '영광'이라고 한다.

8　　철학적 용어로는 유심론(唯心論)을 의미하기도 한다. 심령술은 강신술(降神術)이라고도 불리고, 죽은 자의 영혼을 영매(靈媒, medium)로 하는 특수한 인간을 통하여, 살아있는 사람에게 메시지를 전한다고 믿는 것. 나아가 보통의 감각에 의하지 않고 정신이 어떤 감응을 보인다든가, 정신이 염원하는 것에 따라 물체가 움직이는 등, 정신의 불가사의한 현상을 일으키는 것을 말한다. 이것은 예전부터 있었던 샤머니즘과 유사한 현상이지만, 19세기 중반경부터 유럽에서 현저하게 나타났다.

9　　제유법(提喩法). 전체를 위한 부분이다. 그림, 사물, 장소 또는 개념의 일부 이름이 전체를 나타내기 위해 사용되거나 취해진 경우. 그것은 부분의 열거에 의해 전체에 대한 참조인 분열과 구별된다. 예를 들어, 안경은 말 그대로 두 조각 이상의 유리(프레임, 콧대, 관자놀이 등 및 렌즈)로 구성된 무언가에 대한 파르스 프로 토토 이름이다. Pars pro toto 사용법은 정치 지리학에서 특히 일반적이다. 예를 들어 'Russia'는 'Russias'를 포함하여 구 러시아 제국 전체 또는 구 소련 또는 그 국민을 지칭하는 데 사용된다.

10　　이윤기(1947-2010)가 움베르토 에코(Umberto Eco, 1932-)의 작품들을 번역하는 과

의(Hermeticism)[11]와의 관계에 대한 중요한 연구이기도 하다. 점성술은 이들 사상의 불가피한 요소(그리고 융과 에소테리시즘의 연구에 있어서 현재까지 무시되어 온 것)이기 때문이다. 그 결과 본서 자체는 얻을 것이 많은 아주 중요한 읽을거리가 되고 있다. 그리고 본서는 다수의 다른 저작의 자리매김을 재검토, 수정해 나가게 될 것이다.

소누 샴다사니

정에서 나온 것으로 추정된다. 사전적인 의미는 '비교(秘敎)'가 되지만, 어감상 종교적인 면이 지나치게 부각되어 은비주의라는 표현을 선호한다. 은(隱)과 비(秘), 두 한자에 모두 비밀이라는 뜻이 들어 있으니 '비밀주의'와 같은 말로 여겨질 수 있지만, 이때 말하는 비밀은 과거로부터 전수된 숨겨진 지식과 영적인 지혜를 뜻한다는 점에서 그 의미가 다르다.

11   이집트 신인 토트와 그리스 신인 헤르메스가 결합된 신 또는 반신적 존재인 헤르메스 트리스메기스투스의 저작인 것으로 전통적으로 가정하는, 혼합주의가 널리 행해졌던 헬레니즘 이집트 (BC 305-30) 시대와 기원후 1-3세기에 주로 성립된 외경적인 저작들(코르푸스 헤르메티쿰)에 기초하는 일군의 철학적·종교적 믿음들 또는 지식들(그노시스)이다. 헤르메스주의의 믿음들 또는 지식들은 서양의 밀교 전통에 심대한 영향을 미쳤으며, 르네상스(14-16세기) 시대 동안 크게 중요시되었다.

역자 서문

번역자는 융 심리학자도, 점성술 연구자도 아니다. 그럼에도 융의 동양학 논문과 책에 관심이 많았다. 그러던 중에 『밀교점성술과 수요경』이라는 책을 소개받아서 황도 12궁과 백도 28수를 기본으로 하는 인도의 점성술을 약간이나마 이해하게 되었고, 융의 점성술 연구가 있을 것이라는 추측만을 하고 있었다. 이런 관심사를 함혜수 선생에게 말했더니, 이 책을 직접 아마존에서 구입해서 주셨다. 이 책을 보니 영어로 쓴 데다 전문적인 내용이라서 이해하기 어려웠다. 이 책의 일본어 번역본이 있나 찾아보니, 마침 우에하라 유우코(上原ゆうこ)가 번역한 책이 있었다.(『점성술과 융 심리학』, 原書房, 2019) 이 책을 교재로 삼아 수업하기로 마음을 먹고, 일본어를 잘하는 이원우 님과 영어를 잘하는 정선형 님에게 번역을 부탁하였다. 두 분의 번역원고를 바탕으로 교차 검증하였다. 대체로 일본어 번역본이 자세하지만, 의미가 애매한 부분은 다시 영어 원서를 참고하였다.

이 책의 내용을 간략하게 소개하자면, 융의 심리학은 점성술과 마법에 기초하고 있다는 것이다. 점성술과 마법은 근대 과학이 성립하면서 학문으로 취급받지 못하는 '슬픈 학문'이라는 것이다. 동양의 사주명리학도 마찬가지이다. 융은 프로이트로부터 파문을 당해 정신병을 앓고 있을 때 자신의 호로스코프의 지배가 토성이라는 것을 알게 되고, 융은 토성이 주위로부터 경멸당하고 거부를 당하지만 냉철하고 사려 깊은 기질을 특성으로 갖는 것에 주목한다. 이로부터 융은 자신감을 가지게 되고 자신의 이론을 끝까지 밀고나가게 된다.

융은 "성격이 운명이다."라고 말한다. 성격은 자신이 태어난 별자리에 의해서 결정된다는 것이다. 점성술을 성격과 연결 짓는 사고는 현대 점성술의 특징이다. 융은 이들에게서 영향을 받았다. 그러나 융은 그러한 운명에 좌절하지 않고, 능동적 상상을 통해 참 나(자기)를 알게 됨으로써 운명을 벗어날 수 있다고 한다. 그것이 곧 마법인 것이다. 융은 이 마법을 신플라톤주의, 영지주의, 헤르메네스주의, 신지학, 인지학에서 공통으로 발견하게 된다. 이것을 동양학에서는 신인합일이라고 한다.

융의 점성술과 마법의 통합적인 사고는 한국의 심리학에서 충분하게 설명되고 있지 않다. 심리학에서는 융의 분석심리학만을 다루고 있고 점성술은 무시하고 있다. 리즈 그린이 융의 아카이브에서 이러한 융의 흔적과 자료를 찾아내서 설명하고 있다는 점에서 이 책은 융의 연구를 한 걸음 더 나아가게 한 측면이 있다. 아울러 한국의 사주명리학에서도 사주팔자의 명조만을 가지고 인간의 운명을 점치는데, 마법의 신인합일을 바탕으로 운명을 벗어나려는 사고를 검토할 필요가 있다. 그런 점에서 이 책은 한국의 심리학계나 사주명리학 모두에 의미가 있는 책이라고 할 수 있다. 그밖에 이 책은 지역적으로도 일본만이 아니라 중국에서도 관심을 가지고 있는 점에서 영향력이 있음을 알 수 있다. 일본에서는 번역뿐만이 아니라 심리학회에서 이 책을 가지고 세미나를 하였고, 잡지(《융 심리학 연구》 제 10권, 『점성술과 융 심리학』, 일본 융심리학회편, 2018)로 출판하였고, 중국에서도 서평(https://book.douban.com/annotation/112709022/)이 있다.

이 책을 번역하는 데 역자 두 분 외에 수업에 참여하여 적극적으로 의견을 주신 분들에게도 고마움을 표시하고 싶다. 박소현 님은 서양 점성술에 대한 해박한 지식을 소개해주셨고, 박귀현 님은 일본 심리학회 잡지를 구해주셔서 특별히 감사의 인사를 전하고 싶다. 김건희, 김미경, 박율채, 임비오, 배경욱, 박소정 님과 나머지 수업을 들은 분들에게도 깊은 감사를 드린다. 아울러 출판이라는 인연으로 만난 홍정표 대표님, 김미미 이사님과 임세원 편집자에게도 사의를 표하고 싶다.

2023년 6월 장마가 그쳐가고 있는 날에
녹토재에서
역자를 대표하여 조남호 쓰다.

제1장	융은 점성술을 어떻게 이해하고 있었는가?

제2장	융의 점성술사들

제3장	능동적 상상과 테우르기아

제4장	다이몬 소환

제7장	결론

'슬픈 학문'의 연구

엑스터시[12]나 비전은 사고가 우리 자신으로부터 우리의 의식으로
나아가는 것을 멈추면 시작된다. 그것은 꿈과는 다르다. 본인은 깨어
있기 때문이다. 환각과도 다르다. 기질성 장해가 없기 때문이다. …
마지막으로 그것은 시적 영감과도 다르다. 상상이 수동적인 것이기
때문이다. 완전히 제정신인 사람들도 종종 이와 같은 비전을 체험하
는 것은 전혀 의심할 여지가 없다.[1)]

— 윌리엄 랄프 잉게(William Ralph Inge, 1860-1954)[13]

---

12 신비주의의 최고 목표를 가리키는 용어(그리스어로 '자기 바깥에 서 있음' 또는 '자기를 초월
함'이라는 뜻의 ekstasis에서 유래).

13 영국 Crayke에서 출생, 1907년 캠브리지 예수대학 삼위일체(신학) 교수로 부임한 후 런던
의 성 바오로 주교좌성당 부감목(수석 사제)을 지내는 등 1934년 은퇴하기까지 성직자로서 영국교
회(성공회)에 헌신했다. 영국(캠브리지) 플라톤주의 학파에 깊은 관심을 갖고 플로티노스, 신플라
톤주의 철학, 그리스도교 신비주의 사상 연구에 몰두했으며, 아리스토텔레스학회 회장, 영국 국립
초상화미술관 이사, 칼럼니스트(Evening Standard)를 역임하면서 옥스퍼드와 애버딘 대학, 더
럼과 셰필드 대학, 에딘버그 및 앤드류 대학에서 각각 삼위일체(신학) 명예박사 학위, 명예 문학박
사학위를 수여받았고, 예수대학 및 하트퍼드 대학 명예회원이자 영국아카데미회원으로서 활발한
강연 활동과 설교를 통해 대중에게 다가갔다. 그의 번역된 책으로 안소근 옮김, 『로고스 그리스도

태고의 옛적부터 미래영겁에 이르기까지 깊이의 정신은, 세대와 함께 변하는 이 시대의 정신보다 훨씬 더 큰 힘을 갖고 있다. 깊이의 정신은 모든 자부심과 존엄성을 판단의 힘에 복종시켰다. 그리고 나에게서 과학에 대한 믿음을 없애고, 설명하고 질서를 세우는 기쁨을 빼앗아, 내 안에 있던 시대의 이상에 대한 헌신의 마음을 지워버렸다. 나에게 마지막 가장 단순한 것으로 내려가라고 강요했다.[2]

— 융

학문의 영역에는 예를 들면, 고고학이나 동물학의 경우처럼 서로 쉽게 구별할 수 있는 것도 있다. 의학 같은 분야는 쉽게 다른 것과 구별할 수 있지만, 그 범위가 극히 넓으므로 그 중에서 산부인과, 심장병학, 정형외과처럼 세밀하게 분류할 필요가 있다. 그러나 한편으로 무수히 세분하더라도 정확하게 정의하는 것이 어려운 영역도 있다. 그것을 분야가 중첩되는 경계상의 영역으로 볼 수 있다. 경계상의 주제는 그 자체, 본질적으로 다른 연구영역이 만나는 곳에 뒤섞여져 넓어지는 경향이 있다. 일반적인 정의상 합의를 얻기 힘든 종교, 심리학, 마법 등은 좋은 예일 것이다. 역사학자인 오토 노이게바워(Otto Eduard Neugebauer, 1899-1990)[14]가 일찍이 '슬픈 학문[3]'(wreched subject)이라고 불렀던 것이, 인류가 탐구해온 이들 수수께끼 같은 경계선상의 영역이다. 융이 점성술—이들 경계상의 영역 중

론과 기독교 신비주의』, 누멘, 2005, 『독일신비주의 선집』, 누멘, 2010, 조규홍 옮김, 『플로티노스의 신비철학』, 누멘, 2011가 있다.

14 오스트리아계 미국 수학자 과학사가.

에서도, 역사적으로 매우 중요하고 오랫동안 지속되어 온 것이며, 동시에 가장 이해되지 않는 것—을 어떻게 조사하고, 이용하고, 해석한 것인가가 이 책의 주제이다.[4])

학자는 대상의 명칭과 그것이 속해 있는 카테고리를 알고 싶어 한다. 그 때문에 학자들은 예를 들면, '신플라톤주의'(Neo-Platonism)[15]처럼 학문상의 개념을 고안해 내기도 했다. 이것은 3-6세기에 로마제국의 다양한 지역에 널리 살고 있던 남들과는 다른 문화적 특징을 가진, 한 집단 사람들의 종교적 신앙, 철학, 관습을 표현하기 위해 18세기 후반에 처음으로 만들어진 명칭이다. 그들은 결코 자신들의 것을 '신'이라고 부른 적은 없었다. 다만 그들은 독자의 유파로서 자신만의 견해와 경험에 따라 플라톤의 저작을 해석하려고 했던 것이다.[5]) 그들이 공통적으로 갖고 있던 것이 플라톤의 이데아에 대한 사랑과 플라톤의 저작 중에 더 밝혀야 할 것이 아직 많다는 확신이었다. '신플라톤주의'라는 카테고리가 편리한 것은, 대략적으로 특정 가능한 시간의 틀, 철학 체계, 어느 넓은 문화적 배경 속에 사람들을 위치시키는 것이 가능하기 때문이다. 그러나 '신플라톤주의'라고 일괄적으로 정의하면, 예를 들어 『엔네아데스』(Enneades)[16]에 의해 기독교

---

15   플라톤 철학의 계승과 부활을 내세우며 3-6세기에 로마제국에서 성행했던 철학사상으로 신플라톤 학파라고도 한다.

16   신플라톤주의의 대표적 철학자인 플로티노스의 논문집에 붙여진 제명으로 『엔네아데스』라고도 한다. 편찬은 제자 포르필리오스의 손에 의해서 이루어졌으며, 주제마다 9논문(엔네아스)을 1권으로 해서, 전체를 6권으로 정리해서 전체 54논문을 수록하고 있다. 301년경에 성립. 윤리학, 자연학, 영혼론, 영지론, 존재론 등에 대해서 플로티노스의 사상을 알리는 거의 유일한 서적이다. 집필상황이나 편찬에 대해서는 포르필리오스의 『플로티노스전』이 참고가 되었다. 원문은 그리스어인데, 4세기에 라틴어 초역이 빅토리누스(Gaius Marius Victorinus)의 손에 의해서 이루어

신학에 영속적인 영향을 미친 플로티노스(205년경-270)[17]와 시리아의 플라톤 철학의 학교 교장으로서 테우르기아(theurgy)[18]에 관한 문서『이집트인의 祕儀論』(De mysteriis, 이후『祕儀論』)을 저술하고, 19세기 후반의 오컬티스트[19]들을 매료시킨 이암블리코스(Iamblichus, 245-325)[20]에 의해 널리

졌다. 르네상스기의 피치노에 의한 라틴역은 문화사상 중요한 역할을 한다.

17　신플라톤주의 철학 학파의 창시자로 여겨진다. 그의 삶에 관한 중요 자료로는 제자인 포르필리오스가 스승의 글을 모아 편집한 책『엔네아데스』에 서문으로 붙인 전기가 유일하다. 북아프리카 리코폴리스에서 태어나, 28세가 되던 해 철학을 연구하고자 알렉산드리아로 갔던 그는 독학한 철학자 암모니우스 '사카스'의 강연을 듣고, '이 사람이 바로 내가 찾던 사람이다!'라고 외쳤다. 그는 암모니우스와 11년 동안 함께 살았다. 그 후 페르시아와 인도철학을 공부할 생각으로 로마 황제 고르디아누스 3세의 페르시아 원정(242-243)에 참여했으나 결말은 비참했다. 갈리에누스 황제와 그의 부인 솔로니나의 신임을 받아 플라톤 왕국의 건설을 제안받기까지 했다. 40세 되던 해에 로마로 가서 정착했다. 그 곳에서 그는 사회활동과 가르치는 일로 명성이 높았다. 논쟁에서 심판자처럼 행동했으며 그러면서도 적을 만들지 않은 것으로 알려져 있다. 그는 온 힘을 쏟아 가르치는 일에 매달렸고, 로마에서 첫 10년을 보내고 난 다음에는 저술에 힘을 기울였다. 네 번에 걸쳐 신적 체험을 했다고 한다.

18　'신성한 일'을 의미한다. 이 용어의 최초 기록 사용은 2세기 중반의 신플라톤주의 저작인 칼데아 예언서에서 찾아볼 수 있다. 서양 신학의 근원은 후기 신플라톤주의자, 특히 이암블리코스의 철학에서 찾을 수 있다. 신플라톤주의자들은 종종 이교도 다신론 자로 간주되지만, 그들은 일원론의 한 형태를 받아들였다. 후기 신플라톤주의에서 영적 우주는 하나로부터의 일련의 발산으로 간주된다. 하나로부터 신성한 마음(Nous)이 발산되었고, 차례로 신성한 마음으로부터 세계 영혼(Psyche)이 발산되었다. 신플라톤주의자들은 하나가 절대적으로 초월적이며 발산에서 더 높은 것의 어떤 것도 손실되거나 더 낮은 것으로 전달되지 않는다고 주장했으며, 이는 더 낮은 발산에 의해 변하지 않은 채로 남아 있다.

19　1. 오컬티스트 2. 심령술·점성술·연금술 등의 신비학 연구자.

20　시리아의 칼키스에서 태어났다. 그는 부유하고 저명한 가문의 아들로, 에메사의 아랍 왕실의 여러 사제-왕의 후손이었다고 한다. 그는 처음에는 라오디게아의 아나톨리우스 밑에서 공부했고, 나중에는 신플라톤주의의 창시자인 플로티노스의 제자 포르필리오스 밑에서 공부했다. 그는 외과 수술에 대해 포르필리오스에 동의하지 않았다. 304년경, 그는 코엘레 시리아로 돌아와 신플라톤 철학자들로 유명한 도시인 아파메아(안티오크 근처)에 자신의 학교를 세웠다. 여기에서 그는

퍼진 사상이나 교의의 사이에 매우 큰 차이가 보이지 않게 되어버린다.[6] 마찬가지로 '신플라톤주의'로 묶음으로써 그 저자들에 대한 해석이 당시와 현대에는 크게 바뀌고 있는 것—지금은 '수용'(reception)[7]이라고 불리는 문제—을 보기 어렵게 만들어 버릴 수도 있다.

언뜻 정확한 것처럼 보이지만 큰 오해를 낳는 학술상 분류의 또 한 가지 예가, '르네상스'이다. 19세기 중반부터 20세기 중반까지는 역사학자에게도 '르네상스'가 무엇을 의미하는가는 완전히 명확해 보였다.[8] 15세기 초부터 17세기 중엽에 걸친 기간에 한번은 서양에서 없어졌지만 1453년에 콘스탄티노플이 오스만투르크의 지배하에 놓인 이래, 입수 가능하게된 고전이나 고대말기의 문서가 그리스어에서 라틴어로 번역된 것을 계기로 일어났다고 한다.[9] 이 시점에서 바라보면 보티첼리와 다빈치의 그림, 미켈란젤로의 조각, 마르실리오 피치노(Marsilio Ficino)[21]의 플라톤 철학과 헤르메스주의적인 설명, 피코 델라 미란돌라(Giovanni Pico della

---

플라톤과 아리스토텔레스를 연구하기 위한 커리큘럼을 설계 했으며 단편적으로만 남아 있는 두 가지에 대한 주석을 썼다. 이암블리코스에게 피타고라스는 여전히 최고의 권위자였다. 그는 10권의 책으로 여러 고대 철학자의 발췌문으로 구성된 피타고라스 교리 모음집을 저술한 것으로 알려져 있다. 처음 네 권의 책과 다섯 번째 책의 단편만 남아 있다. 학자들은 이암블리코스의 철학에 대한 권고가 4세기 초반에 시리아의 아파메아에서 작성되었다는 점에 주목했다. 이암블리코스는 훌륭한 문화와 학문의 사람이었다고 한다. 그는 또한 자선과 자기 부정으로 유명했다. 많은 학생들이 그의 주위에 모여들었고 그는 그들과 친밀한 우정을 나누며 살았다. 포르필리오스에 따르면 그는 333년 이전의 콘스탄티누스 통치 기간에 사망했다.

21   이탈리아의 철학자, 인문주의자. 피렌체 근교의 피리뇨에서 출생, 카레지에서 사망. 최초에는 의학을 배웠으나, 코시모 데 메디치(Cosimo de Medici, il Vecchio, 1389-1464)의 비호로 고대 철학을 연구하게 되어 카레지의 메디치 가(家)의 별장에 살며 신플라톤주의 사상의 중심적 창도자가 되었다.

Mirandola)[22]의 카발라주의적 해석, 페트라르카(Petrarch)와 보카치오(Boccaccio), 안젤로 포리치아노(Angelo Poliziano)의 시, 갈릴레오와 코페르니쿠스의 과학의 천재로 대표되는 이탈리아 르네상스는 서양 기독교를 배경으로 돌연, 자발적, 극적으로 일어났던 고대의 이교도에 의한 철학과 예술의 부흥을 의미하는 것이 된다.[10] 그것은 뒤에 융의 흥미를 돋우는 것이 된 고대의 세 가지의 '오컬트 사이언스'—점성술, 연금술, 마법[11]—의 부활의 선구가 되기도 했다. 그러나 '르네상스'의 이 정의에 대하여 학계 내에서는 50년 이상 전부터 이의가 제기되어 왔다.[12] 1050년부터 1250년 사이의 종교와 과학이 진전된 시기는, 지금에서는 '12세기 르네상스'라 불리며 이후의 이탈리아 르네상스와 마찬가지로 마법, 점성술, 연금술에 관한 문서가 이때는 스페인 남부와 중동의 유태 및 이슬람 세계에서 수입되고 있던 것이다. 지금에서는 이탈리아 르네상스는 12세기 르네상스의 필연적인 결과라고 여겨지고 있고, 이 과정은 책이 인쇄되게 된 것으로 촉진되어 최종적으로는 종교 개혁과 현재의 서양사에 있어서 초기근대라고 불리는 것을 초래했다.[13] 그러나 이 '초기근대'와 같은 카테고리 자체도 시간이 흐름에 따라 재검토되어 정정될지도 모른다. 어떤 장소나

---

22   1463년 이탈리아 귀족가문에서 태어났다. 볼로냐 대학에서 법학을 공부하고 파도바 대학에서 아리스토텔레스 철학을 수업하였다. 또 파리 대학에서 히브리어를 공부하고 그 신비철학에 흥미를 가졌으며, 신비철학적인 설교로써 그리스도교 신학을 보강하려 하였다. 1484년 피렌체에 나가 마르실리오 피치노가 창시한 아카데미아의 일원이 되었다. 1486년 24세 나이로 『900 명제집』(Conclusiones nongentae)을 간행하여 보수적인 학계로부터 비난을 받자 『인간 존엄성에 관한 연설』(Oratio de hominis dignitate)을 발표하여 상대방에게 공개토론을 제안한 기백 있는 학자였다. 그의 몇몇 명제가 교황청으로부터 이단으로 판정받자 프랑스로 망명하였다. 주요 저서로 『일곱 형상론』(Heptaplus, 1489), 『존재와 일자』(De ente et uno, 16권, 1496) 등이 있다.

시기의 인류 문화 그리고 어떤 장르의 인간의 창조성에 대한 역사 기술도 역사 자체만큼이나 시사하는 바가 매우 복잡하다.[14]

학문 밖에 있는 사람이라면 자신을 주저 없이 '종교적인 인간'이라고 스스로 인정할 수 있을지도 모른다. 그러나 학자들은 '종교'라는 이름의 정의에 대해서 격렬한 논의를 계속하고 있다. 직접적 경험을 통해서 뭐라고 말할 수 없는 것을 굳게 믿고 있지만, 특정 공동체 안에서 인정받고 있는 예배 장소에 출입하거나, 관례적으로 승인된 이름으로 신을 부르는 일이 없는 사람들에게는 이 학문상, '종교'의 기준이 된 것은 어떤 의미도 없을지도 모른다.[15] 이러한 일반 사람들 대부분은 교회, 채플, 시나고그,[23] 모스크,[24] 사원 같은 곳에 발을 들여놓을 생각이 전혀 없기 때문에 그들의 관점은 ─ 현대의 영성문화운동과[16] 마찬가지로 ─ '뉴에이지 컬트'나 현대의 '세속화' 과정의 일부로 간주된다. 세속화도 '신플라톤주의'와 마찬가지로 학문상 구축된 카테고리이지만, 이 용어 또한 분류된 대상인 인간들 각각의 개인적 생각, 신조, 체험, 강한 사상을 충실하게 반영하지는 않고, 때로는 매우 심하게 잘못 전하는 경우도 있다.[17]

'모던'이라는 말조차 의문의 여지가 있다. 우리들은 자신을 '근대'인이라고 생각하고 '근대', 나아가 '포스트모던'의 세계에 대해서 말한다. 심리학은 '근대' 과학이라고 여겨지고 있다. 이에 대해 점성술은 '전근대적'으

---

23   유대교 회당. '시나고그(Synagogue)'라는 말은 그리스어로 '만남의 장소(a place of meeting)'라는 뜻을 가진 히브리어 'Bet Hakeneset'의 번역어이다.

24   이슬람교의 예배당. 아랍어의 '마스지드'에서 유래하였으며 에스파냐어의 메스키타와 프랑스어 모스케를 거쳐 영어 '모스크'가 되었다. '마스지드'는 아랍어로 '이마를 땅에 대고 절하는 곳'을 뜻한다.

로 간주되어 그 불멸의 인기는 사회학 관계 연구자를 지속적으로 곤혹스럽게 해 왔다. 그러나 근대라는 것은 18세기 말의 '계몽주의'(이 역시 학문상 구축된 개념이다)의 시대에 시작된 역사상 명확하게 구별 가능한 기간인 것일까? 혹은 사회의 진전에 있어 진화의 단계인 것일까, 그렇지 않으면 역행적인 단계일까? 또는 공업화, 탈종교화, 과학, 혹은 '탈마법화'[18]의 결과일까? '모던'은 현실에 대한 한 견해의 하나로 주기적으로 역사상 여러 번 일어난 인식일까. 아니면 '모던'은 단지, 예를 들어 호칭이 다르더라도 사람들이 역사를 통해서 '미개한' 과거로 간주되는 것과 자신들을 구별하기 위해 사용해 온, 유동적인 카테고리를 가리키는 것에 지나지 않는 것일까?[19]

학문상, 구축된 카테고리가 예를 들어 그것들이 완전히 상반되거나, 끊임없이 수정하지 않으면 안 되는 것이거나 하는 경우라도, 여전히 유용한 것은 그 용어에 따라 무엇을 말하려는 것인지 명확하게 말하고자 하는 바를 이해시킬 수 있으면 되기 때문이다. 특히 학술적 저작에 있어서는 그러하다. 그러나 이러한 카테고리는 필연적으로 가상적이고도 유동적으로 계속된다. 각 문화, 각각의 사람들 사이에도 무엇이 종교, 마법, 혹은 심리학을 구성하는가라는 것에 대해 완전히 의견이 일치하지는 않기 때문이다. 대부분의 경우 역사학자들로부터 '점'이라는 제목 아래 일괄적으로 묶는 점성술[20]이지만, 이 또한 다원적인 문화적 산물로 볼 필요가 있다. 점성술 실천자에 의해 고안된 다양한 코스몰로지, 철학, 기술, 해석, 물질적 및 영적인 사용방법 각각에 있어서, 항상 다수의 점성술이 존재해 왔던 것이다.[21] 서양 점성술의 상징적 표현은 수 세기에 걸쳐 비교적 일관된 것으로 지속되어 오다가[22] 융의 심리학을 지향하는 점성술에 대한 접근은 2세기의 프톨레마이오스[25]의 아리스토텔레스주의적 점성술과는 사뭇 다르다. 그리고 프톨레마이오스의 점성술은 19세기 후반의 황금새벽회(Hermetic Order of the Golden Dawn)[26]의 신봉자의 마법적 점성술과도, 혼의 영적 진화에 대한 신플라톤주의 및 영지주의적인 사상을 품은 블라바츠키(Helena Petrovna Blavatsky, 1831-1891)[27]에 의한 재해석에 근원을 가진 20세기 초의 알란 레오(Alan Leo, 1860-1917)[28]의 신지학적(神智學的) 점성술과도 상당히 다르다.

이 수십 년간 '종교'와 같은 유동성이 높은 인간 활동을 학문적으로 정의하고 틀을 잡는 데 있어 문화적 특이성을 강조하는 것이 효과적인 방법론이 되어 왔다. 그러나 역설적이지만 명확하고 안정된 분류, 정의를 내

25　고대 그리스의 천문학자이자 지리학자, 점성술사. 48개의 별자리를 정했고, 태양이 지구 주위를 돈다는 '천동설'을 주장했다. 고대 천문학 지식을 종합한 『천문학 집대성』을 썼다. 처음으로 원추 투영법을 이용해 세계 지도를 작성했다.

26　19세기 말 영국에서 설립된 오컬트 결사이다.

27　러시아의 신비사상가. 신지학 협회의 창립자. 독일계의 러시아 귀족 P.A. von 칸 대좌와 저명한 여류작가 H.A. 파제에프의 딸로서 남 러시아의 예카테리노스라프(현, 도니에프로페트로프스크)에서 태어났다. 18세로 엘리반 주 부지사 N.V. 블라바츠키 장군과 결혼. 어렸을 때부터 초자연현상을 영시(靈視)한 그녀는, 20세 당시 최고의 영매로서 유럽, 미국, 이집트에서 활약하는 한편, 사업가로서 잉크 공장이나 조화상을 하고, 또한 탐험대로서 세계의 비경을 여행했다. 원래 그리스도교를 혐오해서, 1867년에는 남장을 하고 로마교황에 반항하는 가리발디의 의용군에 참가하여 부상도 당했다. 20-30대의 그녀는 이렇게 편력을 계속하면서 비교 종교학, 민속학, 박물학을 연구하고, 또한 티베트밀교, 카발라, 이집트 마법의 행법을 통해서 타고난 오컬트 능력을 더 한층 개발에 노력했다. 그 후 75년 올코트(H. S. Olcott, 1832-1907)의 협력을 얻어서 뉴욕에 신지학협회를 설립했다. 20세기 미술 등 예술에 영향을 미쳤다.

28　영국 점성가, 작가, 점성술 자료 수집가 및 신학자이다. 그는 종종 '현대 점성술의 아버지'라고 불린다.

릴 것으로 기대되었던 그 시도 자체가 인간의 경험이라는 개별적인 영역은 보기보다도 복잡한 동시에 정묘하게 얽혀있다는 점을 명확하게 해 버리는 것이다. 예를 들면 종교에 대해서 심리학자가 되는 것은 가능하다. 그러나 그 연구자가 지나치게 종교심을 갖고 있는 경우에는 심리학을 순수한 과학으로 보고 있는 사람들의 신용을 잃어버리는 위험을 저지르기 쉽다.[23] 소누 샴다사니는 융의 저작을 둘러싼 논란의 대부분은 융이 "극히 저명한 현대 심리학자 중에서 종교적 가치를 높게 평가하는 한 사람"인 것에 기인하고 있다고 지적하고 있다.[24] 의식 마법의, 혹은 점성술의 객관적인 연구자가 되는 것은 문제가 아니다. 그러나 정작 그것들을 실천하려면 그 연구자의 '경험주의'[25]에 의의를 품는 것은 필연일 것이다. 예를 들어 직접적 체험 없이 이러한 주제를 지적 입장에서만 논하는 것은 문제가 있다. 혹은 불가능하다 하더라도 말이다. 샴다사니가 말한 것처럼, 융은 "이와 같은 주제를 깔보지 않고 다룬 것만으로 오컬트주의자의 낙인이 찍혀버렸다."[26]는 것이다. 게다가 마법이나 점성술로의 편견이 없는 것이 (융의 경우처럼) 직접적인 실험으로 연구자를 향한 결과 그 실험으로 얼마나 중요한 심리학적 통찰력을 얻을 수 있었는지 등은 비판자로부터는 물어볼 것도 없는 것이다. 편견과 무지에서 오는 의견, 혹은 그 인물의 개인적인 적대감이 '방법론적 불가지론'과 개인의 체험의 가치판단을 대체해버리는 경우가 있기 때문이다.[27]

고대세계의 인물들조차 이러한 종류의 시대착오적 대상이 된다. 현재의 문화적 패러다임을 밀어붙일 수 있기 때문이다(강요할 수 있는 것이다). 20세기 중반 종교사가인 E R 도즈(Eric Robertson Dodds, 1893-1979)[29]에 의해 '마법사'로 낙인 찍힌 이암블리코스의 평가는 합리적인 철학과 테우르기아적 신비주의는 서로 어울리지 않는다는 선입관에서 완전히 회복하지 못했다. 지난 20년의 학문적 노력에도 불구하고, 이암블리코스는 아직까지도 일부 학자들로부터 '타락한 오컬티스트'[28]로 간주되고 있다. 지크 마잘(Zeke Mazur)은 플로티노스의 '합리적' 신비주의의 마법적 근원에 관한 논문에서, "지금까지의 연구의 대부분이 의식적 혹은 무의식적으로, 마법은 철학과도 '고등' 종교와도 근본적으로 다른 카테고리라는 상정 하에 이루어져 왔다."[29]고 지적하고 있다. 이암블리코스와 같은 테우르기아(신들에게 응하도록 적극적으로 작용하는 영적 작업)에 경도된 신플라톤주의자의 '복권'이 이제 겨우 요구되고 있지만, 이런 종류의 상식적 중립성이 반드시 심리학의 학문영역에까지 미친다고는 할 수 없다. 경계 영역을 탐구하는데 시간을 할애하는 심리학자나 심리요법가의 저작이 편견 없는 반응으로 맞이되는 일은 그리 많지 않다.

'슬픈 학문'의 세계에서는 엄밀히 구별되어야 할 카테고리도 다른 것과 서로 융화하고 합체해서 새로운 별종의 카테고리를 만들어내는 경향

---

29 아일랜드 출신. 옥스퍼드대학을 졸업하고 버밍엄 대학교의 그리스어 교수가 되었다. 이 시기에 그의 주요 학문적 관심은 신플라톤주의였으며, 당시 유행하지 않았던 이 주제에 대한 그의 연구는 프로클로스의 *Elements of the Theology*에 대한 주석이 포함된 판으로 절정에 달했다(1933). 이후 제2차 세계대전 동안 그는 외무부 연구부서에서 전후 계획을 위한 독일 교육사를 연구했으며(1941-1945), 중국에서 11개월 동안 문화 사절을 보냈다(1942-1943). 그는 무신론자였으며 사후 생존을 믿지 않았지만 심리학 연구에 적극적인 관심을 보였다. 그는 심리학 연구 협회에 합류하여 1927년부터 평의회에서 봉사했으며 마침내 회장이 되었다(1961-1963). 모든 형태의 인간의 비합리성에 대한 그의 관심은 *Euripides의 Bacchae* (1944년. 그러나 1940년에 실질적으로 완성됨)판과 *The Greeks and the irrational* (1949년 캘리포니아 버클리에서의 Sather 강의를 기반으로 함, 1951년)에 표현되어 있다. 이 책들은 그리스 사상을 조명하기 위해 프로이트의 심리학과 사회 인류학을 사용한 것으로 유명하다.

이 있다. 직접적 체험에서 얻은 통찰이 지적 분석이나 과학적 방법론만큼이나 중요하다는 것이 증명될 수도 있고, 경계가 애매한 것은 그 규범이기까지 하다. 받아들이기 어려울 수 있을지 모르지만 여기에서 월등하게 큰 힘을 지니고 오랫동안 생존해온 사고를 가장 강력한 형태로 볼 수도 있는 것이다. 그것은 지금도 변화하고 특정 문화환경에 창조적으로 적응하고 있는 도상의 존재로, 아직 특정의 학문적, 사회경제적, 정치적 관심의 요구에 의해 체계적으로 정리되어 있지 않은 것뿐이다. 증거가 될 문헌은 풍부하지만, '슬픈 학문'은 아직 극히 최근까지 비교적 조사되지 않은 학문적인 방법론이나 종교적 존재론을 논의할 명확한 규율이 갖추어지지 않은 이른바 학문의 황무지를 형성하고 있는 것이다. 이대로 있기에는 답답해서 지성이라는 전지가위와 제초제, 살충제를 사용해서 이 황무지를 정성껏 손질된 정원으로 바꾸고 싶은 유혹을 이겨내지 못할 수도 있다. 그러나 참으로 창조적인 사고가 가능한 것은 이 영역이 바깥뿐만 아니라 안으로부터도 탐구되는 경우뿐이다.

융은 심리학과 종교, 심리학과 마법, 마법과 신비주의, 신비주의와 의학 사이의 경계상 접합면의 탐구에 많은 시간을 소비했다. 모든 사람과 마찬가지로 융도 몸소 시대와 문화의 지배적인 가치관으로부터 영향을 받아 오늘날에는 '비교적'인 테마로 간주되는 것들에 대한 심리학적 통찰을 얻고자 대단히 고심했다. 융이 연구한 테마가 정말 '비교적'인 것이었는지는 미묘하다. 그것은 이 말이 어떻게 정의되고 있는지, 그 정의가 이루어진 것이 역사상 어느 시기인가에 따른다.[30] 점성술은 '비교적'인 연구영역이라고 생각되는 경우가 많지만, 18세기 말까지는 그것이 '주류'였으며, 다양한 역사적 전기에서 그 실시를 방해하거나 그 정당성에 이의를 제기하는 노력이 계속되었음에도 불구하고 동양에서도 서양에서도, 때로는 숨겨져 있는 경우도 있지만, 종교적 코스몰로지의 본질적인 부분으로 계속되어 왔던 것이다. 융이 연구한 테마의 대부분이 인간의 다른 영역의 체험이 교차하는 성질의 것이다. 예술은 마법의 도구로 이용된다. 점성술상의 상징은 심리학적 통찰을 가져다 준다. 꿈의 이미지는 광기어린 모습을 한 종교체험의 문을 열고, 신과 무의식의 구별도 하지 못하게 된다. 의학은 샤먼의 의식과 협동하고, 성(性)의 표출이 신성한 마법적 의례이기도 하다. 그러나 '비교적'이라는 상표(라벨)는 학자들에게 안심할 수 있는 상표인지도 모른다. 일단 이 말에 고정된 경계가 주어져버리면,[31] 융이 한 것은 심리학인지 종교인지, 혹은 둘을 구별하려고 하는 것이야말로, 잘못된 것인지도 모른다는 불확실성을 고민할 필요가 없어지기 때문이다. 많은 학자들의 말에 따르면 융은 제대로 된 심리학자가 아니라 오히려 '종교본질주의자'의 경향이 있는 '비교주의자'로서, 그 저서의 근원은 19세기 독일 낭만주의30에 있다는 얘기가 된다.[32] 융을 이 명

30 　서유럽에서 발생한 미술적, 문학적, 지적 사조(思潮)이다. 18세기 말부터 시작하여 1800-1850년 사이에 정점을 찍었다. 18-19세기 계몽주의와 신고전주의에 반대하여 나타난 낭만주의는 로맨티시즘(Romanticism)이라는 단어의 기원에서 알 수 있듯이 비현실적인, 지나치게 환상적이라는 어원을 가지고 있으며 이성과 합리, 절대적인 것에 대해 거부한 사조였다. 낭만주의의 첫 주자는 계몽주의 시대에 독일의 루소라고 불리던 헤르더이다. 헤르더는 감정과 감성, 민족역사를 강조하였으며, 그의 저서 『인류 역사의 철학적 고찰』은 후에 러셀과 헤겔로 이어지는 중요한 역할을 한다. 느낌과 감정을 강조하였으며, 계몽주의들이 설파했던 이성에 대해 강한 회의를 품었지만, 낭만주의자들은 결코 이성이라는 것을 무시하거나 거부하지는 않았다. 그들은 과거 절대적이고 보편적인 의미로 파악 되었던 이성을 역사적 흐름에 따라 변화하는 것으로 수정하여 고려하였다. 또한 이 낭만주의는 개성을 강조하고, 사회를 과거와 달리 하나의 '유기체'로 보았다. 탄생과 성장, 쇠퇴와 소멸을 겪는 것은 사회의 한 특징이라 말하였으며, 이것은 후에 『문명 형태학』(아놀드 토인

확한 카테고리 속에 넣어도 지장이 없는 것으로 보였기 때문에 아주 최근까지 융은 병 속의 정령처럼 이 분류 내에서 조용히 있을 것이라고 생각했다.

그러나 2009년 가을, 『붉은 책: 새로운 책』이라는 새로운 제목의 융의 저서가 드디어 출판되었다.[33] 죽음이 임박했던 1961년, 융은 인생 중에서도『새로운 책』의 작성에 몰두하고 있던 시기를 다음과 같이 언급하고 있다.

> "내가 나의 내적인 이미지를 추구하고 있던 시절은, 내 생애에 있어서 가장 중요한 때였다.—즉, 그 때에 모든 본질적인 것은 결정되었다. 모두 그것으로부터 시작되었다. 그 후의 세부적인 것은 모두 무의식으로부터 갑자기 나타나 먼저 나를 압도해버린 소재의 보충이며, 설명인 것이다. 그것은 평생의 일로서 제1의 소재였다."[34]

그 붉은 가죽 장식 때문에『붉은 책』이라고도 불리는『새로운 책』은 1913년—융과 프로이트가 절교한 때—으로부터 1932년까지의 시기에 쓰여진『검은 책』으로 불리는 일련의 개인적인 일기를, 융이 장식적인 글씨체로 옮겨 쓴 것이다. 이 작품은 글과 도판으로 모두 표현되어 있다. 거의 모든 페이지에 채색된 그림이 있는데, 그 모든 것이 아주 아름답고

비)을 형성하는 데 큰 영향을 주었다. 현대 자유주의 신학의 아버지라고 불리는 독일의 슐라이에마허에게 큰 영향을 주어서 자신의 신학방법으로 감정(Gefühl, feeling)을 기독교 종교의 본질로 보았다.

흠잡을 데 없이 묘사되어 있고, 또한 장식적인 서체로 쓰인 글씨는 중세의 수채색 사본을 본으로 하고 있다. 『새로운 책』의 특징적인 이야기는 자신의 내면의 대립을 통합하는 길고 고통스러운 과정을 거치는, 융의 심신상실로부터 영혼의 회복까지의 여행이다. 그것은 이성과 계시, 바깥세상과 내면의 세계, 주관과 객관 그리고 과학자와 종교적 예언자 사이의, 일견 타협가능할 것 같지 않은 대립이다. 융에게 내재된 이 두 가지 면은 모두 옳고, 또 강하게 주장하는 상호 배제적인 것으로 경험되었다.

1961년 독일에서, 1962년 영국에서 융의 자전적 저작 『융 자서전』[31, 35)]이 출간된 시점에, 『새로운 책』의 존재는 이미 공공연한 비밀이었다. 융은 이 책에서 『새로운 책』의 발단에 대해서 기술하고 있었고, 융의 친한 동료들 사이에서는 얼마 전부터 『새로운 책』의 미출판 원고가 회람되고 있었기 때문이다. 그러나 일반 독자는 물론, 융 자신의 동료들 이외의 분석심리학자 대다수에게조차 이것은 입수할 수 있는 것은 아니었다. 그러나 현재는 그 출판에 자극을 받아 신문 평론, 인터넷 세미나, 정신분석 관련 잡지에서의 해석부터 현대의 이교적 단체의 웹사이트까지 다양한 책, 기사, 워크숍, 인터뷰, 강의, 해설을 도처에서 찾아볼 수 있게 되었다. 그 중에는 온라인상에서 상당한 이유를 제시하면서 『새로운 책』이 '현대의 가장 중요한 마도서(魔道書, grimoire)[32]이다'라고 선언한 현대 이교(異敎,

---

31   조성기 옮김, 『카를 융 기억 꿈 사상』, 김영사, 2007과 이부영 옮김, 『회상 꿈 그리고 사상』, 집문당, 2012.

32   프랑스어로 마법책을 의미하고 특히 유럽에서는 유포된 마법서를 가리킨다. 그리몽 그리모아라고 표기된다. 오의서(奧義書), 마도서(魔導書, 魔道書), 마법서(魔法書)라고도 말한다. 비슷한 말로 흑본(黑本), 흑서(黑書, black books)가 있다.

pagan) 그룹도 있다.36)

임상심리학 세계에서의 융의 평가는 지금까지 계속 양가적이었다. 융은 종종 신비주의자로 여겨졌다. 프로이트 학파의 분석가 D W 위니콧 (Donald Winnicott, 1896-1971)**33**의 관점에서 말하면 자신을 간신히 치료한 조현병 환자였다.37) 그리고 융의 이론 모델은 충분히 '과학적'이지 않다는 이유로 의문시되어 왔다. 반복실험에 의해 집합적 무의식의 원형의 존재와 수정사항을 밝히기는 어렵다.38) 현재 임상심리학의 패러다임은 인간의 정신을 인지의 면에서 접근하는 것을 선호하는 경향이 있고, 그것은 자연과학의 방법론을 따르고 있다.39) 멜버른에 있는 라트로브 대학의 정신분석학 교수 데이비드 테이시(David Tacey)에 의하면, 융이 대학의 심리학과에서 경시받아 온 이유 중 하나는, "그의 일이 어떤 특정 학문영역에도 적합하지 않기 때문이다. 심리학 관계자는 그것을 종교연구라 부를 가능성이 높다."40)는 것이라고 한다.

놀랍게도 융이 '비과학적'이라는 의견은, 에소테리시즘 연구의 학문영역에서도 표명되어 왔다. 이 영역 자체가 얼마 전까지만 해도 무시되어온 것이며, 그 분야에도 더욱 방법론적으로 중립적이고 실천자에 대해서도 너그러운 접근이 요구되고 있는데도 말이다. 융에 대한 견해는, 융은 그 심리학 모델을 구축하는데 비교적인 자료를 사용했다고 할 뿐, 에소테리시즘과 심리학은 분명히 상충되기 때문에 그는 에소테리시스트로 보아야 한다고 말하는 것과 같다.41) 이런 종류의 접근의 예가 리차드 놀(Richard Noll, 1959-현재)**34**에 의해 제시되었으며, 그의 일견 학문적인 융

33　영국의 소아과 의사이자 정신분석학자로, 아동 발달 연구에 업적을 남겼다.

의 취급은 그 중립성, 나아가 진실성의 측면에서 이의를 제기해 왔다. 윌리엄 버나드(G. William Banard)[35]는 놀의 저작에 대해 다음과 같이 쓰고 있다.

"놀의 일견 나무랄 데 없는 학문적 선의의 태도 아래에는 감정이 다른 것보다 더 얽힌 동기가 작용하고 있는 듯 보인다. 놀은 융에 대해 단지 중립적이고 객관적인 묘사를 하는 것만은 아니다. 오히려 심리학을 종교로 보는 여러 가지 '무지한' 인식을 경멸하는 다른 학자들과 마찬가지로 놀은 다만 당시 유럽에서 활발했던 여러 비교적 및 오컬트적인 움직임과 연결되어 있다는 이유만으로 융의 평판을 떨어뜨리려 한다고 주장할 수 있다."[42]

버나드도 놀의 평가에 대하여 지나치게 예의 바르게 했다고 할지도 모른다. 취리히에서 교육을 받고, 융의 여러 전기를 쓴 융 학파의 분석가 존 하울레(Jonh Ryan Haule)[36]는 놀을 '추문을 파헤치는 사람'(Muckraker)이라고 치부한다.[43] 소누 샴다사니는 『컬트 픽션즈』(Cult Fictions)에서 마찬가지로 결연하게 나무랄 데 없는 학식으로 융 때리기 계획을 세운 놀의 불성실함과 악의를 강조하고 있다.[44] 융은 또한 일부 학자들로부터 자신의 형이상학적인 주장을 뒷받침하기 위해 은밀히 심리학 모델을 이용한 종교철학자로

---

34   미국의 임상 심리학자이자 의사학자이다.

35   현재 Southern Methodist University 교수이고 종교를 강의한다.

36   심리치료사, 작가.

해석되고 있다. 아무래도 융이 신은 존재한다는 신념을 종교적 체험의 심리학적 분석을 방패막이로 삼고 있었기 때문에 그의 심리학 이론은 의심스럽다고 말하고 있는 것 같다.[45] 안 베드포드 우라노프(Ann Bedford Ulinov)[37]가 빈정거리는 투로 암시했듯이, 종교적 신앙은 '포교열로 학습과정을 오염'[46] 시킬지도 모른다는 것이다.

신의 존재를 믿는 것이 유용한 과학적 연구를 하는 능력과 맞지 않는다는 것은 아직 실증되지 않았다. 그렇지만 합리적인 과학적 심리학을 창조하기 위해서는 사람은 무신론자, 혹은 적어도 불가지론자여야 한다는 암묵적 전제가 있는 것 같다. 이 인식은 심리학은 보다 넓은 의학의 틀 안에서 가장 적절하게 수행되는 과학이라는 특별한 상정을 바탕으로 하고 있다. 이러한 상정은 20세기 초의 '과학주의'에 대한 집착을 반영하고 있어, 여기에는 융 자신도 고민하게 되었다. 그러나 오늘날 그것은 다양한 신조를 가진 치료가들로부터 뿐만 아니라, 과학은 논쟁의 여지가 없는 진리를 추적하는 것이 아니라, 패러다임에서 패러다임으로 흔들리는 경향이 있다는 토마스 쿤의 예리한 견해를 마음에 두고 있는 역사가들의 진지한 이의 제기에 직면해 있다.[47] 그러나 학계에 있어 융의 위상을 둘러싼 긴장에는 여기에 (획일적인 의견이 많고, (심리) 분석과정의 직접적 체험이 결여되어 있기는 하지만) 과학적으로 논증 가능한 '진리'와 비전의 체험 사이의 융 자신의 깊은 갈등이 그대로 드러나고 있는 것이다.

---

37   미국 학자이자 심리 치료사이다. 그녀는 뉴욕시에 있는 Union Theological Seminary의 크리스티안 브룩스 존슨(Christiane Brooks Johnson) 기념 정신과 및 종교 교수이자 개인 실무에서 Jungian 분석가이다.

임상심리학의 세계에서도 융은 찬반 섞인 위치에 있지만, 트랜스퍼스널 심리학**38**의 다양한 유파에서는 융의 영향이 광범위하게 보인다.[48] 신학의 세계에서는 융은 오래전부터 심리학에 심취한 신학자들로부터 호의적으로 받아들여지고 있었다. 이 분야에 있어서 믿는 것은 "결점이 아닌 자질로 간주되기" 때문이다.[49] 『새로운 책』에 쓰인 영적인 여행은, 이 영역에서는 융의 영향력을 떨어뜨리는 것이 아니라 증대시킬 가능성이 높다.[50] 문학 분야에서 융의 사상은 제임스 조이스, 헤르만 헤세, 토마스 만[51]과 같은 소설가들의 작품 속에서 형광을 발하는 실처럼 빛나고 있으며, 20세기 문학을 연구하는 학자들은 이러한 실을 탐구하는 것 뿐 아니라, 종종 방법론으로서 융의 모델을 사용해서 글 속의 주제를 찾고 있다.[52] 지난 수십 년간 융의 사상은 멀치아 엘리아데(Mircea Eliade, 1907-1986), 질 퀴스펠(Gilles Quispel, 1916-2006),**39** 앙리 콜번(Henry Corbin, 1903-1978),**40** 피에르 리팔(Pierre Riffard, 1978-현재)**41**과 같은 종교 역사학자들에게도 대단히 큰 영향을 미쳤다. 그들은 문화나 역사상 시대를 초월하여 반복되는 신화와 의식의 테마를 검토했고, 원형적 패턴은 인간의 상상력의 가장 깊은 곳의 역학의 표출이라는 융의 생각을 받아들였다. 퀴스펠은 이러한 패

38　인간의 마음을 이해하고 정신 질환을 치료하기 위하여 초월적인 영적 체험 따위에 주목하는 심리학의 한 분야.

39　네덜란드 신학자이자 기독교와 영지주의의 역사가이다. 위트레흐트 대학에서 초기 기독교사 교수였다.

40　프랑스 철학자, 신학자, 이란학자이자 프랑스 파리의 École pratique des hautes études에서 이슬람 연구 교수였다.

41　프랑스 철학자이자 밀교 전문가이다. 툴루즈에서 태어난 그는 프랑스 서인도 대학과 기아나 대학의 교육학 및 철학 교수이다.

턴을 '종교적 통각의 기본구조'라 부르고, 리팔은 '인류학적인 구조'라 부르며, 문화를 초월하여 인간에게 공통된 경향이 특정 패턴의 사고에 따라 종교적인 생각을 발생시키는 것이 아닌가 라고 밝혔다.[53] 1933년에 시작되어 1988년까지 스위스 아스코나에서 매년 개최되었던 에라노스(Eranos) 회의[42]는, 융의 일이 자극이 된 것을 발단으로, 엘리아데나 콜번뿐만 아니라 유태교의 카발라에 관한 현대 학문적 연구의 창시자인 게르숌 숄렘(Gershom Gerhard Scholem, 1897-1982)[43]도 참가했다. 이들 학자들은 모두 융의 원형의 학설로부터 여러 가지 영향을 받았으며, 문화에 따라 다른 예배의 형태와 그 사회적 정치적 측면에서가 아니라, 종교 모두에 적

---

42   재능기부회의이다. 1933년 프뢰뵈 캅테인이 오토의 조언을 받아 모임을 시작하여 심리학, 비교종교, 역사, 문헌학, 민속 등 서로 이질적인 분야에 속한 다양하고 생기 넘치는 지성들이 스위스 아스코나 근처 해변에서 함께 생활하고 자유롭고 개방적인 분위기 속에서 동서양 요가와 명상, 고대 태양 숭배와 초기 그리스도교의 빛의 상징성, 인간과 평화, 꿈의 진실 등 다양한 주제를 넘나드는 지적 담론을 향유하고 생산해내던 에라노스 학파의 풍토와 에토스가 그려졌다. 20세기 서구 지성계의 거두들을 배출했던 초기 에라노스 학파의 에너지가 계속 지속된 것 같지는 않고, 에라노스 모임의 비의적 성격과 뒷날 파시즘에 경도되거나 가담한 지식인들을 연결시키는 비판도 존재하지만, 지난 70년 이상 동안 매년 지속된 에라노스 모임은 폭넓은 분야의 지성들이 경계를 가로질러 교류하고 참여했던 자발적이고 호혜적인 지식인 서클이자 그들의 지적 향연의 역사이고 궤적일 것이다(안연희, 뉴스레터 673호: '에라노스', 종교학의 향연을 기억하며 혹은 기다리며).

43   독일에서 태어난 유대교 철학자이며 역사가이다. 1923년 영국 위임통치령 팔레스타인으로 이주해 국립도서관의 도서관장을 지냈으며, 이후 카발라를 현대적으로 연구하기 시작해 예루살렘 히브리 대학의 유대교 신비주의의 첫 교수가 된다. 그의 강의록 『유대교 신비주의의 주류』(Major Trends in Jewish Mysticism, 1941)와 전기 『사바티 제비, 신비주의 메시아』(Sabbatai Zevi, the Mystical Messiah, 1973)가 유명하다. 그의 강연과 에세이를 모은 『카발라와 기호』(On Kabbalah and its Symbolism, 1965)는 유대교 신비주의를 바깥에 알리는 데 지대한 기여를 했다. 그는 1958년 이스라엘상을 받았고, 1968년 이스라엘 인문과학 아카데미의 회장으로 뽑혔다.

합한 특징과 신비체험의 중요성에 주목했다. 수십 년 동안 이들의 접근은 전 세계 종교 학문에 영향을 미쳤다.[54]

　그러나, 융이 현명하게 말했듯이, 모든 패러다임의 수명은 유한하고 천체처럼 주기성 있게 움직인다. 예를 들면, 동물분류학에서 '병합파'(lumpers, 특정의 屬이 다른 소집단의 동물을 아울러, 유사성을 중시한 단일종으로 간주하는 사람들)과 '세분주의자'(splitterers, 차이점에 주목하여, 각 소집단에 다른 종 이름을 부여하는 사람들) 사이의 논쟁은, 역사나 종교의 연구에서 진행 중인 '보편주의'의 접근과 '문화적 특이성'을 중시하는 접근 사이의 의논과 공명하고 있다.[55] 현재, 학계 내에서 지배적인 문화적 특이성을 중시하는 종교사에 대한 접근은, '큰 이야기'(메타내러티브, 보편적으로 참이라고 일컬어지는 장대한 포괄적 이야기)[56]의 위험에 대해 필요한 교정수단의 역할을 해왔지만, 때로는 극단적으로 이루어지기도 한다. 이와 같은 사고방식에서는 융의 이론은 '보편주의적' 혹은 '본질주의적'이며, 그렇기 때문에 틀렸다는 것이 된다[57]—다만 융 자신은 신화적 테마의 문화적응력과 유동성을 끊임없이 강조하고 있다.[58] 어떤 상징을 다른 상징과 비교함으로써 더 잘 이해하는 융의 '확충'(amplification)법은 때때로 생각하듯이, 보편적인 '범주'를 추출하는 수단이 아니라 그 상징 자체의 역동적 측면에 깊이 파고들어가 스스로 체험하는 방법이다.[59]

　　"해석학의 진수는 … 이미 상징에 의해 주어진 것에 거듭 아날로지(analogy)를 더하게 한다. … 이 작업에 의해 당초의 상징은 크게 확대되어 풍부해지고 그 결과, 매우 복잡하며 많은 측면을 가진 그림이 만들어진다. … 이렇게 하여 개인적인 것뿐만 아니라 집단적인 것의 발달을 나타내는 심리학적 선이 몇 가지 보인다. 이 세상 어떤 과학도 이 선들의 정확성을 증명할 수는 없다. … 그러나, 이 선들은 그 인생에서의 가치에 의해 그 정당성을 입증한다.”[60]

　융이 점성술상의 상징물을 이용할 때 도입한 것이 이 유파로서, 그것은 해석학적인 형식이었다.

　현대의 비교적 그룹에서 융의 심리학 모델을 통해 오컬트 철학의 정당성을 입증하려는 경향은 ‘융이안니즘’이라 불리고 있다.[61] 이 용어는 댄 루디아르(Dane Rudhyar, 1895-1985)[44]와 알렉산더 루파티(Alexander Ruperti, 1913-1998)[45]와 같은 20세기 점성술사에 적용 가능하다. 그들은 융의 작업 중에서 특정한 주제를 골라 신지학적 경향이 있는 다양한 해석을 정당화했다.[62]

　현대의 점성술에 끼친 융의 영향은 확실히 크다. 특히 융 자신이 점성술을 실천했고, 그 영향은 양방향으로 미치고 있다. 그러나 이 책의 목적은 융 심리학의 이론을 ‘과학적인’ 현대의 요구에 맞춘 비교적 교의의 현대판으로 치부하려는 것이 아니다.[63] 『새로운 책』의 집필 이후 융의 점성술은 그의 심리학 모델 형성에 도움을 주었고, 근대 점성술은 융의 심리학적 개념에 따라 크게 바뀌었다. 이것은 어느 한 연구 분야의 정당성을 입증하는 것도 부정하는 것도 아니다. 아카데믹한 심리학에서 비판이 있음에도

44　프랑스 출신의 미국 작가이자 현대 작곡가이자 인본주의 점성가였다. 그는 현대의 초인적 점성술의 선구자였다.

45　독일 출신의 영국, 스웨덴의 점성가이다. 루디아르의 영향을 받아 그의 작업을 계승 발전하였다.

불구하고, 지속적으로 영향을 미치고 있는 하나의 심리학 체계의 발생과 발전을 이해하려면 가능한 한 완전하게 양쪽 영역에 대해서 살펴보는 것이 중요하다는 것을 강조할 뿐이다. 복잡다기한 장서, 신지학자 미드(G.R.S. Mead, 1863-1933)[46]와 같은 인물과의 교우, 바르보(Andre Barbault, 1921-2019),[47] 소번(John M. Thorburn), 라만(B.V. Raman)과 같은 점성술사와의 서신에 의해, 융은 부르크횔츨리 정신병원이라는 한정된 세계에서 멀리 끌려나와 임상환경 외부의 발상을 받아들인다. 이렇게 해서 융 심리학 모델의 발전이 촉구되게 되었다.[64] 그리고 이 모델이 이후 학문적, 나아가 일상적인 대화에서 심리학으로 이해되는 것을 넘어 인간탐구의 많은 영역에 매우 큰 영향을 주었다.

심리학, 문학, 철학, 신학, 역사, 현대의 영성문화운동의 분야에서 융만큼 큰 영향력을 가진 인물은 당연히 많은 전기와 분석의 대상이 될 것이다. 이들 중에는 성인전적인 것도 있고 객관적으로 긍정하는 것, 의도적으로 중립적인 것, 객관적으로 비판하는 것, 적의를 드러내고 있는 것도 있다. 최근 융에 관한 학술적 저작인『새로운 책』의 간행 이전의 것들은 대부분이 그의 심리학 모델에 착상을 준 소재를 탐색하려고 하고 있다. 이들 연구는 융의 초기의 스피리추얼리즘에의 경향이나, 20세기 초에 유행한 '서브리미널'[48]심리학에 대해 취했던 관례에 구애되지 않는 다

---

46 영국 역사가, 작가, 편집자, 번역가 및 신지학 협회의 회원이자 퀘스트 협회의 창립자이다. 그의 작품은 주로 고대 후기의 신비주의와 영지주의 종교를 다루었다.

47 프랑스 점성가.

48 직역하자면 '인지의 아래(Below threshold, 識閾下)', 즉 우리가 뭔가를 감지하고 그것에 대한 판단을 내리기 전에 이미 감지한 것을 의미한다. 알지 못하는 상황인데 영향을 미치는 것이다.

양한 접근에 대해 검토하고 있다.[65] 융이 고대 말기 영지주의에 열중한 것에 관심을 보인 연구자도 많았고, 거기에서 많은 저작이 탄생했다.[66] 독일 낭만주의의 작가들과의 유대는 다수의 학술 논문이 집필되는 계기가 되었다.[67] 융의 미드와의 관계에 대해 언급하는 연구자도 있고, 영지주의, 오르페우스교, 헤르메스주의의 자료에 대해서의 융의 초기의 이해 방식은 미드의 신지학적 경향의 번역과 설명에 힘입은 바가 크지 않겠느냐고 논하고 있다.[68] 앙리 베르그손의 '엘랑비탈'(생명의 약진),[49] 한스 도리슈(Hans Drieesch)의 '바이탈리즘'(생기론), 오이겐 블로일러(Eugen Bleuler, 1857-1939)[50]의 '유심적 원형'(*die psychoide*)과[51] 같은 보다 앞의 심리학적

49　베르그손은 생명과 물질의 대립을 근원적으로 해소해 세계를 일원론적으로 해석하려 한다. 생명현상에서 '지속'을 가장 비근하게 보여주는 것이 '진화'다. 모든 생명체가 어떤 기원에서부터 끝없이 전개돼 왔다는 것이 진화론인데, 베르그손은 그 진화가 '예측 불가능한 방식으로' 이루어진다는 점에 초점을 맞춘다. 진화는 연속임과 동시에 질적 비약인데, 그 비약이 이를테면, '창조'다. 생명현상의 지속은 '창조적 진화'의 형식을 띤다는 것이다. 이때의 '창조'는 베르그손의 다른 유명한 개념으로 풀면 '엘랑 비탈'(생명의 비약·약동)이다. 더 중요한 것은 이 생명이 물질과 연속적 관계에 있다는 베르그손의 설명이다. 생명과 물질은 우선은 대립적이다. 우주 속의 모든 물질은 '엔트로피 법칙'에 따라 지속적으로 변화하는데, 생명 현상은 이 엔트로피 법칙을 거스르는 특수한 현상이다. 적절한 조건 아래서 물질적 흐름을 거스르는 에너지가 충만해지면 우주 어디서든지 생명이 탄생할 수 있다고 베르그손은 말한다. 그는 생명 탄생 현상을 '수증기 비유'로 설명한다. 고압의 수증기통에서 수증기가 뿜어져 나와 물방울이 맺히는 장면을 떠올려 본다면, 이때 솟아오르는 수증기는 생명의 에너지와 같고, 물방울이 맺혀 떨어지는 것은 새로운 생명체가 태어나는 것과 같다. 물질 속에서 생명이 파생하고 그 생명이 진화를 통해 이어진다면, 우주의 탄생에서부터 인간의 출현까지 모든 것이 '지속의 철학'으로 설명되는 셈이다. 고명섭, "물질은 생명 낳고 진화는 생명 길러", 한겨레, 2005. 02. 18. https://www.hani.co.kr/arti/culture/book/11930.html

50　스위스의 정신의학자이다. 의학 용어로 조현증(정신분열증)이라는 용어를 처음 사용했다. 이전에 사용해오던 'dementia praecox'(치매)라는 용어를 그리스의 어원으로 분열을 의미하는 Schizo, 정신·마음을 뜻하는 Phrenia의 합성어 'Shinzophrenia'로 바꾸어 불렀다.(1908년) 조현증은 4가지의 장애특징을 나타낸다고 설명, 그 앞글자를 따서 4A라고 명명했다. Association

및 철학적인 모델,[69] 나아가서는 융이 니체, 쇼펜하우어, 칸트의 철학적 탐구를 참고하고 있다는 것[70]도 검토의 대상이 되고 있다. 이런 상황들은 모두 그의 생각의 기원을 이해하는데 큰 도움이 된다. 융은 어떤 한 가지 사상 경향이나 학설을 채용하지 않고, 다양한 정보원에 자기 자신의 체험이나 환자의 체험의 증명을 요구하고 있어 그 대다수는 경계적 영역의 것이었다.

융의 출판물이나 편지 속에 점성술에 대한 놀랄 만큼 많은 언급이 있음에도 불구하고, 분석심리학자조차 점성술을 깊이 파고 들어간 조사의 대상으로 삼지 않았다. 최근 처음으로 그의 이런 생각, 특히 중요한 측면에 초점을 맞춘, 융의 점성술에 대한 언급을 모은 환영할 만한 대망의 출판물이 간행되었다.[71] 그러나 이 책은 다양한 주제에 대한 융의 견해를 담은 시리즈 중 한 권으로, 융의 저술에서 점성술에 관한 부분을 발췌 편집한 것이며, 융의 점성술에 대한 관심이나 전문지식을 바탕으로 한 역사적 자료를 탐색할 의도는 없다. 융 학파의 분석가들 중에는 그 창시자의 일을 논의할 때, 아직까지는 매우 활발하지만 과학계에서 경멸하는 바 있는 '슬픈 학문'으로 인해 그의 평판을 조금이라도 손상시키는 것을 쉽게 용납할 수 없는 사람들도 있다. 특히 점성술과 관련되어 있다면, 적의를 가진 비평가에 의해 융 심리학의 유효성을 물리치는 것을 정당화하기 위해 사용될 우려가 있기 때문이다. 그 결과 아직 프로이트와 일을 하고 있

(사고연상), Affectivity(감정), Ambivalence(양가감정), Austism(자폐).

51　융은 심적 과정이 우리의 인식될 수 있는 역치를 넘는 것으로 설명한다. 넘지 않는 것은 원형적 이미지라고 한다.

을 때 "심리학적 진실의 핵심에 대한 단서를 얻기 위해"[72] 점성술 연구를 시작했고, '심리학적 진단이 어려운 경우'[73] 환자의 무의식적 역동을 보다 잘 이해하기 위해 출생 호로스코프를 사용하고, 심리요법가의 훈련을 받고 있는 사람은 모두 점성술을 배워야 한다고 권장하며,[74] 점성술의 가치가 "심리학자에 있어 충분히 명백한 것은 점성술이 고대 심리학의 모든 지식을 집약한 것이기 때문"[75]이라는 융 자신의 말에 거의 주의를 기울이지 않았다. 이들은 무거운 말이지만 그래도 그 중요성을 제대로 이해하는 것은 점성술을 실천하고 있는 사람들뿐인 것이 통례이다. 융이 특히 영국과 미국의 점성술사에게 의뢰한 다수의 그 자신의 호로스코프 해석이나, 그의 사적 아카이브인 그 자신과 엠마 융에 의한 환자, 친구, 가족의 다수의 수기(手記)의 호로스코프에 대해서도 아무것도 연구가 이루어지지 않고 있는 것이다.

융이 공표한 말, 심지어 증거서류가 되는 사문서는 개인적으로나 심리학 일에서나, 점성술이 융에 있어 헤아릴 수 없을 만큼 중요했음을 분명하게 보여주고 있다. 그러나 그 중요성은 거의 무시되어 왔다. 그리고 융이 『새로운 책』에 몰두하고 있을 무렵에 강하게 관심을 기울이고 있던 다양한 고대말기의 코스몰로지ー영지주의, 신플라톤주의, 오르페우스교, 헤르메스주의ー는, 그 자신이 말하고 있는 것처럼, 인간 영혼의 천계기원설, 행성의 영향을 받는 숙명의 딜레마 그리고 테우르기아 의식에 의해 각 행성층의 강제력을 넘어 변용과 해방을 향한 영혼의 여행을 중시하는 점성술적 코스몰로지를 근원으로 하고 있다는 사실도 무시되고 있다.[76] 내적인 강제력이라는 천체가 가져온 숙명에 대한 융의 계속적인 관심, '개성화'의 맥락에서의 숙명의 해석, 심리요법에서의 테우르기아의 사용이라는 것은 융의 생각의 전개와 적용에 관한 저작 중에서 보통 논할 수 있는 주제는 아니다.

융의 점성술을 충분히 살펴보기 위해, 이 책에서는 융이 입수한 1차 자료나 후대의 학자들의 해석 속에서 그가 찾아낸 것을 토대로, 구시대의 코스몰로지 그리고 융에 의한 해석과 응용에 대해서 검토한다. 본서에 이은 나의 다음 책 『융의 '새로운 책'의 점성술적 세계』(*The Astrological World of Jung's 'Liber Novus'*)[52]에서는 『새로운 책』자체에 초점을 맞추고, 이 매우 개인적이면서 동시에 신화적인 인간의 여행 문장과 이미지에, 점성술이 어떻게 스며들어 있는지에 주목했다. 융 자신이 분명히 말한 것처럼, 『새로운 책』에 몰두하고 있던 몇 년 사이에 그의 후일의 이론의 소재가 마련되었다면, 융이 이해하고 그것을 이용해 일을 한 점성술은 틀림없이 분석심리학의 지극히 중요한 토대이다. 편견을 갖지 말고 오래전 니니안 스마트 (Ninian Smart, 1927-2001)[53]가 연구 분야와 상관없이 모든 학자에게 권한 것과 같은 방법론적 불가지론으로 이를 인정한 필요가 있는 것이다.

---

[52] 원제목은 *The Astrological World of Jung's 'Liber Novus': Daimons, Gods, and the Planetary Journey*, Routledge, 2018.

[53] 스코틀랜드 작가이자 대학교수이다. 그는 세속 종교 연구 분야의 개척자였다. 1967년에 그는 새로운 랭커스터 대학교에 영국 최초의 종교 연구 부서를 설립했으며, 그곳에서 그는 이미 버밍엄 대학교에서 영국에서 가장 크고 가장 권위 있는 신학 부서 중 하나의 의장을 역임했다. 1976년에 그는 산타바바라에 있는 캘리포니아 대학교의 종교 비교 연구에서 JF Rowny 최초의 교수가 되었다. Smart는 1979-1980년 Gifford 강의를 했다. 1996년에는 UC Santa Barbara의 최고 교수 직급인 Academic Senate's Research Professor로 임명되었다. 2000년에는 미국종교학회 회장으로 선출되었으며, 동시에 세계평화를 위한 종교간연맹 회장직도 유지하였다. 김윤성 옮김, 『종교와 세계관』, 이학사, 2000. 윤원철 역, 『세계의 종교』, 예경, 2004. 강돈구역, 『현대 종교학』, 청년사, 1991.

Notes

1) William Ralph Inge, *Christian Mysticism* (London: Methuen, 1899), p. 23.

2) Jung, *Liber Novus*, p. 229. 특별한 경우를 제외하고는 모든 페이지 숫자는 융의 독일어 판본보다는 영어 번역본을 따른다.

3) Otto E. Neugebauer, 'The Study of Wretched Subjects', *Isis* 42 (1951), p. 111.

4) Patrick Curry, 'The Historiography of Astrology', in Günther Oestmann, H. Darrel Rutkin, and Kocku von Stuckrad (eds.), *Horoscopes and Public Spheres* (Berlin: Walter de Gruyter, 2005), pp. 261-74.

5) 독일과 영국에서 신플라톤주의라는 용어의 발달에 관해서는 Robert Ziomkowski, 'Neoplatonism', in Maryanne Cline Horowitz (ed.), *New Dictionary of the History of Ideas*, 6 volumes (Detroit, MI: Charles Scribner's Sons, 2005), 4:1628.

6) Iamblichus' *De mysteriis*는 원래 *The Reply of the Master Abammon to the Letter of Porphyry to Anebo*라고 불렸다. Marsilio Ficino가 15세기 중반에 *De mysteriis Ægyptiorum*라는 제목을 붙였다.

7) 최근 학문적 용어로서 'reception'은 Terry Eagleton, *Literary Theory* (London: Blackwell, 1996), pp. 47-78.

8) '르네상스' 용어에 대한 가장 초기 사용 중 하나에 대해서는 Jacob Burckhardt, *The Civilization of the Renaissance in Italy*, trans. Samuel George Chetwynd Middlemore (New York: Doubleday, 1878).

9) 르네상스의 이러한 접근에 대해서는 Frances A. Yates, *Giordano Bruno and the Hermetic Tradition* (London: Routledge & Kegan Paul, 1964).

10) Edgar Wind, *Pagan Mysteries in the Renaissance* (London: Faber & Faber, 1968); Jean Seznec, *The Survival of the Pagan Gods*, trans. Barbara F. Sessions (New York: Pantheon, 1953).

11) Yates, *Giordano Bruno*; D.P. Walker, *Spiritual and Demonic Magic* (London: Warburg Institute, 1958).

12) Erwin Panofsky, *Renaissance and Renascences in Western Art*, 2 volumes (Stockholm: Almqvist & Wiksell, 1960).

13) R.N. Swanson, *The 12th-Century Renaissance* (Manchester: Manchester

University Press, 1999).

14) John Burrow, *A History of Histories* (London: Penguin, 2009).

15) 종교에 대한 다양한 정의의 개관에 대해서는 James Thrower, *Religion* (Edinburgh: Edinburgh University Press, 1999).

16) 현대 영성문화운동에 대하여 '컬트'라는 용어를 사용하는 것에 관해서는 Eileen Barker and Margit Warburg (eds.), *New Religions and New Religiosity* (Aarhus: Aarhus University Press, 1998). 리차드 놀이 융에 관해서 컬트라는 용어를 사용한 것에 관해서는 Sonu Shamdasani, *Cult Fictions: C.G. Jung and the Founding of Analytical Psychology* (London: Routledge, 1998), pp. 1-12.

17) '세속화'에 대해서는 William H. Swatos and Daniel V.A. Olson (eds.), *The Secularization Debate* (New York: Rowman & Littlefield, 2000).

18) '탈주술화'란 개념에 대해서는 Alkis Kontos, 'The World Disenchanted, and the Return of Gods and Demons', in Asher Horowitz and Terry Maley (eds.), *The Barbarism of Reason* (Toronto: University of Toronto Press, 1994), pp. 223-47.

19) 예를 들면 '고대' 이집트 신학의 '이암블리코스'의 이상주의에 대해서는 *De mysteriis*, trans. Emma C. Clarke, John M. Dillon, and Jackson P. Hershbell (Atlanta, GA: Society of Biblical Literature, 2003), Books VII and VIII. 특별한 언급이 아니라면 이 책에서 사용하고 있는 모든 인용은 이 번역본을 사용한 것이다.

20) BC 1세기 점으로의 점성술 정의에 대해서는 *De divinatione*, in *On Old Age, on Friendship, on Divination*, trans. W.A. Falconer (Cambridge, MA: Harvard University Press, 1970), II:44.93. 현대 학자가 점성술과 점을 동일시하는 것에 관해서는 Tamsyn Barton, Ancient Astrology (London: Routledge, 1994), p. 11; Sarah Iles Johnston, 'Introduction: Divining Divination', in Sarah Iles Johnston and Peter T. Struck (eds.), *Mantikê* (Leiden: Brill, 2005), p. 7. 대안적 관점에 대해서는 Liz Greene, 'Is Astrology a Divinatory System?', *Culture and Cosmos* 12:1 (2008), pp. 3-30.

21) 역사 속에서 점성학의 다양성에 관해서는 Nicholas Campion and Liz Greene (eds.), *Astrologies* (Lampeter: Sophia Centre Press, 2011).

22) Liz Greene, 'Signs, Signatures, and Symbols: The Language of Heaven', in Campion and Greene (eds.), *Astrologies*, pp. 17-46.

23) M. Scott Peck (1936-2005)은 정신과 의사로서 그리스도교 신비주의자이고, 두권의 베스트셀러 작가이다. *The Road Less Travelled* (London: Hutchinson, 1983) and *People of the Lie* (London: Rider, 1988). 이러한 책들은 그로 하여금 자기개발의 권위라는 평판을 얻게 하였다. 그리스도교도 사이에서는 널리 존경을 받았지만 임상심리학의 세

계로부터 그의 저작의 중요성은 무시되었다.

24) Shamdasani, *Cult Fictions*, p. 10.

25) '광신적' 실천자의 학문적 수준에 의문의 여지가 있다는 것에 대해서는 Wouter J. Hanegraff, *Esotericism and the Academy* (Cambridge: Cambridge University Press, 2012), pp. 340-70. 또한 Alasdair MacIntyre, 'Is Understanding Religion Compatible with Believing?', in Russell T. McCutcheon (ed.), *The Insider/Outsider Problem in the Study of Religion: A Reader* (London: Cassell, 1999), pp. 37-49.

26) Shamdasani, *Cult Fictions*, p. 3.

27) '방법론적 불가지론'에 관해서는 Ninian Smart, *The Science of Religion and the Sociology of Knowledge* (Princeton, NJ: Princeton University Press, 1973).

28) 이러한 학문적 경향에 대한 의견에 관해서는 Gregory Shaw, 'Theurgy', *Traditio* 41 (1985), pp. 1-28, esp. pp. 4-6.

29) Zeke Mazur, '*Unio Magica* Part I: On the Magical Origins of Plotinus' Mysticism', *Dionysius* 21 (2003), pp. 23-52, on p. 24.

30) '비교적'의 최근 학문적 정의에 대해서는, Antoine Faivre and Karen-Clare Voss, 'Western Esotericism and the Science of Religion', *Numen* 42:1 (1995), pp. 48-77. 다른 정의에 대해서는, Moshe Halbertal, *Concealment and Revelation* (Princeton, NJ: Princeton University Press, 2007), p. 1.

31) Faivre and Voss, 'Western Esotericism'. 이 정의의 보다 상세한 설명은, Wouter J. Hanegraaff, *New Age Religion and Western Culture* (Leiden: Brill, 1996), pp. 384-410.

32) 예를 들어, Hanegraaff, *New Age Religion*, pp. 497-501; Valentine C. Hubbs, 'German Romanticism and C.G. Jung', *Journal of Evolutionary Psychology* 4:1-2 (1983), pp. 17-24. 샴다사니는 독일 낭만주의를 융의 '예언적이고 진단적인 꿈'에 대한 이해와 관계지었다. Sonu Shamdasani, *Jung and the Making of Modern Psychology* (Cambridge: Cambridge University Press, 2003), p. 147.

33) 『새로운 책』의 출판 역사에 대해서는, Jung, *Liber Novus*, pp. viii-xii의 소누 샴다사니의 서문. 『새로운 책』의 기원에 대한 융 자신의 설명에 관해서는, C.G. Jung, *Memories, Dreams, Reflections*, ed. Aniela Jaffé, trans. Richard and Clara Winston (London: Routledge & Kegan Paul, 1963), pp. 194-225.

34) Jung, *MDR*, p. 225.

35) 이 저작의 일부 자료의 신빙성에 대한 의문점에 대해서는, Sonu Shamdasani, 'Memories, Dreams, Omissions', in Paul Bishop, *Jung in Contexts* (London: Routledge, 1999), pp. 33-50.

36) 〈http://wildhunt.org/blog/tag/liber-novus〉.

37) D.W. Winnicott, 'Review of C.G. Jung, *Memories, Dreams, Reflections*', *International Journal of Psycho-analysis* 45 (1964), pp. 450-55.

38) 융의 해석학적 접근법과 자연과학적 접근법과의 대조에 대해서는, William E. Smythe and Angelina Baydala, 'The Hermeneutic Background of C.G. Jung', *Journal of Analytical Psychology* 57 (2012), pp. 57-75.

39) 영국의 두 가지 예외는 주목할 가치가 있다. 즉, 1993년에 설립된 프로이트 학파의 모델과 융 학파의 모델에 대한 임상 및 학문적 접근법을 모두 탐구한 에식스 대학 정신분석학 센터와 『새로운 책』의 편집자 소누 삼다사니가 융 역사의 교수로 근무한 런던의 유니버시티 칼리지의 정신분석 연구에 관한 대학원의 프로그램이다.

40) David Tacey, 'The Challenge of Teaching Jung in the University', in Kelly Bulkeley and Clodagh Weldon (eds.), *Teaching Jung* (Oxford: Oxford University Press, 2011), pp. 13-27, on p. 15.

41) 예를 들면, Hanegraaff, *New Age Religion*, pp. 496-513.

42) G. William Barnard, 'Diving into the Depths', in Diane Jonte-Pace and William B. Parsons (eds.), *Religion and Psychology* (London: Routledge, 2001), pp. 297-318.

43) John Ryan Haule, 'Personal Secrets, Ethical Questions', in Bulkeley and Weldon (eds.), *Teaching Jung*, pp. 151-67, on p. 151.

44) Shamdasani, *Cult Fictions*, pp. 107-12.

45) Robert A. Segal, 'Jung as Psychologist of Religion and Jung as Philosopher of Religion', *Journal of Analytical Psychology* 55 (2010), pp. 361-84.

46) Ann Bedford Ulinov, 'Teaching Jung in a Theological Seminary', in Bulkeley and Weldon (eds.), *Teaching Jung*, pp. 51-59, on p. 53.

47) Thomas Kuhn, *The Structure of Scientific Revolutions* (Chicago: University of Chicago Press, 1962).

48) 예를 들면 Ira Progoff, *The Symbolic and the Real* (New York: McGraw-Hill, 1973); Abraham Maslow, *Toward a Psychology of Being* (London: John Wiley & Sons, 1968).

49) Ulanov, 'Teaching Jung in a Theological Seminary', p. 53.

50) 예를 들면 John P. Dourley, *The Intellectual Autobiography of a Jungian Theologian* (Lampeter: Edwin Mellen Press, 2006); Brendan Collins, 'Wisdom in Jung's Answer to Job', *Biblical Theology Bulletin* 21 (1991), pp. 97-101.

51) 조이스에 대해서는, Hiromi Yoshida, *Joyce and Jung* (New York: Peter Lang,

2007). 조이스의 딸 루시아는 1934년에 융의 분석을 받았다. 헤세에 대해서는 Miguel Serrano, *C.G. Jung and Hermann Hesse* (Einsiedeln, Switzerland: Daimon Verlag, 1998). 헤세는 융의 조수 J.B. Lang (1883-1945)의 환자로서 분석을 받았다. Mann에 대해서는, Paul Bishop, 'Thomas Mann and C.G. Jung', in Bishop (ed.), *Jung in Contexts*, pp. 154-88.

52) Terence Dawson, 'Jung, Literature, and Literary Criticism', in Polly Young-Eisendrath and Terence Dawson (eds.), *The Cambridge Companion to Jung* (Cambridge: Cambridge University Press, 1997), pp. 255-80; Bettina L. Knapp, *A Jungian Approach to Literature* (Carbondale: Southern Illinois University Press, 1984).

53) Gilles Quispel, *Gnosis als Weltreligion* (Zürich: Origo Verlag, 1951), p. 39; Pierre Riffard, *L'esoterisme* (Paris: Laffont, 1990), p. 135. 융의 콜번에 대한 영향에 대해서는, Stephen Wasserstrom, *Religion After Religion* (Princeton, NJ: Princeton University Press, 1999). 에라노스 회의에 관한 보다 상세한 것은, Hans Thomas Hakl, *Eranos*, trans. Christopher McIntosh (Montreal: McGill-Queens University Press, 2013).

54) Wasserstrom, *Religion After Religion*, p. 3.

55) 동물분류학에 관한 이 논쟁은, Stephen Budiansky, *The Character of Cats* (London: Weidenfeld and Nicolson, 2002), pp. 8-9.

56) '메타내러티브'와 그 방법론적 문제에 대해서는, Charlotte Aull Davies, *Reflexive Ethnography* (London: Routledge, 1999), pp. 4-5.

57) 융이 주장하는 '본질주의'에 대한 논의에 관해서는, David L. Miller, 'Misprision', in Bulkeley and Weldon (eds.), *Teaching Jung*, pp. 29-50, especially pp. 36-39.

58) 예를 들면 Jung, CW9i, ¶¶111-147. Roger Brooke, 'Jung in the Academy: A Response to David Tacey', *Journal of Analytical Psychology* 42:2 (1997), pp. 285-96; James S. Baumlin, 'Reading/Misreading Jung', *College Literature* 32:1 (2005), pp. 177-86.

59) Smythe and Baydala, 'The Hermeneutic Background of C.G. Jung'; John Beebe, 'Can There Be a Science of the Symbolic?', in Bulkeley and Weldon (eds.), *Teaching Jung*, pp. 255-68.

60) Jung, 'The Conception of the Unconscious', in Jung, *Collected Papers on Analytical Psychology*, p. 469.

61) '융이안니즘'에 대해서는 Olav Hammer, *Claiming Knowledge* (Leiden: Brill, 2004), pp. 67-68.

62) Nicholas Campion, 'Is Astrology a Symbolic Language?', in Nicholas Campion and Liz Greene (eds.), *Sky and Symbol* (Lampeter: Sophia Centre Press, 2013), pp. 9-46, on p. 22.

63) Hammer, *Claiming Knowledge*, pp. 69-70.

64) 융과 미드에 대해서는 제5장. 부르크휠츨리 병원에 관해서는 제4장. 융과 바르보의 편지왕래에 대해서는 제1장.

65) 융이 영성주의에 심취한 것에 대해서는, F.X. Charet, *Spiritualism and the Foundations of C.G. Jung's Psychology* (Albany: SUNY Press, 1993). 수정응시, 내림받아쓰기, 최면술에 대한 융의 관심에 대해서는, Wendy Swan, 'C.G. Jung's Psychotherapeutic Technique of Active Imagination in Historical Context', *Psychoanalysis and History* 10:2 (2008), pp. 185-204.

66) 융의 영지주의에 대한 관심에 관해서는, Robert A. Segal (ed.), *The Gnostic Jung* (Princeton, NJ: Princeton University Press, 1992); Stephan A. Hoeller, *The Gnostic Jung and the Seven Sermons to the Dead* (Wheaton, IL: Theosophical Publishing House, 1982).

67) Hanegraaff, *New Age Religion*, pp. 496-513; Paul Bishop, *Analytical Psychology and German Classical Aesthetics* (London: Routledge, 2009).

68) 융이 영지주의와 헤르메스주의 자료에 대한 해석을 미드에게 의존한 것에 대해서는, Hanegraaff, *New Age Religion*, p. 510; Noll, *The Jung Cult*, pp. 69, 326.

69) Bergson에 대해서는 Shamdasani, *Jung and the Making of Modern Psychology*, pp. 77 and 129; Beatrice Hinkle, 'Jung's Libido Theory and the Bergsonian Philosophy', *New York Medical Journal* 30 (1914), pp. 1080-86. Driesch and Bleuler에 대해서는, Ann Addison, 'Jung, Vitalism, and "the Psychoid": An Historical Reconstruction', *Journal of Analytical Psychology* 54 (2009), pp. 123-42.

70) Lucy Huskinson, *Nietzsche and Jung* (London: Routledge, 2004); James L. Jarrett (ed.), *Jung's Seminar on Nietzsche's Zarathustra* (Princeton, NJ: Princeton University Press, 1997).

71) C.G. Jung, *Jung on Astrology*, ed. Keiron le Grice and Safron Rossi (London: Routledge, 2017).

72) C.G. Jung, Letter to Sigmund Freud, 12 June 1911, in *C. G. Jung Letters*, Vol. 1, pp.23-24.

73) 아일라 프로고프가 Cary F. Baynes에게 보낸 편지, 소누 샴다사니의 호의에 의함.

74) Letter from Ira Progoff to Cary F. Baynes, courtesy of Sonu Shamdasani.

75) Jung, CW15, ¶81.

76) 숙명과 영혼의 행성 상승에 대한 융의 논의는 제5장. 고대 말기의 종교에서 이 주제에 대해서
는, Alan F. Segal, 'Heavenly Ascent in Hellenistic Judaism, Early Christianity and
Their Environment', in *Aufstieg und Niedergang der römischen Welt (ANRW)*,
Vol. 2, ed. W. Haase (Berlin: De Gruyter, 1980), pp. 1333-94; Ioan P. Couliano,
Psychanodia I (Leiden: Brill, 1983).

제1장

융은 점성술을
어떻게 이해하고
있었는가?

제1장
융은 점성술을
어떻게 이해하고 있었는가?

특정한 원인의 결과를 예언하는데 점성술이 사용되는 것은 인정하지 않을 수 없지만, 그것이 무엇보다 중요한 것은 아니다. … 물론, 그것을 검토하는 것으로 숙명 대 자유의지의 모든 의문이 생기고, 금세 '현교적(顯敎的, exoteric)'인 점성술사와 '비교적(秘敎的, esoteric)'인 점성술사 간의 차이가 명확해진다. 전자는 숙명론자로서 자신이 영원히 운명에 시달릴 것이라고 믿으며 … 비교적인 점성술사는 그런 것은 믿지 않는다. 그의 확신은 사람은 씨앗을 뿌리면 거두지 않으면 안 된다는 신념에 근거하고 있으며, 그의 좌우명은 '너 자신을 알라'이다.[1)]

— 알란 레오

태양, 달, 행성은 말하자면 인간 성격의 몇 가지 심리학적 혹은 심적 구성요소를 설명하는 것이었다. 때문에 점성술은 성격에 대해 어3

느 정도 타당한 정보를 부여할 수 있는 … 고대 말기의 종교적 비의(祕儀)는 모두 헤이마르메네(Heimarmene)로부터의 인간의 해방, 바꿔 말하면 그 사람의 성격의 바탕이 되는 강제적 특성으로부터의 해방과 관련된 것이다.[2]

— 융

20세기 초의 점성술

점성술은 경계적인 영역에 있다. 그 때문에 점성술에는 많은 정의가 생겨났다. 거기에서 융의 점성술의 의미를 이해하려면 어느 틀 안의 점성술인가를 살펴볼 필요가 있다. 융이 연구를 시작했을 당시 서양에서 점성술은 어떻게 보였을까. 패트릭 커리(Patrick Curry, 1951-현재)[54]는 점성술을 '지상의 삶이나 사건에 천체를 관련짓는 행위 및 그렇게 해서 생겨난 전통'[3]이라고 훌륭하게 포괄적으로 기술하고 있다. 천문학은 천체를 관찰하고 측정하지만 점성술은 인간의 경험과 결부하여 천체에 의미를 할당한다. 융이 『새로운 책』에 몰두해 있던 수년간의 서양 점성술 역사에 대한 자세한 내용은 이 책 내용의 범위 밖이지만,[4] 그런데도 19세기 후반부터 20세기 초에 걸친 점성술에 대한 다양한 접근 방식은 융의 점성술

---

54 문화 천문학에서 점, 생태 운동, 마법의 본질에 이르기까지 다양한 주제를 연구하고 가르친 캐나다 태생의 영국 학자이다. 그는 J. R. R. 톨킨에 대한 연구로 유명하다. 한국어로 번역된 저작으로는 이상헌 옮김, 『마키아벨리』, 김영사, 2007가 있다.

을 파악하는 방법과 깊은 연관이 있다.

예언 방법으로서의 점성술은 세기말의 비교적인 그룹 내에서는 중세를 방불케 하듯이 보급되었다. 융이 『새로운 책』에 열중하기 시작할 무렵의 독일어권 점성술 저자들은 거의 예외 없이 미래를 예언하는 기술로서 점성술을 추구하고 있었다.[5] 다만 독일 점성술은 '무브먼트'로서는 1920년대 중반까지는 특별히 볼 만한 것은 없었고,[6] 그 후 독일어권에서 발전하기 시작한 심리학 지향 점성술은 융 자신의 출판물에 크게 의존하고 있는 것이었다. 이에 반해 영국에서는 세기가 바뀔 때 그와는 별도로 두 종류의 점성술이 등장하여 점차 유럽과 미국 모두에서 점성술사들에게 영향을 주기 시작했다. 이것은 고대 말기에 그 기원을 가진 것이다. 이 두 개의 '새로운' 점성술—사실은 전혀 새로운 것은 아니지만—의 출현은 1875년에 블라바츠키에 의해 설립된 신지학회[55]와 1888년에 윌리엄 윈 웨스트콧(William Wynen Westcott, 1848-1925),[56] 사무엘 리델 맥그리거 매더스(Samuel Liddell MacGregor Mathers, 1854-1918),[57] 윌리엄 로버트 우드만(William Robert Woodman, 1828-1891)[58]에 의해 창설된 황금새벽회(the Hermetic Order of the Golden Dawn)[59]에 의한 것이 크다.[7] 알란 레오의 업

---

55   블라바츠키의 생애와 신지학회에 대해서는 스로타파티 옮김, 『운명의 바람 소리를 들어라』, 책읽는 귀족, 2017.

56   영국의 검시관, 의식 마법사, 신학자이다.

57   본명은 Samuel Liddell Mathers이고, 영국의 신비주의자이다.

58   영국의 의사, 점성술사이다.

59   19세기 말과 20세기 초. 마법의 교단으로 알려진 황금새벽회는 영국에서 활동했으며 마법과 영적 발달에 중점을 두었다. 의식과 마법에 대한 많은 현대적 개념 Wicca 및 Thelema와 같은 현대 전통의 중심에 있는 이 작품은 20세기 서양 신비주의에 가장 큰 영향 중 하나가 된 황금여명에

적에 대해서는 다음 장에서 자세히 논할 것이지만 레오 같은 신지학적인 점성술사는 출생 호로스코프가 그 인물의 영적인 성장에 관해 무엇을 나타내는가에 관심을 갖고 있었다. 한편, 마법사로서 오컬티스트인 프레데릭 호클리(Frederick Hockley, 1809-1885)[60]나 맥그리거 매더스와 같은 점성술사는 신플라톤주의 문서나 중세의 카발라주의적 마법에 유래하는 마법적 의식을 위해 점성술을 개편해 나갔다. 그들의 점성술의 용도는 개인의 심리학적 및 영적인 변용을 달성하기 위하여 점성술의 심벌, 기호, 부적을 이용해 천계의 힘 있는 자를 소환하려는 것이었다.[8] 황금새벽회와 그 외 오컬트 단체에 속한 점성술사는 성격판단이나 점을 보기 위해서도 황도 12궁을 사용했다. 그러나 특히 입회자의 적성이나 마법적 의식의 올바른 때를 판단할 경우에는 더욱 내면에 초점을 맞추어 융 자신이 전개한 점성술에 대한 심리학적 접근의 원형이 되었다.[9]

융이 호클리나 맥그리거 매더스의 저작을 알고 있었다는 것을 나타내는 증거는 아직 발견되지 않았지만 그는 황금새벽회의 다른 멤버가 쓴 것을 잘 알고 있었고, 『새로운 책』에 열중하던 시기에는 더 오래된 다양한 마법에 관한 문서를 입수하였다.[10] 신지학회의 전 서기인 G.R.S. 미드와의 교우[11]나, 신지학적 점성술사들에게 호로스코프의 해석을 의뢰한 것을 보면, 융이 점성술을 심리학적으로 이해하는데 있어서 최대의 영감을 얻은 것이 영국의 비교적 그룹에서였다는 것을 잘 알 수 있다. 미래에 관

서 영감을 받았다. 신지협회가 동양정신에 영향을 부흥시켰다면, 황금새벽회는 서구 근현대 오컬트에 영향을 미쳤다.

60   영국의 신비주의자이다.

해 추측하고 싶은 바람이 없는 것은 아니었겠지만, 애초부터 융에게 사건의 문자 그대로의 예언은 첫 번째 관심사는 아니었다. 그가 관심을 갖고 있었던 것은 심리학적 사상으로 개인의 마음과 그 삶에서의 전개에 대해 호로스코프라는 상징적 지도가 밝혀내는 것을 이해하려고 했다. 그리고 이 입장은 평생 변하지 않았던 것이다. 1954년에 프랑스 점성술사 앙드레 바르보(André Barbault, 1921-2019)[61]에게 쓴 긴 편지 속에서 융은 다음과 같이 분명히 말하고 있다.

> "점성술의 별자리(constellation)와 심리학적 사상 사이의 현저한 유사성의 예가 다수 있습니다. … 점성술은 심리학이 관심을 갖는 집단 무의식과 같이, 상징적 배치로 구성되어 있습니다. '행성'은 신, 즉 무의식의 힘의 상징입니다. … 저의 생각으로는 점성술사는, 자신의 말이 단순한 가능성이라고 항상 생각하는 것은 아닙니다. 때로는 해석이 지나치게 자의적이어서 충분히 상징적이지 않을 수도 있습니다."[12]

융이 점성술에 깊이 관여했다는 것은, 분석가들 사이에서는 줄곧 공공연한 비밀이었다. 그러나 이 지식이 풍부한 집단 속에서조차 그러한 괴상한 취향에 대해 상당히 당혹감을 표명하는 분석가와 융 학파 운동가들도

---

61   프랑스의 점성술사이다. 1967년 그는 Astroflash 컴퓨터 점성술 차트 해석 프로젝트의 창시자였다. 1968년에 그는 《L'astrologue》 저널을 창간했다. 그는 프로이트 정신분석과 점성술 발전에 기여하였다. 신화적 사고와 행동은 우리 안에 계속 남아 있으며, 그는 점성술을 선험적으로 비난하는 사람들을 비판하였다. 그는 특히 태양계의 행성 사이의 거리를 측정하는 행성 농도 지수를 도입하여 평범한 점성술을 새롭게 했다.

있었다.[13] 융은 자신의 점성술에 대한 깊은 관심을 동료들에게조차 숨길 필요가 있다고 느낄 때가 있었다. 1946년에 런던 분석심리학협회를 설립하여 영어판 『선집』의 간행을 지원했던 마이클 포드햄(Michael Fordham, 1905-1995)[62]에게 보낸 편지에서 융은, 동시성에 관한 두 가지 소논문[14]에서 서술한 점성술을 이용한 연구의 정당성을 주장하며 다음과 같이 쓰고 있다.

> "사실은 호로스코프나 통계표를 만들기 위해 점성술의 말을 믿을 필요는 없습니다. 저는 충분히 회의적인 사람이지만, 그래도 모든 종류의 점을 실험하여 시험해 볼 수가 있습니다. 조금도 믿지 않는데도 완전히 호기심에서 연금술의 수순을 반복하는 일조차 가능합니다. 그리고 사람은 성변화(transubstantiation)[63]를 믿지 않아도 미사에 참석할 수 있고, 스탈린을 믿지 않아도 공산주의자 회합에 참가할 수 있습니다."[15]

이 편지의 날짜는 1954년 12월 15일이다. 점성술의 별의 배치(천체의 배치)와 심리학적 사상 사이의 '현저한 유사성'에 대해 쓴 융이 바르보에게 쓴 편지에서 7개월밖에 지나지 않는다. 이 몇 개월 사이에 융이 점성술에

---

62   영국 아동 정신과 의사이자 융 분석가이다. 그는 C.G. Jung의 Collected Works의 영어 번역의 공동 편집자였다.

63   기독교의 신학용어 중 하나로, 로마 가톨릭 신학에서 성찬에서 밀빵과 포도주가 각기 예수의 몸과 피로 바뀌는 일 또는 그러한 믿음을 가리킨다. 실체변화, 변화지례라고도 하며, 화체설로도 알려져 있다.

대해 갑자기 마음을 바꾸었다든가 바르보 같은 프로 점성술사를 기쁘게 해주려고 했을 뿐이라는 따위는 있을 것 같지 않다. 오히려 융은 자신의 점성술을 이용한 연구를 '점(占) 실험'으로 위장하는 편이 현명하다고 생각한 것 같다. 그리고 한편으로 포드햄에게 다시 편지를 써서 자신의 실험에 대한 다양한 비판은 '점성술에 대한 지식을 완전히 결여하고 있기'[16) 때문에 통계 데이터는 '점성술을 강하게 지지하고 있다'[17)고, 가능한 한 실수 없이 설명하려 하고 있다. 그러나 포드햄이 납득했음을 말해주는 것은 아무것도 없다.[18) 자신의 점성술적인 일을 감춰두려고 융이 조심한 것은 1952년부터 1955년까지 취리히에서 융의 밑에서 연구한 미국 심리요법가 아일라 프로고프(Ira Progoff, 1921-1998)[64]가 1953년에 쓴 케리 베인즈(Cary F. Baynes, 1883-1977)[65]에게 보낸 편지에서도 드러난다.

> "J 박사(융)에게서 귀국하면 점성술을 공부하라고 조언받았다는 것을 안다면 크게 흥미를 가질 것입니다. … 점성술은 경계의 예에서는 아주 귀중한 단서를 줄 수도 있기 때문에 모든 분석가는 그것을 익혀야만 한다는 것입니다. 그는 자신이 점성술을 그렇게 존중하고 있는 것이 알려지는 것을 원하지 않습니다. 그렇지만 그는 예전처럼 그것에 대해 주의 깊게 할 필요가 있다고는 느끼지 않는다고 말했습니다."[19)

---

64 미국의 심리요법사이고, 드류대학 재학 중에 집중 저널 방법(Intensive Journal Method)을 개발한 것으로 잘 알려졌다. 그의 주된 관심은 심층심리학, 특히 융의 사상을 일반인들의 생활에 인도적으로 적용시켰다. 그는 이 방법을 촉진하기 위해 뉴욕시에 DialogueHouse를 설립하였다.

65 Cary Fink에서 태어났고 미국의 심리학자이자 번역가이다. 그녀는 융의 작품과 Richard Wilhelm의 *I Ching*을 번역했다.

융의 사적 아카이브(보관소)에 있는, 환자와 동료 차트의 대규모 수집품 가운데 누군가의 손에 의한 것인지 알 수 없는 프로고프의 호로스코프가 있다.

분석가들로서는, 연금술의 상징에 융이 몰두했다는 편이 아직 받아들이기 쉬울 것이다. 연금술은 어느 정도의 역사적 거리에 의해 현대세계에서 안전하게 격리되어 있어 과학사에서 호기심을 자아내는 딸꾹질 정도로 생각할 수 있기 때문이다. 어쨌거나, 융은 글자 그대로의 연금술사는 아니었다. 그러나 점성술은 고대와 중세의 세계뿐만 아니라 현대에 있어서도 살아 있다. 대중지에 게재되고 있는 것처럼 지나치게 단순화된 별점 등은, 특히 합리적인 심리학자가 관여할 일은 아닌 것처럼 보인다. 실제로 앤드류 새뮤엘즈(Andrew Samuels, 1949-현재)[66]는 포괄적인 내용의 저서 『융과 포스트 융 학파』에서, 천체가 가져다주는 숙명을 의미하는 고대 말기의 개념인 헤이마르메네(heimarmene)에 융이 열중했다는 사실[20]은 전혀 언급하지 않고, 점성술에 대한 부정적인 언급을 하나 하고 있을 뿐이다.[21] 또한, 융의 생각에 대해 많은 저서를 쓰고 강연도 하고 있는 로버트 시걸(Robert Segal)은 영지주의—별세계(星界)의 우주론에 확고히 뿌리를 박은 종교사상이자 내적인 강제력으로서의 점성술적 숙명에 깊은 관심을 가진—에 관한 융의 논문 선집에 대한 긴 서문에서조차 별세계의 전승을 융이 좋아했던 것에 대해 전혀 논하지 않았다.[22]

---

66   미국의 심리 치료사이자 심리학적 관점에서 정치적, 사회적 주제를 쓰는 작가이다. 그는 정치 및 조직 컨설턴트로 유럽, 미국, 브라질, 이스라엘, 일본, 러시아 및 남아프리카 공화국의 정치인, 정치 조직, 활동가 그룹 및 일반 대중과 함께 일했다. 임상적으로 그는 Jungian과 Post-Jungian, 관계형 정신 분석 및 인본주의적 접근 방식을 혼합하여 개발했다.

해석자의 선입관이나 학계에 널리 퍼져있는 사고방식에 얽매여 어느 저자의 작품을 선택적으로 해석하려 하는 것은, 학문의 세계에서는 결코 새로운 현상은 아니다. 그리스의 우화 작자들이 오르페우스는 '사실은' 무엇을 말하고 있는지 논의하고, 이암블리코스와 포르필리오스(Porphyry, 234?-305?)[67]가 '진짜' 플라톤의 세계관에 대해 논쟁을 벌이고, 기독교의 신학자가 토라와 유태의 카발라 속에서 그들 자신의 진리가 숨겨진 '징표'를 발견했다고 주장한 시대부터 변함없이 '연구자 편견'(바이어스)의 강요는 계속되어 왔다.[23] 위대한 과학사상가의 평가에서 '슬픈 학문'의 오점을 제거하고자 하는 것은, 갈릴레오 같은 인물에 대해 근대의 학자들이 일관되게 조처해 온 것이다. 갈릴레오는 일반적으로 인정받고 있는 것처럼 과학사에 공헌한 천문학자일 뿐만 아니라, 점성술사이기도 하였다.[24] 그러나 오래전부터 있었던 '연구자 편견'이라고 하는 현상과 그것이 만들어 낼 생각지도 못한 것은 문헌을 제외하면, 융의 사적인 서고에 있는 시사하는 바가 많은 광범위한 점성술 문헌의 존재는 말할 것도 없고, 출판되어 있는 프로이트나 그 외의 사람에게 보낸 융의 편지, 게다가『선집』을 보더라도 융이 일종의 심리학적 해석으로서 점성술의 철학, 성질, 실제 적용에 극히

---

67   페니키아의 두로에서 태어난 신플라톤주의 철학자이다. 그는 263-269년에 아테네에서 롱기누스와 함께 공부한 다음 로마에서 플로티노스에게 사사했으며 플라톤주의의 추종자가 되었다. 그는 그 당시에 행해진 거의 모든 학문 분야에 글을 썼지만 그의 방대한 결과물 중 일부만 남아 있다. 그는 영향력 있는 사상가였다. 그는 이교도와 다른 분야에 신플라톤주의를 적용했고, 그 자체로 신플라톤주의 사상의 전파에 핵심 인물이다. 아리스토텔레스의 논리적 저작에 대한 그의 글은 부분적으로 보존되고 보에티우스의 번역을 통해 라틴 서부에 영향을 미쳤으며 아리스토텔레스의 논리적 저작을 플라톤주의와 조화시키려는 시도를 담고 있다. 아리스토텔레스에 대한 그러한 화해적인 태도는 그의 철학의 많은 부분을 특징짓는다.

진지하게 관심을 갖고 있었다는 것은 일반 독자가 보더라도 명확하고도 논란의 여지가 없는 것이다.

리비도[68]와 시간의 성질

출간된 왕복편지에서 미루어 융이 점성술에 대해 탐구를 시작한 것은 아직 프로이트와 함께 일을 하고 있던 1911년의 봄인 것 같다.[25] 이 해 5월 8일자 프로이트에게 보낸 편지에서 융은 다음과 같이 쓰고 있다.

> "요즘 점성술을 검토 중입니다만, 그 지식이 신화를 이해하는데 절대적으로 필요한 것이라고 생각됩니다. 이 그윽하고 어두운 지대에는 불가사의한 일이 얼마든지 있습니다."[26]

프로이트의 답장은 점성술에 반대하지는 않지만, 최근 마음에 드는 제자에게 기행이 나타날까 걱정하는 것으로 쓰여져 있다.

---

68 성충동을 의미하는 말로, 융이나 프로이트 등의 연구에서 나타난다. 정신분석학적인 용어로 일반적으로는 개인이 개인적 발달이나 개성화 과정에서 겪게 되는 자생적인 정신적 에너지를 의미한다. 이러한 맥락에서 리비도는 심리학에서 사람이 내재적으로 갖고 있는 정신적인 에너지를 가리킨다. 프로이트 정신분석학의 기초 개념으로, 이드(id)에서 나오는 정신적 에너지, 특히 성적 에너지인 성욕 또는 성적 충동 등을 지칭한다. 한편 융은 이를 좀 더 확장하여 역동성을 갖는 생명의 에너지로 해석하였다.

"당신이 오컬트 연구에 깊이 심취되어 있을 것이라는 걸 나는 짐작하고 있었고, 풍부한 전리품을 갖고 개선하는 것을 의심하지는 않습니다. 그것에 대하여 이러쿵저러쿵 말할 입장도 아닙니다."[27)

이 마지막 말은 후에 완전히 성취될 예언이었다는 것을 알 수 있다. 동년 6월 12일자의 프로이트에게 보낸 편지에서 융은 자신의 점성술 공부에 대해 더 많이 쓰면서 심리학에 있어서의 점성술의 중요성을 강조하고 있다.

"요즘 매일 밤, 점성술에 대부분의 시간을 쓰고 있습니다. 심리학적인 진리 내용에서 실마리를 찾으려고 호로스코프 계산을 실습하고 있습니다. … 예를 들면 황도 12궁의 그림은 성격상, 바꿔 말하면 그때그때의 전형적인 리비도의 특성을 그려내는 리비도의 상징이라고 생각됩니다."[28)

그 답장에서 프로이트는, 융이 점성술에 깊이 빠져있는 것에 대해 의견을 밝히는 것을 꺼렸지만, 프로이트 자신도 보기만큼 무관심하지는 않았을지도 모른다. 융과 만나기 11년 전인 1896년에 프로이트는 친한 친구이자 동료 의사인 빌헬름 프리스(Wilhelm Fliess, 1858-1928)[69]에게 편지

---

69   베를린에서 개업한 독일 이비인후과 의사이다. 그는 현대 과학자들이 받아들이지 않은 인간 바이오리듬과 비생식기 연결 가능성에 대한 이론을 발전시켰다. 그는 프로이트와 긴밀한 개인적 우정과 이론적 협력으로 가장 잘 기억되고 있다.

를 써서 프리스의 '생명의 주기성'이라는 색다른 가설에 대해 의견을 개진하였다. 이것은 천문학적 주기가 역사상의 시대와 인체 기관에 모두 영향을 미친다는 설이다.[29]

"역사상의 시대에 대한 그런 공상을 제가 웃거나 하지 않는다는 것을 아시겠죠. … 그러한 생각에는 무언가가 있습니다. 그것은 그러한 것들에 공통되는 미지의 실재하는 상징적 예감입니다. … 사람은 이미 하늘의 영향을 인정하지 않을 수 없습니다. 명예 점성술사인 당신에게 머리를 숙입니다."[30]

프로이트가 이 글을 어떤 의도에서 썼는지는 알 수 없다. 그러나 프로이트는 '하늘의 영향'에 대한 자기 자신의 의견에 대해 융과 의논을 시작할 마음은 없었던 것 같다. 융이 자신이 점성술에 관계되고 있다는 것을 공표하기 1년 전인 1910년에 프로이트는 융에게, '하찮은 검은 진흙의 조류(오컬티즘)'에 대해 '확고한 보루'를 만드는 것을 도와달라고 부탁한 적이 있었다.[31] 프로이트가 융에 대해 "그(융) 자신으로부터의 도피 … 신비주의적이라 부를 수 있을지도 모를 그의 또 다른 면으로부터의 도피"[32]라고 본 것에 대해 융은 당연한 것이지만 불신감을 품고 있었다. 그 후 곧 두 사람 사이의 고통스러운 단절이 시작되었다. 1911-1912년에 융이 『무의식의 심리학』을 출판하면서 이를테면 저작으로서 결투를 벌였던 것이다.[33] 융 자신은 "이 책의 출판이 우리의 우정에 종지부를 찍었다."[34]라고 말하고 있다.

심리학적 통찰을 준다는 점에서 점성술의 가치를 융이 인정한 것만큼 중요한 것이, 프로이트에게 보낸 두 번째 편지에서 융의 '리비도'라는 말의 사용법이다. 그에게 있어 그것은 프로이트가 주장했던 성적 본능에 한정된 것이 아니라 '창조적 충동'[35]으로서 나타나는 생명의 심적 에너지도 포함하고 있었다. 이 리비도의 개념 확장은 『무의식의 심리학』이 처음 출판되었을 때 분명히 표명되었고, 거기에서 황도 12궁의 주기를 리비도 주기에 비유적 묘사로 인식하고 있는 것에서도 알 수 있다. 프로이트와 결별하기 적어도 2년 전에는 이미 점성술이 융의 심리학적 역동성에 영향을 미치기 시작했다고 생각된다. 융은 처음 점성술적 이미지를 '투사'—내부의 심리학적 내용의 외부 사물로의 무의식적인 전화(轉化)—라고 표현하고, 점성술이 전적으로 인간 마음의 산물로서 하늘과의 실제 연결고리는 아무것도 없다고 생각했던 것으로 보인다. 그러나 프로이트에게 보낸 편지에서 보면 사실 좀 더 섬세한 사고방식을 갖고 있음을 알 수 있다. 프랑스 철학자 앙리 베르그손은 스스로 '엘랑비탈'(élan vital, 생명의 비약)이라 부르는 개념을 생각해 냈는데, 융은 어디서나 그리고 모든 것에 존재하는 리비도의 동의어로서 베르그손의 '창조적 지속'(duree creatrice)[70] 혹은 '창조력'이라는 말을 차용한 것이다.[36] 이 틀 안에서는 황도 12궁의 상징물인 구체적 이미지는 인간의 마음에 의해 만들어졌을 수도 있지만 실재 자체로 선천적으로 이미지가 갖춰져서 시간의 성질에 반영되는 것에 대응하

---

70   베르그손은 시계의 시간이 아니라 체험된 시간이야말로 진정한 시간이고 이것이 질적인 변화를 가져온다고 생각했다. 이를 지속이라고 부르면서 모든 존재는 창조적으로 진화하는 변화 과정 속에 있다고 한다.

고 있는 것이다. '시간과 창조력'은 '전적으로 같은 것이다'[37]라고 융은 주장했다. 즉, 인간이 경험하고 비유적으로 황도 12궁의 이미지로서 정식화되는 것과 실제로 생명 자체에 속하는 것들 사이에 일종의 '심파시', 즉 공명이 있어 개개 순간의 특유의 속성을 통해 그 창조적인 힘을 보인다는 것이다. 점성술의 상징은 심적 투사로서 물리적 차원에서는 하늘과의 연결고리도 아무것도 갖지 못할지도 모른다. 그러나 하늘의 주기는 '내적인 이곳' 만큼이나 '외적인 저곳'의 때의 성질을 반영하고 있는 것이다.

융은 1932년 취리히에서 실시한 '비전의 해석' 세미나 중 하나로 이 인간의 마음과 천체의 주기 사이의 공명이라는 생각을 강조했다.

> "점성술은 당신들에게 있어 의식적으로는 완전히 미지의 것일지 모르지만, 무의식에 있어서는 아주 친숙한 것이다. … 1년 중 각 월의 특성, 표현을 바꾸면 황도 12궁의 사인은 사실은 시간과 시간의 성질에 관한 우리들의 무의식적인 지식의 투사이다. 1년 중 특정 시기에 시작되는 것은 이러이러한 특징을 갖는다는 것은 마치 우리의 무의식 속에 심원한 지식, 즉 무의식적인 경험에 바탕을 둔 지식이 있다는 것과 같다."[38]

이 견해는, 시간은 '영원을 비추는 움직이는 이미지'로 천체의 주기적인 움직임에 의해 생겨나는 낮, 밤, 달, 년과 더불어 하늘은 '모두가 시간의 부분'이라는 플라톤의 말과 일치한다.[39] 『비전 세미나』에서 융은 시간의 성질은 개인 황도 12궁의 이미지에 나타난다는 견해에 대해 상세하게 설명했다. 천계의 라이온인 사자자리로 나타나는 7월의 셋째 주에서

8월 셋째 주에 걸친 시기는 '정열적, 격렬, 위험, … 매우 남성적'으로 '힘의 개념'을 상징하고 있다.[40] 천계의 숫소인 황소자리('5월의 사인')는, 억제할 수 없는 무의식적 창조력'이다.[41] 제6장에서 살펴보듯이, 소위 플라톤년(Platonic Year),[71] 즉 황도 12궁의 별자리를 통과하는 춘분점의 움직임을 보았을 때의 26,000년의 대주기에 대한 융의 이해도, 황도 12궁의 주기를 시간의 성질을 상징하는 것으로 간주하는 생각에 기초하고 있다. 그리고 융은 개인의 마음뿐만 아니라 집단 무의식도 리비도의 끊임없이 변화하는 특성을 반영하고 있으며, 역사의 주기—특히 새로운 종교적 이미지의 형성—는 춘분점 세차(歲差)의 대주기를 충실하게 반영하고 있다고 확신하고 있었다.

출판된 문헌 속에서 융의 점성술에 대한 최초의 언급은, 프로이트 건의 편지 바로 뒤에 나온 '정신분석론'이라는 논문에 등장했다. 이 논문은 원래는 1912년 9월에 뉴욕의 포드햄 대학(Fordham University) 의대에서의 일련의 강의로 발표된 것으로,[72] 이 때 융과 프로이트는 미국 정신의학계에 정신분석에 대해 알려주기 위해 대서양을 건넜다.[42] 당시 이미 융과 스승의 관계는 한계까지 긴장이 고조되고 있었다.[43] 융 논문의 독일어 번역은 1913년에 출판되고, 영어판은 1913년부터 1915년에 걸쳐 미국의 잡지 『정신분석학 리뷰』(*The Psychoanalytic Review*)에 5호로 나뉘어 게재

71　플라톤 때는 개념만 정의했다가 미국 항공우주국에 의해 약 25,800년 동안 황도를 완주하는 춘분점의 한 주기로 정의되었다. 분점의 완전한 한 주기는 자전축의 세차 운동의 한 번의 완전한 주기를 의미한다. 낮이 밤을 이기는 시작점이 춘분이다.

72　칼 융, 정명진 옮김, 『정신분석이란 무엇인가─칼 융이 미국 포드햄 대학에서 한 정신분석 강의─』, 부글북스, 2014.

되었다.[44] 융은 한 여성 환자의 꿈에 대해 논하면서, 죽음과 부활의 신화적 주제를 언급하며 다음과 같이 말했다.

> "이 모티브는 전 세계의 무수한 신화에서 인정된다. … 그 바로 배후에 있는 의미는, 태양은 바다 괴물에게 삼켜졌다가 아침에 다시 태어난다는 천체신화적인 것이다. 물론 천체신화 전체가 사실은 하늘에 투사된 심리—무의식의 심리—일 수밖에 없다. 신화는 결코 의식적으로 만들어진 것도 만들어지는 것도 아닌, 인간의 무의식에서 생겨나는 것이기 때문이다."[45]

이 문장은, 오해를 불러일으키지 않도록 주의 깊게 표현되어 있다. '점성술'은 '천체신화'로 되어 있어, 예수회[73]가 운영하는 대학의 의학생에게는 확실히 이쪽 말이 받아들이기 쉽다.[46] 그러나 황도 12궁은 사람의 마음속 하늘에의 비유적 투사라고 한 해 전에 프로이트에게 보낸 융의 편지와 같은 것을 말하고 있다. 신화를 이해하려면 점성술이 '불가결'하다는, 프로이트에 대한 융의 말은 그가 '천체신화'—천체에 대한 이야기—를 모든 신화의 근원으로 파악하고 있음을 보여준다. 이 생각은 수메르인이나 바빌로니아인의 현존하는 가장 오래된 천지창조 신화에 의해 뒷받침된다고 생각된다.[47] 융의 의견으로는 탄생, 젊음, 성숙, 죽음이라는 가

73　로마 가톨릭교회의 엄밀한 학문과 사도적 열성으로 알려진 수도회이다. 이 수도회는 1539년 이냐시오 데 로욜라에 의해 창립되어 1540년 교황 바오로 3세로부터 정식 승인을 받았다. 선교사 지원 활동, 복음화, 연구와 교육의 분야에서의 활동으로 명성이 높다. 널리 알려진 예수회 수도사로는 프란치스코 하비에르와 피에르 파브르가 있다.

장 기본적인 인간의 경험은, 육체적인 것도 심리학적인 것도, 떴다가 남중(자오선 통과)했다가, 가라앉다가 다시 떴다가, 영원히 반복되는 것처럼 보이는 태양, 행성, 별자리의 주기에 '투사'되고 있는 것이다.

마음과 우주 사이에는 신비로운 '공명적' 결합이 있다고 하는 융의 상정은, 포드햄 대학에서 학생에게 강의했을 때에는 이미 확립되어 있었던 것 같다. 로버트 시걸은 융이 심리학적인 것의 '육체적인 것 그리고 형이상학적인 것으로부터의 명확한 분리―내부의 외부로부터의 분리'를 강조하고 있었다는 점에서 융은 19세기 후반의 제임스 프레이저 경(Sir James Frazer, 1854-1941)[74]과 에드워드 버넷 타일러 경(Sir Edward Burnett Tylor, 1832-1917)[75]의 전통을 따르는 '근대주의자'라고 주장하고 있다.[48] 그러나 이 의견은 프로이트와 마찰을 피하고, 비웃음을 사지 않도록 자기

---

74 스코틀랜드에서 태어난 고전 인문학자로 글래스고와 케임브리지대 트리니티칼리지에서 공부했다. 그는 1907-1908년에 리버풀대 교수를 역임한 것 외에는 죽을 때까지 줄곧 케임브리지의 연구원으로 있었다. 아버지의 뜻에 따라 법학을 공부했으나 에드워드 타일러의 『원시문화』를 읽고 원시종교를 비롯한 인류의 종교사에 깊은 관심을 가지게 되었다. 그의 연구는 인류학, 종교학, 사회학, 민속학, 문학, 예술 등 방대한 분야에 걸쳐 지대한 영향을 끼쳤으며, 특히 대표작 『황금가지』는 다윈의 『종의 기원』과 마찬가지로 독창적이고 기원적인 저서로 손꼽힌다. 다른 저작으로는 『파우사니아스의 그리스 여행기』, 『사회 인류학의 영역』, 『토테미즘과 족외혼』, 『불멸성의 신앙과 죽은 자의 숭배』, 『구약성서 속의 민속학』 등이 있다.

75 영국의 인류학자이다. 1896년 옥스퍼드 대학교 최초의 인류학 교수가 되었다. 종교와 관련한 애니미즘 이론으로 알려졌으며, 인류학 연구의 대상을 문화에서 찾았다. 그는 문화에 대한 최초의 고전적 학술적 정의를 시도한 사람이다. 그에 따르면 문화란(혹은 문명) 보다 넓은 민족지학적인 의미에서 "지식, 신앙, 예술, 도덕, 법, 관습 그리고 사회 구성원으로서 인간에 의해 얻어지는 또 다른 능력과 습관들을 포함하는 복잡한 통합"이라고 한다. 그는 이 용어를 인위적으로 가공된 세계의 모든 총체적 집합으로 사용하였다. 인류학 연구의 새 분야를 많이 개척하여 '인류학의 아버지'로 불린다. 저서로는 애니미즘 이론을 쓴 『원시 문화』, 『인류학』 등이 있다. 1912년 Knight Bachelor (기사작위)를 받았다.

자신을 지키기 위해 말한 융의 극히 초기의 말로 밖에 해당되지 않을 것이다. 융이 포드햄 대학에서 말한 것 중 특히 흥미 깊은 것은, 그가 어떻게든 타개해 나갈 필요가 있다고 생각하고 있었다는 것이다. 1912년에 융은 포드햄에서 프로이트 학파라는 공식 입장으로서 점성술의 '과학적인' 설명을 하고자 했던 것이다. 요컨대 삶과 죽음이라는 어디에나 있는 인간의 경험이 자연 천상의 일에 의미를 부여하는 태양의 이야기로서 묘사되어 재생의 희망을 주고 있다는 것이다. 시걸이 말하고 있는 것처럼 이 접근은 태양신 혹은 그 대리인 인간으로 태양 영웅의 주기적인 여행이, 일출과 일몰이라는 자연현상을 설명하면서 인생의 짧음이라는 두려운 현실에 의미를 부여하려 한 '태고의 인간'의 노력의 산물이라고 말한, 프레이저의 『황금가지』[76]와 같은 말을 하고 있는 듯하다. 다시 말하면 신화는 만들어진 나쁜 과학이며 인간이 죽어야 할 숙명에 있다는 실존적인 현실에서 도피하려는 노력에 지나지 않는다는 것이다. 그러나 융의 말은 보다 복잡하고, 하늘의 주기에 의미를 찾는데 심리학적 중요성이 있다고 이미 생각하기 시작했음을 알 수 있다. 포드햄 학생들에게 한 이야기는 얼마 후 『새로운 책』에 등장하는 내용, 즉 내적인 초개인적 자기를 상징하는 것으로서 점성술의 태양이 갖는 중심적 역할을 예고하는 것이었다.

　『무의식의 심리학』이 출판되고 프로이트 학파의 정신분석에 대한 융의 거절이 알려지자 나중에 『선집』에 수록될 여러 논문에서 점성술에 대한 언급이 더욱 빈번하게 보이게 되었다. 이들 언급은 점성술과의 관계가 계속 깊어지고 있음을 보여준다. 게다가 동료나 친구들에게 보내는 여러

76　박규태 옮김, 『황금가지』1, 2, 을유문화사, 2021.

편지에서는 융이 환자와 자기 자신 모두에 대한 통찰의 근원으로서 점성술의 상징체계를 참고한 일이 많아졌음을 알 수 있다. 그의 저작에는 과학적인 접근을 발표하는 것에 대한 불안감도 잇달아 계속 나타나지만, 때때로 융은 장난스런 유머 센스를 보이곤 했다. 논문 속에 행성과 황도 12궁의 전통적 기호와 함께 점성술의 지식을 아무렇지 않게 집어넣은 것이다. 그것은 동료 전문가들에게는 이해될 수 없었을 것이고, 융도 일부러 설명하지는 않았다.

이 장난꾸러기 경향의 예를 1934년에 독일에서 최초로 출판된 논문[49]에서 볼 수 있다. 이 논문에서 융은 어떤 환자를 'X부인'[50]이라고 부르며 논하고 있다.[77] 그녀는 '게자리(Cancer)[78]의 한차례(일회) 탄생'[51]이었다고 한다. 이 기술의 각주에서 융은 아무렇지도 않게 X부인의 호로스코프는 '네 개의 땅의 사인을 나타내고 있지만 바람의 사인은 나타내고 있지 않다'라고 말하고 있는 것이다. 이것은 점성술 전문용어를 알지 못

---

[77]　원문에서는 Miss X로 표기되어 있으나 번역으로는 X부인이라 함. X부인은 Kristine Mann 박사(1873-1945)로 스베덴보리 목사의 딸로 1913년에 의학 학위를 받고 평생을 여성의 건강과 교육에 바쳤다. Bair는 그녀를 'Jungian 심리학에 깊은 영향을 받았고 영국과 미국에서 적극적으로 홍보했지만 항상 남성 챔피언의 조력자에 불과한 2차적 지위로 강등된 많은 뛰어난 여성' 중 하나로 그녀를 나열했다. Mann은 실제로 Darlington이 수집한 기록에 따르면 가장 주목할 만한 여성이었다. 그녀는 1921년에 미국 최초의 Jungian 진료소를 열었다. 1936년 Mann과 그녀의 친구인 Ester Harding 및 Eleanor Bertine은 나중에 Kristine Mann Library가 된 뉴욕 분석심리학 클럽을 만들었다. 1928년 이후의 그녀 자신의 작업이 미국에 미친 영향을 통해 융과의 분석은 개인적인 여정을 넘어 영향을 미쳤다고 볼 수 있다. 개인적인 차원에서 Mann과 Jung은 그녀의 마지막 날까지 연락을 유지했다.

[78]　황도 12궁의 제 4궁이다. 12궁으로는 6월 22일(하지)-7월 22일, 13성좌로는 7월 21일-8월 10일에 해당된다. 겹치는 기간은 7월 21일부터 7월 22일까지이며, 수호성은 달이다. 한자어로는 蟹(게 해)를 써서 거해궁(巨蟹宮)이라고 한다.

하는 독자에게는 그다지 큰 의미를 가질 것 같지 않다. 그러나 점성술사에게는 '네 땅의 사인을 나타내고 있지만 바람의 사인은 보이지 않는다'라는 것은 출생 호로스코프에서 바람의 트리건 사인(쌍둥이자리, 천칭자리, 물병자리) 어디에도 행성은 없는 반면, 땅의 삼각형의 사인(황소자리, 처녀자리, 염소자리)에 네 개의 행성이 있는 것을 말하고 있음을 알 수 있다.[52] 즉, 땅의 상징물로 나타나는 성격학적 속성의 천성이 지나치게 강해서 바람의 상징으로 나타나는 그런 속성은 없다는 것이다.[79] 이 정보에 대해 융은 아무것도 해석을 추가하지 않았지만 이어서 간결하게 다음과 같이 쓰고 있다.

"아니무스에서 생길 위험이 ☽□☿[80]에 나타나 있다."[53]

이 기술에 의해 점성술 초보자들 사이에 있을 법한 당혹감과 별개로 X 부인의 호로스코프에 대한 융의 짧은 평가에는 세 가지 중요한 생각이 표현되어 있다. 첫 번째는 심리 '유형'의 정식화와 그것들과 점성술의 4원소와의 관계에 관한 것이다.

79　땅의 속성은 금전과 물질 실용성을 중시하고 현실적이고 세속적이고 고집스러운 경향이 있고, 안정을 추구하고 유지하려는 경향으로 변화를 싫어하고 계획적으로 천천히 성공에 다가 간다. 반면에 바람의 속성은 사고와 지성, 소통이 중요하며 이상적 보편적 미래지향적이고, 변화를 즐긴다.

80　달이 수성과 90스퀘어를 하면 남성성을 써서 변덕스러운, 험담을 하는, 감정의 동요를 일으킨다.

4원소(element)와 심리 유형

　1921년에 최초로 출판된 『심리유형』[81]은 1913년부터 1918년에 걸친 연구 성과이지만, 그동안 융은 『새로운 책』의 구상에 힘을 쏟는 동시에 점성술에 대한 지식을 넓히는 노력도 하고 있었다.[54] 융의 유형론은 개인의 세상에 대한 일반적 경향(외향적인지, 내향적인지)의 모델과 사람이 그것에 의해 현실을 인식하고 평가하는 적응 방식으로 네 가지의 '의식의 기능'(사고, 감정, 감각, 직관)을 제시하고 있다. 그것은 생애를 통해서 항상 움직이고 발달, 변화하는 동적인 모델이며, 그리고 선천적으로 '약하고' 미발달과 같은 인격의 측면도 그것을 자각하는 개인의 노력 여하에 따라서 통합과 전체성을 얻을 수 있다고 생각되고 있다.

　융이 제시한 모델 중에서 일반에 가장 보급된 것이 심리유형론이다. 그것은 인지심리학에서도 여러 상업 장면에서도 단순화되고 일반화되어 다양한 형태로 개변(改變)되었다. 융이 '이 시대의 정신'에 강한 불신감을 안고 있었던 것을 생각하면 이러한 전개를 융 자신은 큰 문제라고 생각했을지도 모른다. 캐서린 브릭스(Katherarine Briggs, 1875-1968)와 이사벨 마이어스(Isabel Myers, 1897-1980)[82]에 의해 1943년에 최초로 발표된 융의 성

81　칼 구스타프 융, 정명진 옮김, 『심리유형』, 부글북스, 2005. 이 책은 베인스에 의해서 영어로 번역된 책을 번역한 것이다.

82　캐서린 쿡 브릭스(Katharine Cook Briggs)는 그녀의 딸 이사벨 브릭스 마이어스(Isabel Briggs-Myers)와 함께 마이어스-브릭스 유형 지표(MBTI)의 공동 창시자이다. 남편은 미국의 공학자 라이먼 제임스 브릭스이다. MBTI는 1960년대 미국에서 유행하게 되었는데, 인간관계론을 상업화하는데 도움이 되었다.

과를 바탕으로 한 마이어스 브릭스 심리학적 유형 지표(MBTI)는, 그 정확성과 유효성에 대해 많은 비판이 있음에도 불구하고 지금도 성격진단이나 결혼 카운슬링뿐만 아니라 직업지도의 장에서도 널리 사용되고 있다.[55] 1977년 이후 『심리잡지유형』(Journal of Psychological Type)은 이 주제에 관한 기사를 정기적으로 발표하고, 유형 지표를 널리 보급하는 조직인 심리학적 유형 응용센터는 웹 사이트에서 '빠르고 간단하게 읽을 수 있는 원형의 길잡이'를 제공하고 있지만, 그 간략함은 나에게는 몬티 파이튼(Monty Python)[83]의 '전 영국 프루스트 요약 선수권(選手權)'(All-England Summarize Proust Competition)을 떠올리게 한다.[56] 또한 융의 네 가지 심리학적 기능 유형의 이론을 점성술에서 말하는 원소에 적용하고, 융의 기술에 기초한 각 원소에 대한 해석을 제시하는 것도 현대 점성술의 문서에서 일반적으로 볼 수 있게 되었다.[57]

X부인에 대한 코멘트가 보여주고 있듯이, 융에 의한 환자의 호로스코프 평가에서 점성술의 원소가 중요시되고 있는 것은 분명하다. 원소는 『새로운 책』에 기재되어 있는 비전 가운데 융이 만난 인물에게도 적용 가능하다. 그것은 이 인물들이 특정 원소의 언어로 묘사되어 있기 때문이다. 예를 들면 붉은 남자는 '불처럼 붉은 옷'을 입고 있다.[58] 이 원소, 그리고 거기에 부대하는 열(熱), 냉(冷), 습(濕), 건(乾)이라고 하는 아리스토텔레스가 제창한 성질도 『새로운 책』의 인물이 등장하는 배경이나 풍경

---

83   비행 서커스를 창출한 영국의 희극 그룹이다. 이 서커스는 1969년 10월 5일에 BBC를 통해 중계된 영국 텔레비전 희극 스케치 쇼였다. 45개의 에피소드가 4개의 시리즈를 걸쳐 만들어졌다. 파이튼 현상은 텔레비전 시리즈에서 더 발전하여 쇼, 영화, 음반, 책 등으로까지 영향력이 커져 나갔다. 이 그룹이 희극에 끼친 영향은 비틀즈가 음악에 미친 영향과 비유되고 있다.

의 설정에 불가결한 측면이다. 이것은 이냐시오 데 로욜라(Ignatius of Loyola, 1491-1566)[84] 의 『영적 수련』(Spritual Exercises)[85]에 쓰여 있는 '현장에 몸을 두다'(composition of place)라는 것(상상력을 사용해서 기독교의 신비적 사건이 일어난 장소를 보는 것)으로, 이 16세기의 저작은 융에 있어 꽤 중요한 것이었다.[59] 예를 들면 『새로운 책』에서 은자(隱者) 안모니우스는 덥고 건조한 사막에 나타나지만, 이 은자는 메마르고 차갑다고 써 있다. 아리스토텔레스의 말로 하면 그는 활활 불타는 토지에 살고 거기에 의존하고 있는 땅의 인물이다.[60] 『새로운 책』에서 이러한 종류의 원소의 관련성에 대해서는 『융의 '새로운 책' 점성술적 세계』에서 보다 상세하게 논하였다.

융의 장서에 나오는 고대말기, 중세, 근대의 점성술과 연금술[86] 문서

84　스페인의 가톨릭 사제이자 신학자. 피터 파베르(Peter Faber), 프란시스 자비에르(Francis Xavier)와 함께 예수회(The Jesuits)의 수도회를 설립하고 최초의 1541년 파리 예수회의 총장이 된다. 그는 예수회의 목적이 선교와 가르치는 것이라고 생각했다. 순결, 순종, 청빈의 서약을 하는 교회의 다른 수도회 회원들과 달리, 예수회 회원들은 교황에 대한 순종의 네 번째 서약을 하고 교황이 임명한 프로젝트에 참여한다. 예수회는 반종교 개혁을 이끄는 데 중요한 역할을 한다. 전직 군인으로서 이냐시오는 신병의 영적 형성에 특별한 관심을 기울였으며 그의 방법을 Spiritual Exercises (1548)에 기록했다. 시간이 지나면서 그 방법은 이냐시오 영성으로 알려지게 되었다. 로욜라의 이그나티우스는 1609년에 시복 되었고 1622년 3월 12일 성인으로 시성되었다. 그의 축일은 7월 31일이다. 그는 기푸스코아(Gipuzkoa)와 비스카이(Biscay)의 바스크 지방과 예수회의 수호성인이다. 그는 1922년 교황 비오 11세에 의해 모든 영적 휴양지의 수호성인으로 선포되었다.

85　로욜라에 의해 시작된 예수회의 영성 수행(靈性修行), 또 그 방법을 기록한 책이다. 체조로 신체를 단련하듯 『영적 수련』은 영혼을 단련하는 것을 목적으로 한다. 수행의 도달점에 있어서는 신과 깊은 인격적 교분을 가져서 신의 뜻을 찾아내는 것이 목표로 된다.

86　납이나 구리 같은 비금속을 은이나 금으로 변환시키려고 시도했던 사고이다. 이러한 시도에

는, 4원소에 대해 검토하기 위한 풍부한 토대를 그에게 가져다주었다. 원문이 현존하는 요소에 대한 최초의 증거는, BC 5C 철학자 엠페도클레스(Empedoklcles, 493-433)[87]가 쓴 글 속에 등장한다. 융은 엠페도클레스가

서 화학적 방법이 필요하게 되었으며 시도를 하는 동안 화학 자체의 발전과 밀접한 관계가 있었다. 공기 물 흙 불 공간의 다섯 가지 원소들이 여러 비율로 조합하여 모든 물질을 구성한다는 이론이 고대 중국, 인도, 그리스에서 거의 동일한 형태로 상정되었다. 게다가 물질세계는 더운 것과 찬 것, 젖은 것과 마른 것, 양성과 음성, 남과 여 등 정반대의 개념들에 의해 작용한다고 보았다. 이와 유사한 점성학적 개념들이 전승되면서 이 세 문명의 철학자들은 원소와 행성과 금속 사이의 상관성을 확립했다. 그들은 자연계의 대우주 속에서 일어나는 일들이 인간의 소우주에 반영되고 역으로도 반영된다고 믿었다. 다시 말해 적절한 점성학적 영향을 받게 되면 마치 인간의 영혼이 천상에서 완전해지는 것과 같이 납이 금으로 완성 또는 치료된다고 여기게 되었다. 연금술사들은 실험상의 비법을 보호하기 위해서 그들의 연구대상인 물질들에 대해 은밀하고 상징적인 이름들을 많이 고안해 냈다. 이러한 비의적 경향은 연금술의 개념들에 신비주의적 색채를 부여했으며 그에 따라 신플라톤주의, 기독교의 묵시 따위를 강조하게 되었다. 한편 중국의 연금술사들은 금 자체분만 아니라 사람에게 불로장생을 부여하는 힘을 가진 연금약액으로 다른 금속을 금으로 전환하는 방법을 추구했으며 인도의 연금술도 그것과 유사한 방향으로 나아갔다. 또한 헬레니즘시대에 이집트로 전해진 연금술은 오늘날 파노폴리스의 조시모스라고 알려진 최초의 연금술사에 의해 연구되었다. 아랍에서는 후에 유럽의 연금술에서 현자의 돌이라고 간주된 신비한 물질(변형시키는 약제)를 사용했다. 유럽에서는 12세기에 아랍인 알리지의 연금술이 번역소개 되면서 널리 유행하게 되었다. 의학화학이나 제약학은 이때의 부흥으로부터 2세기 후에 스위스의 연금술사인 파라켈수스의 영향을 받아 나타났다. 그러나 르네상스 시대의 물리학자와 화학자들은 그리스의 원자설에 새로운 흥미를 느끼고 연금술적 변환의 가능성을 무시하기 시작했다. 하지만 연금술사들이 축적해 놓은 화학적 사실들은 오늘날 재해석되었고 이를 기초로 근대화학이 성립되었다. 그리하여 19세기에 이르면 화학적으로 금을 만들 수 있는 연금술적 가능성에 대해 과학적 증거를 통한 결정적인 반박이 이루어졌다. 그럼에도 연금술적 철학과 기술의 산발적인 부흥은 20세기에도 지속되었다. 박규태 옮김, 『황금가지』, 을유문화사, 2022, 220쪽 주석.

87　　만물이 물, 공기, 불, 흙으로 이루어져 있다고 주장한 것으로 유명한 그리스 철학자다. 시칠리아 출신인 그는 철학가일 뿐만 아니라 뛰어난 웅변가이자 정치가였고, 시인이자 생리학자이기도 했다. 요즘으로 보면 의사인 셈이다. 한편 그의 삶을 가장 극적으로 표현한 사건은 바로 그의 죽음이다. 그는 자신이 신임을 제자들에게 확인시켜 주기 위해 에트나 산 정상에 있는 분화구에 몸을 던졌다.

"4원소로 구분하는 것에 의해 자연현상의 혼돈에 질서를 부여하려고 했다."[61]라고 기술하고 있는데, 엠페도클레스 자신은 이것을 '원소'가 아니라 '리조마타'(roots, 根)라 부르고 있다. 그것은 물질이 아니라 신의 힘이며, 그것이 '이들 죽어야 할 운명의 모든 형태와 색깔'을 만든다고 한다.[62] 그것을 알파벳 문자를 의미하는 그리스어로 '구성원소'라는 의미로도 사용되는 스토이케이아(stoicheia)[88]라 부른 최초의 인물은 플라톤이다. 고대 그리스 문자는 히브리어처럼 수(數)와 같아서 플라톤에게 수는 모든 것의 원형적 기초가 되는 것이었다.[63] 융에 있어서도 수는 인간의 마음속에도, 밖에도 존재하는 원형적인 것이었다.

> "수가 발견된 것인지 발명된 것인지는 알 수 없다. 세는 것, 즉 수를 사용하는 것은 발명되었다고 생각한다. 그러나 수는 우리들 안과 우리 자신의 밖에서 인정받는다. 수는 안과 같은 정도로 밖에도 있는 원형과 닮아있다."[64]

2세기의 점성술사인 클라우디오스 프톨레마이오스(Claudius Ptolemy, 83-168)[89]는 '원소'라는 용어는 쓰지 않았지만, 그래도 열(熱), 냉(冷), 습(濕), 건(乾)을 원소와 관련지어 원소는 모두 이들 네 가지 속성의 조합이라고 하는 아리스토텔레스의 사고방식을 채용했다. 즉 땅(地)은 건·냉, 불(火)은

88　유클리드(Euclid)가 저술한 『수학서(數學書)』 13권. 고대 그리스 수학을 논리적으로 체계화했다.

89　고대 그리스의 수학자, 천문학자, 지리학자, 점성학자이다. 서기 100년경 고대 이집트의 테바이드에서 태어났을 것이라 추정되며, AD 170년쯤 알렉산드리아에서 사망했다.

건·열, 물(水)은 습·냉, 공기(風)는 습·열이다.[65] 기질은 점성술의 4원소와 관련지어지게 되고, 성격 및 생리학적으로 이들의 성질을 반영한다고 여겨졌다.[66] 프톨레마이오스보다 약간 어린 동시대의 베티우스 발렌스 (Vettius Valens, 120-175)[90]의 저작도 프톨레마이오스의 저작과 마찬가지로 융은 잘 알고 있었다.[67] 그는 '트리플리시티(triplicity)'[91] 혹은 '트리건'이라 불리는 세 개씩 네 그룹으로 나누어진 황도 12궁의 사이에 원소를 할당한 최초의 점성술사이다. 발렌스에 의하면, 불의 원소는 양자리와 사자자리와 궁수자리인 트리플리시티, 땅은 황소자리와 처녀자리와 염소자리인 트리플리시티, 바람은 쌍둥이자리와 천칭자리와 물병자리인 트리플리시티, 물은 게자리와 전갈자리와 물고기자리의 트리플리시티를 구성한다.[68] 이 점성술의 트리플리시티의 개념은 매우 오랜 전통이 되어 중세와 초기근대의 점성술 문서에 다시 나타났고, 그리고 최종적으로는 융이 호로스코프를 작성하고 읽는 것을 처음 배운 자료를 제공한 근대 점성술사들의 저작에도 나타났다.[69] 융은 네 가지 기능형—사고, 감정, 감각, 직관[70]—을 설명할 때에 그것들을 바람(風), 물(水), 땅(地), 불(火)의 4원소에 명시적으로 할당하지는 않았지만, 그것과 상관관계가 있다고 생각하고 있음을 『심리유형』에서 분명하게 하고 있다.

---

90   헬레니즘 점성가이며, 프톨레마이오스보다 다소 늦은 태생의 동시대의 사람이다. 발렌스의 주요 저서는 대략 150년에서 175년 사이에 저술된 그리스어로 된 열 권의 『명문집』(Anthologiarum)이다. 『명문집』은 그 시대에서부터 잔존되어오고 있는 가장 길고 상세한 점성술 논문이다. 실천적 전업 점성술사로서 베티우스 발렌스는 그 저서에 백 개 이상의 천궁도를 수록한다.

91   점성술 3궁(三宮). 12궁 중 서로 120도 떨어진 세 궁.

"유형을 설정함으로써 개개인으로 이루어진 카오스 상태를 정리하려고 하는 인간 정신의 시도는—당연한 것이지만—아주 오랜 옛날부터 행해지고 있다. 이런 종류의 시도로서 알 수 있는 것 중에서 가장 오래된 것은, 바람·물·땅·불의 4원소마다 이른바 삼각형을 상정한, 고대 오리엔트 기원의 점성술이다. 호로스코프에서 바람의 삼각형은 세 개의 이른바 바람의 별자리, 즉 물병자리·쌍둥이자리·천칭자리로 이루어지고, 불의 삼각형은 양자리·사자자리·궁수자리로 이루어진다는 식이며, 이들 삼각형 중에 태어난 사람은 바람의 성격 내지 불의 성격을 가지고 있으며, 그에 따른 기질과 운명을 나타낸다는 것이 태고의 생각이다."[71]

융은 내과의, 외과의 그리고 점성술사이기도 한 클라우디오스 갈레노스(Clauius Galen, 129-199년경)[92]의 이론도 언급하고 있다. 갈레노스의 네가지 '기질'은 기원전 5세기 의사 히포크라테스에서 유래했으며, 공기의 요소를 다혈질로, 물을 점액질[93]로, 불을 담즙질(膽汁質)[94]로, 땅을 흑담즙질과 동일시했다. 융은 갈레노스에게는 '2000년 동안 참고 살아 온 인간

---

92   로마 제국 당시의 고대 그리스의 의학자이자 철학자이다. 페르가몬에서 출생하였으며 스미르나·알렉산드리아 등지에서 의학을 배운 후 출생지에서 의료 활동을 시작했는데, 후에 로마로 이주하여 유명해졌다. 로마에서 마르쿠스 아우렐리우스를 비롯한 4명의 황제의 시의(侍醫)가 되었으며 히포크라테스 이래 최고의 의학자로 꼽히며 고대 의학의 완성자로 널리 알려져 있다. 생체 해부를 실시하였고, 특히 신경계에 관해서는 실험적인 연구를 많이 하였다. 그는 의사에 대해 '최고의 의사는 철학자'라는 유명한 말을 남겼다. 400권 이상의 철학 및 의학 관계 저술이 있다.

93   점액질(자극에 대해 활발하게 반응하지 않지만 의지와 인내력이 강한 기질).

94   담즙질(감정적이 아니고 참을성이 강하며 의지도 강하나, 거만한 기질).

의 심리학적 분류를 한 공적'[72]이 있다고 말한다. 점성술의 4원소가 가장 오랜 형태의 유형론을 초래했다는 융의 주장에는 이의를 제기하는 사람도 있을지 모른다. 기질 이론이 점성술과 함께 시작된 것이 아니라 점성술이 철학과 의학에서 그것을 받아들였다는 주장이 제기되어 온 것이다.[73] 그러나 융의 점성술에 관해 중요한 것은, 그 자신이 무엇을 믿고 있었는가 하는 것이다. 융은 점성술이 최초의 청사진을 제시했다는 가정 하에 네 가지 기능형의 바탕이 되는 고대사에 관한 설을 세웠을 것으로 생각된다.

기능형에 대한 융의 기술을 동시대의 점성술 문서에 있는 원소에 대한 기술과 비교해보면, 융이 유형론에 도달한 순서의 하나인, 그것도 가장 중요한 순서에 대한 실마리를 얻을 수 있을지도 모른다. 알란 레오는 융이 『심리유형』을 쓰기 10여 년 전에 저작을 내면서 바람의 요소를 '고차원적인 마인드'라고 표현하고, '신장과 확대'와 연관 짓고, 바람의 사인은 외적 상황이나 물체에서 '에센스'를 추출해 이 에센스를 하나의 '이상'과 연결시킨다고 밝혔다.[74] 융에게 사고기능이란, 우선 대상의 인식으로부터 시작되는 '지적 프로세스'이며, '그것들을 주관적인 관념에 종속시키려는 시도'이다.[75] 그리고 레오는, 땅의 원소를 '사람의 농밀체(濃密体)'라고 표현해, '견고함과 안정성'을 나타냈고, 땅은 '활동면, 에너지의 보존, 집중된 힘'이라고 말했다. 땅의 사인 중 하나인 처녀자리는 '감각을 어느 정도 바르게 해석하는' 힘을 나타낸다.[76] 융의 생각으로는 감각 기능, 즉 감각에 의한 인지는 물질적 실재의 증거에 완전히 의존하고 있다.

"감각은 주로 대상에 의해 결정되며 … 대상이 의미를 갖는 것은,

그것이 감각을 유발하는 경우뿐이며, 또한 그때의 합리적 판단에 맞든 맞지 않든, 원래 감각에 의해 파악되는 경우에만 완전히 의식 속에 받아들여진다. 대상의 가치 기준이 되는 것은 대상이 가진 객관적인 속성에 의해 결정되는 감각의 강함뿐이다."[77]

1928년 유럽에서 스위스의 역할에 대해 쓴 논문에 있는 점성술에서 말하는 땅의 원소에 대한 융의 상세한 설명은, 장점만을 서술하고 있는 것은 아니다.[78] 그러나 심리유형에 대한 기술도 아첨하기 위해 쓰여진 것은 아니다. 그렇지만, 감각형 설명과 비슷한 땅의 사인에 대한 묘사는, 이 '건'(乾)과 '냉'(冷)의 원소와 관련된 성격의 특징이라는 점에서 프톨레마이오스부터 알란 레오까지 점성술사들이 제시한 해석에 충실하게 따르고 있다.

"예로부터 스위스를 나타내는 점성술상의 사인은 처녀자리나 황소자리로 되어 있다. 둘 다 땅의 사인으로, 스위스 땅의 성질이 옛날의 점성술사로부터 간과된 일이 없었다는 확실한 증표이다. 스위스인이 땅에 묶여 있는 것으로부터 장점도 단점도 모두 특징이 생겼다. 땅에 자리 잡은 견실함, 한정된 시각, 비(非)스피리추얼리티, 인색함, 둔감함, 완고함, 외국인 혐오, 의심스러움(독일인의 특징)에 더해 그 지독한 스위스·독일어(촌사람), 번거로움을 거부하는 것, 요컨대 정치에 관해 말하면 중립성이다."[79]

이 모델에 의하면, '네 땅의 별자리(사인)'로 태어난 융의 환자 X부인은,

선천적으로 잘 적응된 감각기관에 의해 일반적인 것이 아닌, 구체적인 것으로, 혹은 숨겨진 의미나 보다 넓은 발상과의 관계가 아닌, 구체적인 존재에 주목하는 경향이 있었다. '바람의 사인이 없이'—즉 탄생 시 세 바람의 별자리에 행성이 없었다는 것은, 예를 들어 그녀가 높은 지성을 발휘할 수 있었다 하더라도 그 사고기능은 그다지 의식적인 것이 아니며, 따라서 잘 적응한 것이 아니라는 것을 나타낸다. 그 결과 무의식적인 '아니무스'(animus)[95]가 지닌 비판성, 자기의 의견을 굽히지 않고 알력을 낳는 성질에 쉽게 노출되고 지배당하는 경향이 있다.[80] 그것이 융이 이 수수께끼 같은 각주(脚注)에서 의미하는 것이다. 기능형을 양극—각 기능의 외향적인 경우와 내향적인 경우의 표출로 나누는 방법—으로 구분하는 융의 방식은 각 원소를 점성술에서 '4중성'이라 불리는 것, 즉 '활동'(cardinal), '부동'(fixed), '변통'(mutable)이라는 호칭으로 셋으로 나누는 알란 레오의 방식과는 일치하지 않는다.[81] 그러나 레오도 융도 인격의 4가지 유형 각각에 대해 특정한 경험영역 안에서의 다양한 형태의 지각과 행동방식을 가정하고 있다. 또한, 두 사람 모두 기능형 혹은 원소는 올바르게 이해하기 위해 개인의 인격에 있는 다른 요인과의 관계로 판단하고, 필요하다면 의도적 노력에 의해 보다 잘 의식으로 통합하지 않으면 안 된다고 주장했다. 즉 그들은 둘 다 자신의 유형론은 정적이고 부동한 것이 아니라, 동적이고 유연하며 진화하는 것이라고 생각했던 것이다.

---

95   여성의 무의식 인격의 남성적인 면을 의미한다. 여성이 가지는 미발달의 로고스(재단의 원리)이기도 해 이성의 남성에게 투사된다. 아니마에 비해 집합적이고, 남성이 하나의 아니마 밖에 가지지 않는데 비해, 여성은 복수의 아니무스를 가진다고 여겨진다. 여성이 정신 안에 유사한, 남성적 속성과 잠재력인 아니무스를 가진다고 믿어진다.

행성과 콤플렉스

　X부인의 점성술적 구조에 대한 융의 기술에서 표현된 두 번째 생각은, 행성―서로 동적인 관계에 있는 '행성신들'―의 배치가 무의식의 콤플렉스를 상징하고 있으며, 무의식의 콤플렉스는 상징적인 형태로 그 구조와 목적을 묘사하는 신화의 서사(내러티브)[96]에 의해 비유적으로 표현된다는 융의 인식에 관한 것이다. 융에 의하면, 아니무스는 여성 마음의 남성적인 측면을 인격화한다. X부인의 호로스코프에서 그것은 일부 수성으로 상징되며, 이 수성은 달과의 긴장을 안고 있는 어려운 각도 관계를 형성함으로써[97] 달이 나타내는 본능적 여성성을 위협하고 있는 것이다. 그리고 이 긴장은 X부인의 사고기능이 세련되지 못함에 따라 더욱 악화되었던 것이다.[82] 이렇게 보면, 무의식의 콤플렉스는 트라우마가 되는 어린 시절의 일이나 억압된 본능적 충동의 산물이 아니다. 그것은 선천적으로 갖고 있는 원형적인 것이다. 다만 그 나타나는 방식은 상황과 의식적인 선택에 의해 각색되는 것이다.

　『무의식의 심리학』을 쓴 시점에 이미 융의 콤플렉스의 해석 방식은, 프로이트나 선배들이 제창했던 이전의 생각과는 근본적으로 다른 것이 되어 있었다.[83] 프로이트는 콤플렉스가 본능적 충동에 기인한다고 생각

96　실제 혹은 허구적인 사건을 설명하는 것 또는 기술(writing)이라는 행위에 내재되어 있는 이야기적인 성격을 지칭하는 말. 시간과 공간에서 발생하는 인과관계로 엮어진 실제 혹은 허구적 사건들의 연결을 의미하며 문학이나 연극, 영화와 같은 예술 텍스트에서는 이야기를 조직하고 전개하기 위해 동원되는 다양한 전략, 관습, 코드, 형식 등을 포괄하는 개념으로 쓰인다.

97　90도 혹은 180도 자리에 달이 위치하고 있어서 수성과 긴장관계를 형성한다.

하고 있었다. 프로이트 학파의 모델에서는 콤플렉스(특히, 오이디푸스 콤플렉스)가 정신 역동(力動)에 있어 첫째로 중요한 인자이다. 신화는 이차적인 것으로 그것은 사회적 금기 때문에 억압받고 있는 듯한 본능적 충동의 시적인, 어쩌면 승화된 표현이다. 그러므로 신화는 지적으로 분석할 수 있고, 결국 무의식의 성적 갈등으로 '환원하는' 것이 가능하다.[84] 즉 오이디푸스가 그런 줄도 모르고 자신의 아버지인 라이오스를 죽이고, 어머니 이오카스테와 결혼한다는 이 신화 이야기는 '단순히' 어머니를 성적으로 소유하기 위해 아버지를 죽이고 싶다는 모든 아들의 무의식적 소망의 시적 묘사에 불과한 것이다. 신화의 오이디푸스의 배후에는 '오이디푸스 콤플렉스'가 있다는 이야기다.

선배들과 마찬가지로, 프로이트에게 콤플렉스는 항상 병리적인 것이었다. 그것은 콤플렉스가 강력한 본능적 충동을 억압하고, 결과적으로 갈등과 심적 고통을 초래하기 때문이다. 콤플렉스는 창조적이지도 의미 있는 목적을 시사하지도 않음은 물론, '정상'이 아니라 극복해야만 하는 것이다.

> "그들 '신경증 환자'는 우리 건강한 사람도 그것과 힘들게 싸우는 것과 마찬가지로 콤플렉스 때문에 병에 걸린다. 유일한 차이점은 건강한 사람들은 실생활 속에서 확실히 알 수 있는 심한 손상을 입지 않고, 그 콤플렉스를 극복하는 방법을 알고 있지만 신경증의 경우는 콤플렉스를 억제하는데 성공하는 것은 대리 형성(대리만족)이라는 비싼 대가를 지불할 때뿐이라는 점이다."[85]

대조적으로 융은, 결국 '오이디푸스 콤플렉스'의 배후에 있는 것은 오이디푸스 자신이라고 생각하게 되었다—역사적 사실로서가 아닌, 역동적인 심적 에너지의 비유적 묘사로서의 오이디푸스이며, 성적 충동은 그 한 측면밖에 나타내지 않는다. 이 문맥에서 오이디푸스의 아버지 살해와 어머니와의 합일은, 단순히 글자 그대로의 금지된 근친상간의 소망을 나타내는 것이 아니라 무의식의 깊은 곳(어머니)와 융합하여 그것에 따라 변용하기—『새로운 책』의 주요 테마를 이루고 있는 내적 과정—때문에 합리적 자아의 힘(아버지)을 깨뜨리고 싶은 근본적인 인간의 바람을 나타내고 있다.[86] 1912년에 『무의식의 심리학』에서 융이 처음으로 이 개념을 자세하게 설명하였듯이, 콤플렉스는 리비도의 심적 표현으로 금지된 오이디푸스의 소망만으로 한정되지 않는다. 콤플렉스는 본능적인 것뿐만 아니라 심적 및 영적인 것도 포함하는 기본적인 삶의 프로세스를 포함하며, 단순한 성적 본능 억압의 산물이 아니다. 그 강제적이고 종종 파괴적인 힘은 그것이 본질적으로 사악한 것이기 때문에 생기는 것이 아니라, 내적인 목적 지향성의 인식과 통합의 실패에서-융이 바라본-생기는 것이다.

　"왜냐하면, 자신의 리비도를 유아기의 환경에 고집하는 대로 놓아두고 그것을 더 높은 목표를 향해 해방시키지 않는다면 그 사람은 무의식의 강제라는 주문에 지배된다. 그러면 어디에 있더라도 무의식의 강제는 그 사람의 콤플렉스를 투사해서 유아적 환경을 다시 만들어 그의 이익을 무시하고 이전에 부모와의 관계의 특징이었던 것과 같은 의존과 자유의 결여를 반복적으로 재생산할 것이다. 그의 운명은 이제 그 자신의 손에 있다. 그의 3여신 모이라이[98](행운과 운명)가 별들로부터 내려온다."[87)

융에게 신화는 무엇보다도 앞서갔다. 그가 1912년에 포드햄 대학에서 시사한 바와 같이, 신화는 마음의 기본적 패턴인 하늘에 투사하는 것에서 생긴다. 하늘은 시간의 성질을 통해 같은 패턴을 비추어주기 때문에 투사를 맡는 훌륭한 '갈고리'(hook)가 되는 것이다. 이들 패턴은 '안에 있는 것만큼이나 밖에도 있다'. 태양은 매일 아침 미지의 어둠에서 떠올라 저녁이면 지고 어둠으로 되돌아간다. 인간은 탄생할 때 미지의 어둠에서 태어나와 죽을 때, 태양과 마찬가지로 일부 불사의 단편이 죽음을 모면하고 어떤 형태로든 언젠가 어디에선가 다시 태어나리라는 희망을 갖고, 미지의 어둠으로 돌아간다.

이처럼 신화는 콤플렉스를 비유적인 형태로 구체화한다. 콤플렉스와 신화는 같은 것이다. 전자는 심적 강제력으로 체험되고, 후자는 이 강제력의 자각과 변용을 촉진하는 심적 이미지로 체험된다. 그리고 콤플렉스의 개개의 체험은 사람마다 각각 다른 일련의 개인적 체험과 그러한 체험에 대한 반응에 의해 형성되는 특정한 코스를 따라간다. 그러나 반응 자

---

98   그리스 신화에서 인간의 운명을 결정하는 3명의 여신. 밤의 여신 닉스의 딸들이며 실을 잣는 클로토는 운명의 실을 뽑아내고, 실을 나누어주는 라케시스는 운명의 실을 짜고, 실을 끊는 아트로포스는 운명의 실을 가위로 잘라 생명을 거두는 역할을 한다. 한 사람의 수명, 운명, 불행과 고통을 할당하고 집행하는 여신이다. 그리스 신화에서 운명을 담당하는 세 여신은 신조차 함부로 할 수 없다. 제우스는 모이라이를 시종으로 두었지만, 모이라이의 결정을 건드릴 수 없었다. 운명의 여신을 거역하면 세상의 질서를 무너뜨리는 일이 될 수 있기 때문이다. 이 신에 대응하는 로마 신화의 신은 파르카이(Parcae)이다.

체는 타고난 기질에 뿌리를 두고 있다. 이 때문에, 유형론과 콤플렉스는 긴밀하게 관련되어 있다. 융은 집단도 콤플렉스를 갖고 있다고 생각하고 있었다. 혹은 종교, 역사의 주기도 말이다. 예컨대 생명과 역동성을 지닌 모든 것이 그 콤플렉스의 성질에 의해 '숙명'이 부여되고 있으며, 콤플렉스는 인간의 마음에 신화적 이야기로 인식되는 성격과 숙명을 모두 결정하는 선천적 유형이라 할 수 있다. 악마 빙의, 다중인격 현상, 무녀의 트랜스(trance),[99] 샤먼 의식, 악마 퇴치, 최면 치료 트랜스, 내림받아쓰기, 수정 속의 모습은 모두 융이 무의식의 콤플렉스 내용을 개인적이고 병적인 것이 아닌, 신화적이고 초개인적(트랜스퍼스널)[100]인 것이라는 인식을 강화시키는데 도움을 주었다.[88] 그리고 융에 의하면 모든 콤플렉스의 핵심에 있는 원형은 행성신들에 의해 상징되는 것이다.

> "그러므로 행성궁들의 편력은 … 어떤 정신적 장애 극복의 의미를, 내지는 적절하게 점성술적인 행성의 신 혹은 데몬에 의해 상징적으로 표현되는 소위 자율적 콤플렉스 극복의 의미를 띠고 있다."[89]

---

99 비정상적인 각성상태로서, 스스로 자각하지 못하고 외부 자극에 완전히 반응하지 못하면서도 목표를 추구하거나 현실화할 수 있거나, 트랜스를 유도한 사람이 있는 경우 이 사람의 지시를 따르는 것만 선택적으로 반응하는 상태이다.

100 인간의 마음을 이해하고 정신 질환을 치료하기 위하여 초월적인 영적 체험 따위에 주목하는 심리학의 한 분야.

변용과 개성화

X부인의 호로스코프에 대한 융의 논의에서 알 수 있는 세 번째 아이디어는, 변용 가능성이다. 행성의 숙명과 마찬가지로 콤플렉스는 본질이 아니라고 해도 표현 차원에서는 달라질 여지가 있다. 변화가 일어날 수 있다고 생각하지 않았다면, 융이 X부인을 환자로 받아들이지는 않았을 것이고, 바꿀 수 없는 숙명이 아니라 아니무스로부터의 '위험'으로는 말하지 않았을 것이다. '위험'이라는 말은, 충분한 지식과 통찰력이 있으면 무언가를 완화하거나 피할 수 있다는 것이다. 달에 대해서 90도(quadrate, 스퀘어)의 각도(aspect)에 있는 수성에 대한 융의 짧은 코멘트는, 숙명에 의해 정해진 사건으로서가 아닌 의식적인 개입도 가능한 심리학적 동태로서 기술되어 있다. 무의식의 마음 자체에 의해 개시되는 발달 프로세스―상징의 힘에 의한 본능의 '고차의 목적'으로의 변용―라는 생각은 『무의식의 심리학』의 중심 테마로서 3세기에 이암블리코스가 서술하여 큰 영향을 준 말과 공명하고 있다. 즉 테우르기아의 의식에서 주도권을 쥐고 개인 혼의 변용을 달성하는 것은 스스로의 의지에 따라 심벌을 통해 변용하는 신들 자신이라는 것이다.[90] 이 생각은 융의 '개성화'의 개념과 밀접하게 연결되어 있으며, 그는 개성화를 개인이 그것을 통해 자신의 유니크한 본래 인격의 완전한 통합을 달성할 수 있는 내적 프로세스라고 정의했다.

"개성화는 무엇을 의미하는가? 개별적 존재가 되는 것이며, 개성이라는 것을 우리들의 가장 깊숙한 최후의 그 무엇과도 견줄 수 없는 독자성으로 해석하는 한, 자기 자신의 본래적 자기가 되는 것이다. 따라서 '개성화'를 '자기화' 혹은 '자기실현화'로 번역할 수 있을지도 모른다."[91]

그러나 이 과정은 의식적인 의지의 힘만으로는 달성할 수 없다. 그것은 무의식의 협력, 혹은 이암블리코스의 표현으로는 신들 자신의 협력에 달려 있다.

융은 개성화를 심리학적 자유의 정도와 연관 지었고, 이때도 이 과정의 전개를 여러 행성층들을 통과하는 영혼의 여행 신화와 비교했다.

> "행성권들 여행은 좋은 것과 나쁜 것을 포함한 성격 특징의 의식화라는 사실에 환원되고, 획득되는 신과의 유사성은, 최대한의 의지의 자유와 표리일체를 이루는 최대한의 의식성을 의미하는 것으로 그 이상의 것은 아니다."[92]

여기에서 '최대한의' 자유는 완전한 자유와 같지 않음을 주의해야 한다. 융은 프란체스코 콜론나(Francesco Colonna, 1433-1527)[101]의 『힙네로토마키아 폴리필리』(Hypnerotomachia Poliphili)[102]라는 15세기 후반의

---

101 이탈리아 도미니코회 사제로, 텍스트의 첫 글자로 구성된 Acrostic에 의해 *Hypnerotomachia Poliphili*의 저자로 인정받았다. 그는 베니스에 살았고 산마르코 대성당에서 설교했다. *Hypnerotomachia Poliphili* 외에도 그는 라틴 서사시 *Delfili Somnium* (『Delfilo의 꿈』)을 썼는데, 이 시집은 평생 동안 출판되지 않았고 1959년까지 출판되지 않았다. 콜론나는 베니스의 산 조반니에 파올로 수도원에서 생애의 일부를 보냈지만, 수도원은 분명히 가장 엄격한 준수가 아니었고 콜론나는 성벽 밖에서 살 수 있는 휴가를 받았다.

102 영어로 Poliphilo의 *Strife of Love in the Dream* 또는 『Poliphilus의 꿈』으로 불리는

괴기한 이야기에 쓰여져 있는 영혼의 방랑의 여행에 대해 코멘트하면서, 이 저자는 '개성화 과정의 나아가는 길과 상징체계의 완벽한 예[93]'가 되는 심리학적 문서를 만들어냈다고 적고 있다. 융은 하늘나라에서의 영혼 여행을 개성화 과정과 동일시하고 있다. 즉 융은 출생 호로스코프가 성격이나 콤플렉스의 심리학적 지도일 뿐만 아니라 의미 있는 이야기, 혹은 사실상 개인의 신화적인 여행이기도 하다는 것을 이해하고 있었던 것이다. 이 여행은, '참 나'(셀프)로서 이해되고 있는 중심적 조직화 원리에 의해 의미가 주어진, 일련의 인생의 경험에 의해 전개되어 간다. 그리고 인격 전체의 체험과 의미 있는 인생으로 인도해가는 것이다.

융의 생각으로는 이 과정은 모든 인간에서 자연스럽게 일어나며, 무의식의 마음 자체에 의해 개시된다. 능동적 상상과 같은 분석 워크 기법은 이 과정을 심화시켜,[94] X부인과 같은 사람이 의식적이고 보다 창조적인 방식으로 '아니무스로부터 생기는 위험'에 대처할 수 있도록 한다. 융은 결코 X부인이 자신의 호로스코프를 다른 것으로 대체할 수 있다는 뜻의 말은 하지 않았다. 그러나 그는 의식과 원형적 영역의 관계는 일방통행으로 말을 거는 것이 아닌 대화가 될 필요가 있고, 그 대화에 적절한 수용성을 갖고 참여함으로써, 개인에게도 개인의 숙명을 구성하는 수수께끼에 쌓인 원형적 패턴에도 영향을 미칠 수 있다는 확신을 갖기에 이른 것 같다.

Francesco Colonna의 책이라고 한다. 초판은 Aldus Manutius에 의해 베니스에서 1499년에 처음 출판되었다. 이 초판은 초기 르네상스 스타일의 세련된 목판화 삽화와 함께 우아한 페이지 레이아웃을 가지고 있다. *Hypnerotomachia Poliphili*는 주인공 폴리필로가 꿈같은 풍경을 통해 자신의 사랑 폴리아를 쫓는 신비한 알레고리를 선보인다. 결국 그는 '비너스의 샘'으로 그녀와 화해한다.

점성술과 연금술

『새로운 책』이 완성되고 몇 년 만에 점성술에 대한 융의 발언이 편지, 강의, 출판물에서 이전보다 빈번히 볼 수 있게 되었다. 융은, 과학계에 수용될 수 있기를 기대하여 '동시성'(Synchronicity)과 같은 말로 자신의 점성술적 체험을 계통적으로 설명을 계속하는 한편, 점성술과 그 외의 경계적 영역, 특히 그 상징체계가 마찬가지로 그에게 개성화 과정의 모델을 가져다 준 연금술과의 관계에 대한 이해도 높였다. 융은 점성술과 연금술은 그동안 언제나 얽혀 있었다고 주장했다.

> "연금술의 인물, 특히 금속의 신들은 항상 점성술 면에서도 생각해
> 야 한다. … 연금술의 심벌에는 점성술이 침투해 있다."[95]

또 다른 논문에서는, 융은 점성술사로서의 주어로 쓰여 있다. 점성술의 상징이 되는 천체(significator)의 심리학적 해석에는 신화와 연금술의 양쪽 지식이 필요하다고 말하고 있다.

> "연금술은 그 누이인 점성술의 영향을 빼놓을 수 없다. 해와 달이
> 라는 '하늘의 광체'(luminaria)의 심리학적 의미를 생각할 때에는 신
> 화와 점성술과 연금술이라는 이 세 가지 영역을 고려하지 않으면 안
> 된다."[96]

이 밀접한 관계는 점성술과 연금술 그리고 이들에 부수되는 신화들이

상징적인 형태로 개성화 과정을 나타낸다는 생각에 기초하고 있다. 점성술은 연금술과 마찬가지로 '무의식의 마음으로의 다리를 유지하는 데 끊임없이 노력해 왔다'. 그리고 점성술에 의해 '의식은 헤이마르메네-즉 인간의 성격과 운명은 특정한 순간에 의해 결정된다는 인식으로 반복되어 되돌아갔다.'[97] 연금술의 상징체계인 '자매'(elder sister) 점성술의 상징체계와 융합은, 융에게 연금술의 작업 단계, 각 행성층을 통과하는 영혼의 여행에 대한 영지주의, 신플라톤주의, 헤르메스주의의 기술 그리고 그로 인해 개인의 마음이 통합과 전체성을 획득하는 우회로와 현저한 유사성을 인식하였다.

> "점성술적으로 표현하자면, 이(연금술) 과정은 멀리 위치한 (융의 1911년의 별자리 차트에서 말하는) 차갑고 어두운 토성으로부터 여러 행성권을 지나 태양으로 향하는 상승에 부합한다.[103] … 그러므로 행성권을 상승하는 것은 호로스코프에 나타난 여러 가지 성격 특징을 벗어던져 나가는 것, 혹은 행성 집행관들에 의해 각인된 성격으로부터 거슬러 올라가 해방되는 것을 의미했다. … 모든 행성권을 극복한 새벽녘에는 강제에서 해방되어 '승리의 관'(corona victoriae)을, 따라서 또 신과의 유사성을 획득하는 것이다."[104, 98]

---

103 행성의 위치를 정해야 사람의 캐릭터를 이해하고, 천체와 행성의 관계 그리고 금성과 토성을 자주 언급한다.

104 이론상으로 술수학에서 토성은 30년 동안 1도 움직이기 때문에 90년이라 해도 3도 움직여서 결국은 태양까지 올라가기는 힘들다. 승리의 관은 융의 소망이다.

그 후, 몇 년 동안 융은 점성술은 심리학에 매우 큰 가치를 가질 수 있다는 주장을 계속했다. 1947년에 쓴 인도 점성술사 방가로루 벵카타 라만(Bangalore Venkata Raman, 1912-1998)[105]에게 쓴 편지에서 융은 다음과 같이 말하고 있다.[99]

> "저는 심리학자여서 호로스코프가 몇 가지 성격의 복잡한 뒤얽힘에 비추는 빛에 특히 관심이 있습니다. 심리학적 진단이 어려운 경우, 더 전혀 다른 각도에서 보기 위해 저는 대부분 호로스코프를 작성합니다. 그렇게 하지 않으면 제가 이해하지 못했을, 몇 가지 점이 점성술의 데이터에 의해 밝혀지는 경우가 아주 빈번하게 있었다고 해야겠습니다. 이런 경험으로 점성술은 심리학자에게 특히 흥미로운 것이라는 의견을 갖게 되었습니다."[100]

융에 의하면, 행성 신들은 모든 인간의 마음속에 존재하는 집단 무의식의 원형적 권위를 상징한다. 행성의 신들은 탄생의 시간이라는 특별한 순간에 따라 '신들, 즉 심적 원형의 협의가 있는 한정된 순간'을 나타내는 상호관계의 독특한 패턴으로서 그 사람에게 나타난다. 융은 앙드레 바르보에게, 이러한 패턴은 '호로스코프에 그것이라고 알 수 있도록 나타나

---

105 현대 인도의 점성가이다. 그는 인도와 전 세계에 베다 또는 힌두 점성술을 알리고 존경하는 데 중요한 역할을 했다. 그의 아들 Niranjan Babu와 Sachidananda Babu의 도움으로, 또한 점성술과 Vastu Shastra의 지식을 홍보하기 위해 Raman & Rajeswari 연구 재단을 시작했다. 라만은 1970년 뉴욕 유엔에서 '현대 시대의 점성술 관련성' 강연을 처음으로 발표해 외교계의 큰 관심을 불러일으켰다. 그는 점성술이 과학이라고 주장했다.

있다'가, 마찬가지로 인생 자체에도 존재한다는 의미를 기술하고 있다.[101] 점성술은 인간의 생명을 갖지 않은 하늘에 대한 투사에 지나지 않는다는 생각―신화를 못된 과학으로 받아들이는 프레이저의 생각―은, 융도 처음에는 그렇게 생각했을지 몰라도, 꽤 이른 단계에 다른 것으로 바뀌어 있었다.

Notes

1) Alan Leo, *The Progressed Horoscope* (London: Modern Astrology Office, 1905), p. iii.

2) Jung, *Modern Psychology*, Vol. 5-6, p. 120.

3) Patrick Curry, 'Astrology', in Kelly Boyd (ed.), *The Encyclopedia of Historians and Historican Writing* (London: Fitzroy Dearborn, 1999), pp. 55-7.

4) 세기말 점성술에 대해서는, Nicholas Campion, *A History of Western Astrology*, Vol. 2 (London: Continuum, 2009), pp. 229-39. 이 시대의 영국 점성술의 역사에 관해서는, Patrick Curry, *A Confusion of Prophets* (London: Collins & Brown, 1992).

5) 1920년대에 쓰여진 독일 점성술사들 중 융의 장서 속에 저서가 있는 것은 Karl Brandler-Pracht, Adolph Drechsler, A. Frank Glahn, Alexander von Steiger, H. von Klockler이다. Brandler-Pracht와 von Klockler에 대해서는, Ellic Howe, *Urania's Children* (London: William Kimber, 1967), pp. 81-3 and 99-100. Dreschler에 대해서는, James H. Holden, *A History of Horoscopic Astrology* (Tempe, AZ: American Federation of Astrologers, 1996), p. 256. 이들 점성술사들 중에서 융이 연구를 시작한 초기에 책을 출판한 사람은 없다.

6) Howe, *Urania's Children*, p. 95.

7) 신지학협회의 역사에 대해서는, Bruce F. Campbell, *Ancient Wisdom Revived* (Berkeley: University of California Press, 1980). 황금새벽회의 역사에 관해서는, Robert A. Gilbert, *The Golden Dawn Scrapbook* (Slough: Quantum, 1997). 사회적 상황에 대해서는, Alex Owen, *The Place of Enchantment* (Chicago: University of Chicago Press, 2004).

8) 황금새벽회의 의식에서 천체가 관련된 마법의 사용과 단원들의 문헌에 대해서는, Liz Greene, *Magi and Maggidim* (Lampeter: Sophia Centre Press, 2012), pp. 244-73과 거기에 표시된 참고문헌.

9) 황금새벽회의 호로스코프 점성술에 대해서는, J.W. Brodie-Innes et al., *Astrology of the Golden Dawn*, ed. Darcy Kuntz (Sequim, WA: Holmes Publishing Group, 1996).

10) 상세한 논의는 제2장과 제3장. 융은 A.E. Waite, Algernon Blackwood, Arthur Machen, and Israel Regardie 등 황금새벽회와 그곳에서 분리된 단체의 멤버 수명의 저작을 알고 있었다.

11) 제4장. 미드는 카발라적 마법에 관여한 것으로 보인다. Greene, *Magi and Maggidim*, pp. 289-92.

12) C.G. Jung, Letter to André Barbault, 26 May 1954, in Jung, *C. G. Jung Letters*, Vol. 2, pp. 175-77. 바르보의 심리학적 견해에 대해서는 André Barbault, *De la psychanalyse à l'Astrologie* (Paris: Seuil, 1961); André Barbault, 'L'astrologia, psicologia del profondo dell'antichità', *Ricerca'90* 48 (2001), pp. 105-13.

13) 분석훈련그룹은 융의 점성술에 대해 다양한 태도를 취했다. 취리히의 융 연구소는 수십 년 동안 점성술 강좌를 계속해 왔으며, 최근 몇 년 동안 런던의 융 분석가 협회는 점성술과 동시성에 대한 세미나를 개최해 왔다. 대조적으로, 런던의 분석심리학 협회는 점성술을 교과 과정의 일부로 포함시킨 적이 없다.

14) Jung, 'Synchronicity', CW8, ¶¶816-968; Jung, 'On Synchronicity', CW8, ¶¶969-997; Jung, 'On Synchronicity', CW18, ¶1193-1212.

15) C.G. Jung, Letter to Michael S. Fordham, 15 December 1954, Wellcome Library, London, PP/FOR/C.1/1/2:Box 7. 포드햄과 융 사이에 인용된 모든 편지는 이 자료 파일에 속에 있다.

16) C.G. Jung, Letter to Michael J. Fordham, 9 November 1954.

17) C.G. Jung, Letter to Michael J. Fordham, 20 October 1954.

18) 융과 포드햄의 서신은 허물이 없었다. 포드햄은 '점성술의 실험'에서 융과 협력한 릴리앙 프레이가 실험의 배후에 있는 점성술적 전통을 요약하는 짧은 서문을 써줄지도 모른다고 조언했다. (Michael S. Fordham, letter to C.G. Jung, 20 October 1954) 그는 또한, 비록 '이 어려운 주제에 대해 권위적으로 말할 수는 없지만' 호로스코프가 무엇인지 알고 있다고 융에게 보증했다. (Michael S. Fordham, Letter to C.G. Jung, 10 January 1955) 누구의 손에 의한 것인지 모르는 포드햄을 위해 작성된 독일 서식에서의 출생 호로스코프가 존재하기 때문에 그것은 확실하다. 이 호로스코프에는 기술적 점성술적인 언어와 '아니마를 가진' 것 같은 융의 용어를 모두 사용한 타이핑된 분석결과가 첨부되어 있다. (Wellcome Library PP/FOR/A.4) 이 호로스코프에는 날짜도 서명도 없다. 융이 작성한 것이 아니라 포드햄은 아마도 스위스나 독일의 점성가로부터 의뢰받았을 것이지만 융에게 그것을 언급하지 않기로 결정했다.

19) Ira Progoff, letter to Cary F. Baynes, 18 May 1953, Sonu Shamdasani의 호의에 의함.

20) 헤이마르메네에 대한 융의 견해에 대해서는 제5장.

21) Andrew Samuels, *Jung and the Post-Jungians* (London: Routledge & Kegan

Paul, 1985), p. 123.

22) Segal (ed.), *The Gnostic Jung*, pp. 3-52.

23) 그리스 우화에 대해서는, Peter T. Struck, *Birth of the Symbol* (Princeton, NJ: Princeton University Press, 2004). 오르페우스교의 문서에 대해서는, Gábor Betegh, ed. and trans., *The Derveni Papyrus* (Cambridge: Cambridge University Press, 2004); W.K.C. Guthrie, *Orpheus and Greek Religion* (London: Methuen, 1952). 카발라가 기독교 삼위일체의 교의를 암시한다는 기독교측의 해석에 대해서는, Joseph Dan (ed.), *The Christian Kabbalah* (Cambridge, MA: Harvard University Press, 1997).

24) Nicholas Campion and Nick Kollerstrom (eds.), 'Galileo's Astrology', *Culture and Cosmos* 7:1 (2003).

25) 융은 점성술의 탐구를 훨씬 더 일찍 시작했을지도 모른다. 융은, 1910년에 알란 레오의 잡지 *Modern Astrology*에 등장한 화성에 관한 레오의 논문 초판을 입수했다. 레오는 나중에 이 자료를 *Mars the War Lord* (London: L.N. Fowler, 1915)라는 책으로 출판했다. 융은 이 책도 구입했는데 이 작품이 처음 출간됐을 때 이전 버전을 구입한 것으로 추정된다.

26) *The Freud-Jung Letters*, ed. William McGuire, trans. Ralph Manheim and R.F.C. Hull (London: Hogarth Press/Routledge & Kegan Paul, 1977), 254J, p. 421.

27) *Freud-Jung Letters*, 255F, p. 422.

28) *Freud-Jung Letters*, 259J, p. 427.

29) Wilhelm Fliess, *Der Ablauf des Lebens* (Leipzig: F. Deuticke, 1906). Fliess의 '생명의 주기성'에 대해서는, 특별히 점성술에 언급하지는 않았지만, Frank J. Sulloway, *Freud, Biologist of the Mind* (Cambridge, MA: Harvard University Press, 1992), pp.152-58.

30) Sigmund Freud, Letter to Wilhelm Fliess, 9 October 1896, in Jeffrey Moussaieff Masson (ed. and trans.), *The Complete Letters of Sigmund Freud to Wilhelm Fliess*, 1887-1904 (Cambridge, MA: Harvard University Press, 1985), p. 200. See also Nicholas Campion, 'Sigmund Freud's Investigation of Astrology', *Culture and Cosmos* 2:1 (1998), pp. 49-53; Frank McGillion, 'The Influence of Wilhelm Fliess' Cosmology on Sigmund Freud', *Culture and Cosmos* 2:1 (1998), pp. 33-48.

31) Jung, *MDR*, p. 173.

32) Jung, *MDR*, p. 175.

33) Jung, *Wandlungen und Symbole der Libido* (Leipzig: Dueticke Verlag, 1912). 『무의식의 심리학』. 최초의 영어 번역본인 *Psychology of the Unconscious*는 1917년에

등장했고, 1956년에 Jung, CW5로 개정되어 재발간되었다. 때문에 1917년판부터의 인용은 *Psychology of the Unconscious* 이다.

34) Jung, *Introduction to Jungian Psychology*, p. 27.

35) Jung, *Psychology of the Unconscious*, pp. 77-86.

36) 베르그손의 엘랑비탈 개념은 융의 리비도에 대한 이해에 큰 영향을 미쳤다. 융은 베르그손의 『정신의 에너지』의 독일어 번역본을 입수하였고, *Collected Works* 에서 엘랑비탈에 대하여 자주 언급하고 있다. Jung, CW3, ¶418; Jung, CW4, ¶568; Jung, CW6, ¶540; Jung, CW8, ¶55. 융은 베르그손을 'cryptomnesia'(기억의 改竄)라고 비난했고, 베르그손이 *durée créatrice*의 생각을 무의식적으로 신플라톤주의자 플로티노스에게서 얻었다고 주장했다. Jung, *Visions Seminars*, Vol. 2, p. 325. 이 생각은 베르그손의 유대교 하시드파 배경에서 나온 것일 가능성이 더 높다. Ben-Ami Scharfstein, *The Roots of Bergson's Philosophy* (New York: Columbia University Press, 1943).

37) Jung, *The Visions Seminars*, Vol. 2, p. 325.

38) Jung, *The Visions Seminars*, Vol. 1, p. 44.

39) Plato, *Timaeus*, 37c-e.

40) Jung, *The Visions Seminars*, Vol. 1, pp. 175-76.

41) Jung, *The Visions Seminars*, Vol. 1, pp. 39-40.

42) Sonu Shamdasani, 'Introduction: New York, 1912', in Sonu Shamdasani (ed.), *Jung contra Freud* (Princeton, NJ: Princeton University Press, 2011), pp. vii-xxi; John Ryan Haule, 'Freud and Jung: A Failure of Eros', *Harvest* 39 (1993), pp. 147-58.

43) 융의 프로이트와 미국 여행에 대한 설명은, Jung, *MDR*, pp. 400-404에 있는 엠마에게 보낸 편지.

44) Jung, 'Versuch einer Darstellung der psychoanalytischen Theorie', in *Jahrbuch für psycho-analytische und psychopathologische Forschungen*, V (Vienna and Leipzig, 1913); Jung, 'The Theory of Psychoanalysis', *The Psychoanalytic Review* (New York), I (1913-14), pp. 1-4 and II (1915), p. 1.

45) Jung, CW4, ¶477.

46) 포드햄 대학교는 1841년 뉴욕의 가톨릭 교구에 의해 설립되었고, 곧 예수회의 관리하에 놓였다. 비록 독립적인 연구 대학이지만, 현재의 이사회는 그것을 '예수회 전통'으로 묘사한다.

47) 바빌로니아 서사시 *Enuma Elish*. 그 중에서 태양신 Marduk가 살해된 어머니 Tiamat의 몸에서 하늘과 황도 12궁 별자리를 만들어낸다. 신의 첫 창조물이 태양과 달이라는 창세기의 첫 문장.

48) Robert A. Segal, 'Jung's Very Twentieth-Century View of Myth', *Journal of*

Analytical Psychology 48 (2003), pp. 593-617, on p. 593.

49) 'Zur Empirie des Individuationsprozesses'는 1934년에 처음으로 *Eranos-Jahrbuch*
에 발표되었으며, Jung, *The Integration of the Personality*, trans. Stanley Dell
(New York: Farrar & Rinehart, 1939; London, 1940)로 영어판으로 출판되었다. 이 영
어판은 CW9i에 수용되어 있으며, 융에 의하면 '완전개정증보판'이다.

50) 'X부인'은 1921년에서 1922년 사이에 융의 환자였던 미국의 의사 Kristine Mann
(1873-1945)이다. Thomas B. Kirsch, *The Jungians* (London: Routledge, 2012),
p. 65.

51) Jung, CW9i, ¶606.

52) 융이 이 소논문을 쓸 당시 명왕성은 발견된지 얼마 되지 않아 융의 평가에 포함되지 않았다.
따라서 그가 알고 있던 행성은 9개였다.

53) Jung, CW9i, ¶606, n. 166. 이 기호는 수성에 대해 '스퀘어' 또는, 90도 각도로 달을 나타
낸다.

54) C.G. Jung, *Psychologische Typen* (Zürich: Rascher Verlag, 1921). 이 저작은 영어
로는 우선, Jung, *Psychological Types, or, the Psychology of Individuation*, trans.
H.G. Baynes (London: Kegan Paul, Trench, Trubner, 1923)로 출판되었는데, 거의 개
정되지 않았지만, 1959년에 R.F.C. Hull에 의해 새로운 번역으로 CW6로 다시 등장했다.
Jung, CW6, pp. v-vi의 'Editorial Note'.

55) MBTI에 대해서는, Isabel Briggs Myers, *An Introduction to Type* (Oxford: Oxford
Psychologists Press, 2000 [1990]). 비판에 대해서는, David J. Pittinger,
'Measuring the MBTI...and Coming Up Short',*Journal of Career Planning and
Employment* 54:1 (1993), pp. 48-52.

56) ⟨www.capt.org/research/psychological-type-journal.htm#⟩. Graham Chapman,
John Cleese, Eric Idle, Terry Jones, Michael Palin, and Terry Gilliam이 쓴 『전영 프루
스트 요약선수권』은, 1972년 11월 16일 BBC에서 『몬티 파이튼의 플라잉 서커스』 시즌 3
에피소드 5로 방송되었다.

57) 예를 들면 Stephen Arroyo, *Astrology, Psychology, and the Four Elements* (Davis,
CA: CRCS, 1975).

58) Jung, *Liber Novus*, p. 275. 붉은 남자에 대한 자세한 내용은 Liz Greene, *The Astrological
World of Jung's 'Liber Novus'* (London: Routledge, 2018), chapter 1.

59) Chapter 2.

60) Jung, *Liber Novus*, pp. 267-73.

61) Jung, CW6, ¶960.

62) John Burnet, *Early Greek Philosophy* (London: A&C Black, 1920), pp. 215-16.

Empedocles, Frag. 71에서 인용. 융은 엠페도클레스를 자주 인용했다. Jung, CW8, ¶55; Jung, CW9ii, ¶35; Jung, CW11, ¶¶62, 93, 104, 246; Jung, CW12, ¶¶109, 433, 436; Jung, CW13, ¶242; Jung, CW15, ¶11.

63) Plato, *Timaeus*, 48b.

64) Jung, Letter to Michael J. Fordham, 20 October 1954. Italic emphasis mine.

65) Aristotle, *On Coming-to-Be and Passing Away*, trans. Forster and Furley, in *Aristotle III* (Cambridge, MA: Harvard University Press, 1955), II:4, pp. 279-81. 갈레노스의 저작에서 이 생각의 전개에 대해서는, Peter Brain, *Galen on Bloodletting* (Cambridge: Cambridge University Press, 1986).

66) Ptolemy, *Tetrabiblos*, I:3.27. 융은 프톨레마이오스의 저작을 잘 알고 있었다. Jung, CW8, ¶869; Jung, CW9ii, ¶¶128 and 149; Jung, CW14, ¶576.

67) 융은 CW13, ¶412에서 Valens의 *Anthologiarium*을 인용했다.

68) Vettius Valens, *The Anthology*, trans. Robert Schmidt (Berkeley Springs, WV: Golden Hind Press, 1993-96), Book I, pp. 7-16.

69) 원소의 초기 역사에 대해서는, Dorian Gieseler Greenbaum, *Temperament* (Bournemouth: Wessex Astrologer, 2005), pp. 5-44.

70) '기능유형'의 설명은, Jung, CW6, ¶¶556-671.

71) Jung, CW6, ¶933. 여기에서 '동양'은 메소포타미아, 바빌로니아, 혹은 중동을 의미한다.

72) Jung, CW6, ¶¶883-84.

73) Greenbaum, *Temperament*, p. 47.

74) Alan Leo, *The Art of Synthesis* (London: Modern Astrology Office, 1912), p. 179; Alan Leo, *How to Judge a Nativity* (London: Modern Astrology Office, 1903), p. 14.

75) Jung, CW6, ¶¶577-81.

76) Leo, *The Art of Synthesis*, pp. 177-78; Leo, *How to Judge a Nativity*, p. 14.

77) Jung, CW6, ¶¶604-5.

78) C.G. Jung, 'The Swiss Line in the European Spectrum', in Jung, CW10, ¶¶903-924, 이 논문은 처음에는 'Die Bedeutung der schweizerischen Linie im Spektrum Europas', *Neue Schweitzer Rundschau* 24:6 (1928), pp. 1-11로 발표되었다.

79) Jung, CW10, ¶914.

80) 아니무스의 비판적이고 적대적인 형태로 나타나는 경향에 대해서는, Jung, CW7, ¶¶296-340; Jung, CW13, ¶¶57-63; Jung, CW9ii, ¶¶20-42.

81) 이 구분은 점성술의 '4중성'으로 구성된다. 즉, 활동(cardinal), 부동(고정, fixed), 변통 (mutable)과 관련된 네 사인의 세 그룹이다. 따라서 각 사인은, 어느 하나의 원소(triplicity)

와 반응 방식(4중성)의 성질을 가진다. Leo, *How to Judge a Nativity*, pp. 14-15.

82) 융의 달과 본능적인 여성성의 연관성에 대해서는, Jung, CW14, ¶¶154-73; Jung, CW9i, ¶156. 점성술에서 행성의 관계(aspects)에 대한 설명은, Leo, *How to Judge a Nativity*, pp. 39-67; Charles E.O. Carter, *The Astrological Aspects* (London: Theosophical Publishing House, 1930). 융은 이 영국 점성가의 초기 작품인 *An Encyclopaedia of Psychological Astrology* (London: Theosophical Publishing House, 1924)를 소유하고 있었다.

83) 이들 선인들은 Jean-Martin Charcot (1825-93), Pierre Janet (1859-1947), and Josef Breuer (1842-1925)이다. 샤르코의 저작에 대해서는, Jean-Martin Charcot, *Clinical Lectures on Diseases of the Nervous System*, ed. Ruth Harris, trans. Thomas Savill (London: Routledge, 1991 [1886]). 콤플렉스를 '이데아 형상'으로 생각하는 것에 대해서는, Pierre Janet, *The Major Symptoms of Hysteria* (New York: Macmillan, 1924). 브로이어에 대해서는, Freud and Breuer, SE2. 콤플렉스에 대한 프로이트의 이해는 Freud, SE7.

84) Jung, CW8, ¶¶194-219.

85) Freud, SE7, p. 188.

86) 오이디푸스 신화에 대한 이 접근법에 대해서는, Erich Neumann, *The Origins and History of Consciousness* (Princeton, NJ: Princeton University Press, 1954).

87) Jung, CW5, ¶644.

88) 콤플렉스에 관한 분석심리학자들의 저작에 대해서는, Erel Shalit, *The Complex* (Toronto: Inner City Books, 2002); Edward F. Edinger, *Ego and Archetype* (New York: Putnam, 1972). 집단 콤플렉스와 역사적 사이클에 대해서는, Thomas Singer and Samuel L. Kimbles (eds.), *The Cultural Complex* (London: Routledge, 2004); James L. Henderson, *A Bridge Across Time* (London: Turnstone, 1975).

89) Jung, CW14, ¶308.

90) 이암블리코스의 테우르기아에 대한 보다 상세한 것과 융의 작품에서 차지하는 중요성에 대한 것은 제3장.

91) Jung, CW7, ¶266.

92) Jung, CW14, ¶309. 이 경우 '하우스'는 영지주의와 헤르메스주의 문헌에 등장하는 천체의 '거처' 또는, '행성층'을 의미한다. '신과의 유사성'은 헤르메스주의의 『포이만드레스』와 같은 문헌에서 행성의 영역을 넘어 신과의 결합으로 상승하여 개인의 변화를 초래한 체험으로 묘사된다. 융은 미드의 『포이만드레스』 번역본을 가지고 있었다. 대응하는 문장에 대해서는, G.R.S. Mead (ed. and trans.), *Thrice-Greatest Hermes*, 3 volumes (London: Theosophical Publishing Society, 1906), II:15-16. 보다 최근의 번역은, Brian P.

Copenhaver (ed. and trans.), *Hermetica* (Cambridge: Cambridge University Press, 1992), *CH*1:25-26.

93)   Jung, CW14, ¶297. *Hypnerotomachia* 의 유일한 완전한 영어 번역은 Joscelyn Godwin (trans.), *Hypnerotomachia Poliphili* (London: Thames and Hudson, 1999). Greene, *The Astrological World of Jung's 'Liber Novus'*, conclusion.

94)   Jung, CW14, ¶¶752-55.

95)   Jung, CW14, ¶¶311 and 353.

96)   Jung, CW14, ¶222.

97)   Jung, CW12, ¶40. 헤이마르메네에 대한 융의 이해에 대한 더 자세한 논의는 제5장.

98)   Jung, CW14, ¶308.

99)   B.V. Raman (1912-98)은 힌두교 또는 베다 점성술에 대한 많은 책과 기사를 출판한 영향력 있는 인도 점성가였고, 융이 그의 편지에서 언급한 *The Astrological Magazine*이라고 불리는 저널을 편집했다. B.V. Raman, *How to Judge a Horoscope*, 2 volumes (Columbia, MO: South Asia Books, 2000).

100) C.G. Jung, Letter to B.V. Raman, 6 September 1947, in Jung, *C.G. Jung Letters*, Vol. 1, pp. 475-76.

101) Jung, Letter to André Barbault, p. 176.

제2장

융의
점성술사들

제2장
융의
점성술사들

하지만 만약 별이 미래를 알린다면 … 그 원인에 대해 어떤 설명을 해야 합니까? … 우리는 별을 영원히 하늘에 새겨진, 영원히 새겨졌으면서도 그들에게 주어진 다른 임무를 추구할 때 움직이는 문자라고 생각할 수 있습니다. 이러한 주요 임무에 의미화(signifying)의 질(quality)이 따를 것입니다. 모든 것은 상징으로 가득 차 있습니다. 현명한 사람은 어떤 한 가지 속에서도 다른 것을 읽을 수 있는 사람입니다.[1)]

— 플로티노스

상징에는 어둠과 싸우는 인간의 힘의 구제가 있습니다. … 강력한 행동을 통해 외적인 자유를 얻을 수 있는 것은 분명하지만, 내적인 자유는 상징을 통해서만 창조됩니다. 그 상징은 입에서 나오는 말로, 단

순히 말하는 것이 아니라, 힘과 절실한 욕구의 단어로 자아 깊은 곳에

서 나와 뜻하지 않게 혀에 들어가는 것입니다.[2]

— 융

융의 점성술적 자료

융이 공간한 것을 전제로『선집』에서 인용하고 있는 점성술에 관한 자료는 이미 수세기 이상 세월이 흐른 역사적 유물 같은 것뿐이다. 예를 들어 프톨레마이오스의 2세기『테트라비블로스』(*Tetrabiblos*),[106] 1515년 라틴어 번역으로 출판된 아부 마샤르(Abu Ma'shar, 787-886)[107]의 9세기『대회합에 대하여』(*De magnis coniunctionibus*)[108] 그리고 히에로니무스 칼다

---

[106] 『네 권의 책』은 '효과'라는 뜻의 그리스어 아포텔레스마티카(Αποτελεσματικά)와 '네 부분'이라는 뜻의 라틴어 쿼드리파르티툼(Quadripartitum)으로, 점성사서(占星四書)로도 알려져 있는, 2세기에 알렉산드리아의 학자 클라우디오스 프톨레마이오스(90-168년경)에 의해 쓰여진 철학과 점성술의 실천에 관한 문헌이다. 프톨레마이오스의『알마게스트』가 천년 이상 천문학의 권위 있는 문헌이었고, 그것의 안내서인『테트라비블로스』는 세속적 문제에 관한 천문 주기의 효과를 연구하는 점성술에서 동등한 영향력이 있었다. 그러나 태양계의 태양중심설의 수용으로『알마게스트』는 천문학에서의 권위를 잃었는데 반해,『테트라비블로스』는 점성술을 위한 이론적 작품으로 남아있다. 그것은 점성술을 진지하게 공부하는 학생들에게는 '필수적인 것'으로 간주된다.

[107] 초기 페르시아인 이슬람 점성가로, 바그다드 아바스 왕조의 가장 위대한 점성가로 여겨진다. 그는 주요 개혁가는 아니었지만 점성가 훈련을 위한 그의 실용적인 매뉴얼은 이슬람의 지적 역사와 번역을 통해 서유럽과 비잔티움의 역사에 지대한 영향을 미쳤다.

[108] 아부 마샤르의『서문』(*Kitāb al-mudkhal al-kabīr*, 848년 작성)은 1133년 세비야의 요한에 의해 라틴어로 처음 번역되었으며, Astronomiam에서는 *Introductorium*으로, 다시 *De magnis coniunctionibus*로 *De magnis coniunctionibus* 로 번역 되었다. Lemay(1962)는

누스(Hieronymus Cardanus)[109]의 17세기『프톨레마이오스「유대천문학론」주해』(*Commentaria in Ptolomaeum de astrorum indiciis*) 등이 그것이다.[3] 융은 출판된 작품에서 그 주제를 언급할 때 통계 연구에 관련된 작가들을 제외하고 현존하는 점성술가들을 인용하는 것을 피했다. 오래된 텍스트들이 그에게 중요한 통찰력을 제공했지만, 융은 실제로 그것들로부터 호로스코프 작성법을 배웠을 것 같지는 않다. 언어가 모호할 뿐만 아니라, 수학적인 계산은 그들이 묘사될 때, 융 당시에 이용 가능한 천체력으로 알려져 있는 행성들의 위치에 관한 출판된 표의 용이함보다는 실제적인 관찰과 하늘에 대한 측정에 의존한다. 그의 점성술 연구의 범위와 출처를 밝히는 것에 대한 융의 불편함이 그의 일생 동안 그를 따라다녔던 것으로 보인다.

「동시성: 비인과적 관련의 원리」[4] 논문에서 융은 점성술에 관한 상당

12세기 중반 이전 중세 유럽 학자들이 아리스토텔레스를 회복한 데 아부 마샤르의 저작물이 가장 중요한 단일 출처일 가능성이 매우 높다고 주장했다. Carinthia의 Herman이 번역한 *De magnis coniunctionibus*는 1488/9년 아우크스부르크의 Erhard Ratdolt에 의해 처음 인쇄되었다. 1506년과 1515년에 베니스에서 다시 인쇄되었다.

109   수학자, 의사, 생물학자, 물리학자, 화학자, 점성가, 천문학자, 철학자, 작가, 도박꾼. 그는 르네상스의 가장 영향력 있는 수학자 중 한 사람이며 확률의 기초에 있는 핵심 인물 중 한 사람이며 서구 세계에서 이항 계수와 이항 정리의 최초 도입자이다. 과학에 관한 200편 이상의 저서를 남겼다. 칼다누스는 자이로스코프가 만든 자유롭게 회전할 수 있도록 하는 3개의 동심 링으로 구성된 짐벌은 다양한 각도에서 회전 운동을 전달할 수 있고 오늘날까지 차량에 사용된다. 그는 1570년 De Proportionibus에 출판된 하이포사이클로이드에 상당한 기여를 했다. 하이포사이클로이드의 생성 원은 나중에 칼다누스 서클 또는 카르다닉 서클로 명명되었으며 최초의 고속 인쇄기의 제작에 사용되었다. 오늘날 그는 대수학에서의 업적으로 잘 알려져 있다. 1545년 Ars Magna에서 그는 유럽에서 처음으로 음수를 체계적으로 사용했으며, 다른 수학자들의 3차 방정식과 4차 방정식에 대한 해를 출판했으며, 허수의 존재를 인정했다. 가상화폐 카르다로 코인은 이 이름을 딴 것이다.

한 전문적인 지식을 드러냈다. 그는 거침없이 조셉 뱅크스 라인(J. B. Rhine, 1895-1980[5])[110] 같은 20세기 심령 현상 연구가들을 언급했다. 그리고 그는 1920년대와 1930년대에 스위스 점성술사 칼 에른스트 크라프트(Karl Ernst Krafft, 1900-1945)[111]와 프랑스 점성술사 폴 플램바르(Paul Flambart, 1867-1930[6])[112]와 같은 연구자들에 의해 만들어진 점성술 실험의 통계적 결과를 인정했다. 그러나 그는 점성술의 해석으로 다양한 연금술 문헌과 함께 고대, 중세, 초기 현대 점성술의 '거물들'만을 인용했고, 그 주제에 대한 공감을 나타냈던 알렉산드리아의 필로, 플로티노스, 쇼펜하우어 등 명성 있는 철학자들의 작품들만을 인용했다.[7] 융이 프로이트에게 보낸 초기 편지들에서는 그가 '점성술에 대해 들여다보고 있는지, 더 정확히 말하면 그가 습득한 텍스트를 통해 별점을 치고 운세를 읽는 것을 배우고 있었는지, 혹은 개인 과외를 하고 있었는지'가 불분명하다. 융의 손자 울리히 회르니(Ulrich Hoerni, 1941-현재)[113]에 따르면 융은 '어떤 개인 교사보다 책을 통해 지식을 얻었다'고 한다.[8]

---

110   심리학의 한 분과로서 초심리학을 설립한 미국 심리학자이다. 라인은 『초감각 지각과 초심리학: 마음의 개척자 과학』이라는 책을 저술했다.

111   바젤에서 태어난 스위스의 점성가이다. 나치에 협력하였지만 체포되어 병사하였다.

112   폴슈이스나드(Paul Choisnard)이다. Paul Flambart는 그의 가명이다. 프랑스 점성가이다. 그는 일반적으로 고대 점성술의 혁신가 중 한 사람으로 간주된다. 그는 점성술에 관한 수많은 책의 저자이며, 그의 관행의 타당성을 확인하기 위해 통계적 접근을 옹호했다. 1926년 Paul Choisnard, 벨기에 점성가 Gustave Lambert Brahy및 몇몇 다른 사람들은 브뤼셀에 Cébésia(천체 영향에 대한 과학적 연구를 위한 벨기에 센터)를 설립했으며 이후로 계속 활동해 왔다.

113   스위스 건축가이자 Stiftung der Werke von CG Jung의 전무 이사이다. 1994년부터 2007년까지 그는 융의 기록 보관 및 편집 업무의 차장을 역임했으며 이 역할에서 그는 무엇보다도 그의 할아버지 융의 다양한 미공개 출판물인 *Red Book*의 기획 및 준비에 참여했다.

리차드 놀은 토니 볼프(Toni Anna Wolff, 1888-1953)[114]가 융에게 점성술을 가르쳤다고 '생각되지만' 정확히 누가 그것을 생각했는지는 언급되지 않았다고 주장한다. 그리고 어쨌든 융의 점성술 연구는 볼프와의 만남보다 적어도 2년 앞서 있었다.[9] 융은 프로이트에게 어떠한 자료도 언급하지 않았지만, 그는 만년에 바르보나 라만과 같은 전문 점성가들과 활발한 서신 교환을 즐겼다. 그러나 비록 『선집』이 상당한 역사적 간격으로 학문의 가치가 있는 점성술 자료만을 포함하고 있지만, 융의 현대 점성술 서적들의 개인 소장품들은 또 다른 이야기를 말해준다. 1920년대 중반부터 독일, 프랑스, 영국, 미국의 점성가들에 의해 출판된 개별 작품들을 모아왔지만, 융의 도서관에서 그가 프로이트에게 두 번 편지를 쓰기 직전에 출판된 책들과 그의 초기 연구의 현대 자료였던 책들은 세 명의 영국 점성가들에 의해 출판된 책들뿐이다. 이 세 작품 중 오직 한 작품만이 그 작가의 작품을 하나 이상 얻을 만큼 융의 충분한 관심을 끌었다.

알프레드 존 피어스(Alfred John Pearce, 1840-1923)[115]가 쓴 『점성술 교과서』(The Text-Book of Astrology)라는 이 영국 문헌의 첫 번째 작품은 1889년 탄생 별자리 운세, 국가 도표 해석, 정치사건, 천문 기상학, 의학 점성술, 택일 점성술[116] 등을 포함한 다양한 점성술 주제를 다루는 일련

---

[114] 스위스 융 분석가이자 융의 긴밀한 협력자였다. 분석 경력 동안 볼프는 자신의 이름으로 비교적 적은 양의 출판물을 출판했지만 융이 아니마(anima), 아니무스(animus), 페르소나 (persona)를 비롯한 그의 가장 잘 알려진 개념과 심리학적 이론을 식별, 정의 및 명명하는데 도움을 주었다. 그녀의 가장 잘 알려진 논문은 여성 정신의 네 가지 '유형' 또는 측면에 대한 에세이이다. 볼프는 연금술을 심리학에서 배제하였다.

[115] 영국의 의사, 편집자, 작가, 점성학자. 그는 48년 동안 Zadkiel's Almanac 의 편집자로 Zadkiel이라는 가명으로 글을 썼다.

의 책으로 출판되있다. 이 작은 작품들은 1911년 합본 속에 들어 있는데, 융이 입수한 판본이다. 2006년에 피어스의 작품의 재판을 발행한 미국 점성술가 협회의 연구 책임자인 제임스 홀든(James Holden, 1926-2013)[117]은 피어스의 책이 '전통적'이며 '피어스의 젊은 동시대인이었던 알란 레오가 설정한 심리적 경향이 전혀 없다'라고 지적한다. 타당한 점성술을 구성하는 것에 대한 그의 개인적인 견해를 반영하는 편견과 함께 - 점성술 현역의 세계에서 2천년 이상 지속되어 온 논쟁 - 홀든은 더 나아가 『점성술 교과서』가 '에소테릭(秘傳)에 의해 도입된 복잡한 문제들보다 그리고 애매한 심리학적 해석보다 우선한다'고 말한다.[10] 피어스는 비의적인 분위기를 풍기는 어떤 점성술에도 매우 적대적이었고, '우리는 마법과 정신주의에 선을 긋는다'고 단정적으로 선언했다. 피어스에 따르면, 알란 레오의 신지학적 점성술은 '미신적인 헛소리'이다.[11]

그러나 피어스가 에소테리시즘과 '애매한 심리학적 해석'에 관심이 없

---

116 벤처기업을 시작하기 위한 적절한 순간을 선택하는 것.

117 미국의 점성가, 학자, 작가. 1982년부터 미국 점성가 연맹의 연구 이사. 언어학자로 훈련을 받은 그는 외국어(라틴어, 독일어, 프랑스어, 러시아어) 부전공으로 영문학 학위를 받았고 과학자(그는 두 번째 BA를 Pure Mathematics with the minor in Physics), 홀든은 라틴어, 그리스어, 프랑스어, 독일어, 스페인어 및 이탈리아어에서 수많은 점성술 책과 기사를 번역했다. 번역 중 일부는 다음과 같다. 아부 마샤르의 『꽃의 책』, 아부 알리의 『탄생의 심판』, 마샬라의 단편 『탄생의 책』, 살 이븐 비쉬르의 『호라리와 선거 점성술에 관한 5권의 책』, 포르피리의 『인도서 테트라비블로스』, 알렉산드리아의 바오로 '서문', 『이집트인 레토리우스』. 그의 엄청난 번역을 통해 그는 Jean-Baptiste Morin의 대작인 Astrologia Gallica의 26권 중 9권을 영어권 커뮤니티에 제공했다. 홀든이 선택한 번역판(13, 14, 15, 17,19, 22, 23, 24, 25권)은 시대를 초월한 이 시대의 개혁가이자 변증가가 공식화하고 실천한 전통적인 형태의 점성술에 대한 학생과 전문가의 접근을 제공하였다.

었다면 융은 피어스에 관심이 없었던 것으로 보인다. 비록 피어스가 다른 수많은 점성술 작품들을 썼지만, 『점성술 교과서』는 융의 도서관에서 발견된 이 영국 점성가의 유일한 출판물이다.[12] 융은 비록 랄프 셜리(Ralph Shirley, 1865-1946)[118]의 『오컬트 평론』(*The Occult Review*)과 미드 자신의 일기인 『탐색』(*The Quest*)[13] 같은 점성술적인 자료를 포함한 상당한 양의 다른 난해한 저널들을 입수했지만, 피어스가 편집한 저널에도 매력을 느낀 것 같지는 않다.[14] 20세기 초에 영국 점성술에서 나타난 '심리적 경향' 은 융이 인간 정신의 본질과 역학에 대한 이론을 처음 만들고 있을 때 그에게 더 많이 가치가 있어 보인다.

융이 이 기간 동안 입수한 영국의 점성술사가 쓴 두 번째 작품은 라파엘의 『점성술의 열쇠』(*Raphael's The Key to Astrology*)였다.[15] 점성술사들이 천상의 가명을 채택하는 것이 그 시대의 유행이었는데, 보통 특정 행

---

118 오컬트 및 신비주의 문학 출판의 선도적인 영국 개척자이다. 1865년 12월 30일 영국 옥스포드에서 11대 페러 백작의 형제이자 에식스 백작 로버트 드베르의 직계 후손으로 귀족 가문에서 태어났다. 옥스퍼드 대학교의 윈체스터와 뉴 칼리지에서 교육을 받았다. 30년(1892-1925) 이상 신비주의, 점성술, 심리학 연구 및 관련 주제를 다루는 영국 최고의 문학 출판사인 William Rider&Son 의 이사였다. 1905년에 셜리는 오컬트 리뷰를 창간하여 21년 동안 편집했다. 여기에는 당대 최고의 신비주의자들의 공헌이 포함되었으며 대중적 신비주의와 학문적 신비주의의 높은 기준을 설정했다. 셜리는 또한 Ernesto Bozzano의 중요한 연구인 *Discarnate Influence in Human Life*(1938)을 편집한 국제 심령 조사 연구소의 부회장이 되었다. 셜리가 1920년 4월부터 5월까지 천체 투사와 체외 여행에 관한 올리버 폭스(Hugh G. Callaway의 가명)의 중요한 직접 경험을 출판한 것은 오컬트 리뷰 페이지였다. 셜리는 다른 개척자도 출판했다. 자신의 책인 *The Mystery of the Human Double: The Case for Astral Projection* (1938; 재인쇄된 University Books, 1965)을 포함하여 주제에 관한 저술. 셜리는 점성술에 특별한 관심을 가지고 있었고 *The Horoscope* (가명 Rollo Ireton으로)를 편집했다. 1943년부터 1944년까지 그는 저널 《Light》의 회장이었지만 건강 악화로 인해 은퇴하였다.

싱과 연관된 천사의 가명을 채택했다. 특정 일지를 편집하는 일련의 점성술사들은 라파엘의 경우에서와 같은 가명을 순차적으로 사용할 수 있다. 일곱 명의 대천사 중 하나인 라파엘 천사는 보통 점성술 전승에 있어 가장 글쓰기와 아이디어의 전달에 관련된 행성인 수성과 연관되어 있으며, 따라서 저널의 편집자에게 적절하다.[16) 라파엘은 처음에 로버트 크로스 스미스(Robert Cross Smith, 1795-1832)[119라고 불리는 점성가의 가명이었다. 스미스의 가명은 점성술사 존 팔머(John Palmer, 1807-37)[120와 『점성술의 열쇠』의 저자 로버트 토마스 크로스(Robert Thomas Cross, 1850-1923)[121가 그 이름을 갖기 전에 네 명의 점성술사에 의해 채택되었다.[17)

119 　브리스톨에서 태어났다. 그는 1820년에 결혼하고 런던으로 이사하여 점성술에 관심을 갖게 되었다. GW Graham과 함께 그는 1822년에 기하학에 관한 책을 출판했다. 스미스는 1824년에 《The Straggling Astrologer》라는 제목의 정기간행물을 편집하기 시작했지만 충분한 구독자를 얻지 못했고 몇 호 후에 정기간행물을 중단해야 했다. 그는 같은 해에 『19세기의 점성가』라는 제목의 책에서 실패한 정기 간행물의 문제를 수집했다. 이 책은 '6판'이라고 주장했지만 1–5판은 존재한 적이 없다고 여겨진다. 실질적으로 확대된 판은 Merlinus Anglicus Junior 에 귀속된 추가 자료와 함께 '7번째 판'으로 1825년에 나타났다. 1827년부터 1832년 사망할 때까지 그는 The Prophetic Messenger 라는 제목의 점성술 책을 편집했다. 또한 스미스는 1828년에 The Familiar Astrologer와 A Manual of Astrology를 출판했다. 그의 연감은 계속해서 라파엘로의 천문력으로 편집되었으며 영국과 미국 점성술의 표준 작업이 되었다. Raphael의 Ephemeris는 영어권 세계와 현대 서양 점성술 일반에서 Placidian 시스템의 점성술 하우스 시스템을 대중화했다.

120 　『두 번째 라파엘』은 1834년에 라파엘의 성역을 편집한 스미스의 제자였던 존 팔머(John Palmer, 1807–1837)였다.

121 　원래 Frederick Robert Cross라는 이름이었으나 'Frederick'을 삭제했다. 그는 아주 어린 나이에 점성술을 공부하기 시작했고 고객을 받아들였으며 곧 Prophetic Messenger의 편집자가 되었으며 Raphael's Ephemeris로 이름을 바꾸었다. 1870년대에 그는 Raphael의 Ephemeris에 대한 저작권을 얻었다. 이 판권은 Cross family가 1985년 발행인인 W.

『점성술의 열쇠』는 1896년에 처음 출판되었지만, 나중에 여러 번 재판되었다. 융의 특별판은 1909년에 나왔다. 피어스처럼 라파엘도 전통적이고 작품을 많이 썼으며 『라파엘의 호라리 점성술』(*Raphael's Horary Astrology*, 1897)과 같은 다른 책을 출판했다. 또한 피어스처럼 라파엘도 예상대로 『라파엘의 연감』(*Raphael's Almanac*)이라는 제목의 연감을 편집했다. 피어스와 마찬가지로 융은 이 작가의 작품 하나를 읽고 감명 깊지 않아 더 많은 것을 입수하지 않았던 것 같다.

알란 레오의 '현대' 점성술

융이 점성술 연구를 시작할 무렵에 작품이 출판된 세 번째 영국 점성가인 알란 레오는 피어스와 라파엘보다 융의 평가에서 훨씬 높은 위치에 있었던 것으로 보인다. 태어날 때 이름은 윌리엄 프레데릭 알란(1860-1917)으로, 알란 레오는 세기말 영국의 에소테릭 세계에서 독특한 인물이었는데, 이는 사실상 단독으로 점성술을 예측 방법이 아닌 인격을 통찰하는 도구로 현대에 가져왔기 때문이다.[18] 레오는 그의 멘토인 신지학회 설립자 블라바츠키의 저서에 거의 전적으로 의존하면서 임상 심리학이나 고전 학문의 어떤 영역에서도 박식함을 보이지 않았다. 레오의 아내 베시(Bessie, 1858-1931)[122]에 따르면, 남편이 죽은 지 2년 후에 그의 영적 지식

Foulsham & Co에 매각될 때까지 소유했다.

122   영국의 편집자이자 점성가. 신지학에 전념했고 1903년 점성술에 입문했다. 『현대 점성술』

그림 2.1 알란 레오 초상화

을 얻기 위해 라파엘의 작품 외에는 점성술 작품을 공부하지 않았고 블라바츠키의 기초 문헌인 신지학, 『베일을 벗은 ISIS』(*ISIS Unveiled*), 『비밀 독트린』(*The Secret Doctrine*)에 의존했다고 한다.[19] 베시 레오는 '알란 레오의 신앙'(Alan Leo's Faith)이라는 제목의 전기에서 점성술에 대한 남편의 이해가 바탕이 된 우주론적, 종교적 인식을 인용했다.

에 대한 기사를 집필했으며 남편 레오가 죽은 후 편집자이기도 했다. 1908년부터 건강이 좋지 않아 그녀는 결혼 6개월 만에 첫 남편과 이혼했다. 그녀는 1896년 플라토닉한 결혼 생활을 하는 알란 레오와 결혼했다.

"나는 우리가 없어도 생명을 주는 원칙이 태양 광선을 통해 최고
지성으로부터 나온다고 믿는다. … 나는 인간의 영혼은 영원하다고
믿는다. 그리고 각각의 영혼이나 마음은 썰물과 흐름에서 달에 의해
상징된다고 확신한다. 행성 영향권과의 관계도 … 모든 사람은 나쁜
성향을 극복하고 동물적 본성을 통제할 수 있는 행성의 영향권에서
자신의 의지력을 얻는다. 그러므로 점성술은 성격이 운명이라고 가
르친다."[20]

알란 레오는 1890년에 신지학회에 가입했는데, 그때 그는 G.R.S. 미
드와 함께 브릭스턴(Brixton, 영국 런던)에 신지학회 사무국을 만들었다. 베
시의 남편에 대한 전기는 융의 작품에서 많은 반향을 불러일으키는 초기
형태의 심리 점성술의 출현에 대한 일화적인 정보의 보고이다. 이 반향들
중 가장 중요한 것은 점성술에서 태양의 중심적인 중요성인데, 현대 점성
술에서 레오의 위대한 혁신 중 하나이다. 그는 신성의 구현으로서 눈에
보이지 않는 '영적' 태양이나 태양 로고들에 대한 블라바츠키의 준 신플
라톤주의적 가르침에서 아이디어를 얻었고,[21] 융이 이 영적 지성으로부
터 이해되는 태양력을 『새로운 책』의 내적 여행의 초점으로 확인함으로
써 확연하게 드러난다.[22]

융은 레오의 많은 문헌의 초기 판들을 얻었는데, 그 중 일부는 레오 자
신의 저널인 『현대 점성술』에 기사로 처음 게재되었다. 이후 개별 팜플렛
으로 게재된 이 기사들을 편집하여 몇 년 안에 개정된 단권으로 재발행하
였다. 『새로운 책』에서 융의 점성술적 이미지에 대한 레오의 강한 영향은
융의 『새로운 책』의 점성술 세계의 적절한 장에서 더 충분히 논의된다.

하지만 융의 레오 책 판본은 그 자체로 흥미로운 이야기를 말해준다. 융은 그의 책들에 매우 조심스러웠다. 그는 책장들을 접지도 않았고 잉크로 더럽히지도 않았다. 특별히 좋아했던 책들의 특정 섹션은 연필로 가볍게 표시되었고, 여백에 중요한 단락을 나타내는 세로줄이 표시되거나 때때로 문구 또는 참조의 밑줄이 표시되었다. 때때로 그는 특히 흥미를 끄는 작품의 여백에 연필로 몇 글자를 쓰기도 했고, 작가의 의견을 묻는다며 물음표를 달기도 했다. 알란 레오의 『모두를 위한 점성술』(*Astrology for All*)은 1899년에 원래 두 권으로 출판되었다.[23] 첫 번째 권은 태양과 달 별자리의 조합을 통한 출생 차트 해석에 대해 논의한다. 두 번째 권은 운세를 계산하기 위한 수학표와 상세한 지침으로 구성되어 있다. 1904년 두 권의 제2판이 출간되었고, 융이 이 판을 입수하였다. 세 번째 개정판이 1908년에 나왔고 1912년에 4번째 판이 나왔기 때문에 융은 세 번째 판 이전에 자신의 사본을 얻었을 가능성이 높으며, 이는 그가 프로이트에게 보낸 편지에서 제시된 날짜보다 훨씬 일찍 점성술에 대한 탐구를 시작했음을 암시한다.

융은 또한 프로이트에게 보낸 편지보다 5년 일찍 천체력(행성 위치에 대한 표)과 같은 점성술의 기술적 기구를 모으기 시작했다. 융이 1906년에 태어난 그의 딸 그레트(Gret, 1906-1995)[123]의 운세를 계산하기 위해[24] 나중에 그의 1906년의 운세를 얻었을 수도 있지만,[25] 이러한 행성표가 매년 만들어졌기 때문에, 1906년의 운세는 그 해에만 유용했을 것이다. 융이 소유하고 있던 『모두를 위한 점성술 제2부』에는 많은 주석이 붙어 있

123　Baumann-Jung, Gret. 융의 둘째 딸이다.

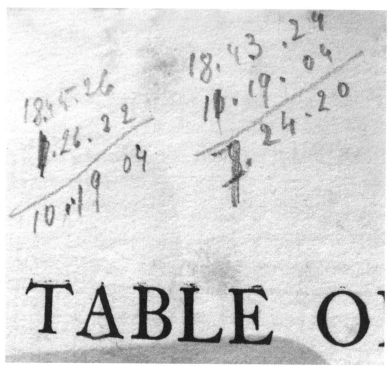

그림 2.2 알란 레오의 『모두를 위한 점성술 제2부』에 있는 융의 글[26]

다. 여기서 색연필로 특정 날짜에 밑줄을 긋거나, 여백에 연필로 일련의 수학적 계산을 한 것을 볼 수 있다. 융은 레오의 책에 나오는 설명에서 탄생 별자리 설정 기술을 배우고 있었던 것 같다.[27] 이 증거와 그들의 표현과 특정한 점성술 구성에 대한 생각에서 두 사람 사이의 명백한 유사성은 융이 『새로운 책』에 대해 연구한 기간 내내 레오의 출판물들을 읽고 그로부터 배우고 있었다는 것을 암시한다.

융이 알란 레오의 점성술적 해석에 의존했다는 또 다른, 훨씬 더 놀라운 징후는 '당신의 탄생에 대한 열쇠: 융이 1911년 네덜란드의 정신분석학자 요한 반 오프하이젠 박사(Van Ophuijsen, 1882-1950)[124]로부터 받은 스페셜 차트—그가 프로이트에게 점성술을 연구하고 있다고 알린 해—에서 발견된다. 문서에 서명이 있는 반 오프하이젠은 프로이트의 제자로 1911에서 1913년 사이 융의 환자로 취리히에서 시간을 보냈으며 융은 명목상 정신분석 동지였다.[28] 반 오프하이젠은 1917년 네덜란드 정신분

124　정신과 의사이자 정신 분석가이다. 네덜란드 동인도의 수마트라에서 태어나 미시간 주 디트로이트에서 사망했다. 1909년에 라이덴 대학에서 MD로 졸업하고 4년 동안 Eugen Bleuler 병원에 갔다. 그는 융과 분석을 했고 일부 영어를 사용하는 환자를 분석했다. 정신분석학회의 비서였으며 1912년 11월 뮌헨에서 열린 프로이트와 융의 회의에 참석했다. 1913년 네덜란드로 돌아온 그는 라이덴에 있는 Jelgersma의 정신과 진료소에서 일했다. 융이 부분적으로 분석한 정신분석에도 관심이 있는 동료들과의 회의에 참여했고, 그들과 함께 1917년에 네덜란드 정신분석학회를 설립했다. 그는 Internazionale Psychoanalytische Zeitschrift 와 Dutch Medical Journal의 보고서를 통해 네덜란드와 국제 정신 분석 사이의 연결 고리였다. 1922년 그는 몇 년 동안 베를린으로 갔다. 아브라함과의 추가 분석을 위해 베를린 연구소에서 삼자 훈련 모델을 개발하고 있던 Max Eitingon 및 Hanns Sachs와 협력했다. 네덜란드로 다시 돌아온 후 그는 헤이그에 정착하여 네덜란드 정신분석학회의 회장이 되었으며, 대부분의 다른 회원들의 반대에 맞서 평신도 분석과 삼자 교육 모델의 바람직함을 열렬히 옹호했다. 1927년부터 1934년까지는 재무를, 1936년부터 1938년까지는 국제정신분석학회(IPA) 부회장을 역임했다. 그의 국제적 개입은 네덜란드인들 사이에서 많은 분노를 불러일으켰다. 1932년 그는 비엔나에서 국제 정신분석학자를 구하기 위한 위원회에 있었다. 재정적 어려움에서. 재정적 기여를 위해 네덜란드 분석가들에게 그의 호소는 분석 관행에서 얻은 수입이 빈약했던 협회에서 반대를 불러일으켰다. 1933년 4명의 독일계 유태인 난민이 네덜란드에 왔을 때 반대파는 난리가 났고, 그들은 네덜란드 분석 훈련에서 중요한 역할을 할 수 있기를 희망한 그의 적극적인 협조를 받았다. 사실, 그는 칼 랜다우어에게 몇 년 전에 설립한 정신분석 연구소에 합류할 것을 요청했다. 폭풍우가 몰아치는 회의에서 그는 학회 회장직을 사임했고 1주일 후에는 회원직도 사임했으며 다른 5명이 그 뒤를 이었다. 그는 새로운 사회인 정신분석가 협회를 설립했다. 그러나 1937년 그는 그의 분석가인 Fritz Perls(독일 이민자이자 나중에 게슈탈트 요법의 창시자)와 함께 요하네스버그 (남아프리카 공화국)로 이주했고 1년 후에는 미국으로 이주하여 일부 정신과 직원에 합류했다. 뉴욕 병원에 다니며 뉴욕 정신분석연구소의 교사가 되었다. 나중에 그는 분석가와 교사로 디트로이트에 정착했다. 그는 죽는 날까지 정신분석을 계속했다.

석학회의 공동 설립자가 되었다. 그는 프로이트와 융 사이의 증가하는 갈등을 해결하려고 시도했던 몇 명의 정신분석학자 중 한 명이었고 1912년 11월 뮌헨에서 열린 두 사람의 회의에 참석하여 그들의 반감의 고조에 대해 논의하고 일종의 화해를 위해 노력했다. 프로이트와 융이 갈라선 후, 반 오프하이젠은 확고한 프로이트 지지자로 남아있었다. 하지만 점성술에 대한 그의 관여는, 융이 점성술에 보이는 관심에 대한 프로이트의 반응 부족이 그의 추종자들에 의해 공유되지 않았거나 그 당시 프로이트의 실제 관점을 반영하지 않았음을 시사한다. '스페셜 차트'에는 이름이 없고 영어로 '남성용'이라고만 기재되어 있지만, 융이 태어났을 때의 행성 위치를 모두 열거하고 있다. 제목에서 알 수 있듯이, 1910년에 출판된 레오의 『탄생의 열쇠』[29]에 있는 특정 단락에 의해 보완될 의도였다. '스페셜 차트'의 일반적인 적용 예는 레오의 책 첫머리에 제시되어 있으며 조지 5세를 위한 행성 위치가 삽화로 삽입되어 있다. '스페셜 차트'의 각 행성 위치에는 레오의 책에 있는 적절한 설명 구절과 관련된 단락 번호가 할당되어 있다.

융의 점성술 정보가 쓰여진 미리 인쇄된 백지는 런던에 있는 레오의 현대 점성술 사무소에서 나온 것으로, 반 오프하이젠이 공식적으로 레오의 학교를 위한 가정교사로 일했거나 학교에서 양식을 얻었음을 암시한다. 비록 그가 『당신 자신의 출생 호로스코프의 열쇠』의 끝에 백지[30]로 된 사본을 가지고 있었을지 모르지만, 융의 개인 기록 보관소에 있는 문서는 사본이 아니라 개인이 인쇄한 것으로, 책을 등사한 것도 찢어진 것도 아니다. 반 오프하이젠의 친필 메모는 영어로 되어 있다. 두 사람이 취리히에서 2년 동안 동료이자 환자로 지냈던 점을 감안하면 '스페셜 차트'

자체로는 이 문제를 깊이 있게 논의했는지 알 수 없지만, 그렇지 않았다면 놀랄 일이다. 이 차트는 융의 별자리에서 토성을 '지배하는 행성'이라고 명시하고 있으며,[125] 레오의 책에서 토성을 '냉철하고 진지하며 사려 깊은 기질'을 부여하고 '명상하는 마음'의 재능을 부여하는 것으로 묘사하고 있다.[31] 나중에 알게 되겠지만, 융의 운세에 대한 토성의 지배력은 그에게 매우 중요했고 특히 『새로운 책』의 특정 인물들과 관련이 있다.[126]

'스페셜 차트'의 오른쪽 하단에는 '미래 전망'이라는 제목의 섹션이 있는데, 이 섹션에는 1911년, 1912년, 1913년에 걸쳐 반 오프하이젠이 융의 출생 후 행성들의 움직임을 삽입했다.[32] '스페셜 차트'는 융이 프로이트에게 점성술 연구를 발표하던 때인 1911년에 분명히 준비되었고, 그것은 융의 점성술 연구의 중요한 출처에 대한 최초의 문서적 지표 중 하나를 제공한다.

125　사주명리학에 따르면 융은 1875년 7월 26일 19시 30분 출생이어서, 연주로 하면 을해 계미 기축 갑술 토의 오행이 많은 사람이어서 명리학적으로 철학적이고 사고지향적이다. 기축일주이다.

126　토성은 흉성이지만 목성과 좋은 각도를 이루어 인내력이 강하고 조용하고 사색력이 강하다. 융의 차트에서 달이 중요하고, 토성이 중요하다. 19도~24도 차이가 나서 7시50분이다. 태양이 상승하는 자리로 오게 된다.

The Key to Your Own Nativity

Special Chart

Description of Paragraph		*Number of Paragraph*
INTRODUCTION		
§1 RISING SIGN	♒	1.
RULING PLANET	♄	19.
Ruler's House	1st	22.
Ruler's Sign	♒	116.
Ruler's Aspects	♄✱♂	284.
Extra Par.		
§2 INDIVIDUALITY		
Sun in Sign	☉♌	146.
Sun's Aspects	☉☌♅	220
" "	☉□♆	225
§3 PERSONALITY		
Moon in Sign	☽♉	155
Moon in House	3rd	168
Moon's Aspects	☽✱♀	230
" "	☽□♅	243.
POLARITY	☉♌ ☽♉	535.
4 MENTAL QUALIFICATIONS		
Mercury in Sign	☿♋	181
Mercury in House	6th	195
Mercury's Aspects	☿☌♀	247
" "	☿✱☽	227

Description of Paragraph		*Number of Paragraph*
§5 FINANCE	♂	313.
TRAVEL	♆	331.
ENVIRONMENT	♀	338.
ENTERPRISE	☿	346.
SICKNESS	♀	356.
MARRIAGE	♅	369.
LEGACIES	♃	388.
PHILOSOPHY	♂	396.
PROFESSION	Fixed.	411.
FRIENDS	♂	417.
OCCULTISM	♄	432.
Supplementary Paragraphs		
Rising Planet	♄	471
Personal Colouring	☽♉	475.
Planet in Sign		
Extra Par.		
§6 SUMMARY		
Planetary Positions	Setting	437.
Quality	Fixed / Fixed	445
☉ & ☽	Fire / Earth	455.
Extra Par.		

§7 FUTURE PROSPECTS

Year	*Aspect*	*Paragraph*
1911	☿△☽	cvi.
12.	♀△♆	lvi.
13.	☽✱♅	cxxi.

(Dr J. Van Ophuijsen)
for male.

12 × 274.

그림 2.3 융의 출생 호로스코프와 알란 레오 『당신 자신의 출생 호로스코프의 열쇠』의 특정한 문장의 절을 대응시킨 스페셜 차트33)

그것은 또한 '오컬티즘의 검은 조류'에도 불구하고 융이 실제로 프로이트의 동료 중 한 명에 의해 알란 레오에게 소개된 것은 아니더라도 장려되었다는 것을 암시한다. 1911년 정신분석가들 가운데 '슬픈 학문'을 추구한 사람은 융만이 아닌 것으로 보인다.

융이 프로이트와 결별한 정확한 시기를 다룬 '스페셜 차트'의 '미래 전망' 섹션은 융이 『새로운 책』에 대한 연구의 시작에서 무의식의 심리학 출판물을 다루고 있으며, 융이 자신과 프로이트 사이의 증가하는 긴장을 돕기 위해 점성학적 통찰력을 찾고 있었을 수도 있음을 시사한다. 1911년 융은 단순히 점성술만 들여다보는 것이 아니라 알란 레오의 책을 부지런히 읽고 배웠고 아마도 자신의 요청으로 레오의 학파에 정통한 정신분석학자에 의해 계산되고 레오가 그의 출판된 텍스트에서 제공한 해석 자료와 연결된 별점을 받았다. 전부는 아니더라도 융의 점성술 초기 시도 대부분은 레오의 광범위한 작품들이 제공하는 독특한 정신적인 관점에 의해 강하게 물들었을 것으로 보인다.

막스 하인델의 '장미십자회(Rosicrucian)' 점성술

1909년, 후에 막스 하인델(Max Heindel)이라고 자칭한 칼 루이스 폰 그라스호프(Carl Louis von Grasshoff, 1865-1919)[127]라는 덴마크 비교주의자가

127　덴마크 출신의 미국 기독교 신비주의자, 점성가이다. 생계를 위해 미국에 온 하인델은 1903년 신지학자 CW Leadbeater의 강의에 참석한 후 Los Angeles의 Theosophical Society에 합

워싱턴주 시애틀에 학교를 설립했는데, 그는 그것을 '장미십자우방단[128]

류하여 1904년과 1905년에 부회장이 되었다. 그는 채식주의자가 되었고 점성술 연구를 시작했다. 그러나 과로와 궁핍은 1905년에 그에게 심각한 심장병을 일으켰고 몇 달 동안 죽을 지경에 이르렀다. 1906년부터 1907년까지 그는 오컬트 지식을 전파하기 위해 순회강연을 시작했다. 그는 샌프란시스코에서 시작하여 시애틀로 갔다. 1907년 독일로 여행하면서 슈타이너를 만났지만, 그의 길을 따라서 도울 수 없음을 발견하고, 새로운 체험 즉 독일/보헤미안 근처에 있는 장미십자가의 에테르 사원에 도달하는 방법을 배웠다고 회상한다. 1908년 미국으로 돌아와 장미십자회를 홍보하고 선양하는 출판 강연을 시작하였다. 1909-11년에 캘리포니아에서 장미십자회를 설립했으며, 기독교 밀교 잡지《Rays from the Rose Cross》를 출판했다. 1913년에 Fellowship의 영적 치유 서비스를 시작했다.

128   지금까지 알려지지 않은 비교 질서의 존재를 세계에 알리고 많은 사람들이 그 지식을 찾는 것을 매력적으로 만들었다고 알려진 여러 텍스트가 출판된 후 17세기 초 유럽에서 발생한 영적, 문화적 운동이다. 이 교단의 신비한 교리는 "보통 사람에게는 숨겨져 있는 고대의 난해한 진리 위에 세워져 있으며, 자연, 물리적 우주, 영적 영역에 대한 통찰력을 제공한다." 선언문은 이 문제에 대해 광범위하게 설명하지 않지만 카발라, 헤르메르스주의, 연금술, 그리고 기독교 신비주의이다. 장미십자회 선언문은 지적 풍토가 받아들일 때까지 수십 년 동안 비밀로 유지된 것으로, "인류의 보편적 개혁"을 예고했다. 속임수인지, 선언문에 나와 있는 '장미십자회'가 존재하는지, 전체가 실제로 존재하지만 다른 형태로 존재하는 운동을 가장하는 은유에 대한 논란이 일었다. 1616년에 요한 발렌틴 안드레아(Johann Valentin Andreae)는 그것을 '루디브리엄'으로 지정했다. 비교의 일부 학자들은 이 진술이 안드레아가 나중에 언론의 자유와 '보편적 개혁'이라는 사상을 편협했던 당시의 종교 및 정치 제도의 분노로부터 자신을 보호하기 위해 만든 것이라고 제안한다. 초기 장미십자회 선언보다 앞선 장미 십자가 기호의 예는 Harbaville Triptych의 중앙 패널에 표시된 것으로 비잔틴 양식이며 10세기 또는 11세기에 제작되었다. 상징은 중앙에 장미가 있는 갈보리 십자가이며, 이는 프리메이슨/장미십자가 학자 맨리 팔머 홀이 장미십자가의 원래 상징이라고 주장한 것과 동일하다. 그의 저서 Silentium Post Clamores(1617)에서 장미십자회 신자인 Michael Maier(1568-1622)는 다음과 같은 진술에서 장미십자회가 '태초의 전통'에서 발생했다고 설명했다. 이 선언문은 큰 혼란의 시기에 영적 변화를 약속함으로써 많은 인물들이 밀교 지식을 찾도록 영향을 미쳤다. Maier, Robert Fludd, Thomas Vaughan과 같은 17세기 신비주의 철학자들은 장미십자회 세계관에 관심을 보였다. 역사가 데이비드 스티븐슨(David Stevenson)에 따르면 스코틀랜드에서 출현하면서 프리메이슨에 영향을 미쳤다. 후기에 많은 비교 사회가 원래 장미십자회에서 파생되었다고 주장했다. 장미십자회주의는 장미십자가로 상징된다. 이러한 학회 중 가장 영향력 있는 단체는 Anglia의 Societas Rosicruciana에서 파생된 Hermetic Order of the Golden Dawn이며 회원들 사

그림 2.4 막스 하인델 초상화

: 기독교 신비주의자 협회'(The Rosicrucian Fellowship: An Association of Christian Mystics)라고 묘사했다. 하인델의 학교는 장미십자가인들의 '진정한 철학'을 널리 알림으로써 대중들이 다가오는 물병자리 시대를 대비하도록 하는 것이었다. 이 '진정한 철학'은 기독교 신비주의자인 크리스티안 로젠크로이츠(Christian Rosenkreutz)[129]에 의해 1313년에 설립되었다고

이에서 많은 저명한 인물을 세웠다. 가장 큰 규모는 캘리포니아 산호세에 기반을 둔 다국적 조직인 AMORC인 Rosicrucian Order이다.

129 전설에 따르면, 크리스티안 로젠크로이츠는 4세에 고아가 된 중세 독일 귀족으로 수도원에서 자라 12년 동안 공부했다. 그는 성지 순례에서 밀교적인 지혜를 발견하고 배웠다. 돌아와서 자신(Frater CRC)을 수도회의 수장으로 두고 '장미십자회 형제회'를 설립했다. 그의 지시에 따라

알려진 전설의 역사적 펠로우십과 관련이 있었다. 프리메이슨의 창립설화처럼 17세기 초에 '장미십자가 매니페스토스'[34)]로 알려진 일련의 출판된 팸플릿을 통해 처음 존재를 선언한 장미십자회의 창립설화는 역사적 증거를 통해 확인하는 것이 불가능하지는 않지만, 크리스티안 로젠크로이츠라고 불리는 역사적 인물의 존재와 마찬가지로 어렵다. 그럼에도 불구하고 17세기 이후, 초기 근대 연금술과 프리메이슨과 관련된 다양한 집단과 조류가 스스로를 '로지크루시안'이라고 선언했고,[35)] 자칭 '오더' 멤버들에 의한 긴 일련의 작품들이 오늘날까지 이어지고 있다. 융이 장미십자가에 깊은 관심을 가졌다는 것은 『선집』에서 발견된 많은 참고 문헌들[36)]과 또한 그가 웨이트(A.E. Waite, 1857-1942)[130]의 작품들에 친숙하고 존경을 표한다는 것에서 알 수 있다. 전 신지학자로 황금새벽회 기사단의 일원인 웨이트는 로지크루션, 연금술, 성배의 구비설화 역사학자로 장미십자우애단이라고 불리는 자신의 '로지크루시안' 그룹을 1915년에 설립했다.[37)]

1911년 막스 하인델은 캘리포니아 오션사이드[131]에 그의 장미십자

Sanctus Spiritus 또는 '성령의 집'이라고 불리는 성전이 세워졌다.

130   Arthur Edward Waite. 미국출신의 영국 시인. 신비주의 학자이며 Rider-Waite 타로 덱 (Rider-Waite-Smith라고도 함)의 공동 창시자였다. Waite는 EW Berridge에 의해 소개된 후 1891년 1월에 The Hermetic Order of the Golden Dawn의 아우터 오더에 합류했다. 1893년에 그는 황금새벽에서 물러났다. 1896년에 그는 황금새벽의 아우터 오더에 다시 합류했다. 1899년에 그는 Golden Dawn의 Second order에 들어갔다. 그는 1901년에 프리메이슨이 되었고 1902년 앵글리아의 Societas Rosicruciana에 들어갔다. 1903년 Waite는 Independent and Rectified Order RR et AC를 설립했다. 이 Order는 1914년에 해산되었다. Golden Dawn은 1914년 Waite가 떠날 때까지 내부 불화로 찢어졌다. 1915년 7월에 그는 Rosy Cross, Societas Rosicruciana와 혼동되지 않도록 Fellowship of the Rosy Cross를 결성했다.

131   지명. 기후가 온화하고 태양이 쨍쨍하기 때문에 태양숭배하기 좋고 수행하기도 좋다.

단 조식을 위한 영구적인 집을 설립했는데, 그곳은 오늘날에도 여전히 존재한다. 그리고 이러한 포스트모던 다문화 시대에도 여전히 스스로를 '기독교 신비주의자들의 협회'라고 부른다.[38] 하인델은 독일의 비교주의자 루돌프 슈타이너(Rudolf Steiner, 1861-1925)[132]의 작품에서 강한 영향을 받았다. 슈타이너는 원래 블라바츠키의 신지학협회에서 교육을 받았지만, 후에 블라바츠키의 배타적인 동양지향(블라바츠키는 서양의 비교전통보다 힌두교 등 동양사상의 개념과 용어를 좋아하여 스스로 신지학에 도입하게 되었다)을 이유로 결별하였다.

슈타이너는 후에 인지학[39]으로 알려진 그의 학파를 설립했고, 융은 놀랄 것도 없이 영국의 신지학에 그랬던 것처럼 독일의 비교(에소테릭) 흐름에 익숙했고, 두 가지 모두에 대해 똑같이 비판적이었다. 블라바츠키의 신지학회처럼 슈타이너의 인지학회는 융의 견해에서는 '진정한 종교적 성격'의 운동이었지만 '영적 과학'으로 가장했고 슈타이너의 노력에도 불구하고 조직화된 교회로 발전하는데 실패했다.[40] 물론 융에 대해서도 비슷한 말이 있다. 그의 분석심리학은 '진정한 종교적 성격'이지만 과학심

132　오스트리아의 신비주의자, 사회 개혁가, 건축가, 비교주의자이며 투시력을 주장했다. 슈타이너는 19세기 말에 문학 평론가로 처음 인정을 받았고 *The Philosophy of Freedom*을 포함한 작품을 출판했다. 20세기 초에 그는 독일의 이상주의 철학에 뿌리를 둔 난해한 영적 운동인 인지학(anthroposophy)을 창시했다. 철학적으로 지향된 첫 번째 단계에서 슈타이너는 과학과 영성 사이의 종합을 찾으려고 시도했다. 그가 '영적 과학'이라고 명명한 이 시대의 그의 철학적 작업은 그가 서양 철학의 명확한 사유 특성으로 본 것을 영적 질문에 적용하려고 했다. 두 번째 단계인 1907년 경부터 그는 연극, 무용, 건축을 포함한 다양한 예술 매체에서 공동 작업을 시작하여 집과 집이 있는 문화 센터인 괴테아눔(Goetheanum)을 건축하게 되었다. 제1차 세계대전 이후 시작된 그의 작업의 세 번째 단계에서 슈타이너는 발도르프 교육, 바이오다이나믹 농업, 인지 의학을 포함한 다양한 표면적으로 적용된 프로젝트에 참여했다.

리학으로 가장한다.[41] 융은 신지학의 경우와 마찬가지로 인지학의 공식적인 교의와 조직구조에 매력을 느끼지 못하고 슈타이너를 비판했지만, 슈타이너의 생각은 그 대부분이 괴테로부터 촉발된 것으로,[133] 특히 점성술, 심리학의 맥락에 끼워 넣기에 적합하며 단칼에 거부한 것은 아닌듯 하다.[42]

블라바츠키처럼, 막스 하인델은 그가 고도로 진화된 분리된 영적 실체로부터 메시지를 받았다고 믿었다. 그는 그의 영적 지도자를 형님이라고 불렀고, 이러한 의사소통이 우방단의 교리의 기초를 형성했다. 하인델은 작품을 많이 쓴 선생이자 작가였다. 그의 가장 중요한 책은 블라바츠키의 『비밀 교의』와 장르가 비슷한 작품인 『장미십자의 우주개념』(The Rosicruccian Cosmo-conception)과 그가 치유와 그가 정신적인 성장 모두에 적용하는 것에 대한 점성술과 그것의 몇 가지 작품들 중 하나인 『별들의 메시지』(The Message of the Stars)이다.[43] 융의 개인 도서관 목록에는 하인델의 책이 하나도 없다. 그러나 융은 이런 출판물 부재가 시사하는 것보다 하인델에 더 관심이 있었던 것 같다.[44] 융은 실제로 하인델의 작품을 구입하지 않았더라도 이 '장미십자' 자료를 자신의 운세를 이해하기 위해서뿐만 아니라 점성술시대, 즉 아이온(Aions, 영원의 탑)[134]에 대한 그의 해석을 위해 1920년대 중반 하인델의 장미십자와 함께 적극적으로 점성술 연구 과정을 밟았고, 이는 5장에서 더 자세히 논의하였다.

---

133 파우스트에서 보이는 낙관적이고 낭만주의적인 경향.

134 영원을 뜻하는데 그것에서 전회하여 영원한 생명을 갖는 영적 존재, 즉 신을 가리키게 되었다. 유아사 야스오, 이정배·이한영 옮김, 『몸과 우주』, 2004, 지식산업사, 305쪽.

하인델의 조직은 당시에도 지금과 마찬가지로 '장미십자 철학'과 점성술에 관한 통신 강좌를 설치했는데 융은 후자를 수강했던 것 같다. 아카이브에 있는 자료에 날짜가 적혀 있지 않았고, 많은 자료가 사라진 것처럼 보이기 때문에 융이 이 강좌를 어느 정도 기간 수강했는지는 분명하지 않다. 몇 번인가 시도하다가 그만두었을 수도 있고, 아니면 과정을 수료했을 수도 있다. 융은 종교적 확신으로 가득 찬 독단적인 교의에 대해서는 참지 못하는 인물이었고, 한편 하인델은 독단적 확신으로 가득 차 있었기 때문에 전자 쪽이 가능성이 높다.

이 강좌는 '종교와 신과학의 한 단계로서 점성술의 중요성'을 가르치는 학습 프로그램으로 광고되었고, 하인델의 점괘보다는 영적 지식으로서의 점성술에 대한 특별한 이해에 따라, 그것은 '운세판단이나 영적 지식을 상품화하는 것과 유사한 방법에 관여하지 않는 사람'에게 개방되었다.[45] 융의 기록물은 여러 장으로 구성되어 있으며, 일반적인 점성술 도표로 시작하는데, 여기에는 세 개의 띠(원소), 네 개의 띠(원소), (고정 기수, 가변기수), 십분각(각 사이의 분할이 10도 구획(segments)으로 나누어진다.) 그리고 별자리의 12개의 영역(황도 12궁), 즉 '하우스(house)'[135]를 각각 커버하는 삶의 영역뿐만 아니라 지배하고 있는 행성도 있다.

그림 아래에는 '학생에게 알림'이라는 제목의 단락이 있다. 이 다이어그램은 등사판이 아닌 원본 인쇄된 문서로, 통신 강좌에 막 등록한 초보자를 위한 소개이다.

---

135   12궁 하나하나를 하우스라고 한다.

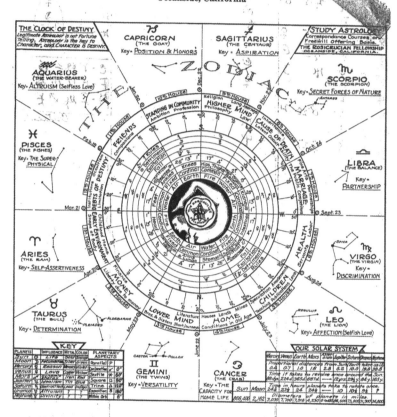

Astrological Chart

The Rosicrucian Fellowship,
Oceanside, California

NOTICE TO STUDENTS:

This chart is designed to give you a bird's eye view of the whole subject of Astrology, including keywords, elements, metals, colors, a star map, and general astronomical information.

It should be used as a means of correlating the information which you gradually obtain from our correspondence course and books. A careful study of it will well repay you. There are no answers required in connection with it; it is merely to be kept for reference. If you have any questions about it, we would suggest that as far as possible you wait until you are able to obtain the answers from your study of the correspondence course and the text books recommended. We would call your attention to the fact that every sign, house, and planet has several keywords to describe all its various qualities. As you progress in your study of the subject, you will constantly add new keywords to your previous list.

그림 2.5 장미십자우방단의 점성술 통신 교육 코스 교재[46]

"이 도표는 점성술의 전체 주제에 대한 조감도를 제공하기 위해 고안되었습니다. 통신 강좌와 서적에서 점차적으로 습득하는 정보를 연관 짓는 수단으로 활용해야 합니다. 그것을 주의 깊게 연구하면 많은 도움이 될 것입니다. ⋯ 궁금한 점이 있으시면 가능한 한 통신 강좌와 추천 교재를 통해 답변을 얻을 수 있을 때까지 기다리시기 바랍니다. ⋯ 주제에 대한 연구가 진행됨에 따라 이전 목록에 새로운 키워드를 계속 추가하시게 됩니다."

이 표지의 아래에는 학생의 이름은 공백으로 남겨두고 융의 생년월일, 장소, 시간에 맞춰 캐스팅된 개인 '호로스코프 데이터 시트'(Data Sheet)가 있다. 필체는 융의 것이 아니며 이 정보는 과정을 진행하는 강사 중 한 명이 작성했을 가능성이 높다. 그 글이 미국의 점성술사에 의해 쓰여졌다는 것은 데이터가 쓰여진 방식에 의해 나타나며, 달을 먼저 쓰고 날짜를 썼다.[136] 통과하는 행성 목록은 1928년 다양한 날짜로 제시되어 있다. 두 번째 별자리 데이터 시트는 같은 필체로 다시 한 번 융의 출생 차트(이름은 빈칸으로 남은 채)를 제시하지만 1926년, 1927년, 1928년에 진행된 행성 위치를 보여준다.

---

136   미국식은 달을 먼저 쓰고 날짜를 쓴다.

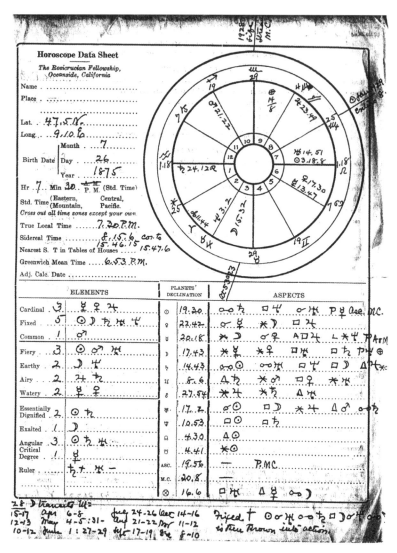

그림 2.6 융의 탄생 년, 일, 시간, 장소에서 작성된
장미십자우방단의 '호로스코프 데이터 시트'[47)

세 번째 별자리 데이터 시트는 1929년에 진행된 행성 위치를 보여준다. 마지막으로, 네 번째 별자리 데이터 시트는 1931년 출생 및 통과 행성의 목록을 제공한다. 이 모든 호로스코프 데이터 목록은 장미십자우방단 로고가 맨 위에 있는 표준 인쇄된 공백 양식에 같은 필체로 그려졌다. 융이 이 모든 차트를 동시에 요청했는지, 아니면 몇 년 동안 요청했는지 날짜가 적혀있지 않기 때문에 기존 자료로는 알 수 없다. 융이 존 소번(John Thorburn)이라고 불리는 영국의 점성술사와 긴 서신을 주고받았고 (아래에서 더 자세히 논의했다), 그에게 출생 도표 해석을 요청한 것은 1920년대 중후반이다. 그리고 융이『새로운 책』의 장식 서체에서의 필사를 완성한 것도 이 시기였다.

융은 이미 하인넬의 조직에 속해 있던 친구에게 부탁해 이들 호로스코프를 작성 받았을 가능성도 있다. 융의 개인 기록물에는 1900년부터 1909년까지 융의 부르크횔츨리 병원 멘토였던 오이겐 블뢰러(Eugen Bleuler, 1857-1939),[137] 프로이트, 토니 볼프를 포함한 그의 동료들과 환자

---

[137] 스위스의 정신과 의사이자 인본주의자이다. 정신 질환의 이해에 기여하였다. 그는 최면술, 특히 '내성적' 변형에 대한 관심과 Freud의 작업에 관심을 갖게 되었다. 그는 Josef Breuer 와 Freud의 히스테리에 대한 연구를 호의적으로 검토했다. 프로이트와 마찬가지로 Bleuler는 복잡한 정신 과정이 무의식적일 수 있다고 믿었다. 그는 Burghölzli의 직원들에게 무의식적이고 정신병적인 정신 현상을 연구하도록 격려했다. Bleuler의 영향을 받은 Carl Jung 과 Franz Riklin은 단어 연상 테스트를 사용하여 Freud의 억압 이론을 경험적 심리학적 발견과 통합했다. 일련의 편지에서 알 수 있듯이 Bleuler는 1905년부터 Freud와 함께 자체 분석을 수행했다. Bleuler는 Bleuler의 양가감정 이론을 더 사용했던 CG Jung과 함께 정신병적 장애의 경과와 결과에 대한 딜숙명론적인 견해의 기초를 마련했다. Bleurer는 프로이트의 운동이 지나치게 독단적임을 발견하고 1911년 국제 정신 분석 협회에서 사임하여 "이 '전부 아니면 전무'는 내 의견으로는 종교 공동체에 필요하고 정당에는 유용하지만… 그러나 과학을 위해 나는 해롭다고 생각합니다." Bleuler는

들을 위해 그가 아닌 다른 사람들에 의해 준비된 많은 차트가 있다. 일부는 융 자신만큼 점성술에 관여한 것으로 보이는 엠마 융에 의해 그려졌고, 일부는 알려지지 않은 사람들에 의해 그려졌다.[48] 아래 그림 2.7에 나와 있는, 알려지지 않은 사람을 위한 계산표와 1914년생 딸 헬렌을 위한 계산표 등 융이 직접 준비한 것도 있다.

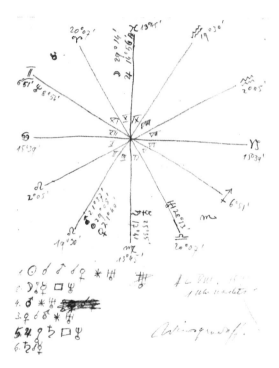

그림 2.7 1891년 8월 12일생의 不明의 인물을 위해
융이 손으로 그린 호로스코프[49]

프로이트의 작업에 계속 관심을 가지고 있었는데, 예를 들어 자주 재판 발행하는 그의 정신의학 교과서(1916)에서 그를 호의적으로 인용했다.

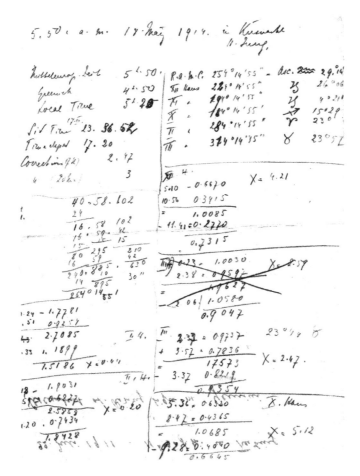

그림 2.8 1914년 3월 18일 오전 5시 50분에 퀴스나흐트(Küssnacht, 스위스)에서
탄생한 딸 헬렌의 호로스코프를 위해 융이 한 계산[50]

그러나 장미십자 차트가 우애단의 강사 이외의 사람에 의해 작성되었
다면, 왜 학습자 일반 표지 시트를 자료에 포함시켰는지 이해하기 어렵
다. 게다가 융이 이 과정에 등록하지 않았더라도 이들 자료를 제공원으로
써 이 점성술사를 선택한 것 자체에서 알 수가 있다. 그는 신학적 성향을

띤 점성가 알란 레오에 대한 융의 관심을 반영하면서 비교적이거나 영적인 개요로 점성술을 따랐던 미국인(하인델)을 선택했다. 융은 그가 신지학자인 것처럼 장미십자 카드를 들고 다니지는 않았지만, 그는 하인델이 영적으로 뿐만 아니라 심리적으로도 이해할 수 있는 역동적인 내적 변형의 과정을 확산시켰기 때문에 영어와 독일어 모두에서 사용 가능한 예측 응용 프로그램보다 점성술에 대한 하인델의 접근법이 더 적합하다고 생각한 것으로 보인다. 레오처럼, 하인델은 출생 운세에 대한 그의 이해에 윤회의 개념을 포함시켰다.

> "그러나 우리의 운세는 우리가 전생에 만들어 온 것을 보여주며, 친구를 끌어당기는 체질을 가진 사람은 친절하고 남을 잘 돕는 사람이고, 인간 본성의 비열한 면을 끌어내고 적을 만드는 사람은 이기적이고 불친절하다는 것을 결코 잊어서는 안 된다. 하지만 그가 자신의 방식을 버리고 다른 사람들을 위해 희생하려고 노력한다면, 그는 바람직하지 않은 측면도 극복할 것이다. 스타 엔젤(별을 관장하는 천사)[138]은 악의적으로 누군가를 해치려 하지 않기 때문이다."[51)]

극도로 도덕적인 단순함과 확신으로, 이것은 선천적인 별자리에 대한 '심리적' 이해로 해석될 수 없다. 그러나 하인델의 점성술은 습관적인 성격 성향을 변화시키려는 의식적인 노력에 관한 것이었고, 이러한 의미에

---

138   달은 가브리엘, 수성은 라파엘, 금성은 하니엘, 토성은 카시엘, 목성은 자드키엘, 화성은 사마엘, 태양은 미카엘 천사이다. 지구는 관찰자가 있어서 주인공이다.

서 그것은 성격 특성에 대한 단순한 설명이나 미리 정해진 미래의 사건의 예후보다 융의 심리학적 접근에 더 적응할 수 있었다.

신화와 점성술의 상징들

하인델의 작품에는 융의 점성술적 구성에 대한 이해와 관련하여 더 자세히 살펴볼 가치가 있는 다른 요소들이 있다. 점성술적 상징의 해석에서 신화적 서술의 사용은 하인델의 접근법의 특징이며, 이것은 융의 '확충' 개념과 매우 유사하다. 상징의 더 깊은 의미와 연관성을 설명하기 위한 신화적 이야기와 이미지를 사용하는 것이다. 하인델은 공언된 기독교인이었고 예수의 삶에 대한 이야기를 신화로 여기지 않았을 것이고, 그가 묘사한 신화적 서술은 보통 블라바츠키의 『베일을 벗은 ISIS』[139]에 나오는 인간 진화의 거대한 우주론 드라마와 연관되어 있었다. 그럼에도 불구하고, 목록에 없는 하인델의 이미지들 중 일부는—종종 그가 기꺼이 인식할 수 있는 것보다 덜 기독교적이었지만—융이 또한 신화를 모티브로 생명과 목적론을 황도 12궁의 사인에 대한 정적인 성격학적 설명에 붙어넣는 방식을 반영한다.

예를 들어 『별들로부터 온 메시지』(*The Message of the Stars*)에서 하인델은 행성의 신화적 역할을 통해 수성을 '신의 사자'로 소개했는데, 그의 지혜 가르침은 카두세우스(caduceus)[140] 또는 '수성의 지팡이'로 상징적

---

139   아이시스 여신.

으로 표현된다. 그리고 그는 영혼의 물질로의 '회선(말아넣음)'의 신지학적 '나선형 경로'로서 카두세우스 주변의 뱀의 상징성을 설명했다.52) 처녀자리의 황도대 별자리에 대한 하인델의 해석은 또 다른 예를 제공한다. 별자리의 진부하고 까다로운 본성(융이 스위스의 묘사에서 그 자신도 그러했듯이)에 초점을 맞춘 다른 점성술 문서들과 달리, 하인델은 태어나기를 기다리는 내면의 메시아의 어머니로서 '천상 처녀'141의 상징성을 강조했다.

140　그리스어로 지팡이다. 그리스-이집트 신화의 헤르메스 트리스메기스투스(Hermes Trismegistus)의 신화이다. 같은 지팡이는 헤라의 전령인 Iris와 같이 일반적으로 전령들에 의해 수행되었다. 그것은 두 마리의 뱀이 얽혀 있는 짧은 지팡이로, 때로는 날개를 달기도 한다. 로마의 도상학에서는 신의 사자인 머큐리의 왼손에 들고 있는 모습이 자주 묘사된다. 일부 설명에 따르면 카두세우스의 가장 오래된 알려진 이미지는 수메르 신 Ningishzida가 있는 메소포타미아에 그 뿌리를 두고 있다. 그의 상징인 두 마리의 뱀이 그 주위에 얽혀 있는 지팡이는 기원전 4000년에서 기원전 3000년까지 거슬러 올라간다. 상징적인 대상으로서 그것은 헤르메스(또는 로마 수성)를 나타내며 확장하여 신과 관련된 무역, 직업 또는 사업을 나타낸다. 후기 고대에는 카두세우스가 행성 수성을 나타내는 점성술 기호의 기초를 제공했다. 따라서 점성술, 연금술 및 천문학에서의 사용을 통해 동일한 이름의 행성과 원소 금속을 나타내게 되었다. 지팡이는 잠자는 사람을 깨우고 깨어 있는 사람을 잠들게 한다고 한다. 죽어가는 사람에게 적용하면 그들의 죽음은 온화했다. 죽은 자에게 적용하면 다시 살아났다. Mercury 및 Hermes와의 연관성을 확장하여 caduceus는 균형 잡힌 교환과 호혜가 이상으로 인식되는 두 영역인 상업 및 협상의 상징이기도 한다. 이 연관성은 고대이며 고전 시대부터 현대까지 일관된다. 카두세우스는 수성의 속성을 확장하여 인쇄를 나타내는 상징으로도 사용된다(이 경우 쓰기 및 웅변과 관련됨). Asclepius 의 막대는 전통적이고 더 널리 사용되는 의학의 상징으로 뱀이 한 마리만 있고 날개가 없는 것으로 묘사되지만 Caduceus는 때때로 의료 기관에서 사용된다. 카두세우스가 주로 상업 및 기타 비의료적 상징이라는 점을 감안할 때 많은 의료 전문가들은 이 사용을 승인하지 않는다.

141　고대 로마에서는 Vestals 또는 Vestal Virgins는 난로의 여신인 베스타의 여사제였다. Vestals의 단체는 로마의 지속과 보안에 기본으로 간주되었다. 이 사람들은 꺼지지 않는 신성한 불을 키웠다. Vestals는 결혼하고 아이를 낳아야 하는 일반적인 사회적 의무에서 벗어나 남성 사제 단체에서 금지된 국가 의식을 연구하고 올바르게 준수하기 위해 30년 동안 순결 서약을 했다. 382년에 기독교 황제 그라티아누스는 로마에서 베스타 숭배에 할당된 세입을 몰수했고 베스타스

"물병자리의 시대(Aquarian Age)[142]가 확실히 도래하기 전에 우리는 육체의 욕망과 육체의 욕망을 극복하는데 큰 진전을 이루었을 것이다. 흠 없는 천상의 처녀인 처녀자리와 별자리에 담긴 밀(이삭줍는 처녀)의 이삭[143]은 이 두 가지 이상이 현재 영혼의 성장에 유익하다는 것을 보여준다. 물고기자리 시대의 처녀자리의 (성모 마리아) 어머니 이상을 보고 그리스도의 제사를 본받음으로써, 깨끗한 수태는 우리 각자에게 실제의 경험이 되고, (물병자리) 인자인 (앞으로 태어날) 구세주 그리스도는 우리 안에서 태어난다."[53]

하인델에게 물병자리는 '구세주'이며, 그 안에 신의 불꽃이 실현될 가능성을 제공하는 반면, 처녀자리는 '무구한 태아의 매개체'이다.[144]

는 얼마 지나지 않아 역사 기록에서 사라졌다.

142   점성술에서 물병자리의 나이는 계산 방법에 따라 현재 또는 향후 점성학적 나이이다. 점성가들은 점성술의 나이가 지구의 느린 세차 회전의 산물이며 평균적으로 2,160년 동안 지속된다고 주장한다.(1개의 대년은 25,920년의 세차 주기/12개의 황도대 별자리 = 2,160년, 한자리는 180년이다.) 점성술 시대의 경계를 계산하는 방법에는 여러 가지가 있다. 태양 별자리 점성술에서 첫 번째 별자리는 양자리이고 그 다음이 황소자리, 쌍둥이자리, 게자리, 사자자리, 처녀자리, 천칭자리, 전갈자리, 궁수자리, 염소자리, 물병자리, 물고기자리이며, 그 후 주기는 양자리와 황도대 별자리를 통해 다시 돌아간다. 점성술의 시대는 반대 방향으로 진행된다(천문학에서는 '역행'). 따라서 물병자리 시대는 물고기자리 시대를 따른다. 미국의 대중문화에서 물병자리 시대는 1960년대와 1970년대에 뉴에이지 운동으로 나타났다. 양자리시대는 전쟁이 난무하고 물고기자리는 종교가 지배하는 시대이고 물병자리 시대는 개인주의적 시대이다.

143   처녀자리 성단 중에 왼쪽에 있는 스피카 별이 밀의 이삭 모양으로 풍요와 다산과 생산을 뜻한다.

144   처녀자리는 잉태, 물병자리는 완성을 나타낸다.

"매년, 동짓날, 깨끗한 마돈나는 자정에 상승한다. 갓 태어난 태양이 곡식과 포도 재배를 시작한다. … 그러므로 태양은 그의 양 떼에게 삶의 영적인 빵을 먹이기 위해 태어난 구세주의 행동 상징이다."[54]

마리아와 '천상 처녀'를 동일시하는 공식과 새로 태어난 태양이 동지에 염소자리에 들어가는 것과 그리스도를 동일시하는 공식은 하인델의 발명품이 아니었다. 그리스도의 태양 속성은 초기 교회의 도상, 주로 머리에 태양 광선을 두른 구세주의 모습, 그리고 기독교 메시아의 탄생을 위해 미트라(Mithras)[145]와 솔 인빅투스(Sol Invictus)[146] 같은 이교도 태양

---

[145] 조로아스터교 이전 이란 및 인도 종교에 나오는 빛, 태양, 정의, 계약, 전쟁의 신. 조로아스터 이전(BC 6C)에 이란인은 다신교를 믿었으며 미트라는 신 중에서 가장 중요한 신이었다. 무엇보다도 그는 계약과 상호간의 의무의 신이다. 인도의 『베다』에서도 미트라가 친구와 계약으로 묘사된다. 미트라는 성스러운 강변의 성스러운 나무 아래에서 횃불과 칼을 지니고 대지의 자녀로 태어났다. 태어난 지 얼마 안 되어 말을 타기 시작했고 후에는 생명을 주는 우주의 황소를 죽여 그 피로 모든 채소가 풍작을 이루게 했다. 미트라가 황소를 죽이는 장면은 헬레니즘 예술에서 인기있는 주제였고 미트라 종교에서 황소를 죽임으로써 다산을 비는 의식의 전형이 되었다. 로마에서는 왕에게 충성하는 종교였다. 콤모도스부터 율리우스 황제에 이르기까지 권장되었다. 미트라 신봉자들은 주로 신이 자신들을 승진시켜 주리라 믿었던 하급 및 고급 군인, 공직자, 제국의 노예와 자유인들이었다. 로마는 몇 세대 안가서 페르시아의 이 신에게 완전히 동화되었다. 디오클레티아누스 황제가 도나우 강변에 위치한 카르눈툼에 미트라 신전을 봉헌하였다. 313년 콘스탄티누스 황제가 기독교를 받아들인 뒤 미트라교는 급속히 쇠퇴하였다. 미트라는 여러 이방신 중 하나로 격하되었고 그 신비 의식은 점차로 사라지고 말았다. 박규태, 앞의 책, 789-791쪽.

[146] 때때로 헬리오스로 알려져 있으며 오랫동안 후기 로마 제국의 공식 태양신으로 여겨졌다. 그러나 최근 몇 년 동안 학계는 솔에서 전통주의자와 수정주의자 그룹으로 분열되었다. 전통적인 관점에서 솔 인빅투스는 로마에 있는 완전히 다른 두 태양신 중 두 번째였다. 이들 중 첫 번째인 솔 인디게스(Sol Indiges) 또는 솔(Sol)은 중요하지 않은 초기 로마의 신으로 서기 1세기에 숭배가 사라졌다. 반면에 솔 인빅투스는 시리아의 태양신으로 그의 숭배는 로마에서 엘라가발루스(Elagabalus) 치하에서 처음으로 승격되었지만 성공하지 못했다. 약 50년 후인 274년 12월 25일, 로마 황제 아우

신들의 연례 재탄생을 기념한 동짓날 선택에서 관찰된다. 초기 교회가 자신의 메시지를 더 '시장성' 있게 만들기 위해 이교도의 종교적 도상에서 많은 모티브를 사용했다는 것은 새로운 견해가 아니다.[55]

하인델은 태양신화, 종교, 천체 현상 사이의 친밀한 관계에 관한 19세기 후반의 문학을 이용한 것으로 보인다. 현직 점성술사로서, 그는 신화적인 이미지를 개별 별자리의 해석에 적용했다. 영향력 있는 동양학 학자 프리드리히 막스 뮐러(Max Muller, 1823년-1900년)[147]는 1873년 태양에 초점을 맞춘 독창적이고 순수한 종교가 있었다는 이미 확립된 주장을 되풀이하면서 보편적 태양 숭배 테마에 학자의 존경을 담았다.

렐리아누스는 솔 인빅투스 숭배를 전통적인 로마 숭배와 함께 공식 종교로 확립하는 데 성공했다. 솔 인빅투스의 시리아 기원은 전통적 관점에서 논란의 여지가 없지만, 그가 시리아의 태양신이 누구인지에 대한 합의는 결코 없다. 아우렐리아누스에서 콘스탄티누스 1세에 이르기까지 콘스탄티누스가 기독교를 지지하기 위해 솔을 버릴 때까지 솔이 가장 중요하다는데 일반적으로 동의했다. 솔 인빅투스를 언급하는 마지막 비문은 서기 387년으로 거슬러 올라간다. 5세기에는 기독교 신학자 아우구스티누스가 그들에 대하여 설교할 필요가 있음을 알았다. 수정주의적 관점에서 로마에는 군주제에서 고대 말까지 계속된 태양신 숭배가 단 하나뿐이었다. 이것은 단순히 솔이라고 불리는 로마의 신이었다. 로마에는 적어도 3개의 태양신 신전이 있었는데, 모두 제국 시대에 활동했으며 모두 초기 공화국 시대부터 시작되었다. 그들은 솔 인빅투스라는 별도의 태양신이 없었다고 주장한다.

147   독일 태생의 문헌학자이자 오리엔탈리스트로, 일생의 대부분을 영국에서 살면서 공부했다. 그는 인도 연구 및 종교 연구의 서구 학문 분야의 창시자 중 한 사람이다. 뮐러는 인도학(Indology)를 주제로 학술적 및 대중적 작품을 모두 저술했다. 동양의 신성한 책들, 50권으로 된 영어 번역판 세트가 그의 지시에 따라 준비되었다. 그는 또한 Turanian 계열의 언어에 대한 아이디어를 장려했다. 막스 뮐러는 기포드 강의에서 네 번째이자 마지막 과정은 이 관계에 관해 세계의 주요 국가 중 일부가 형성됐다는 생각을 포함하여 하나님과 영혼('이 두 무한자') 사이의 관계를 조사하기 위한 것이었다. 뮐러는 진정한 종교가 신과 영혼의 관계, 신과 영혼의 관계에 대한 참된 인식에 기초한다고 주장했다. 뮐러는 이것이 가정으로서 뿐만 아니라 역사적 사실로서 사실임을 증명하고 싶었다. 강의의 원래 제목은 '심리적 종교'였지만 뮐러는 그것에 '신지학'을 추가해야 한다고 느꼈다.

"매일 또는 매년의 과정에서 이 빛과 생명의 원천, 이 조용한 여행

자, 이 장엄한 통치자, 떠나는 친구 혹은 죽어가는 영웅"56)

뮐러의 영향력은 블라바츠키와 하인델뿐 아니라 『종교 기원과 발전에 관한 강의』(*Lectures on the Origin and Growth of Religions*)의 독일어 번역본과 함께 뮐러의 『신지학: 혹은 심리학적 종교』(*Theosophy: Or, Psychological Religion*)를 취득한 융에게도 미쳤다.57) 그리스도와 미트라 같은 인물 뒤에 있는 원시적이고 보편적인 태양신앙을 보는 학문적 경향은 융이 『새로운 책』을 집필한 기간 동안 그의 작품에 스며든다. 『무의식의 심리학』에서 개별화 과정의 중심 상징적 모티브로서의 태양에 대한 언급은 『새로운 책』의 핵심 주제 중 하나를 제공할 뿐만 아니라 작품을 지배한다. 동지에 새로 태어난 태양이 메시아와 동일하다면, '천상 처녀'인 처녀자리는 반드시 메시아의 어머니로서 마리아와 동일시 될 것이다.**148** 막스 하인델은 황도대 별자리에 더 깊은 의미를 제공하기 위해 신화를 사용한 창시자는 아니었지만, 아마도 그는 융과 동시대의 가장 중요한 점성술 작가였고 융과 가까웠다. 융은 태양에 대한 생각을 그리스도의 상징으로, 처녀자리는 '천상의 어머니'로 사용하고 그의 점성술적 해석에 사용했다.

융은 하인델과 마찬가지로 별자리의 신화적 연관성에 대한 더 오래된 생각을 바탕으로 황도대의 별자리에 대한 그의 이해에 적응시키고 출생 도표의 의미에 대한 해석에 그것들을 포함시켰다. 위에 주어진 처녀자리에 대한 하인델의 묘사와 이 황도대의 별자리에 대한 융의 신화적 경향의

---

148   프레이저도 같은 주장을 했다. 프레이저, 박규태 옮김, 『황금가지』, 791-792쪽.

해석을 비교하는 것은 유용하다. 융에 따르면,

> "어머니-여신과 묵시록에 써 있는 그들의 별빛 왕관을 쓴 여인은 보통 처녀로 생각된다. … 처녀자리, 황도대의 별자리는 밀 한 다발 또는 어린아이를 가지고 있다. 어쨌든, 이 여자는 종말에 메시아가 탄생한다는 예언과 관련이 있다. … 구세주 문디(Salvator Mundi, 세상의 구세주)[149]의 어머니는 사피엔티아 데(Sapientia De,[150] 소피아, 신의 지혜) 또는 처녀자리 메르쿠리우스(Mercurius)[151]이다."[58]

따라서 처녀자리는 스위스 인물에서 융에게 '인색함, 둔감함, 완고함'을 알 수 있는 수성 지배의 땅의 사인만이 아니다.[152] 이 황도대 별자리는

---

149 라틴어로 세계의 구세주(Savior of the World). 오른손은 축복으로, 왼손은 구(흔히 십자가 그리스도)로 묘사하는 도상학의 주제로, globus cruciger로 알려져 있다. 후자는 지구를 상징하며 전체 구성은 강한 종말론적 함축을 가지고 있다.

150 Deus의 소유격은 De이다.

151 머큐리. 고대 로마 판테온 내의 12개의 Dii Consentes 중 하나인 로마 종교와 신화의 주요 신이다. 그는 금전적 이득, 상업, 웅변, 메시지, 의사소통(점 포함), 여행자, 경계, 행운, 속임수, 도둑의 신이다. 그는 또한 지하 세계로 영혼을 안내하는 역할을 한다. 로마 신화에서 그는 Titan Atlas와 Jupiter의 일곱 딸 중 하나인 Maia의 아들, 또는 Caelus와 Dies의 아들로 간주되었다. 초기 형태에서 그는 에트루리아의 신 Turms와 관련이 있는 것으로 보인다. 두 신 모두 그리스 신 헤르메스와 특성을 공유한다. 그는 종종 왼손에 카두세우스를 들고 있는 것으로 묘사된다. 그리스 Hermes와 유사하게, 그는 Apollo로부터 마법지팡이를 받았다. 나중에 caduceus, 뱀이 얽힌 지팡이로 바뀌었다.

152 수금화목토천해명, 지수화풍, 황도 12궁 세 가지의 각도를 다차원적으로 따져야 한다. 땅의 자리는 황소자리, 처녀자리, 염소자리이다. 수성이 다스리는 자리는 처녀자리와 쌍둥이자리이다. 수성이 발달하면 영매와 점성술사의 기질이 강하다.

또한 그에게 더 깊은 의미를 지녔는데, 그것은 내면의 태양 '구세주' 또는 '참 나(Self)'를 잉태하고 탄생시키는 리비도의 측면을 상징했다. 심리적인 측면에서, 처녀자리는 융에게 영매의 능력과 원형적 왕국의 숨겨진 지혜를 이야기했는데, 이것은 『새로운 책』의 살로메라는 인물에서 나타나는 인식이며, 아마도 그가 『새로운 책』을 쓰는 동안 내내 융의 심령 안내자이자 산파 역할을 했던 토니 볼프가 처녀자리의 태양과 함께 태어났다는 사실에 영향을 받았을 것이다.[59]

또 다른 예에서, 1934년 융이 묘사했듯이, '황도 12궁의 게자리의 사인은 게가 껍질을 벗기 때문에 부활을 의미한다'[153]는 어머니의 영역에 속하는 '여성스럽고 물기가 많은 별자리'라는 것이다. 이것은 헤라클레스가 히드라(물뱀)와 싸우는 동안 영웅 헤라클레스의 발뒤꿈치를 물어뜯기 위해 헤라가 보낸 카키노스라는 애매한 게처럼 생긴 존재와 관련이 있다.[60] 특정 개인의 별자리와 관련하여 신화적인 주제를 사용한 것—게자리의 경우 이 황도대의 별자리로 태어난[61] 그의 환자, X부인의 별자리의—부분적으로 막스 하인델의 점성술 접근법에 의해 영감을 받았을 수 있다. 출처가 무엇이든 신화는 융에게 태어날 때의 별자리가 개인의 고유한 용어와 무의식적인 복합체의 본질을 묘사할 수 있을 뿐만 아니라, 더 중요한 것은 개인의 심령적 삶의 더 깊은 목적 즉 개성화의 길을 묘사할 수 있다는 인상을 제공한 것 같다. 융이 신화를 이해한 독특한 방식과 점성학적 특징을 확충시키기 위해 역으로 점성술에서 신화를 확충한 방식이

---

153   게는 집게발을 떼고 껍질을 벗고 새로운 껍질이 다시 나는 것이 부활을 의미한다. 게자리는 가족을 중시하고 물의 별자리여서 정서적이며 자기 방어적이다.

었다. 이렇게 해서 융은 호로스코프의 주제와 개성화 과정에 대한 이해를 결부시켰다.

존 소번과 '에포크'(epoch) 차트

1928년, 융이 『새로운 책』 필사본을 거의 끝내가고 있을 때, 그리고 막스 하인델의 장미십자우방단의 점성술을 탐구하고 있을 때, 그와 그의 아내 엠마는 모두 영국 서부에 거처를 정하고, 대학에서 철학 강의를 하던 스코틀랜드 점성가이자 철학 교수인 존 맥케이그 소번(John MacCaig Thorburn, 1883-1970)과 서신을 주고받았다. 1928년 8월 19일, 소번은 융의 출생 호로스코프에 대한 장문의 해석을 그에게 보냈다. 소번은 카디프(영국)의 유니버시티 칼리지에서 교편을 잡았으나, 편지 왕래 이전에 취리히에서 융과 함께 얼마간 시간을 보냈다. 1929년 2월 15일, 엠마 융에게 보낸 편지에서 소번은 데이비드 베인스와 캐리 베인스가 얼마나 그리웠는지 언급했고,[62] 영국에서 어떤 슈빌여사('Mrs. Schwill')와의 심리치료 작업을 한 것에서 '이제 더 이상 취리히를 방문하는 것은 불가능해 보이지만, 잠시 편지를 쓰고 싶은 마음'이 되었다고 쓰고 있다.

소번은 융의 저서를 초기부터 흠모했고, 융의 저서 『무의식의 심리학』이 출판된 지 3년 안에 프로이트의 정신분석 이론보다 융의 분석적 심리를 선호하는 여러 학술 논문과 한 권의 책을 출판했다. 이 작품들은 소번이 융의 별점을 해석한 날짜보다 몇 년 전에 쓰여졌다.[63] 1925년에 출판된 소번의 『예술과 무의식』은 소번이 창조적 작품에서 종교적 상징성에 대한 융의 독창적 이해와 상상력의 역할을 논쟁의 여지가 없는 중요성으로 본 것과 비교하여, 프로이트 이론에 대한 솔직한 비판을 제시한다.[64] 소번은 런던 분석심리학 클럽[65]의 최초 회원 중 한 명이었고, 1958년 '신이 존재할까?'라는 제목의 논문을 클럽에 제출하면서 오랜 기간 회원으로 남아 있었다. 그리고 그 논문은 융 학파의 저널 『하비스트』(Harvest)에 실렸다.[66] 그는 또한 영국 점성술계에서 활동적이었으며, 1939년 4월 해러게이트(Harrogate)에서 열린 첫 공식 영국 점성술 회의에 참석했는데, 그때 많은 점성가(모두는 아니지만)가 유럽 다수의 점성가들과 공통적으로 잘못된, 유럽에 전쟁이 없을 것이라는 낙관적 예측을 발표하였다.[67] 비록 소번은 융의 환자였지만 동시에 친구였고, 취리히에서 융과 점성술에 대해 토론하는 데 상당한 시간을 보낸 것으로 보인다.

이 점성술은 부분적으로 기질에 관한 것이었지만, 그것은 그 당시에 사용 가능한 많은 문헌에서 묘사된 종류의 예측적인 분석은 아니었다. 이것은 유사심리학적이고 유사신지학적 점성술로, 주로 개성화 과정의 목적에 초점을 맞추었다.

융의 출생 도표에 대한 소번의 분석은 얼핏 보면 꽤 평범한 성격 연구이다. 이 차트는 알란 레오가 처음 디자인한 미리 인쇄된 독특한 호로스코프 형태에 그려졌다.[68] 소번의 진술 중 몇 가지가 아무리 평범한 기질에 관한 것이었어도 그의 분석에는 특정한 행성 배열을 '콤플렉스'로 해석하는 것과 같은 몇몇 날카로운 심리학적 언급도 포함되어 있었다. 예를 들어, 소번은 사자자리에서 융의 태양(지향점)이 황소자리의 해왕성에 대해 4각(90°)을 이루는 것[154]이 '신비한' 콤플렉스[155]라고 언급하였다.

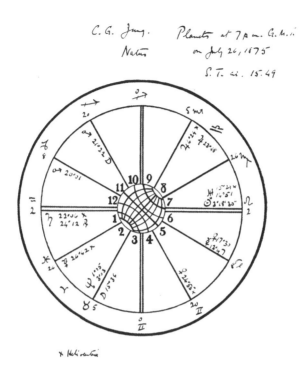

그림 2.9 1928년 8월 19일자 편지에 동봉된, 존 소번이 작성한
융의 출생 호로스코프[69)]

---

154 132쪽 그림 2.6을 바탕으로 보았을 때 2번 하우스에 있는 해왕성 양자리가 7번 하우스에
있는 태양과 나쁜 각도(90도)의 형살의 관계를 이루고 있다. 해왕성은 상상, 공상, 망상과 관계가
있고, 그것이 태양과 나쁘게 각도를 맺고 있기 때문에 명확한 이성을 대표하는 태양의 이성적인 작
용을 막고 있어서 신비한 콤플렉스라고 부른다.

155 별자리에 영향 받는 자기베이스가 콤플렉스이다. 자기베이스를 놓친 상태가 우울증이고,
하나에 집착하는 것이 트라우마이다.

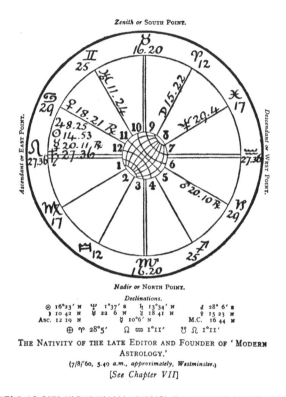

그림 2.10 알란 레오가 자신이 디자인한 호로스코프의 서식에 기입한
그의 출생 호로스코프[70)]

그것은 '당신의 신비주의와 자연에 대한 신비적 성향의 점성술적 등
가물'[71)]이다. 행성배치와 콤플렉스를 동일시하는 것은 명확히 융 자신의
고찰에서 유래하는 것이다. 특히 이 '콤플렉스'에 대한 소변의 평가에 병
리학적인 평가는 포함되어 있지 않다. 소변의 분석에서 이 말은 융의 콤
플렉스에 대한 고찰방식이 호로스코프에 있는 행성과 행성의 관계에서
콤플렉스를 어떻게 연관시켰는지를 보여주는 데서 중요하다.

그의 출판된 논문들 중 하나에서, 소변은 프로이트의 정신분석이 '감각'의 기능에 기초하고 있다고 선언했는데, 이는 반대 기능인 '직관'에 기반한 융의 심리학과 대조된다.[72] 『심리유형』에서 융은, 개인은 항상 자신의 기질의 편견을 통해 삶을 인식한다고 주장하였다. 완전한 객관성은 환상이며, 어떤 심리적 '시스템'의 창조도 불가피하게 심리학자의 개인 심리에 기초한다.[73]

> "사람은 자신에게 가장 잘 보이는 것을 본다. 그러므로 무엇보다도, 사람은 타인의 눈에서 티끌을 본다. 의심할 여지없이, 그 티끌은 거기에 있다. 그러나 광선은 그 자신의 눈 속에 있다—그리고 보는 행동을 상당히 방해할 수 있다."(남의 띠끌은 보지만 자신의 눈의 들보는 보지 못한다.[74]) 「누가복음」 6장 41절

융은 『심리유형』에서 자신이나 프로이트의 '기능형'을 언급하지는 않았지만, 1923년 독일의 점성가 오스카 슈미츠(Oskar Schmitz, 1873-1931)[156]에게 보낸 편지에서 자신의 유형학을 분명히 선언했다. 융은 자신을 '사고적, 직관적, 내향적 유형'으로 간주했다.[75] 그가 심리유형을 연구하고 있

---

156 독일 사회 작가이자 뮌헨 보헴 회원이다. 당시 상당한 인기를 끌었던 자신의 글에서 독일의 상류층 시대정신과 제1차 세계대전 이후 그 위기를 묘사하고, 분석하고, 패러디하고, 반성했다. 또한 여행의 포괄적인 작업과 가이드북뿐만 아니라 점성술과 정신분석학을 홍보한 수많은 저작물이 있다. 심리학에 대한 관심뿐 아니라 자신의 정신적 위기 때문에 슈미츠는 일찍부터 정신분석과 심리치료, 특히 융과 아들러에 눈을 돌렸다. 그는 또한 Keyserling 백직의 'School of Wisdom'에 속해 있었다. 심리학자들이 점성술에서 성격개념을 언급하기 훨씬 이전에, 슈미츠는 그의 저작 *Geist der Astrologie* (1922)에서 '점성 심리학'의 발전을 예견했는데, 이는 오늘날에도 여전히 비교에서 중심적이고 주제적인 위치를 차지하고 있다.

을 때 『새로운 책』의 비전이 그의 삶에 비전으로 퍼져있었다는 사실을 감안할 때, 이 작품은 특정한 개인적 폭로가 필요 없이, 융이 자신의 기질을 어떻게 이해했는지도 또한 암시한다.

> "이런 (내향적 직관적 유형)이 존재하지 않았다면, 이스라엘 민족에게는 예언자가 없었을 것입니다.[157] … 내향적 직관은 무의식의 선천적으로 물려받은 기반에서 발생하는 이미지를 파악한다."[76)]

융은 그의 출판된 작품에서 점성학적 요소와 기능형을 동일시하지 않았다. 그러나 점성가로서, 그는 프로이트가 땅의 사인인 황소자리(소번이 감각기능과 관련지은 별자리) 아래에서 태어났다는 사실을 완전히 알고 있었을 것이고, 융 자신도 불의 사인인 사자자리(소번이 직관과 관련지은 별자리) 아래에서 태어났다는 사실을 잘 알고 있었을 것이다.[158] 또한 융의 상승(ascendant),[159] 모든 중요한 차트의 지배자인 토성은 모두 공기(풍)의 원소에 놓여 있는데, 이는 융이 사고와 관련지은 것으로 보인다. 융이 자신의 환자인 X부인의 차트에서 요소의 균형이나 불균형을 언급한 논리에 따르면, 융의 차트에서 공기(물병자리, 상승)와 불(사자자리, 태양)을 강조한 것

---

[157] 앞에서 언급한 점성술사 대부분이 유태인이다.

[158] 프로이트는 태어난 날은 황소자리 4월 21일–5월 21일, 태어난 시간은 전갈자리이고, 화성이다. 융은 태어난 날은 사자자리 7월 23일–8월 23일, 태어난 날은 7월 26일, 태어난 시간은 물병자리이고 토성이다.

[159] 물리적으로 태양이 떠오르는 시간이 아니라 각자의 태양이 떠오르는 시간이고, 태어난 시간이다.

은 사고와 직관에 치우친 자신의 유형학에 대한 그의 평가와 정확히 맞아 떨어지는 듯하다. 프로이트와 융의 각각의 유형론에 대한 소번의 발언은 두 사람 사이의 갈등의 본질, 즉 감각을 통해 지각된 세계와 직관을 통해 지각된 세계 사이의 충돌에 대한 점성학적 관점으로 반영되며, 그 점을 소번은 융 자신과 논의했을 것이다. 따라서 소번의 발언은 융의 유형론적 모델의 발달에서 점성술의 중요성을 강조한다.

융의 출생 호로스코프에 대한 소번의 해석에서 가장 주목할 만한 관측 중 하나는 토성의 중요성을 강조한 것이다. 소번의 분석은 '토성은 물병자리에서 뜬다'라는 대담한 진술로 시작되었다. 그는 계속해서 자세히 말했다.

> "우리는 고통 없이 강하고, 위엄있고, 강력한 면모를 가진 토성을 가지고 있다. 이건 꽤 놀랍고, 제 경험에 비추어 볼 때, 매우 이례적인 일이다. … '대흉성'이 자연에서 자유롭고 선호되어야 한다는 것은 분명 엄청난 자산임에 틀림없다. … 이들 사인들에서 목성과 토성의 삼위일체[77](각각 천칭자리와 물병자리)는 의심할 바 없이 윤리적, 종교적 방향으로 인간을 위해 꾸준히 추구된 일생에 걸친 강력한 증거이다."[78]

소번의 묘사는 융의 심령적인 삶 전반에 걸쳐 『새로운 책』에서 가장 중요한 상상적 인물인 필레몬[160]의 역할을 묘하게 정확하게 반영하고 있

---

160 그리스 신화에서 착한 농부인데, 제우스와 헤르메스가 인간으로 변신해서 세상을 도는 과정에서 그가 잘 대접을 하여 그와 그의 아내가 홍수의 벌을 면한다. 융은 무의식에서 만나는 그림자

다. 영혼의 '일생에 걸친 일'에 대한 긍정적이고 창조적인 안내자 역할을 하는 '대흉성'(grader malefic)으로 알려진 행성의 역설은 『새로운 책』에서 융의 원형인 '현명한 노인'의 모호성을 반영하는 듯하다. 필레몬과 점성 술적 토성의 관계는 융의 『새로운 책』의 점성술 세계에서 더 자세히 논의 된다. 여기서 융은 자신이 토성에 의해 '지배되었다'는 생각을 매우 심각 하게 받아들였다는 것을 주목하기에 충분하다. 1955년 미국 작가 업턴 싱클레어(Upton Sinclair, 1878-1968)[161]에게 보낸 편지에서 융은 다음과 같이 선언했다.

> "제 출생의 지배자인 늙은 사투르누스[162]는 제 성숙 과정을 너무
> 늦춰서 저는 인생의 후반기, 즉 정확히 36년이 지난 시점에서야 제
> 자신의 생각을 인식하게 되었습니다."[79)]

융은 1911년 36세로 프로이트에게 점성술을 공부한다고 알렸고, 독 일판 '무의식 심리학'인 『무의식의 심리학』을 출판함으로써 그의 스승의

중의 높은 차원인 신의 모습으로 형상화한다.

161　미국 작가, 정치 활동가이자 1934년 캘리포니아 주지사에 민주당 후보로 지명되어 거의 100권의 책과 여러 장르의 다른 작품을 저술했다. 싱클레어의 작품은 20세기 전반기에 잘 알려지 고 인기를 얻었으며 1943년 소설로 퓰리처상을 수상했다. 싱클레어는 정치적, 사회적 저술 외에도 오컬트 현상에 관심을 갖고 텔레파시를 실험했다. 그의 책 *Mental Radio* (1930)에는 그의 아내 Mary의 텔레파시 경험과 능력에 대한 설명이 포함되어 있다. William McDougall은 이 책을 읽 고 서문을 썼고, 그로 인해 Duke University에 초심리학과를 설립하게 되었다.

162　로마신화의 농경신이고, 토성의 수호신이다. 토성의 지배를 하는 주체는 새턴누스, 받는 사 람은 새턴니안.

이론에 대한 그의 불화를 공표했다.

소번의 '에포크' 차트들

융의 출생 차트의 해석과 함께, 소번은 '에포크'라는 제목의 차트에 대한 자세한 해석을 포함시켰다.

1920년대부터 1930년대까지 영국에서는 '태교기'(Prenatal Epoch)라고 알려진 점성술 기법이 유행하기 시작했다. 이 이론은 헤르메스 트리스메기스투스(Hermes Trismegistus)[163]의 것으로 생각되어지는 '헤르메스의 저울'(Trutine of Hermes)[164]이라고 알려진 고대 이론에 바탕을 두고 있으며, 기원전 2세기에 베티우스(Vettius, 120-175)[165]가 그의 『안톨로기아룸

163　그리스 신 헤르메스와 이집트 신 토트의 혼합 결합으로 시작된 전설적인 헬레니즘 인물이다. 그는 헤르메스주의로 알려진 다양한 철학 체계의 기초가 되는 Hermetica의 저자로 알려져 있다. 그는 물질적 세계와 영적 세계에 대한 지식을 결합하였다. 헤르메스 트리스메기스투스의 모습은 이슬람과 바하이의 글에서도 찾아볼 수 있다. 그 전통에서 헤르메스 트리스메기스투스는 예언자 Idris 와 연관되었다.

164　임신 전의 순간에 대한 출생 차트를 계산하고 세우는 데 사용되는 점성술 방법. 이것은 생물학적 방법을 사용하여 확인하는 것이 사실상 불가능하다. 이 방법은 출생 차트와 (가상의) 수태 차트 사이의 조화로운 관계를 가정한다. 이것은 본질적으로 두 별자리에서 달과 상승/하강 축 사이의 상호 관계에 의해 드러난다. 이 이론에 따르면, 수태 차트의 상위 또는 하위는 출생 차트의 달과 결합하고, 반대로 수정 차트의 달은 출생 차트의 상위 또는 하위 통합이다.

165　2세기 헬레니즘 점성가로, 클라우디우스 프톨레마이오스와 동시대의 다소 젊은 사람이다. Valens의 주요 작업은 Anthology(라틴어: Anthologia)로, 대략 150년에서 175년 사이에 그리스어로 10권을 저술하였다. 'The Anthology'는 그 기간부터 살아남은 점성술에 대한 가장 길고 자세한 논문이다. 전문 점성가인 Valens는 Anthology의 사례 파일에서 100개 이상의 샘플 차트

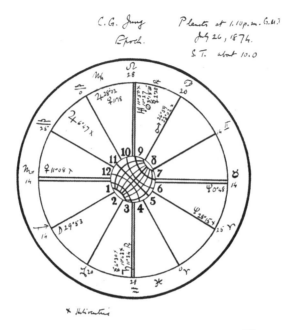

그림 2.11 존 소번이 작성한 융의 '에포크' 차트[80]

리브리』(*Anthologiarum Libri*)에서, 프톨레마이오스가 『테트라비블로스』(*Tetrabiblos*)에서 언급한 바 있다.[81] 이 기법은 10세기에 아랍 세계에서 완전히 개발되었고, 중세부터 현대 초기에 걸쳐 더욱 정교해졌으며, 20세기 초의 점성술에서 부활했다.[82] 태교기는 수정의 순간을 위해 호로스코프를 결정하고 해석하려는 노력이며,[83] 점성가들에 의해 출생 시간이 모호하거나 부정확할 때(영국에서는 쌍둥이의 경우를 제외하고는 출생 시간이 기록되지 않기 때문에 일반적인 문제이다) 호로스코프를 바로잡거나 교정하는 수단으로 이용되었다. 태교기는 다양한 종류의 선천적 결함의 가능한 원인을

를 설명하였다.

조사하는 수단으로도 유용해 보였다. 이 기법은 오늘날에도 몇몇 점성술 계에서 사용되고 있으며, 그것을 계산할 수 있는 컴퓨터 소프트웨어를 이용할 수 있다.[84]

태교기에 대한 보다 비교적인(esoteric) 해석은 1925년 영국의 신학 점성가 월터 곤 올드(Walter Gorn Old, 1864-1929)[166]가 세파리얼이라는 천사의 이름을 딴 필명으로 이 기법을 영혼의 화신의 목적을 결정하는 수단으로 변형시킨 작품을 발표하면서 나타났다. 신지학적 교리에 따라, 세파리얼의 근본적인 생각은 영혼이 완전한 영적 잠재력에 도달하기 전에 많은 몇 대의 생애가 요구된다는 믿음에 바탕을 두고 있다. 세파리얼은 출생 호로스코프가 특정 인생의 물리적 상황을 반영한다고 주장하는 것에 대하여 에포크 차트(Epoch chart)는 이와는 대조적으로 천체('astral')로부터 받는 것, 즉 그 인생의 영혼의 레벨을 나타낸다고 한다. 어떤 특정의 일생의 영적 목적은 세파리얼이 태양기(the Solar Epoch)라고 부른 태교기 도표의 혼성체를 통해 알 수 있었다.[85] 이 주제에 대한 세파리얼의 책은—달의 생물학적 성격과 대조적으로 신학적 점성가들의 하트(heart, 몸과 마음과 영혼을 다해서 믿기 때문에)에 가까운 주제인 태양의 영적 본성을 강조했다. 세파

---

166 영국의 점성가이다. 외경 에녹서에 나오는 천사의 이름을 따서 'Sepharial'이라는 이름을 사용했다. 그는 19세기 후반과 20세기 초반에 유명하고 존경받는 점성가였으며 수많은 책을 저술했다. 그 중 일부는 오늘날에도 여전히 일부 서클에서 높이 평가되고 있다. 그는 21세기에도 여전히 출판되고 있는 *Old Moore's Almanac*(연감)의 편집자였다. 젊은 시절에 Sepharial은 처음에 의학을 공부했고 심리학, 동양 언어, 점성술 및 수비학을 공부했다. 1886년에 그는 소사이어티 타임즈에 점성술 문제 페이지를 쓰기 시작하여 공개 질문에 답했으며 1887년에는 신지학학회의 '내적 성소'에 입학했다. 그는 영국의 신지학 운동의 창시자 중 한 사람이다. (그가 죽을 때까지 함께 살았던) 블라바츠키는 그를 '아스트랄 트램프'라고 불렀다.

리얼의 저작에는 다양한 형태의 에포크 호로스코프의 영적 잠재력을 강조하는 다른 문헌들이 빠르게 뒤따랐다.[86)] 1931년, 점성가 A. E. 티에렌스(A. E. Thierens, 1875-1941)[167]는 공개적으로 블라바츠키와 그녀의 중요한 작품인 『비밀 독트린』에 대한 충성을 선언했고, 세파리얼의 태양 시대 차트를 '인간 존재의 태양적인 본성'의 지도라고 불렀다.[87)]

세파리얼의 태양 에포크를 변형시킨 다양한 기법은 해석에서 혁신을 엄청나게 많이 만들어냈다. 존 소번이 융에게 보낸 에포크 차트(Epoch chart)도 이런 혁신 중 하나다. 이는 태양이 융이 태어난 시기와 장소에서 차지하는 정확한 위치에 있는 (일주기전의) 순간으로 계산되었지만, 정확히는 1874년 7월 태양 공전 때 다른 천체들이 융의 출생 차트에서와 완전히 다른 위치에 있었던 때를 위해 계산되었다.[88)] 태양을, 육체를 부여

---

167   네덜란드 해병대의 장교이자 점성가이자 *Elementen der practische astrologie* 및 *Elementen der esoterische astrologie* 의 저자이다. Alan Leo는 20세기 초 네덜란드를 방문하는 동안 AE Thierens를 만났고, 이로 인해 1906년 Alan Leo와 HJ van Ginkel의 공동 편집 하에 《Modern Astrology》 잡지의 네덜란드 버전이 발행되었다. 이 잡지는 《Urania》로 변경되었다. 《Urania》에서 그는 점성술, Theosophy, Tarot 및 Freemasonry와 같은 난해한 주제에 대해 썼다. 《Urania》의 출간은 현대 네덜란드 점성술의 시작을 알렸다. 1907년에 현대 천문학 및 점성술 협회가 결성되어 후에 Nederlandsch Astrologisch Genootschap(네덜란드 점성술 협회)가 되었으며, 1947년 10월에는 Th.JJ Ram, L. Knegt 및 AE Thierens에 의해 형성된 램 학교라고도 불리는 Stichting Werkgemeenschap van Astrologen(WVA, 점성가 작업 커뮤니티)를 세웠다. WVA는 점성술 교육을 처음으로 도입했다. 난해한 토대를 가진 램 학교의 특징은 고유한 하우스 시스템이다. 즉, 승천–평행–원 시스템, 행성의 '실제 장소'와 Vulcanus 및 Persephone과 같은 가상 행성의 사용이다. 해상 장교로서의 그의 군 경력은 배에서 사고를 당한 후 끝났다. 1920년에 Thierens는 수리남에서 네덜란드 선박을 다루는 행정 업무를 수행했다. 1921년 은퇴 후 유럽으로 돌아갔다. 1925년에 로잔 대학에서 철학 박사 학위를 받았고 1926년에는 명예 박사 학위를 받았다.

받은 인간에 있는 어떤 신의 불꽃을 상징으로 삼는 신지학적 고찰을 따라, 융의 에포크 차트에 대한 소번의 해석은 융 삶의 '영적 목적'과 관련이 있었다. 소번은 『새로운 책』에서 반복적으로 등장하는 주제인 마법의 본질을 언급했다.

> "그래서 우리는 이것을 마법사의 호로스코프라고 볼 수 있습니다.
> … 이러한 '별의 배치'는 철학적 성찰, 종교 그리고 일반적으로 영적 숙달
> 성을 강조합니다. ―그것 없이도 그리고 안에서도 지배하는 영성― 따라
> 서 재생은 마법보다 더 나은 일반적인 특징이 될 수 있습니다."[89]

소번은 또한, 융의 '삶의 문제 융 자신의 언어'로 '무의식과 의식의 관계'의 본질을 밝혀냈고, 그 뒤에 에포크 차트의 별의 배치가 융을 기본적 매체를 통해 아이디어를 활용하거나 적용하는 '예언자, 스승'으로 하고 있다고 선언했다.[90] 이것은 단순한 성격 분석이 아니라, 소번이 점성술을 어떻게 심리적이고 영적인 도구로 이해했는지에 대한 선언으로, 융의 삶과 작품의 본질적인 도전과 궁극적인 목적을 강조하였다.

소번은 개인화 목표의 열쇠로 자신의 에포크 차트에 큰 가치를 두었다. 그는 또한 엠마 융을 위한 에포크 차트를 제작했다. 엠마 융은 남편 차트에 대한 해석에 감명 받아서 소번에게 직접 요청했다.[91] 비록 에포크 차트가 취리히에서 소번과 융의 다양한 만남 동안 의심할 여지없이 대화의 주제였지만, 융의 개인 기록 보관소에는 이런 종류의 차트가 나타나지 않는다. 그럼에도 불구하고, 소번은 융이 가장 관심을 가졌던 점성술의 종류를 제공할 수 있었다. 심리학적 모델을 통해 해석할 수 있는 정신과

영혼의 점성술 그리고 분석 작업을 통해 촉진되고 강화될 수 있는 내적 발전의 목적론(teleology) 및 패턴인 '개인화'를 반영했다.

점성술에 대한 융의 영향

융은 다른 점성가들로부터 자신의 별자리에 대한 수많은 해석을 얻었다. 비록 황도대와 행성의 위치는 그의 출생 도표에서(소번의 에포크 차트를 제외하고) 항상 같았지만, 융은 그의 삶에서 특정한 시기에 계획적인 움직임에 대한 정보뿐만 아니라 다양한 접근 방식을 추구한 것으로 보인다. 존 소번이 제공한 출생 도표에는 서면 분석이 첨부되었다. 취리히 태생의 분석심리학자 릴리앙 프레이-론(Liliane Frey-Rohn, 1901-1991)[168]이 융을 위해 준비한 또 다른 별자리도 같았다. 프레이-론의 자료는 융의 탄생부터 1945년까지의 행성 이동에 대한 상세한 목록으로 구성되어 있다.[92] 프레이-론은 분석심리학자이자 뛰어난 점성가였으며, 융의 동시성에 대한 에세이의 기초를 형성한 점성술 실험에서 융의 조수 역할을 했다.[93] 임상심리학자 네메슈(Gene F Nemeche)와의 인터뷰에서, 프레이-론은 그녀가 융

---

[168] 융 분석가이자 융의 가장 가까운 동료 중 한 명이었다. 1901년 스위스 제네바에서 태어난 프레이는 1933년 취리히 대학에서 박사 학위를 받았다. 그녀는 이듬해 융을 만났다. 심리 치료사이자 강사이기도 한 그녀는 취리히에 있는 융 연구소의 선임 교육 분석가였으며 『프로이트에서 융으로』와 『니체: 그의 삶과 일에 대한 심리학적 접근』이라는 두 권의 책을 저술했다. 여기에서 그녀는 융과의 오랜 관계 그리고 프로이트와 융에 관한 책을 집필하는 데 멘토로 있었던 그의 정신적 경험에 대해 이야기하고, 엠마 융과 토니 볼프에 대한 인상과 융 주변의 여성들 사이의 관계에 대해 설명했다. 프레이는 1991년 1월 취리히에서 사망했다.

을 처음 만났을 때, 그는 그녀에게 부르크휠츨리 병원에서 조현병 환자들과 함께 점성술 연구를 하라고 조언했다고 말했다. '나중에' 그녀는 네메슈에게 "그는 생년월일을 알려주었고 이 사람이 정신분열증이 될 수 있는지 알고 싶어 할 것이다."[94]라고 말했다.

프레이-론이 융에게 보낸 자료는 업데이트된 편지와 함께 첨부되었지만, 그녀가 1939-1940년 동안 진행된 행성 배치도를 보여주는 호로스코프를 포함했고, 그녀의 편지에서 융이 이 해에 대한 정보를 요청한 것을 언급했기 때문에, 이 자료는 제2차 세계 대전이 발발한 1939년에 준비되었을 가능성이 있다.[95]

기록보관소에 있는 호로스코프에 대한 서면 분석이 없기 때문에 다른 버전의 호로스코프 운세는 그와 직접 논의된 것으로 보인다. 이 호로스코프들 중 하나는 소번의 호로스코프처럼 알란 레오의 특징적인 사전 인쇄된 호로스코프 형태에 그려져 있었다. 여기에는 융의 출생 호로스코프와 소번이 융에게 자신의 해석을 보내기 2년 전인 1926년의 행성 위치가 모두 포함되어 있다.

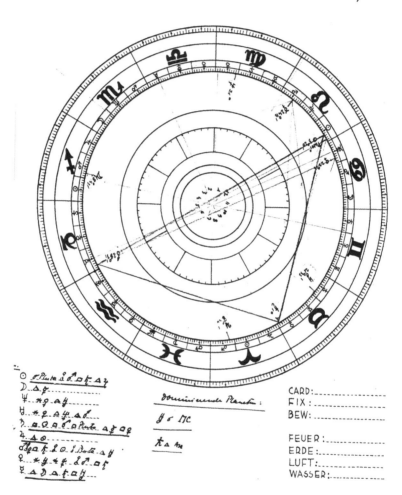

그림 2.12 릴리앙 프레이-론이 작성한 1939-40년 융의 프로그레스[169] 호로스코프[96)]

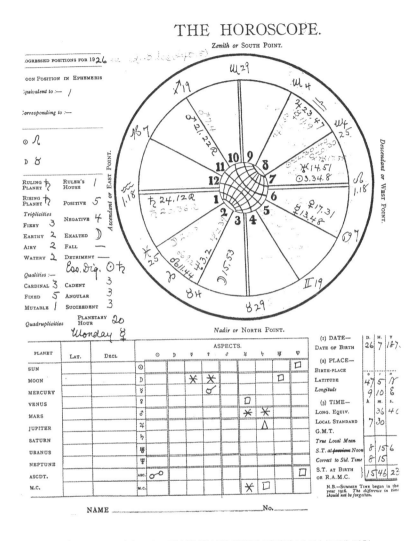

그림 2.13 1926년 프로그레스된 행성의 위치가 기재된 M.C.본드에 의한
융의 출생 호로스코프[97)]

---

169   태양을 1년에 1도 움직이게 보는 방식으로 그해 1년 행운을 본다.

이 차트에는 6월생 호로스코프의 주요 구성에 대한 '키워드' 분석과 태양, 달, 상승, 융의 행성 지배자 '늙은 사투르누스'라는 네 가지 주요 점성술적 의미에 대한 더 긴 문단이 포함되어 있다. 이후 페이지에는 1928년에서 1930년 사이의 중요한 행성운동이 나열되어 있는데, 이는 융이 장미십자우방단으로부터 자료를 받고 소번과 편지를 주고받았던 것과 같은 시기이다. 이 자료를 편집한 사람이 'M.C. 본드'(Bond)라고 서명했다. 그 혹은 그녀가 미국인이라는 것은 날짜가 쓰여진 방식에서뿐만 아니라 본드가 융의 별자리와 함께 자신의 별자리가 포함되었기 때문에 식별할 수 있다. 출생지는 명시되어 있지 않지만, 경도와 위도는 본드가 워싱턴 D.C.에서 태어났음을 나타낸다. 융보다 8살 많은 이 사람은 융의 환자였을 수도 있다. 그러나 본드는 알란 레오의 신학적 점성술과 연관된 호로스코프의 형태를 다시 한번 이용한 유능한 점성가이기도 했다.

융은 1920년대 후반 『새로운 책』이 끝나갈 무렵에 그의 삶이 나아가고 있는 방향에 대해 깊은 관심을 보였다. 그러나 이 우려의 본질은 불분명하다. 1920년대 중반에 그는 동아프리카와 북아메리카의 푸에블로 인디언들을 방문하면서 광범위한 여행을 했다. 1929년 그는 리처드 빌헬름(Richard Wilhelm, 1873-1930)의 중국의 『주역』과 『태을금화종지』 번역에 대한 해설서 『황금꽃의 비밀』[170]을 출판하였다. 그는 몇 년이 지난 후에 개성화 과정의 상징적 지도로서 연금술적 상징의 온전한 중요성을 깨달았다.[98] 소번은 융의 출생과 에포크 호로스코프에 대한 분석만을 제공했으며, 이후의 행성 이동에 대한 정보는 없었다. 융은 지배적인 점성학적

---

170 칼 구스타프 융, 리하르트 빌헬름 지음, 이유경 옮김, 『황금꽃의 비밀』, 문학동네, 2014.

요인의 해석을 통해 어떤 개인적인 딜레마에 대한 통찰력을 원했을지도 모른다. 그는 또한 다가오는 중요한 별의 배치를 알아차리고 그 의미를 이해하고 싶어 했을지도 모른다. 이 기간 동안 그는 행성 운동을 관찰하면서, 예를 들어 1926년 늦가을에 토성이 출생 호로스코프의 '중천'(中天) 즉 미디엄 코엘리(Medium Coeli)[171]를 통과하는 것을 관찰했을지도 모른다. 알란 레오는 이 환승[172]이 만약 그 사람이 '교양있고 세련되지' 않다면 '실패, 스캔들, 윗사람과의 문제, 명예와 신용의 상실을 가져오는 것'이라고 묘사했는데, 이 경우 이 환승은 '큰 책임의 수행'을 의미하며,[99] 융은 전자를 피하고 후자를 추구하기를 희망했을 가능성이 있다.

융의 생각에 대한 점성술의 영향은 현대 점성술에 끼친 융의 영향만큼이나 통찰력이 있으며 깊이가 있었다. 19세기 말 알프레드 피어스(Alfred Pearce, 1840-1923)[173]와 같이 점성술과 심리학의 결합을 반대했던 많은 '전통적인' 점성가들의 확고한 노력에도 불구하고, 융의 점성술에 대한 영향은 줄어들 기미를 보이지 않는다.[100] 이러한 영향력은 그의 말년, 혹은 '뉴에이지' 사상이 한창이던 1970년대에 시작된 것이 아니라 융이 『새로운 책』을 집필하던 시기에 시작되었다. 점성술이 심리학을 위한 중요한 도구

---

171 중천점 또는 MC는 천체의 외견상 일일 이동에 있어서 가장 높은 점, 즉 그것의 상승하는 동쪽 지평선과 하강하는 서쪽 지평선의 중간점에 상응하는 황도의 점을 찾는데 목적을 두고 있는 한 점이다. 그것은 황도 좌표계로 정의된다.

172 태어날 때는 물병자리에 토성이 있었지만, 26년에는 토성은 중천에 떴기 때문에 행성이 움직인 것을 말한다.

173 Pearce, Alfred J. 영국의 의사, 편집자, 작가, 점성학자이다. 그는 48년 동안 *Zadkiel's Almanac* 의 편집자로 Zadkiel이라는 가명으로 글을 썼다. 1864년에 *Weather Guide Book* 과 1879년에 *Textbook of Astrology* 를 출판했으며 1863년에는 점성술을 옹호하는 책을 저술했다.

를 제공할 수 있고, 심리학이 점성술을 풍부하게 할 수 있다는 것을 동료 심리학자들에게 납득시키려는 융의 노력은 특정 집단에서 즉시 성공적이 었다. 점성술사이자 역사가인 하인츠 아서 스트라우스(Heinz Arthur Strauss)174와 그의 아내인 심리치료사 지그리트 스트라우스 클뢰베(Sigrid Strauss-Klöbe)는 1920년대 후반과 1930년대 초에 발전하여 우주 에너지 가 지구의 생물학적 과정에 영향을 미친다는 개념101)을 지지한, 『의료점 성술』(Kosmobiologie)이라고 알려진, 독일 특유의 점성학적 흐름에서 연 구하였다. 『의료점성술』은 의학 점성술에 특히 초점을 맞춘 다양한 과학 분야의 연구 발견의 중요성을 강조한 점성술의 첫 번째 분야 중 하나였 다. 1927년부터 1928년까지 스트라우스는 의학 점성술과 그 근거에 대 한 논문을 실은 『의료점성술 연구연보』(Jahrbuch für kosmobiologische Forschung)라는 잡지를 편집했다. 융은 이 잡지 두 권을 모두 입수했다.102)

이때에는 영향력이 한쪽으로만 흘러가는 것 같았다. 융은 존 소번, M.C. 본드, 장미십자우방단으로부터 점성학적 해석을 받는 동시에, 점성 술에 대한 자신의 이해를 깊게 하기 위해 스트라우스-클뢰베의 작품을 읽고 있었다. 그러나 영향력의 방향은 빠르게 바뀌었다. 스트라우스와 그 의 아내는 모두 빌헬름의 『황금꽃의 비밀』의 출판에 관여했다. 1930년 빌헬름에 대한 융의 추모사에서, 그는 빌헬름의 책의 주제인 주역이 '점

174　점성술 문화를 위한 독일 문화 공동체의 공동 설립자였다. Thomas Ring, M. Erich Winkel 또는 Johannes Maria Verweyen도 포함되었다. Strauss는 1928년에 『우주생물학 연 구 연감』을 처음 출판했다. 그는 하이델베르그에서 심리 치료사로 전임으로 일했으며 그의 아내 Sigrid Strauss-Kloebe(Jungian 심리 치료사)와 함께 요하네스 케플러와 그의 점성술에 관한 책을 썼으며 오늘날에도 널리 인정받고 있다.

성술과 유사할 뿐만 아니라 본질적으로 그것과 관련이 있다'고 말했다.[103] 1934년 아스코나에서 열린 제2차 에라노스 회의에서, 그 사이에 융의 글을 분명히 읽고 있던 지그리트 스트라우스 클뢰베는 '점성술에서 상징의 심리적 중요성'이라는 제목의 논문을 발표했다.[104] 또한 학회에서 논문[105]을 발표한 융은 스트라우스 클뢰베의 발표에 대해 "심리학 측면에서 점성술적 상징에 대해 깊이 생각한 최초의 사람"이라고 선언함으로써 반응했다.[106] —아마도 소견이었을 것이다. 스트라우스 클뢰베만의 통찰이 아니고 그 당시에 그에게 이용가능한 많은 점성술 교재들에 대한 융의 낮은 평가치도 포함해서. 스트라우스 클뢰베는 이미 정신분석학 이론에 익숙했지만, 에라노스 회의 1년 후인 1935년에 그의 환자로서 융과 함께 일하기로 결정했다.[107] 이후 몇 년 동안 그녀의 점성술 출판물들은 유형, 복잡성, 신화, 원형에 대한 융의 이론을 점점 더 통합시켰다.[108] 융의 생각에 깊은 영향을 받은 스트라우스 클뢰베는 1982년 '칼 융, 엠마 융, 토니 볼프'라는 제목의 짧은 에세이를 기념 책에 기고했다.[109] 스트라우스 클뢰베와 그녀의 남편은 융에게 글자보다는 심리적인 것에 초점을 맞춘 독일 점성술 경향의 예이다.

또 다른 독일 점성가 오스카 아돌프 헤르만 슈미츠(Oscar Adolf Hermann Schmitz, 1873-1931)[110]는 1925년 취리히에서 열린 세미나[111]에 융이 참석했기 때문에 융의 제자라고 생각했다. 슈미츠는 융의 심리유형 이론의 열렬한 지지자였고, 자신의 출판물[112]을 통해 융의 생각을 전파하는데 적극적이었지만, 융은 슈미츠가 관여한 비교 그룹에 의해 제기된 견해에 거의 동조하지 않았다. 융은 그것을 신지학과 비교했는데, 그것은 그 자체로 '위험'이었다. 왜냐하면,

"낡고 불만족스러운 기초 위에 새 집(house)이 세워지고 있고 오래된 병에 담긴 새 포도주가 쏟아지고 있습니다. 결국 인간은 우선 내면에서부터 변화해야 합니다."[113)]

20세기 신비주의의 영국 역사학자 엘릭 하우(Ellic Howe, 1910-1991)[175]에 따르면, 독일에서 전후 몇 년 동안 다양한 점성술이 등장하기 시작했는데, 여기에는 블라바츠키의 신지학, 슈타이너의 인지학 그리고 이러한 운동과 연합한 다양한 마법 집단들의 영향을 받았다. 하우에 따르면 독일인들은 그들이 '심리 점성술'이라고 부르는 것에 대한 생각을 처음으로 논의하였다.[114)] 하우는 스트라우스-클뢰베에 대해 언급하지 않았고, 점성술과 심리학의 결합의 발전에 있어서 에라노스 회의의 중요성을 언급하지도 않았다. 그는 슈미츠를 '융의 열렬한 제자'라고 부르지만 슈미츠의 영향력은 점성술계에서 미미했다고 주장한다.[115)] 그러나 하우는 책들이 여러 번 재판된 스트라우스 클뢰베와 같은 독일의 점성가들에게 끼친 융의 광범위한 영향뿐만 아니라 에라노스 회의와 그 연설자와 참석자들이 국제적으로 행사한 많은 비교 사상의 흐름에 끼친 간접적인 영향을 간과하고 있다. 그들 거의 모두가 원형과 심리유형에 대한 융의 이론에 대해서 동의하고 있다.

---

175   영국 작가로 신비주의와 황금새벽회 기사단, 타이포그래피와 군대 역사에 대해 광범위하게 저술했다.

상징과 교리(doctrines)

융은 신지학의 교리적인 본성에 대한 혐오에도 불구하고, 1920년대와 1930년대에 분석심리학 및 점성술과 함께 의외로 유익한 신지학 사상의 3자 결합이 많은 흥미로운 혼성체를 낳았다. 사실상 이 혼성체들 중 어느 것도 융의 승인을 얻지 못했다. 그는 원형 영역을 외부화하려는 어떠한 노력에도 강하게 반대했으며, 신지학 및 인지학이 제시한 해석은 그들을 내부 과정으로 인식하기보다는 원형을 객관화했기 때문에 문제가 있다고 주장했다.

> "나는 무의식에 대한 나의 개념이 심지어 초심리학과 먼 거리로도 연관되는 것을 결코 원하지 않을 것입니다. 그러면 무의식은 구체화된 형태를 취하게 되고, 우리에게 필요한 심리적 접근을 불가능하게 만들 것입니다. 우리가 새로운 신지학을 떠올리는 위험을 피하려면 꽤 오랫동안 비판적 심리학의 영역을 계속해서 고수해야 합니다. 신비주의와 초심리학의 발현을 외부에서 바라보는 유혹을 경계하는 것에는 아무리 조심해도 지나치지 않습니다. 분석심리의 모든 추구는 내부로부터, 즉 영혼으로부터 영역을 개방하는 것입니다."[116]

융이 황도 12궁의 이미지를 인간의 무의식에 의한 상상의 투사로써 이해한 것은, 주기적인 시간의 특성에 대한 직관적인 이해를 통해 생성된 것으로, 점성학적 상징에 대한 내면적 접근에 대한 그의 주장을 반영한다. 행성 '신'은 내부에서 발견되며, 개인에 의해 심리적인 차원에서만 다루어질 수 있다. 슈미츠와 같은 점성가들의 논의에서는 이러한 접근법이 발견되지 않지만, 스트라우스 클뢰베의 작품에서는 분명하고, 신지학적 언어가 두껍게 겹침에도 불구하고 ―아마도 의도하지 않게― 알란 레오의 작품에서는 초기 형태로 식별될 수 있다.

'영적'과 '심리학적' 영역 둘 다 한계인 경계선은 숨겨진 문, 알려지지 않은 터널 그리고 비밀 창으로 가득 차 있다. 그리고 그 점을 융 자신도 잘 알고 있었다. 이 용어 자체는 이암블리코스, 플로티노스, 아그리파,[176] 파라켈수스에게 아무런 의미도 없었을 구성된 범주의 현대적 구현이다. 퓌슈케(Psuche)[177]는 그리스어로 '영혼'을 의미하며, 로고스는 '말씀'을 의미하는 단어이다. 그리고 '심리학'이라는 용어는 어원적 뿌리의 관점에서 고려할 때, 지금의 학계에서 제공되는 몇몇 관점들과 유사성이 거의 없다. 그러나 융은 프로이트가 결국 가지고 가야 할 것이라고 예언했던 '신비주의'라는 꼬리표를 피하려고 노력하는 속에서 단지 자기 보호적인 입장만은 아니었다. 그는 어떤 점성학적 통찰도 그것의 상징을 외관화하고

---

176 독일의 수학자, 의사, 법률학자, 군인, 신학자, 신비주의 작가이다. 1533년에 출판된 Agrippa의 『세 권의 신비주의 철학서』(*The Three Books of Occult Philosophy*)는 카발라, 신비주의, 신플라톤주의에 크게 의존했다. 그의 책은 근대 초기의 신비주의자들 사이에 영향을 미쳤고 퀼른의 종교재판관에 의해 이단으로 정죄되었다.

177 고대 그리스 말로 원래는 숨(호흡)을 뜻하고 있으며, 변하여 사는 것(생명), 또한 마음과 영혼을 의미하게 된 말이다. 希 : Ψυχή는 원래 숨(호흡)을 의미했다. 호흡은 생명의 표시로서 가장 현저한 것이므로, 퓌슈케라는 말은 생명을 의미하게 되었고, 그것이 바뀌어 결국 마음과 영혼도 의미하게 되었다. '퓌슈케'라는 말을 현대 한국어로 번역하는 경우, 하나의 역어로 밀고 나가는 것은 곤란한 일이 많이 있다. 동일한 문헌에서도 어떤 문맥에서는 '생명'이라고, 어떤 문맥에서는 '心' 혹은 '魂'이라고 번역하는 편이 적절하고, 어떤 문맥에서는 어느 쪽으로도 해석이 가능하다는 것도 있다. 고대 그리스어와 현대어에서는 개념의 체계 자체가 다른 것이다.

구체화하려는 시도 없이 심리적 동역학으로 이해되어야 한다고 깊이 느꼈던 것 같다. 이 점에서 그는 우주적 '공감'이라는 개념을 받아들인 플로티노스에 동의하여, 그것들을 '영향'의 네트워크나 신지학자 앨리스 베일리(Alice A. Bailey, 1880-1949)[178]가 주장했듯이 신격화된 행성에서 나오는 '빛'으로서가 아니라 대략적인 의미와 연결된 상징의 거미줄로 이해했다.[117)]

앨리스 베일리의 접근법과 그녀의 가르침에서 비롯된 점성학적 흐름은 융이 에라노스에서 미연에 방지하려고 했던 사태를 불러왔다. 그들은 점성술을 내적 과정으로서 심리학적으로 표현하는 것이 아니라 구상화된 종교적 우주론과 결부된 점성술에 융의 사고를 끌어들였던 것이다. 미국에서, 많은 점성술계에서 지속적인 인기를 유지하고 있는, 매우 영향력있는 프랑스 태생의 점성가 댄 루디아르는 신지학회의 분파인 앨리스 베일리의 아카나 학교(Arcane School)[179]에서 교육을 받았다. 루디아르는

---

178 영국-미국의 작가이다. 신지학에 관한 24권 이상의 책을 저술했으며, 뉴에이지라는 용어를 사용한 최초의 작가 중 한 명이다. 1919년과 1949년 사이에 쓰인 베일리의 작품은 영성이 태양계, 명상, 치유, 영적 심리학, 국가의 운명, 사회를 위한 처방과 어떤 관련이 있는지와 같은 주제를 다루는 밀교 사상의 광범위한 신지학 시스템을 설명한다. 그녀의 작업 대부분이 처음에는 '티베트인'으로만 불렸거나 나중에 Djwal Khul로 확인되는 이니셜 'DK'로 언급된 지혜의 대가로부터 텔레파시로 그녀에게 지시했다고 설명했다. 베일리의 글은 블라바츠키의 신지학과 공통점이 많다. 그녀는 기독교를 포함한 종교적인 주제에 대해 글을 썼다. 통일된 사회에 대한 그녀의 비전은 물병자리 시대의 개념을 포함하여 전통적인 종교 형태와 다른 글로벌 '종교 정신'을 포함했다.

179 앨리스 베일리와 그녀의 남편인 Foster Bailey는 'Lucifer Publishing Company'를 설립했다. 'Lucifer'와 'Lucis'는 같은 어근에서 유래했으며, lucis는 빛의 라틴어 속격이다. 출판사는 나중에 'Lucis Publishing Co.'로 이름이 변경되었다(The Theosophical Society는 초기 잡지에 'Lucifer'라는 이름을 사용했다.). 앨리스 베일리는 1923년 Foster Bailey의 도움으로 Lucis Trust의 일부인 Arcane School을 설립했다.

1930년대에 융의 작품을 접했다.[118] 그는 1936년 베일리의 언론사인 루시 트러스트에 의해 처음 출판된 『인격의 점성술』(*The Astrology of Personality*)에서 융에 대해 언급하기 시작했다. 이 초기 작품에서 루디아르는 '동시적 원리'와 같은 용어를 사용하였고, '천문학과 분석심리학'에 대한 전체 장을 할애하여 융의 『선집』에서 자유롭게 인용하였다.

그러나 루디아르는 분석심리학과는 근본적으로 다른 '영적 심리학'에 대해 언급하면서 '인간은 물질과 접촉해서만 생성될 수 있는 구체적인 경험과 특정한 능력을 획득하기 위한 목적으로 몸을 사용하는 영적인 존재'라고 보았다.[119] 영적으로 진화하는 우주를 지배하는 더 높은 영적 힘의 존재론적 독립성을 가정하는 우주론을 뒷받침하는 이 '융이안'에서, 루디아르는 신지학적 뿌리에 대한 그의 충성을 보여주었다.[120] 융은 루디아르를 알고 있었고, 음악에 대한 루디아르의 초기 작품들 중 하나뿐만 아니라 『인격의 점성술』 원본을 구입했다.[121] 그러나 융은 그의 출판된 작품이나 편지에서 이 유명한 점성가를 언급하지 않았고, 루디아르의 후기 책들 중 어느 것도 사지 않았다. 미국 점성술계에서 루디아르의 중요성에도 불구하고, 융은 슈미츠를 너무 구체적으로 교조적이라고 생각했기 때문에 루디아르도 똑같은 관점에서 보았을지도 모른다. 비록 출생 호로스코프의 신학에 대한 루디아르의 많은 생각들이 융의 개성화 개념에 영향을 받았다는 사실에도 불구하고.

점성술이 '심리학에 의해 승인'될 것이라는 융의 예언은 실패할 것처럼 보일지도 모른다. 많은 심리학자들, 특히 임상 분야에서는 점성가들이 심리학을 인정하는 것보다 점성술을 인정하는 것을 훨씬 더 꺼린다. 그러나 초개인적 심리학의 흐름에서 융이 인지한 점성술은 유용하고 계몽적인 것으로 밝혀졌다.[122] 융의 점성술과 융의 점성술사들 사이의 교차 수정 (cross-fertilization)은 융의 점성술과 그의 작품에서 나타난 다양한 깊이와 초인적인 심리학 사이에서 풍부하고 지속적인 것으로 입증되고 있다.

Notes

1) Plotinus, Ennead II.3.7.

2) Jung, *Liber Novus*, pp. 136-37, trans. p. 310.

3) 프톨레마이오스에 대해서는 제1장 주66. 아부 마샤르에 대해서는, Jung, CW9ii, ¶¶128, 131-33, 153-54. Cardanus에 대해서는, Jung, CW8, ¶869; Jung, CW9i, ¶436; Jung, CW9ii, ¶¶130 and 136; Jung, CW14, ¶474.

4) Jung, CW8, ¶¶816-968.

5) J.B. Rhine, *Extra-Sensory Perception* (Boston, 1934); J.B. Rhine, *New Frontiers of the Mind* (New York: Farrar & Rinehart, 1937). Jung, CW8, ¶833, n. 29.

6) Karl Ernst Krafft, *Le premier traité d'astro-biologie* (Paris: Wyckmans, 1939); Paul Flambart (a.k.a. Paul Choisnard), *Preuves et bases de l'astrologie scientifique* (Paris: Bibliothèque Chacornac, 1921).

7) For Philo's *De opificio mundi*, Jung, CW8, ¶855. Plotinus' *Enneads*에 대해서는 Jung, CW8, ¶927. Schopenhauer's *Parega und Paralipomena*에 대해서는 Jung, CW8, ¶829.

8) Private letter from Ulrich Hoerni, 15 December 2012.

9) Noll, 'Jung the *Leontocphalus*', p. 67. Noll은 이 말에 대한 출처를 밝히지 않고 있다.

10) James Holden, 'Preface to the 2006 Reprint', in Pearce, *The Text-Book of Astrology*, p. vii.

11) Curry, *A Confusion of Prophets*, p. 111 인용.

12) Alfred J. Pearce, *The Science of the Stars* (London: Simpkin, Marshall, 1881)과 *The Weather Guide-Book: A Concise Exposition of Astronomic-Meteorology* (London: Simpkin, Marshall, 1864).

13) 이러한 잡지는 1892년에 발간되어 1894년에 폐지된 *The Future, Urania, Star Lore*가 있었다. 피어스는 또한, 융의 도서관에는 없는 대중 지향의 연간잡지 *Zadkiel's Almanac*의 편집자이기도 했다.

14) 융은 *The Occult Review*를 1920년부터 1933년까지 4권을 소유하고 있었다. 융이 다년

간(1910–24년과 1929–30년)에 걸쳐 수집한 *The Quest*는 17권에 이른다.

15) Raphael, *The Key to Astrology* (London: W. Foulsham, 1896).

16) Kim Farnell, 'Seven Faces of Raphael', 〈www.skyscript.co.uk/raphael.html〉.

17) Curry, *A Confusion of Prophets*, pp. 46-60. Robert Cross Smith와 Robert Thomas Cross의 이름의 유사성은 우연으로 보인다.

18) 알란 레오의 생애와 업적에 대해서는, Curry, *A Confusion of Prophets*, pp. 122-59; Bessie Leo, *The Life and Work of Alan Leo* (London: Modern Astrology Office/N.L. Fowler, 1919); Campion, *A History of Western Astrology*, pp. 231-34.

19) Bessie Leo, *The Life and Work of Alan Leo*, p. 43. Campion, *A History of Western Astrology*, p. 232.

20) Leo, *The Life and Work of Alan Leo*, pp. 11-12.

21) '보이지 않는 태양'에 대한 블라바츠키의 논의에 대해서는, Blavatsky, *Isis Unveiled: A Master-Key to the Mysteries of Ancient and Modern Science and Theology*, 2 volumes (London: Theosophical Publishing, 1877), Vol. 1, p.302; Blavatsky, *The Secret Doctrine: The Synthesis of Science, Religion, and Philosophy*, 2 volumes (London: Theosophical Publishing, 1888), Vol. 1, p. 100.

22) Greene, *The Astrological World of Jung's 'Liber Novus'*, chapter 2.

23) Alan Leo, *Astrology for All, Parts I and II* (London: Modern Astrology Office, 1899; repr. 1904, 1912, 1921, 및 그 후의 많은 판본).

24) 1906년의 행성 위치를 나열한 *Planeten-Calendarium*이라고 불리는 독일의 천체력은 융의 도서관에 포함되어 있다.

25) 융의 장녀 Agathe는 1904년 12월 28일에 태어났고, 둘째 딸 Gret는 1906년 2월 8일에 태어났다. 1906년은, Leo, *Astrology for All*, Part II의 융이 소유하고 있던 판본에 있는 항성 시간표에는 포함되지 않았다. 이 표는, 책이 출판된 해인 1904년에 끝나고 있다. 융은 182쪽의 칼럼 하단에 연필로 1906년, 1907년, 1908년의 항성 시간을 추가했다. 융의 아들 Franz는 1908년에 태어났다.

26) © 2007 Foundation of the Works of C.G. Jung, Zürich.

27) 융 소유의 Leo, *How to Judge a Nativity*에도 연필로 많이 표시되어 있다.

28) van Ophuijsen에 대해서는, *The International Dictionary of Psychoanalysis*, 3 volumes, ed. Alain de Mijolla (Farmington Hills, MI: Cengage Gale, 2004)의 그의 항목과 거기에 쓰여진 참고문헌.

29) Alan Leo, *The Key to Your Own Nativity* (London: Modern Astrology Office, 1910).

30) Leo, *The Key to Your Own Nativity*, p. 283.

31) Leo, *The Key to Your Own Nativity*, p. 21.

32) 이러한 행성의 움직임은 '2차 진행'이라고 한다. 이 점성술 기법에 대해서는, Alan Leo, *The Progressed Horoscope* (London: Modern Astrology Office, 1905).

33) Jung private archives, © 2007 Foundation of the Works of C.G. Jung, Zürich. Andreas Jung의 제공으로 재인쇄.

34) 세 논문의 영어 번역에 대해서는, Frances A. Yates, *The Rosicrucian Enlightenment* (London: Routledge & Kegan Paul, 1972), pp. 294–322.

35) Joscelyn Godwin, *The Theosophical Enlightenment* (Albany: SUNY Press, 1994), pp. 216–22; Roland Edighoffer, 'Rosicrucianism: From the Seventeenth to the Twentieth Century', in Antoine Faivre and Jacob Needleman (eds.), *Modern Esoteric Spirituality* (New York: Crossroad, 1992), pp. 186–209. 자신들을 최초의 장미십자단과 관련짓는 현대 단체의 문헌에 대해서는, H. Spencer Lewis, *Rosicrucian Questions and Answers with Complete Answers* (San Jose, CA: Supreme Grand Lodge of AMORC, 1969); R. Swinburne Clymer, *The Rosy Cross* (Quakertown, PA: Beverly Hall, 1965). 개관에 대해서는, Christopher McIntosh, *The Rosicrucians* (York Beach, ME: Weiserbooks, 1998). 신지학적 및 인지학적 해석에 대해서는, A.E. Waite, *The Real History of the Rosicrucians* (London: George Redway, 1887); Rudolf Steiner, *The Secret Stream* (Great Barrington, MA: Anthroposophic Press, 2000).

36) Jung, CW6, ¶¶314-16; Jung, CW7, ¶¶385, 494; Jung, CW9i, ¶652; Jung, CW10, ¶764; Jung, CW12, ¶¶99, 422; Jung, CW13, ¶391.

37) Waite는 장미십자회에 관한 책을 *The Real History of the Rosicrucians*과 *the Brotherhood of the Rosy Cross* (London: William Rider & Son, 1924) 2권을 썼다. 융은 앞의 책을 입수하여, Jung, CW14, ¶312와 Jung, CW16, ¶500에서 그것을 언급하고 있다. 융은 타로와 카발라에 관한 책들을 포함하여 웨이트의 많은 다른 작품들을 가지고 있었다. Waite에 대해서는, R.A. Gilbert, *A.E. Waite* (Wellingborough: Crucible, 1987); Greene, *Magi and Maggidim*, pp. 301-76.

38) 장미십자우방단에 대해서는, 〈www.rosicrucianfellowship.org/〉에서 확인할 수 있다. 현재 그밖에도 장미십자의 조직이 있는데, 미국의 AMORC(Ancient Mystical Order Rosae Crucis)와 영국의 SRIA(Societas Rosicruciana in Anglia)는 모두 독자적인 웹사이트를 개설하고 있다.

39) 슈타이너의 저작은 다수 있지만, 특히 Rudolf Steiner, *The Way of Initia-tion*, trans. Max Gysi (London: Theosophical Publishing Society, 1910); Rudolf Steiner, *An Outline of Occult Science*, trans. Max Gysi (London: Theosophical Publishing Society,

1914). Gilbert Childs, *Rudolf Steiner* (Hudson, NY: Anthroposophic Press, 1996).

40) Jung, CW10, ¶170; Jung, CW11, ¶859.

41) Hanegraaff, *New Age Religion*, pp. 496-513.

42) 융과 슈타이너의 공통점을 찾기 위한 인지학자의 노력에 대해서는, Gerhard Wehr, *Jung and Steiner*, trans. Magdalene Jaeckel (Great Barrington, MA: Anthroposophic Press, 2002).

43) Max Heindel, *Simplified Scientific Astrology* (London: L.N. Fowler, 1928).

44) 안드레아스 융(Andreas Jung)이 장담했듯이, 책들은 가족과 친구들의 주장으로 인해 주인이 죽은 후 개인 도서관에서 '돌아다니는' 경향이 있다. 융의 많은 점성술 문헌들은 그녀 자신이 점성가였던 그의 딸 그레트(1906-95)의 도서관에 섞여 있었다. 융은 대체로 그의 책에 이름을 쓰지 않았기 때문에, 그레트의 점성술 도서관에 있는 어떤 작품들이 원래 융의 것이었는지 확실한 것은 알 수 없다.

45) Heindel, *Simplified Scientific Astrology*, p. 201.

46) © 2007 Foundation of the Works of C.G. Jung, Zürich.

47) © 2007 Foundation of the Works of C.G. Jung, Zürich.

48) 융의 환자를 위한 여러 차트에는 누군지 알 수 없는 'BW'라고 하는 이니셜이 서명되어 있다. 토니 볼프를 위해 두 개의 동일한 내용의 차트가 작성되었는데, 하나는 엠마 융에 의해, 다른 하나는 알려지지 않은 인물의 손에 의한 것이다. 차트 중에는 그 사람 자신이 융에게 준 것도 있다. 손으로 그리는 경우, 점성술의 기호에 필적과 같이 개인의 특징이 나타난다. 융이 손으로 쓴 점성술 자료를 엠마의 것과 구별하여 특정하는 작업은 친절하게도 안드레아스 융의 부인 브레니 융이 주었다. 부인은 필적학에 정통하였다.

49) © 2007 Foundation of the Works of C.G. Jung, Zürich. 이 행성의 기호를, Greene, *The Astrological World of Jung's 'Liber Novus'*, chapter 7에서 논의된 *Systema Munditotius*에 있는 기호와 비교해보는 것이 좋다.

50) © 2007 Foundation of the Works of C.G. Jung, Zürich. 이 계산의 필적과 페이지 상단에 쓰여져 있는 'Jung'의 이름은, Shamdasani, *Jung*, p. 43에 실려있는 융의 자격 논문의 첫 페이지에 있는 것과 동일하다.

51) Heindel, *Simplified Scientific Astrology*, p. 160.

52) Max Heindel, *The Message of the Stars* (Oceanside, CA: Rosicrucian Fellowship, 1918), p. 192.

53) Heindel, *The Message of the Stars*, p. 28.

54) Heindel, *The Message of the Stars*, p.10. 동지의 처녀자리 '자정의 승천'은 동쪽에서 떠오르는 황도대 별자리에 대한 태양의 관계를 말한다. 북반구에서는 동지의 자정이 되기 전에 염소자리로 들어가는 태양이 죽음과 부활과 관련된 *Imum Coeli*(天底) 즉, 북쪽 또는 '자

정'의 지점에 도착하려고 한다. 이때, 처녀자리의 마지막 몇 도가 동쪽에서 떠오르고 있다.

55) 그리스도와 관련된 태양신화의 최근의 논의에 대해서는, David Fideler, *Jesus Christ, Sun of God* (Wheaton, IL: Quest Books/Theosophical Publishing House, 1993).

56) F. Max Müller, *Lectures on the Origin and Growth of Religions as Illustrated by the Religions of India* (London: Longmans, Green, 1878), p. 213.

57) F. Max Müller, *Theosophy* (London: Longmans, Green, 1917); F. Max Müller, *Vorlesungen über den Ursprung und die Entwickelung der Religion* (Strasbourg: Trübner, 1880).

58) Jung, CW9ii, ¶¶164-66 and 194. 융은 위에 제시된 자료의 어딘가에서 아이를 안고 있는 처녀자리의 이미지를 얻었을 것이다. 그러나 대부분의 점성술 문헌에서 처녀자리를 나타내는 여성상은 아기가 아니라 밀의 이삭을 가지고 있다.

59) 융의 개인 기록 보관소에 있는 두 개의 호로스코프에 따른 출생 자료: Antonia Anna Wolff, 18 September 1888, 2.30 pm, Zürich.

60) Jung, CW9i, ¶¶604-605.

61) 융은 '아래서 태어났다'는 의미로 X부인이 태어났을 때, 게자리가 동쪽 지평선(the Ascendant)에서 상승하고 있었다는 것을 의미한 것으로 보인다. 알란 레오는 출생시에 태양이 위치하는 황도 12궁의 별자리가 아닌, 어센던트를 표현하기 위해 이 문구를 사용했다. 예를 들면, Leo, *The Art of Synthesis*, p. 203.

62) John M. Thorburn, Letter to Emma Jung, 15 February 1929, Jung Private Archives. 데이비드 베인스는 헬튼 고드윈 베인스(1882-1943)이며, 그와 그의 아내 캐리 핑크 베인스(1883-1977)는 융의 절친한 친구였으며 융의 작품을 다수 영어로 번역했다.

63) J.M. Thorburn, 'Mysticism and Art', *The Monist* 30:4 (1920), pp. 599-617; J.M. Thorburn, *Art and the Unconscious* (London: Kegan Paul, Trench, Trubner, 1925); J.M. Thorburn, 'Analytical Psychology and the Concept of Individuality', *International Journal of Ethics* 35:2 (1925), pp. 125-39; J.M. Thorburn, A.H. Hannay, and P. Leon, 'Artistic Form and the Unconscious', *Proceedings of the Aristotelian Society* 13 (1934), pp. 119-58.

64) Thorburn, *Art and the Unconscious*, pp. 39-80. 그중에서 소번은 융의 『무의식의 심리학』에서 광범위하게 인용하거나 말을 바꾸어 하거나 하고 있다. Jung, CW15, ¶¶133-162.

65) Diana Baynes Jansen, *Jung's Apprentice* (Einsiedeln, Switzerland: Daimon Verlag, 2003), p. 271.

66) J.M. Thorburn, 'Do the Gods Exist?', *Harvest* 6 (1959), pp. 72-87.

67) 소번의 이 회의의 참석에 대해서는, 'Astrologers' Weekend', *Picture Post: Hulton's*

National Weekly, 29 April 1939, pp. 3-4.

68) 레오는 소번이 융의 차트를 작성했을 때 사망했지만, 그의 인쇄된 호로스코프 양식은 여전히 이용 가능했다. 레오의 서식은 언제나 중심에 천구도가 표시되어 있어, 호로스코프의 수평축과 수직축은 이중선으로 표시되었다. 그 당시의 많은 점성술 학교들은 그들만의 독특한 인쇄된 운세 형태를 사용하는 경향이 있었다. 사자자리의 도형은 항상 중심에 지구의 그림을 그리고, 별자리의 지평선과 자오선은 이중선으로 표시되어 있었다. 이 독특한 바퀴의 예를, Leo, *The Art of Synthesis*, pp. 228, 232, 그리고 238에서 찾을 수 있다.

69) © 2007 Foundation of the Works of C.G. Jung, Zürich.

70) 이 차트는 Leo, *The Progressed Horoscope*, p. xvi에 게재되어 있다.

71) John M. Thorburn, 'Analysis of Jung's Natal Horoscope', Jung private archives, p. 4.

72) Thorburn, 'Analytical Psychology and the Concept of Individuality', p. 128.

73) Jung, CW6, ¶601.

74) Jung, CW6, ¶9.

75) Jung, Letter to Oskar Schmitz, 26 May 1923, in 'Letters to Oskar Schmitz', p. 82. 1955년에 융은 '모든 사람들이 나를 내성적이라고 부를 것'이라고 선언했다. Stephen Black, 'The Stephen Black Interviews', in *C.G. Jung Speaking*, p. 256.

76) Jung, CW6, ¶¶658-59.

77) 'trine'은 두 행성 사이의 각도가 120°인 경우로, 일반적으로 길한 징조로 해석된다.

78) Thorburn, 'Analysis of Jung's Natal Horoscope', p. 1.

79) Jung, Letter to Upton Sinclair, 25 February 1955, in *C.G. Jung Letters*, Vol. 2, pp. 230-32.

80) © 2007 Foundation of the Works of C.G. Jung, Zürich.

81) Robert Zoller, *Tools & Techniques of the Medieval Astrologer* (London: New Library, 2001), Book 1, p. 17.

82) 아라비아 자료에 대해서는, Zoller, *Tools & Techniques*, p. 22. 중세의 토론에 대해서는, Guido Bonatti, *Liber Astronomiae* (1277), ed. Robert Hand, trans. Robert Zoller (Berkeley Springs, WV: Golden Hind Press, 1994-96), Vol. 3, pp. 45-48.

83) 이 계산은 태아 형성의 지배자로서의 달과 탄생 순간을 지정하는 어센던트 사이에 관계가 있다는 생각에 기초한다.

84) http://astrozet.com/Manual/trutina.html.

85) Sepharial, *The Solar Epoch* (London: W. Foulsham, 1925). Sepharial에 대해서는, Kim Farnell, 'That Terrible Iconoclast: A Brief Biography of Sepharial', at 〈www.skyscript.co.uk/sepharial.html〉. Sepharial은 이전에 Sepharial, *The New*

Manual of Astrology (Philadelphia, PA: David McKaym, 1898), Book 3, pp. 151-74에서 Prenatal Epoch에 하나의 장을 할애한 적이 있었다. 이 기법에 대한 초기의 설명은 달에서 어센던트로의 교대라는 관점에서 고전적인 헤르메스의 저울을 따르고 있다.

86) 1915년에 알란 레오에 의해 설립된 런던 점성술 롯지의 멤버였던 George H. Bailey (1896-1959)는 1928년에 'The Descent to Birth and the Soli-Lunar Interchanges', *Modern Astrology* (1928)라는 기사를 발표했다. 베일리의 기술은 정확한 출생 시간을 밝혀내는 'rectification'에 사용되었다.

87) A.E. Thierens, *Elements of Esoteric Astrology* (Philadelphia, PA: David McKay, 1931), pp. 145-47. 융은 티에렌스의 작품에 약간 관심이 있었던 것으로 보이며, 그밖에도 타로에 관한 그의 책 A.E. Thierens, *The General Book of the Tarot* (London: Rider, 1930)을 입수하였고, 그 서문은 A.E. Waite가 썼다.

88) 이 차트는 사실상 융이 태어나기 전 해의 태양회귀 차트이다. 태양회귀 차트(평생의 각 해에 대해 계산하고, 태양이 그 출생시 사인의 정확한 도, 분까지 회귀에 대해 작성함)에 관한 다양한 관점에 대해서는, Lynn Bell, *Cycles of Light* (London: CPA Press, 2005); J. Lee Lehman, *Classical Solar Returns* (Atglen, PA: Schiffer, 2012).

89) John M. Thorburn, Jung 'Epoch' Chart, Jung private archives, pp. 2-3.

90) Thorburn, Jung's 'Epoch' Chart, p. 5.

91) 엠마의 출생차트와 '에포크' 차트가 모두 들어 있었던, 엠마에게 보낸 소번의 편지(1929년 2월 15일)에서, 그 전인 9월에 엠마가 그에게 이 차트들을 부탁하여, 어떻게 하면 점성술을 '개성화를 위해' 사용할 수 있는가에 대해 문의한 것이 표시되어 있다.

92) 이러한 움직임은, 'Primary Directions'으로 계산되고 있다. 이것은 호로스코프를 출생시부터 전진시키는 방법에 붙여진 이름으로, 프톨레마이오스의 『테트라비블로스』에서 기원하여 오늘날에도 여전히 사용되고 있다. Sepharial, *Directional Astrology* (London: Rider, 1921).

93) Angela Graf-Nold, 'C.G. Jung's Position at the Swiss Federal Institute of Technology Zürich', *Jung History* 2:2, at ⟨www.philemonfoundation.org/resources/jung_history/ volume_2_issue_2⟩. 분석심리학에 관한 플레이-론의 주요 연구에 대해서는, *From Freud to Jung*, trans. Fred E. Engreen and Evelyn K. Engreen (New York: Putnam, 1976; repr. Shambhala/Daimon Verlag, 1990).

94) 릴리앙 프레이-론(Liliane Frey-Rohn)의 겐.F.나메쉬(Gene Nameche)와의 인터뷰에 대해서는, C.G. Jung Biographical Archive 1968-73, Countway Library of Medicine, Harvard University, Interview 2, p. 25.

95) Jung personal archives, © 2007 Foundation of the Works of C.G. Jung, Zürich. 안드레아스 융의 후의에 의해 제공받았다.

96) © 2007 Foundation of the Works of C.G. Jung, Zürich.

97) © 2007 Foundation of the Works of C.G. Jung, Zürich.

98) Richard Wilhelm, *Das Geheimnis der goldenen Blüte* (Munich: Dorn, 1929); 영어 판 *The Secret of the Golden Flower*, trans. Cary F. Baynes (London: Kegan Paul, Trench, Tubner, 1931)가 출판되었다. 연금술의 심리학적 중요성에 대한 융의 후기의 인식에 대해서는, Jung, *MDR*, pp. 229-31; Jung, CW13, 'Foreward to the Second German Edition', in Wilhelm, *Secret of the Golden Flower*, p.4; Jung, *Liber Novus*, p.360 and p.305, n. 232.

99) 이 배치(configuration)에서는, 중천점(Medium Coeli) 즉, 출생 차트의 남쪽점을 토성이 통과하고 있으며, 설명은, Leo, *The Progressed Horoscope*, p. 263.

100) '전통적'이라는 이름은 오해의 소지가 있다. 이러한 유파는 점성술 내에서도 특정 전통을 반영하는 헬레니즘 및 아랍 기술의 중요성을 강조한다. 이러한 접근법에 대한 현대의 문서에 대해서는, Benjamin Dykes, *Traditional Astrology for Today* (St. Paul, MN: Cazimi Press, 2011). 그러나 융은 그가 관심을 가졌던 내적 상징적인 점성술을 강조한 고대 후기 신플라톤주의와 헤르메스주의 작품들의 전통에 의존했다. 점성술 안에는 많은 '전통'이 있는데, 이 모든 것들은 명백히 그것들을 추구하는 사람들에게 유효하게 생각되는 것이다.

101) 이 작가들의 작품에 대해서는, Heinz Arthur Strauss, *Astrologie* (Leipzig: Kurt Wolff, 1977); Heinz Arthur Strauss and Sigrid Strauss-Klöbe, *Die Astrologie des Johannes Kepler* (Munich: Oldenbourg, 1926). 'Kosmobiologie'라는 용어는 후에 점성가 라인홀드 에베르탱(Reinhold Ebertin, 1901-88)의 작품에 받아들여져, 그가 이 유파의 설립자로 여겨지는 경우도 있다. 그러나 스트라우스는 이 개념을 에베르탱보다 10년 이상 먼저 사용했고, 이 용어 자체는 1914년으로 거슬러 올라갈 수 있다.

102) *C.G. Jung Bibliothek Katalog* DF 16-17.

103) Jung, 'Appendix: In Memory of Richard Wilhelm', in *The Secret of the Golden Flower*, p. 144. 이 추도문이 처음 발표된 것은 1930년 5월 10일이다.

104) Sigrid Strauss-Klöbe, 'Über die psychologische Bedeutung des astrologischen Symbols', in *Eranos Jahrbuch* 1934, *Band 2* (Zürich: Rhein-Verlag, 1935).

105) Jung, 'Über die Archetypen des kollektiven Unbewussten'. 이 논문은 1934년 *Eranos Jahrbuch*에 처음 등장했으며 개정, 번역되어, Jung, CW9i, pp.3-41에서 출판되었다.

106) Hakl, *Eranos*, p. 96.

107) Ferne Jensen and Sidney Mullen (eds.), *C.G. Jung, Emma Jung, and Toni Wolff* (San Francisco, CA: Analytical Psychology Club of San Francisco, 1982), p. 90 중 스트라우스-클뢰베(Strauss-Klöbe) 자신의 말.

108) Sigrid Strauss-Klöbe, *Kosmische Bedingtheit der Psyche* (Oberbayern: O.W. Barth, 1968); Sigrid Strauss-Klöbe, *Das kosmopsychische Phänomen* (Freiburg: Walter-Verlag, 1977); Heinz Arthur Strauss, *Psychologie und astrologische Symbolik* (Zürich: Rascher Verlag, 1953).

109) Jensen and Mullen (eds.), *C.G. Jung, Emma Jung, and Toni Wolff*, pp. 89-90.

110) 슈미츠(Schmitz)에 대해서는, André Barbault, *From Psychoanalysis to Astrology* (Munich: Hugendubel, 1991 [1961]); Carl-Ludwig Reichert, 'Oskar Adolf Hermann Schmitz', in *New German Biography*, Vol. 23 (Berlin: Duncker and Humblot, 2007), pp. 254-55.

111) 슈미츠의 세미나 참석에 대해서는, William McGuire, 'Introduction to the 1989 Edition', in Jung, *Introduction to Jungian Psychology*, p. xxxi. Jung, 'Letters to Oskar Schmitz, 1921-1931', trans. James Kirsch, *Psychological Perspectives* 6:1 (1975), pp. 79-95에 있는 슈미츠에게 융이 보낸 편지. 이 편지들 중 3통은, *C.G. Jung Letters*, Vol. 1, pp. 39-41, 53-54, 82에서 볼 수 있다.

112) 예를 들면, Oskar A.H. Schmitz, *Geist der Astrologie*, 2 volumes (Munich: Müller, 1922). 그 중에서 슈미츠는 '천문 심리학(astro-psychology)'이라는 용어를 사용했다. 융은 슈미츠의 다른 작품들을 그의 도서관에 가지고 있었지만, 그것들은 점성술에 관한 것은 아니다. *Collected Works*에서 융이 슈미츠에 대해 언급한 것은, Jung, CW9i, ¶51; Jung, CW10, ¶¶188 and 921; Jung, CW18, ¶1825. 이러한 언급 중 점성술에 관한 것은 아니지만, 그 대신에 심리분석과 민간전승의 관계에 주목하고 있다. 융은 슈미츠의 사후에 출판된 *Märchen aus dem Unbewussten* (Munich: Karl Hanser, 1932)의 서문도 썼는데, 이는 점성술이 아닌 동화에 관한 책이다.

113) C.G. Jung, Letter to Oskar Schmitz, 26 May 1923, in 'Letters to Oskar Schmitz', p. 82.

114) Howe, *Urania's Children*, pp. 98-99.

115) Howe, *Urania's Children*, p. 99.

116) *Eranos*, p.66. C.G. Jung, Letter to Gustav-Richard Heyer, 4 December 1931에서 인용. Hakl은 융이 이교도의 신비주의적 컬트의 선전을 하고 있다는 리차드 놀의 '지나치게 단순화된 비판'에 대해, 이 편지가 웅변적인 증거라고 지적한다.

117) 베일리의 일곱 광선 이론에 대해서는, Alice A. Bailey, *Esoteric Astrology* (New York: Lucis, 1951). 융은 에라노스의 지인을 통해 베일리의 일을 잘 알고 있었고, 이를 강력히 반대했다. Hakl, Eranos, pp. 27-32.

118) Dane Rudhyar, 'Preface to the Third Edition', in Dane Rudhyar, *The Astrology of Personality* (New York: Doubleday, 1970 [1936]), pp. vii-xvi.

119) Rudhyar, *The Astrology of Personality*, pp. 75-82.

120) 루디아르는 음악과 예술에 관한 작품뿐만 아니라 소설을 제작한 다작 작가이고 예술가이기도 했다. 그의 많은 점성술 작품들은 통찰력 있는 호로스코프 해석에 초점을 맞추고 있다. 그밖에 *The Planetarization of Consciousness* (New York: Harper, 1972) 등도 있고, 베일리의 코스몰로지에 대한 강한 심취가 계속되고 있었음을 알 수 있다.

121) Dane Rudhyar, *The Rebirth of Hindu Music* (Adyar: Theosophical Publishing House, 1928).

122) James Hillman, 'The Azure Vault: The Caelum as Experience', in Nicholas Campion and Patrick Curry (eds.), *Sky and Psyche* (Edinburgh: Floris Books, 2006), pp. 37-58). 힐만의 점성술 참여에 대한 나의 지식은 개인적인 접촉과 서신에 기초한다.

제3장

능동적 상상과
테우르기아

제3장
능동적 상상과
테우르기아

어떤 특정 장면에서 실행되는 테우르기아의 행위 중에는, 모든 합리적 설명을 초월한 비밀 원인을 가진 것도 있고, 모든 영원한 존재로부터 고차적인 존재까지, 신성하게 하는 상징과 같은 것, 가령 생성 역할을 하는 자연이 눈에 보이지 않는 이성의 원리로부터 눈에 보이는 형태를 (사물에) 새겨 넣어도 무언가 다른 이미지를 유지하는 것도 있다.[1)]

— 이암블리코스

교수: "이보게, 자네, 그리스도의 부름이 오늘날에는 정신병원으로
      인도한다는 것을 알고 있지?"
융: "그 일에 대해서는 전혀 의문의 여지가 없습니다, 교수님."

교수: "이 남자는 재치가 풍부하다―분명히 약간 조적(躁的)으로 흥분
　　 해 있다. 목소리가 들리고 있나?"

융: 　"당연합니다. 주방을 와글와글 지나치는 재세례파(再洗禮派)[180]
　　 들의 무리가 있었습니다."

교수: "역시 그런가? 그 목소리가 자네를 쫓아오는가?"

융: 　"아뇨, 천만의 말씀입니다. 제가 불러낸 겁니다."[2]

― 융

능동적 상상의 기원

『새로운 책』 그리고 그 바탕이 된『검은 책』은 융이 나중에 '능동적 상
상'이라고 부르게 되는 심리학적 기법을 스스로 사용했음을 보여주는 최
초의 문서화된 증거이다. 그러나 『새로운 책』을 쓰기 시작한 1913년에
앞서, 이미 융은 이 기법을 개발하고 있었다.『새로운 책』은 사실 그 최초
의 성과인 것이다. 융은 능동적 상상에 대한 선구적인 생각을 1916년[3]
에, 이어서 1921년[4]에 발표하고 있다. 다만, 이 용어 자체는 1935년에

180 　독일어 Anabaptist 등의 역어(譯語). 종교 개혁 시대, 유아세례(幼兒洗禮)를 무효로 하고,
성인 후 자각적인 신앙 고백 후에 수세(受洗)해야 할 것을 설파한 개신교 급진파의 총칭. 본래 반대
파에 의한 멸칭(蔑稱)으로 유아세례의 부정과 강한 반교권적 지향을 제외하면 공통점은 적다. 많은
분파가 있으나 스위스 형제단, 푸터파, 메르히오르파(그 영향으로 뮌스터에 재세례파 왕국이 출현
하였다), 메노파 등이 알려진다. 독일 농민전쟁 지도자 뮌처도 이들 파에 영향을 주고 있다. 상기 중
푸터, 메노 양파는 오늘날까지 존속한다.

런던의 타비스톡[181] 클리닉에서 실시한 일련의 강의[5)]까지는 사용하지 않았고, 처음에는 그것을 '초월 기능'(trancendent function), 다음에는 '픽처 메소드'(picture method)라고 불렀다. 또한 '능동적 공상'(active fantasy), '트레이싱'(trancing), '비저닝'(visioning), '엑서사이즈'(exercise)라는 표현도 하고 있는데, 아마도 가장 주요하게 시사하는 것은 '하강기법'(technic of descent)일 것이다.[6)] 조안 초도로(Joan Chodorow, 1937-현재)[182]는 자신이 편찬한 능동적 상상에 대한 융의『선집』서문에서 "동일한 기법이지만 많이 다른 형태로 표현되고 있다."[7)]고 지적했다. 이 기법에서는 특별한 명상을 한다. 꿈에서 생겨난 이미지, 몽상, 감정의 폭발, 백일몽 혹은 고의로 유도된 의식변용 상태에 깊이 집중하고 또한 정서를 수반하면서 일어나는 것이다. 상상은 보통은 들어갈 수 없는 마음의 영역으로 들어가는 입구 혹은 출발점과 같은 것으로, 이러한 방법 이외에는 형태를 부여할 수 없는 심적 현실에 형태를 부여하는 수단으로 여겨지고 있다.

1916년 융은 능동적 상상의 입구는 정동(情動)[183]의 난기류와 같은 상

---

181 타비스톡(Tavistock)은 잉글랜드 데번 주의 도시이다.

182 미국의 정신분석학자, 댄스 치료사. 캘리포니아 주 MFCC 면허증. 미국 무용 치료 협회(회장 1974–1976, 기조 연설자 1983, 91) 국제 협회 분석심리학, 미국 심리학 협회, 캘리포니아 협회 결혼 및 가족 치료사, C.G. Jung Institute San Francisco.

183 情動, affect. 영어 affect는 접촉해서 흔적을 남긴다는 의미의 라틴어 affectus에서 나온 말인데, 정신과에서는 다른 사람에 의해서 객관적으로 관찰 가능한 감정 상태를 의미한다. 그래서 움직임을 의미하는 한자 動을 사용해서 情動(정동)이라고 한다. 우리가 느끼는 감정은 항상 밖으로 나타난다. 얼굴 표정, 말, 행동 등에서 감정이 표현되는 것이다. 본인은 자신의 감정을 느끼지만 타인의 감정은 느끼지 못하고 얼굴 표정이나 말, 또는 행동을 통해서 추론한다. 추론 과정은 의식적인 과정뿐만 아니라 무의식적인 과정까지 포함한다. 정동(affect)이라는 말은 객관적으로 드러난 감정을 말하기 때문에 정신과에서 많이 사용하는 용어이다. 그러나 일상에서는 감정(정서,

태라고 묘사하고 있다.

> "정서적(情動的)인 상태를 순서의 기점, 즉 출발점으로 삼아야 한다. 자신의 지금 기분을 최대한 의식하고 모든 것을 받아들여, 그 속에 잠기면서 생긴 공상이나 그 밖의 연상들을 모두 종이에 적는다. 공상은 가능한 한 자유롭게 놀게 해야 하지만 그 대상, 즉 감정이 미치는 범위에서 벗어나는 방법으로는 안 된다."[8]

융이 프로이트와 결별하고 3년 후에 쓰여진 이 기술은, 1893년에 프로이트가 최초로 기술한, 정신분석 기법[9]인 '자유연상'[184]의 융 판으로 간주되기도 한다. 그러나 융은 이 두 가지를 주의 깊게 구별하고 있으며, 능동적 상상은 '의도적 집중에 의해 만들어지는 일련의 공상'이라고 말하고 있다.

---

emotion)과 거의 같은 의미로 사용된다.

184　자유 연상(심리역동이론)은 정신분석학에 기반한 심리치료에 사용되는 기술로서 프로이트에 의해 창시되었다. 프로이트는 최면술이 틀리기 쉽고 의식이 있는 동안에 중대한 기억에 대하여 환자들이 회복할 수 있고 이해할 수 있다는 것을 발견했기 때문에 최면술로 치료하기를 그만두었다. 자유연상기법을 통해 프로이트는 명백하게 중요하지 않거나 잠재적으로 환자를 압박할 수 있는 혼란스러운 기억이 될지라도 그런 것에 관계없이 환자들에게 떠오르는 것은 무엇이든 말하도록 했다. 이 기법은 모든 기억은 단일 연합의 네트워크에 정렬되어 있고 당장이든 후일에든 그것은 중대한 기억과 직면하게 될 것이라는 전제를 깔고 있다. 불행하게도 프로이트는 기억해내는 모든 노력에도 불구하고 가장 고통스럽고 중요한 기억이 환자에게 저항을 일으킨다는 것을 발견했다. 그는 결국 일정한 기억들이 철저하게 억압되어 있다가 정신의 의식 영역으로 뚫고 올라올 것이라는 견해를 갖게 된다. 프로이트의 궁극적인 정신분석학적 치료는 그것들을 정신 깊숙이 묻어버리는 내부적인 정신 갈등으로서의 이러한 기억들의 회상에 과도하게 초점을 맞추지 않았으며, 자유연상기법은 오늘날에도 여전히 정신에 관한 연구에서 일익을 담당하고 있다.

"그것은 꿈 분석의 목적으로 프로이트가 권장한 '자유연상'이 아니라, 자연스럽게 단편에 추가되는 또 다른 공상의 소재를 관찰함으로써 공상을 만들어내는 것이다."10)

이와 같이 능동적 상상의 목적은 억압된 갈등의 지적 분석을 위한 재료를 제공하는 것이 아니라, 숨겨진 미지의 것이 그 자신의 말—이미지의 말—로 스스로를 표현할 수 있게 하는 것이다. 능동적 상상은 유대교 카발라의 카바나(kavvanah)185—즉, '방향부여 주의', 몇몇 종류의 수피—의 명상, 이냐시오 데 로욜라의 '영적 수련', 신플라톤주의의 테우르기아에서 볼 수 있는 종교적 관상에서 집중된 상태와 같은 일종의 의식이라고 할 수 있을지도 모른다. 이들 신적 존재와 만나기 위한 오래된 접근방식에서는 합리적이고 비판적인 기능을 의도적으로 정지시킨다.11) 특정한 이미지, 색깔, 혹은 소리가 각각의 방식으로 숨겨진 생명을 표출할 수 있도록 하기 위해서다. 이처럼 종교의식, 그것도 대부분 주변화된 것이나 '이교적인' 종파의 것과 비슷하다는 것이, 그룹에 따라서는 능동적 상상에 비교적인 의미를 부여하기도 한다. 그리고 융이 자세한 설명을 다수하

---

185 유대교에서 특히 종교적 의무를 수행할 때 적절한 태도 또는 마음의 기도이다. 12세기 철학자 모세 마이모니데스(Moses Maimonides)는 기도할 때 카바나(kavvana)를 얻으려면 정신적으로 신의 면전에 자신을 위치시키고 세상의 모든 염려를 완전히 버려야 한다고 권고했다. 일부 사람들은 카바나 없이 종교적 의무를 수행하는 것을 영적 의무를 이행하지 않는 것으로 간주했다. 카발라의 카바나는 다양한 기도의 단어와 글자의 은밀한 의미에 대한 집중을 의미했다. 진정한 카바나 없이 바치는 기도는 영혼이 없는 몸에 비유되었다. 16세기 신비주의자 아이작 벤 솔로몬 루리아는 올바른 카바나가 상위 세계에 영향을 미치고 우주 회복(tiqqun)을 가져올 수 있다고 믿었기 때문에 카발라적 추론에서 카바나의 중요성을 강하게 강조했다.

고 있음에도 불구하고, 이 기법을 생각해 내는 토대가 된 정보의 근원은 계속 확실하지 않다.

실제적 치료의 견지에서 능동적 상상에 대해 쓴 최근의 저작들이 다수 있어 심리요법가의 이해를 돕는 데 기여하고 있다. 그러나 그러한 연구는 당연하게도 융의 역사적 정보의 근원에 대한 세부사항은 관심을 두지 않고 있다.[12] 융의 제자이자 해설자로 잘 알려진 마리 루이제 폰 프란츠(Marie-Louise von Franz, 1915-1998)[186]는 명상적 행위에서 흘러넘치는 이미지를 무시하려는 동양의 다양한 형태의 명상과 융의 능동적 상상을 구별하여 "모든 동양의 기법과 대조적으로 우리는 이 이미지를 환영하고 이를 물리치거나 무시하지 않는다."[13]고 말한다. 그러나 폰 프란츠의 논문도 이런 일견 기묘해 보이는 서양의 내적 워크에서 이미지를 소중히 여기는 태도의 기원에 대해 검토하지 않고 있다. 제프리 래프(Jeffrey Raff, 1946-현재)[187]는 『융과 연금

---

186 취리히 대학교에서 고전어문학으로 박사학위를 취득하였다. 1934년부터 폰 프란츠는 융과 함께 특히 연금술에 대한 융의 연구에서 긴밀하게 협동하였다. 폰 프란츠는 토마스 폰 아퀴나스(Thomas von Aquin)가 기술한 것으로 알려진 기독교적-연금술서인 『떠오르는 새벽빛』(Aurora consurgens)을 면밀하게 해석하여 융의 노년의 저작인 『융합의 비의』(Mysterium coniunctionis)를 보충하였다. 그녀는 취리히 융 연구소의 교수이자 교육분석가로 다년간 활동하였으며, 심층심리학 연구 및 수련센터의 명예원장을 지냈다. 민담과 꿈의 심리학적 해석에 관한 것, 연금술에 관한 것, 중세의 성배이야기, 니콜라우스 폰 플뤼에의 환상, 영원한 소년에 관한 것, 동시성에 관한 연구 그리고 그녀의 우리 시대 융의 의미에 관한 탁월한 '내면'의 전기와 같은 많은 저서들이 수많은 언어로 번역되었다. 폰 프란츠는 모하메드 이븐 우마일(Muhammad Ibn Umail)의 키탑 할 아르-라무즈(Kitab Hall ar-Ramuz)에 관한 심리학적 논평으로 그녀의 필생의 역작을 완성하였다. 폰 브란츠, 이부영 옮김, 『C.G.융 우리 시대 그의 신화』, 한국융연구원, 2016.

187 미국의 융 연구자이다. 1976년부터 덴버에서 개인 실무에서 융 분석가, 취리히의 융 연구소를 졸업했다. 높은 평가를 받은 저자이자 융 분석가인 그는 콜로라도 융 연구소의 전 회장으로 현재 교육 분석가로 활동하고 있다. Raff 박사는 50년 이상 연금술과 밀교적 영적 전통을 연구해 왔

술적 상상』(*Jung and the Alchemical Imagination*)에서, 융의 분석심리학은 '심원한 변용 체험을 촉구'하기 위한 '영적 과정'[14]이라고 강조하고 있다. 융 학파를 분석한 적이 있는 많은 사람이 이 코멘트에 강하게 찬성할지 모르지만, 여전히 여기에도 정의상의 문제가 있다. 래프는 '심리학적' 과정과 대비해서 '영적' 프로세스라는 표현으로 무슨 말을 하려는 것일까. 그리고 우리는 어떤 맥락에서 '변용 체험'을 이해하면 좋을까. 그것은 영적, 심리학적, 생리학적인 것일까, 아니면 혹시 세 가지 전부일까?

래프는, 융이 일관되게 연금술이나 영지주의와 같은 낡은 비교적 전통을 언급하고 있는 것으로 볼 때, 그의 심리학 모델은 '더 오래된 비교적 학파'와 연결되어 있는 것이 분명하다고 지적했다. 이 견해는 다른 저자도 이미 밝힌 바 있지만, 래프는 더 이상 논의를 전개하지 않고 있다. 래프는 이 책의 맥락에서는 '더 오래된 비교적 학파'의 교의가 필연적으로 무엇을 가져올지, 서로 어떻게 다른지, 그들의 생각 중 어떤 것을 융은 받아들여 어떻게 참고했는지를 검토하기보다, 능동적 상상의 실제 적용 쪽에 더 관심을 쏟고 있는 것이다.[15]

능동적 상상에는 영매의 트랜스 상태와 유사한 점이 있다.[16] 스피리추얼리즘(spiritualism)에 대한 관심에서 융의 박사논문 '이른바 오컬트 현상의 심리와 병리'[17]가 생겨난 것으로 보아, 트랜스 상태 영매의 변용 상태를 관찰한 것이 심리학적 작업에 있어서 상상의 중요성에 대한 그의 생

다. 그는 전국에서 강의하는 것 외에도 융과 연금술 상상력, 소피아의 결혼식, 동맹 작업의 실천을 포함한 수많은 기사와 여러 권의 책을 저술했다. Raff 박사는 허드슨에서 융으로 돌아오는 것을 기쁘게 생각한다.

각의 발전에 공헌했을 가능성이 있다. 융의 강령(降靈)현상에 대한 탐구는 그가 학위논문을 완성한 뒤에도 멈추지 않았고, 『새로운 책』의 문장이 완성되고 한참 뒤인 1931년이 되도록 아직 교령회(交靈會 seance)[188]에 참석하고 있었다.[18] 이 교령회는 헤르메스 협회(Hermetische Gesellschaft)[189]라는 스위스 단체가 했던 것이다.[190] 이 단체는 예술사 연구자이자 타로술사인 루돌프 베르누이(Rudolf Bernoulli, 1880-1948)[191], 1930년 취리히의 심리학 클럽에 참여한 은행가이자 투자 금융업자인 프리츠 알레만(Fritz Allemann, 1884-1968), 비교적 경향이 있는 정신분석가이자 필적학자, 프리메이슨 회원인 오스카 루돌프 슈라크(Oscar Rudolf Schlag, 1907-1990)[192]에 의해 1930년에 결성되었다. 융과 슈라크는 부르크횔츨

188　교령회(交靈會) 또는 강령회(降靈會)는 영매자의 개입 하에 하나의 테이블을 둘러싸고 사망자와의 소통을 도모하는 세션(회합)으로, 1840년대에 미국에서 출현해, 50년대 유럽의 부르주아들을 열광시켰다. 프랑스의 심령술 연구가 알란 카르젝크는 그 저작 『영혼의 책』(*Le livre des Esprits*, 1857)에서 이 세션에 Seance라는 이름을 주어 거기에 철학적 의미를 간파하게 된다.

189　Theosophy에 가깝지만 Theosophical Society와는 독립적인 조직이었다. 그것은 1884년부터 1890년경까지 런던에, 1885년부터 1939년까지 더블린에 간헐적으로 존재했다. 런던 그룹은 황금새벽의 신비주의 질서의 선구자로 볼 수 있는 반면 더블린 그룹은 아일랜드 르네상스에 영향을 미쳤다.

190　피타고라스 학파의 영향으로 도형과 기하학을 가지고 인체의 기운을 읽는 사람들이다.

191　스위스 미술사학자이다. 1906년 그는 베른 대학교에서 박사 학위를 받았다. 1906년부터 1925년까지 그는 베를린의 쿤스트비블리오텍(Kunstbibliothek)에서 일했다. 1925년 4월 1일부터 1947년까지 그는 취리히의 인쇄물 및 드로잉 컬렉션의 큐레이터이자 1935년부터 교수라는 직함으로 미술사 강사로 일했다. 그는 융 주변의 서클에 속해 있었으며, 1934년과 1935년에 에라노스 회의에서 강의를 했다. 그는 신비주의를 다루었고 오스카 R. 슐라그(Oskar R. Schlag) 매체를 중심으로 Hermetic Society의 공동 설립자 중 한 명이었다.

192　독일계 스위스인 심리 치료사, 그래프 학자, 작가, 밀교 수집가이다. 1930년 슈라크는 취리히로 이사하여 Eugen Bleuler, Carl Gustav Jung 및 Rudolf Bernoulli 주변의 서클과 접촉했다.

리 정신병원에서 연수를 받던 중 만났다.[19] 이 그룹은 특히 타로의 상징주의(심벌리즘)에 눈을 돌렸는데, 동시에 교령회도 열고 있었다. 슈라크에 따르면 융과 슈라크의 불화로 인해 그의 제명이 '필요할' 때까지, 융은 자주 이 집회에 참석했다고 한다.[20] 헤르메스 협회가 설립된 것은 융의 『새로운 책』에 관한 일이 완료된 뒤였는데, 여기에 참여한 것은 자발적인 심리학적 현상으로서의 변성의식 상태와 의도적으로 유발되는 비전이나 의식적 마법 같은 것이 끌어내리는 내림받아쓰기(공수, Automatic writing)[193]의 체험이 서로 중첩되는 경계 영역에 대해 융이 계속 관심을 가졌음을 보여준다.

내림받아쓰기(공수)의 심리학에 대한 융의 관심이 강했던 것은, 자기 자신의 체험과 동시에, 다른 저자의 영감이 가득 찬 계시적인 저작도 이해하려 하고 있었기 때문이다.[21] 샤렛(F.X. Charet)[194]은 『융과 스피리추

첫째, 때때로 융의 면전에서 신체-내측 실험이 수행되었다. 1930년부터 슈라크 주변에는 혼인한 부부 Bleuler, Bernoulli 및 Pulver가 속한 Atma Anupadaka와 Emma Jung-Rauschenbach, Hans Reinhart, Andreas Strohhofer 및 Fritz Allemann의 대변인으로 서클이 형성되었다. 1932년부터 슈라크는 심리학을 공부했다. 그는 Max Pulver에서 그래프 학자로, Oskar Pfister에서 심리 치료사로 교육 받았다. 1938년부터 1962년까지 슈라크는 취리히에 있는 응용심리학 연구소에서 강의를 했다. 그는 특히 융의 심층심리학과 레오폴트 존디의 운명 분석에 관심을 가졌다. 1962년부터 슈라크는 취리히에서 그래프학자이자 심리치료사로 일했다. 그는 Dalí의 그림을 팔면서 이름을 알렸다.

193   Automatisme이란, 심리학 용어로 근육성 자동작용이라는 뜻. 마치 뭔가 다른 존재에 빙의(憑依)되어 육체를 지배당하고 있는 것처럼 자신의 의식과는 무관하게 동작을 취하는 현상 등을 가리킨다. 자동작용에 의해 필기를 수행하는 현상을 自動筆記(Automatic writing), 自動書記, 自動記述 등으로 부른다.

194   1989년 오타와 대학 박사, 고타드 대학 교수.

얼리즘』에서, 융의 초기의 조사는, 19세기 후반의 스피리추얼리즘과 최면적 트랜스 상태의 인기와 맞물려 이후의 일에 큰 영향을 미치고 있다고 설득력 있는 주장을 하고 있다.[22] 그러나 스피리추얼리즘이 융의 심리학 모델의 '바탕'이 아니냐는 샤렛의 지적은, 마찬가지로 중요한 다른 요소가 있는데도 불구하고 한 가지 요소만을 지나치게 강조하는 것으로 보인다. 융은 일관되게 형태론자였다. 자신의 다양한 이론을 직접적 관찰과 경험뿐 아니라 역사적 증거에 의해서도 뒷받침하려고 노력했고, 광범위한 사상 체계와 신념 체계 속에서 똑같은 구조 패턴을 발견하려고 했다. 따라서 종교적, 철학적, 또는 과학적인 것이든, 고대, 중세, 근대의 것이든 무언가 하나의 흐름이 능동적 상상이라는 방법의 유일한 이론적, 혹은 실제적인 기초가 되었다고 생각하는 것은 현명하지 못할 것이다. 점성술은 융에게 매우 중요했고 또 그것을 지적 탐구뿐만 아니라 능동적 상상을 통해서도 탐구했을 가능성이 있다. 이러한 점성술의 응용이, 나의 『융의 '새로운 책'의 점성술적 세계』의 주제이다. 또한 점성술은, 융에게는 그 자체가 독립된 존재가 아니었다. 그는 점성술과 연금술의 복잡한 관계를 인식하고 있었으며 마법, 의식, 상징, 개인의 심리학적 변용, 종교적 인식의 집합적 변화 그리고 이들의 상호 결합에 평생 열심히 힘쓰고 있었던 것이다.

샤렛은 상상에 대한 칸트의 철학적 논의를,[195] 영적인 현상을 과학과 조화시키려는 융 노력의 중요한 요소라고 강조한다.[23] 또 능동적 상상과 유대교 카발라의 카바나(일종의 명상으로 내면과 신의 기본구조 내에 변용을 가져오

---

195 융은 상상을 영적인 것으로 인정하는데 비해, 칸트는 영적인 것으로 인정하지 않는다.

려고 의도한다)의 관계에 대해서도 설득력 있는 논의를 할 수 있을 것이다.[24] 혹은 융의 장서에 나오는 실천적인 마법에 관한—고대, 중세, 근대의—저작의 수를 감안할 때 의식변용 상태를 유도하는 심리학적 기법으로 융이 의식적 마법을 실험했다는 주장을 해도 설득력이 어느 정도 있을 것이다.[25] 마찬가지로 융의 기독교적 배경도 능동적 상상과 결부시켜 생각할 필요가 있다. 기독교의 다양한 테우르기아적 의식—특히 4세기의 이른 시기에 동방의 수도원 생활에서 발달한 것과 같은 의도적인 변용 상태—도 융의 기법 발전에 중요한 요소가 되었는지도 모른다.[26] 이들 의식은 주로 신플라톤주의 실행법(프랙티스)에서 유래하였으며, 나중에 더 자세히 다루겠지만, 6세기 초 기독교도 철학자 아레오파기타의 디오니시오스(Dionysius the Areopagite, 가짜 디오니시오스)[196]에 의해 사용되었다. 디오니시오스의 저작에 대해서는 1921년에는 융도 잘 알게 되었다.[27] 1939년에 개최된 세미나에서 융은 고대 말기 기독교 신비주의자를 능동적 상상 기법의 조상이라고 분명히 밝혔고, 이는 그들이 영적인 변용을 달성하기 위해 방향을 잡고 공상을 이용하고 있었던 것이다.[28]

융이 같은 범주로 취급한 16세기 예수회 설립자 이냐시오 데 로욜라의 '영적 수련'은 매우 흥미로운 것으로, 융이 1939년 취리히 공과대학에서 이와 관련한 연속 강의를 할 의욕을 불러일으켰을 정도이다.[29] 로욜라

---

196   5세기 말부터 6세기 초까지 활동한 기독교 신학자이자 철학자이다. 그가 작성한 작품의 모음은 『디오니시오스 위서』(Corpus Dionysiacum 또는 Corpus Areopagiticum)로 알려져 있다. 저자는 자기 자신을 사도 파울로스에 의해 개종한 디오니시오스 아레오파기테스로 칭하는데 이러한 거짓된 표시가 결과적으로는 그 다음 신학적 저술이 이 작품에 대단한 권위를 부여하게 하였다.

에 따르면, 사람들은 '지옥의 길이, 넓이, 깊이를 상상의 눈을 가지고 보기'를 배우고, 이들 비전에 모든 감각으로 반응하는 것을 배워야 한다고 한다.30) 로욜라는 융이 능동적 상상에 대해 생각할 때 참고로 한 가장 중요한 기독교도라고 해도 좋을 것이다. 융은 또 로욜라의 '영적 수련'(exercita spilitualia)과 플로티노스, 이암블리코스, 포르필리오스, 프로클로스(Proclus)**197**가 제창한 상상계의 세계에 대한 신플라톤주의 이론을 직접 연결시켰다.31) 그리고 로욜라의 영적 수련을 '특별한 기교'라고 불렀다.

> "그것은 기교적 수단으로 유도되는 변용체험이다. … 이 수련은 미리 정해진 구체적인 심적 효과를 얻거나, 혹은 적어도 그것을 촉진하려고 의도했던 특별한 기교를 의미한다. … 이 때문에 그것은 그 말의 진정한 의미에서 기교적 순서이며, 원래는 자연스러운 변용의 프로세스를 정성껏 완성한 것이다."32)

197　플라톤의 프로클로스, 아테네의 후계자 또는 프로클로수라고 한다. 일부 학자들은 5세기의 가장 위대한 신플라톤주의 철학자로 간주한다. 후계자의 칭호는 아테네의 플라톤 학파의 수장에게 주어졌으며, 그의 전임자의 후계자이자 플라톤으로 거슬러 올라가는 지속적인 플라톤 학문의 최신 후계자임을 의미한다. 프로클로스는 플라톤, 아리스토텔레스, 포르필리오스, 플로티노스, 신플라톤 신학에 관한 책과 조약, 비문과 찬송에 대한 광범위한 주석을 남긴 고대 그리스 철학의 다작 작가였다. 그는 신플라톤주의에 대한 가장 확실하고 체계적인 설명 중 하나를 제시했으며 그의 작품은 우리가 가진 플라톤주의에 대한 가장 완전한 진술을 나타낸다. 프로클로스는 고대 그리스 철학의 끝과 중세의 시작에 서 있다. 그는 철학의 두 시대를 연결하는 중요한 연결 고리이기 때문에 역사적으로 의미가 있다.

이 기술에 이어 마찬가지로 기교적으로 유도된 심적-영적(psycho-spiritual) 변용의 형태인 '마법적 절차'에 대해 다음과 같이 기술하고 있다. '이 의식은 변용을 완수한다는 명확한 목적을 위해서 이용된다.'[33] 융의 생각으로는 종교와 마법 사이의 차이는 프레이저 식으로 마법을 '서로 유사한 것을 동일하다고 오인해 버림'[34]으로써 생겨나는 종교의 원시적 형태로 여겼던 당시의 학자들에 비해 작은 것이었다. 융이 흥미를 가진 마법은 물질적 이익을 추구하는 것도, '잘못된' 유추에 근거한 것도 아니었다. 상징을 사용하는 것으로, 의식적인 생활을 지탱하고 있는 원형의 힘의 직접적 체험—일찍이 신비적 합일(unio mystica)[198]로 간주되고 있었지만, 현대 심리학상의 용어—에 의한 인격의 변용에 초점을 맞춘 것이었다. 1919년 런던의 심령과학협회(SPR)[199] 회원들을 향해 융은, 능동적 상상을 산문적인 말로 '무의식의 내용을 의식에 가져오는 수단'[35]이라고 표현했다. 융이 이 논문을 SPR에 제출했을 때 그는 『새로운 책』을 한창 작성하고 있는 중이었는데, 이 공식석상에서 낡은 자료나 이 건에 대한 그 자신의 개인적 탐구에서의 종교적 및 마법적 의미를 밝힐 생각은 추호

---

198   신비주의자의 영혼과 신의 결합. 많은 종교 전통에서 인간의 궁극적인 목표는 그의 영혼이 초월적인 것, 즉 유신론적 종교 전통에서, 신 안에서, 그리고 내세에서 뿐만 아니라 이생에서도, 드문 종교적 황홀의 순간에 흡수되는 것이다.

199   심령연구협회(Society for Psychical Research). 시지위크(Henry Sidgwick) 등 케임브리지의 연구자와 지도적인 심령주의자가 주체가 되어서 심령현상의 객관적 연구를 목적으로 1882년 영국에서 조직되고 현재에도 계속되는 연구단체. 약칭 SPR. 당초의 목적은 사후생존에 얽힌 여러 현상 및 메스메리즘(mesmerism, 최면)의 엄밀한 조사, 연구였다. 역대회장에는 W. 제임스, 베르그손, 크룩스, 드리슈 등 일류 학자가 있으며 3년 후에는 제임스 등의 노력으로 미국에서도 동일한 단체가 조직되었다.

도 없었다.

당시 한계를 넘어 경계적인 영역으로 헤치고 들어간 연구자는 융뿐만
이 아니었다. 19세기 후반부터 20세기 초에 걸쳐, 다수의 심리학자들이
무의식과 역동성에 대한 이해를 심화하려고 내림받아쓰기, 수정응시[200],
후최면암시(post-hypnotic suggestion)[201] 등 조금 색다른 다양한 심리요법
기법에 대한 실험을 했던 것이다.[36] 융 자신은, 『새로운 책』 속의 엘리야
의 수정에 대한 기술[37]을 봐도, 수정응시(水晶透視, scrying이라고도 불린다)를
시험해 본 것은 분명하다. 이런 종잡을 수 없는 방법에 대해 탐색하던 연
구자에게는 그 일이 융에게 깊은 감명을 준 듯한 윌리엄 제임스
(1842-1910), 연금술의 상징 체계에 관한 저서가 분석심리학과 그리스 철
학 사이의 '연결 고리'가 된다고 융의 평가를 받은 허버트 실버러(Herbert
Silberer, 1882-1923))[202], 시인이자 고전학자, 문헌학자이자 심령과학협회

200 　서양에서 점치는 방법의 하나. 수정 구슬이나 물이 든 컵 따위를 정신을 집중하여 뚫어지게
볼 때 나타나는 여러 가지의 환각을 가지고 점을 친다. 한편 수정은 주변을 정화하는 기능도 가진다.

201 　최면상태에서 각성한 뒤의 생활에서 작용하는 것과 같은 암시를 최면 중에 주는 것. 이를테
면 '당신은 최면에서 깨어난 뒤 방의 창을 열어 심호흡을 한다'는 암시를 최면 하에서 준 경우, 피최
면자가 그 행위를 했다고 하면 후최면성 암시의 효과가 있었다고 인정이 된다. 피최면자는 그 행위
에 대해서 '암시를 받고 있었다'는 것을 상기하지 못하는 것이 통례이고 왜 그와 같이 했는지에 대해
서는 적당한 이유를 둘러댄다.

202 　오스트리아의 심리학자. 융, 아들러 등과 같은 심리학 연구의 다른 개척자를 포함하는 프로
이트를 둘러싼 전문가 집단과 관련된 비엔나 정신분석가였다. 1914년에 실버러는 현대 심리학, 신
비주의 및 밀교 전통(특히 신비주의, 연금술, Rosicrucianism 및 Freemasonry와 같은 서구 기
독교 전통) 사이의 관계에 관한 책을 썼다. 특히 연금술적 심상과 현대 심리학 사이의 연관성에 대
해 실버러가 제공한 많은 통찰력은 융이 1911년 그의 책 The Psychology of Unconscious 에
서 처음 소개한 것과 유사했다(이 책은 나중에 Symbols of Transformation 으로 제목이 변경되
었다). 융은 1944년 그의 저서 『심리학과 연금술(Psychology and Alchemy)』에서 이러한 통찰

의 설립 멤버인 F·W·H·마이어스(Frederic William Henry Myers, 1843-1901)[203] 등이 있는데, 마이어스는 무의식을 조사하는 수단으로 내림받아쓰기를 사용했고, 융은 심령현상에 대한 자신의 논문 속에서 인용하고 있다.[38]

이런 오컬트적인 것을 심리학적인 것과 혼합하기를 좋아하는 경향은 영국에서 볼 수 있었다. 심리치료가와 신지학협회, 황금새벽회와 같은 다양한 비교적 그룹 사이에 조용한 교류가 있었기 때문이다.[39] 예를 들어 길게 지속되지는 않았지만, 매우 큰 영향을 미친 메디코 사이콜러지컬 클리닉(Medico Psychological Clinic)[204]은 비록 비공식적이긴 하지만 영국에서 최초의 정신분석 연수를 실시했다. 그 치료사들은 주류 심리요법과 함께 시종일관 수정응시와 내림받아쓰기를 하고 있었다.[40] 융은 그 자신의 전문 범위 내에서 실시된 이 연구 모두에 은밀히 관여하고 기꺼이 참고로

력을 더욱 발전시켰고, 그의 연구에 대해 실버러에게 공을 돌렸다. 융과 실버러는 모두 프로이트가 정신 장애의 주된 요인이자 원인으로 자신의 섹슈얼리티 이론에 찬성하여 배제한 정신 현상을 포함했다. 프로이트와 그의 동료들은 냉정하고 잔인하게 융과 실버러를 거부했고, 우리의 정신에 대한 더 큰 이해와 정신 장애의 치료를 방해했다. 실버러는 프로이트와 결별한지 거의 9년 후인 1923년 1월 12일 목을 매 자살했다.

203   영국의 시인, 고전주의자, 철학가, 심령연구협회의 설립자이다. 마이어스의 심령 연구에 대한 연구와 '잠재 의식적 자아'에 대한 그의 생각은 그의 시대에 영향을 미쳤지만 과학계에 의해 받아들여지지 않았다. 그러나 2007년 에드워드 F. 켈리가 이끄는 버지니아 의과대학 인지과학자 팀은 마이어스의 인간 자아 개념과 신체적 죽음의 생존을 광범위하게 확증한다고 생각하는 다양한 경험적 증거를 인용하여 주요 경험적 이론 연구인 '환원불가능한 마음(Irreducible Mind)'을 발표했다.

204   제시 머레이와 줄리아 터너는 1915년에 심리 치료에 대한 새로운 교육 프로그램을 시작했다. 1922년 폐쇄될 때까지 이곳은 Susan Isaacs, Sylvia Payne, James Glover, Marjorie Brierley, Ella Freeman Sharpe와 같은 미래의 주요 정신 분석가들이 초기 교육과 전문 경험을 습득하는 선구적인 치료 클리닉 역할을 하였다.

했다.[41] 형태학적으로 보면 융의 능동적 상상은 다수의 문화적 적응을 통해 다양하게 표현되고 있지만 구조적 통일성을 갖고 있으며, 그 기원에는 하나의 뚜렷한 주제가 보인다. 그 테마는 다음과 같은 아이디어에 의거하고 있다. 적절하게 발달하고 훈련된 인간의 상상력은 의식의 어떤 차원―이는 심리학적으로는 자아각성(ego-awareness)이라 불린다―에서 또 하나의 신비한 차원, 즉 무의식이라 불리는 것으로의 통로를 제공하게 된다. 그것은 실천자에게 있어서는, 강박적이고 무서운 것이기도 하고, 때로는 누미노제(Numinöse)[205]이며 변용력을 가지고, 때로는 신적인 것과 구별할 수 없는 것으로서 경험된다고 하는 것이다.

『새로운 책』이 출간되자마자 서평을 낸 로버트 쿠겔만(Robert Kugelman)은, 이 작품을 '비저너리 라이팅'(visionary writing)이라 부르며, 그 뿌리는 19세기 초 독일 낭만주의 전통에 있지 않느냐고 말했다.[42] 우터 J 하네그라프(Wouter J. Hanegraaff)는 '뉴에이지'의 영성에 대해 논하면서 마찬가지로 상상에 대한 융의 생각은 주로 독일 낭만주의가 바탕이 되고 있다고 생각하고 있다.[43] 융의 일에 낭만주의 작가, 특히 괴테가 중요하다는 것은 의논의 여지가 없다. 그러나 독일 낭만주의는 어떤 종류의 문화의 자발적 발생에 의해 성행하지 않았다. 그 자체로 융이 직접 참고한 더 오래된 같은

---

205 독일의 신학자 루돌프 오토가 정의한 개념이다. 오토는 '성스러운 것' 중 합리적 이해에 부합하는 부분을 제외한 개념을 누미노제라고 불렀다. 오토는 '성스러운 것'에서 眞·善·美의 이상을 추구하는 칸트적 이성종교에 대해 비합리적이고 직접적인 경험이야말로 '성스러운 것'이라고 했다. 이를 라틴어로 '신위'를 뜻하는 'numen'을 따온 'das Numinöse'라는 조어로 규정했다. 신에 대한 신앙심, 초자연 현상, 성스러운 것, 종교상 신성한 것 및 선험적인 것에 접하면서 일어나는 감정을 가리킨다.

철학적 종교적 조류—영지주의, 헤르메스주의, 신플라톤주의, 카발라주의—를 계승하고 있는 것이다.[44] 융이 특정 낭만주의적 생각과 견해를 같이하는 것은, 첫째로는 그가 괴테, 노발리스, 기타 낭만주의 운동 작가들의 작품 속에 더 오래된 흐름의 흔적을 인정했기 때문인지도 모른다.

융은 심적 에너지, 즉 리비도는 '이미지 형태를 취하지 않으면 의식에 나타날 수 없다'[45]고 주장했다. 이는 그런 이미지를 언뜻 현대 과학으로 이해한 것으로 보인다. 그러한 이미지는 보다 깊은 층의 무의식적 마음의 산물이다. 이들의 이미지는 꿈이나 비전 속에 자발적으로 나타나기도 하고, 의도적인 소환에 의해 나타나기도 한다. 그리고 이 이미지가 아니면 전달할 수 없는 심적 리얼리티에 형태를 부여하는 것이다. 이러한 견해는 융과 동시대 영국 오컬티스트들에 의해서도 창도되었다. 런던 메디코 사이콜러지컬 클리닉에서 일하다가, 후에 황금새벽회에 참가한 다이안 포춘[206](Dion Fortune, 1890-1946)도 그중 한 명이다.

"교육을 받지 않은 사람은 내적인 눈으로 요정이나 대천사, 4대 원소의 영혼을 바라보면 자신이 영적 능력을 개발하고 있다고 생각해 버린다. 제대로 가르침을 받은 사람은, 자신이 그렇게 하지 않으면 자

---

206 황금새벽회 출신이자 내면의 빛 공동체(The Society of the Inner Light)의 설립자다. 또한 손꼽히는 계몽주의자이자 20세기를 이끈 비교사상(esoteric thought)의 표상이라고 할 수 있다. 많은 저작물을 남긴 작가이자 선구자적 심리학자, 강력한 심령술사였으며, 서양의 비의적 전통을 되살리는데 일생을 바쳤다. 특히 고대와 현대를 두루 아우른 다양한 체계에 대한 지식을 바탕으로, 학습 체계와 입문 양성 프로그램을 남겼다. 그녀가 저술한 책들은 제2차 세계대전 이전에 출간되었음에도 불구하고 지금까지 꾸준히 사랑받고 있다.

신의 의식에 의해 감지할 수 없는, 막연한 것에 눈에 보이는 형태를 부여하기 위해 상상의 기법을 사용하고 있다는 것을 안다."[46]

무의식에 대한 융의 생각을 둘러싼 가장 큰 논쟁의 원천은, 이런 '막연한 것'이 정확히 무엇이냐는 것이었다. 포춘은 발상의 대부분을 융 자신뿐만 아니라 메디코 사이콜러지컬 클리닉에서 제창되고 있는 프로이트 학파나 클라인[207] 학파의 접근방식에서도 얻었다. 그녀는 융 모델을 오컬티즘과 분석심리학은, 보이지 않는 영역을 찾기 위한 수단으로 서로 보완한다는 자신의 생각을 뒷받침하기 위해 이용했다.[47] 한편, 포춘 같은 오컬티스트는 융과 마찬가지로 로욜라, 이암블리코스 등의 더 오래된 자료를 잘 알고 있었다.[48] '내면의 눈으로 보는' 것의 실천은, 근대의 샤르코(Jean-Martin Charcot, 1825-1893),[208] 자네(Pierre Janet, 1895- 1947),[209] 제임스(William James), 마이어스(David Myers), 실버러(Herbert Silberer)의 심리요법 실험보다 훨씬 오래전부터 있었으며, 중세와 초기 근대의 연금술과

---

207 멜라니 클라인(Melanie Klein, 1882-1960)은 오스트리아와 영국의 심리학자이다. 아동 분석으로 유명하며, 대상관계이론(object relations theory)을 창시하였고, 프로이트 이후 현대 정신분석에 많은 영향을 끼친 사람으로 인정받고 있다. 클라인은 말 못하는 영아들이 가지고 있는 존재적 불안은 무의식 형성을 촉진하고, 무의식 속에서 세상을 좋은 것과 나쁜 것으로 분리(split)하여 이상화한다고 보았다. 그리고 이러한 분열(splitting)을 아이가 어떻게 해결하느냐는 아이의 타고난 기질(constitution)과 아이의 경험이 길러지는 방식에 달려 있으며, 문제 해결의 특성에 따라 한 사람이 자라면서 경험하는 자신만의 개성(presence)이나 결핍(absence), 심지어 개인이 겪게 될 정신적 고통의 유형을 알 수 있다고 하였다.

208 프랑스 신경학자이며, 파리 의과대학과 과학 아카데미 신경질환과 교수였다. 현대 신경학의 창시자였다.

209 프랑스 심리학자이며 정신과 의사였다.

카발라주의 테우르기아적 기법의 중요한 부분을 이루고 있을 뿐 아니라, 다시 고대 말기의 영지주의, 헤르메스주의, 유대교, 신플라톤주의 문헌에서 중심적인 주제가 되었다.[49] 융의 능동적 상상에 대한 설명은 심리학적이지만, 한편으로는 종종 집단 무의식으로 신성을 발견하게 된다. 그것은 상징을 겉모습의 대립물을 초월해 역설적인 형태로 일치시키는 연상의 복잡한 직물(織物)로 보는 만유내존재론(萬有內存在論)[210]적 이해이다. 언뜻 보기에 별개의 이미지, 사물, 말, 수, 기호, 안과 밖, 물질과 마음은 우누스 문두스(Unus(e) mundus),[211] 즉 하나의 세계에서 맺어진다. 이것은 기원전 4세기에 플라톤이 세계 영혼이라 부른 것과 같은 것이다.[50]

210 　내재신론(內在神論, Panentheism) 혹은 만유내재신론(萬有內在神論)은 스콜라 철학 초기의 에리우게나의 종교관, 또는 세계관이다. 신은 모든 것의 시초이며 중간이며 끝이라고 한다. 신은 세계를 초월함과 동시에 세계 안에 있는 것이라는 입장이다.

211 　모든 것이 파생되는 원시적 통일. 현실의 근원적 개념인 서구 철학, 신학, 연금술의 기본 개념이다. 중세철학에서 이 개념은 잠재적으로 신의 영 속에 미리 존재하고 있는 창조의 설계도를 말한다. 이 용어는 비록 그 개념 자체가 적어도 동굴에 대한 플라톤의 우화까지 거슬러 올라가지만 중세 스콜라시즘으로 거슬러 올라갈 수 있다. 이 사상은 20세기에 융에 의해 대중화되었는데, 이 용어는 던스 스코투스 같은 학문으로 거슬러 올라갈 수 있지만, 16세기에 유명한 연금술사 파라켈수스의 제자인 게르하르트 도른에 의해 다시 거론되었다. 도른의 설명은 화학적 미스테리움 오동작에 대한 깊은 통찰력을 제공한다는 점에서 빛을 발하고 있다. 이것이 우주의 원상태와 세상의 신성한 무의식의 회복에 지나지 않는다면 우리는 이 신비로부터 뿜어져 나오는 비상한 매혹을 이해할 수 있을 것이다. 그것은 서양의 고전, 중국 철학의 근본 원리, 즉 도에 있어서의 양과 음의 결합에 해당하는 것이며, 동시에 그 '테르티움 퀴드'에 대한 예감인데, 한편으로는 심리적인 경험, 또 한편으로는 라인(Line)의 실험을 근거로 하여 나는 '동기성'이라고 불렀다. 만약 만다라의 상징성이 쓸모없는 일상과 심리적 등가라면, 동시성은 그것의 파라피크론적 등가물이다.

심파티아(공감, Sumpatheia)[212], 선테마타(암호, sunthemata), 심볼라(상징, sumbola)

융은 환자에게, 상상적 작업에서 생기는 이미지를 그림으로 그릴 것을 권한다. 심리적 통합의 과정을 돕는 데 있어, 이 창조적 노력의 유효성의 증거가 되는 사례 연구가 『선집』에 다수 있다.[51] 때로 융은 환자가 그린 예를 가장하여 자기 자신의 그림을 논하기도 했다.[52] 이 무의식의 시각적 산물을 그림으로 그리는 작업은 많은 융 학파 분석가가 권하고 있지만, 다른 역동적 심리학, 특히 트랜스퍼스널한 주제를 다루는 것에도 퍼져 있어 여러 종류의 아트 테라피(Art therapy)[213]의 토대가 되고 있다.[53] 『새로운 책』에서 융이 그림을 그릴 때의 터무니없는 정밀함과 주의 깊음은, 점성술상의 상징과 연관 지은 것을 포함해, 내적 탐구에서 생긴 이미지에

---

212 συμπάθεια. 어원 – σὔμπᾰής(suppathaths, 같은 감정의 영향을 받는, 상호 영향을 미치는, 상호 작용하는 것) + –ῐᾰ(–ia, '–y', 명목 접미사). 발음 – IPA(key): /sym.pa.teː.a/ → /symmpa.θi.a/ → /sim'ba.θi.a/. 그리스어 sumfatheia(공감)는 스토아인들이 물리학의 마지막 한 가지 사실에 충실하면서 우주의 요소들 사이의 공통적으로 관찰되는 상호작용을 가리키기 위해 사용하는 단어이다. 이와 같은 심포니아(호흡의 공동체)가 숨파티아(sumfathia)의 개념이 무엇을 묘사하는지를 설명하듯이, 세계의 모든 부분은 같은 호흡의 작용에 의해 하나로 뭉치고 분열되는데, 이는 다른 부분으로 구성된 유기체 안에서 깊은 응집력을 일으키는 유일한 원인이다. 세네카가 에테르에서 광물까지 모든 사물을 관통하는 공기로 인식하는 이 숨결은 우주의 모든 부분이 서로 교환하는 매개체이기도 하다.

213 認證된 치료자가 작품과 표현식을 통해 클라이언트의 상징적이거나 겉으로 드러나는 자기표현을 읽어내 클라이언트로부터 해석을 이끌어내는 심리요법의 일종이다. 아트테라피는 예술과 심리요법이라는 두 가지 기원이 있기 때문에 그 정의는 다양하다. '아트를 테라피로' 예술의 창작활동 자체를 치유하는 대체의료, 또는 테라피스트와 아트를 창작하는 클라이언트 사이의 심리요법적 이전과정, 두 가지 모두 자리매김할 수 있다. 표현요법(英語版), 감각예술요법(英語版) 중의 하나.

구체적인 형태를 부여하는 것이 그에게 얼마나 중요했는지를 증명하고 있다. 구체적 인물상 등의 이미지는 치료 도구(수단)로서 많은 분석심리학자들이 논하기도 한다. 융도 그러한 이미지에 초점을 맞추고 있었다. 하지만 기묘하게도 그 이미지 사용의 역사와 테우르기아 실천의 중요성 면에서 충분히 연구된 바는 없다는 것이다.

융은, 원형적 영향력을 받아들일 수 있는 그릇을 준비함으로써, 집단 무의식이 범람하는 공포를 수반하는 체험이 정신병으로 연결되는 것을 피할 수 있을지도 모른다고 말하고 있다.[54] 이런 종류의 범람은 1913년에서 1917년 사이에 융을 덮친 듯하며, 이 무렵 그는 제어가 불가능한 비전을 체험하고, 자신의 집이 죽은 자의 영혼에 사로잡혔다고 믿고 있었다. 스스로 원형 영역의 난입이라고 생각한 것에 대한 시각적 그릇을 준비함으로써, 융은 어느 정도의 안정된 외적 생활을 유지하며 심리요법을 계속할 수 있었던 것이다. 고대 말기 테우르기아의 전통은 그의 심리학적 통찰을 담아내야 할 철학적 틀에 대한 융의 강한 희구에 충분한 양식을 제공했을 뿐 아니라, 신과의 대면에 부수되어 일어나는 인격 붕괴의 위험을 피하는 방법에 대해 명확한 지침을 내렸던 것이다. 이암블리코스를 비롯한 신플라톤주의 테우르기스트들은, 신을 위한 상징적인 탈 것을 제공하는 이유와 방법을 웅변하면서, 적절한 심볼라의 보호가 없으면 신에 의한 '빙의'인 죽음을 면치 못하는 체험을 하게 될지도 모른다는 무서운 결말에 대해서도 똑같이 목소리를 높였다.[55]

융의 능동적 상상의 개발의 중심을 이루는 것은 상징에 대한 (융 독자적인) 이해로, 그것은 현재의 학문 세계에서 선호되고 있는 접근과는 근본적으로 다르다. 상징은 오늘날 문화인류학이나 사회학 분야에서는 특정한 문화적 배경 안에서만 의미 있는, 인간이 만든 개념으로 간주된다.[56] 예를 들어 메리 르크론 포스터(Mary LeCron Foster, 1914-2001)[214]는, 상징은 '사회에 공통되는 의미를 가지는 것'[57]이라고 주장하며, 많은 인류학자를 본받아 기능주의적인 이해를 표명하고 있다. 따라서 상징으로 인식되는 의미는 특정 문화의 당사자에 의한 일치된 관점에서만 존재하는 것이며, 사회와 그 관습의 접착제가 되는 구조인 상징은 존재론적인 의미에서는 고유한 의미를 가지지 않는다. 또, 르크론의 견해에서는 특정 문화에 있어서의 상징의 영향력은, 기업이나 가정용품의 로고와 같이 그 '사용 가능성'으로 결정된다. 그 적용 범위에서만 상징의 힘은 작용하는 것이다.

> "상징체계가 생겨나고 그것이 인간문화로 발전한 것은, 시간적·공간적으로 격차가 있는 물건과 사건 사이의 추상적인 유사성에 대한 적절한 이해와 사회적 이용이 진행되었기 때문이다."[58]

이와 대조적으로, 상징은 '힘의 말로써 자기의 깊이에서 생긴다'는 융의 시각은, 더 오래된 원천 및 그 자신의 직접적 체험에서 나온 것 같다.[59] 상징에 대한 융의 사고방식에 독일 낭만주의의 영향은, 많은 학자가 조사하고 있다. 상징 그리고 거기에 부수되는 신화 이야기는 그 상징을 말하는 인간과는 무관한 존재론적 실재를 표현하고 있다는 융 생각의 기원으

---

214 미국인 인류학자로 일의 대부분을 버클리 대학의 인류학부에서 보냈다. 포스터는, 루스 베네딕트의 지도 아래, 인류학의 대학원에서 연구를 하였다. 그녀가 콜롬비아에서도 알고 있었던 프란츠 보어즈의 영향은 상징주의와 언어의 기원에 대한 포스터의 관심에서 보일지도 모른다.

로, 요한 고트프리트 헤르더(Johann Gottfried Herder, 1744-1803)[215]나 프리드리히 빌헬름 요제프 폰 셸링(Friedrich Wilhelm Joseph von Schelling, 1775-1854)[216]과 같은 19세기 저술가들을 흔히 들 수 있다.[60] 그러나 융은 상징의 본질에 관한 신플라톤주의 이론도 직접 차용하고 있는 듯하다.[61] 상징을 눈에 보이지 않는 실재를 눈에 보이게 표현한 것으로 간주하는 이 사고의 원천은, 스토아 학파 플라톤주의 철학자인 아파메이아의 포세이도니오스(Poseidonios of Apameia, BC 135-151)[217]에 의해 심파티아라고 명명된다. 즉 '심파시'라는 개념이다. 심파티아는 우주의 모든 부분의 상호 및 유기적인 전체와의 친화성을 나타내며, 그것은 다른 차원의 리얼리티로 작용하고 있는 조화의 '사슬'에 따른 상호의존을 가져온다. 이암블리코스가 플라톤의 『티마이오스』[218]에서 차용해 표현한 것처럼

---

215   독일의 철학자, 비평가, 작가. 질풍노도 문학 운동의 주역이자, 역사주의의 창시자. 민족의 상대적 개체성을 주장하면서도 역사 발전은 보편적 인간성을 최종 목표로 나아가야 한다고 주장하여, 괴테, 셸링, 슐레겔, 헤겔 등 동시대의 수많은 철학자와 문학가들에게 영향을 끼쳤다.

216   19세기 독일의 관념론, 낭만주의 철학. 칸트가 나누어 놓은 '순수 이성과 실천 이성', 피히테가 나누어 놓은 '자아와 자연'을 하나로 합치려는 철학적 작업을 통해 '동일성 철학' 체계를 완성시켰다. 그의 철학의 목적은, 우연적인 자아와 필연적인 자연 사이의 모순을 통일하는 데에 있었다. 셸링은 이 모순을 통일하고자 노력했고, 그의 작업은 낭만주의 철학자들에게 큰 영향을 미쳤다. 이는 헤겔에게까지 이어진다.

217   포세이도니오스(영어: Posidonius, Poseidonios of Rhodes, 그리스어: Ποσειδώνιος ὁ Ρόδιος, 아파메이아의 포세이도니오스(ὁ Απαμεύς)는 고대 그리스의 철학자, 정치가, 천문학자, 지리학자, 역사학자, 교사이다. 그 시대 최고의 만능 지식인이었다. 방대한 저작을 했어도 현재는 단편밖에 전해지지 않는다. 스토아 학파(중기 스토아)에 속하며 그의 강의를 들은 사람 중에는 키케로와 폼페이우스도 있었다고 한다.

218   『티마이오스』(그리스어: Τίμαιος)는 기원전 360년경에 쓴 플라톤의 저작이다. 플라톤 저술들은 보통 세 시기로 구분하는데, 『티마이오스』는 그 가운데 세 번째 시기 작품에 해당한다. 소크

'우주는 하나의 생물'[62)]인 것이다.

심파티아는 신플라톤주의 점성술을 파악하는 방법과 그 중요성에 철학적 근거를 부여한다. 그것은 서로 연결된 우주 유출의 사슬을 이루는 천계의 상징으로서의 행성이, 이 세상의 현실과 인간의 영혼 속에 있는 대응물에 반영되어 내재하고 있기 때문이다. 즉, 프로클로스(Proclus, 412-485)[219] 생각에는, '달의 사슬'은 달의 신 아테나(Athene), 아르테미스(Arermis), 헤카테(Hekate)로부터 시작되지만, 거기서부터 계속되는 모든 것은 '일자(一者)'의 어떤 특정한 유출의 표현인 것이다. 이 사슬은 '달의 영혼'을 지나, 하늘의 물리적인 달, 금속의 은, 셀레나이트(celenite)로 불리는 젬스톤(germstone, 보석), 자연의 성장력, '문피쉬'로 불리는 물고기로 이어진다.[63)] 인간의 몸과 마음의 여러 차원이 이 사슬에 속해 있다고 하는 생각에 대해서 프로클로스는 논하지 않지만, 그러한 관련성은 고대에는 도처에서 볼 수 있었다. 예를 들어 신체의 각 장기가 특정 행성이나 황도 12궁의 사인과 관련되어 있는 멜로테시아(melothesia)[220] 인체도[64)](표

라테스와 대화 상대자들인 티마이오스, 크리티아스, 헤르모크라테스 그리고 익명의 한 사람 사이 이야기를 대화체로 쓰고 있으며 우주와 인간, 혼과 몸 등에 관해 이야기하고 있다.

219 프로클로스 리카이우스(Próklos ho Diádokhos)는 고대 그리스 신플라톤주의자이고 마지막 주요 고전 철학자 중 한 명이다. 아테네 학파의 마지막 영수(領袖)로, 그리스도교가 크게 득세하던 시기에 그리스 철학의 전통을 끝까지 수호하였다. 프로클로스는 프톨레마이오스의 천문학 체계를 비판하였다. 그는 천체의 행성이 정해진 궤도에 따라 움직인다는 전제, 즉 이심원과 주전원을 상정하여 행성의 움직임을 예측하는 이론을 비판하였으며, 행성의 움직임은 정신에 의한 영혼의 산출 운동의 복잡한 양상을 운동이라는 현상으로 보여주는 것이라고 하였다. 그는 천체의 행성 운동이 프롤레마이오스가 정해놓은 궤도에서 이탈할 수 있다고 하였는데, 이는 중력 변수의 변화로 인해 행성 운동이 정해진 궤도에서 충분히 이탈할 수 있다는 현대 천문학의 관점과 유사하다.

220 의학 점성술(medical astrology) 또는 수리의료학(iatromathematics)은 열두 개의 점

지그림 1)의 사고방식이나 갈레노스 행성의 영향을 받는 4체액 등이다. 이런 종류의 상징의 사슬은 『새로운 책』의 이미지와 문장에 풍부하게 있다.

표지그림 1 멜로테시아(melothesia)의 예, 비센스타이그(Wiesensteig)의 스테그뮬러(Stegmüller)에 의한 달력. 1443, Furstliche Furstenbergische Hofbibliotek, Donauschingen, Cod. 494

성학적 별자리 및 태양과 달 그리고 행성의 영향력과 신체의 여러 부분과 질병 그리고 약물을 연관 짓는 고대의 의술체계이다. (태양과 달 그리고 행성 및) 각각의 점성학적 별자리는 인체의 부분들과 연관된다.

우주의 다른 수준과 차원의 이런 상호 연결은 천체가 가져올 숙명을 이해하는 수단도 제공했다. 각 부분(즉 '원인')의 다른 모든 부분과의 상호작용은 숙명을 의미하는 스토아 학파의 말로, '헤이마르메네'(Heimarmene)라고 불리는 인과관계의 사슬을 일으킨다.[65] 이에 대해서는 1912년에 고전학자 길버트 머레이(George Gilbert Aimé Murray, 1866-1957)[221]에 의해서 다음과 같이 웅변되고 있다.

> "헤이마르메네는, 제논(기원전 335년경-기원전 263년경, 스토아 학파의 창시자)[222]의 인상적인 비유로는 존재 전체를 관통하는 가느다란 실과 같은 것으로—스토아 학파에게 세계는 생물이었다는 것을 잊어서는 안 된다—유전을 통해 생물 종을 세대에서 세대로 전하고, 그 종류를 계속 살리는 눈에 보이지 않는 생명의 실과 비슷하다. 그것은 극소수와 무한대의 것 양쪽의 영원한 원인이 되어 간다."[66]

스토아 학파 사상에서 원인은, 사건 A가 사건 B를 일으킨다고 하는, 즉 근대적인 '도구적 인과율'[67)]이 아니다. 그것은 시속 50킬로미터의 구

221　영국의 고전학자. 시드니 출생. 1888년 옥스퍼드의 뉴 칼리지 특별연구원. 1889년 글래스고 대학교수. 1908-36년 옥스퍼드대 그리스문학강좌 교수. 교정의 정밀함과 문화인류학적 지식을 바탕으로 그리스극의 제사적인 요소를 보는 방법을 도입하여 새로운 연구 방법을 만들어 낸다. 저서로 『그리스 서사시의 성립』(1907년), 『그리스 종교의 5단계』(1925년), 『시의 고전적 전통』(1927년) 등이다. 1914-1948년 대영박물관 관리관. 1923년 국제연맹 협회 의장. 1928년 지적 협력 국제위원회 회장 등을 역임하였다.

222　고대 그리스의 철학자이다. 스토아 학파의 체계적 창시자·수립자로, 키프로스의 키티온 출신이다. 조상이 페니키아와 관련이 있다는 주장도 있다.

역을 시속 100킬로미터로 운전하는 것이 '원인'으로 스피드 카메라에 촬영되어 상당한 벌금을 낸다는 식의 인과론이 아닌 것이다. 스토아 학파적 '원인'은 사건이 아니라 '실체'로, 원인은 서로 작용한다고 생각한다. 스토아 학파적 헤이마르메네는 다른 사건을 일으키는 사건의 연속성이 아니라, 구성요소와 차원이 다른 리얼리티 사이에서 '동시에 일어나는 상호작용'이다. 즉 원인은 동적인 관계이고 그것은 더욱 동적인 관계를 발생시킨다.[68] 융이 인간관계와 연금술 작업을 비교하며 "두 인격이 만나는 것은 두 가지 다른 화학물질을 혼합하는 것과 같다. 조금이라도 결합이 이뤄지면 둘 다 바꿔버린다."[69]고 말했을 때, 이 고대의 사고방식을 참고한 것처럼 보인다.

포세이도니오스(Poseidonius)[223]는 사람의 영혼을 플라톤의 세계 영혼

---

223 그리스의 정치가, 천문학자, 점성가, 지리학자, 역사가, 수학자, 그리고 시리아 Apamea 출신의 교사이다. 그는 당대 그리고 아마도 전체 스토아 학파 중에서 가장 학식 있는 사람으로 여겨졌다. 아테네의 파나에티우스에게서 스토아철학을 배운 후 그는 스페인, 아프리카, 이탈리아, 갈리아, 리구리아, 시칠리아 및 아드리아 해 동쪽 해안에서 여행과 과학 연구에 오랜 시간을 보냈다. 그는 Rhodes에 교사로 정착했다. 그의 명성이 수많은 학자들을 끌어들인 곳. 파나에티우스 다음으로 그는 저술과 개인 강의를 통해 스토아 학파를 로마 세계에 전파했으며 폼페이우스와 키케로를 비롯한 많은 지도자들에게 잘 알려지게 되었다. 그의 작품은 현재 유실되었지만 후대의 작가들에게 정보의 광산임을 증명했다. 그 중 20개 이상의 제목과 주제가 알려져 있다. 중기의 다른 스토아 학파와 마찬가지로 초기의 스토아 학파뿐만 아니라 플라톤과 아리스토텔레스의 작품을 활용하는 혼합주의적 경향을 보였다. 포세이도니오스의 철학적 원대한 비전은 우주 자체가 유기적 전체로서 상호 연결되어 있고, 섭리적이며, 물리적 세계의 발달에서 생물의 행동에 이르기까지 모든 면에서 조직화되어 있다는 것이었다. 파나에티우스는 점의 실재성과 미래의 화재(엑피로시스)에 대한 스토아 학파의 교리를 모두 의심했지만 포세이도니오스는 이러한 생각에 찬성하여 글을 썼다. 스토아 학파로서 포세이도니오스는 우주의 '공감'(sympatheia)의 옹호자였다. 이는 인류와 우주의 만물을 통합하는 합리적인 설계의 일부로서 하늘에서 지구에 이르는 세계의 모든 모습의 유기적 상호관계이다. 그는 일종의 과학적 예측으로서 점성술이든 예언적 꿈이든 자연의 징조로부터 유효한

과 흡사한 우주의 '지성의 불의 숨'(intellectclfiery breath)의 '조각' 혹은 '종 자'라고 표현했다.70) 포세이도니오스에 따르면 이 물질적 신성, 즉 신성 한 물질의 모든 부분 사이에 공감관계(심파시)가 있다고 한다. 융은 나중에 '객관적 마음'이나 '집단 무의식'은 육체적이면서 동시에 심적이라 하여 '사이코이드'(類心性, psychoid)224라는 말을 사용하게 되었다.71) 이처럼 인 간의 영혼은 신과 같은 것으로 이루어져 있으며, 테우르기아는 이 공통의 것을 통해 그 효력을 얻는다. 사람의 영혼은 세계 영혼의 '조각', 혹은 '불 꽃'일 뿐만 아니라 신들은 그 표시, 즉 '암호'(선테마타, sunthemata) 225를 존 재 곳곳에 새기고 있다. 이것이 신플라톤주의의 상징(심벌론)에 대한 사고 의 요약이다.

이암블리코스와 프로클로스는 심벌론과 선테마타라는 말을 같은 의 미로 구별 없이 사용했으며, 이들 용어로 신들과 접촉할 수 있는 물질적 리얼리티 속의 '그릇', 혹은 '표시'를 표현했다. 심벌론은 신과 드러난 세 계 사이의 자연스러운 심파시에 근거해 작동한다. 그것은 인간이 만들어 낸 사회적 개념이 아니라 현실세계에서 입에 담기조차 황공한 신의 현현

_____

예측을 할 수 있다고 믿었다.

224 분석심리학에서는 영혼과 마찬가지로 융이 지각할 수 있는 심령현상과 대조적으로 '직접 지 각하거나 '표현할 수 없다'는 집단적 무의식에 적용한 용어로서, 그 '현상할 수 없는' 성격 때문에 나 는 그것을 '사이코이드'(Cychoid)라고 불렀다.

225 "일단 모든 것이 신으로 가득 차 있으니, 신들이 하늘에만 산다는 것은 사실이 아니다." 이암 블리코스는 물질 세계의 급박한 토큰을 묘사하기 위해 'sunthemata'라는 용어를 사용했다. 이것 들은 그들의 신성한 본성의 어떤 특징이나 특징을 지니고 있는 물건들이었다. 선테마타는 플라토 닉 데미우르고스에 의해 자연 전체에 뿌려졌다고 하며, 신성한 의지와 우리의 낮은 수준의 현실과 의 연관성을 일깨워주는 역할을 했다.

이다. 융과 마찬가지로 이들 철학자가 보기에 진정한 상징은 인간에게 사회적 개념으로 구축되는 것이 아니라 이미지의 형태로 도출된다. 그것은 그러한 심벌이 신성—혹은 융의 용어로 말하면 원형의 영역—을 이 세계에 구현하기 때문이다. 융이 나중에 "신화는 … 생각해낸 것이 아니라, 저절로 생겨난 심벌로 되어 있다."[72]라고 말했듯이, 융에게 상징은 문이기도 하다. 이곳을 통해 사람이 어느 차원의 리얼리티에서 다른 차원의 리얼리티로 이동하는, 경계의 영역으로 통하는 길로의 구체적 통로요, 그 표현인 것이다.

> "상징이 받아들여진다면, 마치 문이 열리고 그 존재를 미처 알지 못했던 새로운 방으로 인도되는 것과 같다. 그러나 상징이 받아들여지지 않으면 마치 이들 문 앞을 무심코 지나치는 것과 같다. 게다가 이것이 내적인 방으로 통하는 유일한 문이었기 때문에 다시 한번 거리로 나가야만 하고 모든 외적인 일에 더 나아가지 않으면 안 되게 된다. … 구제는 많은 문을 통해 이어져 가는 긴 여정이다. 각각의 문은 상징이다."[73]

시인 윌리엄 버틀러 예이츠(Mirm Parter Yeetz, 1865-1939)[226]는 황금새

---

226 아일랜드의 시인이자 극작가이다. 20세기 영문학과 아일랜드 문학에 있어서 가장 영향력 있는 인물 중 한 명으로 평가받는다. 아일랜드의 영국계 프로테스탄트 집안에서 태어나 어린 시절부터 문학을 비롯하여 오컬트나 아일랜드 신화 등 초월적 주제에 관심을 품었고, 이는 그의 문학적 성향에도 큰 영향을 미쳤다. 1889년 탐미적인 첫 시집을 발간한 이후로 그의 시는 특유의 사실주의적 묘사를 발전시켜 나갔다. 1923년 노벨 문학상을 수상했다. 예술가인 잭 버틀러 예이츠의 형

벽회의 멤버이자 점성술사이기도 한 바, 이와 비슷한 표현을 하고 있다.

> "상징과 정형표현은 힘이요, 그것만으로 이쪽의 의도와는 거의 관
> 계없이 작용한다. … 사실 그것들은 인격화된 영혼으로서 그 놀랄만
> 한 힘으로 우리의 영혼을 위기에 빠뜨리기 때문에, 부른다면 문과 문
> 지기가 제일 좋다."[74]

심벌론이라는 말은 그리스어의 심벌레인(Σύμβαλλειν, sumballein), 즉 '함께 맞추다'에서 유래했다. 다시 말해 심벌은 두 가지 측면을 나타낸다. 전체 사물 중 눈에 보이는 반쪽과 그 심벌이 나타내는, 미리 존재하는 (pre-existing) 지각불능의 존재를 암시하는 작용을 동시에 이루는 것이다. 고대 그리스의 점에서는 심벌론이라는 말은 만남, 조우 혹은 무언가 다른 것과의 '충돌'의 의미도 내포하고 있었다.[75] 프로클로스는 눈에 보이는 것들(행성, 식물, 꽃, 금속, 보석)과 눈에 보이지 않는 실재와의 어떤 특정한 종류의 관계를 표현하는 데 심벌론이라는 말을 사용했다. 신의 영향력은 '형상을 부여받은 우리에게는 형태 속에 몸을 숨김으로써 나타나며'[76] 이 형태가 심벌이며, 숨김과 동시에 보이도록 하고 있다. 즉, 물리적인 태양과 물리적인 행성은 천계의 신들을 숨김과 동시에 밝히는 형태이다. 태양은 아폴로와 헬리오스[227]를 감추면서 밝히는 데 반해, 달은 아테나, 아르테미스, 헤카테

이며 존 버틀러 예이츠의 아들이다.

227 그리스 신화의 태양신이다. 헬리오스는 로마 신화의 태양신 솔과 인도 신화의 태양신 수리야, 슬라브 신화의 태양신 호르스와 같은 기원을 지닌 신으로, 원시 인도유럽 신화의 태양신에서 유래하였다.

를 감추면서 밝힌다.[228]

『선집』에서 융은 심벌에 대해 다양한 정의를 하고 있다. 보통 존재론적으로 중립적인 글쓰기를 선호하지만[77] 심벌을 '신의 이미지'라고 부르기도 했다.[78] 『새로운 책』에서 융은 프로클로스와 지극히 가까운 견해를 가지고 있다.

> "태양과 달, 즉 그것들의 상징은 신들이다. 그 밖에도 또 별도의 다른 신들이 있으며, 그들의 상징은 수많은 행성이다."[79]

프로클로스에 의하면 모종의 신화를 입 밖에 내는 것은 종교적 혹은 마법적 의식과 비슷한 효과를 가진다고 한다. 신화는 그 자체가 상징으로 모든 상징들이 신화적 이야기를 구현한다. 상징과 심파시는 상호 보완적인 개념으로, 심파시라는 접착제가 눈에 보이지 않는 것과 보이는 것을 결합시킬 때만 상징이 기능한다.

> "만물 사이에는 심파시가 있고, 근원적인 것 중에 파생적인 것이 존재하며, 파생적인 것에 근원적인 것이 존재한다. … 높은 영감을 받은 영혼에게 전해진 신화가 있다. 그것은 단지 유비(analogy)에 의해서 가장 낮은 것을 가장 높은 것과 연결시켜, 이것들을 낳는 원인과

---

[228] 심벌론 타로카드 해설서인 리산, 『타로카드 심볼론』, 동학사, 2018. 그러나 심볼론카드가 아니라 웨이트 타로카드가 해당한다. 태양의 1세대신이 아폴론, 2세대신이 헬리오스 속성을 가지고 있으면서 밝힌다.

결과를 연결시키는 심파시에게 생각할 수 있는 한 가장 높은 가치를 부여한다."[80]

프로클로스에게 심벌은 신, 혹은 다이몬의 이미지임과 동시에 그 구현으로 원래 인간과 신의 관계를 깨우는 힘을 가지고 있다.

"지성이 깨어 있는 소수에게 '플라톤의 신화'는 심파시를 밝히고, 성스러운 기술(테우르기아)의 작용에 따라 그들이 가진 힘의 본질은 신들의 것과 같다는 증거를 제시한다. 신들은 그런 상징의 목소리를 들으면 기꺼이 신을 의지하는 사람들을 늘 염두에 둔다. 또 신들은 그러한 표시(선테마타)를 통해 특별한 인격을 보인다. 그것이 그들 자신이며, 그들에게 어울리게 가장 잘 알려져 있기 때문이다."[81]

이 시각은 상징의 힘에 대한 융 자신의 인식에 매우 가깝다. 융의 사고에 커다란 공헌을 한 원천으로서 신플라톤주의 테우르기아를 무시할 수는 없다. 언제 융이 이암블리코스의 『비의론』(De Mysteriis)을 만났는지는 『무의식의 심리학』에서 플로티노스와 프로클로스를 달리 언급하지 않아 확정할 수 없다. 그러나 1912년에 융이 인용한 라이첸슈타인 (Reitzenstein, 1861-1931)[229]의 『포이만드레스』(Poimandres)와 『헬레니즘

229　독일의 고전 문헌학자이자 고대 그리스 종교, 영지주의 학자이다. 브레슬라우 대학 古典語 私講師(1888), 로스톡 대학 조교수, 기센, 슈트라스부르크, 프라이부르크의 각 대학교수를 지낸 후 괴팅겐 대학 교수가 된다. 그는 Kurt Rudolph에 의해 '가장 자극적인 영지주의 학자 중 한 사람' 으로 묘사된다. Wilhelm Bousset과 함께 그는 Religionsgeschichtliche Schule (종교의 역사

시대의 신비종교』(Die hellenistiche Mysterienreligionen)에는 이암블리코스에 대한 언급이 다수 발견된다. 라이첸슈타인은 고대 이집트의 종교적 관습이 아니라 헤르메스주의 논문이 이암블리코스의 테우르기아의 근원이 되고 있다고 확신하고 있었다.[82) 미드는 라이첸슈타인의 의견을 인용하여 이 확신에 공명하였고, 1906년에 출판된『세 가지 차원(三重)에서 위대한 헤르메스』(Thrice-Greatest Hermes)[230에『비의론』의 몇 구절을 직접 번역하여 게재하면서 다음과 같이 말했다.

> "그때까지 순수하게 철학적인 암모니우스(Ammonius, 175-242),[231 플로티노스, 포르필리오스에 이끌렸던 후기 플라톤 학파가, 자신이 가입해 있던 영지주의 중심 인물들과 의식적으로 접촉하도록 한 것이 그였음을 생각하면, (이암블리코스가) 가장 중요한 인물이다."[83)

학교)의 주요 인물 중 한 명이었다.

230 그리스 신 헤르메스와 이집트 신 토트가 혼합주의로 결합되어 형성된 신 또는 반신(半神)적인 존재이다. 헤르메스 트리스메기스투스의 문자 그대로의 의미는 '세 가지 차원에서 위대한 헤르메스(thrice-great Hermes)'이다. '세 가지 차원에서 위대하다'는 것은『에메랄드 타블레트』(Emerald Tablet)에 나오는 진술에서 유래한 것으로, 헤르메스 트리스메기스투스가 우주 전체의 지혜의 세 부문을 완전히 알고 있다는 것을 의미한다. 이 세 부문은 연금술·점성술·신성 마법(Theurgy)이다.

231 일반적으로 신플라톤주의의 창시자이자 선구자로 간주되는 알렉산드리아 출신의 헬레니즘 플라톤주의 철학자였다. 주로 플로티노스의 스승으로 알려져 있으며, 232년부터 242년까지 가르쳤다. 자신의 철학적 견해에 대해서는 알려진 바가 거의 없지만 그는 의심할 여지없이 신플라톤주의의 발전에서 플로티노스에게 가장 큰 영향을 미쳤다. 후기 기독교 작가들은 암모니우스가 기독교인이었다고 말했지만, 지금은 일반적으로 알렉산드리아의 다른 암모니우스가 성서 본문을 쓴 것으로 추정하고 있다.

이 언급들은 특히, 『새로운 책』에 몰두하던 시절에 이미 마음을 빼앗기고 있던 헤르메스주의 문서에 이암블리코스의 테우르기아 실천을 연결하고 있기 때문에 융이 간과했다는 것은 놀라운 일이다. 이미 1912년에는 『비의론』의 미드 번역판을 적어도 하나는 입수했을 가능성이 높다. 다만 왜 융이 거기에 언급하지 않았는지는 확실하지 않다. 아마도 그것은 플로티노스와는 달리 이암블리코스는—르네상스기에 그의 '명예를 회복시키려는' 피치노(Marsilio Ficino, 1433-1499)[232]의 노력이 있었음에도 불구하고—20세기 초의 학자들로부터 제대로 된 철학자로 간주되지 않고, 마법과 점의 옹호자로 보였기 때문일 것이다.[84] 그러나 미드가 '순수하게 철학적'이라고 한 플로티노스조차 신을 직접 체험하기 위해 테우르기아의 실천을 기피하지는 않았다. 그러나 플로티노스는 '관조'라는 말을 좋아했다. 관조의 열매는 '관조의 대상'이 자극하여 불러일으키는 '비전'이라고 정의해, 플라톤주의가 말하는 '이데아적 형상'—융이 후에 원형으로서 이해하는 것—은 그 비전에 의해서 체험할 수 있다고 시사하고 있다.

"모든 참된 실재는 비전에서 발생하는 동시에 비전이기도 하다. 그
비전에 있어 참된 실재로부터 생기는 모든 것은 비전의 대상이다. …

232　초기 이탈리아 르네상스의 가장 영향력 있는 인본주의 철학자 중 한 사람인 이탈리아 학자이자 가톨릭 신부이다. 그는 점성가였으며 당대의 주요 학자와 접촉하여 신플라톤주의를 부활 시켰으며 플라톤의 완전한 현존 작품을 라틴어로 번역한 최초의 번역가였다. 그의 피렌체 학원, 플라톤의 아카데미를 부활시키려는 시도는 이탈리아 르네상스의 방향과 취지와 유럽 철학의 발전에 영향을 미쳤다.

비전에서 발생한 모든 것은 존재하며 새로운 대상인 이데아적 형상을 만들어낸다. 따라서 보편적으로 그 산출 원리의 이미지로서 그것들은 모두 비전의 대상, 즉 이데아 형상을 만들어낸다."[85]

심벌이 인간의 의식과 무관한 존재론적 실재를 드러낸다는 생각을 현대에 보급한 것은 독일 낭만주의 운동의 저작가들이라고 생각하는 학자도 있지만, 융은 그들을 뛰어넘어 신플라톤주의 문서에 눈을 돌렸고, 이후의 낭만주의 해석자들에게만 의존하지는 않았다. 이 문서들은 상징의 독립적인 힘을 강조하며, 이암블리코스에 의하면 상징은 대리하는 인간이 아니라 신 자신을 통해 영향력을 행사하고 변화를 일으킨다.[86]

융의 후일의 '동시성'의 개념─신비로운 형태로, 일견 무관한 외적 사상을 내적인 심적 사상과 결부시키는 '인과율에 지배되지 않는 접속의 원리'─을 잘 알고 있는 사람이라면 누구라도 이름을 바꿀 수 있고, 명백한 종교적 의미를 제거당한 심파티아가 이 생각의 토대가 되고 있는 것을 알 수 있을 것이다. 프랑스의 점성술사 앙드레 바르보에게 보낸 편지에서 융은 점성술의 별 배치의 작용 방법에 대한 바르보의 질문에 답하면서, 동시성과 심파시의 동일성에 대해 다음과 같이 분명히 서술하고 있다.

"그것은 첫 번째로, 제가 동시성이라고 부르는 유사성, 즉 '심파시'의 문제처럼 저에게는 생각됩니다."[87]

세계 영혼은 집단 무의식과 그 이름이 바뀌었고 신은 원형이 되었다. 그러나 우주의 모든 것이 상징적 대응이라는 보이지 않는 사슬에 의해 은

밀하게 서로 연결되어 있다는 생각은 여전하며, 신(원형) 자체는 그 '표시'를 통해, 융의 말에 따르면 미지의 목표로 통하는 인간 의식과의 동적 상호작용을 받기 쉽고, 심지어 원하기까지 한다는 인식도 마찬가지로 변하지 않았다.

> "뭔가 의미를 숨기고 있고, 게다가 뭔가에서 파생됐다기보다는 오히려 앞으로 뭔가 되려고 하는 것, 즉 심벌이 분명히 존재하고 있다는 것이다."[88]

Notes

1) Iamblichus, *De mysteriis*, I.11.

2) Jung, *Liber Novus*, p. 295.

3) Jung, 'New Paths in Psychology', in Jung, *Collected Papers on Analytical Psychology*, pp. 352-77. 이 논문은 현재 Jung, CW7, ¶¶407-441에 포함되어 있다.

4) Jung, CW6, ¶¶711-722.

5) 'Tavistock Lectures'는 Jung, CW18, ¶¶1-415에 포함되어 있다. 융의 능동적 상상에 대한 논의는, Lecture V, ¶¶390-406에서 찾을 수 있다.

6) Joan Chodorow, 'Introduction', in Joan Chodorow (ed.), *Jung on Active Imagination* (Princeton, NJ: Princeton University Press, 1997), p. 3.

7) Chodorow, 'Introduction', p. 4.

8) Jung, CW8, ¶167.

9) 1893년에 처음 출판된 프로이트의 '자유연상' 기법에 대한 최초의 설명에 대해서는, Freud, SE2, p. 112. 보다 상세한 설명은, Freud, SE5, pp. 176-78.

10) Jung, CW9i, ¶101. The essay in which this description occurs was first published in 1936.

11) 카바나(*kavvanah*)에 대해서는, Gershom Scholem, 'The Concept of Kavvanah in Early Kabbalah', in Alfred Jospe (ed.), *Studies in Jewish Thought* (Detroit, MI: Wayne State University Press, 1981), pp. 162-80; Elliot R. Wolfson, *Through a Speculum That Shines* (Princeton, NJ: Princeton University Press, 1994), pp. 270-325. 로욜라의 '영적 수련'에 대해서는, George E. Ganss (trans.), *The Spiritual Exercises of Saint Ignatius* (Chicago: Loyola Press, 1992). 수피(Sufi)의 환시 실천에 대해서는, Henry Corbin, *Avicenna and the Visionary Recital* (Princeton, NJ: Princeton University Press, 1960). 신플라톤주의적 테우르기아에 대해서는 제3장.

12) 심리요법을 중시하는 능동적 상상에 관한 저작에 대해서는, Marie-Louise von Franz, *Alchemical Active Imagination* (Boston, MA: Shambhala, 1997); Benjamin Sells (ed.), *Work-ing with Images* (Woodstock, CT: Spring, 2000). Chodorow의 *Jung on Active Imagination* pp. 177-79에 광범위한 '포스트 융이안'의 참고문헌 리스트가 게

재되어 있다.

13) Marie-Louise von Franz, 'On Active Imagination', in Ian Baker (ed.), *Methods of Treatment in Analytical Psychology* (Fellbach: Verlag Adolf Bonz, 1980), p. 88.

14) Jeffrey Raff, *Jung and the Alchemical Imagination* (York Beach, ME: Nicholas-Hays, 2000), pp. 4-5.

15) 융이 '비교적 전통'에 속한다는 생각의 근거로 라프는 Gerhard Wehr, 'C.G. Jung in the Context of Christian Esotericism and Cultural History', in Faivre and Needleman (eds.), *Modern Esoteric Spirituality*, pp. 381-99를 인용하고 있다.

16) See Leon Hoffman, 'Varieties of Psychoanalytic Experience', *Journal of the American Psychoanalytic Association* 58 (2010), pp. 781-85, on p. 783.

17) Jung, 'On the Psychology and Pathology of So-called Occult Phenomena', in Jung, CW1, pp. 3-92. 이 논문은 1916년에 Jung, *Collected Papers on Analytical Psychology*, pp. 1-93에서 처음으로 영어로 출판되었다. 이 논문집은 영어판을 입수할 수 있었던 융에 의한 최초의 작품으로, 『무의식의 심리학』 1년 전에 출판되었다. 이 논문은 1902년에 라이프치히에서 *Zur Psychologie und Pathologie sugennanter occulter Phänomene*로 출판되었다.

18) Charet, *Spiritualism and the Foundations of C.G. Jung's Psychology*, p. 283. See also Jung, *C.G. Jung Letters* I, p. 511.

19) 베르누이, 알레만, 그리고 슈락에 대해서는, W.P. Mulacz, 'Oscar R. Schlag', *Journal of the Society for Psychical Research* 60 (1995), pp. 263-67; Hakl, *Eranos*, pp. 93-95; Riccardo Bernardini, *Jung a Eranos* (Milan: FrancoAngeli, 2011), pp. 176-78.

20) Hakl, *Eranos*, p. 93. 교령회에서 융의 정신적 인도자인 필레몬에 의해 발생한 일련의 소동에 대해서는, Peter-Robert Koenig, 'Did You Know Oscar R. Schlag?', at 〈www.parareligion.ch/sunrise/schlag1.htm〉. See also Charet, *Spiritualism and the Foundations of C.G. Jung's Psychology*, p. 283 nn. 230-31; Roderick Main, 'Introduction', in Roderick Main (ed.), *Jung, Synchronicity, and the Paranormal* (London: Routledge, 1997), pp. 6-7; Nandor Fodor, *Freud, Jung and Occultism* (New Hyde Park, NY: University Books, 1971); Roderick Main, *The Rupture of Time* (London: Routledge, 2013), p. 71.

21) 융 자신의 체험에 대해서는, Jung, *MDR*, pp. 215-17.

22) James Hillman, 'Some Early Background to Jung's Ideas: Notes on C.G. Jung's Medium by Stephanie Zumstein-Preiswerk', *Spring* (1976), pp. 123-36.

23) Michael Thompson, *Roots and Role of Imagination in Kant* (unpublished PhD dissertation, University of South Florida, 2009); Janet Kaylo, 'Imagination and

the Mundus Imaginalis', *Spring* 77 (2007), pp. 107-24.

24) 융은 『선집』에서 카발라에 대해 많은 언급을 했고, 또한 장서 속에도 카발라에 관한 작품들이 있었다. Christian Knorr von Rosenroth, *Kabbala denudata* (Sulzbach/Frankfurt: Abraham von Lichtenthal, 1677-84); Christian D. Ginzburg, *The Kabbalah* (London: Longmans, Green, 1863); A.E. Waite, *The Holy Kabbalah* (London: Williams & Norgate, 1929); Ernst Müller (ed. and trans.), *Der Zohar* (Vienna: Heinrich Glanz, 1932); Harry Sperling and Maurice Simon (ed. and trans.), *The Zohar* (London: Soncino Press, 1949).

25) 제4장의 융의 마법에 관한 작품 모음집에 대한 논의와 문헌.

26) 이 기독교적인 종교의 전통에 대해서는, Gregory of Nyssa, *On the Soul and Resurrec-tion*, trans. Catherine P. Roth (Yonkers, NY: St.Vladimir's Seminary Press, 1993); Basil of Caesarea, *Hexaemeron*, trans. Blomfield Jackson (Amazon CreateSpace, 2014); John F. Callahan, 'Greek Philosophy and the Cappadocian Cosmology', *Dumbarton Oaks Papers* 12 (1958). 융은 그레고리우스와 바실리우스를 잘 알고 있었으며, 『선집』의 여러 권에서 이들을 언급하고 있다.

27) 융은 『선집』에서 디오니시우스에 대해 여러 번 언급했는데, 예를 들면 1921년에 최초로 출판된 Jung, CW6, ¶62. 디오니시우스의 테우르기아에 대해서는, Gregory Shaw, 'Neoplatonic Theurgy and Dionysius the Areopagite', *Journal of Early Christian Studies* 7:4 (1999), pp. 573-99; Sarah Klitenic Wear and John M. Dillon, *Dionysius the Areopagite and the Neoplatonist Tradition* (Farnham: Ashgate, 2007). 융이 소유하고 있던 독일어판은, Max Remmerich (trans.), *Was mir das Jenseits mitteilte* (Diessen: C. Hubers Verlag, Diessen vor München, 1928).

28) Jung, *Modern Psychology*, Vol. 3-4, p. 154. 이것은 융의 ETH(취리히 공과대학)에서의 강의를 옮겨 실은 것으로, 개인적으로 출판되어, 융 자신이 편집한 것은 아니다. ETH 강의의 새로운 편집판은 현재, 필레몬 재단에 의해 준비되고 있다. ⟨www.philemon foundation.org/forthcoming/eth_lectures⟩.

29) Jung, 'Exercitia spiritualia of St. Ignatius of Loyola', in *Modern Psychology*, Vol. 3-4, pp. 153-57. 이 강의는 원래 1939년에 행해졌다. Ken L. Becker, *Unlikely Companions* (Leominster: Gracewing/Inigo, 2001); Dan Merkur, *Crucified with Christ* (Albany: SUNY Press, 2007), pp. 47-68.

30) St. Ignatius of Loyola, 'The Spiritual Exercises', in *Personal Writings*, trans. J. Munitiz and P. Endean (London: Penguin, 1996), p. 298. Jung, *Liber Novus*, p. 200, n. 62에서 Shamdasani가 인용.

31) Jung, Modern *Psychology*, Vol. 3-4, pp. 178-79.

32) Jung, CW9i, ¶232.

33) Jung, CW9i, ¶231.

34) James Frazer, *The Golden Bough* (New York: Macmillan, 1922), 3:1-2.

35) Jung, CW8, ¶599. 이 정의가 발견된 논문 'The Psychological Foundations of Belief in Spirits'는, 원래 H.G. and C.F. Baynes가 융의 독일어 원고에서 번역한 것으로, *Proceedings of the Society for Psychical Research* 31 (1920)에서 처음 발표되었다. 프로이트와 융은 둘 다 SPR의 회원이었다.

36) *Liber Novus*, p.196에 있는 샴다사니의 코멘트. 20세기 초 수정투시에 대해서는, Sepharial, *How to Read the Crystal* (London: Foulsham, 1922); Theodore Besterman, *Crystal-Gazing* (London: Rider, 1924), p. 160. Greene, *Magi and Maggidim*, pp. 177-81.

37) 예를 들어, Jung, *Liber Novus*, pp. 239, 248, 252.

38) 융에 의한 William James, *The Varieties of Religious Experience* (London: Longmans, Green, 1902)에 대한 언급은 많이 있지만 특히, Jung, CW5, ¶¶18-19; Jung, CW6, ¶¶506-509, 864-66; Jung, CW18, ¶1144. 마이어스(Myers)에 대해서는, William James, 'Frederic Myers's Service to Psychology', *Popular Science Monthly* (August 1901), pp. 380-89. 실버러(Silberer)에 대해서는, Letter from C.G. Jung to Erich Neumann, 22 December 1935, in *C.G. Jung Letters*, 1:206; Herbert Silberer, *Hidden Symbolism of Alchemy and the Occult Arts* (New York: Dover, 1917). 마이어스 자신의 저작에 대해서는, F.H.W. Myers, *Human Personality and Its Survival of Death* (London: Longmans, 1903). 마이어스의 '내림받아쓰기'에 대해서는, Ann Casement, *Carl Gustav Jung* (London: Sage, 2001), pp. 46-47. 융은 CW1, ¶91에서, 1895년에 발표된 마이어스의 논문, 'Automatic Writing'을 인용하고 있다.

39) 현대의 역동적인 정신의학과 심리학의 뿌리에 대한 전반적인 배경에 대해서는, Henri Ellenberger, *The Discovery of the Unconscious* (New York: Basic Books, 1970), pp. 53-109. 19세기 후반의 정신분석학의 오컬트 기원에 대해서는, James Webb, *The Occult Establishment* (London: Richard Drew, 1981), pp. 347-81

40) the Medico-Psychological Clinic(의학 심리학 클리닉)에 대해서는, Suzanne Raitt, 'Early British Psychoanalysis and the Medico-Psychological Clinic', *History Workshop Journal* 58 (2004), pp. 63-85; Philippa Martindale, 'Against All Hushing Up and Stamping Down', *Psychoanalysis and History* 6:2 (2004), pp. 177-200.

41) Swan, 'C.G. Jung's Psychotherapeutic Technique of Active Imagination'.

42) Robert Kugelman, 'Review of *the Red Book*', *Journal of the History of the Behavioral Sciences* 47:1 (2011), pp. 101-4, on p. 101.

43) Wouter J. Hanegraaff, 'Romanticism and the Esoteric Connection', in van den Broek and Hanegraaff (eds.), *Gnosis and Hermeticism*, pp. 237-68. 분석심리학자의 입장에서의 비슷한 견해에 대해서는, Gilbert Durand, 'Exploration of the Imaginal', in Sells (ed.), *Working with Images*, pp. 53-68.

44) 이러한 독일 낭만주의의 기원에 대해서는, Ernst Benz, The *Mystical Sources of German Romantic Philosophy*, trans. Blair R. Reynolds and Eunice M. Paul (Eugene, OR: Pickwick, 1983).

45) Jung, CW6, ¶722.

46) Dion Fortune, 'Types of Mind Working', in Dion Fortune and Gareth Knight, *An Introduction to Ritual Magic* (Loughborough: Thoth, 1997), pp. 32-39, on p. 22.

47) 포춘에 의한 융 모델의 적용에 대해서는, Greene, *Magi and Maggidim*, pp. 283-363.

48) 포춘의 이암블리코스에 대한 언급과 그녀 자신이 이 신플라톤주의자와 로욜라를 결합시킨 것에 대해서는, Dion Fortune, *The Goat-Foot God* (London: Norgate, 1936), p. 49. 포춘은 융이 CW9i에서 로욜라의 영적 수련에 대해 묘사하기 3년 전인 1936년에 이 소설을 썼다.

49) 고대말기 다양한 교파의 실천방법에 대해서는, Dan Merkur, *Gnosis* (Albany: SUNY Press, 1993); Gregory Shaw, *Theurgy and the Soul* (University Park: Penn State University Press, 1971); Dan Merkur, 'Stages of Ascension in Hermetic Rebirth', *Esoterica* 1 (1999), pp. 79-96; Rebecca Macy Lesses, *Ritual Practices to Gain Power* (Harrisburg, PA: Trinity Press, 1998).

50) 플라톤의 세계 영혼에 대해서는, Plato, *Timaeus*; Proclus, *Commentary on Plato's Timaeus*, trans. Dirk Baltzly (Cambridge: Cambridge University Press, 2010), Book 3.

51) Jung, *Psychology of the Unconscious*의 'Miss Miller'에 관한 사례 자료, Jung, CW12의 일련의 그림, CW9i의 시각적 자료, Jung, CW18, ¶¶1-415의 사례 자료.

52) 예를 들면, Jung and Kerényi, *Essays on a Science of Mythology*, p. 176에 있는, 표면적으로는 이름이 밝혀지지 않은 환자가 전했다고 하는, 'a dream-series'에 나타나고 있다는 아니마 이미지의 설명. 'Dream xi'는 사실 『새로운 책』에 나오는 융 자신의 그림이다. Jung, *Liber Novus*, p. 317의 소누 삼다사니의 주석 n. 283.

53) Liesl Silverstone, *Art Therapy Exercises* (London: Jessica Kingsley, 2009); Joy Schaverien, *The Revealing Image* (London: Jessica Kingsley, 2009).

54) 융이 정신병을 무의식의 범람이라고 언급한 예는 많이 있고, 특히 Jung, CW18, ¶1159.

55) Iamblichus, *De mysteriis*, III.4-8. 고대말기의 유대교에서 볼 수 있는 천체 비전과 관련된 위험에 대해서는, *The Book of Enoch, or 1 Enoch*, trans. R.H. Charles (Oxford: Clarendon Press, 1912). 이것은 고대말기의 유대교의 문서를 수집한 것으로, 융 또한 입수하여 장서에 추가했다.

56) 상징에 대한 현대 이론의 개관은, Dan Sperber, *Rethinking Symbolism*, trans. Alice L. Morton (Cambridge: Cambridge Univerity Press, 1974).

57) Mary LeCron Foster, 'Symbolism: The Foundation of Culture', in Tim Ingold (ed.), *The Companion Encyclopedia of Anthropology* (London: Routledge, 1994), pp. 366-95, on p. 366.

58) Foster, 'Symbolism', p. 370.

59) Jung, *Liber Novus*, p. 311.

60) See Alexander Altmann, 'Myth and Symbol', *Philosophy* 20:76 (1945), pp. 162-71.

61) 신플라톤주의의 상징의 이해에 대해서는, Struck, *Birth of the Symbol*, pp. 204-53; Shaw, *Theurgy and the Soul*.

62) Iamblichus, *De mysteriis*, 4:12. See Plato, *Timaeus*, 30a-e.

63) Struck, *Birth of the Symbol*, p. 230에 있는, Proclus의 'Chain of the Moon'의 그림과 pp. 230-32에 있는 그의 고찰.

64) 고대 멜로테시아 인체도에 대해서는, Mladen Popovic, *Reading the Human Body* (Leiden: Brill, 2007); Roelof van den Broek, *Studies in Gnosticism and Alexandrian Christianity* (Leiden: Brill, 1996), pp. 67-85.

65) 헤이마르메네와 천체가 초래하는 숙명을 융이 어떻게 이해하고 있었는가에 대한 상세한 내용은 제4장.

66) Gilbert Murray, *Four Stages of Greek Religion* (Oxford: Oxford University Press, 1912), 115. Zeno of Citium (c. 334-262 BCE)는 스토아 학파의 창시자이다.

67) '도구적 인과관계'에 대해서는, Wouter J. Hanegraaff, 'How Magic Survived the Disenchantment of the World', *Religion* 33 (2003), pp. 357-380.

68) Peter Struck, 'A World Full of Signs', in Patrick Curry and Angela Voss (eds.), *Seeing with Different Eyes* (Cambridge: Cambridge Scholars Press, 2008), pp. 3-20, on p. 12.

69) Jung, CW16, ¶163.

70) I.G. Kidd (trans.), *Poseidonius* (Cambridge: Cambridge University Press, 2004).

71) 집단 무의식의 '사이코이드(psychoid)'에 대한 융의 논의는, Jung, CW8, ¶¶419-20; Jung, CW14, ¶788; Jung, CW10, ¶¶851-52.

72) Jung, CW18, ¶568.

73) Jung, *Liber Novus*, pp. 136-137.

74) Kathleen Raine, *Yeats, the Tarot, and the Golden Dawn* (Dublin: Dolmen Press, 1972), p. 44. William Butler Yeats, Letter to Florence Farr에서 인용. 융은 예이츠의 내림받아쓰기의 유사점성술적 저작인 *A Vision: An Explanation of Life Founded upon the Writings of Giraldus and upon Certain Doctrines Attributed to Eusta Ben Luka* (Private Publication, 1925; repr. New York: Macmillan, 1939)를 한 권 입수했다. 이 한정판은 600부만 출판되었다.

75) Struck, *Birth of the Symbol*, pp. 90-94.

76) Proclus, *On the Sacred Art*, trans. Stephen Ronan (Chthonios Books, 1998), at ⟨www. esotericism.co.uk/proclus-sacred.htm⟩, 150.

77) 예를 들면, Jung, CW6, ¶817; Jung, CW8, ¶88.

78) Jung, CW6, ¶202.

79) Jung, *Liber Novus*, p. 371.

80) Proclus, *The Elements of Theology*, 83:26-84.12.

81) Proclus, *The Elements of Theology*, 83:12-22.

82) Reitzenstein, *Poimandres* (Leipzig: Teubner, 1904), p. 108; Reitzenstein, *Hellenistic Mystery-Religions*, trans. John E. Steely (Pittsburgh, PA: Pickwick Press, 1978), pp. 100 n. 72, 104 n. 96, 383.

83) Mead, *Thrice-Greatest Hermes*, III:285. 1879년, 미드는 이암블리코스를 포함한 신플라톤주의자들에 대한 긴 논문을 발표했다: G.R.S. Mead, 'The Lives of the Later Platonists', *Lucifer* 18 (March-August 1896), pp. 185-200, 288-302, 368-80, 456-69; *Lucifer* 19 (September 1896-February 1897), pp. 16-32, 103-13, 186-95. See also G.R.S. Mead, 'Hermes the Thrice-Greatest According to Iamblichus an Initiate of the Egyptian Wisdom', *The Theosophical Review* 25 (September 1899-February 1900), pp. 9-19. 융이 미드의 작품을 부지런히 입수한 것으로 보아, 그가 이러한 기사들을 몰랐을 가능성은 낮다.

84) John Dillon, 'Iamblichus' Defence of Theurgy', *International Journal of the Platonic Tradition* 1 (2007), pp. 34-35; Shaw, *Theurgy and the Soul*, p. 7.

85) Plotinus, Ennead III.8.7.

86) Iamblichus, *De mysteriis*, 96: 13.97.9. Shaw, *Theurgy and the Soul*, p. 84.

87) Jung, Letter to André Barbault, in *C.G. Jung Letters*, Vol. 2, p. 175.

88) Jung, CW6, ¶822.

제4장

다이몬
소환

제4장
다이몬
소환

우리 한 사람 한 사람의 개인적 다이몬[233]은 어떤 경우에도 태어날 때 지배적인 천체의 배치에 의해 우리 앞에 나타나는 것이 아니라, 그보다 더 근원적인 그에 대한 인과의 원리가 있다. … 뭐니 뭐니 해도 그가 숙명이라는 신의 섭리를 완수할 목적으로만 우리들에게 보내진 것이라면, 누가 이 인물을 자신이 숙명으로부터 자유로워지기 위한 인도자로 삼을 것인가. … 우리가 그것을 이해하든 아니든 간에 우리에게 각각의 다이몬을 할당하는 것은 별들의 발산(emanation)이다.[1)]

— 이암블리코스

---

233 고대 그리스와 헬레니즘의 신화·종교·철학에 등장하는 인간과 신의 중간에 위치하거나, 죽은 영웅의 영혼 등을 가리킨다. 낱말의 뜻으로 보면 '(모든 종류의) 영혼'에 가까우며, 한국어 번역의 예로는 귀신, 악령, 정령 등이 있다. 이는 훗날 기독교 문명권에서 '데몬' 곧 악령으로 여겨지게 된다. daimōn. 그리스 신화에서 반신반인(半神半人), 수호신, 다이몬.

나는 '무의식'이라는 용어를 더 좋아한다. 가장 신화적인 언어를 쓰고 싶다고 생각한다면, '신'이나 '다이몬'이라고 할 수 있다는 것도 알고 있다. '마나'(mana),[234] '다이몬', '신'이 무의식과 동의어라는 것을 잘 알고 있다. … 창조적인 사람은 자기 자신의 인생에 대해 거의 힘을 가지고 있지 않다. 그는 자유롭지 못하다. 자신의 다이몬에 사로잡혀 움직이고 있는 것이다.[2]

— 융

신성(神聖) 플라톤주의의 계보

융이 『새로운 책』에 몰두하고 있을 무렵, 다수의 정보원—점성술, 스피리추얼리즘, 수정투시, 최면술, 독일 낭만주의, 기독교 신비주의에 더해 아리스토텔레스의 『영혼론』, 플라톤의 『티마이오스』, 영지주의와 헤르메스주의 문서[3] 그리고 융의 동료 정신과 의사들의 실험적 연구—이 상상계(imaginal)적 세계의 작용과 변용을 가져오는 힘에 대한 융의 생각에 중요한 통찰을 불러일으키고 사색을 심화하였다. 이미 살펴본 바와 같이 신플라톤주의자들의 영향 그리고 존 딜론(John Dillon)[235]이 플라톤주

---

234 본래 폴리네시아 일대의 정신적 개념이나, 마법에 필요한 자원, 즉 마력(魔力)의 의미로 확장되며 초자연적인 힘의 기원으로 승격되었다. 이 개념은 1891년 영국의 민족학자 R. H. 코드링턴이 저서 『멜라네시아인』에서 처음으로 소개하여 유명해졌다. 뒤이어 영국의 인류학자 R. R. 마레트, 프랑스의 사회학자 M. 모스, 독일의 철학자 K. T. 프로이스 등 여러 학자들이 세계 각지에서 마나와 비슷한 초인적 힘의 관념을 발견하여 잇따라 보고하였다.

의의 '지하세계(언더월드)'[236]라고 부른 것, 즉 『칼데아 신탁(*Chaldaean Oracles*)』[237]이나 소위 『미트라 전례(의식)』의 마법적 의식에 속하는 저작

---

235 옥스퍼드에서 고전을 공부한 후 버클리에서 박사 학위를 마치고 1969년에 교수가 되었다. 1980년에 트리니티 칼리지에서 그리스어의 레지우스 학장을 맡아 그 자리를 유지했다. Plato Center의 설립자이자 명예 이사이다. 주요 관심 분야는 고대 철학, 특히 플라톤의 철학과 그로부터 유래한 전통이며, 고대 아카데미, '중 플라톤' 및 '신플라톤' 시대, 아랍어, 기독교 및 르네상스 시대에 이르기까지 알렉산드리아의 필로(Philo of Alexandria)의 유대인 플라톤주의이다. 특별한 관심사는 Philo, Plotinus 및 Dionysius Areopagite이다. 현재 Andrew Smith 교수와 함께 Parmenides Press에서 주석이 포함된 Plotinus 소책자 번역 시리즈의 총 편집자로 일하고 있으며 그 중 10권이 지금까지 출판되었다.

236 명계(冥界) 또는 저승, 저세상(underworld)은 대부분의 종교와 신화에서 나타나는 개념으로, 세계 표면의 아래 또는 깊은 지하의 영역으로 간주된다. 일반적으로 영혼이 이제 막 떠나 머무르는 장소, 곧 죽음의 영역인 내세를 가리킨다. 한국에서는 저승이라 불렸고, 한자어의 영향을 받아 황천, 구천, 하계, 지하 등으로도 불렸다. 땅 속을 가리키는 지하의 다른 말은 저승을 뜻하는 중복의 의미로도 사용되었다.

237 칼데아 예언서는 기원 3-6세기에 신플라톤주의 철학자들이 널리 사용했던 일련의 영적, 철학적 텍스트이다. 원본은 유실되었지만, 신플라톤주의 작가들의 인용문과 주석으로 주로 구성된 단편의 형태로 살아남았다. 그들은 원래 2세기에 칼데아인 줄리안이나 그의 아들인 신학자 줄리안이 부분적으로 편찬하고 부분적으로 트랜스를 통해 받은 단일 신비시를 형성했을 가능성이 크다. 이암블리코스와 프로클로스와 같은 후기 신플라톤주의자들은 그들을 높이 평가했다. 4세기 황제 Julian(Julian Chaldean 또는 Julian Theurgist와 혼동하지 말 것)은 그의 다음에서 제안한다. Magna Mater에게 그가 Seven Rays의 신의 입문자였으며 그 가르침에 정통했다. 기독교 교부들 또는 다른 고대 후기 작가들이 '칼데아인'을 언급할 때 그들은 아마도 이 전통을 언급하고 있는 것 같다. 칼데아 예언자들에 대한 분석은 현대 영지주의 가르침에 대한 영감을 보여준다. 불같은 발산은 초월적인 첫 번째 아버지의 지성으로부터 시작되며, 두 번째 지성인 데미우르고스는 우주와 자신을 이해한다. First Intellect 내에서 Hecate로 지정된 여성 강국은 Sophia와 마찬가지로 World-Soul을 중재한다. 존재하는 모든 것의 기초에는 Demiurrgic Intellect가 만든 물질이 있다. 가장 높은 신(첫 번째 아버지/지성)에서 가장 멀리 떨어진 물질은 깨달음을 얻은 영혼이 몸의 옷을 벗어야 하는 조밀한 껍질로 간주되었다. 고행의 조합물질과 한계의 한계에서 영혼을 해방하고 신과 인간 사이의 일부 영역에 숨어있는 악마의 힘으로부터 영혼을 방어하기 위해 올바른 의식이 권장된다.

들의 영향이 있었다는 것도 마찬가지로 강력하게 주장할 수 있다.[4] 이러한 고대 말기의 저작들은 다양한 번역에서 융 장서의 중요한 부분을 차지한다.[5] 융은, 마르실리오 피치노(Marsilio Ficino, 1433-1499)에 의해서 그리스어로부터 번역되어 1497년에 베네치아에서 출판된, 이암블리코스의 『비의론』의 희귀한 라틴어의 초판을 일부러 입수하기까지 했다.(다만 그 입수 시기는 불명하다.)[6] 신플라톤주의의 이탈리아 르네상스 철학과 예술에 대한 영향은 19세기 후반부터 20세기 초에 걸친 '오컬트의 부흥'에 미친 커다란 영향에 대해서와 마찬가지로 많은 학자에 의해 자세히 논해지고 있다.[7] 융은 고대 말기 문서뿐만 아니라 마르실리오 피치노나 하인리히 코르넬리우스 아그리파(Henry Cornelius Agrippa, 1486-1535) 같은 르네상스와 초기 근대 번역자 외에, 자신과 동시대 오컬티스트의 저작도 참고했다. 융의 점성술 대처방식을 이해하려면 그가 어떻게 이 사상의 흐름을 받아들여 능동적 상상에 적용했는지, 특히 점성술적 상징과의 관계에서 이해하는 것이 중요하다.

'성직자의 신관문자'(Hieratic)[238] 즉 '신관적'(神官的, priestly) 플라톤주의[8]—의식적 행위로 전환된 플라톤의 철학사상—의 계보는 플로티노스와 포르필리오스 그리고 이암블리코스를 거쳐 그 이후의 신플라톤주의자 프로클로스, 올림피오도로스(Olympiodorus, 495-570),[239] 아테나이 아카데

238　히에로글리프, 데모틱과 함께 고대 이집트에서 사용하던 3종의 문자 중 하나로 파라오 시대를 기원으로 이집트와 누비아에서 사용하던 필기체 서기체계이다.

239　비잔틴 제국 초기에 살았던 신플라톤주의 철학자, 점성가 및 교사였다. 올림피오도로스는 알렉산드리아에서 플라톤주의 전통을 유지한 마지막 이교도였다. 그가 죽은 후 학교는 기독교 아리스토텔레스주의의 손에 넘어갔다. 그리고 결국 콘스탄티노플로 옮겼다.

메이아(플라톤이 창설한 학교)의 마지막 교장인 다마스키오스(Damaskios, 185-253)[240]로 이어졌다.[9] 이후 아카데메이아는 기독교 황제 유스티니아누스에 의해 제국이 이단의 가르침으로 오염되는 것을 막기 위해 529년에 폐쇄되었다. 그러나 이러한 저자는 모두 플라톤의 『대화편』에 대해 주석을 써, 점성술을 심파티아의 망상(網狀)구조의 일부로 간주해 자신의 코스몰로지 가설의 중심적 요소로 짜 넣고 있는 것이다. 플라톤의 저작에서 볼 수 있는 수수께끼 같은 요소에 열중했고, 그것이 철학적 진리의 마법적 적용을 시사하고 있다고 믿었다. 그리고 최근의 학술적 동향으로는 보다 주의 깊게, 별다른 편견을 갖지 않고 고대 말기 철학과 종교에서 이 지대한 영향력을 지닌 흐름에서 볼 수 있는 의례적인 마법적 요소들에 주목하기 시작하였다.

영지주의 사상의 여러 교파나 그리스어로 된 마법 파피루스에 침투한 플라톤주의의 마법적 '지하세계'는 오리게네스(Origen)[241]나 니사의 그레고리우스(Gregory of Nyssa) 같은 교부들의 순수 철학적이고 다이몬이 없는 것처럼 보이는 기독교화된 플라톤주의와는 전혀 다른 것으로 생각될

240　다마스쿠스 출신의 신플라톤파 철학자, 신비주의자. 아카데메이아 마지막 학두(520경-529). 알렉산드리아의 이시도로스의 제자이자 친구. 유스티니아누스 황제에 의한 아카데메이아 폐쇄 후 심플리키오스 등과 함께 한때 페르시아로 향했다. 잔존하는 주요 저서 『제1원리에 대한 문제와 해결』에는 제1원리가 완전한 의미에서는 실재세계 밖에 있으며 인간의 이성, 언어로는 미칠 수 없다는 것, 따라서 인간은 신비로운 방법으로 직접적 무매개적으로 제1원리에 참여할 가능성밖에 없다는 것이 기술되어 있다.

241　알렉산드리아의 오리게네스(Origen Adamantius)라고도 알려진 초기 기독교 학자, 금욕주의자. 그는 본문비평, 성서주해, 해석학, 설교학 등 신학의 여러 분야에서 약 2000편의 논문을 저술하였다. 그는 초기 기독교 신학, 변증학, 금욕주의에서 가장 영향력 있고 논쟁적인 인물 중 한 사람이다. 그는 '초대 교회가 낳은 가장 위대한 천재'로 묘사되었다.

수 있다.[10] 그래도, 그다지 평판이 좋지 않은 이 문서들이 신봉하는 세계관을, 융은 자신의 심리학 모델에 어울린다고 생각했던 것 같다. 신성플라톤주의 세계는 상상력, 상징의 존재론적 자율성, 내적 체험의 중요성을 높이 평가했다. 이 경계적인 세계에서는 철학과 종교의 경계선이 종교, 심리학, 마법의 경계선과 마찬가지로 애매한 것이다. 융은 일반적으로 신플라톤주의의 창시자로 여겨지는 플로티노스를 무척 좋아했던 모양이다.[11]

그림 4.1 플로티노스의 두상, 3세기 후반, 오스티아·안티카 박물관[12]

플로티노스는 후계자들과는 대조적으로 학자들로부터 테우르기스트가 아니라 신비철학자로 여겨져 왔다.[13] 그러나 융에게 플로티노스는 『엔네아데스』의 '합리적'이라는 신비주의에 빠지지 않는 면에서 중요했을 것이다. 최근 다수의 학술 논문이 플로티노스의 저작에 있는 명확한 마법적 요소에 대해 탐구하고 있다. 융이 플로티노스를 '하나의 세계(우누스 문두스)의 개념이 일찍부터 있었음을 인정한 증인'이라고 주장한 것은, 이 이집트 출신의 그리스 철학자가 (여러) 개인들은 모두 '오직 하나의 영혼이다'라고 밝힌 데 근거하고 있는 것이다. 때문에 융은 플로티노스를 플라톤 자신과 함께 자신보다 앞서 집단 무의식을 발상한 사람으로 보았다.[14]

융은 또 '안에 있는 것, 하나의 중심 주위'를 도는 영혼의 자연스러운 움직임에 대한 플로티노스의 기술은 주위를 마음의 여러 구성요소가 도는 중심이라는 '참 나' 개념을 일찍부터 드러냈다고 생각했다.[15] 그리고 『융 자서전』에서 융은 개성화의 생각을 전개하는 데 있어 이 원심적인 움직임의 중요성을 강조했다.

> "1918년에서 1920년 사이에 나는 마음 발달의 목표는 '참 나'임을 이해하기 시작했다. 그것은 직선적인 발전이 아니라 '참 나' 주위의 순행일 뿐이다. 균일한 발달은 존재하지만 그것은 기껏해야 처음일 뿐이고 나중에는 모든 것이 중심을 향하게 된다."[16]

250년경에 쓰여 제자인 포르필리오스가 편집한 플로티노스의 『엔네아데스』는 1917년에서 1930년에 걸쳐 첫 영문판이 여러 권으로 나누어 출판되었다.[17] 그보다 앞선 1907년에 긴 주석이 달린 독일어 번역이 등장했고,[18] 융은 『무의식의 심리학』을 집필하고 『새로운 책』의 제작을 시작한 시기에 이 판을 입수했던 것 같다. 그리고 후에 스티븐 매켄나의 영어 번역과 더불어 그리스어 문서의 현대 교정판을 입수했다.[19] 『무의식의 심리학』에서 융은 『엔네아데스』에서 많이 인용하며 세계 영혼에 대한 플로티노스의 기술을 강조했다. 융의 표현으로 그것은 '완전한 에너지'와 '이데아가 살아있는 유기체'이며, 원형을 발생시키고 그것을 통해 나타나는 보편적인 심적 에너지라는 리비도의 개념과 일치한다.[20] 융은 첫 번째 창조적 원리를 태양으로 상징되는 '빛 전반'과 동일시하는 플로티노스의 생각도 언급하고 있다.[21]

> "태양의 비유는, 신들을 움직이는 힘은 심리적 에너지라는 것을 반복해서 가르쳐 준다. 이 심리적 에너지야말로 인간으로 하여금 자신은 생명의 연속 속에서 결코 사라지지 않을 것이라고 느끼게 하는 연결고리이자, 우리들 가운데는 불사의 것이다. … 퓌슈케(마음)의 생명력인 리비도는 태양에 의해 상징된다."[22]

융에게 똑같이 중요한 것이 플로티노스의 제4논집 '영혼의 본질에 대하여'라는 논문에서, 이 철학자는 상상의 가장 중요성은 눈에 보이는 영역과 보이지 않는 영역 사이의 출입구로서의 역할에 있다고 소상히 밝히고 있다. 플로티노스에 따르면 마법의 힘은 '악기의 현 한쪽 끝을 튕기면 반대쪽도 진동하는 것처럼'[23] 심파티아에 의존한다고 한다. 제2논집 제3논문 '별은 원인인가'는, 특히 융의 점성술에 대한 생각의 발전에 기여했다. 이 저작에서 플로티노스는 행성이 물질적인 방식으로 효과를 '만들어

낸다'(produce)라는 생각을 물리쳤다. 행성은 사건을 일으키는 것이 아니라 '가리키는'(signify) 것으로, 이른바 '하늘에 영원히 새겨지는 문자'[24]라는 것이다. 즉 행성은 심볼라인 것이다.

> "모든 것은 상징으로 가득 차 있다. … 모든 것은 연결되어 있지 않으면 안 된다. 그리고 하나의 긴밀하게 결합된 유기체라면 어디에나 있는 심파시와 대응이 우선, 그리고 가장 강하고, 전체에 존재해야 한다. … 그리고 이 질서 있는 상태에서는 하늘의 구조에 속하는 것으로 중요하지 않은 것이 없고, 별들은 빛의 방사에 의해 하늘의 상징 기능에 공헌하는 협력자이다. 그 상징의 힘은 감각계의 전 영역에 미친다."[25]

이것은 융이 나중에 동시성이라 부른 점성술의 유효성을 중립적이고 과학적인 말로 설명하는 개념의 플로티노스판으로 생각할 수 있을지도 모른다. 플로티노스의 독창적인 문서에서 점성술은 하늘의 신 심볼라의 해석이며, 하늘은 그 주기적 운동 속에 세계 영혼, 즉 융의 용어로 말하면 리비도에 원래 갖추어져 있는 끊임없이 변화하는 패턴을 구현해 반영한다고 되어 있다. 하늘의 별 배치의 상징성에 대한 플로티노스의 이 같은 생각이 프로이트 편지에 융이 쓴 황도 12궁의 사인은 '특정 순간 리비도의 전형적 특성을 드러낸다'는 말의 바탕이 된 듯하다. 융에게도 플로티노스와 마찬가지로 행성과 황도 12궁의 사인은 물질적인 원인이 아니라 상징인 것이다.

『새로운 책』에서 오르페우스교[242]의 원초의 신 파네스(Phanes)[243]의 중요성은, 『무의식의 심리학』에 있는 파네스가 '우주생성원리'라는 기술[26]에 나타나 있는 융의 오르페우스교 사상에 대한 관심은 다마스쿠스(Damascius, 458-538)[244]나 올림피오도로스(Olympiodorus) 같은 이후의 신플라톤주의자가 인용한 오르페우스교의 시에 의해 유발됐는지도 모른다. 이 시들은 플라톤 학자 토마스 테일러(Thomas Taylor, 1758-1835)[245]에 의해 1824년에 『오르페우스의 밀의(密儀)찬가』(*Die Hellenistischen Mysterienreligionen*)로 영역되었다.[27] 리하르트 라이첸슈타인(Richard Reitzenstein, 1861-1931) 역시 『헬레니즘 시대의 신비종교』(*Die Hellenistische Mysterienreligionen*)[28]에서 오르페우스교를 논하였고, 아이작 프레스턴 콜리(Issac Preston Cory, 1802-1842)[246]는 『고대 습유(拾遺)』

---

242 고대 그리스 세계의 밀교다. 기원전 8세기에서 5세기경에 오르페우스의 가르침을 포교하는 사제들이 그리스 각지를 다녔다고 한다. 오르페우스교는 교리에서 육신의 죽음 이후 보상과 벌칙을 강조했고, 이 보상과 벌칙을 받은 뒤에 인간의 영혼은 해방된다고 보았다.

243 그리스 로마 신화에 나오는 신이다. 생산의 여신으로 태고의 프로토게노이(Protogenoi) 중 한 명이다. 오르페우스교에서는 빛의 신이자 생산의 신으로 오르페우스교 신화의 창조신이다. 시간의 신 크로노스가 품고 있던 알에서 태어난 태초의 빛과 생산성을 상징하는 최초의 신적 존재로 성애의 신 에로스와 동일시된다. 에로스는 남자이며 닉스 사이에서 자손을 낳았다는 것을 볼 때 여기서는 남자. 밤의 여신 닉스는 파네스의 딸이자 계승자로서 파네스는 닉스와의 사이에서 우라노스를 낳았다고 한다. 반대로 파네스를 닉스가 낳았다는 전승도 있다.

244 '마지막 신플라톤주의자들'로 알려진 아테네 학파의 마지막 학자였다. 그는 6세기 초에 황제 유스티니아누스 1세에게 박해를 받은 이교도 철학자 중 한 사람으로, 한동안 페르시아 궁정에서 피난처를 찾아야 했다가 비잔틴 제국으로 다시 들어갈 수 있었다. 그의 남아 있는 작품은 플라톤의 작품에 대한 세 개의 주석과 '첫 번째 원칙의 어려움과 해결'이라는 제목의 형이상학적 텍스트로 구성되어 있다.

245 영어 번역가이자 신플라톤주의로 아리스토텔레스와 플라톤의 전체 저작과 Orphic 단편을 최초로 영어로 번역했다. 그는 특히 플라톤과 신플라톤주의자인 프로클로스와 그가 영어로 번역한 '가장 신성한' 이암블리코스가 제공한 철학적 틀에서 헬레니즘을 숭배했다.

(*Ancient Fragments*)에서, 엘빈 로데(Erwin Rohde, 1845-1898)[247]는 『그리스인의 영혼 숭배와 불사신앙』(*Seelencult und Unsterblichkeitsglaube der Griechen*)[29]에서 논하였다. 융은 이 세 편의 저작을 모두 입수했고, 처음 두 가지는(어쩌면 세 번째도) 『새로운 책』의 제작을 시작할 때 이미 소유하고 있었다.[30] 미드는 1896년에 그가 오르페우스교 '신학'이라고 부르는 것에 대해 직접 해설서를 썼고, 테일러가 번역한 『찬가』를 자주 인용하기도 했다.[31] 그리고 고대 말기 종교의 여러 학파에 대한 융의 이해를 도운 미드 저작의 중요성을 감안하면, 신플라톤주의 오르페우스교 사상의 지속성에 대한 미드의 견해도 융의 관심을 끌었을지도 모른다. 오르페우스교의 『찬가』가 고대 소크라테스 이전의 원전에 충실하다고 믿었던 테일러는 번역 서문에서 다음과 같이 서술하고 있다.

> "이 신학이 사실 오르페우스로부터 유래되었음은 이암블리코스와 프로클로스라는 두 위대한 철학자에 의해 명확히 증명되고 있다."[32]

융은 프로클로스에도 관심을 보이고 있다. 미드가 오르페우스교에 관한 저작에서 제시한 많은 번역, 나아가 점성술상의 대주기론(the great astrological cycles)[248]을 포함한 작품집에 삽입된 '시간의 영속성의 증명

246　영국의 변호사, 골동품수집가. 그는 Thomas Taylor의 친구였으며 그를 통해 고전적 신플라톤주의자들로부터 고대 단편을 입수하여 그의 고대 단편 개요에 추가했다.

247　독일의 고전학자, 문헌학자.

248　천문학에서는 '황도를 중심으로 한 춘분의 완전한 주기의 기간 또는 약 25,800년'으로 정의한다. 현재 25,772년이 더 정확한 수치이다. 북쪽 밤하늘에서 지구 축의 위치는 북극성과 거의 일

에 관한 정리'(*Select Theorems in Proof of Perpetuity of Time*)라는 이 후기 신플라톤주의자의 논문을 테일러 번역으로 입수하였다.[33] 시간에 관한 프로클로스 책은 황도 12궁의 상징과 행성의 운동 및 상호관계로 표현되는 역설적, 질적인 동시에 주기적 시간의 성질을 탐구하는 융에게 유용한 정보원이 되었다. 이러한 원전 자료는 심파티아의 법칙을 밝히는 것으로서 점성술의 특필할 만한 중요성, 행성의 '영향력'이 상징적이라는 점, 또한 천체가 가져오는 숙명의 사슬을 파괴하는 수단으로서 마법의 유효성을 강조하고 있다. 이러한 생각은, 그 이전에는 없었다고 해도 『새로운 책』에 임하기 시작했을 무렵부터 융의 독서와 연구의 큰 부분을 차지하고 있던 것 같으며, 『새로운 책』에 보이는 여러 가지 테마뿐만이 아니라, 『새로운 책』에 착수하기 1년 전에 독일에서 출판된 『무의식의 심리학』에도 나타나 있다.

'신적인'(divine) 이암블리코스

『선집』 중에서 융의 언급은 이암블리코스보다 플로티노스에 대한 것이 더 많다.

치한다. 위대한 해(Great Year)라고도 하는 플라톤의 해는 좀더 고대적이고 신비로운 의미를 가지고 있다. 플라톤은 태양, 달 및 육안 행성의 궤도 운동을 시간을 앞뒤로 구부리면 오늘날과 같은 위치에 있는 지점에 도달할 것이라는 가설을 세웠다. 그는 이 시기를 대년(Great Year)이라고 부르며 그러한 통일된 귀환이 약 36,000년마다 일어날 것이라고 제안했다. 그러한 재조정이 지금까지 또는 앞으로도 일어날 것이라는 증거는 없다. 확장하여 '위대한 해'라는 용어는 세계의 신화나 철학에서 영원한 귀환의 모든 개념에 사용될 수 있다.

그림 4.2 17세기의 판화가가 상상한 칼키스의 이암블리코스[34)

그러나 '신적인' 이암블리코스야말로 융이 능동적 상상에 대한 착상과
그것에서 나오는 것을 이해하기 위해, 점성술적 해석학을 이용하는데 의
지했던 가장 중요한 고대의 정보원이라고 할 수 있을지도 모른다.[35) 이암
블리코스는 플로티노스와 마찬가지로 점성술의 중요성과 진실성을 인정

했다. 한편 사람의 손이 구축한 인위적 실수가 따르는 평범한 예언적 점성술에 대해 이미지와 심벌을 이용하여 성계(星界)의 여러 힘과 접촉하고 직접 지식을 받는 테우르기아적 점성술과 구별했다.[36] 테우르기아 철학과 실천에 대한 이암블리코스의 기술과 능동적 상상에 대한 융의 기술 사이에 강한 유사성이 있음에도 불구하고, 융의 가장 중요한 분석 기법에 기여한 오래된 원천을 학자들이 찾아낼 때, 놀랍지만 이 시리아의 신플라톤주의자들은 대개 간과되어 왔던 것이다.[37] 융이 능동적 상상과 마법의 관계를 충분히 알고 있었던 것은 그가 1935년 타비스톡(Tavistock) 클리닉 강의에서 자신의 환자에 대한 지적에서 잘 드러난다. 또 융은, 『새로운 책』을 쓰고 있을 무렵의 자기 자신의 경험에 대해, 다음과 같이 말하고 있다.

"저에게는, 이런 이미지와 매일 밤 맞붙어 그 광경이나 경험을 그리거나 형체를 부여하려고 하는 환자들이 있습니다. 이런 작업은 그들에게는 대단한 매력입니다. … 이것은 일종의 '마법 같은' 효과로, 말하자면 이미지에서 그 사람에게 향하는 암시적인 영향입니다. 이렇게 해서 환자의 무의식은 확대되고 변화하는 것입니다."[38]

이미지에서 '암시적 영향'이 나온다는 것은, 테우르기아에 의해 달성되는 영혼의 변용은 신이 보내는 '비밀의 상징'에 의존한다는 이암블리코스의 말과 같다고 생각할 수 있다.

"형상의 지배 하에서 초래된 형태를 넘는 존재, 이미지에 의해 복제된 모든 이미지보다 위의 것."[39]

'테우르기아'라는 말은 오랜 역사를 지니고 있으며, 인간의 종교적 상상과 관련된 다른 많은 말과 마찬가지로, 특히 마법과의 구별 혹은 동일성을 둘러싼 지속적인 학문적 논쟁의 대상이 되고 있다. 이 말이 정확히 무엇을 의미하는지에 대해 아직 학자들의 의견은 일치하지 않고 있다.[40] 원래 그리스어의 데우르고스(theurgos)는 조어―데오스(theos)+에르곤(ergon), 즉 '신의 활동'―로, 이것이 최초로 등장한 것은 융도 잘 알고 있었던 『칼데아 신탁』이라고 불리는 고대말기의 의식문서로, 신관적 플라톤주의에 대한 이암블리코스의 해석에 큰 영향을 미쳤다.[41] 『신탁』은 주로 다른 저자에 의해 인용된 단편들에 의해 알려져 있으며, 보통 철학적인 것이 아닌 마법적인 것으로 여겨진다. 그렇지만 이 문서의 바탕이 된 철학은 분명 신플라톤주의이다. 현존하는 조각들은 여러 신과 다이몬의 소환에 관한 것이고, 그러한 기법은 고대 말기의 그리스어 마법 파피루스부터 중세 및 초기 근대의 마도서 그리고 20세기 초의 알레스터 크로울리(Aleister Crowley, 1875-1947),[249] 다이안 포춘(Dion Fortune, 1890-1946),[250] 이스라엘 리가르

---

249 19세기에서 20세기 초 영국에서 활동했던 기인(奇人), 사탄니즘 신봉자, 오컬티스트, 작가이다. 황금새벽회의 아서 에드워드 웨이트와 동문이었으나, 자기만의 타로를 만들었고, 사후에 제자들이 토트 타로를 출판한다. 웨이트가 백마법(선한 영향력)쪽이라면 크로울리는 흑마법(악한 영향력)쪽이다.

250 영국의 신비주의자, 의식 마법사, 소설가, 작가이다. 그녀는 오컬트 조직인 내면의 빛의 형제회(Fraternity of the Inner Light)의 공동 설립자였다. 이 조직은 그녀가 주장하는 철학이 상승 마스터로 알려진 영적 존재에 의해 가르쳐졌다고 주장했다. 다작 작가인 그녀는 자신의 오컬트 사상에 관한 많은 기사와 책을 저술했으며 7편의 소설을 저술하였고 그 중 일부는 오컬트 주제를 설명한다. 그녀는 Theodore Moriarty와 Alpha et Omega 오컬트 조직이 이끄는 오컬트 롯지에 합류하기 전에 Theosophical Society의 가르침을 통한 밀교에 가입하였다. 그녀는 자신이 '주 예수'를 포함한 상승 마스터들에 의해 접촉되고 있다고 믿게 되었고, 마스터들의 메시지를 전달하기 위

디(Israel Regardie, 1907-1985)[251]와 같은 현대 마법사들의 오컬트 문서에 이르기까지 대량적이고 다양한 마법 자료에 상당히 자세하게 쓰여 있다.

실천자의 입장에서는 테우르기아는 마법사의 의지를 일상생활에 억지로 반영시키는 것이 아니라, 신과의 교류나 합일에 관한 '고차적인' 종류의 마법이라고 설명한다. 테우르기아는 고차의 여러 힘에 강요하지 않

해 트랜스 매개체를 겪었다. 1922년 포춘과 Charles Loveday는 이러한 의식 중 하나인 The Cosmic Doctrine이라는 텍스트를 제공한 마스터로부터 연락을 받았다고 주장했다. 그녀가 Theosophical Society의 Christian Mystic Lodge의 회장이 되었지만, 그녀는 그 사회가 기독교에 무관심하다고 믿었고, 나중에 내부 빛의 형제회로 개명된 그룹인 내부 빛의 공동체를 결성하기 위해 분리했다. Loveday와 함께 그녀는 Glastonbury와 Bayswater에 기지를 설립했다. 제 2차 세계 대전 동안 그녀는 영국을 보호하기 위해 고안된 명상과 시각화 프로젝트를 조직했다. 그녀는 전쟁이 끝난 직후 백혈병으로 사망했지만 전후에 다가올 물병자리 시대를 계획하기 시작했다. 그녀가 설립한 형제회는 살아남았고 이후 수십 년 동안 그녀의 가르침을 바탕으로 다양한 관련 그룹을 탄생시켰다. 그녀의 소설은 특히 Wicca와 같은 후기 오컬트와 현대 이교도 그룹에 영향을 미쳤다.

251 미국에서 삶의 대부분을 보낸 영국의 신비주의자, 의식 마법사, 작가이다. 그는 신비주의를 주제로 15권의 책을 저술했다. 런던 이스트 엔드의 노동 계급의 정통 유대교 가정에서 태어난 리가르디와 그의 가족은 곧 미국 워싱턴 DC로 이사했다. 리가르디는 십대 시절에 정통 유대교를 거부하고 신지학, 힌두교, 불교, 유대 신비주의에 관심을 보였다. 그가 요가에 대한 관심을 통해 신비주의자 알레스터 크로울리의 글을 접하게 되었다. 크로울리에게 연락하여 그는 오컬티스트의 비서로 일하도록 초대받았고, 1928년에 프랑스 파리로 이사해야 했다. 그는 크로울리의 연합이 끝나기 전에 영국으로 갔다. 영국에 살면서 그는 카발라에 대해 석류 정원과 생명 나무라는 두 권의 책을 썼다. 1934년에 그는 스텔라 마투티나(Stella Matutina)에 합류했다. 이 단체는 없어진 황금 새벽의 신비한 오더의 후손인 의식용 마법 오더였다. 그는 또한 융 심리학의 아이디어에 특히 영향을 받아 심리학을 공부했으며 기독교 신비주의를 탐구했다. 1937년 그는 미국으로 돌아왔다. 의식 마법의 황금빛 새벽 체계가 사라질 것을 우려한 그는 1938년과 1940년 사이에 일련의 책으로 Stella Matutina 의식을 출판했다. 이것은 그의 비밀 서약을 깨고 다른 많은 신비주의자들의 분노를 불러일으켰다. 2차 세계대전 중에는 미군에 복무했다. 미국으로 돌아온 그는 심리학 박사 학위를 취득한 후 1947년 로스앤젤레스로 이주하여 카이로프랙틱 의사로 개업했다. 1981년 은퇴하여 애리조나 주 세도나로 이사 간 4년 후 심장마비로 사망했다.

고 신 자신의 상징, 즉 선테마타에 기꺼이 응하려는 신의 뜻에 의존하고 있다.[42] 즉, 그것은 이암블리코스 자신이 상세히 서술하고 있는 주제인 기도의 개념에 가깝다고 생각된다.

> "기도는 우리와 신들 사이에 친밀한 유대 관계를 확립하여, 우리가 테우르기아에 의해 신으로부터 세 가지 은혜를 확실하게 얻을 수 있도록 한다. 첫째는 각성(覺醒)을, 둘째는 일반적인 목표달성을, 셋째는 (영혼의) 완전한 충족을 가져온다. ··· 기도에 포함되는 탄원 없이 실시할 수 있는 신성한 행위는 없다."[43]

테우르기아를 둘러싸고, 이 마법과 기도의 접합점을 중심으로 많은 논쟁이 있다. 이암블리코스가 진지한 종교적 실천에 대해 말하고 있다고 이해하면, 미사와 같은 기독교 행사와의 유사성을 무시하기 어려워진다. 그렇게 되면 의식적인 행위와 기도, 상징적인 것, 무언가에 집중된 상상, 기도를 담은 탄원을 조합한 테우르기아 이외의 것으로 미사를 정의하기는 어려워진다. 융의『새로운 책』을 정독하면 그 문장과 이미지를 가져다 준 활동을 테우르기아 이외의 것으로 생각하기는 어렵다.『새로운 책』도 의식적 행위와 기도, 그림의 형태를 취하는 상징적인 것, 집중된 상상, 우주의 알(卵)에서 태양신의 탄생을 촉구하는 긴 주문 등 절절한 탄원이 조합되어 있는 것이다.[44]

융의 기도에 대한 논의에 관해서는 애매해서 세월이 흐를수록 그 의미와 유효성에 대한 생각은 바뀐 것 같다.『유형론』에서는 기도의 존재론이 아니라 그 심리학에 관심을 기울였다. 파울 도이센(Paul Jakob Deussen,

1845-1919)²⁵²의 힌두교 성전의 독일어 번역과 주석을 언급하며,⁴⁵⁾ '기도하다'는 말은 '부풀어 오르다'는 것을 의미하는 힌두어 바(barh)에서 유래했다고 융은 지적하고 있다. 즉, 기도는 '성자나 신의 영역까지 향상시키고자 하는 인간의 의지'라고 하는 것이다. 그리고 융은 다음과 같이 말하고 있다.

> "이 어원은 어떤 심적 상태를 나타내고 있다. 즉 그것은 리비도의 특이한 집중이며, 이는 과도한 신경 자극 전달로 전반적인 긴장 상태를 불러일으키고 그 상태가 팽만감과 결합되어 있는 것이다. 그 때문에 일상어에서도 그런 상태에 대해, 넘치다·봇물 터지다·파열하다 등의 비유가 자주 쓰인다. 이렇게 해서 태양·불·불길·바람·숨 등의 온갖 비유가 나타나지만, 이것들은 예로부터 세계를 움직이는 산출적 창조적인 힘으로 간주되어 왔다."⁴⁶⁾

그러나 '세계를 움직이는 창조적 힘'은 이미 『새로운 책』의 이미지에 있어서 '팽만감'보다 더 힘이 있음을 증명하고 있었다. 위에서 인용한 글을 쓴 1920년에도 융은 기도의 효과를 단순히 상상된 신에게 투사된 감정이 '넘치는' 상태로 간주하지는 않았다.

---

252 독일의 철학자로 프리드리히 니체의 절친으로도 유명하다. 우파니샤드같은 인도 경전을 연구했고 1887년에 베를린대학교, 1889년에 킬대학 교수를 역임했다. 쇼펜하우어에게 막대한 영향을 받았고 평생 쇼펜하우어를 연구했다. 1912년에는 쇼펜하우어학회를 창립하여 활발히 연구 활동을 하였다. 또한 플라톤, 칸트에 대해 연구하였으며 동양사상에 대해서도 연구를 해서 여러 저서를 남겼다. 인도사상에 대한 중요한 연구자로 평가받는다.

『선집』의 주의 깊게 수정되고 고쳐진 내용은 사회 전반, 특히 그들에게서 조롱받는 것을 융이 두려워한 정신의학 전문가들에게 남긴 융의 유산이다. 독일에서 1936년에 최초로 출판된 원형에 관한 논문[47]에서 융은, 종교적 사상의 배후에 있는 삶의 원형적 힘을 포함하는 '이단'적 비전과 '교의에 합치하여' '기도, 자기암시, 타자암시에 의해 불러일으킨 의식 내용의 시각화'인 종래 형태의 비전 사이의 차이점에 대해 논하고 있다.[48] 후자의 문맥에서는, 기도는 단순히 집단에 받아들여지는 일정한 방식에 따라 집단에 받아들여지는 종교적 '체험'을 가져오는 일종의 자기암시에 불과하다.[49] 그러나 20년 가까이 지난 후 로마 가톨릭 성직자인 피에르 윌리엄 라샤(Pere William Lachat) 신부에게 보낸 편지에 융은 다음과 같이 쓰고 있다.

"진정한 기도의 깊은 감동이 초월에 이를 수 있음을 조금도 부인하지 않지만, 그것은 우리의 이해를 넘어섰습니다."[50]

즉, 융에게 기도는 심리학적 설명을 거부하는 초월적 신비로의 문을 여는 것이었다.

이암블리코스도 융과 마찬가지로 의도적인 인간의 작용에 의해 유도되는 이미지와 테우르기아에 의해 경험되는 진정한 그노시스(신비적 직관)에서 생기는 이미지를 구별하는 데 관심을 갖고 있었다. 『비의론』의 제3권에는, 기교적 수단에 의해 인위적으로 만들어지는 '불안정하고 가짜인' 비전과는 대조적으로, 신에 의해 일어나 영감을 받은 '진정한' 점, 꿈, 예언의 기술이 많이 있는데, 다음과 같이 서술하고 있다.

"'단순한 공상과는 구별되는 상상'은 저절로 생겨나는 것이 아니라

　　신에 의해 환기되기 때문에, 인간의 정상적인 행동이 완전히 물러쳐

　　졌을 때 상상의 상태로까지 높일 수 있다."[51]

　융의 용어로 바꾸어 말하면, 상상은 원형 자체에 의해서 환기되고, 그 침입에 의해서 의식적인 자아의 '정상적인' 기능이 '밀려날' 때에 일어난다는 것이다. 테우르기스트는 그 목적—신에게 흡수되는 것—을 어떤 정해진 마법적 행위를 올바른 의식으로 실행함으로써 달성한다. 그 행위는 테우르기스트는 이해할 수 없을지 모르지만 신들은 그 중요성을 알고 있다고 이암블리코스는 주장했다.[52] 이 의식은 인간의 영혼과 신, 혹은 다이몬 사이의 일종의 문답으로 간주되었다. 참여하려는 신의 의지는 의식행위의 심벌에 의해 야기되며, 그것은 눈에 보이는 세계에 묻힌 신의 선테마타이며, 테우르기아 과정에 신이 참여한다는 것을 확실시한다. 변용은 인간의 의지력에 의해서가 아니라 신의 상징인 자율적인 힘에서 일어난다.

　이암블리코스는 테우르기아와 보통의 마법(magic)이나 요술(Goetia)[253]의 구별도 하였다.

　　"더욱이 신의 아주 또렷한 비전을, 마법에 의해 인위적으로 만들어

253　구약성경에 나오는 인물인 솔로몬 왕이 저술했다고 알려진 마도서들 중 하나이다. 솔로몬의 (작은) 열쇠의 첫 번째 장에 해당한다. 책의 내용은 악마를 부르는 법과 악마들의 인장 그리고 능력과 외모에 대한 것이다. 악마의 수는 총 72이나 인장의 수는 80개 가까이 된다. 전설에는 솔로몬 왕이 악마들을 부려 거대한 부를 일구었다고 한다.

진 이미지와 동일하다고 생각해서는 안 된다. 그것은 에너지도, 눈에 비치는 것의 본질도, 진실도 가지지 않고 출현하고 있을 뿐이다."[53]

테우르기아가 신성한 것과 관련된 것에 대해, 요술은 '쉽게 사용할 수 있고, 대중 사이에 널리 퍼져' 있고, '거짓과 허구'를 이용해 '신의 부재를 즐긴다'. 게다가 그 실천자는 '유효한 관조의 순서를 완전히 밟지 않는다'.[54] 이에 대해 융은 테우르기아와 '저차원'의 마법의 구별에 대해 아무 말도 하지 않고 있다. 『선집』에는 '테우르기아'라는 말은 등장하지 않는다. 다만 당연한 일이지만 융은 마법에 대해 많은 것을 말하고 있다.[55] 그는 마법을 빛과 어둠의 양쪽 차원으로 확산시키는 것으로, 그것은 마법의 힘은 '분리' 보다 이전의 원초적 차원의 마음에서 비롯되기 때문이라고 쓰고 있다.

> "그(마법사)는 태곳적 이교(異敎)의 일부를 구해낸, 즉 그 자신이 기독교의 분열로 인해 얻을 수 없게 된 어떤 본질을 갖고 있는, 즉 그는 무의식으로의 통로를 갖고 있는 것이다. 무의식은 여전히 이교적이고, 거기에서는 아직도 대립하는 종류끼리 처음 그대로 소박하게 공존하고 있고, 또 죄의 관념과는 아무런 인연도 연고도 없지만, 그러나 의식적으로 삶에 거론되면, 선만큼이나 근원적이고, 그 때문에 초인적인(dämonisch) 힘을 가진 악을 만들어 낼 수 있다."[56]

19세기 후반에서 20세기 초 영국의 오컬티스트들은 '마법'이라는 말과 '테우르기아'라는 말을 같은 뜻으로 사용함으로써 자신들이 행하고 있는 종류의 마법에 위엄을 더해 신성플라톤주의까지 거슬러 올라가는 고대에 기원이 있다고 보았다. 당시 오컬티스트들의 저작에는 이암블리코스가 자주 소개되고 있다.[57] 새벽별이라 불리는 황금새벽회의 멤버인 이스라엘 리가르디는 『생명의 나무』(*The Tree of Life*)라는 카발라의 마법에 관한 저작을 집필했으며, 융은 이 책을 이 인물의 다른 저서와 함께 입수했다. 리가르디는 이암블리코스에 힘입은 것임을 솔직히 시인하고 있다.

> "마법 기법은 오랜 옛날 전통과 엄밀하게 일치한다는 점, 최고 권위에서 명시된 혹은 암묵적인 승인을 받았다는 점을 말해 두고자 한다. 신성한 테우르기스트 이암블리코스는 마법에 대한 다양한 저작에서 많은 것을 서술하고 있다."[58]

융의 성스러운(Hieratic)[254] 회화

이암블리코스의 견해를 융과 비교해 보면, 이 시리아의 신플라톤주의자인 테우르기아에 대한 생각과 융의 능동적 상상 기법이 매우 큰 관련성이 있음을 알 수 있다. 능동적 상상은 심리학적 기법일 뿐 아니라 달리 말하면, 주도면밀하게 구조화된 테우르기아적 의식이라고 결론지을 수밖에 없다.[59] 다만 그것은 향, 식물, 보석과 같은 구체적 심볼라를 필요로 하

---

254   히에라틱 또는 신관문자(神官文字)는 고대 이집트의 누비아에서 사용된 필기체에서 발달한 문자로 히에로글리프, 데모틱과 함께 이집트를 대표하는 문자이다.

지 않는 '내적 의식'이다. 그러나『새로운 책』에 있는 그림은 그 자체로 성스러운 심볼라로 볼 수 있으며, 융이 볼링겐(Bollingen)에서 새긴 행성의 기호가 동자신상(童子神像, Telesphoros)를 둘러싼 돌도 그렇다.[60] 255 융은 여러 종류의 나무와 동물 등『새로운 책』의 그림에 정확한 세부사항을 담아냈으며, 이암블리코스의 물질적 심볼라와 같은 목적을 달성하려 했는지도 모른다.[61] 예를 들어 융의 필레몬 그림에서 대추야자나무 숲의 이미지256는 이 나무의 실제 가지와 같은 테우르기아적 목적을 달성하는 것으로도 볼 수 있다. 이는 물리적 실체와 꿈, 비전 혹은 마법에 의한 소환에서의 그 이미지 사이, 그리고 물체와 그것이 예술작품에 나타날 때의 이미지 사이의 복잡한 관계에 대해 의문을 제기한다. 융의 그림이 이암블리코스가 말하는 의도적인 심볼라라고 본다면, 그림은 완전히 자발적으로 태어난 것으로 생각할 수 있을까?

융의 원래의 비전은, 1913년 12월에 쓰기 시작한『검은 책』이라고 불리는 일련의 일기에 기록되어 있었다.[62] 그는 1932년까지『검은 책』에 계속 썼다. 그러나 융이 '나의 가장 곤란한 실험'[63]이라고 부른 이 일기는, 발췌하여 수정 편집되고 숫돌에 다듬어지고 끌로 조각되고 장식되어 우리가『새로운 책』이라 부르는 한 권의 책이 되었다. 그 모습을 처음 본 것

255　융은 돌에서 작은 원이 자기를 보고 있다는 모습을 것을 느끼고, 그것을 돌에 새겼다. 작은 원에 작은 남자를 그렸다. 이 인형이 아스클레피오스의 동자신상과 일치되는 모습이었다. 이부영 옮김,『회상, 꿈, 그리고 사상』, 287-289쪽.

256　『레드 북』에서 필레몬의 아래 왼쪽 그림, 성경에서는 대추야자나무가 종려나무이다. 황금 종려상의 근원이다. "융의 그림에는 10개의 대추야자가 있는데, 아마도 카발라주의의 생명의 나무에 해당할 것이다."

은 꿈속에서였다고 융이 단언한 필레몬의 것을 비롯한 이미지는, 잘 생각되고 주의 깊게 세밀하게 그려져 있다. 1914년에 그려진 것과 같은 좀 더 앞의 '초고'가 있고, 1987년에 출판된 게르하르트 베어(Gerhard Wehr, 1931-2015)[257]의 융의 전기에 게재되어 있다.[64] 이 초기 그림에서 필레몬은 『융 자서전』에서 융이 기술하고 있는 듯한 모습으로 되어 있다. 즉 후광을 받아 황소의 뿔을 만들고, 미트라교[258]의 아이온 신상처럼 오른손에 열쇠 꾸러미 고리를 들고 있다.[65] 『새로운 책』을 위해 제작된 최종판 그림에서는 황소의 뿔은 없어지고 열쇠는 사라지고, 빛나는 돌로 치환됐지만 후광은 남아 있다.[259] 이들 다른 필레몬의 표현에 존 소번이 '예술가의 선택적 명상'이라고 부른 것이 유동적인 것과 형식적인 것의 통합, 혹은 소번과 융 모두가 말한 것과 같은 무의식과 의식의 통합을 가져오고 있다.[66]

---

257 독일의 명예 신학박사이며 자유 기고가다. 로볼트 출판사에서 『마르틴 부버』(*Martin Buber*), 『칼 융』(*C.G. Jung*), 『마이스터 에크하르트』(*Meister Eckhart*)를 출판하였고, 저서인 『칼 융과 루돌프 슈타이너』(*C.G. Jung und Rudolf Steiner*, 슈투트가르트, 1998), 『비교적 그리스도교』(*Esoterisches Christentum*, 슈투트가르트 2판, 1995), 『서양의 영성의 대가』(*Spirituelle Meister des Westens*, 뮌헨, 1995), 『개신교에서의 신비주의』(*Mystik im Protestantismus*, 뮌헨, 2000), 『카발라. 유대인의 신비주의와 비의』(뮌헨, 2000), 『일곱 개의 세계 종교』(*Sie sieben Weltreligionen*, 뮌헨, 2002) 등 많은 책이 유럽과 아시아에서 번역되었다.

258 미트라교(Mithraism)는 미트라(Mithras)라는 신을 주된 신앙 대상으로 하는 밀의종교(mystery religion)이다. 미트라 밀교는 기원후 1세기부터 4세기까지 로마 제국에서 로마 군인들 사이에서 널리 믿어진 컬트 종교였다. 로마인들은 또한 이 종교를 페르시아 밀교(Mysteries of the Persians)라고도 칭하였다. 현대의 역사가들은 이 종교를 미트라교(Mithraism)라고 부르며, 때로는 로마 미트라교(Roman Mithraism)라고도 한다.

259 1914년에 제작된 융의 첫 번째 빌레몬의 그림. 열쇠는 깨달음을 상징.

융의 회화에 상세한 상징적 연관이 의도적으로 담겨 있었다고 해도, 그림의 순수한 자발적 비전으로서의 힘을 방해하지는 않는다. 오히려 이것이 그림을 예술작품으로 만들고 있다. 자발성에 대한 비슷한 의문이 내림받아쓰기로 태어난 자료를 놓고 생길 수도 있다. 그려지고, 편집되고, 발표 준비가 될 때 (자연발생적인 것도) 그 사람의 의식적인 선택의 필터에 씌워지는 것은 피할 수 없다.[67] 마찬가지로 말에 의한 것이든 시각에 의한 것이든, '합일'체험 혹은 '종교적 변성의식 상태'라 불리는 '신비'체험 직후에 이루어지는 묘사는, 그것이 전해지는 순간 개인의 선택적 인식을 포함한다.[68] 내림받아쓰기도 '종교적인 변성의식 상태'도, 융이 트랜스퍼스널이라고 느낀 만남을 기술하고, 독립된 미지의 원천으로부터 오는 것으로서 체험한 생각이나 이미지를 표현하는 『새로운 책』을 형용하기에 적합하다.

『칼데아 신탁』과 같은 고대 말기의 의식에 관한 문서는, 영매가 트랜스 상태에서 이야기하는 것과 같은 종류의, 내림받아쓰기에 의한 것이라고 알려져 왔다. 20세기 중엽의 매우 큰 영향력을 가진 고전학자인 E R 도즈(Eric Robertson Dodds, 1893-1979)**260**는 『칼데아 신탁』은 '어떤 비전을 보거나 트랜스 상태의 영매가 받은 『계시』에서' 유래했다고 썼다.[69] 융의 '내림받아쓰기'의 가장 생생한 예는, 1917년 겨울에 완성한 '시련' (試練)이라고 제목을 붙인 『새로운 책』의 세 부분이다. 융은 자신이 받은 계시를 필레몬의 '목소리'의 결과라고 생각했다. 이러한 체험은 완전히

---

260 아일랜드의 고전 학자이다. 도즈는 신비주의와 심령 연구에 평생 관심을 가지고 있었으며, 1927년부터 심령 연구 협회 협의회 회원이었고, 1961년부터 1963년까지 회장직을 역임했다.

문화적으로 결정되는지 어떤지, 혹은 어떤 본질적이고 말로 표현할 수 없을 것 같은 핵(核)을 포함하는지에 대해 학문상 논쟁이 계속되고 있지만, 이 체험이 정확히 어떤 것이었는지, 또는 그 기원에 대해 아무것도 명확한 결론이 나지 않았다.[70] 점성술 자체의 경우와 마찬가지로 직접적인 체험과 과학적 '증거'의 결여와의 대립은 결말이 나지 않는 듯하다. 융의 환상적인 소재는 처음에는 순수하게 자발적인 것이었던 것 같지만, 이런 종류의 체험이 말, 이미지, 혹은 예술가가 그것을 통해 표현하는 여타 매체로 변환되는 과정에 관해서는 완전히 자발적인 것은 없을지도 모른다. 그림은 의도된 부적(符籍) 선테마타였을 수도 있지만, 그렇다고 융이 그림에 있다고 생각한 힘, 신빙성, 진정한 자율성이 없어지는 것은 아니다.

에피테데이오테스(Epitedeiotes): '적정성(fitness)', '적성(aptitude)', '수용성(receptivity)'

융은 중세의 대마법사 알베르투스 마그누스(Albertus Magnus, 1193-1280)[261]의 말을 인용함으로써 무의식의 마법적 힘을 강조했다.

"인간의 영혼에는 사물을 바꾸는 힘이 깃들어 있으며, 특히 지나친 사랑과 미움 속에 던져졌을 때 다른 것을 스스로에게 종속시킨다. 이

261　독일의 신학자·철학자·자연과학자이다. 파리와 쾰른에서 가르치고 레겐스부르크의 주교가 되었다. 도미니코회의 중심인물로 토마스 아퀴나스와 함께 스콜라 철학을 완성시켰다.

때문에 사람의 영혼이 뭔가 과도한 정열에 빠져들면 … 그것(과잉된 것)이 사물을 마법적으로 얽어매고, 원하는 대로 바꾼다."[71]

융은 이런 강렬한 정서 상태 때, 무의식에서 생기는 이미지가 '자발적으로 모습을 드러내는'게 아닌가 라고 말했다.[72] 그것은 만남을 일으키는 것은 신 또는 다이몬이고, '신은 스스로 행동한다'[73]는 이암블리코스의 주장과 완전히 일치하고 있었다. 융의 말에 의하면, 스스로 행동하는 것은 집단 무의식의 원형이며, 거기에 대해서는 경의를 가지고 수용적으로 응하지 않으면 안 된다.

> "그렇지만 스스로의 관여를 인식하면, 스스로 이 프로세스에 빠져, 스스로 그것에 응답하지 않으면 안 된다(마치 자기 자신이 공상 속의 인물인 것처럼)라고 하기보다 눈앞에 연기되고 있는 드라마가 현실인 것처럼."[74]

이렇게 해서 눈에 보이는 세계와 보이지 않는 세계 사이, 그리고 개인의 마음과 집단 무의식 혹은 신플라톤주의자의 말로 하면, 세계 영혼 사이에 커뮤니케이션의 경로가 열린다.[75] 융은 입구를 여는 마법적 과정을 무의식과의 교류 속에서도 '이해할 수 없는 것의 사자(使者)나 메시지를 받고, 그것들을 불러낼 수 있기 위해서는'[76] 필요한 것이라고 적고 있다. 융이 이미지에 대한 존경심을 강조한 것은 이암블리코스의 에피테데이오테스 즉, '적정성', '적성' 혹은 '수용성' 개념과 일치한다. 이암블리코스는 '영혼의 탈 것', 즉 '아스트랄체'[262]—영혼을 몸에 연결하는 반은 영적이고 반은 물질적인 매개물—를 이미지를 만드는 기능, 즉 판타시아(phantasia)[263]의 자리라고 생각했다. 테우르기아의 의식 동안 판타시아는 개인적 이미지를 모두 제거하고 신들이 보내준 이미지에 대해 수용적이 된다.[77]

이암블리코스는 에피테데이오테스의 사고방식을 이용해서 테우르기아 동안 왜 누구나 최고도의 신비의 경지에 도달할 수 있는 것은 아닌지 설명했다.[78] 신들은 어디에나 존재하지만, 의도적이든 아니든 수용성이 없는 자에게 '받아들여지는' 것은 없는 것이다.[79] 5세기 프로클로스와 동시대의 신플라톤주의 철학자 헤르미아스(Hermeias)[264]도 자신의 다이몬에게서 주어지는 예언적 영감에 대해 같은 생각을 했다.

"누구나 다 자신의 다이몬을 아는 것은 아니다. 사람이 그 보호를 눈치채려면, 큰 적성(에피테데이오테스)이 있을 필요가 있기 때문이다.

262　신지학 체계에서는 정신활동에 있어, 감정을 주로 관장하는 신체의 정묘한 부분이다. 정서체 또는 감정체, 감각체, 성신체(星辰体)라고도 한다. 아스트랄체라는 명칭은 마법사 엘리파스 레비의 아스트랄 라이트에서 비롯됐다. 아스트랄 라이트는 사이킥 능력(마법, 심령 현상, 영매 등)을 발휘하게 하는, 우주에 편만한 에너지인 것으로 여겨진다. 이에 따라 감정을 관장하는 신체는 사이킥 능력에 관한 신체이기도 해 아스트랄체라는 이름이 붙었다.

263　플라톤은 환상을 지각과 doxa(판단/의견)의 혼합으로 설명했다. 아리스토텔레스는 지각과 사유 사이에 환상을 위치시켰다. 아리스토텔레스에게 환상은 감각 지각을 기반으로 하며 정신적 이미지, 꿈, 환각을 포함한다. 에피쿠로스 학파에서 환상은 모두 참이지만 의견(doxa)은 모두 참이 아니다. 따라서 에피쿠로스에 따르면 의견 중 일부는 사실이고 일부는 거짓이다. 스토아 학파에서 환상은 우리의 이전 경험이나 잠재 의식적 사고에서 비롯된 전인지 판단을 나타낸다. 정신적 동의, 인지, 충동, 지식과 같은 모든 심리적 상태와 활동은 모두 환상에 대한 확장이거나 반응이다.

264　알렉산드리아에서 태어난 신플라톤주의 철학자이다. 그는 아테네로 가서 시리아누스 밑에서 철학을 공부했다. 그는 시리아누스의 친척이었고 원래 프로클로스와 약혼했던 아에데시아와 결혼했다.

… 모든 것이 신의 섭리의 대상이지만 태어나면서부터 보는 능력을 가지고 정화가 되지 않는 한, 모든 사람이 그 사실을 자각하고 있는 것은 아니듯이, 다이몬의 감독에 관해서도 모든 사람이 아는 것은 아니기 때문이다."80)

융은, 자아는 보다 깊은 차원의 무의식과의 절충을 견뎌낼 의지와 능력을 지녀야 한다고 생각했다. 이암블리코스의 에피테데이오테스와 마찬가지로 거기에는 적성에 수용성도 관련되어 있다. 의식이 너무 취약하면 집단 무의식의 원형적 권위에 자아가 압도되어 정신장애가 일어날 수 있다.81) 그러나 의식이 너무 엄중하게 지켜지면 무의식이 침입을 시작하고 '숙명'으로서 경험되는 강제력으로 표출될 수도 있다.82)

개인은 의지의 작용에 따라 쉽게 원형적 힘을 불러내지는 않는다. 카이로스,265 즉 '적합한 때'라고 불리는 의미 있는 징조, 꿈, 비전 혹은 인생의 위기의 시기를 기다려야 하는 것이다. 이 '적합한 때'를 분별하는 능력은, 일부는 적절한 때의 성질(다른 말로 하면 적합한 점성술상 별의 배치)에, 그리고 일부는 에피테데이오테스에 의존한다고 한다. 이암블리코스와 융 모두 개인적인 것과 보편적인 것의 동적 관계를 강조했다. 이 관계에서 인간의 의식은 능동적인 수용자이지 수동적이고 본의 아닌 피해자는 아니

---

265 카이로스(고대 그리스어: Καιρός, 라틴 문자전사: Kairos, 라틴어형: Caerus)는 그리스어로 '기회(찬스)'를 의미하는 καιρός를 신격화한 남성신이다. 원래는 '새긴다'라는 의미의 동사에 유래하고 있었다고 한다. 히오스의 비극 작가 이온에 의하면, 제우스의 막내아들로 되어 있다. 그리스어에서는 '때'를 나타내는 말이 καιρός(카이로스)와 χρόνος(크로노스)의 2개가 있다. 전자는 '시각'을, 후자는 '시간'을 가리킨다.

다. 이암블리코스에 따르면, 이때 신의 이미지는 판타시아를 손에 넣게 되고, 진정한 계시 체험이 가능해진다.[83] 에피테데이오테스의 개념에 포함되는 심리학적 및 철학적 의미는 심원하다. 적절한 상징(심볼라)에 의해 정성껏 준비를 하고, 그것에 지켜진 인간은 천체가 가져다주는 숙명, 혹은 심적 숙명의 무력한 먹잇감이 아니라 존중받아야 할 공동 창작자로서 원형의 영역을 상대할 수 있다.

'마스터 오브 하우스'에 대해서

이암블리코스의 생각에 테우르기아는 점성술과 손을 맞잡는 관계지만, 그것은 호로스코프를 사용해 예언을 하는 점성술은 아니다. 플라톤에서 시작해 플로티노스와 포르필리오스가 이어온 전통에 따라,[84] 이암블리코스는 '개인적 다이몬'(οικειος δαιμων or ιδιος δαιμων)을 개인의 삶과 행동의 길잡이를 하며, '영혼에게 여러 단계의 삶을 완수하게 하는 자'로서 일하는 '우리 영혼의 감독자이자 지도자'[85]라고 말하고 있다.

"다이몬은 사람의 어딘가 일부를 인도하는 것이 아니라, 모든 것을 동시에 인도하며, 그것이 우주 어디에서 우리에게 할당되어 있든 우리의 모든 것을 지배한다."[86]

플로티노스는 그보다 앞서 개인의 수호 다이몬은, '선택된 인생을 완수하게 하는 힘'이라고 말했고, 그것은 '우리 자신의 완전히 바깥에 있는

것이 아니라 … 그것은 우리의 영혼에 속하는 것으로서 우리에게 속한다'
라고 말했었다.[87] 이암블리코스는 다이몬을 지극히 개인적인 내적 영향
력이라고 여기는 이 생각에 따라, 한 서한에서 이 신성한 존재를 '이 세상
에서 각자에게 할당된 다이몬'이라고 불렀다.[88] 『비의론』에서는 더 구체
적으로 쓰고 있다. 영혼은 특정한 생애에서 하나밖에 지배적인 다이몬을
갖지 않는다. 그 요구를 충족시키기 위해 사람은 먼저 그것을 인식하고
연결(교신할 수 있는 상태)을 형성해야 한다.[89] 그것은 테우르기아에 의해서
만 완전히 달성할 수 있으며, 테우르기아 동안에 다이몬은 '그 이름뿐만
아니라 특유의 예배 방법을 밝히며', '그를 소환하는 특별한 방법을 가르
친다'.[90] 개인적 혹은 수호신으로서의 다이몬은 그 사람의 운명, 즉 '인생
전체를 지배하는 초자연적 인격'과 같은 뜻이다.[91] '개인적 다이몬'과의
연결은 바로 융이 필레몬(Philemon)의 소환에서 의도했던 것으로 보인다.

이암블리코스는 개인 인생의 운명을 쉽게 전개할 수 있는, 이 천계의
중개자를 찾아 체험하는 두 가지 방법을 들었다. '기교적' 방법은 출생 호
로스코프를 사용하는 것이다. 그것은 고대 말기의 점성술사는 대개 개인
의 다이몬은 탄생 순간의 지배적인 행성에 나타나 있다고 믿었기 때문이
다. 포르필리오스는 『아네보에게 보내는 편지』에서 출생 호로스코프 조
사를 통해 개인적 다이몬을 찾는다는 생각을 논하고 있다.[92] 점성술에서
개인적 다이몬을 나타내는 운명의 별(significator)에는 오이코데스포테스
(oikodespotes),[266] 즉 '마스터 오브 하우스'라는 이름이 주어졌다.[93] 『테

---

266 오이코스(집)+데스포테스(주인, 소유자)의 합성어이다. 고대 그리스어 오이코스(고대 그리
스어: οἶος, 복수어: οἶκοο, 영어 접두어: 생태경제학)는 가족, 가족의 재산, 집의 세 가지 관련성이

트라비블로스 입문』(*Introduction to the Tetrabiblos*)에서 포르필리오스는, 호로스코프로 오이코데스포테스를 밝혀내는 세세한 기술적 지도를 하였으나 '이에 대해 많은 의논이 있다'고 인정했다.[94] 논쟁은 각자의 종교 및 점성술 지향을 반영하면서 수세기 동안 계속되었다.[95]

이암블리코스의 생각에는 오이코데스포테스를 밝히는 기법은 유용하지만 진정한 그노시스보다 못하다. 그러한 방식은 '단지 인간의 레벨'로 기능하는 것이며, 이 때문에 어림짐작과 실수를 하기 쉽다.

> "사람은 전자(테우르기아)의 순서에 따라 다이몬을 고차의 인과율로부터 호출하는 한편, 후자(기교적인 순서)에 따라 결과와 생긴 세계(출생 호로스코프)의 눈에 보이는 주기에 의지하기도 한다. … 전자는 보다 보편적인 것을 바탕으로 작용해 자연의 영역을 초월하는데 반해, 후자는 자연의 지시에 따라 개인 차원에서 예배를 드리는 것이다."[96]

있으나 뚜렷한 개념을 말한다. 오이코스는 대부분의 그리스 도시국가에서 사회의 기본 단위였다. 정상적인 다락방 용법에서 오이코스는 가족의 맥락에서 아버지로부터 아들에게 대대로 내려오는 혈통을 가리켰다. 또는, 아리스토텔레스가 그의 정치학에서 사용했듯이, 이 용어는 때때로 주어진 집에 사는 모든 사람들을 지칭하기 위해 사용되었다. 따라서 오이코스의 우두머리는 직계 가족, 노예와 함께 모두 아우르게 될 것이다. 데스포티스(그리스어: δεσπότης, 영어: Despotes). 원래 헬라어로 '주인(lord)'이란 뜻으로, '군주'라는 의미로 통용되었다. 유스티니아누스 1세 때부터 재위 중인 황제의 자식들이나 사위에게 붙여주는 칭호로 바뀌었다. 군림하고 있는 황제들의 아들들에게 경칭으로 부여했고, 황제들 자신을 칭하기도 하여 동전에 바실레우스 대신에 데스포티스가 널리 사용되었다.

테우르기아의 다이몬 소환은 이처럼 원형적(보편적) 성질을 반영하지만, 호로스코프에 나타나는 것은 개개인의 삶의 특정 조건하에서의 나타나는 방법을 반영한다. 이 두 가지 방식을 조합할 수 있다. 테우르기아의 다이몬 계시가 오이코데스포테스에 해당하는 행성과 연결된 이미지에 대한 명상을 통해 얻어지기도 한다. 마찬가지로 특정 꽃이나 젬스톤 같은 행성의 선테마타가 의식에서 도움이 될지도 모른다. 이암블리코스의 생각으로는 이들 선테마타는 다른 '자연의' 상징과 마찬가지로, 신이 형체가 있는 세계에 심어놓은 신성한 '표시'이기 때문이다.[97]

융이 고대 말기의 점성술사들이 제시한 것과 같은 일련의 복잡한 기법을 이용해 오이코데스포테스를 특정했을 가능성은 낮고,[98] 또 그런 문서를 입수했다는 증거도 없다.[99] 게다가 설령 융이 헬레니즘 점성술의 저작을 갖추고 있었다고 해도, 그 기법을 시도했다고는 할 수 없다. 그는 호로스코프를 작성할 때의 수학적인 부분을 싫어해서 나중에는 딸 글레테가 계산을 했을 정도이기 때문이다.[100] 그레고리 쇼는 이암블리코스의 오이코데스포테스의 생각에 대해 논했고, 마스터 오브 하우스는 통상 탄생시의 각도—탄생 순간에 동쪽으로 떠오르는 황도 12궁의 사인—의 지배성이라고 생각되지 않는가 라고 말하고 있다. 다만 이는 그 행성이 강력하고 다른 천체와 좋은 관계에 있다는 것이 조건이다. 어센던트의 지배성이 출생 호로스코프 전체의 '지배자'라는 생각은, 다이몬이나 테우르기아와의 관련성을 뺀 형태로, 20세기 초 알란 레오가 시작한 새로운 '근대' 점성술에 다시 나타났다. 이로 인해 융에게 있어서 모든 것이 훨씬 단순해진 것은 틀림없다.[101]

융의 출생 호로스코프에서 각도의 지배성은 토성이다. 그것은 융이 태어났을 때 물병자리가 탄생한 곳의 동쪽에 떠 있는데, 토성은 오래 전부터 이 사인의 지배성으로 여겨졌기 때문이다. 융의 출생 호로스코프 토성은 또한 포르필리오스에 의한 더 세밀한 오이코데스포테스의 요건을 충족시키고 있다.[102] 이는 자신의 사인인 물병자리에 자리잡고 있을 뿐만 아니라 동쪽 하늘로 올라가 있어 다른 여러 행성과 좋은 관계를 형성하고 있기 때문에 특히 강화되어 있는 것이다.[103] 놀랄 필요는 없지만, 토성은 평생 융의 저작에서 두드러진 존재였다. 토성은 연금술에서 매우 중요하기 때문에『선집』에서 반복적으로 언급되고 있다. 니그레도[267] 즉, '흑화(黑化)'[104]라고 불리는 연금술 작업의 첫 단계—융은 이 프로세스를, 무의식과 정말 대결하기 전에 꼭 필요한 자아의 방어 타파와 결부시켰다—는 토성이 '군림한다'고 하였고, 연금술에서 '참 나'를 상징하는 중요한 상징인 현자의 돌[268]이 최종적으로 그로부터 나타나는 근원적인 물질(primal

---

267   연금술에서 니그레도 또는 흑색은 부패 또는 분해를 의미한다. 많은 연금술사는 철학자의 돌로 향하는 길의 첫 걸음으로 모든 연금술 성분을 정화하고 균일한 검은 물질로 광범위하게 요리해야 한다고 믿었다. 분석심리학에서 이 용어는 '개인이 내면의 그림자에 직면 할 때 영혼의 어두운 밤'에 대한 은유가 되었다. 융에게 연금술의 원리에 대한 재발견은 심리학의 선구자로서 내 작업의 중요한 부분이 되었다. 연금술의 학생으로서, 그(그리고 그의 추종자들)는 연금술사들(니그레도)의 '흑인 작품'을 자아의 창조에 의해 초래된 새로운 평형을 받아들일 때까지 자아가 경험하는 종종 매우 비판적인 개입과 비교했다. 융이안들은 니그레도를 두 가지 주요 심리적 감각으로 해석했다.

268   상대적으로 저렴한 금속(대표적으로 납)을 황금으로 바꿔 준다는 전설적인 연금술 관련 물질. 동양의 불로신단(진시황이 찾아 헤맨 불로초를 정제한 것)에 비견되는 서양 쪽 오컬트의 궁극비기이기 때문에 마법이나 연금술이 나오는 매체에서는 어디든지 등장한다. 가상의 물질이기 때문에 나오는 곳마다 만드는 방법, 재료 등이 다 다르지만 대부분 역할은 비슷하다. 중세 시대의 연금술사들의 목표는 금이 아니라 이 현자의 돌을 만드는 것이었고, 금을 만들어내기 위해선 먼저 현자의 돌이라는 것이 필요하다고 생각했다. 정확히는 만물의 변환이 가능한 현자의 돌을 만들 수만 있다면 금은 물론이고 어떤 물질이라도 변환시킬 수 있으니 황금으로 부자가 된다는 것은 현자의 돌을 만

substance), 즉 모체(matrix)로 간주되었다.[105]

『새로운 책』에서는 다수의 인물이 분명히 토성의 심볼라인 것이 판명되었다. 가장 두드러진 것은 필레몬으로, 그의 이 행성과의 관계는 나이, 한쪽 발을 질질 끄는 걸음걸이, '질서'와 '법'의 생성자로서의 역할, 마법사와 '노현자'(wise old man)[269]로서의 역할에 의해 나타난다.[106] 융이 능동적 상상에 의해 의도적으로 필레몬을 소환한 것은 『융 자서전』에 분명히 언급되어 있다.[107] 이 다이몬적 인물이 본질적으로 토성적인 것은, 융의 그에 대한 여러 가지 서술로 말미암아 뚜렷하다. 그가 융의 개인적인 내적 지도자라는 것도 융 자신에 의해 명확하게 서술되어 있다. 이러한 언급들은 '늙은 사투르누스'[270]가 자신의 지배자라고 융이 말하고 있는 것과 맞물려, 테우르기아에 의해 호로스코프로 의미가 명확해진 고대 신플라톤주의의 '마스터 오브 하우스'에 필레몬이 매우 흡사한 것은 우연이

들기만 한다면 당연히 따라오는 부차적인 것이었다. 영혼이 정신적으로 성장해서 만드는 것이 현자의 돌이다.

269 융의 심리학 및 그의 저서에 나오는 개념으로, 원형은 남성의 성장의 최종적 도달점에 있어서의 정신과 영혼의 상징이다. 그 모습은 날개를 달고 있는 노숙한 현자의 모습이며, 모든 사회적 야망을 뛰어넘은 후의 노숙한 남성, 선인(仙人)과 같은 이미지. 융은 자신이 상상한 필레몬이라는 상(像)을 중요시했는데, 이는 융의 노현자의 이미지라고 할 수 있다. 파생적 이미지로 남신, 곡식, 동자, 번개의 신과 같은 모습을 취하기도 한다. 노현자, 즉 필레몬은 남성에 있어서의 그레이트 마더처럼 여성이 의존하는 대상으로, '파더 컴플렉스'와도 연관된다. 한편, 남성에 있어서의 노현자는 의미나 권위의 상징으로, 도사와 같은 이미지이다.

270 사투르누스(라틴어: Saturnus)는 로마 신화의 농업의 신이다. 그리스 신화의 크로노스와 동일시된다. 영어로는 새턴(Saturn)이라고 부른다. 기원전 497년경 포로 로마노에 사투르누스 신전이 세워졌다. 고대 로마에서는 12월 17일부터 24일까지 사투르누스를 위한 '사투르날리아'라는 축제가 열렸는데, 이것은 크리스마스의 기원이 되었다.

아님을 강하게 보여주고 있다.

　고대 문서에 나타난 다이몬이 누구인지에 대한 해석은 하나가 아니다. 오르페우스교의 기원전 4세기 『데르베니 파피루스』(Derveni papyrus) [271] 를 번역한 가보르 베테프(Gabor Betegh, 1968-현재)[272]는 '다이몬이라는 말의 의미 영역은 그리스어 용법으로는 슬프도록 넓다'[108]고 말했다. '다이몬' 이라는 말은 '할당하다'나 '분할하다'라는 뜻의 그리스어 다이오마이(daiomai)에서 유래했고,[109] 따라서 다이몬은 '할당'을 의미한다. 그것은 숙명을 나타내는 그리스어 표현 중 하나로, 할당된 수명과 그 목적이라고도 볼 수 있는 모이라의 개념과 관련이 있다. 그리고 모이라는 어원학적으로 헤이마르메네와 관련이 있다. 이것은, 다음 장에서 보는 것처럼 융이 천체가 가져오는 숙명과 같은 의미로 반복해 사용한 말이다. 이 개념―다이몬, 할당, 점성술적 숙명―의 복합체는, 고대 말기 테우르기아와 점성술뿐만 아니라 숙명으로서의 개성화에 대한 융의 생각의 중심을 이루는 주제가 되었다.

　다이몬은 유대교, 이슬람교, 기독교 종교사상 속의 천사와도 닮은 반

271　1962년 발견된 고대 그리스의 파피루스 두루마리이다. 신들의 탄생과 관련된 신통기인 오르페우스의 시에 우화적인 주석이 달린 철학적 논문으로, 아낙사고라스의 집단 내에서 기원전 5세기 말에 만들어져, '르네상스 이후 새로이 알려진 그리스 철학과 종교에 관한 증거의 가장 중요한 조각'이 되었다(Janko, 2005). 유럽에서 현존하는 가장 오래된 필사본으로, 기원전 340년경 필리포스 2세 치세 동안 쓰였던 것으로 추정된다.

272　헝가리의 학자로 고대 철학을 전문으로 한다. 그는 케임브리지 대학의 여덟 번째 로렌스 고대 철학 교수이며, 2014년 10월에 데이비드 세들리의 뒤를 잇고 있다. 그는 케임브리지의 Christ's College의 펠로우이며, 철학 및 대학원 교사 연구 책임자이다. 그의 박사 학위 논문은 Derveni Papyrus에 있었다.

신(半神)의 메신저나 중개자와 같은 '하위의' 신으로 간주되기도 하고, 천계와 지상세계 사이를 중개하지만, 영혼이 자유로 상승하려는 것을 집념 깊게 방해하기도 하는 죽은 자의 영혼으로 간주되기도 한다. 『데르베니 파피루스』에 정체불명의 저자가 다이몬은 '신의 조수라 불린다'고 적고 있다.[110] 또 『데르베니 파피루스』는 하나하나의 영혼에 할당된 '개인적 다이몬'이라는 개념도 제시한다. 이 문서가 바탕으로 하고 있는 오르페우스교의 시는 플라톤보다 적어도 1세기 전의 것이며, 플라톤은 이 개념을 다른 많은 사람들과 마찬가지로 소크라테스 이전의 오르페우스교에서 얻은 것 같다.[111] 다이몬은 타고난 것일 수도 있고, 그것이 시중드는 사람으로부터 독립적으로 존재하기도 한다. 그것은 언제나 존재론적으로 '바깥 쪽'의 것이라고 여겨진 것이 아니라 내적인 것도 있었다. 독일 낭만주의자들이 '인간의 성격은 그 사람의 다이몬'이라는 생각을 갖게 되기 2500년 전인 기원전 6세기에 헤라클레이토스[273]가 같은 생각을 말했다.[112]

제임스 힐먼(James Hillman, 1926-2011)[274]의 원형 심리학은 융에게 크

---

273 고대 그리스의 이른바 전소크라테스 철학자이다. 헤라클레이토스의 출생 연대는 매우 불확실하다. 기원후 3세기에 쓰여진 디오게네스 라에르티오스의 철학자 전기에 따르면 헤라클레이토스는 기원전 504년경에 이른바 아크메(Akme, 사람이 가장 많이 활동하는 나이, 40대)에 접어들었다고 하며, 에페소스의 귀족 가문에서 태어났다고 한다. 이 밖에 헤라클레이토스의 생애에 관해 오늘날 전해지는 일화들은 믿을 만한 것이 못된다. 헤라클레이토스는 이해하기가 어려운 글을 자주 씀으로써 이미 고대에 '어두운 철학자'(Skoteinos)로 이름이 난 것으로 알려져 있다. 그의 작품은 플라톤의 작품에서 나타난다.

274 미국의 심리학자이다. 그는 취리히의 융 연구소에서 공부하고 연구를 하였다. 그는 전형적 심리학을 향한 운동을 시작했으며 코네티컷에 있는 그의 집에서 죽을 때까지 개인 연습, 글쓰기 및 강의로 여행하면서 은퇴했다. 파리대학교에서 영문학을 공부했으며, 더블린의 트리니티 칼리지

게 의거하고 있다. 신플라톤주의 다신교의 영향을 받고 있음을 공공연히 명언한 점에서 특색이 있다. 힐먼의 『영혼의 코드』는 다이몬에 대한 고대 사상에 크게 의거한다. 힐먼은 다이몬을 '개성화된 영혼의 이미지'[113]라고 정의했다.

> "우리 개개인의 영혼은 태어나기 전부터 독자적인 수호령(다이몬)을 부여받고 있다. 그것이 우리가 이 세상에 살게 될 이미지와 패턴을 고르고 있는 것이다. 우리들의 영혼의 반려, 다이몬은 거기서 우리를 인도하고 있다. … 다이몬은 당신의 이미지 속에 무엇이 있는지, 그리고 거기에는 어떤 패턴이 있는지를 잊지 않는다. 당신의 다이몬은 당신의 숙명을 담당하는 자이기도 하다."[114]

개인의 육체, 부모, 탄생 장소와 시간은―즉 환경이나 유전적 성질뿐만 아니라 출생 호로스코프도―모두 다이몬 없이는 생각할 수 없는 것이기 때문에 '선택되어' 있다. 다이몬은 호로스코프의 별 배치로서의 '밖'에도 존재한다. 그리고 탄생의 중요한 순간은 영혼 자신의 선택을 반영하는 것이기 때문에 다이몬은 '안'에 있기도 한다. 융의 다이몬의 방문이 어떤 것이었는지 논하며 힐먼은 다음과 같이 말하고 있다.

(Trinity College)에 다녔으며, 1950년에 학위를 취득했다. 그는 아일랜드 문학 평론가 Envoy의 부편집장으로 경력을 시작하였다. 1953년 그는 스위스로 이주하여 융을 만나 그의 작품을 공부하기 시작했다. 그는 또한 그곳에서 젊은 스위스 의사이자 심리 치료사인 Adolf Guggenbühl-Craig와 친구가 되었다. 1959년에, 그는 취리히 대학에서 박사 학위를 받았고, 융 연구소에서 졸업장을 받았고, 그 후에 연구소에서 연구의 이사로 임명되었다.

"그(융)는 깊은 곳에서 목소리를 불러냈지만, 그리스어적으로 말하면 그것은 다이몬이다. … 그들은 중간세계의 인물이었다. 반드시 황천 나라에서만 오는 것은 아니었다. 어떤 의미에서는 중개자였지만 살아있는 인물이었다."[115]

수호천사(holy guardian angel)

유대교, 기독교, 이슬람교에서 '개인적 다이몬'은 결국 '수호천사'로 융합됐다.[116] '천사'라는 말은 신 또는 인간의 '메신저'를 뜻하는 그리스어 앙겔로스(angelos)에서 유래했고, 이 말은 헤르메스[275]나 이리스[276] 같은 메신저 역할을 하는 신에게 쓰이기도 했다.[117] 융은 『새로운 책』에서 그런 존재를 드러내는 데 '메신저'라는 말을 사용했다.

"이해할 수 없는 존재의 메시지를 받거나 호출할 수 있게 되려면 마법이 필요하다."[118]

---

275 그리스 신화에 나오는 여행자·목동·체육·웅변·도량형·발명·상업·도둑과 거짓말쟁이의 교활함을 주관하는 신이며, 주로 신의 뜻을 인간에게 전하는 전령 역할을 한다. 올림포스 12신 가운데 두 번째 세대에 속한다. 행운을 발견하는 것을 헤르마이온(hermaion), 국경에서 이방인의 언어를 통역하는 사람을 헤르메네우스(hermeneus)로 불렀다. 숨은 의미를 해석하는 학문인 해석학(hermeneutics)이 헤르메스에서 유래했다.

276 그리스 신화에 나오는 여신으로 신들의 전령사, 심부름꾼 역할을 하는 여신이다. 무지개가 의인화된 신으로 무지개처럼 천상과 인간 세계의 지상, 바다 속과 지하세계까지도 두루 다니며 신들의 심부름을 하는 역할을 한다. 같은 역할을 하는 남신(男神)은 헤르메스이다.

아브라함(아브라함의 종교로 불리는 유대교, 기독교, 이슬람교)의 수호천사는 전통적인 신학의 흐름에서는 내적인 것으로 간주되지 않는다. 호로스코프의 목적론과도 관계가 없다. 천사는 바로 문자 그대로 개인을 지키기 위해 신에 의해 천국에서 내려온 메신저이다. 이것은 특히 기독교 천사라고 할 수 있으며, 1277년에 교황 요한 21세(Pope John XXI)[277]의 지시로 행해진 공식의 '천국의 데 애니메이션'(de animation of the heaven)[278]이 선언된 후, 천사는 예전과 같은 천체와 결합을 잃어, 천계의 신의 순종자가 되었다. 천계는 신이 계획하고 창조하고 관리하지만 이미 살고 있지 않는, 거대한 시계 장치의 기구로 간주되게 되었다.[119]

이처럼 수호천사는 보통 존재론적으로는 인간의 영혼으로부터 분리된 것으로 간주되고 있다. 이 개인적 천사의 내적 성질이 인간 안에 있는 신의 불꽃의 한 측면이라고 하는 것은, 유대교와 이슬람교의 비교적 교파 주변에서 뿐이다. 12세기부터 13세기에 걸쳐 이슬람교의 신비사상에 영향을 줌과 동시에 영향을 받은, 이산(離散) 유대인의 커뮤니티 가운데 수호천사, 즉 맥기드(maggīdh)[279]를 영혼의 가장 높은 측면의 이미지로 삼는

---

277   교황 요한 21세(라틴어: Ioannes PP. XXI, 이탈리아어: Papa Giovanni XXI)는 제187대 교황(재위: 1276년 9월 8일-1277년 5월 20일)이다. 본명은 페드루 줄리앙(포르투갈어: Pedro Julião)이다. 교황 다마소 1세(로마 제국령 루시타니아 출신)를 제외하고, 현재 유일한 포르투갈인 교황이다. 논리학자 겸 약초 재배자 페트루스 히스파누스(스페인의 베드로)와 동일인물로 여겨지며, 의사 출신으로는 유일하게 교황이 되었다. ※책의 원문에는 요한1세로 되어 있는데 오류이다.

278   아리스토텔레스적 세계관이 이단으로 간주되어 219개조의 반기독교적 명제의 단죄 포고가 내려졌다.

279   18세기경 폴란드에서 직업적으로 여러 유대인 커뮤니티를 순회하며 강의를 했던 유대교 활동가를 말한다. 설교사로 번역되기도 한다. 맥기드는 커뮤니티에서 사례를 받았다. 큰 유대인 커뮤

명확한 기술이 등장한다. 이들 해석은 중층적인 토대를 갖고 있다. 그것은 유대교의 종교적 틀 속에 고대 말기 이후 다수의 신플라톤주의 및 글레코 이집트(프톨레마이오스 시대 이집트)의 마법적 사고와 의식[120]을 접목시켜, 솔로몬과 모세까지 거슬러 올라간다고 믿었던, 이미 잘 발달된 유대교의 마법 전통[121]과 결부시킨 것이었다. 이러한 유대교의 비교적 흐름에서 만들어진 문서는, 천사가 아스트랄 성질을 갖고 의식적인 소환에 반응하는 것을 인정했다.[122] 고대 말기의 세계에서 마법은 국제적이고 종교의 경계를 넘어서는 경향이 있어, 유대교 마법에서의 수호천사는 신플라톤주의의 개인적 다이몬과 매우 흡사한 것이다.[123]

존재론적으로는 자율적이지만 수호천사는 내적인 존재이기도 하며, 신과 동질의 인간의 요소를 구성하고 있다. 그리고 상상이라는 수단에 의해 테우르기아적으로 소환될 수 있는 가능성을 갖는다. 그런 사상과 의식이 6세기 후반의 알레오파기타의 디오니시우스, 16세기 후반의 하인리히 코르넬리우스 아그리파(Heinrich Cornelius Agrippa, 1486-1535) 같은 이단의 기독교인들에 의해 논해진 그들의 저작을 융은 잘 알고 있었다.[124] 이러한 테우르기아의 실천이 대부분의 중세 및 초기 근대 마도서(Grimoire)의 기초가 되었다. 마도서는 서양 마법 전통의 기틀이 된 문서로 다양한 종류의 천사와 악마가 등장한다. 천사나 악마를 잘 설득하거나 강요하면, 그들에게서 얻어낸 선물에 의해 인간은 천사화 될 수도 있었다. 중세 유대교의 비교적 종파에서는 천사와 같은 '상위 자아'(higher-self) 소환도 이뤄졌다. 융도 그 저서를 알고 있었다, 12세기의 유대교도이자 박

니티에서는 상설 맥기드도 있었다.

식가, 점성술사, 철학자인 아브라함 이븐 에즈라(Abraham ibn Ezra, 1089-1164)**280, 125)**는, 어떤 의미에서는 이암블리코스가 제창한 상상계(mundus imaginalis)를 많이 닮은 천사의 상위의 세계에 대해 말하고 있다. 그곳에서는 테우르기아의 의식에 의해 인간은 신과의 '자연스럽게 나누기 힘든' 결합을 체험할 수 있다고 한다.126) 그러한 천계를 아는 것을 가능하게 하는 상상은, 영혼의 '영적인 몸', 즉 '영혼의 탈 것'이다.127)

이븐 에즈라는 인간의 영혼은 원래 이 천계에서 생겨난다는 생각을 제창했다.128) 그리고 항성이나 행성 역시 각각의 영혼을 가지고, 인간의 영혼이 하는 것과 마찬가지로 그 근원으로 돌아가려고 노력한다고 한다. 이븐 에즈라는 분명히 이들 행성과 항성들의 영혼을 천사라고 불러, 포르필리오스나 이암블리코스가 논했던 아스트랄계의 다이몬과 직접 연결시켰다.129) 고차의 영역을 체험하고 싶은 인간은 '자기 마음의 눈동자'를 통해 보는 것을 배워야 한다.130) 자기 자신의 영혼을 알면 소우주인 개인이 대우주를 알 수 있다. 안에서 천사에게 다가갈 수 있는 것은 천사가 안에 있기 때문이다. 내면 여행의 최종목표에 대한 이븐 에즈라의 생각은 개인은 신을 직접 체험함으로써 변용한다는 고대 말기 테우르기아의 생각과 일치한다. 융의 심리학 용어로 말하면 개인의 의식은 '참 나'를 직접 체험함으로써 변용하는 것이다.

중세 유대교의 비교적 그룹에서는, 종국에는 인간의 천사화에 이르는 신의 비전을 재촉하는 것을 의도한, 복잡한 테우르기아 의식이 만들어졌

---

280 중세 시대의 가장 저명한 유대인 성서 주석가이자 철학자 중 한 명이다. 그는 스페인 북부의 투델라에서 태어났다.

다.[131) 보름스의 엘레아자르(Eleazar of Worms, 1176-1238)[281]의 저작은 역시 융이 잘 알고 있던 『천사 라지엘의 책』(Sefer ha-Raziel)과 같은 마법서 종류를 계승, 발전시킨 것으로, 이는 초기 근대에 들어서도 그리고 그 후에도 계속 읽히게 되었다.[132) 엘레아자르는 이븐 에즈라와 마찬가지로 천사와 같은 소재로 되어 있어, 그 자체로 천사 같은 모습을 한 신플라톤주의 '영혼의 탈 것' 개념을 도입했다. 첼렘(tselem)[282]이라 불리는 인간 안에 있는 이 신의 이미지를 통해 상위의 세계로 통할 수 있다는 것이다.[133) 엘레아자르는 이 내적인 천사는 그 사람이 그 아래 태어난 황도 12궁의 사인을 지배한다고 생각했다.

> "어떤 사람의 황도 12궁 사인의 지배자(archon)인 천사는 모두 하계로 보내질 때 그 지배하에 있는 인물의 모습을 취한다. … 그리고 이것이, '신은 인간을 자신의 형태로 만들었다'라는 의미이다."[134)

이처럼 각자는 물질계에 태어날 때 내적인 별 천사(아스트랄 에인젤)를 갖게 된다. 엘레아자르의 '어떤 사람의 황도 12궁 사인의 지배자'는 태양이 위치한 사인이 아닌 어센던트의 지배성을 말하며, 출생 호로스코프에

---

281 독일의 탈무드 학자, 카발라 학자. 유다 헤하시드에게 카발라 연구의 수습을 받는다. 월무스에서 랍비가 되어, 1233년 마인츠 대회의에 참가. 1196년 처자 3명을 병사에게 참살 당했다. 그는 다방면으로 정력적인 활동을 보이며 기도문작자, 천문학자로서도 활약, 윤리학의 분야에 뛰어나 카발라 연구에서는 신비적 경향을 나타내고 있다.

282 '이미지'라는 단어는 히브리어 tselem에서 번역되었으며 '모양, 닮음, 그림, 그림자'를 의미한다. 그것에는 추상적인 것이 없다. '창세기' 5장 3절에도 이와 같은 말씀이 나온다. "아담이 백삼십 년을 살다가 자기 형상대로 아들을 낳았고, 그의 형상(첼렘)을 따서 셋이라 불렀더라."

서 오이코데스포테스라는 신플라톤주의 개념과 매우 비슷하다. 이는 천사적 존재에 대한 어긋남이 없는 심리학적 이해다. 천사의 모습은 개인의 심적 차원의 상상계적 표현이며, 그것이 이번에는 죽음을 피할 수 없는 삶에서 영혼과 그 숙명에 나타난 아스트랄계의 특성과 의미의 복합체를 인간의 모습으로 구현하는 것이다.

융의 마도서[283]

가장 중요한 중세의 마법책 중 하나가 라틴어로 『리베르 라지엘』 (*Liber Razielis*),**284** 즉 『라지엘의 책』이라고 불리는 것이다.[135] 이 저작은 특히 융의 상상의 의식적 이용[136]에 대해 논의할 때 문제가 된다. 리베르 라지엘은 히브리어의 『세팔 하 라지엘』의 라틴어 번역이다.[137] 거기에는 보름스의 엘레아자르의 저작이 대부분 포함되어 『모세의 제6, 제7의 책』이라 일컬어지는 초기 근대 마도서의 주요 정보원이기도 했다. 이 마도서는 융의 장서 속에 포함되어 있으며, 『새로운 책』에서는 마법사 필레몬의 소유물로 알려져 있다.[138] '모세'는 다른 많은 마도서와 마찬가지로

---

283 특히 유럽에서 유포된 마법 서적을 가리킨다. 마도서, 마법서라고도 하며 주로 흑마법에 연관된 것이 많다. 특히 초기의 그리모어들은 동화 등에 나오는 긍정적인 의미의 마법이라기보다는, 악마 등과 관련된 뉘앙스의 마법을 주로 일컫는다. 따라서 종교 문헌 등에서는 금기시하는 것들이다.

284 유대인 신비주의(유대교의 카발라)의 가르침 안에 있는 천사로서, 그는 '비밀의 지킴이'이자 '신비의 천사'이다. 그는 카발리즘 이론의 네 세계 중 하나인 베리아(Beri'ah)에 있는 세피라 초크마 (10명 중 두 번째)와 연관이 있다.

행성이나 황도 12궁의 상징이 되는 천체와 관계있는 다이몬적 존재와 대화가 있기 때문에 아스트랄 마법의 서적으로 영지주의, 헤르메스주의, 초기 유대교, 신플라톤주의의 기원으로까지 거슬러 올라갈 수 있는 성계의 우주론(아스트랄 코스몰로지)에 뿌리가 있다고 생각된다. 당연하게도 융이 입수한 마도서는 『모세』만이 아니다. 융의 장서에는 그 밖에도 다수 이런 종류의 문서가 있는데, 이것들은 일종의 그노시스, 즉 합일의 체험에 대한 영혼의 상승을 다루는 것으로, 오로지 '하위의' 고에테이아(goeteia)에 관심을 가질 만한 것은 없기 때문에 테우르기아적인 것으로 보는 것이 좋을지도 모른다. 『새로운 책』의 작업을 시작했을 때만 해도 이미 융은 마법과 상상을 입구로 하는 의식적인 기법이 생기게 하는 심리학적 변용에 흥미를 끌었던 것 같다.

중세와 초기 근대의 마법을 연구하는 학자들 이외의 사람들에게 아마도 가장 잘 알려진 마법서가 네테스하임의 하인리히 코르넬리우스 아그리파의 16세기 성전(聖典) 『은비철학(隱秘哲學)에 대해』(De occulta philosophia)이다. 이 마법사 지원자에게 성전 3권은 점성술, 연금술, 카발라 마법에 대한 종합적인 논문이다. 아그리파는 『모세』의 저자와 마찬가지로 원전자료로 『세팔 하 라지엘』을 참고했다.[139] 융은 아그리파에 의한 독일어판 문서를 두 종류 갖고 있었다. 하나는 1855년, 다른 하나는 1916년에 출판된 것이다.[140] 그와 더불어 또 다른 아그리파의 저작인 『모든 예술과 과학의 허무에 대해』(On the Vanity of All Arts and Sciences)의 희귀했던 초기 라틴어 판을 두 권 소유하고 있었으며, 각각 1584년과 1653년에 출판된 것이었다.[141]

또한 『새로운 책』과의 관계에서 마찬가지로 중요한 18세기 초에 독일에서 출판된 마도서도 융은 입수했고, 그것은 아브라함 폰 보름스[142]라는 중세 유대교도의 마법사에 의한 것으로 여겨지는『태고의 신성한 마법과 경탄할 만한 진정한 방법의 책』(Buch der wahren Praktik in der uralten gottlichen Magie und in erstaunlichen Dingen)이다.[143] 이 책은 네 부분으로 나누어져 있는데, 영어로『아브라멜린의 책』(The Book of Abramelin)이라고 불리는 서적의 첫 번째 인쇄본이다. 2006년에 출판된 새로운 영어 번역 서문을 쓴 론 미로 두켓(Lon Milo DuQuette)에 의하면, 원래의 원고는 1387년에서 1427년 사이에 쓰였다고 한다.[144] 여러 아스트랄계의 천사나 영혼에 관한 것이 쓰여진『아브라멜린』[285] 제3의 책의 대부분과 같은 것이『모세의 제6, 제7의 책』에 쓰여져 있다.[145]『아브라멜린』은 황금새벽회 설립자 중 한 명인 새뮤얼 리델 맥그리거 메이저스(Samuel Liddell MacGregor Mathers)에 의해 19세기 말에 처음으로 영어로 번역되었다.[146] 메이저스가 번역하고 알레스터 크로울리(Aleister Crowley)가 이 책의 의식을 퍼뜨린 것에 더해, 21세기에 영어와 독일어로 두 개의 신판이 출판되면서『아브라멜린』은 현재 오컬트 집단에도 인기 있는 저작이 되었다.[147]

『아브라멜린』은 그 저자가 아브라멜린이라고 불리는 유대계 이집트인 마법사로부터 배웠다고 주장하는, 어떤 특별한 점성술과 천사가 관련된 의식을 소개하고 있다.『아브라멜린』의식은 18개월에 걸친 단식, 금

---

285 '아브라멜린'은 14세기경 이집트에 있었다고 하는 전설적인 마법사의 이름이다. 전해오는 바에 의하면 아브라함이란 이름의 한 유태인이 이집트의 사막을 방랑하고 있을 때 마법사 아브라멜린과 만나 비밀서『술사 아브라멜린의 신성 마법의 서』라는 책을 썼다고 한다. 이 책은 그 후 오랫동안 잊혀졌다가 근대 마법의 조상이라고도 하는 M.메이저스가 이 책을 파리의 라누스나라 도서관의 고문 가운데에서 찾아내어 영문으로 번역, 출판한 것이 다시 많은 마법사의 눈에 띄게 되었다.

욕과 같은 여러 가지 심적 영적 훈련 준비를 요구하고 있다. 그 목적은 마법사의 변용과 '구원받지 못하는' 영혼에게 명령하는 힘을 가져다주는 일종의 그노시스의 획득이다. 이 책을 최초로 영어로 번역한 메이저스에 따르면 의식의 목적은 다음과 같다.

> "순수함과 사심이 없음에 따라 그 사람의 수호천사에 대한 지식을 얻고 수호천사와 대화를 함으로써 그 후 모든 물질적인 것으로 나쁜 영혼을 자신의 하인으로 이용할 권리를 가질 수 있을지도 모른다."148)

장기간에 걸친 의식적인 준비에 이어서, 아브라함에 따르면

> "나는 이 비전을 연속 사흘 동안 무사(無私)와 무상(無上)의 기쁨 속에서 경험했다. 나의 수호천사로부터 사랑과 우정을 갖고 말을 걸 수 있었다. 그는 신의 지혜와 카발라에 대해 설명했고, 그 후 이 마법에 대한 완전한 진실을 빠짐없이 설명했다."149)

융이 필레몬에 대해 매우 많이 닮았다는 것을 엿볼 수 있다. 『새로운 책』에 따르면 필레몬은 융에게 마법의 비밀을 알려주었다고 한다. 두켓의 생각으로는, 『아브라멜린』의 수호천사는 '각 개인에게 일대일로 연결된 신성한 존재―요컨대 그 마법사의 개인적인 영적 동반자―이다.'150) 두켓은 인도의 요가 실천에 그 뿌리가 있지 않을까 생각하고 있지만, 중세 서양의 마법 흐름에서 이 생각의 원천은 신플라톤주의 오이코데스포테스의 개념과 유대교의 맥기드에 있을 가능성이 더 높다. 다만 어느 쪽도 '구원

받지 못하는' 악령을 불러내는 수단으로서가 아니라, 대부분의 경우 영혼의 변용을 위해 소환되었다.[151]

　　융이 말하는 '그림자'286 개념—개인적 무의식의 문제가 있거나 받아들여지지 않는 요소[152]—의 심리학적 맥락의 경우를 제외하고는, 융이 구원받지 못한 영혼을 소환하는데 관심을 가졌을 것 같지는 않지만, 왜 그가 심리학적 견지에서 『아브라멜린』에 관심을 가졌는지 이해하기는 어렵지 않다. 필레몬은 유대교와 기독교에 공통된 종교적 맥락에서는 일종의 수호천사로 여겨질 뿐 아니라 집단 무의식 지혜의 원형적 이미지로 간주할 수도 있다. 융이 『아브라멜린』의 '수호천사'와 신플라톤주의 오이코데스포테스의 유사점을 간과했다는 것도 있을 수 없는 일이다. 둘 다 내적이고 심리학적임과 동시에 구상적이면서 천상계적(天上界的)이라는 경계적인 위치에 있다. 또한 둘 다 상상계의 거주자로, 그리고 둘 다 개인의 소우주와 보편적인 대우주 사이의 가교 역할을 하고 있는 것이다. 융이 이암블리코스의 테우르기아, 신플라톤주의에 촉발되어 15세기 후반 마르실리오 피치노에 의해 탄생된 성신마법(星辰魔術)[153]과 로욜라의 '영적 수련'에 대한 그의 심리학적 이해에 적합한 형태로 『아브라멜린』의식

286　융 심리학에서 그림자(shadow) 또는 '그림자 측면'은 (1)의식적인 자아 자체가 식별할 수 없는 성격의 무의식적 측면을 뜻한다. 왜냐하면 그림자는 크게 부정적이거나 (2)무의식의 전체, 즉 사람이 의식하지 않는 모든 것이기에 한쪽 면은 거부하거나 성격의 바람직한 면만 나타내려는 경향이 있기 때문이다. 그러나 사람의 그림자에 긍정적인 측면이 숨겨져 있을 수 있다.(특히 자아존중감이 낮은 사람). 그림자의 프로이트식 정의와는 달리, 융의 그림자는 외부에서 드러날 수 있고 긍정적 또는 부정적일 수 있다. 융은 "모든 사람은 그림자를 지며, 개인의 의식 생활에서 구현이 적을수록, 그것은 검어지고 어두워진다."라고 말했다. 그것은 의식하는 마음에 의한 유아기 동안 대체되는, 원시적인 동물의 본능과 관련된 것(의 부분)일 수 있다.

을 시험하고, '내 마음의 선도자'라고 해서 필레몬이라고 불렀던 상상 속의 내적 지도자의 존재를 체험했다는 건 있을 수 있는 일이다.[154]

　융이 의식적 마법에 깊은 관심을 가진 것은 놀랄 만한 일이 아니다. 마법의 실천과 심리학적 탐구의 경계는 덧없이 끊임없이 바뀌는 것이기 때문이다. 융의 조사는 고대말기, 중세, 초기근대 마도서의 범위를 넘어, 토성형제단(土星兄弟團)과 같은 동시대의 마법교단 문헌에 이르렀다. 1920년대 후반에 융이 짧은 기간이나마 그 잡지를 입수한 이 교단은, 토성에 지배되는 새로운 '물병자리의 시대'가 곧 온다는 생각을 퍼뜨렸다.[155] 소누 샴다사니는 1912년에 독일의 화학 교수 루드비히 슈타우덴마이어(Ludwig Staudenmaier)의 『실험과학으로서의 마법』(Magic as an Experimental Science)287이라는 책이 출판되었다고 하였다. 이 책에서 슈타우덴마이어는 '내림받아쓰기' 및 의도적으로 유도된 시각성 환각의 실험에 대해 설명하고 있다. 샴다사니에 따르면 슈타우덴마이어의 목적은 '마법의 과학적 설명을 하는' 것이었다.[156] 융은 이 책을 한 권 소유하고 있었는데, 그 중 몇 개의 문장에 표시를 하고 있다. 융은 시대 및 직업의 관습과 문화적 기대에 제한되면서도 이 경계적 영역의 중요성을 인정하는 용기를 갖게 됐다. 거기서는 눈에 보이지 않는 세계에 접근할 수 있는 상상이라는 '영혼의 도구'를 이용하여 인간 의식의 발달에 의식적 마법을 적용함으로써 심리학적 통찰을 얻을 수 있다.

287　내림받아쓰기의 수법 등을 대상으로 하고, 마법을 과학적으로 해명하고자 한 책이다. 슈타우덴마이어는 이 책에서, '하의식'에 열쇠가 있어 인격화가 중요시 된다고 쓰고 있다. 융은 이 책을 읽고 능동적 창의력을 만들어내는 데 참고했을 가능성이 다분하다. 하지만 융은 구체적으로 현실의 '마법'에 대해 거의 흥미를 가지고 있지 않고, 정리된 논고도 하고 있지 않다.

융이 마법―아마도 더 정확하게는 테우르기아―에 대해 읽기만 한 것이 아니라 실천한 증거가 있더라도, 그것이 바로 아그리파나 맥그리거 메더스의 경우와 같은 의미에서 융이 '신자'였다는 것 혹은 매일 밤 취침 전에 아스트랄계의 존재를 소환했다는 것을 의미하는 것은 아니다. 융에게는 모든 것이 결국 인간 심리학의 맥락 속에서 이해될 필요가 있었던 것이다. 마법은 의심할 여지없이 『새로운 책』에서 중대한 주제이다. 그리고 아스트랄 마법―천체가 가져오는 숙명의 강제의 사슬을 끊기 위해 행성층을 통과하는 영혼의 상승을 유도하려는 의식―도 마찬가지로 『선집』의 여러 권에 있는 심리학의 주제로 중요한 위치를 차지하고 있다. 태양신을 소환하는 마법적 의식이 『새로운 책』에 등장하는데, 첫 번째는 『미트라 전례』에 나오는 의식적 소환으로 촉발된 것이다. 같은 소환이 『검은 책』의 하나에 등장하며, 아이온의 새로운 신, 오르페우스교의 원초 신 파네스에게 바쳐졌는데,[157] 그것은 토마스 테일러에 의해 영어로 번역된 신성 오르페우스교의 『프로토고노스에 대한 찬가』(Hymn to Protogonos)에 있는 여러 주제와 일치한다. 이러한 소환에 응하더라도 존재는 누구든 그 '진정한' 성질은 집단 무의식의 원형적 잠재력이 인격화된 것이라고 융은 보았다. 그러나 이 설명으로도 경계적 영역에 대한 확고한 과학적 검증을 기대하는 사람들을 안심시킬 수는 없을 것 같다.

Notes

1) Iamblichus, *De mysteriis*, IX:3.

2) Jung, *MDR*, pp. 369 and 391.

3) 융의 영지주의 문서와 관계에 대해서는 제5장.

4) John Dillon, *The Middle Platonists* (Ithaca, NY: Cornell University Press, 1997), pp. 384-96. 융은 『미트라 전례』와 『칼데아 신탁』의 G.R.S. 미드의 영어 번역본 (G.R.S. Mead, *The Mysteries of Mithra* [London: Theosophical Publishing Society, 1907]과 G.R.S. Mead, *The Chaldean Oracles* [London: Theosophical Publishing Society, 1908])을 비롯하여, 알베르트 디트리히(Albrecht Dieterich)의 독일어 번역본 *Ein Mithrasliturgie* (Leipzig: Teubner, 1903), 그리고 이 문서에 관한 Franz Cumont 의 고찰 *Die Mysterien des Mithra* (Leipzig: Teubner, 1903)을 입수했다. 융은 『무의 식의 심리학』에서, 이 문서들에 대해 모두 언급하고 있다. 더 최근의 영어 번역과 주석은, Hans Dieter Betz, *The Mithras Liturgy* (Tübingen: Mohr Siebeck, 2003); Hans Lewy, *Chaldaean Oracles and Theurgy* (Paris: Institut d'Études Augustiniennes, 2011 [1956]).

5) *MDR*, p. 186에 따르면, 이 기간 동안 융은 게오르크 프리드리히 크로이저(Georg Friedrich Creuzer)의 저서 *Symbolik und Mythologie der alten Völker* (Leipzig: K.W. Leske, 1810-12)를 '미친 듯이' 읽었다고 한다. 크로이저는 플로티노스와 프로클로 스의 작품을 라틴어로 번역하기도 했다. 크로이저의 신플라톤주의자의 저작의 번역에 대해 서는, Georg Friedrich Creuzer (trans.), *Plotini Enneades cum Marsilii Ficini Interpretatione Castigata* (Paris: Dübner, 1855). 융의 사상과 신플라톤주의자들의 사 상 사이의 관계에 대해서는, James Hillman, 'Plotino, Ficino, and Vico as Precursors of Archetypal Psychology', in James Hillman, *Loose Ends* (Zürich: Spring, 1975), pp. 146-69; Bruce MacLennan, 'Evolution, Jung, and Theurgy', in Robert Berchman and John F. Finamore (eds.), *History of Platonism* (New Orleans, LA: University Press of the South, 2005).

6) 융이 입수한 『비의론』의 또 다른 판은, Pierre Quillard (trans.), *Le livre de Jamblique sur les mystères* (Paris: Libraire de l'art indépendant, 1875)였다. 융은 이암블리코 스의 『비의론』에 CW9i, ¶573에서, 『피타고라스전』에 CW18, ¶1521에서 언급한 바와 같

이, 두 저작 모두 숙지하고 있었음을 알 수 있으나, 이암블리코스의 테우르기아에 대해 『선집』에서는 전혀 논하지 않고 있다.

7) 르네상스기의 신플라톤주의에 대해서는, Yates, *Giordano Bruno*; Michael J.B. Allen, Valery Rees, and Martin Davies (eds.), *Marsilio Ficino* (Leiden: Brill, 2002); Moshe Idel, 'The Magical and Neoplatonic Interpretations of the Kabbalah in the Renaissance', in Bernard Dov Cooperman (ed.), *Jewish Thought in the Sixteenth Century* (Cambridge, MA: Harvard University Press, 1983), pp. 186-242; Lenn E. Goodman (ed.), *Neoplatonism and Jewish Thought* (Albany: SUNY Press, 1992). 19세기 후반 영국의 오컬트 부흥 시기의 신플라톤주의에 대해서는, Hanegraaff, *New Age Religion*, pp. 386-92. 신지학자들이 자신들이 신플라톤주의에 힘입은 바가 크다는 것을 인정한 것에 대해서는, Anonymous, 'Ancient Landmarks', *Theosophy* 28:2 (1939), pp. 53-57.

8) '신성플라톤주의'라는 용어에 대해서는, Lewy, *Chaldaean Oracles*, p. 464.

9) 후기 신플라톤주의자들에 대해서는, Crystal Addey, 'Oracles, Religious Practices, and Philosophy in Late Neoplatonism' (2007), 〈www.practical-philosophy.org.uk〉, pp. 31-35; Sebastian R.P. Gertz, Death and Immortality in Late Neoplatonism (Leiden: Brill, 2011).

10) 기독교화된 플라톤주의에 대해서는, Andrew Louth, *The Origins of the Christian Mystical Tradition* (Oxford: Oxford University Press, 1983); I.P. Sheldon-Williams, 'The Greek Christian Platonist Tradition from the Cappadocians to Maximus and Eriugena', in A.H. Armstrong (ed.), *Later Greek and Early Medieval Philosophy* (Cambridge: Cambridge University Press, 1967), pp. 421-534.

11) 『선집』에서 플로티노스에 대한 언급은, Jung, CW6, ¶21; Jung, CW9ii, ¶342; Jung, CW14, ¶761; Jung, CW5, ¶198; Jung, CW8, ¶927에 있다. Jung, *Psychology of the Unconscious* 과 Jung, *Modern Psychology*에도 다수의 인용이 있다.

12) 플로티노스의 두상(Museo Ostia Antica, Inv. 436). 모두 오스티아에서 발견된 네 개의 복제품 중 하나이다. 십중팔구 플로티노스라 추정되지만 증명되지는 않았다.

13) 플로티노스가 마법에 관여한 것에 대한 다양한 관점들은, Wendy Elgersma Helleman, 'Plotinus and Magic', *International Journal of the Platonic Tradition*, 4 (2010), pp. 114-46. 플로티노스가 기독교 사상에 끼친 영향은, John M. Rist, 'Plotinus and Christian Philosophy', in Lloyd P. Gerson, *The Cambridge Companion to Plotinus* (Cambridge: Cambridge University Press, 1996), pp. 386-413; Henry J. Blumenthal and Robert A. Markus (eds.), *Neoplatonism and Early Christian Thought* (Farnham: Ashgate, 1981). 플로티노스는 마법을 전적으로 혐오하지는 않았

다. Philip Merlan, 'Plotinus and Magic', Isis 44:4 (1953), pp. 341-48; A.H. Armstrong, 'Was Plotinus a Magician?', *Phronesis* 1:1 (1955), pp. 73-79; Zeke Mazur, 'Unio Magica: Part I: On the Magical Origins of Plotinus' Mysticism', *Dionysius* 21 (2003), pp. 23-52; Zeke Mazur, 'Unio Magica: Part II; Plotinus, Theurgy, and the Question of Ritual', *Dionysius* 22 (2004), pp. 29-55.

14) Jung, CW14, ¶761.

15) Jung, CW9ii, ¶342. Stephen MacKenna (trans.), *Plotinus* (London: Medici Society, 1917-30) 수록된, Plotinus, Ennead VI에서 인용. 플로티노스는 원래 6권으로 출판되었지만, 나중에 1권으로 재발행되었다(London: Faber & Faber, 1956). 아래의 주 17.

16) Jung, *MDR*, p. 222.

17) 표준적인 더 오래된 영어 번역은 MacKenna (trans.), *Plotinus*. 더 최근의 영어 번역은 A.H. Armstrong, trans., *Plotinus*, 7 volumes (Loeb Classical Library, 1966-88). 그리스어 *enneas* (εννεας)는, 9개의 물체의 집합체를 의미하며, 9를 의미하는 εννεα에서 유래한다. 포르필리오스는 그의 스승의 글을 길이가 다른 54개의 논문으로 편집하여 각각 특정 주제를 다루는 '에네아스', 즉 9개의 그룹으로 나누었다. 따라서 이들 그룹이 6개가 있으며, 맥켄나의 6권으로 된 번역은 이를 바탕으로 하고 있다.

18) Arthur C. Drews (trans.), *Plotin und der Untergang der antiken Weltanschaunng* (Jena: E. Diederichs, 1907). Drews는 1910년에 출판한 *Die Christusmythe* (Jena: E. Diederichs, 1910)에서, 고대 점성술이 말하고 있는 것을 종교의 기원과 복음서의 숨겨진 구조와 연관시켰다. 놀랄 것도 없이 융은 이 저작에 더해, Drews의 플로티노스 번역도 입수했다.

19) Paul Henry and Hans-Rudolf Schwyzer (eds.), *Plotini opera, Porphyrii vita Plotini, Enneades I-III, IV-VI* (Paris: Desclée de Brouwer, 1951-59).

20) Jung, *Psychology of the Unconscious*, p. 82, Plotinus, Ennead II.5.3에서 인용. '이데아'라는 용어에서 융은, 플로티노스가 생각하는 플라톤적인 이데아의 개념, 즉 원형적 형상을 말하고 있다.

21) Jung, *Psychology of the Unconscious*, p. 81.

22) Jung, CW5, ¶¶296-97.

23) Plotinus, Ennead IV.4.41.

24) Plotinus, Ennead II.3.7.

25) Plotinus, Ennead II.3.7-8.

26) Jung, *Psychology of the Unconscious*, p. 81. 『새로운 책』의 파네스에 대한 보다 자세한 내용은 Greene, *The Astrological World of Jung's 'Liber Novus'*, chapter 6.

27) Thomas Taylor (trans.), *The Mystical Hymns of Orpheus* (London: Robert

Triphoon, 1824). 융은 1912년 이전에 이 저작을 1권 입수한 것으로 보인다. *Psychology of the Unconscious* (p. 544, n. 34)에서 오르페우스 노래 중 하나를 인용했지만, 번역자에 대한 언급은 없었다. 그러나 *Psychology of the Unconscious*의 개정판인 Jung, CW5에서는, 동일한 장소에서 테일러의 번역이 인용되고 있다(¶528, n. 62).

28) Reitzenstein, *Hellenistic Mystery-Religions*, pp. 90 n. 2, 241, 279.

29) Isaac Preston Cory, *Ancient Fragments of the Phoenician, Chaldean, Egyptian, Tyrian, Carthaginian, Indian, Persian, and Other Writers* (London: Reeves and Turner, 1876); Erwin Rohde, *Seelencult und Unsterlichkeitsglaube der Griechen* (Tübingen: Mohr, 1903).

30) 『새로운 책』의 집필 기간 동안 융이 코리를 참고로 한 것에 대해서는, Jung, *Liber Novus*, p. 301, n. 211.의 샴다사니의 주.

31) G.R.S. Mead, *Orpheus* (London: Theosophical Publishing Society, 1896).

32) Taylor (trans.), *The Mystical Hymns of Orpheus*, p. 1. 테일러의 말은, 한편으로는 이 암블리코스, 피타고라스는 그의 모든 교의를 오르페우스교에서 얻었다고 선언한 것에 근거가 있다. Iamblichus, *On the Pythagorean Life*, trans. Gillian Clark (Liverpool: Liverpool University Press, 1989), 28.146, 28.147, and 28.151.

33) Thomas Taylor (trans.), *Ocellus Lucanus, On the Nature of the Universe* (London: John Bohn, 1831).

34) 이 판화의 출처는 알려져 있지 않으며, 현존하는 고대말기의 이암블리코스의 흉상은 없다.

35) '신성한'($\theta\varepsilon o\iota\varsigma$)이라는 형용구는, 고대말기 다수의 자료에서 이암블리코스를 묘사하는 데 사용되고 있다. Shaw, *Theurgy and the Soul*, p. 26, n. 13.

36) Iamblichus, *De mysteriis*, IX:1-3. Crystal Addey, 'Oracles, Dreams, and Astrology in Iamblichus' *De mysteriis*', in Curry and Voss (eds.), *Seeing with Different Eyes*, pp.35-58; John Dillon (ed. and trans.), *Fragments of Iamblichus' Commentary on the Timaeus* (Leiden: Brill, 1973).

37) 상상이 중개 역할을 한다고 하는 이암블리코스의 이론은, 지금도 매우 높게 평가되고 있는 Murray Wright Bundy, *The Theory of Imagination in Classical and Medieval Thought* (Urbana: University of Illinois Press, 1927)에서 설명되고 있으며, 1927년에 출판된 이후 어느 시점에서 융은 입수했다.

38) Jung, CW18, ¶407. 이 강의는 원래는 1935년에 실시되었고, 출판물로서는 C.G. Jung, *Analytical Psycholoy* (London: Routledge & Kegan Paul, 1968)에서 최초로 등장했다.

39) Iamblichus, *De mysteriis*, I.21. Clarke, Dillon, and Hershbell (*De mysteriis*, p. 79, n. 112)에는, 선테마타라는 용어는 여기에서는 '다양한 마법적 물질과 테우르기아 실천의 기초를 이루는 물질의 조합'을 말하는 것은 아닌가 라고 쓰여져 있다.

40) '테우르기아'라는 용어의 역사에 대해서는, Lewy, *Chaldaean Oracles*, pp. 461-66; E.R. Dodds, *The Greeks and the Irrational* (Berkeley: University of California Press, 1957), pp. 283-310.

41) Shaw, *Theurgy and the Soul*, pp. 40-42; Garth Fowden, *The Egyptian Hermes* (Princeton, NJ: Princeton University Press, 1993), pp.1-2, 86-87. G.R.S. 미드에 의해 『칼데아 신탁』의 번역과 주석이 두 권으로 나뉘어 출판되었다(London: Theosophical Publishing Society, 1908). 융은 당연히 이 작품을 입수하였다.

42) Helleman, 'Plotinus and Magic'.

43) Iamblichus, *De mysteriis*, V.26.

44) Jung, *Liber Novus*, pp. 284-85. 상세한 것은 제7장에서 논하고 있다.

45) Paul Deussen, *Allgemeine Geschichte der Philosophie*, 2 volumes (Leipzig: F.A. Brockhaus, 1894-1917).

46) Jung, CW6, ¶336.

47) Jung, 'Über den Archetypus mit besonderer Berücksichtigung des Animabegriffes', 영역은 Jung, CW9i, ¶¶111-155.

48) Jung, CW9i, ¶130, n. 19.

49) 융은 문화적 배경이 어느 정도 종교적 체험을 방향짓는가 하는 문제에 관심을 갖고 있었다. 이 토론은 학계에서 진행 중이며, 아래 주 70에 표시된 참고문헌.

50) Jung, CW18, ¶1536.

51) Iamblichus, *De mysteriis*, III.14.

52) Iamblichus, *De mysteriis*, II.11.

53) Iamblichus, *De mysteriis* III.25.

54) Iamblichus, *De mysteriis*, III.14. See also Shaw, 'Theurgy', p. 1.

55) 융의 『선집』에 있는 마법에 대한 언급은 여기에 열거하기에는 너무 많다. Jung, CW20, 'magic'의 항목.

56) Jung, CW6, ¶316.

57) 그레고리 쇼는 이들 근대 오컬티스트들의 저작은 이암블리코스 테우르기아의 현대적 활용에 대한 유용한 증거를 제공하기 때문에 '학자들에 의해 무시되어서는 안 된다'고 강조했다. Shaw, 'Theurgy', p. 4, n. 12.

58) Israel Regardie, *The Tree of Life* (London: Rider, 1932), p. 36. 융이 입수한 리가르디의 두 번째 저작은, *The Philosopher's Stone* (London: Rider, 1938).

59) 테우르기아를 '내적 의식'으로 파악하는 방식에 대해서는, Mazur, '*Unio Magica*: Part II'.

60) 돌에 대해서는, Greene, *The Astrological World of Jung's 'Liber Novus'*, chapter 2.

61) Greene, *The Astrological World of Jung's 'Liber Novus'*, pp. 37-39에서 논의되고

있는 태양의 거인 이즈두바르의 그림에서 융이 점성술 사자자리 기호를 닮은 형상을 한 살라만더를 사용한 것.

62) 이 자료의 기원에 대해서는, Shamsasani, 'Introduction', in *Liber Novus*, pp.198-203.

63) Jung, *Black Book* 2, cited in Jung, *Liber Novus*, p. 200, n. 67.

64) Gerhard Wehr, *An Illustrated Biography of Jung*, trans. M. Kohn (Boston, MA: Shambhala, 1989), p.72. 후에 Shambhala에 의해 재판된 The later Shambhala reprint of this work, *Jung* (Boston, MA: Shambhala, 2001)에는, 이 이미지는 포함되어 있지 않다. Jay Sherry, *A Pictorial Guide to The Red Book* (Archive for Research in Archetypal Symbolism, ARAS Connections, 2010). 셰리는 융의 1914년, 필레몬의 '밑 그림'을 옮겨 실었고, 이것과 윌리엄 블레이크의 그림인 '아담을 창조하는 엘로힘'과의 유사성을 지적했다. 샴다사니도 블레이크가 융의 그림에 끼친 영향에 대해서 언급했다. Scott Horton, 'Inside Jung's *Red Book*: Six Questions for Sonu Shamdasani', *Harpers Magazine*, 12 July 2014, at 〈http://harpers.org/blog/ 2009/10/inside-jungs-_red-book_ -six-questions-for-sonu-shamdasani/〉.

65) 로마 아이온의 상에 대해서는 제5장.

66) Thorburn, *Art and the Unconscious*, pp. 3-38; Jung, CW15, ¶¶155-162.

67) 예를 들면 H.P. 블라바츠키, 앨리스 베일리, 막스 하인델의 저작에서, 모두 자신들의 저작은 고도로 진화한 불멸의 실재들 덕분에 쓸 수 있었다고 말하고 있다. '내림받아쓰기' 또는, '念寫'에 대한 융의 견해는, Jung, CW1, ¶¶28, 45, 49, 88, 96; Jung, CW18, ¶¶725-26, 731, 795.

68) '합일' 체험에 대해서는 Dan Merkur, *Mystical Moments and Unitive Thinking* (Albany: SUNY Press, 1999). '종교적 변성의식상태'(RASC)라는 용어에 대해서는 Alan F. Segal, *Life After Death* (New York: Doubleday, 2012), p. 402. Jung, CW11, ¶¶474-487.

69) E.R. Dodds, 'Theurgy and Its Relationship to Neoplatonism', *Journal of Roman Studies* 37:1-2 (1947), pp. 55-69, on p. 58. 융은 『칼데아 신탁』을 미드의 번역뿐만 아니라 Cory's *Ancient Fragments*를 통해 알고 있었다. 그 355쪽에서, 『칼데아 신탁』이 원초적인 힘을 불과 동일시한다고 묘사하고 있다.

70) 이 주제에 관한 학술적 문헌의 풍부함은 인지 과학에서 신학적 의견에 이르기까지 다양하다. 융은 James, *The Varieties of Religious Experience*에 강한 영향을 받았다. 융 자신의 고찰에 대해서는 Jung, CW11의 논문. 더 최근의 논의에 대해서는 Jensine Andresen (ed.), *Religion in Mind* (Cambridge: Cambridge University Press, 2001); Steven T. Katz (ed.), *Mysticism and Language* (Oxford: Oxford University Press, 1992); F. Samuel

Brainard, 'Defining "Mystical Experience"', *Journal of the American Academy of Religion*, 64:2 (1996), pp. 359-93; Ralph W. Hood, Jr., 'The Construction and Preliminary Validation of a Measure of Reported Mystical Experience', *Journal for the Scientific Study of Religion* 14 (1975), pp. 29-41.

71) Jung, CW8, ¶859. Albertus Magnus, *De mirabilibus mundi* (1485)에서 인용.

72) Jung, CW9i, ¶334.

73) Iamblichus, *De mysteriis*, 115.3-7. See also Gregory Shaw, 'The Talisman', in Angela Voss and Jean Hinson Lall (eds.), *The Imaginal Cosmos* (Canterbury: University of Kent, 2007), pp. 25-34.

74) Jung, CW14, ¶753. 또한, '능동적 상상'에 관한 융의 다수의 논의에 대해서는, Jung, CW8, ¶¶166-175; Jung, CW9i, ¶621; Jung, CW14, ¶¶752-755. Chodorow (ed.), *Jung on Active Imagination*; Marie-Louise von Franz, *Alchemical Active Imagination* (Irving, TX: Spring, 1979; repr. New York: Shambhala, 1997).

75) 융에 의한, 연금술의 우누스 문두스, 플라톤의 세계 영혼, 그리고 집단 무의식의 연관성에 대해서는, Jung, CW8, ¶393; Jung, CW11, ¶448.

76) Jung, *Liber Novus*, p. 314.

77) Crystal Addey, 'In the Light of the Sphere', in Geoffrey Samuel and Jay Johnston (eds.), *Religion and the Subtle Body in Asia and the West* (London: Routledge, 2013), pp. 149-67. 영혼의 탈 것 및 매개로서의 상상에 대해서는, John F. Finamore, *Iamblichus and the Theory of the Vehicle of the Soul* (Chico, CA: Scholars Press, 1994).

78) Shaw, *Theurgy and the Soul*, pp. 86-87. E.R. Dodds (ed. and trans.), *Proclus: The Elements of Theology* (Oxford: Clarendon Press, 1963), pp. 222-23 and 344-45.

79) Shaw, *Theurgy and the Soul*, p. 87. 예를 들면, Iamblichus, *De mysteriis*, 105.1; 125.5; 127.9. 테우르기아에서 불가결한 요소인 '수용성'에 관해서는, Crystal Addey, 'Divine Possession and Divination in the Graeco-Roman World' *On the Mysteries*', in Bettina E. Schmidt and Lucy Huskinson (eds.), *Spirit Possession and Trance* (London: Continuum, 2010), pp. 171-81.

80) D.A. Russell, 'Some Texts Similar to *De genio*', in Plutarch, *On the Daimonion of Socrates*, p. 204. Hermias, *Commentary on Plato's Phaedrus*, 65.26-69.31에서 인용.

81) 정신장애를 무의식의 범람으로 보는 융의 이해에 대해서는, 예를 들면 Jung, CW3, ¶¶317-87; CW18, ¶¶594 and 1159; CW5, ¶474; CW16, ¶196.

82) Jung, CW5, ¶644.

83) Iamblichus, *De mysteriis*, 3:14. Addey, 'In the Light of the Sphere', p. 155.

84) Plato, *Republic*, 617d는 영혼이 육체에 들어가기 전에 하는 개인적 다이몬의 선택에 대해 설명하고 있다. 개인적 다이몬은 Plato, *Phaedrus*, 248c에도 등장한다. Plotinus, *Ennead* III, 4.3.18-20; Porphyry, *Letter to Anebo* 2, 14-17.

85) Iamblichus, *De mysteriis*, IX.6.

86) Iamblichus, *De mysteriis*, IX.7.

87) Plotinus, Ennead III.4.5.

88) Iamblichus, *Iamblichus of Chalcis: The Letters*, trans. John M. Dillon and Wolfgang Polleichtner (Atlanta, GA: Scholars Press, 2009), p. 95.

89) Iamblichus, *De mysteriis*, 282.1-5. Plato, *Timaeus*, 90a-c 및 Shaw, *Theurgy and the Soul*, p. 218의 논의.

90) Shaw, *Theurgy and the Soul*, pp.218-19. Iamblichus, *De mysteriis*, 283:19-284:10에서 인용.

91) Dodds, *The Greeks and the Irrational*, p. 42. Georg Luck, *Arcana Mundi* (Baltimore, MD: Johns Hopkins University Press, 1985), p. 171.

92) Porphyry, *Letter to Anebo*, 14a-d, 15a-b. Dorian Gieseler Greenbaum, *The Daimon in Hellenistic Astrology* (Leiden: Brill, 2015), pp. 266-75.

93) 신플라톤주의의 개인 다이몬은 어떤 것인가와 헤르메스주의 점성가들이 오이코데스포테스를 계산하기 위해 사용한 방법에 대한 분석에 대해서는, Greenbaum, *The Daimon*, pp. 236-75.

94) Porphyry, *Introduction to the Tetrabiblos, in Porphyry the Philosopher, Introduction to the Tetrabiblos*, trans. James Holden (Tempe, AZ: American Federation of Astrologers, 2009), pp. 22-25.

95) 예를 들어 융도 그 저서를 잘 알고 있었던 15세기 작가 마크로비우스는 저서 『사투르날리아』에서, 호로스코프에 개인적 다이몬은 항상 태양으로 표현된다고 주장했다. Macrobius, *The Saturnalia*, trans. Percival Vaughan Davies (New York: Columbia University Press, 1969), I.19.16-18, p.136. 융의 『사투르날리아』에 대한 언급은, Jung, CW5, ¶425; Jung, CW14, ¶¶154-155, 173, 701.

96) Iamblichus, *De Mysteriis* IX.1, 273.2-9.

97) 이암블리코스는 『비의론』에서 이들 선테마타를 열거하지 않고 있다. 그러나 Proclus, *Commentary on Plato's Timaeus*, I.3.10에는, 헬리오트로피우스(그 꽃이 태양을 따라 돈다)와 블러드 스톤으로 알려진 원석(일종의 붉은 반점이 있는 녹색 벽옥의 형태)이 태양의 선테마타로 묘사되고 있다.

98) 중세 아랍 점성술에서 오이코데스포테스는 알코코덴(*alcocoden*) 즉 '천사의 수호자' 혹은 '수명을 정하는 자'로 불렸다. 알코코덴에 대해서는, James R. Lewis, *The Astrology Book* (Canton, MI: Visible Ink Press, 2003), pp. 18–19, 346–47.

99) 이암블리코스, 프톨레마이오스, 포르필리오스, 프로클루스는 융의 장서를 대표하는 저자들이지만, 융은 포르필리오스의 『테트라비블로스』의 입문서도, 주로 1898년부터 1953년 사이에 출판된 *Catalogus Codicum Astrologorum Graecorum*에 있는 오이코데스포테스에 관한 다른 헤르메스주의적 점성가들의 필사본도 얻지 못한 것으로 보인다.

100) 1985년 7월의 글레테 바우만–융(스위스 스투스)으로부터의 개인적인 통신, 제2장의 융이 딸 헬레네를 위해 작성한 계산표.

101) 예를 들면, Leo, *The Key to Your Own Nativity*, pp. 10–14.

102) 출생 자료 : 칼 구스타프 융, 1875년 7월 26일 오후 7시 27분, 스위스 캐스빌. 포르필리오스의 요건에 대해서는 Porphyry, *Introduction to Ptolemy's Tetrabiblos*, pp. 23–24. 헬레니즘 시대의 점성술 용어에 대한 현대적인 설명은, Joseph Crane, *Astrological Roots* (Bournemouth: Wessex Astrologer, 2007).

103) 융의 출생시의 토성의 독특한 힘과 좋은 영향력에 대한 존 소번의 논평은 제2장.

104) Jung, CW14, p. 229, n. 585. Michael Maier, *Symbola aureae mensae duodecim nationum* (Frankfurt: Julius Ägidius von Negelein, 1617)에서 인용.

105) 토성을 현자의 돌의 기질로 보는 것에 대해서는, Jung, CW13, ¶401; Jung, CW14, ¶703.

106) 필레몬의 토성적 원소에 대한 자세한 검토는, Greene, *The Astrological World of Jung's 'Liber Novus'*, Chapter 5.

107) Jung, *MDR*, p. 207.

108) Betegh, *The Derveni Papyrus*, p. 86.

109) Dorian Gieseler Greenbaum, 'Allotment and Fate', *The Astrological Journal* 56:2 (2014), pp. 27–31.

110) Betegh, *The Derveni Papyrus* Col. 3, p. 9. 이 문서는, 다이몬의 더 애매한 면도 명백히 하고 있다. Betegh, *The Derveni Papyrus*, Col. 6, p. 15.

111) 이 오르페우스교 문서의 '개인적 다이몬'에 대해서는 Betegh, *The Derveni Papyrus*, Col. 3, p. 9. 플라톤의 각 영혼의 '수호령'에 대해서는 Plato, *Phaedrus*, 107d.5–7; Plato, *Republic*, 617d. *The Derveni Papyrus*, p. 87의 Betegh의 논평; K. Tsantsanoglou, 'The First Columns of the Derveni Papyrus and their Religious Significance', in André Laks and Glenn W. Most (eds.), *Studies on the Derveni Papyrus* (Oxford: Oxford University Press, 2001), pp. 93–128, on pp. 96 and 105.

112) Heraclitus, DK B119, in Charles H. Kahn (trans.), *The Art and Thought of*

Heraclitus (Cambridge: Cambridge University Press, 1981), CXIV, p. 81. 이 단편에서 사용된 그리스어 단어 $\delta\alpha\iota\mu\omega\nu$는 보통 영어로 fate(숙명)로 번역된다. 융은 *Collected Works* 에서 헤라클레이토스를 자주 인용했다. Jung, CW8, ¶¶99, 278, 916; Jung, CW12, ¶¶157, 182, 333, 435.

113) James Hillman, *The Soul's Code* (New York: Warner Books, 1997), p. 10.

114) Hillman, *The Soul's Code*, p. 8.

115) James Hillman, 'Jung's Daimonic Inheritance', *Sphinx* 1 (1988), pp. 9–19. James Hillman and Sonu Shamdasani, *Lament of the Dead* (New York: W.W. Norton, 2013), p.119.

116) 이 존재는 이슬람 점성술에서 *Hafaza*로 불린다. 히브리어로는 개인을 지키는 천사를 포함한 모든 천사는 '메신저'를 의미하는 *mal'akh*로 불린다. Saul M. Olyan, *A Thousand Thousands Served Him* (Tübingen: Mohr Siebeck, 1993), p. 4와 같은 페이지 n. 10에 제시된 참고문헌.

117) 앙겔로스로서의 헤르메스에 대해서는 Homer, *Odyssey* 5:29; 이리스에 대해서는 Homer, *Iliad* 2:786. 그리스 로마 시대의 신성한 앙겔로스에 대해서는, Rangar Kline, *Ancient Angels* (Leiden: Brill, 2011).

118) Jung, *Liber Novus*, p. 314.

119) D. Piché (ed. and trans.), *La condamnation parisienne de 1277* (Paris: Vrin, 1999); Henrik Wels, 'Late Medieval Debates on the Location of Angels After the Condemnation of 1277', in Isabel Iribarren and Martin Lenz (eds.), *Angels in Medieval Philosophical Inquiry* (Aldershot: Ashgate, 2008), pp. 113–27.

120) 고대말기와 중세 유대교 마법의 신플라톤주의적 요소에 대해서는, Idel, 'The Magical and Neoplatonic Interpretations'; Goodman (ed.), *Neoplatonism and Jewish Thought*. 그리스어 마법 파피루스에서 유대교의 마법적 의식과 그리스-이집트의 마법적 의식의 융합에 대해서는, Hans Dieter Betz, *The Greek Magical Papyri in Translation* (Chicago: University of Chicago Press, 1986), pp. xliv–xlviii.

121) 솔로몬과 모세를 둘러싼 마법의 전통에 대해서는 Pablo A. Torijano, *Solomon the Esoteric King* (Leiden: Brill, 2002); Andreas Kilcher, 'The Moses of Sinai and the Moses of Egypt: Moses as Magician in Jewish Literature and Western Esotericism', *Aries* 4:2 (2004), pp. 148–70.

122) 고대 말기 유대교 문헌에서 천사의 소환에 대해서는 Rebecca Macy Lesses, 'Speaking with Angels', *Harvard Theological Review* 89:1 (1996), pp.41–60; Peter Schäfer, 'Jewish Magic Literature in Late Antiquity and the Early Middle Ages', *Journal of Jewish Studies* 41:1 (1990), pp. 75–91.

123) 수호천사는 그리스어 마법 파피루스의 파라도스, 요컨대 '영혼의 조수'와도 닮았다. Betz, *The Greek Magical Papyri*, p. 160. 융은 *Das Mithrasliturgie* 에서의 디트리히의 마법 파피루스에 대한 언급과 논평을 읽을 수 있었다.

124) 디오니시우스의 천사에 관한 테우르기아에 대해서는 Wear and Dillon, *Dionysius the Areopagite*, pp. 117-29; Gregory Shaw, 'Neoplatonic Theurgy and Dionysius the Areopagite', *Journal of Early Christian Studies* 7 (1999), pp. 573-99.

125) Jung, CW9ii, ¶169.

126) Iamblichus, *De mysteriis*, I.3. Henry Corbin, 'Mundus Imaginalis, or, the Imaginary and the Imaginal', trans. Ruth Horine, *Cahiers internationaux de symbolisme* 6 (1964), pp. 3-26.

127) Finamore, *Iamblichus and the Theory of the Vehicle of the Soul*. 15세기와 16세기에 그 생각이 전해진 것에 대해서는, D.P. Walker, 'The Astral Body in Renaissance Medicine', *Journal of the Warburg and Courtauld Institutes* 21:1/2 (1958), pp. 119-33, on p. 123. '영적인 몸' 또는, '정묘체'에 대한 연금술적인 언급은, Agrippa, *De occulta philosophia*, I:5, III:50; Martin Ruland, *A Lexicon of Alchemy or Alchemical Dictionary* (York Beach, ME: Samuel Weiser, 1984 [1893]), p. 182; Paracelsus, *Sämtliche Werke*, ed. Karl Sudhoff, 14 volumes (Munich and Berlin: Oldenbourg, 1922-33), VIII:161-70.

128) Aaron Hughes, 'The Three Worlds of ibn Ezra's Hay ben Meqitz', *Journal of Jewish Thought and Philosophy* 11:1 (2002), pp. 1-24, on p. 5. Abraham ibn Ezra, *Commentary to Exodus* 3:15에서 인용.

129) Elliot R. Wolfson, 'Merkavah Traditions in Philosophical Garb', *Proceedings of the American Academy for Jewish Research* 57 (1990-91), pp. 179-242. Abraham ibn Ezra, *Pirqei rabbi 'Eli'ezer* (Chapters of Rabbi Eliezer), MS HUC 75ff. 4b and 6b에서 인용.

130) Hughes, 'The Three Worlds', p. 14.

131) Elliot Wolfson, 'Theosis, Vision, and the Astral Body in Medieval German Pietism and the Spanish Kabbalah', in Nicholas Campion and Liz Greene (eds.), *Sky and Symbol* (Lampeter: Sophia Centre Press, 2013), pp. 119-42.

132) Jung, CW14, ¶572, n. 106.

133) 첼렘에 대한 자세한 논의는, Gershom Scholem, *On the Mystical Shape of the Godhead*, trans. Joachim Neugroschel, ed. Jonathan Chipman (New York: Schocken Books, 1991), pp. 251-73.

134) Wolfson, 'Theosis and the Astral Body', p. 131. Eleazar of Worms, *Hokhmat*

ha-Nefesh (Benei Beraq, 1987), Ch. 48:80에서 인용.

135) 이 책의 중요성에 대해서는 Sophie Page, 'Uplifting Souls: The *Liber de essentia spirituum* and the *Liber Razielis*', in Claire Fanger (ed.), *Invoking Angels* (University Park: Penn State University Press, 2012), pp. 79–112. Don Karr, *Liber Salomonis*, at 〈www.digital-brilliance.com/kab/karr/Solomon/LibSal. pdf〉. 히브리어판 원전은 『세팔 하 라지엘 *Sefer ha-Raziel*』로 불린다. Joseph Dan, 'Book of Raziel', in *Encyclopaedia Judaica* 13:15691–93. 영어 번역은, Steve Savedow (ed. and trans.), *Sepher Rezial Hemelach* (York Beach, ME: Samuel Weiser, 2000).

136) Jung, CW13, ¶173.

137) 1701년의 출판보다 오래 전에 나온 다양한 『세팔 하 라지엘』의 사본판에 대해서는, François Secret, 'Sur quelques traductions du Sefer Raziel', *REJ* 128 (1969), pp. 223–45. 더 자세한 논의에 대해서는, Ioan P. Couliano, *Eros and Magic in the Renaissance*, trans. Margaret Cook (Chicago: University of Chicago Press, 1987), p. 167

138) 『모세』의 책의 가장 최근 번역가인 조셉 피터슨에 따르면, 이 마도서의 핵심은 *Liber Razielis*에 의해 제공되었다고 한다. Joseph Peterson (ed. and trans.), *The Sixth and Seventh Books of Moses* (Lake Worth, FL: Ibis Press, 2008), p. ix. 융이 소유하고 있던 『모세』판은, Johann Scheible (ed.), *Das sechste und seibente Buch Mosis* (New York: William Radde, 1865)였다.

139) Peterson (ed. and trans.), *Sixth and Seventh Books of Moses*, p. ix.

140) Heinrich Cornelius Agrippa von Nettesheim, *Die Cabbala des E.C.A. von Nettesheim* (Stuttgart: Johann Scheible, 1855); *H.C. Magische Werke samt den gehimnisvollen Schriften des Petrus von Abano* (Berlin: Hermann Bardsdorf, 1916).

141) Heinrich Cornelius Agrippa von Nettesheim, *De incertidome & vanitate omnium scientiarum & artium liber* (Hagae-Comitum: A. Ulacq, 1653).

142) 아브라함 폰 보름스가 어떤 인물이었는가에 대해서는 Raphael Patai, *The Jewish Alchemists* (Princeton, NJ: Princeton University Press, 1995), pp. 272–88; Bernd Roling, 'The Complete Nature of Christ', in Jan N. Bremmer and Jan R. Veenstra (eds.), *The Metamorphosis of Magic* (Leuven: Peeters, 2002), pp. 231–66, on pp. 245–46.

143) Abraham von Worms, *Die egyptischen großen Offenbarungen, in sich begreifend die aufgefundenen Geheimnisbücher Mosis* (Cologne: Peter Hammer, 1725).

144) Lon Milo DuQuette, 'Foreword', in Abraham von Worms, *The Book of Abramelin*,

ed. Georg Dehn, trans. Steven Guth (Lake Worth, FL: Nicolas-Hays, 2006), p. xiii.

145) 아마도 두 작품 모두 『세팔 하 라지엘』을 근본으로 하고 있다. 『모세』는 라틴어 버전인 *Liber Razielis*에 기반을 둔 것으로 보이지만, 『아브라멜린』은 더 오래된 히브리어 버전에 직접적으로 의거하고 있는지도 모른다.

146) S.L. MacGregor Mathers (ed. and trans.), *The Book of the Sacred Magic of Abramelin the Mage* (London: John M. Watkins, 1897). 메이저스는 이 문서의 불완전한 프랑스어 버전을 사용했다.

147) 새로운 독일어판은 *Buch Abramelin das ist Die egyptischen großen Offenbarungen* (Leipzig: Editions Araki, 2001)이다.

148) Mathers (ed. and trans.), *The Book of the Sacred Magic of Abramelin*, xxvi.

149) *The Book of Abramelin*, I.7, p. 28.

150) DuQuette, 'Foreward', in *The Book of Abramelin*, p. xv.

151) 융이 입수한 『아브라멜린』의 인쇄본뿐만 아니라, 필사본은 독일어, 히브리어, 이탈리아어로 존재하며, 모두 17세기 초의 것이다. Gershom Scholem, *Kabbalah* (New York: Meridian, 1978), p. 186.

152) 융의 '그림자' 이론에 대해서는 많은 언급 중에서도 특히, Jung, CW10, ¶¶444-57; Jung, CW9ii, ¶¶13-19. 심리적 충동강박으로서의 악령에 대한 융의 생각은 제2장.

153) 융은 피치노의 저작을 잘 알고 있었다. Jung, CW20에 있는 많은 언급. 행성의 이미지를 선 테마타로서 사용한 천체의 세력을 호출하는 피치노의 방식에 대해서는, Couliano, *Eros and Magic*, pp. 32-34.

154) 이 필레몬과의 첫 만남에 대한 융의 설명은, Jung, *MDR*, pp. 207-10. 샴다사니에 따르면, 필레몬이 『검은 책』에 처음 등장한 것은 1914년 1월 27일이었다. Jung, *Liber Novus*, pp. 200-201의 샴다사니에 의한 서문.

155) 융은 토성형제단의 잡지 *Saturn Gnosis*의 1928년 7월에서 1930년 3월 사이의 5권을 입수했다. 이 비밀주의의 교단에 관한 유일한 영어 출판물에 대해서는, Stephen E. Flowers, *The Fraternitas Saturni or Brotherhood of Saturn* (Smithville, TX: Rûna-Raven Press, 2006 [1990]). Hakl, *Eranos*, p. 38. 이 교단 관계자에 의한 독일어 출판물은, Aythos, *Die Fraternitas Saturni* (Munich: ARW, 1979); Frater V.D., *Die Fraternitas Saturni heute* (Büllingen: Verlag Ralph Tegtmeier Nachf, 1994). 이 교단은 현재에도 계속 존재하며, 〈www.fraternitas.de〉에서 확인 가능하다.

156) Ludwig Staudenmaier, *Die Magie als Experimentelle Narurwissenschaft* (Leipzig: Akademische Verlagsgesellschaft, 1912). Jung, *Liber Novus*, p. 200의, 샴다사니에 의한 슈타우덴마이어에 관한 주.

157) Greene, *The Astrological World of Jung's 'Liber Novus'*, chapters 2 and 6.

제5장

위대한
숙명

제5장
위대한 숙명

인간의 성격이 그의 숙명입니다.[1]

— 헤라클레이토스

숙명과 영혼은 같은 원리의 두 이름이다.[2]

— 노발리스(Novalis, 1772-1801)

고대인들은 숙명을 굴복시키기 위해 마법을 고안했다. 그들은 외부의 숙명을 결정하기 위해 그것이 필요했다. 우리는 내면의 숙명을 결정하고 우리가 상상할 수 없는 길을 찾기 위해 그것이 필요하다.[3]

- 융

장미를 어떤 이름으로 부르든

　로마로 통하는 길처럼 융의 점성술에 대한 어떤 논의도 결국에는 그가 어떻게 숙명을 이해했는지에 대한 질문으로 이어진다. 점성술과 숙명에 대한 철학적 추측은 둘의 기원 이래로 밀접하게 공존해 왔다. 많은 현대 점성술 문헌들은 개인의 숙명이 호로스코프에 의해 묘사되는지에 대한 질문을 더 현대 언어로 다루었다. 때때로 '운명(destiny)'와 같이 다른 뉘앙스를 가진 다른 단어들이 사용된다.[4] 20세기 후반의 많은 점성가들은 숙명적인 상황에 대한 생각을 완전히 거부하기 시작했고, '별들의 강제력'(compulsion)인 헤이마르메네(필연의 여신)의 고대 사상보다는 '경향'(trend)을 언급하였다. 영국의 점성가 제프 메이요(Jeff Mayo, 1921-1998)[288]는 다음과 같이 선언하였다.

　　"미래에 관한 점성학적 측면은 관련된 개인의 '선택의 자유'에 가장 의존적인 다양한 가능성 중 하나에 해당할 수 있지만, 그 측면은 여전히 상황의 실제 경향이나 상황에 대한 개인의 반응의 본질을 예언한다."[5]

288　국제적으로 존경받는 점성가이자 점성술 교육자였다. 그는 1973년에 문을 연 Mayo School of Astrology의 교장이었으며 전 세계 수십 개국에서 빠르게 학생들을 확보했다. 그는 또한 자신이 만든 학교의 수석교사이자 교장이었다. 제프는 1981년 은퇴할 때까지 학교를 계속 다녔다. 제프는 1998년 4월 17일 영국 반스테이블 BST에서 오랜 병으로 사망했다. 제프의 교육 텍스트는 매우 높이 평가되었다. 그것에는 행성과 인간 행동, 자신을 가르치는 점성술 그리고 성격의 열쇠인 점성술이 포함되어 있다.

다른 점성가들은 원칙적으로 별의 숙명에 대한 생각을 받아들였지만, 그것은 영혼이 아닌 개인의 물리적 상황만을 수반한다고 제안했다. 이러한 유사 플라톤적, 유사 영지주의적 접근법은 1951년 영국의 점성가 마가렛 혼(Margaret Hone, 1892-1969)[289]에 의해 표현되었다.

인간은 자신의 물리적 자아와 자신을 둘러싼 물리적 세계와 자신을 동일시하기 때문에, 그는 불가분하게 그것의 일부이며 궤도에 있는 행성들에 의해 형성되는 변화하는 패턴에 종속된다. 오직 그가 자신보다 더 위대하다고 느끼는 것을 인식해야만 그는 지구상의 패턴 너머에 있는 것에 자신을 맞출 수 있다. 이런 식으로 비록 그가 지상의 사건에서 벗어날 수는 없지만, 자유롭고 기꺼이 '수용'하는 교리에 의해, 그는 그들에 대한 반응에서 그의 '참 나'가 자유롭다는 것을 '의지'할 수 있다.[6]

이러한 관점은 숙명의 인정분만 아니라 자유의 형태를 허용한다. 그러나 그것은 그들의 통합에 대한 융의 자신의 견해와는 이질적인 정신과 물질의 이원론을 반영한다.

고대에는 별의 숙명이 이해되는 방식이 철학과 종교 체계에 따라 다양했다. 어떤 헤르메스주의 몇몇 파(派)들은 숙명이 육체나 영혼의 낮은 차원에 작용한다고 주장하지만, 더 높은 영혼이나 누스(nous)[290]는 그 영향

---

289 20세기 중반 점성가이자 점성술 작가로 영향력 있는 작가이다. 그녀는 또한 'Peg Hone'으로 알려져 있었다. 그녀는 영국 워릭셔의 스터들리에서 태어났다. 마가렛 혼의 가장 잘 알려진 책은 수년 동안 영국의 FAS(점성술 연구 학부)의 공식 교과서로 채택된' 점성술의 현대 교과서'였다. 이 책의 서문을 쓴 찰스 카터(Charles Carter)는 마가렛의 작품이 점성술 가르침에서 한 걸음 앞으로 나아가는 것이라고 분명히 느꼈다. 그녀는 찰스 카터와 다른 사람들과 함께 '점성술 연구학부'를 공동 설립했다. 카터는 첫 번째 교장이 되었고, 마가렛 혼은 두 번째 교장이 되었다. 그녀는 또한 1958년 영국 점성술 협회(UK Astrological Association)를 설립하는데 도움을 주었다.

으로부터 자유롭다.

> "우리는 선택할 수 있는 힘을 가지고 있다. 우리의 의지에 따라 더
> 나은 것을 선택하는 것은 우리의 힘 안에 있고, 비슷한 방식으로 더
> 나쁜 것을 선택하는 것이다. 그리고 만약 우리의 선택이 사악한 것에
> 매달린다면, 그것은 육체적 본성과 결합한다. 그리고 이러한 이유로
> 숙명은 이 선택을 하는 사람을 지배한다. 그러므로 우리의 지적 본질
> 은 완전히 자유롭기 때문에 숙명은 그것에 도달하지 않는다."[7]

이것은 20세기 중반에 점성가 마가렛 혼에 의해 반향된 견해이다. 『요
한묵시록(계시록)[8]』[291]과 같은 특정 영지주의 논문은 각 행성 지배자가 화
신으로 내려올 때 인간의 영혼 위에 일종의 초자연적인 막을 두어서 7개
의 층으로 이루어진 영혼의 탈 것(soul-vehicle)을 형성한다는 생각을 제시
한다.[9] 집단적으로 '위조된[292] 영'이라고 불리는 이 층들은 행성 지배자

---

290   이성, 지성, 정신, 영혼 등을 의미하는 그리스어이다. 아낙사고라스는 세계는 누스가 지배하
고 있어, 인간은 누스를 파악할 수 있다고 생각했다. 또 플로티노스는 만물은 1자로부터 유출한 누
스의 기능에 의한다고 했다. 스토아 학파에서는 로고스와 거의 같은 뜻으로 이용된다. 칸트의 철학
에서는 이 말로부터 파생한 '누메논'(noumenon, 생각할 수 있던 것)이라는 말이 '물자체'와 같은
뜻으로 이용된다.

291   카톨릭에서 묵시록, 개신교에서 계시록으로 부른다. 복수형 아포크리폰(비밀의 글쓰기)은
공개적으로 가르칠 수 없는 '비밀의 가르침'이나 Gnosis(지식)를 전하기 위한 뜻의 유대인과 초기
기독교 글의 한 장르를 그리스어로 일컫는 말이었다. 사도들에게 개인적으로 가르침으로써 토마스
의 '말씀' 복음서의 소재와 마리아 복음서의 일부분을 제공하게 된다. 그것은 아마도 그리스도가 부
활한 후 신뢰받는 제자에게 헌신한 것으로 추정되는 은밀한 가르침이다. Gnoristic 문학의 비밀 가
르침은 몇 가지를 가리킨다.

가 리비도적인 강박관념을 통해 영혼을 물질과 결속시키고 영혼의 신성한 원천에 대한 기억을 방해한다는 생각을 반영하여 악의로 인식되었다.[10]

초기 기독교적 맥락에서는 헤이마르메네의 개념이 신학적 담론의 중요한 주제였지만, 별의 숙명은 기독교 세례를 받은 사람들에 대해서는 무력한 것으로 간주되었다. 그러나 중세에 도미니코파 성직자인 아리스토텔레스파의 철학자 토마스 아퀴나스(1225-1274)의 가르침으로 인해 헤르메스주의와 영지주의 논문에 제시된 이원론적 접근이 수용가능한 기독교적 개념으로서 다시 부상했다. 아리스토텔레스 우주론의 맥락에서 육체는 부패하기 쉬운 '하계' 영역에 속했기 때문에 별에 의해 지시된 숙명은 육체적 욕망과 욕구에 관한 것으로 이해되었다(표지그림 2를 보라). 그러나 영혼은 신의 것이었고 별의 영향의 범위를 벗어났다.[11]

현대 철학자들도 선인(先人)들과 마찬가지로 완전한 의견 일치를 이루지 못하고 있다.[12] '숙명'이라는 말은 종교를 그다지 연상시키지 않으면서 천체의 힘이라는 것에 비해 경제, 기후, 사회, 정치적으로 받아들이기 쉬운 '결정론'(determinism)이라는 말로 대체되었다. 점성술은 당연히 이러한 현대의 철학적 논의에서는 제외되어 버렸다.

그러나 융은 천체와 관련된 숙명의 문제에 대해 깊은 관심을 가지고 있었다. 그는 칸트, 쇼펜하우어, 니체에게 철학적 해명을 기대했지만, 그는 이 딜레마에 대한 보다 실용적인 통찰력을 얻기 위해 신플라톤주의자들, 스토아주의자들, 헤르메스주의자들 그리고 영지주의자들에게 의지

---

292 거짓과 타락, 악을 대변하는 영이다.

했다. ―특히 이러한 오래된 흐름에서, 불가사의한 숙명이 담론의 중심이 되고 있었기 때문이다.

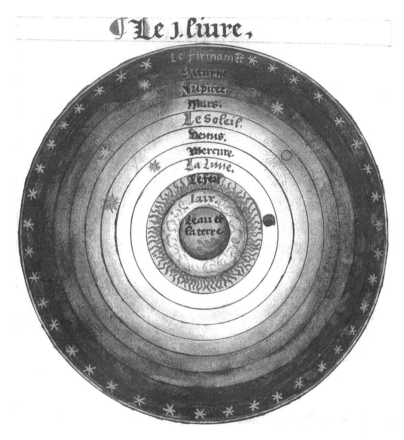

표지그림 2 아리스토텔레스의 우주. *De mundi sphaera sive cosmographica* (Paris: Michael Vascosanus, 1549), Folio 8 verso, Houghton Library, Harvard University

현대 심리학과 정신의학도 숙명의 문제에 관심을 갖고 있다. 그러나 철학과 마찬가지로 점성술 담론은 인지심리학이나 행동심리학에서 크게 사라졌고,[13] 숙명은 보통 다른 이름으로 불린다. 기질성 질환을 다루는 정신의학 분야에서, 그것은 점점 더 유전학에 대한 연구와 맞물려, 이제는 '유전자 숙명 매핑'[293]이라고 불린다.[14]

자연(본성), 양육 그리고 윤회

인간의 정신적 고통에서 인과 관계의 역할은 단어를 대체하기 위해 어떤 동의어가 채택될 수 있든 간에 항상 숙명을 둘러싼 미스터리로 이어진다. 예를 들어 사람들은 선천적으로 '나쁜' 행동을 하도록 '나쁜' 상태로 태어나는가, 아니면 그들이 선택하지 않은 외부 환경의 압력을 통해 '나쁜' 상태가 되는가(그리고 마찬가지로 그렇게 운명지어지는가?) 그리고 만약 후자라면, 그들은 나중에 선택할 수 있는 것이 있는가, 아니면 적절한 사회적, 임상적 자원이 주어진다면, 치유될 수 있는 가능성이 있는가? 현대 심리학에서 소위 자연-양육 논쟁의 근간을 이루는 두 가지 일반적인 접근법이 생겨났다. 첫 번째 결론은 20세기 초 러시아의 생리학자 이반 페트로비치 파블로프(Ivan Petrovich Pavlov, 1849-1936)[294]가 개발한 '고전적 조

---

293   문제가 있는 유전자를 고치는 것을 말한다.

294   러시아의 생리학자이다. 상트페테르부르크 대학교에서 화학과 생리학을 전공하였고, 상트페테르부르크의 임피리얼 의학 아카데미에서 의사 자격증을 취득하여 1890년부터 1924년까지 생리학 교수로 재직하였다. 1902년에 타액이 입 밖으로 나오도록 수술한 개로 침샘을 연구하던

건화' 이론에 뿌리를 두고 있으며, 인간을 흑서판(tabula lasa)[295]으로 인지하고, 전적으로 환경조건에 영향을 받은 인간에 대한 인식을 수용하고 있다. 이러한 견해에 기초한 심리치료적 접근법은 이제 '행동적' 요법의 일반적인 범위 하에 알려져 있다.[15] 두 번째 결론은 뇌의 화학 작용이 개인의 정신-육체적 미래를 결정하는 인과관계이며, 순전히 생물학적 견해에 기초하고 있다.[16], [296] 이 두 극단 사이의 중간 방식도 채택될 수 있는데, 여기에는 생리학(자연)과 환경(육성)이 모두 성격의 형성에 다양한 정도로 관련되어 있다. 그의 초기 정신의학에 관한 작품에서 융은 다음과 같이 경고하면서 이런 종류의 타협을 시도한 것으로 보인다.

"문화와 자연의 끝없는 딜레마는 항상 너무 많거나 너무 적거나의 문제이며, '문화인가 자연인가'의 문제는 아니다."[17]

그러나 그가 『새로운 책』에 대한 작업을 시작했을 때, 융은 제3의 접

중, 사육사의 발소리로 개가 침을 흘리고 있던 것을 발견한 것을 계기로 고전적 조건화 실험을 실시했다. 하지만 개를 이용한 실험 때문에 동물학대를 했다는 비평을 받기도 했다. 대표적인 실험으로 '파블로프의 개'가 있으며, 조건반사를 연구했다. 초기에는 소화 기관의 연구를 실시했고, 1904년에는 노벨 생리학·의학상을 수상했다. 말기에는 수면이나 본능 등의 연구를 실시했다.

295 인식론에서 어떤 개인인 인간이 태어날 때에는 정신적인 어떠한 기제도 미리 갖추지 않고 마음이 '빈' 백지와도 같은 상태로 태어나며, 출생 이후에 외부 세상의 감각적인 지각활동과 경험에 의해 서서히 마음이 형성되어 전체적인 지적 능력이 형성된다는 개념이다. 이는 '태어나는 것인가? 길러지는 것인가?'에 대한 논쟁에서 어떤 개인의 개성, 사회적 감정적 행동과 지성이 양육되어 형성되는 특질이라는 것을 지지하는 것이다.

296 뇌의 화학적 작용은 호르몬과 신경전달 물질의 작용으로 기질이 영향을 받아서 선천적으로 타고난다는 주장이다.

근법을 채택한 것으로 보인다. 고대 말기에는 선호되었지만, 과학적 방법론을 통한 입증에 저항하고 인과관계가 없기 때문에 오늘날 의학 및 기질성 질환을 다루는 정신의학 분야에서는 인기가 없다. 이 접근법은 개인의 삶의 외부 상황을 통해 자신을 신비롭게 표현하는 선험적 고유성격인 자아 또는 영혼 별자리를 구현하는 인간의 숙명에 대한 인식을 포함한다. 이 내재된 '본질'의 근원과 본질이 숨겨져 있어, 보다 직관적인 형태의 추측이나 적어도 현재의 연구 패러다임에서는 그 존재를 '증명'하는 것이 불가능하다는 것을 암시하고 있다. 선천적 유전과 환경 모두에서 독립적이지만 보완적인 내재적 기질(inherent temperament)[297]에 대한 생각은 미리 정해진 환경에 대한 정적 속박보다는 내적 발달에 대한 의미있는 목적론을 제시한다. 또한 다이몬에 의해 의인화된 이 본질은 출생 호로스코프의 패턴에 의해 묘사되는 시간의 특성에 반영된다는 이해를 동반할 수 있다.

이러한 접근은 결국 융의 숙명에 대한 생각을 지배한 것으로 보인다. 고대에는 영혼의 연속적인 화신에 대한 믿음이 수반되었다. 각각의 인간의 삶, 각각의 다이몬 그리고 그것의 특정한 숙명은 전생에 이루어진 선택에 의해 형성된다.[18] 이 사실에 대한 개인의 인식이 커질수록 바꿀 수 없는 한계 안에서 의식적인 선택을 하고 창의적으로 발전할 수 있다. 이것은 개인과 다이몬의 의도 사이의 더 큰 조화를 가져온다. 즉, 어느 특정한 일생에서 생긴 심적 실체가 다음 일생의 과제와 보답을 낳는다는 윤회와 환생의 생각은 서양의 비교적 흐름 속에서 매우 오래 전부터 있었다.

---

297   일반적으로 온화하고 차분하거나 불안정한 성격을 말한다.

블라바츠키와 그의 신봉자들은 힌두교와 불교의 사상을 플라톤주의와 신플라톤주의 개념에 동화시켜, 분명히 기독교적인 도덕을 약간 가미하여 그것을 현대에 부활시켰던 것이다. 알란 레오는 이 생각을 진심으로 받아들여 자신의 점성술 저작에 집어넣었다. 그리고 점성술은 전생에 일어난 일을 포함시키지 않으면 '영속적인 가치를 갖지 못한다'고 주장했다.[19]

융이 만년에, 어쩌면 더 일찍, 윤회와 환생에 대한 생각을 받아들였다는 것은 『융 자서전』의 진술로 나타난다.

> "'저승'의 어딘가에 세계를 규정하는 필연성, 하나의 결정 원인이 존재하고 … 이 창조적인 결정 원인은 … 어떤 영혼이 다시 태어날지를 결정하는 것이 틀림없다. … 어느 영혼이 어느 단계의 이해를 달성했을 때는, 그 이상 3차원 세계의 생활을 계속하는 것은 무의미할 수도 있을 것이다. … 그 영혼은 이제 이 세상에 돌아올 필요가 없는 것이다. … 하지만 아직 정리하지 않으면 안 되는 카르마가 남아있을 때는 영혼은 욕망으로 되돌아가 다시 이 세상에 돌아온다. 아마 그렇게 하면서도 뭔가 완성해야 할 일이 남아 있음을 알고 있을 것이다."[20]

융은 자신의 삶에서 '완성해야 할 것'에 대해서도 추측했다.[298]

---

298 완성해야 할 것은 북노드의 위치로 파악할 수 있다. 2하우스의 북노드가 위치하는데, 재물의 방이다. 이 부분에서 해결하기 위해서 다시 태어난다. 양자리 11도 43분의 주어진 임무는 독립성이다. 남노드가 가리키는 전생의 깊은 동정심이 아마도 그에게 숙제를 주었을 것이다. 융의 남노드는 8하우스의 천칭자리 11도 43분에 위치한다. 타인의 지원이 많았고 이해력과 해결책을 빨리

"이해하고자 하는 열정적인 충동**299**이 내 탄생을 가져왔을 거야.
… 나는 내가 지난 세기에 살았을지도 모른다는 것을 잘 상상할 수 있
었고, 거기에서 내가 아직 대답할 수 없는 질문들, 내가 내게 주어진
임무를 완수하지 못했기 때문에 다시 태어나야 했다고 나는 상상할
수 있었어."21)

융은 업보의 맥락에서 윤회를 언급했고, 플라톤과 신플라톤 문헌에서
윤회의 중요성을 인식했다. 게다가 그는 현대 신지학적 추측이 둘 다로부
터 빌렸다는 것을 완전히 알고 있었다. 출생 호로스코프와 재탄생 주기
사이의 연관성은 1907년 신지학회 회장이 된 애니 베상트(Annie Besant,
1847-1933)**300**에 의해 명시적으로 묘사되었다.22)

찾았다.

299　융의 호로스코프에서 2하우스(재물의 방)는 양자리의 다스림을 받는데, 양자리가 열정적인
충동을 받게 하는 배경이다.

300　영국의 사회주의자, 신지학주의자, 여성 인권 운동가, 작가, 웅변가, 교육가, 자선가이다. 인
간 자유의 수호자로 여겨지는 그녀는 아일랜드와 인도의 자치권을 열렬히 지지했다. 그녀는 300권
이 넘는 책과 팸플릿을 쓴 다작의 작가였다. 교육자로서 그녀는 바나라스 힌두 대학교의 설립자 중
한 명이 되었다. 15년 동안 베전트는 영국에서 무신론, 과학적 물질론의 지지자였다. 베전트의 목
표는 가난한 사람들에게 더 나은 고용, 생활환경, 교육을 제공하는 것이었다.1890년 베전트는 블
라바츠키를 만났고, 이후 몇 년 동안 신지학에 대한 관심은 커져만 갔다. 그녀는 신지학협회의 회원
이자 그 주제에 대한 저명한 강사가 되었다. 신지학에 관련된 일의 일환으로, 그녀는 인도를 여행했
다. 1898년 그녀는 중앙 힌두 학교를 설립하는 것을 도왔고 1922년 인도 봄베이(오늘날의 뭄바
이)에 하이데라바드 국립 대학 위원회를 설립하는 것을 도왔다. 1902년, 그녀는 국제 공동 프리메
이슨 기사단의 첫 해외 지부인 르 드로이드 연맹을 설립하였다. 다음 몇 년 동안 그녀는 대영 제국의
많은 지역에 오두막을 세웠다. 1907년 그녀는 신지학협회 회장이 되었고, 당시 국제 본부는 마드
라스(오늘날의 첸나이) 아디야르에 있었다.

"전생의 카르마는 정신적·감정적 타인과의 관계라는 점에서 매우 다양한 표현이 가능한 재료를 요구한다. 그 기질에 따라 육체의 탄생 시기가 된다. 그것은 물리적인 행성의 영향이 적절한 시기에 세상에 태어나야 하며, 따라서 그것은 점성학적 '별' 아래에서 태어난다. 기질을 강요하는 것은 별이 아니라, 기질이 탄생의 시대를 그 별 아래로 정하는 것이다."[23]

융은 윤회에 대한 생각이 '업보와 불가분의 관계[24]'라고 주장했다. 그는 알란 레오의 책에서 윤회와 업보는 그 자체로 육체적 탄생의 순간과 불가분의 관계에 있다는 확신과 그것을 바탕으로 한 호로스코프를 반복적으로 접했다. 비록 융이 어떤 출판된 작품에서도 윤회와 업보를 점성술에 연관시키지 않았지만, 그것은 특히 그가 '완성해야 할 것'으로 보는 관점에서 그의 자신의 운세에 대한 많은 이해를 뒷받침한 것으로 보인다.

숙명과 개성화

융은 프로이트와 결별할 무렵 또는 그 직후에 숙명에 대한 더 오래된 비인과적 관점을 받아들였다. 『무의식의 심리학』에서, 그는 그가 가장 좋아하는 오락 중 하나인 어원적 연관성에 탐닉했는데, 이 경우 그리스어 숙명에 대한 단어인 모이라(Moira)를 '죽다'를 의미하는 인도유럽어족 뿌리 메르(mer)또는 모르(mor)와 관련된 다양한 단어들과 연관시켰다. 그는 이 단어들을 차례로 로마의 신성한 '어머니들'인 튜튼 신화의 노른(norn)[301]

과 그리스 모이라이인 마트레스(Matres) 또는 마트로나에(Matronae)와 연
관시켰다.[25] 이러한 단어, 어근, 상징의 상상적 연관성은 언어를 순수하
게 의미적이고 문화적으로 구성된 의사소통 도구로 생각하는 사람들에
게 도전적일 수 있는 융의 생각의 한 측면이다. 그러나 융의 유추적 탈선
이 '과학적' 방법을 포함하든 말든,[26] 그가 『새로운 책』에 대한 연구를
시작했을 때 그는 이미 숙명과 영혼 사이의 방정식을 만들었다.

이것은 노발리스와 같은 독일 낭만주의 작가들의 영향을 반영할 수 있
다. 그것은 또한 융의 점성술에 대한 연구, 특히 알란 레오가 제시한 점성
술의 종류를 반영할 수 있는데, 이것은 그가 출생 호로스코프에 의해 반영
되거나 혹은 동조화된 성격 구조의 선험적 존재에 대한 명확한 증명으로
그를 인식하게 했다. 숙명과 성격의 불가분의 얽힘은 레오에 의해 『토성:
수확의 신』(Saturn: The Reaper)라는 제목의 작품에서 제시되었다. 그것을
융이 1916년 출간 직후 인수한 것으로 보인다. 이 작품의 서문에서 레오
는 '성격은 숙명'이라고 선언했다.[27] 융에게 있어, 점성학적 상징에 반영
되는 시간 그 자체의 특성은, 융이 선언한 것처럼, '종종 숙명의 상징'[28]이
기 때문에 별적인 숙명을 구성한다. 따라서 출생의 순간은 '일정한 순간에
리비도의 전형적인 특성'의 스냅숏의 일종이다. 숙명의 본질에 대한 융의
깊고 지속적인 관심은 정신적 고통을 이해하고 치유하는데 헌신한 사람

301　북유럽 신화에 나오는 운명의 여신들이다. 복수형으로는 노르니르(고대 노르드어: nornir,
독일어: Nornen 노르넨)라고 한다. 맏언니인 울드는 과거를, 둘째인 베르단디는 현재를, 막내인
스쿨드는 미래를 담당한다. 이름은 달리하지만 내용은 같다. 인간을 포함하여 다른 생물들의 운명
에 관여하고 세계수 위그드라실을 관리하며, 라그나로크(북유럽의 신화에서 종말을 뜻한다)를 예
언하기도 하였다.

에게서 기대될 수 있다.『융 자서전』그리고『꿈 분석』은 물론 '숙명과 자유의지의 난제'에 대한 언급이 많다. 1912년『새로운 책』에 대한 연구를 시작하기 1년 전, 융은 원형을 다음과 같이 정의했다.

> "무의식적인 이미지의 효과는 그것에 대해 숙명적인 무엇인가를 가지고 있다. 아마도—누가 알겠는가—이 영원한 이미지들은 사람들이 숙명을 이야기할 때 의미하는 것이다."[29]

『무의식의 심리학』에서 융은 숙명을 '리비도의 원동력'이라고 불렀다.

> "숙명의 힘은 모든 것이 우리의 의지에 어긋날 때만 스스로를 불쾌하게 만든다. 즉, 우리가 더 이상 우리 자신과 조화를 이루지 못할 때 … 숙명의 힘은 리비도의 강제력으로 가까운 거리에서 스스로를 드러낸다."[30]

이 관찰은 외적인 사건이 아니라, 의식의 모든 선한 의도를 좌절시키고, 쉽게 해결할 수 없는 고통스러운 외적인 상황에서 개인을 얽히게 하는 무의식적인 선택을 초래하는 내적인 강박관념으로 표현된다. 아스트랄의 숙명은 수많은 영지주의적 그리고 헤르메스주의 문헌에 이렇게 묘사되어 있는데, 융은 그에게 '나의 무의식에 대한 심리학의 역사적 대응물'[31]을 제공했다고 믿었다.

1937년 일련의 강연으로 처음 발표된「심리와 종교」라는 제목의 논문에서, 융은 개인의 자유의지 경험은 무의식적인 정신의 지배(權天使)[302]

와 권위(能天使)303에 의해 심각하게 제한된다는 자신의 확신을 간결하게 표현했다.

> "우리들 각자는 높은 정도로 자유를 제한하고 사실상 환상적으로 만드는 심령적 기질을 갖추고 있다. 우리는 주인 없는 자유를 누리지 않는다. 우리는 '자연 현상'을 가장하여 언제든지 우리를 소유할 수 있는 심령적 요인에 의해 지속적으로 위협받고 있다. 권천사(權天使)와 능천사(能天使)는 항상 우리와 함께 있다. 우리는 할 수 있다 하더라도 그것들을 창조할 필요가 없다."32)

훨씬 말년에, 데일리 메일과의 인터뷰에서, 융은 '숙명과 영혼은 같은 원칙에 대한 두 개의 이름일 뿐이다'라는 노발리스의 선언을 되풀이하면서 숙명과 정신의 통합에 대한 이해를 표현했다.33)

> "사람에게 일어나는 일은 그 사람의 특징이다. 그는 패턴과 모든 조각이 들어맞는 것을 나타낸다. 그의 삶이 진행됨에 따라 하나둘씩

302 　제7계급 – 권천사(PRINCIPALITIES): 종교를 수호하는 천사. 신앙의 옹호자가 되어 약간 완고한 정통적인 선악관을 지니는 경향이 있다. 주요 군주로는 리퀴엘, 아나엘, 세르비엘 등이 있다. 중세에 천사를 9등급으로 나눠서 가까운 천사가 1등급이다. 세라핌은 1등급, 게루빔은 2등급이다.

303 　제6계급 – 능천사(POWERS): 권위라고 불리는 능천사는 신에 의해 최초로 창조된 천사라고 한다. 악마에 저항하여 세계를 정복하려는 악마의 노력을 저지하는 일을 한다. 능천사는 국경수비병과 같이 행동하는 듯하고 악마의 침입을 경계하기 위해 하늘의 통로를 순회한다. 주요 군주로는 에르토시, 사마엘, 카마엘이 있다.

그것들은 어떤 미리 정해진 설계에 따라 제자리에 놓이게 된다."[34]

『새로운 책』에서 제시된 바와 같이 숙명과 영혼은 하나의 원칙에 대한 두 개의 다른 이름이다. 융은 자신의 영혼을 언급하면서 다음과 같이 말했다.

"잡으려고 하면 그대는 떠나고, 아무것도 기대하지 않을 때 내게 주고, 반복하여 새롭게 예상하지 못한 데서 숙명을 가져왔다."[35]

융은 또한 숙명을 개성화 과정의 목표인 '참 나'와 동일시했다. 왜냐하면 그것은 우리가 개성이라고 부르는 그 숙명적 결합을 가장 완전하게 표현한 것이기 때문이다.[36] 그러므로 '민족의 숙명'의 일부이고 개인의 전개를 포괄할 수 있는 경험을 제외하고[37] 모든 개인에게 일어나는 일은 의식을 통해서만 변형될 수 있는 신비한 내면의 과정의 반영이다. 융은 취리히 공과대학의 강의 중 한 강연에서 '우리가 명확하게 보지 못하면 숙명이 우리를 대신해 그것을 해 버린다'고 말했다.[38]

스토아 학파적 헤이마르메네

융은 스토아 학파로부터 숙명에 대한 그의 생각들, 특히 그가 '별들의 강제력[39]'이라고 묘사한 헤이마르메네의 개념을 받아들인 것으로 보인다. 그는 또한 헤이마르메네를 '시간의 특정 순간에 대한 성격과 운명의 의존'[40]으로 정의했다. '운명'(destiny)이라는 용어는 카르마의 응보 혹은 병적 충동강박이라는 숙명(fate)의 개념과 미묘하게 다르며, 개인 다이몬의 신플라톤주의적 개념에 더 가까운 것을 제시한다. 숙명은 천체적 강제력일 뿐만 아니라 천체적 정신론이다. 개인이 영혼의 요구와 궁극적으로 스토아 철학의 보편적 신인 '원시적 빛' 또는 '원시적 불'의 지적인 디자인을 충족시키기 위해 인생에서 따라야 하는 길이나 개인적 신화의 넓은 윤곽이다.[41] 『선집』에서 헤이마르메네에 대한 융의 다양한 언급은 그가 정신분석적 언어로 개인의 의미 있는 숙명을 구성하는 행성의 형태, 무의식의 복합체 그리고 원형 패턴들에 대한 다양한 비유 속에서 천체 숙명에 대한 고대 스토아 학파적 관념에 매료되었음을 드러낸다.

스토아주의는 기원전 3세기에 등장했고, 수세기 동안 점성술의 철학과 실천에 막대한 영향을 미쳤다.[42] 스토아 학파적 헤이마르메네는 가장 넓은 의미로는 '숙명'으로 이해될 수 있고, 특히 점성학적 의미로는 '별에 의한 강제력'으로 이해될 수 있다. 헤이마르메네라는 단어는 그리스어로 '할당'을 의미하는 모이라와 같은 어근에서 유래되었고, 숙명의 여신의 이름이다. 오르페우스 『데르베니 파피루스』(Derveni papyrus)에서 모이라(Moira)는 모든 명백한 창조물에 스며든 제우스의 지혜를 나타낸다. 이러한 신의 지혜, 즉 '프네우마'(Pneuma)[304]는 전체 안에서 각각의 개별 사물의 '할당' 또는 본질적인 목적으로서 제시된다.

---

304 '숨·호흡'을 의미하는 고대 그리스어 단어이다. 종교적 문맥에서 프네우마는 에센스(essence·스피릿), 영(spirit·스피릿·정신) 또는 영혼(soul)을 뜻한다. 이러한 일반적인 종교적 문맥의 의미 외에도 프네우마는 고대 철학자들과 의학자들에 의해 여러 다른 전문적인 의미로도 사용되었다.

"오르페우스는 이 (신성한) 숨을 모이라라고 이름 지었다. … 제우스가 그의 이름을 받기 전에, 모이라는 항상, 그리고 모든 것을 통해, 신의 지혜였기 때문이다."[43]

헤이마르메네는 세대에서 세대로 전해지는 유전의 실을 포함하며, 각 생물 종에 대한 기본 거푸집(template)을 제공한다. 그러나 유전적 유산이 거푸집의 생리적 측면을 결정한다. 융은 심리적인 측면인 원형에 더 관심을 가졌던 것으로 보이며, 심파티아(sumpatheia)의 반영으로서 천체가 가져다주는 헤이마르메네의 비인과적 동시성에 더 관심을 가졌던 것으로 보인다. 스토아 학파는 신을 모든 창조물 뒤에 있는 불타오르고 활기찬 생명력으로 이해했다.[44] 이러한 맥락에서 헤이마르메네는 '별의 사악한 강제력'이 아니라, 프로노이아(Pronoia) 또는 프로비던스, 즉 신의 의지 또는 의도와 구별되지 않는다. 앞서 제3장에서 논의된 스토아 철학자 포세이도니오스는 이 생명력을 '우주(cosmos)의 불과 같은 지성의 숨(intellectual breath)'이라고 불렀다.[45] 포세이도니오스는 모이라의 고대 오르페우스적 사상을 제우스의 신성한 숨으로 반복하면서 '신은 모든 물질에 퍼져 있는 지성의 숨이다'라고 선언했다.[46]

『심리유형』에서 융은 이 스토아 학파의 신성한 불과 같은 숨을 힌두교의 모든 우주 에너지의 원천인 리타(rta)[305]개념과 비교했다. 그리고 그는

---

305   인도 신화 속 하늘의 법칙. 천칙(天則)으로 번역되는 경우가 있다. 준엄한 율법신인 바르나에 의해 보호되는 법으로, 자연계도 인간계도 신들도 이 일관된 천칙(天則)을 따라야 한다고 생각되었다.

리타를 헤이마르메네와 동일시했다. 숙명, 천체 강제력, 신의 의지 그리고 불타는 우주적 리비도는 같은 삶의 매트릭스를 묘사하는 다른 방법이다.

> "그러므로 '리타'는 헤이마르메네의 스토아 학파적 개념과 직접 비교될 수 있는 일종의 철학적 리비도 기호이다. 스토아 학파의 헤이마르메네는 창조적이고 원초적인 열의 의미를 가지고 있었고, 동시에 그것은 미리 정해진 규칙적인 과정이었다(따라서 '별의 강제력'이라는 다른 의미를 가진다)."[47]

융은 이러한 '미리 결정되고 규칙적인 과정'이 원형 이미지의 자발적인 생성을 통해 인간의 정신에서 경험되고 '행성 신'으로 상징된다고 말하고 있다. 이 이미지들은 주기적인 운동에서 리비도의 자화상이다. '원시적 리비도'(융이 헤이마르메네와 동일시했던 욕구(concupiscentia))[48]를 상징적 이미지로 변화시키는 과정은 의식의 부분에 대한 어떠한 의도적인 노력 때문이 아니라 리비도 자체에 내재되어 있으며, '영적 원천에서 파생된다. 즉, 결정적 요소는 무수한 원시적 상징적 이미지'이다.[49] 그러므로 무의식 자체는 개인과 보편 사이의 다리를 제공할 수 있는 상징의 매개체를 통해 의식을 추구한다. 이암블리코스가 융이 언급하기 1500년 전에 분명하게 말한 것이다.

융에 따르면, '원초적 이미지' 또한 숙명이다.

> "이러한 환상들은 그들의 구체적인 법칙을 따르는 그리고 일정한 '길'을 유지하는 주로 에너지 변환 과정의 자화상이다. … 사람의 숙

명(fate)이 그의 심리에 달려 있는 한, 이 길은 또한 숙명(fate)이기도 하다. 그것은 우리의 운명(destiny)과 존재의 법칙의 길이다."[50]

게다가 내면의 강제력으로서의 숙명의 경험은 마법적이라고 이해될 수 있다.

> "마법은 희생자의 의식적인 마음과 의지를 지배하는 강제력을 행사한다. 생경한 의지가 마법에 걸린 사람들 속에서 일어나 그의 자아보다 더 강하다는 것을 증명할 것이다. 심리적인 검증을 할 수 있는 유일한 비교 가능한 효과는 무의식적인 내용에 의해 발휘되는 것이며, 무의식적인 콘텐츠는 인간의 전체성, 즉 자아와 그 '업보적인' 기능에 대한 친화력 또는 의존성을 보여준다."[51]

마법, 내적 충동 그리고 미리 결정된 영혼의 여정 사이의 친밀한 관계는 『새로운 책』에서 특히 융의 영혼과 필레몬의 대화에서 분명하게 드러난다. 숙명, 점성술, 마법, 리비도 그리고 집단 무의식 사이의 이러한 다양한 연결에서, 융의 점성술에 대한 심오하고 비정통적인 이해는 그가 '카르마'와 같은 신지학적 사상을 심리학적 개념으로 번역한 방식처럼 더욱 분명하게 나타나기 시작한다. 점성술적 이미지는 무의식적인 인간의 정신에 의해 생성된 하늘에 대한 '투사'이다. 그러나 에른스트 곰브리치(Ernst Hans Josef Gombrich, 1909-2001)[306]의 여전히 유효한 정의에 따

---

306 오스트리아 비엔나에서 태어난 영국의 미술사학자로 『서양미술사』의 저자이다.

르면, 이러한 상징들은 '비의적 의미와 마법 효과'를 결합한다.[52] 그들은 시간의 고유한 특성을 묘사하는데, 이는 원형들 스스로가 시작하고 인간이 숙명으로서 경험하는 주기적이고 질서정연하며 '사전 결정된' 과정을 통해 전개된다. 개인의 발달에 관심이 있는 심리학자로서, 융은 한 개인이 자신의 '길들여지지 않은' 무의식적인 리비도를 '어린애 같은 환경에 갇히는' 것을 허용하는 방법에 대해 많은 언급을 했고, 이는 원래의 부모와 관계를 강박적으로 재현해버리는 경우를 낳았다.[53] 융의 헤이마르메네에 대한 접근에서, 신중한 임상 작업의 가치는 결코 과소평가되지 않았다. 그러나 고통 받는 환자의 이면에는 '영원한 이미지'가 있는 집단 무의식의 더 큰 영역이 있다. 그 '영원한 이미지'는 이암블리코스의 『비의론』의 신들처럼 개인의 마음을 매개로 해서 그 자체가 변용되려 하는 것이다.

스토아 철학에서 우주의 구조는 영적인 동시에 물질적인 것이며, 융이 그의 '사이코이드(psychoid, 유심성)'적 무의식 개념에 포함시켜 대립하는 것의 합일이다.[54] 융의 '사이코이드'라는 용어는 오이겐 블로일러에서 유래했을지 모르지만, 스토아 학파는 2000년 전에 그 생각을 가지고 있었던 것으로 보인다. 스토아 학파의 정신-물리학적 우주는 그 자체로 신의 본질이다. 스토아 학파 체계 밖에는 초월적인 신이 없다. 고대 후기 문헌에서는 흔히 거미줄, 또는 세 모이라이가 엮은 실을 엮은 천으로 묘사된다.[55] 융이 특히 좋아했던 작품 아풀레이우스(Apuleius)[307]의 『전신보

---

307 고대 로마의 소설가이다. 로마의 속주 아프리카에서 태어나 당시 로마의 '자매도시'로 번창하던 카르타고로 유학하였고 후에 아테네에서 수학한 뒤 여러 지방을 여행하던 중 속주 이집트에서

(轉身譜)』(Metamorphoses)에서 루키우스는 천국의 여왕 이시스에게 기도할 때 그녀의 구원을 언급한다.

> "당신은 그 숙명의 얽힌 실을 풀고, 숙명의 폭풍을 달래고, 별들의 악한 영향을 억제합니다."[56]

루키우스는 별에 대한 영향을 '불길한 것'으로 이해했지만, 이 견해는 다른 작가나 융 자신이 항상 공유한 것은 아니었다. 『전신보』의 이 문장에 나타난 안티 코스모스적 분위기는 고대에 계속된 천체가 가져올 숙명이란 무엇인가에 대한 논의에서 하나의 이해의 틀을 나타낸 것에 불과하다. 때때로 헤이마르메네는 신의 섭리의 보호 아래 사슬처럼 여겨졌다. 역시 융이 마음에 들었던 모양인, 로마의 스토아 철학자, 정치가, 극작가 세네카(기원전 4-서기 65년)**308**는 다음과 같이 선언했다.[57]

병으로 쓰러져 친구 시키니우스와 그의 모친 푸덴틸라의 간호를 받았다. 친구의 권유도 있고 또한 친구 모친이 돈 많고 아름다운 미망인이었던 탓인지 그는 시키니우스의 모친인 푸덴틸라와 결혼했다. 그러나 평소 이 여자에게 눈독을 들였던 시키니우스의 친족들이 아풀레이우스는 마법을 써서 여자를 유혹했다고 법정에 참소한다. 그러나 그는 웅변을 휘둘러 법정에서 연설을 한 끝에 무죄 방면된다. 이때의 자기 변호는 『변론』이라 하여 오늘날까지 전해지고 있다. 그 후 그는 아내와 함께 아프리카로 돌아가 카르타고에 안주했다. 여기에서 그는 다방면의 재능을 살려 시민 계몽을 위한 학술 강연이나 위정자를 위한 화려한 송덕 연설을 했고 시정에도 참여했다. 한편 시작 및 연극 창작을 시도하면서 9명의 예술의 여신에 관해서도 마찬가지의 정열을 쏟은 결과 카르타고는 그의 공적을 찬양하여 동상을 세웠다. 그가 죽은 해는 불명이다.

308 　로마 제국 시대의 정치인, 사상가, 문학자이다. 로마 제국의 황제인 네로의 스승으로도 유명하다. 동명의 아버지 대 세네카와 구분하기 위해 소 세네카로도 불린다. 그는 플라톤, 퀴닉 학파, 에피쿠로스 등의 영향을 많이 받아 영혼과 육체의 구별을 강조하면서, "현자는 삶을 갖는 동안만 산다고 생각하지 않고, 삶이 필요한 동안만 산다고 생각한다."고 말하였다. 또한 "인간은 육체에 구속되

"우리는 모두 숙명에 얽매여 있다. 어떤 경우에는 사슬이 금으로 되어 있고 연장되어 있는 반면, 어떤 경우에는 짧고 조악하다. 하지만 그게 무슨 상관인가? 같은 감옥의 삶이 세상의 모든 인간을 에워싸고 있고, 타인을 묶은 사람도, 자신이 묶여 있고 … 어느 삶이나 모두 노예적 굴종이다."[58]

헤이마르메네의 거미줄, 사슬, 실의 엉킴 또는 직조된 옷감으로서의 이미지는 18세기 스위스의 법학자이자 인류학자 요한 야콥 바코펜(Johann Jakob Bachofen, 1815-1887)[309]과 같은 후기 작가들에 의해 채택되었는데, 그의 가장 잘 알려진 작품인 『모권론』(*Das Mutterrecht*)은 융에게 상당한 관심이 되었다.[59] 바코펜에 따르면

"지상의 창조라는 직물은 운명의 그물이 되고, 그 실은 인간의 숙명의 운반체가 된다. … 별들에 쓰여진 창조의 최고 법칙을 운반하는 베틀은 그들의 별의 성질이라는 형태로 하늘의 신들에게 할당되었다. 인간의 삶과 우주 전체가 운명의 거대한 거미줄로 보였다."[60]

어 있지만 올바른 이성에 의해 인간답게 살아가며, 죽음으로써 노예 상태로부터 벗어난다. 철학이란 바로 이와 같은 선(善)을 추구하는 처세의 학문이다."고 주장하였다. – 우리는 매일 죽는다. 인간은 잘 죽는 법을 알지 못하는 한 잘 살 수 없다.

309   스위스 바젤에서 태어났으며, 독일 베를린과 괴팅겐에서 고고학과 법학을 공부하고 1841년부터 바젤대학에서 로마법을 강의했다. 3년 후 교수직을 사직하고 1845년부터 1866년까지 21년 동안 바젤의 형사법 담당 판사로 일했다. 저서로는 『모권』 외에도 『자연법과 역사적인 법의 대립』,『로마의 저당권』,『고대인의 무덤상징에 대한 에세이』,『밧줄 꼬는 오크노스: 고대 무덤상징에 나타난 구원사상』,『오래된 편지—태고의 친족개념을 중심으로』 등이 있다.

숙명의 천을 돌리는 이 모티브는 '심해의 정신'의 숙명적인 힘을 언급하며, 융은『새로운 책』에서 다음과 같이 선언했다.

"생명을 낳는 삶의 흐름에 의해 길을 잃고 삼켜진 우리는 다가올 것을 바쁘게 창조하고 있는 압도적이고 초인간적인 힘에 접근한다. 그 깊은 곳에는 얼마나 많은 미래가 있는가! 저 아래로 실이 수천 년 이상 짜여지지 않았는가?"[61]

그 은유는 에리히 노이만(Erich Neumann, 1905-60)[310]같은 융 학파에 의해 사용되었다. 그는 '생명의 그물을 짜고 숙명의 실을 잣는' 위대한 어머니(great mother)[311]의 원형과 관련하여 '직조하고 돌리는 원초적인 비

---

310 1905년 베를린에서 출생한 에리히 노이만은 1927년 에르랑겐 대학에서 신비주의 철학에 관한 논문으로 철학박사 학위를 받았다. 그러고 나서 의학 공부를 시작해 1933년 의사 시험에 합격하지만 유태인인 그는 나치스 정권이 들어서기 직전 독일을 떠나 이스라엘에 정착한다. 1934년 칼 융과의 만남은 그를 분석심리학자의 길에 들어서게 만들었고 이후 1960년 사망할 때까지 독일과 스위스 등 유럽 전역을 오가며 분석심리학의 탐구에 일생을 바쳤다. 문학과 예술에 조예가 깊어 소설과 평론을 쓰기도 했던 다재다능한 노이만은 분석심리학자로서 이론적, 철학적 기초를 닦는 데 큰 공헌을 했다. 융의 이론과 사상을 끝까지 잇고자 한 철저한 후계자로 평가되는 그의 이론적 업적 중에서 가장 중요한 것은 외향성과 내향성을 통합한 '중심화'라는 개념의 발전이지만, 무엇보다도 발달 이론과 여성성 이론이 큰 영향력을 끼쳤다. 특히 신화의 출현 과정을 개인과 집단의 의식의 발현 과정으로 이해한 그의 관점은 후대의 신화학, 발달 심리학, 여성학 등에 큰 영향을 끼쳤다.『의식의 기원과 역사』,『심층심리학과 새로운 윤리』,『위대한 어머니 여신』,『아모르와 프시케』,『헨리 무어의 원형적 세계』등 그의 많은 저술 중에서『위대한 어머니 여신』은 그의 주저이자 현대의 고전으로 평가받는다.

311 태모(太母)라고도 불린다. 융이 제창한 원형 중 하나이다. 집합적 무의식 속에 존재하는 어머니를 말한다. 인자한 것, 감싸주는 것 같은 존재의 이미지이다. 동시에 감싸는 것은 삼킴으로써 아이를 독점·속박하려는 파괴적인 이미지도 있다.

의'를 묘사했다.

> "우리가 육체의 조직을 직물이라든가 띠라고 말하는 것은 우연이
> 아니다. 왜냐하면 크게는 위대한 여성이 '사각사각 울리는 시간의 직
> 조의자'로 짜는 것도, 작게는 여성이 자궁 속에서 짜는 것도 생명과
> 운명이기 때문이다. 그리고 별에 의해 지배되는 운명에 대한 연구인
> 점성술은 두 가지 모두 출생의 시간적 순간에 동시에 시작된다고 가
> 르친다."[62]

숙명의 실타래는 행성의 강제력과 같다. 우주가 존재하기 때문에, 스토아 학파에게는 '계획자의 불'에서 뿜어져 나오는 생물로, 모든 것을 생성하고 프로노이아[312](신성한 의도)와 헤이마르메네(별의 숙명)의 본질을 형성한다. 헤이마르메네 자체가 시간의 순환을 통해 표현된 프로노이아의 구현체였다.[63]

비록 다양한 스토아 학자들이 숙명과 자유의지의 역설에 열중하여 시간이 지날수록 다른 주장이 전개되었지만, 인간은 어떤 종류의 우주에 살고 있으며, 어떻게 조화롭게 사는 법을 배울 수 있는가에 대한 중심적인 질문은 남아 있었다. 융이 획득한 저자인 스토아주의 성향이 강한 로마

---

312 신 또는 신적존재의 피조물에 대한 계획·의도를 말한다. 라틴어로 providentia, 그리스어로 pronoia. pro는 '미리'와 '위해서'의 두 가지 의미가 있으며, 예지, 예견, 배려의 뜻이다. 아이스킬로스의 극 『프로메테우스』는 이 이름으로 불린 신이 인간의 운명을 예견해서 배려했다는 것으로 제우스에게 벌을 받았다는 것을 그리고 있는데, 이는 섭리가 운명과 자유의 중간의 것이라는 것을 나타내고 있다.

황제 마르쿠스 아우렐리우스는 기원후 2세기에 이러한 선택들을 웅변적으로 표현했다.[64]

> "우주는 미리 정해진 숙명, 즉 누구도 넘어설 수 없는 질서인가, 자비로운 섭리인가, 또는 지배자가 없는 우연의 혼돈인가."[65]

만약 우주가 완전히 비인격적인 힘에 의해 숙명지어진다면, 선택지는 선이든 악이든 존재할 수 없다. 그러나 신이 선하고 마르쿠스 아우렐리우스가 제안한 대로 신의 섭리가 '모든 것을 관망한다'고 한다면, 개인은 자유의지를 행사할 수 있고, 비록 투쟁이 궁극적으로 실패하더라도 사악한 비이성적 충동에 맞서 싸우면서 의식적으로 프로노이아와 자신을 일치시키는 것을 선택할 수 있다.

융은 이 난제를 그 자체의 고유한 성질에 따라 사건에 반응하는 개인의 성격의 딜레마로 이해한 것 같다. 사건은 콤플렉스의 강제력에 의해 '선결'될 수 있고, 원형의 '사이코이드' 표현으로 이해되는 심파티아의 법칙에 의해 '끌려가는 것'일 수 있다. 그러나 개인의 반응은 타고난 성격에 달려 있다. 헤이마르메네의 직조된 옷감처럼, 본질적인 성격은 복잡하며, 원형적 패턴에 의해 뒷받침된 의식적 가치와 무의식적 콤플렉스뿐만 아니라 개인이 태어나기 훨씬 전에 가족, 조상, 문화에서 비롯되는 가치와 콤플렉스로도 구성된다. 비록 누군가가 자신의 희망에 반하는 행동을 하도록 무의식적인 충동 강박관념에 의해 강요될 수 있지만, 사람들은 증가하는 의식의 도움으로 파괴적인 행동을 이해하고 피하기 위해 노력할 수 있다. 융은 X부인의 별자리에서 달과 수성의 스퀘어 배치를 미리 정해진 숙명이 아닌 '위험'이라고 언급했다. 그의 견해로는 의식과 무의식 사이의 변증법에서 비롯된 제한된 자유의지의 여지가 있다. 융은 자신과 타인의 삶에서 직장에서의 숙명의식을 거부하기 어렵다는 것을 분명히 알았다. 그러나 그의 개성화 개념, 즉 항상 '숙명적'이 될 수 있었던 것으로의 인격의 진화는 수세기 동안 스토아 학파를 괴롭혔던 역설을 조화시키려는 노력으로 이해될 수 있다. 융의 해결책은 간결하면서도 우아했다.

"자유의지는 사람이 해야 할 일을 즐겁고 자유롭게 하는 것이다."66)

영지주의적 헤이마르메네

최근 몇 년 동안 융의 소위 영지주의적 성향에 대한 상당한 학술적 논의가 있었다.67) 리차드 놀(Richard Noll)은 융의 사상의 모든 측면을 융이 태양 숭배의 설립을 시도하고 있다는 가정과 관련하여 '1916년까지 융은 자신의 자아 정체성과 개인적 운명을 영지주의와 연결시키기 시작했다'68)고 선언한다. 랜스 오웬스(Lance Owens)도 같은 주장을 하지만, 개인적 적의를 품지 않고, "그 여행의 처음에 융은 자신의 경험과 영지주의를 매우 밀접하게 연관시켰다."69)라고만 말하고 있다. 융이 착용한 반지70)도 '고대적 모티브'가 새겨져 있고 '아브락사스'(Abraxas)313라는 글자가

---

313 기원후 2세기의 나스티시즘 교부였던 바실리데스의 철학 체계에서 사용된 낱말로 신비적인 의미를 띄는 낱말이다. 아브락사스는 때로는 아브락사스(ΑΒΡΑΞΑΣ·Abraxas)라고도 한다.

새겨진 것으로 알려진 '영지주의' 반지는 이 후기 고대 종교 조류와 개인적인 동일시를 암시한다.

중세 및 근대 초기의 연금술에서 살아남은 영지주의적 사상이 그 자신의 심리학 이론의 선구자라는 융 자신의 주장[71])은 '영지주의적' 융의 학문적 가정을 더했다. '바실리데스'라는 가명도 있는데,[72]) 이는 서기 2세기의 알렉산드리아 영지주의 스승을 바탕으로 한 것으로, 융은『죽은 자들에게 보내는 7가지 선교』(*Septemsermones ad mortuos*)[314]라고 그가 이

이들 중 전자의 낱말이 후자보다 훨씬 더 자주 사용되었다. 바실리데스의 나스티시즘 철학 체계에서, 아브라삭스는 365 영역들의 수장인 대아르콘(Great Archon)이다. 아브라삭스(ΑΒΡΑΣΑΞ)는 일곱 그리스어 문자로 이루어져 있는데, 이 일곱 문자들은 나스틱파의 우주론에서 서양의 고대의 일곱 행성인 태양·달·수성·금성·화성·목성·토성을 의미한다. 아브라삭스라는 낱말은『불가시의 위대한 스피릿의 신성한 책』과 같은 나스티시즘 문헌에서 발견된다. 또한『그리스 마법 파피루스』에서도 나타난다. 아브라삭스라는 낱말이 고대의 보석들에 새겨져 있는 경우가 있는데, 이 보석들을 아브라삭스 보석(Abrasax stones)이라 한다. 아브라삭스 보석은 호신부나 액막이 부적으로 사용되었다. 아브라삭스 보석들에 새겨진 초기 문자들이 아브라삭스(ΑΒΡΑΣΑΞ)였기 때문에, 아브락사스(ΑΒΡΑΞΑΣ)라는 낱말은 후대에 그리스어 낱말을 라틴어로 음역할 때 그리스어 문자 시그마(Σ)와 크시(Ξ) 사이에 혼동이 생겨 나타나게 되었다는 것이 오늘날의 일반적인 견해이다. 아브라삭스라는 낱말은 마법사의 주문인 아브라카다브라와 관련이 있다고 하는 견해가 있다. 하지만 이와는 다른 견해도 있다. 바실리데스의 교의, 고대 나스티시즘 문헌들, 그리스·로마의 마법 전통들, 현대의 마법 및 밀교 저작들에서 보이는 아브라삭스에 대한 견해는 어떤 점에서는 서로 간에 유사하기도 하고 어떤 점에서는 전혀 다르기도 하다. 아브라삭스에 대한 견해는 여러 가지이다. 최근 수세기 동안에 아브라삭스는 이집트 신화의 신들 중의 하나이며 또한 악마들 중의 하나라고 주장되었다. 융은『죽은 자들에게 주어진 7 강의들』이라는 짧은 나스티시즘적인 글을 썼다. 여기에서 융은 모든 대립물이 한 존재 안에 결합된 신이 아브라삭스이며, 아브라삭스는 기독교의 신과 사탄의 개념보다 더 고차적인 개념의 신이라고 하였다.

314　동서가 만나는 도시인 알렉산드리아의 Basilides가 쓴 'Seven Sermons to the Dead'라는 제목으로 1916년 융이 저술하고 개인적으로 출판한 7개의 신비주의 또는 '영지주의적' 텍스트 모음집이다.

름 붙인 '스크루티니즈'(Scrutinies) 출간판에서 이를 사용했다. 특정 영지주의적 개념들은 또한 '스크루티니'의 본문에도 등장했고 융이 시스테마 문디토티우스(*Systema Munditotius*), 즉 '모든 세계의 시스템'이라고 부른 우주론적 도표에서 나타난다.[73] 그러나 '영지주의'는 그것이 '주의(主義)'였다면, 별개의 동질적인 범주에 국한하기 매우 어렵다는 것이 증명되었다. 만약 마법을 정의하려는 시도가 미친 짓[74]이라면, '영지주의'를 정의하려는 시도도 비슷한 종류의 혼란을 야기한다. 20세기 초 수십 년 동안 이용 가능한 제한된 출처와 심리적 이해의 렌즈를 통해 여과된 영지학에 대한 융의 매우 개별적인 해석은, 오늘날 많은 학자들의 점점 더 문화적 특이성을 중시하는 관점과 근본적으로 달랐다.

영지학에 관한 문헌은 학술적이든 아니든 방대하며, 참고 문헌은 수백 권의 책을 쉽게 채울 수 있다. 브릴이 출판한 『나그 함마디[315]와 마니교 연구』(*Nag Hammadi and Manichaean Studies*)라는 이름의 영지주의 문헌에 관한 일련의 모노그래프는 이미 90권에 육박했고 지금도 계속 늘어나고 있다.[75] 이 문헌의 대부분은 영지주의 운동이 기독교인, 유대인, 또는 이교도들에게서 시작되었는지, 어떤 영지주의 '체계'가 이 종교 흐름의 '진정한' 예인지, 그리고 영지주의 신화 우주론이 플라톤, 헤르메스주의, 조로아스터교, 아브라함 토양에 뿌리를 두고 있는지, 또는 이들 모두의 조합에 뿌리를 두고 있는지 밝히려고 시도한다. '선한' 초월적인 신과 '악한' 물질적 세계를 극명하게 구분하는 '이원론'과 같은 영지주의 그룹에 귀속되는 개념은 종종 단순하며, 어떤 영지주의 텍스트나 스승이 조사되는지

---

315 이규호 옮김, 이정순 감수, 『나그함마디 문서』, 동연, 2022.

에 따라 달라진다. 마찬가지로, 모든 영지주의가 '이단적인' 기독교인이 거나 심지어 기독교인이었다는 생각은 문제가 있다. 유대교 내에는 영지 주의 흐름이 있었고, 일부 영지주의는 어떤 형태로든 기독교와 결부되지 않았다.[76] 게다가 '이단'은 역사적 범주가 아닌 종교적 범주이다. 그리고 학문적 연구가 점점 더 정교해지는 점을 고려할 때, 더 이상 영지주의의 조류와 대조될 수 있는 2세기의 어떠한 '주류' 기독교도 정의하는 것은 불 가능할 수도 있다.[77]

로버트 시걸(Robert Segal)[316]은 융이 영지주의자인지 아닌지에 대한 질문에 답하려고 시도하면서 영지주의를 '선(善)과 악(惡)인 물질성 (materiality)의 대립적 이원론에 대한 믿음'으로 묘사한다.[78] 그러나 영지 주의 흐름은 결코 균질하게 '이원론적'이 아니었다. 특정 텍스트가 영혼 과 물질 사이에 그러한 극성을 내포하고 있다는 것이 분명할 때에도, 물 질적 현실은 반드시 악으로 간주되지 않는다. 그 극성은 플라톤에 의해 묘사되었는데, 그는 물질적 존재를 악으로 이해하지는 않았지만, 자연의 세계에서 변화하는 반성적 사유와는 달리 신의 본성은 지각하기 위해 다 른 종류의 의식을 필요로 하는 세계 영혼의 발산이라고 인식했다.[79] 플라 톤의 물질적 현실에 대한 긍정적인 시각이 많은 영지주의 문헌에 미친 영 향은 고대 말기에 기독교 이단학자 이레네우스(Irenaeus, 130-202)나 히폴 리투스(Hippolytus, 170?-235)[317] 그리고 플로티노스에 의해서도 지적되

---

316 영국 애버딘 대학의 종교학 교수이자 6세기 종교학 석좌이다. 2019년 3월부터 빈 대학 종 교학부의 교수 연구원으로 재직하고 있다. 이전에 1999-2006년에는 랭카스터 대학에서 종교이 론 교수로 재직했다.

317 2세기 기독교 신학자 중 한 사람으로 그의 증명력, 정체성, 어록은 학자들과 역사학자들에

었다.[80]

영지주의 스펙트럼의 한쪽 끝에는 마니교 운동의 맹렬한 반우주적 논쟁이 있는데, 이 운동은 두 개의 영원하고 화해할 수 없는 우주의 힘, 즉 빛의 천국과 어둠의 지상에 대한 사상을 공포했다.[81] 스펙트럼의 다른 쪽 끝에는 플라톤의 학설을 신봉하는 영지주의의 친우주적 접근법이 있다. 예를 들어 마르사네스(Marsanes)[318]로 알려진 논문은 다음과 같이 선언하였다.

> "나는 감각으로 지각할 수 있는 세계의 경계를 숙고하고 도달했다.
> 나는 무형의 존재의 전체를 부분 부분 (알게 되었고), 그리고 (나는) 이해
> 가능한 세계를 알게 되었다. (나는) 숙고하고 있을 때, 모든 면에서 감
> 각으로 지각할 수 있는 세계는 완전히 구원될 가치가 있다는 것을 알

게는 아직 밝혀지지 않고 있다. 제안된 공동체로는 팔레스타인, 이집트, 아나톨리아, 로마와 중동 지역이 있다. 카이사리아와 제롬의 에우세비우스 등 고대교회에서 문학의 최고 역사가들은 성서 해설가 히폴리투스와 신학자가 지도부에서 근무했던 곳을 명명할 수 없다고 공개적으로 고백한다. 그들은 그의 작품을 읽었지만 그의 공동체에 대한 증거를 가지고 있지 않았다. 콘스탄티노폴리스의 포토오스 1세는 그의 비블리오테카(cod. 121)에서 폴리카르포스의 제자라고 일컬어지는 이레네우스의 제자로 그를 묘사하고 있으며, 이 구절의 맥락에서 볼 때 히폴리투스가 그렇게 서술한 것을 제안했다고 추측된다. 이 주장은 의심스럽다. 한 오래된 이론은 그가 당대의 교황들과 갈등을 겪게 되었고, 로마 주교의 경쟁자로서 분열적인 그룹을 이끌었고, 따라서 안티포페가 되었다고 주장한다. 이 견해에서 그는 많은 수의 새로운 이교도 개종자들을 수용하기 위해 참회 체제를 부드럽게 한 로마 교황들에 반대했다. 그러나 순교자로 죽기 전에 교회와 화해했다.

318   신약 외경의 Sethian Gnostic 텍스트이다. 유일하게 살아남은 사본은 Nag Hammadi 라이브러리에서 가져온 것이다. 4페이지가 누락되었고 다섯 번째 페이지의 처음 10개를 포함하여 복구할 수 없을 정도로 손상된 여러 줄이 있다. 학자들은 이 텍스트가 원래 3세기에 시리아인이 그리스어로 기록했다고 추측한다.

게 되었다."[82)

융의 심리 모델은 항상 초월, 완벽, 물질적 현실의 부인보다는 통합의 목표를 지지한다. 의식과 무의식의 원형적 지배자 사이의 직접적인 만남을 통해 일어나는 변화의 결과로서, 개인은 '완전성이 아니라 전체성에 접근한다.'[83)

> "완벽함과 완전함 사이에는 상당한 차이가 있다. … 원형이 지배적
> 인 곳에서는, 우리의 모든 의식적인 노력에 대항하여 완전성이 강요
> 된다. … 사람은 완벽을 추구할 수 있다. … 하지만 그의 완전성을 위
> 해 그의 의도와는 반대되는 고통을 겪어야 한다."[84)

이 진술은 비록 융이 정신과 물질을 스펙트럼의 두 극으로 인식했지만, 부패한 육체와 부패하지 않은 정신의 화해할 수 없는 분열에 대한 보다 급진적인 영지주의 사상에 동조하지 않았음을 시사한다. 융의 점성술도 행성 집행관의 '악'적 본질에 대한 영지주의 사상을 반영하지 않는다. 융은 영지주의 신화의 거대한 우주론적 드라마를 무의식적인 인간의 심리 과정을 상상적으로 묘사하는 것으로 이해했다. 그는 '무의식의 개념은 그들(영지주의자)에게는 알려져 있지 않았다' 그리고 영지주의 천계의 안트로포스(Anthropos), 즉 '원인'(原人)―우주의 속죄주인 동시에 모든 인간 속의 신의 불꽃―은 '초월적인 중심이 존재함을 나타내고 있어, 그것은 … 전체성을 상징하는 것으로 봐야 한다[85)'고 말했다.

"다른 모든 것을 비교할 수 있는 본질적이거나 대표적인 영지주의 문

서는 없다."[86] 1945년 이집트의 나그 함마디에서 그노스틱과 헤르메틱 문헌의 비범한 은닉이 발견되면서 이레네우스, 히폴리투스, 에피파니우스(Epiphanius, 315-403)[319] 같은 기독교 이단론자들에 기초한 초기 인식들이 바뀌면서, 20세기 중반부터 그노스틱의 '이단'에 대한 단순한 견해는 급진적으로 바뀌었다.[87] 그러나 오늘날의 학술적 저작에서도, 그노스틱 우주론의 점성학적 본질은 깊이 탐구되지 않고, 융은 이단론자들과 미드가 번역한 제한된 수의 영지주의적 논문[88]들뿐만 아니라, 빌헬름 부셋(Wilhelm Bousset, 1865-1920)[320]과 리처드 레이첸슈타인(Richard Reitzenstein, 1861-1931)[321]과 같은 초기 연구자들에게 의존해야만 했다. 그리고 이단학자들의 시각이 진정한 '기독교'에 대한 이해의 렌즈를 통해 여과된 것처럼[89] 미드의 영지학 관점은 신지학적인 렌즈를 통해 여과되었다. 『새로운 책』뿐만 아니라 『무의식의 심리학』에서도 분명히 알 수 있는 융의 영지주의적, 헤르메스주의적, 미트라교의 조류에 대한 생략(elision)은 부분적으로 이러한 자료들에 기반을 둔 것으로 보인다. 그러나 아마도 더

---

319   4세기 말엽 키프로스 살라미스의 주교이다. 로마 가톨릭교회와 동방 정교회, 오리엔트 정교회 등에서 성인이자 교부로 공경 받고 있다. 그는 정통 신앙의 강력한 옹호자라는 명성을 얻었다. 그의 대표적인 저서는 당시 이단들의 목록을 작성하고 이를 비판한 『파나리온』이다.

320   독일의 신학자이자 신약학자이다. 그는 위그노 혈통이었고 뤼베크 출신이었다. 그의 가장 영향력 있는 작품은 『키리오스 크리스토스』(Kyrios Christos)로, 2세기 헬레니즘 세력의 산물로서 그리스도에 대한 헌신의 기원을 설명하려는 시도였으며, 비록 그 결론이 현대 학문에 의해 뒷받침되지 않더라도 초기 기독론에 대한 가장 널리 영향력 있는 학적 작업이다.

321   독일의 고전 문헌학자이자 고대 그리스 종교, 헤르메스주의, 영지주의 학자이다. 커트 루돌프는 그를 '가장 자극적인 영지주의 학자 중 한 사람'으로 묘사한다. Wilhelm Bousset과 함께 그는 Religionsgeschichtliche Schule(종교사 학교)의 주요 인물 중 한 명이었다.

중요한 것은, 그는 그리스어 그노시스(gnosis)에 대한 개인적인 이해를 표현했는데, 이것은 오래된 또는 현재의 학문적 정의와 반드시 일치하지는 않는다는 점이다. 융의 초점은 언제나 그랬듯이, 자아의 원형인 '의식의 매트릭스와 조직 원리'90)에 대한 직접적인 심리적 경험으로서 그노시스에 집중되었다.

토성과 아브락사스

융의 영지주의적 성향에 대한 많은 논의가 있지만, 융이 숙명에 대한 그의 다양한 논의에서 세심한 주의를 기울였던, 사실상 모든 영지주의적 문헌에 존재하는 점성학적 핵심은 크게 간과되어 왔다. 융에 따르면, 별의 숙명 또는 헤이마르메네(Heimarmene)는 영지주의의 문헌과 연금술의 중심이었으며, 둘 다 일곱 단계 또는 구체(sphere)를 통과하는 영혼의 신화적 여정을 통해 숙명의 사슬을 끊는 것과 관련이 있었다. 영지주의 논문에서, 이 오름은 행성과 천상에 관한 것이며, 연금술 문헌에서는 행성과 금속으로 표현된다. 융은 3세기의 연금술사 조시모스를 인용하면서, '하나님의 아들'을 '영지주의 그리스도'라고 불렀다.

> "후기 기독교 연금술에서처럼, 하나님의 아들은 승화의 패러다임, 즉 헤이마르메네의 손아귀에서 영혼을 해방시키는 일종의 패러다임 이다."91)

융에게 연금술은 천체 세계의 7개의 행성 집정관이 아닌 지구의 7개의 행성 금속에 투사된 것이었다.[92]

융은 중세 초기의 연금술서에 대한 논의에서 헤르메스가 수여한 '승리의 왕관'을 다음과 같이 묘사했다.

> "이것은 행성이나 금속이 태양과 합쳐져서 헤르메스 '안'에 있는 왕관을 형성하는 것을 말한다. 왕관은 왕의 총체성을 상징한다. 그것은 통합을 의미하며 헤이마르메네의 지배를 받지 않는다. 이것은 영지주의 보석에 새겨진 아가토 다이몬 뱀이 쓰고 있는 7조 또는 12조의 광선을 내뿜는 빛의 관을 떠올리게 한다."[93]

천체적 숙명에 영향을 받지 않는 이 '승리의 왕관'은 무의식의 복합체(콤플렉스)에 내재된 원형적 패턴을 의식에 통합하는 데 성공했고, 따라서 천체의 강제력으로부터 자유롭게 된 사람의 것이다.

> "모든 행성 영역을 통과한 사람은 강제력에서 자유롭다. 그는 승리의 왕관을 얻어 신처럼 되었다."[94]

『새로운 책』 제2권에서는 융이 '하늘과 땅 사이' 십자가에 매달린다. 그리고 어떠한 심적 통합의 노력에도 반드시 수반되는 고통을 겪으면, 뱀이 융에게 이 관을 주는 것이다.[95] 관은 연금술의 '원초의 소재'(prima materia)[322]로서 신의 숨겨진 불꽃을 담고 있는 무의식의 삶의 리비도이며, 융은 그것을 토성에 속한다고 묘사했다. 그것은 '가장 미움 받고 거부당한 것, 그리로 내던져진 것'이다. 그리고 의식적인 자아가 '시간과 공간에 얽매여' 있을수록 이 숨겨진 다이몬은 숙명처럼 느껴진다.[96] 이러한 연상에서, 융은 인격의 초월적 중심과의 직접적 만남을 통해 궁극적으로 천체적 헤이마르메네의 내적 강제력을 깨는 영혼의 영지주의적 상승의 상징성은 인간 내부의 무의식의 어둠에서 시작되어야 한다는 견해를 제시했다. 가장 경멸당하고 '열등한', 융이 천문학적으로 토성으로 정의한 것. 영지주의에서 말하는 행성 집행관 중 최고위이면서 가장 방해되는 얄다바오트(Ialdabaoth)[323]는 '토성과 같다'.[97] 그러나 융에게 이 집행관은 나쁜 존재가 아니었다. 그는 알려지지 않은 무의식적인 '참 나'를 은밀히 담고 있다.

고대 말기 고풍스러운 부적의 도상학에서, 태양관은 뱀의 몸을 가진 사자머리 신 츄누미스(Chnoumis, 표지그림 3 참조)가 쓰고 있으며, 융의 자신의 '영지주의적' 고리는, 그 자신의 묘사에 따르면 이 태양신의 전형적인 고대말기 그리스-이집트 조각을 보여준다.[98]

융은 츄누미스를 소위 영지주의의 신 아브락사스와 혼동하는 경향이 있었다. 그러나 아브락사스는 영지주의적인 존재만은 아니었다. 오히려

---

322 연금술과 철학에서 프리마테리아, 마테리아 프리마 또는 제1 물질은 화학적 매그넘 오푸스와 철학자 석조의 창조에 필요한 유비쿼터스 시작 물질이다. 그것은 혼돈과 비슷한 모든 물질의 원시적인 형태 없는 기반, 즉 5중주 혹은 에테르다. 난해한 연금술사들은 시밀을 사용하여 프리마테리아를 묘사하고, 그것을 애니마 먼디와 같은 개념과 비교한다.

323 영지주의에서 이야기하는 불완전한 가짜신인 데미우르고스 중 하나의 이름으로, 위대한 지식인 소피아의 자식이다. 유다 복음에서 구름에서 사클라스, 사마엘과 함께 구름에서 나온 천사 중의 하나로서, 본래 이름은 네브로(Nebro)였다. 사람들은 얄다바오트라고 불렀는데, 이는 반역자라는 의미이다.

그 이름은 츄누미스를 포함한 고대 후기 통합의 여러 신들과 연관된 마법적인 '권력의 이름'이다. 수탉 머리를 하고 뱀 다리를 가진 존재로, 때때로 아브락사스로 추정되는 많은 후기 골동품 부적에 등장하는 이 동물은 보통 히브리 YHVH의 그리스어 번역본인 IAO라는 이름으로 불린다.[99] 융은 당시의 학문적 연구에 따라 이 두 인물 모두 영지주의적이라고 추정했다.[100] 그러나 그는 또한 아브락사스를 1년 태양 주기 변화 속에 있는 '충만과 공허, 생성과 파괴'를 나타내는 리비도의 상징으로 이해했다.[101]

> "영지주의적 아브락사스는 365[324]를 의미하는 지어낸 이름이다. 영지주의자들은 그것을 그들의 최고신의 이름으로 사용했다. 그는 시간의 신이었다. 베르그손의 철학에서 『창조적 지속』(la durée créatrice)은 같은 관념의 표현이다."[102]

---

324   A(알파) + B(베타) + P(로) + A(알파) + Ξ(크시) + A(알파) + Σ(시그마) = 1 + 2 + 100 + 1 + 60 + 1 + 200 = 365

표지그림 3 융이 『시스템 문디토티우스』(*Systema Munditotius*)라고 하는 우주의 그림에 사용된 사자의 머리를 가진 태양신 츄누비스(Chnoubis) 혹은 츄누미스(Chnoumis). Intaglio, Kelsey 26118, Bonner 91, © Genevra Kornbluth

융은 『비전 세미나』에서 아브락사스에 대한 인지를 리비도 상징[325]으

---

325 점성학에서 토성은 매트릭스로, 태양은 태양에서 나오는 빛으로 상징.

로 확장하였다.

> "아브락사스의 모습은 시작과 끝을 의미하고, 삶과 죽음이기 때문에
> 괴물 같은 모습으로 표현된다. 봄과 가을, 여름과 겨울, 자연의 긍정과
> 부정으로 1년이 흐르는 동안의 초목의 삶이기 때문에 괴물이다."[103]

융에게 아브락사스는 순환 운동에서 집단 무의식의 상징이었으며, 또
한 황도대의 상징적인 원으로 일 년 내내 태양의 경로로 묘사되었다. 아
브락사스는 토성의 지구적, 인간적 영역의 어둠을 태양의 불멸의 영적 빛
과 결합시킨다.

> "태양과 비교하는 것으로, 우리에게 신들이 리비도라는 것을 반복
> 해서 가르친다. 우리 중 불멸의 부분이다. … 그 샘은 무의식의 깊은
> 곳에서 솟아오르고, 우리의 삶도 그렇듯이, 인류 전체의 뿌리로부터
> 나온다. 우리 안의 신은 리비도이다."[104]

아브락사스는 데미우르고스(demiurge)[326] 또는 '세계 창조자'이며, 세

---

326   이 물질 세계를 창조하는 신을 플라톤적 맥락에서 부르는 이름이다. 희랍신화에서는 데미
우르고스를 최고신으로 여기고 있다. 데미우르고스는 무에서 유를 창조했다고 전해지는 기독교의
창조론과 달리, 창조주가 존재하고 있던 질료를 이용하여 세상과 인간을 창조했고, 오로지 영혼만
이 데미우르고스에 의해 직접 만들어진 순수한 피조물이라고 여겼다. 데미우르고스의 어원은 인민
을 뜻하는 그리스어 데미오스와 일을 뜻하는 에르곤에서 왔으며, 한자로는 제작자라는 뜻을 갖고
있다.

계 영혼으로서의 리비도이다.[105] 융의 영지주의적 헤이마르메네에 대한 담론은 존재론적인 의미에서 다른 것에 의존하지 않고, 대립적인 행성 존재에 의해 움직임을 부여받은 이원론적 우주에 대한 개인적인 믿음을 표시하지 않는다. 그것들은 그가 인간에서 관찰하고 개성화라고 불렀던 심령 과정을 묘사하고 있으며, 그는 영지학 논문에 있는 천계적 상승이 가장 초기의 풍부한 모델 중 하나를 제공했다고 확신했다.

미드와 『피스티스 소피아』(Pistis Sophia)

1890년과 1891년 사이에, G.R.S. 미드는 신지학 저널 『루시퍼』에 『피스티스 소피아』로 알려진 AC 2세기에서 3세기의 영지학 문헌의 첫 번째 영어 번역본을 출판했다. 일련의 기사로 출판된 이 번역본에는 H.P. 블라바츠키의 논평이 곁들여져 있었는데, 블라바츠키는 예상대로 영지주의와 힌두의 개념을 연관시키고 전자가 후자에서 유래했다고 주장했다.[106] 전체 번역본은 1896년에 책으로 출판되었고, 1900년에 문헌의 요약본이 미드의 장황한 영성론, 『잊혀진 믿음의 파편』(Fragments of a Faith Forgotten)에 포함되었다.[107] 『피스티스 소피아』는 아마도 그가 『새로운 책』에 몰두했던 몇 년 동안 융이 이용할 수 있는 가장 중요한 영지주의적 문헌일 것이다. 당시에는 기독교 이단론자들의 간섭을 받지 않고 완전한 필사본으로 존재했으며, 정교한 우주론은 전적으로 점성술적이다.[108] 융에게 매우 중요한 것은 미드의 『피스티스 소피아』 번역이었기 때문에, 융의 좋은 친구이자 영지주의 흐름의 존경 받는 학자인 길레스

퀴스펠(Gilles Quispel, 1916-2006)[327]에 따르면, 융은 미드의 작업에 대해 감사하기 위해 런던으로 특별한 여행을 떠났다고 한다.[109]

비록 미드가 점성술에 관한 책을 쓴 적은 없지만, 그는 알란 레오의 우정과 레오가 『퀘스트』에 기고한 수많은 점성술 기사를 통해 그것에 익숙했다. 『피스티스 소피아』는 점성학적 개념과 이미지를 메시지의 기초로 사용한다. 그의 아버지 제우스[110]가 보낸 구세주-신 또는 천상의 인류는 일곱 개의 행성 집행관의 '숙명-구체'에 들어가 '모든 영혼의 구원을 위해' 우주 극을 돌림으로써 '그들의 힘의 3분의 1'을 깨뜨린다.[111] 이러한 생각은 '의식의 조직 원리'인 '참 나'에 대한 직접적인 개인 경험에서 비롯된 확장된 의식이 적어도 부분적으로 콤플렉스 뒤에 서 있는 원형들의 강제적 표현을 변형시킬 수 있다는 융의 주장에서 심리학적 용어로 번역될 수 있다.

『피스티스 소피아』 본문에서 황도대의 성단들을 아이온이라고 한다.

---

327   네덜란드의 신학자이자 기독교와 영지주의의 역사가였다. 그는 위트레흐트 대학교의 초기 기독교 역사 교수였다. 로테르담에서 태어난 퀴스펠은 도르드레흐트에서 중고등학교를 마친 후 1934년부터 1941년까지 라이덴 대학교에서 고전 문헌학을 공부했다. 라이덴에서 그는 또한 신학을 공부하기 시작했으며, 그는 닝겐 대학에서 계속했다. 퀴스펠은 1943년 Utrecht University에서 박사 과정을 마쳤으며 Tertullian의 Adversus Marcionem에서 활용된 출처를 조사하는 논문을 발표했다. 그는 여러 영지주의 체계, 특히 발렌티니즘에 대한 연구를 하였다. 1948-1949년에 그는 볼링겐 동료로서 로마에서 일 년을 보냈고, 1951년 위트레흐트 대학교의 초대교회 역사 교수로 임명되었다. 그는 1964-1965년 하버드 대학교와 1968년 Katholieke Universiteit Leuven에서 객원 교수로 재직했다. 그는 Nag Hammadi Codex I('Jung Codex')를 처음 편집하는데 종사했으며 나그 함마디 도서관, 특히 남은 경력 동안 토마스 복음에 관심을 기울였다. 그는 초기 '유대인-기독교' 전통과 Tatian의 Diatessaron(두 번째 세기 복음 조화)에 대한 연구에 기여했다.

"그리고 이런 일이 있은 후, 천구가 회전할 때 … 선한 자, 세상에서 제우스(목성)라고 불리는 가운데에 계신 분이 오시고, 여덟 번째 아이온인 전갈좌에 오신다. 그리고 아프로디테(비너스)라고 불리는 부바스티스가 오고, 그녀는 황소라고 불리는 천구의 두 번째 아이온으로 오신다. 그런 다음 왼쪽과 오른쪽 사이에 있는 베일이 옆으로 당겨진다."[112]

'아이온'이라는 단어는 현대 점성술 작품에서 황도대 별자리 또는 별자리의 동의어로 거의 사용되지 않는다. 그러나 융이 점성학적 '나이', 즉 황도대의 별자리를 통과하는 춘분점 세차 운동의 위대한 주기의 2,165년 구간을 묘사하기 위해 이 용어를 적용한 것은 우리가 다음 장에서 보게 될 것처럼 매우 구체적이며, 물병자리의 접근에 대한 그의 개념은 『피스티스 소피아』에 의해 분명히 영향을 받았다.[113]

숙명은 『피스티스 소피아』의 텍스트에서 인간의 일생에 대한 할당으로 나타난다.

"그리고 또한 모이라라는 이름의 운명은 그에게 주어진 죽음을 통해 그를 죽일 때까지 그 사람을 이끈다."[114]

『피스티스 소피아』는 또한 헤이마르메네라는 용어를 사용한다. 그러나 '위대한 숙명'은 소위 말하는 바와 같이 부, 가난, 질병, 결혼 또는 수명과 같은 미리 정해진 외부 사건에 관한 것이 아니다. 행성 집행관에 의해 부과된 그것은 죄에 대한 압도적인 강박관념에 직면하여 개인의 고통으로 표현된다.

"불가사의의 신비와 더불어 제1의 신비를 받게 될 모든 사람들은 숙명의 강제력에 의해 매번 죄를 짓는다."[115]

숙명이 내면의 강제력이라는 개념은 훨씬 이전의 오르페우스 파편에서 나타나는데, 이 파편들은 '힘들고 무거운 슬픔의 고리', 즉 황도대의 별자리를 강제적이고 반복적인 고통의 내부 경험으로 묘사한다.[116] 자신의 신성한 기원에 대한 기억이나 재발견이라는 특정 유형의 영지주의는 천체가 가져오는 숙명의 강제적인 내면의 고통으로부터 영혼을 해방시킬 수 있다는 생각은 황도대의 별자리가 '감각의 고통으로 내향적인 사람을 고문한다'는 헤르메스주의 문헌에서도 찾을 수 있다.[117] 플라톤 철학처럼 영지주의와 헤르메스주의 흐름은 오르페우스적 개념에 많은 빚을 졌다. 융이 그들 사이의 유사점을 인지한 것은 틀리지 않았다.[118] 또한, 그가 이러한 내부화된 점성술 묘사를 '고대의 모든 심리학적 지식의 총합'으로 이해하는 것이 실수로 보이지 않는다.[119]

미드와 융

미드의 영지주의 텍스트에 대한 지식은 융에게 매우 유용했고, 융의 영지주의적 우주론에 대한 해석은 신지학적인 것으로 추측될 수 있다.[120] 그러나 융에 대한 미드의 번역과 주석의 중요성은 자료에 부과된 어떤 특정한 신념 체계에 있는 것이 아니라 미드가 그의 작품에 가져온 생명력과 직관적인 통찰력에 있을 가능성이 더 높다. 한 세기 전의 토마스 테일러(Thomas Taylor, 1576-1632)[328]처럼, 미드는 개인적으로 헤르메스주의, 신플라톤주의 그리고 영지주의 글에 나타난 세계관의 가장 중요한 측면에 공감했다. 아울러 소재에 대한 진정한 사랑과 수용성 그리고 그것의 시적 표현 방식은 아무리 정확하고 철저할지라도 융의 시대의 독일 학자들의 전형적 제안은 아니었다. 미드는 오늘날 학문의 맥락에서 충분히 평가받지 못할 수 있는 방법으로 그의 자료를 생생하게 만들었다. 그리고 융에게 이 자료들은 이미 살아 있었고, 인간 정신의 특징적인 표현으로 즉시 인식될 수 있는 비전과 아이디어로 가득 차 있었다.

융은 어떤 교리적 의미에서도 카드를 들고 다니는 신지학자가 아니었고, 카드를 들고 다니는 영지주의자가 아니었다. 신지학 문학에 대한 그의 지속적인 관심은 신지학자들의 심각한 심리적 인식 부족에 대한 깊은 혐오감으로 균형을 이루었다. 신지학적인 개념들[121], 예를 들어 '중심의 영적 태양'은 심리학적 틀 안에서 해석될 때 그에게 매력적이었지만, 순수 지성에 입각한 태양에 대한 생각은, 융이 잘 알고 있듯이, 블라바츠키가 자신의 목적을 위해 개조한 고대 후기 플라톤, 신지학, 헤르메스주의 흐름에서 찾을 수 있다. 블라바츠키는 이러한 영속적인 생각들을 그녀 자신이 마지막으로 받았던 원초의 예지의 종교가 비밀리 받아들였던 징후로 보았고, 융은 그것들을 원형으로 보았다.

융은 신지학의 '유사 영지주의적 직감[122]'의 집단적 호소를 결코 과소평가하지 않았으며, '이 시대의 정신'의 극단적 물질주의에 대항하기 위

328 　잉글랜드의 성직자이며 청교도, 칼뱅주의자이다. 반가톨릭주의자이면서 분리주의자들을 공격하였다.

한 무의식적인 집단적 욕구의 분출이라고 보았다.[123] 그러나 그는 신지학적인 교리를 '심리적 요인의 원시적 투사'[124]로 보았고, '풍부한 전문용어[125]'로 가득 차 있으며, 프로이트의 단호한 교조주의와 견줄 만하다고 보았는데, 융은 이를 '이런 운동을 특징짓는 종교적 신념의 자세(신지학과 기독교 과학)에 매우 가깝다'[126]고 느꼈다. 미드는 1884년부터 1891년까지 블라바츠키의 개인 비서로 일했고, 1909년까지 신지학회에서 회원으로 활동했지만, 융이 그를 만났을 때, 융이 그랬던 것처럼 조직과 이념에 대해 회의적이었다. 미드는 케임브리지에서 고전학 학위를 받은 지 얼마 되지 않아 신지학회에 가입했지만, 1891년 블라바츠키가 사망했을 때 그는 이미 그녀의 영향력을 벗어나 있었다.

> "나는 회원으로 있는 동안에도 H.P. 블라바츠키의 성자의 복음 (the Mahatma-gospel)을 설교하거나 새로운 신지학과 그 계시를 선전한 적이 없었다. 나는 '신지학'의 고유성이 세계의 위대한 종교와 철학에서 지혜의 요소를 의미한다고 믿었었다."[127]

1909년 미드는 1906년에서 1908년 사이에 있었던, 저명한 회원 C.W. 리드비터(Charles Webster Leadbeater, 1854-1934)[329]를 둘러싼 성추

---

[329] 신지학회(Theosophical Society)의 일원으로 신비적 주제에 대한 저자이자 자유 가톨릭 교회의 Wedgwood와 공동 창시자이다. 원래 영국 교회의 성직자였던 그의 정신주의에 대한 관심은 그가 성공회와의 관계를 끊고 신지학회를 선호하게 만들었고, 그곳에서 그는 애니 베상트의 동료가 되었다. 그는 그 협회의 고위 임원이 되었고 1934년 사망할 때까지 60여 권의 책과 팸플릿을 쓰고 정기적인 연설 약속을 유지하며 협회의 주요 멤버 중 한 명으로 남아 있었다.

문 때문에 신지학파 그리고 700명의 다른 멤버들과 결별했다.[128] 그러나 미드는 협회에 더 깊은 진행 중인 문제-특히 블라바츠키의 영적인 '마스터'와 그들의 지혜를 전달한다고 주장하는 사람들에게 맹목적으로 복종한다는 가정에 대해-들을 가지고 있었다. 수년 동안 그는 블라바츠키와 그녀의 정치적 야심 찬 후계자들이 열심히 공포한 동양의 교리보다는 영지주의 헤르메스주의 흐름의 전통에 끌렸다. 미드는 제자가 아닌 학자의 기질을 가지고 있었고, 학회의 '수없이 많은 독단적인 주장, 비뚤어진 방법, 비난받을 만한 절차'를 참을 수 없었고,[129] 그는 그것들이 협회의 목표와 윤리를 망친다고 느꼈다.

미드는 아마도 영국의 오컬트 부흥이 낳은 고대 종교의 가장 훌륭한 학자였을 것이고, 그의 학문과 독립적인 정신 그리고 영감을 받은 번역이 융에게 어필한 이유를 쉽게 알 수 있다. 몇몇 저자들은 융의 개인 도서관에서 발견된 18권의 미드의 저작에 기초하고 있으며, 부분적으로 융의 『무의식의 심리학』에서 미드의 저서들에 대한 언급의 수 때문에 미드가 융에게 미친 영향에 주목하고 있다. 미드는 융이 『새로운 책』에 대해 작업한 기간 내내 고금의 종교적 흐름에 대한 이해에 확실히 영감을 주었다. 그러나 융은 신지학적 '영향'과는 무관하게 자신의 심리학적 해석을 완전히 발전시킬 수 있었다.

리차드 놀은 융에 대한 미드의 영향력은 '아직 공인되지 않았으며' 그들의 개인적인 관계의 본질에 관한 '문서들도' 아직 나오지 않았다'고 언급했다.[130] 그러나 미드의 중요성은 많은 융 학자들에 의해 한동안 인정되어 왔다. 그리고 1919년 11월 19일자 미드로부터 융에 이르는 한 통의 편지가 '밝혀졌다.[131]' 편지의 다소 가십적인 내용을 보면 두 사람이 집필 직전에 만났고, 과거에 한 번 이상의 만남을 즐겼다는 것을 알 수 있다.[132] 그들의 관계는 멘토와 제자가 아니라 친구나 동등한 사이로서, 그들은 작가들과 책에 대해 이야기하는 것을 즐겼다. 편지에서 미드는 그들이 이전 회의에서 논의했던 작가에 대해 언급했다. 그는 바로 오스트리아 소설가 구스타프 메이링크(Gustav Meyrink, 1868-1932)**330**이다. 융이 큰 관심을 가졌던 메이링크[133]는 20세기 초반 수십 년간 유럽 오컬트 '장면'의 주역이었다. 1889년 황금새벽회를 접하게 되었고, 1891년 프라하에 '푸른 별' 신지학 작은 모임(heosophical Lodge)을 설립했다.[134] 융은 1915년에 출판된 메이링크의 '오컬트' 소설 『골렘』(Der Golem)이 자신의 것과 비슷한 무의식의 자발적인 산물인 『죽은 자들에게 보내는 7가지 선교』처럼 영감을 받아서, 혹은 내림받아쓰기로 쓴 것이라고 가정했다. 미드는 메이링크가 실제로 『골렘』을 쓰기 위해 여러 해 동안 노력했다고 선언함으로써 이 가정을 바로잡았다.

그의 편지에서, 미드는 또한 융에게 고대 미스터리 종교와 점성술의

---

330   오스트리아의 작가, 소설가, 극작가, 번역가, 은행가인 구스타프 마이어(Gustav Meyer)의 가명으로 그의 소설 『골렘』으로 가장 유명하다. 그는 '초자연적인 소설 분야에서 가장 존경받는 독일어 작가'로 묘사되었다. 프라하에서는 메이링크의 삶에 섭리적인 역할을 한 사건이 일어났다. 메이링크는 자서전 단편 소설 The Pilot 에서 그것을 묘사했다. 그날, 1892년 8월 14일, 스물네 살의 메이링크는 머리에 총을 들고 테이블에 서서 자신을 쏘기로 결심한 것으로 알려졌다. 그 순간 그는 이상한 긁는 소리를 들었고 누군가의 손은 그의 문 아래에 작은 책자를 넣었다. 소책자는 내세라고 불렸다. 메이링크는 이 극적인 우연의 일치에 놀랐고 신비주의 문학을 연구하기 시작했다. 그는 신학, 카발라, 기독교 사회학 및 동양 신비주의를 연구했다. 메이링크는 죽을 때까지 요가와 다른 오컬트 운동을 연습했다. 이러한 연구와 관행의 결과는 거의 항상 다양한 오컬트 전통을 다루는 메이링크의 작품에서 발견된다. 그 당시 메이링크는 런던의 황금새벽회의 회원이기도 했다. 그는 또한 신학 협회의 회원이었지만 일시적으로만 활동했다.

유대인 역사가인 로버트 아이슬러(Robert Eisler, 1882-1949)[331]의 글을 추천했는데, 그는 일차대전 전에 미드의 저널인 『퀘스트』에 기고했고, 다작인 그의 작품은 나중에 융이 그의 도서관을 위해 부지런히 수집했다.[135] 미드가 두 사람 사이에 소개를 주선했을 가능성이 높다. 융은 아이슬러의 권위를 인용하면서[136] 『아이온』의 권두삽화로 원초의 신 파네스의 양각 이미지를 사용했는데, 이것은 아이슬러가 오르페우스교의 신이라고 밝힌 것이라서 프랑 쿠몽(Franz Cumont, 1868-1947)[332]이 주장한 미트라교의 기원설과 모순된다. 아이슬러는 오히려 융의 원형과 집단 무의식에 대한 이론을 뒷받침하는 부록을 포함한 리칸트로피(lycanthropy)[333]

---

331   오스트리아의 유대인 다원학자로서 신화, 비교 종교, 복음서, 통화 정책, 미술사, 과학사, 정신 분석학, 정치, 점성술, 통화사, 가치 이론 등의 주제에 대해 썼다. 그는 소르본과 옥스퍼드에서 강의를 했고, 제1차 세계대전 이후 파리의 국제지식협력위원회에서 잠깐 근무했으며, 다차우와 부헨발트에 수감되어 15개월을 보내며 심장병을 앓았다. 그는 슬라브 요세푸스 원고 전통에 대한 그의 해석에 기초한 역사적 예수에 대한 새로운 그림을 발전시키고, 인플레이션을 통제하기 위한 이중 통화 시스템을 제안하고, 인간에서 늑대로의 인간폭력의 선사시대 파생을 주장한 것으로 오늘날 가장 잘 기억된다. 사디즘, 마조히즘 및 Lycanthropy에 대한 인류학적 해석. 프로이트, 융, 알로이스 리글, 길버트 머레이, 칼 포퍼, 휴고 폰 호프만스탈, G. R. S. Mead, Aby Warburg, Fritz Saxl, Gershom Scholem, Oskar Goldberg, Martin Buber 및 Walter Benjamin과 교류했다.

332   벨기에의 고고학자이자 역사가이자 문헌학자이다. 후기 고대의 신비적 종교들, 특히 미트라교를 연구하였다.

333   환자가 늑대 또는 다른 비인간 동물이라고 믿는 정신 장애. 의심할 여지없이 lycanthropy가 사람들이 실제로 늑대 인간 또는 다른 동물의 물리적 형태를 가정하는 초자연적인 조건이라는 한때 널리 퍼진 미신에 의해 자극된 망상은 환생과 영혼의 이동을 믿는 사람들 사이에서 발생할 가능성이 가장 크다. 일반적으로 사람은 이 지역의 가장 위험한 짐승의 먹이로 간주된다. 유럽과 북아시아의 늑대 또는 곰, 아프리카의 하이에나 또는 표범, 인도, 중국, 일본 및 아시아의 다른 지역의 호랑이로 표상된다. 그러나 다른 동물들도 언급된다. 미신과 정신 장애는 모두 동물 보호자 영혼, 뱀파이어, 토테미즘, 마녀 및 늑대 인간에 대한 믿음과 관련이 있다. 많은 국가와 민족의 민속학, 동

의 역사와 심리학에 대한 작품을 썼다.[137]

클레어(Clare)와 니콜라스 굿릭-클라크(Nicholas Goodrick-Clarke)는 그들이 쓴 미드의 전기에서 미드가 상징적 대응의 복잡한 연쇄에 주목해 '신적인 존재의 상태와 의식의 내적 상태'를 연결시킨 것이, 미드의 '칼 구스타프 융과 그 정신분석 이론에 대한 중요한 유산'의 원천이 됐다고 단언한다.[138]

융은 이전부터 신플라톤주의와 헤르메스주의 문헌에서 이 심적 코스몰로지의 모델을 만났는데, 미드가 그 생각을 현대의 언어를 이용해 보다 분명하게 열심히 설명한 것이 융의 흥미를 끈 것은 틀림없다. 그 밖에도 미드가 번역한 것으로 융의 저작 『새로운 책』과 『무의식의 심리학』의 양쪽에 현저한 영향을 주고 있음이 판명된, 두 개의 책을 포함한 번역이 있다. 그것은 고대 말기의 문서를 독일인 알프레히트 디트리히(Albrecht Dieterich)가 번역 편집한 원래 제목 『미트라 전례(典禮)』(Eine Mithrasliturgie)를 바탕으로 한 『미트라의 의식』(A Mithraic Ritual)[139]과 미트라의 컬트에 대해 설명

화 및 전설은 lycanthropic 신념의 증거를 보여준다. 사람들이 짐승으로 변하는 이야기는 고대로 거슬러 올라간다. 고대 그리스의 일부에서는 선사 시대에서 유래한 것으로 추정되는 늑대 인간 신화가 올림피아 종교와 연결되었다. 늑대에 시달리는 아르카디아에는 늑대-제우스의 숭배가 있었다. 리케우스 산은 매년 모이는 장소로, 사제들은 인육과 섞인 고기가 포함된 희생 잔치를 준비한다고 말했다. 전설에 따르면, 그것을 맛본 사람은 늑대가 되어 아홉 년 동안 인간의 육체를 삼가지 않으면 사람으로 돌아갈 수 없었다. 로마인들도 이 미신을 알고 있었다. 마법 주문이나 허브를 통해 늑대로 변한 것으로 추정되는 사람은 로마인에 의해 versipellis(턴 스킨)라고 불렸다. 늑대 인간(프랑스어, loup-garou)에 관한 이야기는 중세 시대에 유럽에서 널리 믿어졌다. 무법자와 도적들은 때때로 갑옷 위에 늑대 가죽을 착용하였다. 그 당시 사람들은 자기 자신이 늑대라는 망상을 일으키는 비정상적인 경향이 있었다. 의심되는 lycanthropists는 유죄 판결을 받으면 산 채로 불에 태워졌다. 그들의 상태가 심리적 장애로 인식되는 경우는 드물었다.

하는 고대 말기의 여러 저작의 단편들을 미드가 번역해 실은『미트라의 비의(秘儀)』[140](The Misteries of Mithra)이다. 이른바『미트라 전례』는 영지주의적이지도 미트라교적이지도 않다.[141] 그것은 스스로 '불사화의 의식'이라 칭하고 있으며,[142] 사실은 헬리오스 미트라스라 불리는 중심을 이루는 영적인 태양의 직접적 체험을 통해 개인의 변용을 노린 테우르기아 의식이다.『미트라 전례』는 미트라교의 '비의'보다 헤르메스주의 문서와 공통점이 더 많다.[143] 융은 이 사실을 잘 알고 있었다. 왜냐하면 그는 프랑쿠몽의 번역본뿐만 아니라, 벨기에 고고학자이자 종교 역사가인 쿠몽이『전례』와 미트라교의 관계를 무시한 또 다른 저작을 입수했기 때문이다.[144] 놀랄 것까지는 없지만 이 테우르기아의 의식은 점성술적 틀에 의한다.『오르페우스의 노래』와 함께『미트라 전례』도,『새로운 책』과『검은 책』에 있는 태양과 파네스에 대한 융 자신의 테우르기아적 찬가의 영감을 준 것 같다.

미드의 영지주의 이해는, 고대 말기 영지주의 여러 파의 특색으로 간주되는 안티 코스모스적 이원론에 한정되어 있지 않으며,『미트라 전례』와 같은 문서를 영지주의에 포함해도 좋다고 간주하는 것이었다. 그는 그노시스의 체험을 지성과 감정, 남성과 여성, 그리고 개인을 '참 나'와 통합하는 모든 대립물의 합일로 여겼다.[145]

"내가 믿는 것이 맞는다면 그노시스의 진수란, 사람이 그를 사람으로 만들고 있는 이원론의 한계를 초월할 수 있고, 의식적으로 신성한 존재가 될 수 있다는 믿음이다."[146]

미드는 천체가 가져오는 숙명을 신지학 문헌에서 말하는 것처럼 '카르마'와 동일시했다. 탄생 시 점성술상 별의 배치(configuration)는 그 사람의 전개 패턴뿐만 아니라, 이전에 인간의 모습을 취했을 때 했던 선택의 결과도 반영하고 있다는 것이다.[147] 그러나 행성의 힘은 부분적인 것일 뿐, 자유의지와 함께 '자연' 즉 타고난 유전적 구조도 개인의 전개에 일정한 역할을 한다. 미드가 지적한 바와 같이 이들 인자의 하나하나가 '각각 반응하며 절대적인 것은 없다'[148]는 것이다. 융이 동의하지 않았다고는 볼 수 없다.

천체가 초래하는 숙명과 '정묘체'(精妙体, subtle body)

신지학자들에게 '아스트랄체' 혹은 '정묘체(subtle body)'[334]로 불리는

334　때때로 '아스트랄체' 또는 '미묘한 몸'이라고 불리는 빛의 몸은 인체의 '준 물질' 측면으로, 전적으로 물리적이거나 전적으로 영적이지 않으며, 많은 철학자에 의해 상정되고 다양한 밀교적, 오컬트적, 신비로운 가르침에 따라 정교화되었다. 이 몸에 사용되는 다른 용어로는 body of glory, spirit-body, radiant body, luciform body, augoeides ('radiant'), astroeides ('starry or sidereal body'), and celestial body가 있다. 이 개념은 플라톤의 철학에서 파생된다. '아스트랄'이라는 단어는 '별의'를 의미한다. 따라서 아스트랄체는 고전 행성의 일곱 하늘로 구성된다. 이 아이디어는 영혼의 여정 또는 '상승'이 "영적 여행자가 육체를 떠나 빛의 몸을 타고 '더 높은'영역으로 여행하는 황홀하고 신비롭거나 몸 밖의 경험"과 같은 용어로 묘사되는 내세에 대한 전 세계의 일반적인 종교적 설명에 뿌리를 두고 있다. 신플라톤주의자 Porphyry와 프로클로스는 인간 정신의 별이 빛나는 본질에 대한 플라톤의 설명에 대해 자세히 설명했다. 르네상스 기간 동안 철학자와 연금술사, Paracelsus와 그의 학생들을 포함한 치료사, John Dee와 같은 자연 과학자들은 지구와 신성 사이의 중간에 있는 아스트랄 세계의 본질에 대해 계속 논의했다. 아스트랄체 또는 빛의 몸의 개념은 19세기 의식 마법사 엘리 파스 레비, 플로렌스 파 및 Aleister Crowley를 포함한 황금새벽의 헤르메스 교단의 마법사들에 의해 채택되었다.

오케마 푸네우마(ochêma pneuma), '영혼의 탈 것'(spirit-vehicle) 개념은 융의 관심을 끌었던 것 같다.[149] 그는 이암블리코스, 프로클로스, 스토아 학파의 자연철학,[150] 『요한계시록』(*Apocryphon of John*)[335]이나 『피스티스 소피아』 같은 영지주의 문서, 티베트의 『사자의 서』,[151] 연금술 논문, 기독교의 코푸스 글로리피케이션스(corpus glorificationis, 부활 후 올바른 사람에게 주어지는 썩지 않는 '정묘체') 등 여러 자료를 통해 이 개념을 만났다.[152] 융은 미국 원주민인 하이아와사(Hiawatha) 이야기에서도 이 개념을 발견했다고 생각했다. 헨리 워즈워스 롱펠로우의 시[336]에서 하이아와사는 북서풍에 승리한 상으로 '썩지 않는 호흡의 몸, 정묘한 몸(体)'을 획득한다는 것이다.[153]

하이아와사의 '정묘한 몸'은 그노시스 문서에 있는 정화되지 않은 행성의 '가짜 영혼'과 닮지 않아 융이 '참 나'라고 본, 각 개인에 있어서 신의 불꽃을 운반하는 것에 가깝다. 그러나 이들 두 인식—행성, 영혼, 몸을 연결하는 매개물로서의 '정묘체'와 죽음에 이르는 부패로부터 해방된 정화된 영혼의 탈 것으로서의 '정묘체'—은 종종 일부 중첩되긴 하지만 그 저

---

335   요한의 비밀책 또는 요한의 비밀계시라고도 불리며, 사도 요한의 것으로 여겨지는 2세기 세티아 영지주의 기독교 사이비 텍스트이다. 그것은 이레네우스가 그의 이단에 반대하는 글에서 언급한 텍스트 중 하나로, 그 구성을 기원 180년 이전에 배치했다. 그것은 예수가 나타나서 그의 제자 요한에게 비밀 지식(영지)을 주는 것을 묘사하는 것으로 제시된다. 저자는 예수가 "그가 왔던 곳으로 돌아간" 후에 일어난 일이라고 설명한다.

336   헨리 워즈워스 롱펠로우(Henry Wadsworth Longfellow)가 쓴 1855년 서사시 하이아와사의 노래는 '하이아와사'의 모험과 그의 영웅적인 행동에 대해 이야기한다. 이 시는 전설적인 영웅적인 원주민이 태어날 때부터 시작하여 구름으로 올라가는 이야기를 담고 있다. 그것은 많은 전투, 손실 및 도덕적 교훈에 대해 이야기한다.

자가 천체를 악으로 보느냐 신의 유출물로 보느냐에 따라 달라진다. 융은 '정묘체'를 마음과 물질계의 상호접속을 나타내며 원형의 사이코이드적이라는 그의 생각과 영혼과 물질의 비밀의 합일을 반영한다고 생각했다.

> "몇 가지 심적 프로세스와 그 육체적 대응물 사이에 존재하는 밀접한 관계를 생각하면, 마음의 완전한 비물질성을 쉽게 받아들일 수 없다. … 영혼과 물질은 하나의 같은 초월적 존재의 두 형태일 것이다."[154]

미드는 1919년에 '정묘체'에 관한 저작을 발표하고, 그것을 후에 융이 인용해, 이 '사이코이드'적 중간물과 무의식의 마음 사이에는 유사성이 있지 않느냐고 쓰고 있다.[155] 미드의 책에서는 신플라톤주의, 기독교의 영지주의, 헤르메스주의 연금술, 『미트라 전례』에 있는, 고대의 '지상에서 빛의 세계로 올라가는 사다리'에 대해 검토되고 있었다. 미드에 따르면 이들 고대 말기의 종교적 접근법은 모두 공통적으로 '영혼을 해방하는 재생의 교의'에 관심을 갖고 있으며, 이는 정묘체의 정화라고 이해할 수도 있다.[156] 미드의 짧은 책이 융의 영혼의 행성권 상승과 개성화 과정의 동일시에 귀중한 통찰을 준 듯하다. 미드는 테우르기아 의식을 통해 요구되는 '재생'을 '인간의 완성된 정묘체를 탄생시키는 것', 즉 융의 개성화 사고방식과 매우 흡사한 '내적 탈바꿈(mutation)과 의식의 고조'로 보았다.[157] 정묘체의 정화는 융이 나중에 연금술의 프로세스와의 관계에서 설명한 바와 같이 무의식 자체의 정화—즉 명상에 의한 의식의 통합—이다.

> "정화(Mundificatio)란 … 단순한 천연물 그리고 특히 물질에 투사

되어 있는 것을 연금술사가 알아차리는 상징적인 무의식의 내용에 항상 붙어 있는 여분의 것을 제거하는 것이다. … 연금술사는 코푸스, 아니마, 스피리투스를 가진 새로운 날개 있는(즉 공기처럼 가벼운 '영적'인) 존재를 만들어 내려고 계획한다. 여기서 코푸스는 당연히 '정묘체' 혹은 '숨의 몸'이라고 판단할 수 있다. 분석가는 특정한 태도나 기분, 즉 특정한 '스피릿'을 끌어내려고 한다."[158]

　　융에 따르면, 연금술의 궁극적인 목적은 '정묘체' 즉 변용된 부활체를 만들어내는 것이었다.[159] 정묘체에 관한 이들 코멘트는 점성술적인 인자를 직접 언급하고 있지 않으며, 연금술과 연금술적 금속에 대한 무의식 내용의 투사에 대한 융의 논의는, 『새로운 책』의 작업이 완료된 지 꽤 지나서 쓰인 것이다. 그러나 융의 말은 '금속의 신은 항상 점성술적인 관점에서도 생각해야 한다. … 연금술의 상징은 점성술로 가득 차 있다'[160]는 주장의 문맥 속에서 이해할 필요가 있다. 연금술 작업(opus)의 목표인 금을 가져오는 정화된 정묘체는, 결국 그 사람이 그노시스를 통해 변용했을 때 비로소 행성의 '부속물'인 강제력을 떨쳐버리는, 영지주의와 헤르메스주의의 정화된 영혼의 탈 것들과 큰 차이가 없다.

　　정묘체의 개념은 특히 갈레노스 외에 파라켈수스(1493-1541)[337]나 마

337　문예부흥기 시대에 활동한 독일계 스위스 본초학자, 연금술사, 점성술사, 광의의 오컬티스트이다. 독물학의 원칙을 확립했으며, 고문(古文)에서 길을 찾기보다 자연을 관찰하는 혁명적 방법 전환으로써 오늘날의 의학 실행에까지 이어져오는 급진적 도전을 열어젖혔다. 또한, 그는 아연을 발견해 그것을 '징쿰'(zincum)이라고 불렀다. 파라켈수스는 일부 질병은 정신적 고통에 그 뿌리가 있다고 최초로 주장했는데, 때문에 그를 정신의학의 선구자로 보기도 한다.

틴 룰란드(Martin Ruland, 1569-1611)[338]와 같은 연금술사도 논하고 있었기 때문에, 몇 년에 걸쳐 융의 마음을 사로잡았다. 이들 저자에 따르면 정묘체는 단순한 '가짜 영혼'이 아니다. 갈레노스는 정묘체를, 그것을 통해 영혼이 천체와 교류할 수 있는 '빛나는 에테르적인' 것이라고 말한다.[161] 16세기 초에 파라켈수스는 갈레노스를 본떠 행성의 본질을 가진 이 '빛나는' 것을 인간의 영혼과 세계 영혼, 혹은 루멘 나투라에(lumen naturae, 자연의 빛)의 매개자로 파악하고 있었다.[162] 그리고 루멘 나투라에는 '사람 속의 『별』'이고, 그래서 점성술은 '다른 모든 기예의 어머니'[163]라는 것이다. 마틴 룰란드는 파라켈수스를 본떠 이 '빛나는' 것을 상상력과 동일시하고, 그것을 '천계의, 혹은 하늘보다 위의 것'이라고 불렀다.[164] 파라켈수스와 룰란드에 대한 이암블리코스의 직간접적인 영향은, 육체와 영혼의 중개자로서 신플라톤주의 환상을 정묘체와 동일시하는 사고방식에서 뚜렷하게 나타나고 있으며, 그것이 능동적 상상이 심리학적 변용을 달성하는 최적의 수단이라는 융의 확신의 근거가 되고 있다. 연금술에서 영혼인 메르쿠리우스(Mercurius)[339]는 신비한 '날개가 있는' 것으로, 금속의 물질적인 변화와 연금술사의 영적인 변용 모두를 촉진한다.[165] 융에 따르

---

338 독일의 의사 겸 연금술사. 그는 바이에른 마을 로잉겐에서 의사 겸 연금술사 마틴 루랜드 장로의 아들로 태어났다. 1590년대에 레겐스부르크에서 연습했고, 이후 프라하에서 연습했다. 프라하에서 그는 합스부르크 궁전에서 루돌프 2세 황제의 레티누스에 속했고, 루돌프 통치기간 동안 연금술과 점성술에 대한 연구를 촉진시켰다. 1612년 Lexicon alchemiae (연금술 사전)는 융이 연금술에 관한 그의 저서에서 인용했다.

339 로마신화에서 상업과 이익 추구, 교역의 신이다. 그리스 신화의 헤르메스와 에트루리아 신화의 투름스(Turms)와 매우 유사하다. 영어 이름은 머큐리라고도 부른다. 수성의 신적인 이름으로 메르쿠리우스라고 한다.

면 메르쿠리우스 자체가 정묘체, 즉 자신의 변용을 추구하는 세계 영혼이
다.[166)]

숙명과 강제력

헤이마르메네―'별의 강제력'―는 정묘체 혹은 융의 이해에서는 '무
의식의 여러 내용' 즉, 콤플렉스와 그 원형적 기반을 통해 작용한다. 프로
이트에게는 점성술적 인자를 강제력과의 관계에서 논의하는 경향은―
적어도 인쇄된 것에는―없었지만, 그래도 무의식적 충동 강박의 반복성
이나 불쾌한 '타인의 느낌'을 나타내는 데 '다이몬적 힘'이라는 말을 썼다.

> "충동 강박이 반복적으로 발현되면 … 본능적인 특징을 매우 강하
> 게 나타내며, 쾌감 원칙에 반하여 작용할 때 어떤 '다이몬적'인 힘이
> 작용하고 있는 것처럼 보인다."[167)]

융은 충동 강박에 대해 많은 것을 말하고 있지만, 프로이트와는 달리
―그리고 영지주의자들과도 달리―그것을 본질적으로 병적인 상태로
는 간주하지 않았다. 융은 강박적인 행동을 하는 경향을 모든 본능적 충
동에 원래부터 갖추고 있는 특질로 생각했다. 때로는 의식적인 목표에 어
긋난 것으로 경험되기도 하지만, 개성화를 향한 본능을 비롯해 대부분은
인생을 충실하게 한다고 생각했다. 즉 '충동 강박은 무의식의 소망'[168)]인
것이다. 따라서 정묘체가 미치는 강제력―저 귀찮은 '무의식의 모든(여러)

내용'—은, 결국 병적인 것이 아니라 무언가를 의미하는 표시로, '사람의 총체, 즉 참 나'에 의해 만들어지는 것이다.[169]

융은 강박증세를 '양심'의 갑작스러운 폭발, 개인의 의식적으로 채택된 가치관에는 생소한 내적인 '도덕적 반응'으로도 파악하고 있었다.

> "도덕적 반응이 자율적인 힘에서 오는 것으로 … 이 힘은 적절하게 수호신, 수호령, 수호천사, '더 나은 자기', 마음(heart), 내적인 목소리, 내적인 고귀한 사람 등으로 불린다. 이들의 긍정적인(올바른) 양심 바로 옆에 부정적인 이른바 '잘못된' 양심이 있어 악마, 유혹자, 시험하는 자, 악령 등으로 불린다."[170]

『피스티스 소피아』가 '위대한 숙명의 지배자가 영혼에게 명령한 온갖 죄와 사악한 짓을 염두해 감지하는'[171] 행성의 '가짜 영혼'이라는 생각으로 강조한다고 생각되는 것은 후자의 '잘못된' 양심이다. 영지주의자인 바실리데스는 '가짜 영혼'을, 영혼을 악으로 유인하는 일곱 행성의 '부속물'로 불렀다.[172] 이 생각은 명백한 점성술적 코스몰로지를 제거해 일곱 개큰 죄의 형태로 현재까지 기독교 신학에 남아 있다. 그것은 원래 행성 집행자들의 적의로 가득한 층을 통과해 영혼이 육체로 하강하는 모습으로 시작된 것일 것이다.[173] 본능적 욕망의 본질이 악으로 간주되는 종교적 문맥에서는 행성과 황도 12궁으로 상징되는 억압된 본능의 강제력은 악령적인 것으로 느껴버린다는 것이 융의 시각이었다.[174] 융은『피스티스 소피아』로부터 헤이마르메네에 대해 많은 것을 배웠지만, 보다 자신의 기호에 맞는 행성의 강제력 모델을 발견한 것은 헤르메스 문서 속에서였다.

헤르메스주의적 헤이마르메네

헤르메스 문서라고 불리는 고대 말기 문헌에 대해 알려진 가장 오래된 예는 기원전 1세기의 것이다.[175] 현존하는 헤르메스주의 문서는 대부분 그보다 나중에 작성된 것이지만, 헤르메스주의의 발상은 영지주의 여러 파보다 빠르거나 시기가 겹친다. 그 문서들은 융에게 영지주의 문서들만큼이나 끌리는 것이었다. 헤르메스 문서는 영지주의 문서와 마찬가지로, 그리스-로마 시대 이집트의 융합문화를 바탕으로 태어났다.[176] 마찬가지로 천체가 가져올 숙명, 그노시스, 개인의 변용, 최종적인 '영혼의 지극한 행복'에 관심을 갖고 있다.[177] 헤르메스주의 문서를 신플라톤주의로 여기는 학자들도 있지만,[178] 몇몇 문서—이미 인용한 CH XIII(헤르메스 선집 제13권) 등—가 안티코스모스적 세계관을 명료하게 표명하고 있어 영지주의로 보는 학자들도 있다. 이러한 텍스트에는 천체가 가져오는 숙명의 내면적이고 강제적인 성질이 명확하게 표현되어 있다. 나그 함마디에서 영지주의적인 것과 헤르메스주의적인 것이 혼합된 상태에서 발견되었다는 것은, 이들 두 종교적 흐름 사이에 활발한 상호 교환이 일어났음을 보여 준다.[179] 헤르메스 문서를 결정짓는 특징은 많은 영지주의 문헌과 달리 기독교와의 밀접한 관계가 나타나지 않아 유대교 요소가 명확히 인정된다는 점이다.[180] 헤르메스주의 세계에서는 구세주는 그리스도가 아니라 연금술, 점성술, 마법과 같은 '오컬트 사이언스'의 신화적인 반신의 교도자이다. 그것은 헤르메스 트리스메기스투스($EPMH\Sigma\ TPI\Sigma ME\ \Gamma I\Sigma TY\Sigma$, Hermes Trismegistus), 즉 '(연금술, 점성술, 마법의) 세 가지 차원(三重)에서 위대한 헤르메스'라고 불리며, 이집트 신화에서 상응하는 신인 토트 신의 이름으로도 불리는 존재이다.

헤르메스 문서에 대해서는 많은 학자가 상세히 논하고 있으며, 마르실리오 피치노(Marsilio Ficino, 1433-1499) **340**가 1471년에 14편의 텍스트를 그리스어에서 라틴어로 처음 번역한 이래, 이 놀라운 문서집에 관한 문헌은 계속 증가해 왔다.[181] 1913년『새로운 책』작업을 시작했을 때, 융은 당시 입수가 가능한 헤르메스 문서에 관한 학자들의 저작을 거의 모두 수집하고 있었다.[182] 융은 헤르메스주의와 영지주의 사상의 차이를 개의치 않고 3세기 연금술사 조시모스**341**를 헤르메스주의자로서 영지주의자라고 했다.[183] 여기에는 융 나름의 이유가 있다. 융은 어느 주의이든 상당히 심리학적이어서 둘 다 교의가 아닌 개인적인 계시를 따르는 것으로, 모두 테우르기아의 의식과 점성술에 기초한 코스몰로지를 포함한다고 확신하고 있었다. 또 둘 다 이암블리코스와 프로클로스의 저작에 영향을 미쳤다. 그리고 헤르메스주의자도, 영지주의자도, 천체가 가져오는 헤이마르메네의 내적 강제력의 속박으로부터 영혼을 해방시키는 것에

---

340 이탈리아의 의사, 인문주의자, 철학자이다. 피렌체 근교의 필리네발다르노에서 태어난 피키누스 마르실리우스는 피렌체 지식인 중에서 중심 인물로 활동하였다. 그곳에서 메디치 가문의 후원을 받아 설립된 플라톤 아카데미를 이끌었다. 마르실리우스의 주요 활약상을 살펴보면, 플라톤의 전 저작을 라틴어로 번역하였으며 그럼으로써 최초의 완전한 플라톤의 라틴어 역이 완성되게 되었다. 마르실리우스의 저서『De vita 제3권』에서는 그의 천문학에 대한 관심도 엿볼 수 있다. 이 책에 대하여는 교황이 이의를 제기하기도 하였다.

341 3세기 말에 살았던 그리스-이집트의 연금술사이자 영지주의 신비주의자. 그는 Panopolis(현재의 Akhmim, 로마 이집트 남부)에서 태어나 Cheirokmeta 라고 불렸던 연금술에 관한 가장 오래된 알려진 책을 저술했다. 이 작품의 일부는 원래 그리스어로 남아 있다. 그리고 시리아어나 아랍어로 번역되었다. 그는 7세기 또는 8세기에 콘스탄티노플에서 정리된 것으로 추정되는 연금술 저술의 개요서 에 대표되는 약 40명의 작가 중 한 명이다.

강한 관심을 기울이고 있었다.

융은 1887년에 출판된 마르셀린 베르텔로(Marcellin Berthelot, 1827-1907)[342]가 편찬한 『고대 그리스 연금술사 선집』(Collection des anciens alchemistes greques)과 1906년에 출판된 미드에 의한 그 영어 번역으로 헤르메스주의 문서를 잘 알고 있었다. 『무의식의 심리학』에서 두 저작도 인용하고 있다. 『새로운 책』 작업을 완료한 후 몇 년 동안 융은 연금술의 심리학적 중요성을 완전히 인식하지는 못했지만,[184] 그리스-이집트에서 성립된 헤르메스주의 자료는 융의 초기 점성술과 마법 탐구에 매우 중요한 의미를 지니고 있었다. 그 중요성은 『새로운 책』에 등장하는 것에서도 알 수 있다. 『새로운 책』에는 마법사 필레몬의 찬장에 '헤르메스 트리스메기스투스의 지혜'가 숨어 있다고 적혀 있다.[185] 융의 점성술의 이해라는 점에서 가장 중요한 논문 중 하나는 『포이만드레스』[343]로 불리는 CH 1(헤르메스 선집 제1권)이다.[186] 이 저작에서는 헤이마르메네부터 자유를 향한 영혼의 해방이 각 행성층을 지나 그 너머의 신적인 영역으로 가는 여행으로 그려져 있다. 영혼은 순차적으로 그 일곱 개의 '옷'을 제거하고 정화되어 일곱 행성의 악덕을 '버린다'. 마지막으로 영혼은 여덟 번째의 숭고한 항성 천구(天球)에 들어간다.[187] 헤르메스주의의 상승(ascent)의

---

342   톰센-베르텔로 열화학 원리로 유명한 프랑스의 화학자 겸 정치인이다. 그는 무기물질에서 나온 많은 유기화합물을 합성하여 유기화합물이 그 합성에 유기체를 필요로 한다는 욘스 야콥 베르젤리우스 이론에 대량의 반증을 제공했다. 베르텔로는 화학 합성이 2000년까지 식품 산업에 혁명을 일으킬 것이며, 합성 식품이 농장과 목장을 대체할 것이라고 확신했다. 그는 '왜 안 되는가'라며 '같은 재료를 재배하는 것보다 더 저렴하고 잘 만드는 것이 증명됐는지'라고 물었다.

343   일종의 신, 또는 다음의 번역에서 표현된 nous 또는 '마음'으로서의 신의 속성으로 간주될 수 있다.

목적은『미트라 전례』의 경우와 마찬가지로 비의(秘儀)참가자(initiate)의 신격화이다.『포이만드레스』는 그 약 7세기 전에 쓰인 오르페우스교의 죽은 자를 위한 황금 태블릿344 중 하나에 있는 말, '인간을 떠나 너는 신이 될 것이다'188)와 같은 말을 하고 있다. 헤르메스주의의 입문(initiation)은 천체가 가져오는 숙명의 강제력으로부터의 해방이라는 형태의 그노시스를 얻으려는 것이었다.189)『포이만드레스』의 행성의 악덕은『피스티스 소피아』에 묘사된 것처럼 본질적으로 사악한 것은 아니지만, 그럼에도 각 행성은 강제력을 미치고 그 지배는 테우르기아의 의식에 의해서만 약화시킬 수 있다.190)

미드는 낭만주의 작가 마크로비우스(Macrobius)345의『스키피오의 꿈에 대한 주석』(Commentary on the Dream of Scipio)346이라는 큰 영향력을 가진 15세기의 작품—이에 대해서도 융은 잘 알고 있었으며,『무의식의 심리학』에서 인용하고 있는—에『포이만드레스』의 상승(ascent)과의 일치를 볼 수 있다고 말하고 있다. 그러나 마크로비우스가 쓴 글에서는, 행

---

344 고대 그리스와 로마에 흩어져 있는 무덤에서 발견된 35개의 작은 금박 조각이다. 비문에는 고대 그리스어로 된 글이 새겨져 있는데, 그 길이는 한 단어에서 열여섯 줄까지 다양하다.

345 마크로비우스 암브로시우스 테오도시우스(Macrobius Ambrosius Theodosius)는 일반적으로 마크로비우스(AD 400)라고 불리며 5세기 초, 후기 로마 제국에 해당하는 시기에 활동하였다.

346 마크로비우스의 가장 영향력 있는 책이자 중세 시대에 가장 널리 인용된 책 중 하나는 공화국 말기에 키케로가 해설한 스키피오의 꿈 책에 대한 논평이었다. 장로 스키피오가 그의 (입양된) 손자에게 나타나 죽음 이후의 선한 삶과 우주의 구성을 스토아와 신플라톤의 관점에서 묘사하는 꿈의 본질은 마크로비우스가 담론할 수 있는 기회를 제공했다. 우주의 본질에 따라 중세 후기에 많은 고전 철학을 전달했다. 천문학에서 이 작업은 태양의 지름을 지구 지름의 두 배로 제공한 것으로 유명하다.

성의 '부덕'은 미덕으로 바뀌었다. 마크로비우스는 화성에 의해 부여받은 '대담한 마음'과 같은 긍정적 속성을 영혼에게 전달하는 일곱 개의 빛나는 '별을 덮는 구름'(envelope)에 대해 썼다.[191] 미드가 쓰고 있는 다양한 저자에 의해 각 행성에 부여된 부덕과 미덕의 스펙트럼으로 융은 프톨레마이오스로부터 물려받은 '길'(benefic)의 행성과 '흉'(malefic)의 행성이라는 정적인 표현보다 훨씬 풍부한 점성술적인 성격 묘사를 할 수 있게 되었다.[192] 『포이만드레스』와 그것에 촉발되어 쓰여진 문헌에서는 각 행성의 속성으로 선과 악이 모두 제시되고 있으며, 이 양극성에 대한 대처는 천계에서 주신 구세주인 신의 개입에 의한 것이 아니라 개인의 의식이 책임진다.

현대의 학자 중에는 헤르메스 문서에 포함되어 있는 전문적인(technical) 점성술에 당황한 사람도 있었던 것 같고, 1924년부터 1936년에 걸쳐 출판된 월터 스콧 경(Sir Walter Scott)[347]의 15개 논문 교정판 번역은 스콧이 '쓸데없는 일'로 간주했기 때문에 그 점성술적 소재의 대부분을 생략하고 있다.[193] 기독교의 이단 연구자가 영지주의 문헌에 대해 한 것처럼 스콧과 같은 연구자도 헤르메스 문서를 개인적 의도에 의해 크게 왜곡한 것이다. 문서는 스콧과 도미니코회[348] 수도사이자 문헌학자인 앙드레-장 페스투

---

347 스코틀랜드의 시인, 소설가이자 역사가이다. 스콧의 많은 작품은 영문학과 스코틀랜드 문학 모두에 있어 고전으로 남았다.

348 설교자들의 수도회, 도미니코 수도회는 1206년 에스파냐의 사제 성 도미니코가 설립하여 1216년에 교황 호노리오 3세로부터 인가를 받은 로마 가톨릭교회 소속 그리스도교 수도회이다. 초창기에는 청빈을 중요시하여 탁발 수도사로서 생활했기 때문에 거지 수도회, 탁발 수도회 등의 별칭을 가지고 있었다. 엄격한 생활과 학문 연구, 설교, 교육 등에 힘써왔으며 작은 형제회와 함께 주요한 수도회이다.

지에르(André-Jean Festugièr)**349**라는 프랑스 번역자에 의해 '고상', 혹은 '철학적'인 헤르메스 문서와 '저급' '통속적', 혹은 '마법 종교적인' 헤르메스 문서가 인위적으로 구분되었다.194) 이 자의적인 구분은 문서의 저자들에게 의미가 있었다고 볼 수 없으며, 마법과 점성술과 연금술이 고도로 세련된 철학적 종교적 세계관의 빼놓을 수 없는 부분이었던 고대 말기의 세계와 조우함으로써 근대에 생긴 당혹감을 나타낸다. 고대 말기 다른 문서에서 언급되는 전문적인 헤르메스 문서 중 상당수는 상실됐으며195) 나머지 문서들은 아직 현대 교정판 번역도 나오지 않았다.196) 그러나 『포이만드레스』와 같은 '철학적인' 헤르메스 문서의 분명한 점성술적인 내용은 미드의 번역을 통해 용도 쉽게 구할 수 있었다.

그러한 논문 중 하나에 따르면, 영혼이 천구**350** 전체가 아닌 황도 12궁의 고리를 지나 하강하면서 지상의 몸이라는 '거처'가 형성된다고 한다. 즉, 육체는 황도 12궁의 사인(12별자리)을 통해 헤이마르메네의 지배를 받고 있다는 것이다.197) 헤르메스주의자들은 영지주의자와 마찬가지로 이를 통해 행성과 황도 12궁의 영향이 작용하는 정묘체의 개념을 채택하였다. 그러나 헤이마르메네는 변경 불가능으로 간주되지는 않았다. 그것은 카이로스,**351** 즉 점성술적으로 적절한 순간이 왔을 때 극복하는 것이 가능

349　프랑스의 도미니카 수도사, 철학자, 철학가, 신플라톤주의, 특히 프로클로스의 작품들에 대한 전문가였다.

350　88숙은 하늘 전체에 퍼져 있지만, 황도 12궁은 하나의 고리이다.

351　그리스어로 '기회(찬스)'를 의미하는 $\kappa\alpha\iota\rho\acute{o}\varsigma$를 신격화한 남성신이다. 원래는 '새긴다'라는 의미의 동사에 유래하고 있었다고 한다. 히오스의 비극 작가 이온에 의하면 제우스의 막내아들로 되어 있다. 카이로스의 풍모의 특징으로서 두발을 들 수 있다. 후대에서의 그의 조각은 앞머리는 길

하며, 신의 불꽃을 테우르기아에 의해 '육체라는 감옥에서 해방시켜 숙명의 지배에서 벗어나게' 할 수 있다.[198] 헤르메스 문서와 이암블리코스의 『비의론』에 더해 조시모스의 저작이나 여러 영지주의 문서에 적혀 있는 헤이마르메네에 맞서기에 점성술적으로 좋은 시기가 있다는 생각은 융의 인생의 어느 시기—특히 1920년대 후반에서 1930년대 초반—의 호로스코프에서 일어나고 있는 움직임에 그가 열중했던 것과 관계가 있어 보인다. 융은 외적인 현상에 대해서뿐만 아니라, 어떤 종류의 내적인 현상타파, 혹은 각성을 위한 '적절한 때'(시간)를 찾고 있었던 것은 아닐까?[199]

『새로운 책』의 출판 이후 다수의 점성술사들이 융의 호로스코프에 인정되는 전환(transit)과 과정(progression)에 대해 검토하고, 이 작업을 하던 중 그에게 무슨 일이 '일어나고 있었는지' 알아내려 했다.[200] 이런 분석은 매우 통찰이 넘치는 경우도 많다. 그러나 헤르메스주의자라면 그랬을 것처럼 점성술적으로 적절한 때를 골라 의도적으로 소환된 인물상도 『새로운 책』에는 있지 않을까 하는 가능성까지는 생각할 수 없다. 안타깝게도 그런 중요한 때를 찾기 위한 구체적인 지시는 현존하는 헤르메스주의 문서에는 적혀 있지 않다. 그러나 이런 종류의 점성술적 진단과 흡사한 것이 융도 잘 알고 있던 『미트라 전례』에 나타나 있다. 융이 점성술상의 별의 배치를 동적인 심리학적 프로세스를 상징적으로 나타내는 것으로 이

지만 후두부가 벗겨진 미소년으로서 나타내지고 있어 '기회의 신은 앞머리 밖에 없다' 즉 '호기는 빨리 포착하지 않으면 나중에 파악할 수 없다'라는 의미이지만, 이 속담은 이 신에 유래하는 것이라고 생각된다. 또, 양다리에는 날개가 뒤따르고 있다고도 한다. 올림피아에는 카이로스의 제단이 있었다. 그리스어에서는 '때'를 나타내는 말이 καιρός (카이로스)와 χρόνος (크로노스)의 2가 있다. 전자는 '시각'을, 후자는 '시간'을 가리키고 있다.

해했다는 점 그리고 헤이마르메네 사슬의 타파를 무의식적인 원형적 영향력 통합의 개인적 체험으로 인식하고 있었다는 점을 감안했을 때, 그가 『전례』에 제시된 지시를 참고하려 하지 않았다면 놀라운 일이다.

융은, 숙명은 개성화 과정에서 빼놓을 수 없는 측면이고, 점성술의 상징체계는 이 과정의 전개를 비추는 것이라고 생각했던 듯하다. 『새로운 책』에 열중하던 시기에 융이 연구하고 있었던 고대 말기 종교사상의 여러 종파들이, 숙명은 천체의 주기적인 운동과 밀접하게 연결되어 있다고 말했고, 융은 그것은 집단 무의식의 원형의 권위를 상징하는 것으로, 시간의 성질을 통해 표출된다고 생각했다. 숙명, 시간, 하늘의 운동은 융의 개성화 개념과 분간하기 힘들게(밀접하게) 결부되어 있는 것이다. 고대 말기의 접근방식에서는 숙명으로부터 자유로워지려면 행성 다이몬의 강제력을 끊을 수 있는 일종의 그노시스, 즉 돌파(break through) 내지 내면적 깨달음(illumination)을 필요로 하였다. 숙명은 영혼이 육신을 받을 때 (incarnation) 영혼에게 주어진 내적 구조로 이해되었기 때문에 테우르기아의 실천에 따라 외적 상황을 바꾸는 것을 언급한 기술은 없다. 헤이마르메네로부터 자유로워지려면 의식의 개변(改變)을 필요로 하고, 반영하는 숙명의 측면의 수용을 촉구한다. 점성술적인 코스몰로지에 중점을 둔 오르페우스교, 신플라톤주의, 헤르메스주의, 영지주의 사상이라는 기질은 융에게 일종의 강력한 해석학을 준 것 같으며, 『새로운 책』에 적혀 있는 자발적 비전의 해석을 도왔을 뿐만 아니라, 융의 가장 중요한 심리학적 개념, 즉 그로 인해 사람이 자신이 항상 그럴 것이라고 생각하는 것이 되어가는 내적 프로세스의 상징적 모델을 제시한 것이다.

Notes

1) Heraclitus, DK B119, in Kahn (trans.), *The Art and Thought of Heraclitus*, p. 81.

2) 'Schicksal und Gemut sind Namen eines Begriffes'. Friedrich von Hardenberg [Novalis], *Heinrich von Ofterdinge*, trans. John Owen (Cambridge: Cambridge Press, 1842), Part Two, p. 84, at ⟨www.gutenberg.org/files/31873/31873-h/ 31873-h.htm⟩.

3) Jung, *Liber Novus*, p. 311.

4) 예를 들어, Dane Rudhyar, *The Astrology of America's Destiny* (New York: Random House, 1974). *The Astrology of America's Fate* 였다면 시대정신과 맞지 않았을 것이다.

5) Jeff Mayo, *Astrology* (London: Teach Yourself Books, 1964), p. 6.

6) Margaret Hone, *The Modern Textbook of Astrology* (London: L.N. Fowler, 1951), p. 17.

7) Stobaeus, Excerpt XX, in Mead, *Thrice-Greatest Hermes*, III:XX:2, pp. 84-85.

8) 천체가 초래하는 숙명에 대한 이 견해의 영지주의적 해설로서 중요한 『요한묵시록』의 정보원(출처)로 융이 사용한 것은, Irenaeus, *Irenaei episcopi lugdunensis contra omnes haereses* (Oxford: Thomas Bennett, 1702)와 Mead, *Fragments*, pp. 580-820이다. 1945년 이집트 나그 함마디에서 추가로 두 종류의 『묵시록』이 발견되었다. *Apocryphon of John*, trans. Frederick Wisse, in James McConkey Robinson (ed.), *The Nag Hammadi Library in English* (Leiden: Brill, 1977), pp. 98-116.

9) 『묵시록』의 7층의 '영혼의 탈 것'에 대해서는, Roelof van den Broek, 'The Creation of Adam's Psychic Body in the *Apocryphon of John*', in Roelof Van den Broek and M.J. Vermaseren (eds.), *Studies in Gnosticism and Hellenistic Religions* (Leiden: Brill, 1981), pp. 38-57.

10) 영지주의 교의에서 말하는 '위조된 영혼'의 유해한 특성에 대해서는, van den Broek, 'The Creation of Adam's Psychic Body'; Couliano, *The Tree of Gnosis*, pp. 102-105.

11) Thomas Aquinas, *Summa Contra Gentiles*, trans. Anton C. Pegis, James F. Andeson, Vernon J. Bourke, and Charles J. O'Neil (New York: Hanover House,

1955-57), III.84–87, 91–92. Campion, *A History of Western Astrology*, pp. 49–51.

12) 융과 관련된 자유의지와 결정론에 대한 논의는, Arthur Schopenhauer, *Prize Essay on the Freedom of the Will*, trans. Eric F.J. Payne, ed. Günter Zöller (Cambridge: Cambridge University Press, 1999 [1839]); Immanuel Kant, *Critique of Practical Reason*, trans. Lewis White Beck (Upper Saddle River, NJ: Prentice-Hall, 1993 [1788]).

13) 그것이 완전히 사라진 것은 아니다. Hans Jurgen Eysenck and David K.B. Nias, *Astrology: Science or Superstition?* (New York: St. Martin's Press, 1982).

14) 예를 들어, J.C. Kim and S.M. Dumecki, 'Genetic Fate-Mapping Approaches', *Methods in Molecular Biology* 493 (2009), pp. 65-85; Stanley Fields and Mark Johnston, *Genetic Twists of Fate* (Cambridge, MA: MIT Press, 2010).

15) Pavlov (1849-1936)의 업적에 대해서는, Ivan Petrovich Pavlov, *Conditioned Reflexes*, trans. G.V. Anrep (Oxford: Oxford University Press, 1927). Barbara R. Saunders, *Ivan Pavlov* (Berkeley Heights, NJ: Enslow, 2006).

16) 이 견해에 대해서는, Bernardo J. Carducci, *The Psychology of Personality* (Chichester: John Wiley & Sons, 2009); Susan Hart, *Brain, Attachment, Personality* (London: Karnac, 2008).

17) Jung, CW7, ¶41.

18) 『플라톤』의 이 주제에 대해서는, Plato, *Republic*, 617e-6620b.

19) Alan Leo, *Esoteric Astrology* (London: Modern Astrology Office, 1913), p. vii.

20) Jung, *MDR*, pp. 353-354.

21) Jung, *MDR*, pp. 350 and 354.

22) 베상트와 그 업적에 대한 상세한 것은, Anne Taylor, *Annie Besant* (Oxford: Oxford University Press, 1991). 융이 베상트에 대해 부정적인 언급을 한 것에 대해서는, Jung, CW10, ¶176; Jung, CW10, ¶90; Jung, CW11, ¶859.

23) Annie Besant, *A Study in Consciousness* (London: Theosophical Publishing Society, 1904), pp. 98-100.

24) Jung, *MDR*, p. 349.

25) Jung, *Psychology of the Unconscious*, p. 155.

26) 융의 이러한 종류의 유추적 사고에 대한 초기 조사에 대해서는, Jung, CW2, trans. Leopold Stein (London: Routledge & Kegan Paul, 1969). 이것은 처음에는 독일어로 *Journal für Psychologie und Neurologie* 3-16 (1904)에서 일련의 논문으로서 발표되었고, 영어로는 *Studies in Word-Association*, trans. M.D. Eder (London: William

Heinemann, 1918)로 출판되었다. Jung, 'Concerning the Two Kinds of Thinking', in Jung, *Psychology of the Unconscious*, pp. 4–21.

27) Alan Leo, *Saturn, The Reaper* (London: Modern Astrology Office, 1916), p. 5.

28) Jung, *Psychology of the Unconscious*, p. 173.

29) Jung, CW7, ¶183.

30) Jung, *Psychology of the Unconscious*, p. 42 and n. 30.

31) Jung, *MDR*, p. 205.

32) Jung, CW11 ¶143. 예일 대학교에서 행해졌던 강의가, 1938년에 Yale University Press and Oxford University Press에서 출판부에 의해 출판되었으며, 이후 독일어로 번역되어 1940년에 *Psychologie und Religion*으로 출판되었다.

33) 노발리스가 융에게 미치는 영향력의 중요성에 대해서는, Hanegraaff, *New Age Religion*, p. 513; Hanegraaff, *Esotericism and the Academy*, p. 286. 점성술에 대한 노발리스의 관심에 대해서는, Brian W. Kassenbrock, *Novalis and the Two Cultures* (unpublished PhD dissertation, Department of Germanic Languages and Literatures, New York University, 2009), p. 19.

34) C.G. Jung, 'Men, Women, and God', *The Daily Mail* (London), 29 April 1955.

35) Jung, *Liber Novus*, p. 233.

36) Jung, CW7, ¶405.

37) '민족의 숙명'에 대해서는, Jung, *Liber Novus*, pp. 239 and 241. '포함'의 원칙(개인의 호로스코프가 '더 큰 원인'에 의해 대체되거나, 즉 '포함'되는 것)에 대해서는, 프톨레마이오스, *Tetrabiblos*, II:1, 117–119 and in Abraham ibn Ezra, *The Book of the World* (Leiden: Brill, 2010), p. 283에 쓰여져 있다.

38) Jung, *Modern Psychology*, Vol. 1 & 2, p. 223.

39) Jung, CW15, ¶31.

40) Jung, CW12, ¶40.

41) Jung, *Psychology of the Unconscious*, p. 42, n. 30.

42) 스토아 철학에 대해서는, John M. Rist, *The Stoics* (Berkeley: University of California Press, 1978); Mauro Bonazzi and Christoph Helmig (eds.), *Platonic Stoicism, Stoic Platonism* (Leuven: Leuven University Press, 2007). 점성술에 대한 스토아 학파의 영향에 대해서는, Robert Zoller, *Fate, Free Will and Astrology* (New York: Ixion Press, 1992), pp. 94–115.

43) Betegh, *The Derveni Papyrus*, Col. XIX.

44) Zoller, *Fate, Free Will, and Astrology*, p. 101.

45) νευμα νοερον και πνρωδες. Poseidonius, *The Fragments*, Vol. 1, ed. L. Edelstein

and I.G.Kidd (Cambridge: Cambridge University Press, 1972), Frag. 101, p. 104 (번역은 본서 저자).

46) θεοʃ εστι πνευμα νοερον διηκον δι απασηʃ ουσιας. Poseidonius, *The Fragments*, Vol. 1, p. 104 (번역은 본서 저자).

47) Jung, CW6, ¶355.

48) 융이 테우르기아의 용어인 concupiscentia를 헤이마르메네와 동일시하여 '길들여지지 않은 리비도'로 사용한 것에 대해서는, Jung, CW6, ¶33.

49) Jung, CW5, ¶223.

50) Jung, CW6, ¶355.

51) Jung, CW9ii, ¶216.

52) Ernst H.Gombrich,'Icones Symbolicae', *Journal of the Warburg and Courtauld Institutes* 11 (1948), pp. 163–92, on p. 175.

53) Jung, CW6, ¶33, n. 9; Jung, CW5, ¶644.

54) 제1장.

55) Zoller, *Fate, Free Will, and Astrology*, p. 103.

56) '*Qua fatorum etiam inextricabiliter contorta retractas licia et Fortunae tempestates mitigas, et stellarum noxios meatus cohibes*'. 번역은 Jung, *Psychology of the Unconscious*, p. 42, n. 30에서. Apuleius, *The Golden Ass*, trans. Thomas Taylor (Frome: Prometheus Trust, 1997), 11.25.

57) 융은 세네카의 원전 라틴어판을, *L. Annaei Senecae opera, quae exstant* (1673); *L. Annaei Senecae operum tomus secundus* (1672); *L. Annaei Senecae rhetoris opera, quae existant Integris Nicolai Fabri, Andr. Schotti, accuratissimo aucta* (1672)의 세 권 입수했다.

58) Thomas G. Rosenmeyer, *Senecan Drama and Stoic Cosmology* (Berkeley: University of California Press, 1989), p. 72. Seneca, *De tranquillitate animi* 10.3 에서 인용.

59) Johann Jacob Bachofen, *Das Mutterrecht* (Stuttgart: Krais und Hoffmann, 1861). 그 영어판은 *Myth, Religion and Mother Right*, trans. Ralph Manheim (Princeton, NJ: Princeton University Press, 1967)로 출판되었다. Jung, CW15, p. 84; Jung, CW5, Fig. 43.

60) Bachofen, *Myth, Religion and Mother Right*, p. 18.

61) Jung, *Liber Novus*, p. 308.

62) Erich Neumann, *The Great Mother* (Princeton, NJ: Princeton University Press, 1955), p. 230.

63) Jung, CW5, ¶423.

64) 융이 소유하고 있었던 *Meditations*의 독일어판은, Marc Aurel, *Selbstbetrachtungen*, trans. Otto Kiefer (Leipzig: E. Diederichs, 1903).

65) Marcus Aurelius, *Meditations*, 12:14.

66) Jensen (ed.), *C. G. Jung, Emma Jung, and Toni Wolff*, p. 119에서, 그의 환자인 메리 S 하웰스가 인용했던 융의 말.

67) 융의 '영지주의'적 경향에 대한 상세한 논의에 대해서는, Alfred Ribi, *The Search for Roots* (LosAngeles, CA: Gnosis Archive Books, 2013); E. M. Brenner, 'Gnosticism and Psychology: Jung's *Septem Sermones ad Mortuos*', *Journal of Analytical Psychology* 35 (1990), pp. 397–419. 또한, Jung, *Liber Novus*, p. 346, n. 81에 샴다사니에 의해 참고문헌이 제공되고 있다.

68) Richard Noll, 'Jung the Leontocephalus', in Bishop (ed.), *Jung in Contexts*, pp. 51–91, on p. 72.

69) Lance Owens, 'Jung and Aion', *Psychological Perspectives* 54:3 (2011), pp. 253–89, on p. 260.

70) 이 반지에 대해서는, Hakl, *Eranos*, p. 45; Paul Bishop, 'Introduction', in Bishop, *Jung in Contexts*, pp. 1–30, on p. 6. 아브락사스에 대한 융의 견해에 대한 자세한 내용은, Greene, *The Astrological World of Jung's 'Liber Novus'*, chapter 7의 고찰.

71) 중세 연금술이 고대 영지주의 사상을 영속시켰다는 융의 생각에 대해서는, Jung, CW9ii, ¶¶267 and 368; Jung, CW11, ¶160; Jung, CW12, ¶¶234–35; Jung, CW14, ¶¶104, 759, and 763–764.

72) 바실리데스에 대해서는, Birger A. Pearson, 'Basilides the Gnostic', in Antii Marjanen and Petri Luomanen (eds.), *A Companion to Second-Century Christian 'Heretics'* (Leiden: Brill, 2008), pp. 1–31. Charles William King, *The Gnostics and Their Remains* (London: Bell & Dalby, 1864)는 융이 바실리데스파의 교의를 이해하는데 있어 중요한 자료가 되었다.

73) '스크루티니'의 점성학적 내용과 융의 시스테마 문디토티우스 도표에 대해서는, Greene, *The Astrological World of Jung's 'Liber Novus'*, chapter 7.

74) Owen Davies, *Magic* (Oxford: Oxford University Press, 2012), p. 1.

75) 일부 유용한 (그리고 모순되는 것도 많은) 문서에 대해서는, Hans Jonas, *The Gnostic Religion* (Boston, MA: Beacon Press, 1958); Roelof van den Broek, *Gnostic Religion in Antiquity* (Cambridge: Cambridge University Press, 2013); Kurt Rudolph, *Gnosis*, trans. P. W. Coxon, K. H. Kuhn, and R. McL. Wilson (San Francisco, CA: HarperCollins, 1987); Birger A. Pearson, *Gnosticism, Judaism,*

and Egyptian Christianity (Minneapolis, MN: Fortress Press, 1990).

76) 유대교 내의 영지주의적 교파에 대해서는, Gershom Scholem, *Jewish Gnosticism, Merkabah Mysticism, and Talmudic Tradition* (New York: Jewish Theological Seminary, 1970).

77) Nicola Denzey Lewis, *Cosmology and Fate in Gnosticism and Graeco-Roman Antiquity* (Leiden: Brill, 2013); Couliano, *The Tree of Gnosis*, p. 23.

78) Segal, *The Gnostic Jung*, p. 3.

79) 예를 들면, Plato, *Symposium*, 201d-212b.

80) 영지주의 문헌에 대한 플라톤의 영향에 대해서는, Irenaeus, *Haer.* 2:14; Hippolytus, *Refutatio* 1:11; Plotinus, Ennead 2.9.6. Pearson, *Gnosticism, Judaism, and Egyptian Christianity*, pp. 148-64, 그리고 Richard T. Wallis and Jay Bregman (eds.), *Neoplatonism and Gnosticism* (Albany: SUNY Press, 1992)에 수록되어 있는 논문.

81) 마니교의 극단적 이원론에 대해서는, Jonas, *Gnostic Religion*, pp. 206-38; Johannes van Oort, 'Manichaeism', in van den Broek and Hanegraaf (eds.), *Gnosis and Hermeticism*, pp. 37-51.

82) *Marsanes*, NHC X.5.24-26, trans. Birger A. Pearson, in *The Nag Hammadi Library*, p. 418.

83) Jung, CW14, ¶616.

84) Jung, CW9ii, ¶123.

85) Jung, CW9ii, ¶308; Jung, *Liber Novus*, p. 363. '原人'의 개념에 대해서는 융은 주로, Reitzenstein, *Das iranische Erlosungsmysterium*과 *Die hellenistiche Mysterienreligionen*에서 인용된 마니교 문서를 참고로 했다. Jung, CW14, ¶450.

86) Robert McLachlan Wilson, 'Gnosis and the Mysteries', in van den Broek and Vermaseren (eds.), *Studies in Gnosticism and Hellenistic Religions*, pp. 451-66, on p. 451. 영지주의의 기원에 대한 다양한 가설들에 대해서는, Ioan P. Couliano, 'The Angels of the Nations and the Origins of Gnostic Dualism', in *Studies in Gnosticism and Hellenistic Religions*, pp. 79-80.

87) 이들 이단 연구자들에 대해서는, Gerard Vallee, *A Study in Anti-Gnostic Polemics* (Waterloo, ON: Wilfrid Laurier University Press, 1981). 융은 이레네우스의 라틴어판과 독일어판*Irenaei episcopi lugdunensis contra omnes haereses* (1702)와 *Des heiligen Irenaus funf Bucher gegen die Haresine* (1912)를 소유하고 있었다. 그는 또한 에피파니우스의 독일어 번역본인 *Ausgewahlte Schriften*(1919)을 입수했고, Jung, CW9ii, ¶¶287-346에서 빈번하게 Hippolytus' *Elenchos*를 인용하고 있다.

88) 미드는 영지주의에 관한 두 권의 저작집, *Fragments of a Faith Forgotten* (London: Theosophical Publishing Society, 1900)과 *Echoes from the Gnosis* (London: Theosophical Publishing Society, 1906-8)을 출판했다. 융은 두 컬렉션이 출간된 직후 모두 구입했다.

89) Wilhelm Bousset, *Hauptprobleme der Gnosis* (Gottingen: Vandenhoeck & Ruprecht, 1907); Richard Reitzenstein, *Poimandres* (Leipzig: Teubner, 1904); Richard Reitzenstein, *Mysterionreligionen nach ihren Grundgedanken und Wirkungen* (Leipzig: Teubner, 1910). 융은 세 권의 작품을 모두 『무의식의 심리학』에서 자주 인용했다.

90) Jung, CW9ii, ¶310.

91) Jung, CW13, ¶457.

92) 이 주제에 대한 융의 고찰은, Jung, CW12, ¶461.

93) Jung, CW14, ¶6. '아가토다이몬' 또는 '좋은 다이몬'은 고대 말기의 마법 부적에 자주 등장하는데, 7개의 광선을 방출하는 빛의 관은 행성을 나타낸다고 생각되는 반면, 12개의 광선의 관은 황도 12궁을 나타내고 있는지도 모른다.

94) Jung, CW14, ¶308.

95) Jung, *Liber Novus*, p. 325.

96) Jung, CW13, ¶¶209-210.

97) Jung, CW9ii, ¶128. 융이 토성을 사자 머리를 가진 얄다바오트와 동일시한 것에 대해서는, Jung, CW9ii, ¶325; Jung, CW13, ¶275.

98) 융은 이 반지에 대해 McGuire and Hull (eds.), *C. G. Jung Speaking*, p. 468.에서 자세히 설명하고 있다. 이 반지의 사진은 ⟨http://gnosticwarrior.com/the-gnostic-ring-ofcarl-jung.html⟩과 ⟨http://gnosis.org/jung.ring.html⟩에 있지만, 이 이미지에 대한 문헌은 제시되어 있지 않다.

99) 아브락사스의 혼합주의적인 점에 대해서는, Gilles Quispel, *Gnostica, Judaica, Catholica*, ed. Johannes van Oort (Leiden: Brill, 2008), pp. 40-65, 243-60. 다수의 고대말기의 원석 부적에서 아브락사스라는 이름과 츄누미스의 모습이 결합되어 있다. 융은 King, *The Gnostics and Their Remains*의 삽화를 통해 이러한 부적들 중 많은 것들을 잘 알고 있었다. Greene, *The Astrological World of Jung's 'Liber Novus'*, chapter 7.

100) Jung, *Liber Novus*, p. 349, n. 93의 편집자의 코멘트. 융의 아브락사스에 대한 이해는, 대부분이 Albrecht Dieterich's *Abraxas* (Leipzig: Teubner, 1891)에 의거하고 있다. 융은 1913년에 이 저작을 면밀히 연구했고, 소유하고 있던 책에 주석이 달려 있다. 아브락사스라는 이름의 어원은, King, *The Gnostics and Their Remains*, p. 37에도 찾을 수 있다.

101) Jung, *Liber Novus*, p. 349.

102) Jung, *Liber Novus*, p. 349, n. 93에서 샴다사니에 의해 인용되었다. 융이 베르그손의 두 레 크레아트리스를 리비도와 동일시한 것에 대해서는 제1장.

103) Jung, *Visions Seminars*, Vol. 2, pp. 806-807.

104) Jung, *Psychology of the Unconscious*, p. 125.

105) 융이 아브락삭스를 데미우르고스 또는 '세계의 창조자'와 동일시한 것에 대해서는, Jung, *Liber Novus*, p. 349, n. 93.

106) G.R.S. Mead, 'Pistis-Sophia', *Lucifer* 6 (March 1890-August 1890), pp. 107-13, 230-39, 315-23, 392-401, 489-99; *Lucifer* 7 (September 1890-February 1891), pp. 35-43, 139-47, 186-96, 285-95, 368-76, 456-63; *Lucifer* 8 (March 1891-August 1891), pp. 39-47, 123-29, 201-4. 블라바츠키의 주석은 Blavatsky, CW13, pp. 1-1에 쓰여져 있다.

107) G.R.S. Mead (trans.), *Pistis Sophia* (London: Theosophical Publishing Society, 1896); Mead, *Fragments*, pp. 459-506.

108) 『피스티스 소피아』의 일부는 The Gnostics and Their Remains에서 왕에 의해 번역되었다. Jung, CW6, ¶396와 CW12 (Figs. 45, 52, 203, 204, 205, 253)에서 사용한 왕의 '영지주의적' 보석 삽화.

109) Clare Goodrick-Clarke and Nicholas Goodrick-Clarke, *G.R.S. Mead and the Gnostic Quest* (Berkeley, CA: North Atlantic Books, 2005), p. 31; Stephan A. Hoeller, 'C. G. Jung and the Alchemical Revival', *Gnosis* 8 (1988), pp. 34-39; Stephan A. Hoeller, *Gnosticism* (Wheaton, IL: Theosophical Publishing Society, 1982), p. 169.

110) 'Jeu' 또는 'Ieu'라는 이름은 IAO와 마찬가지로, 히브리어 IHVH의 그리스어로의 轉訛로 보이며, 신을 암시하는데 사용되는 마법의 이름이다. Betz, *The Greek Magical Papyri*, p. 335.

111) Mead, *Pistis Sophia*, 1:20.

112) Mead, *Pistis Sophia*, 4:140. 이 문서가 목성(주피터)과 금성(비너스)의 배치를 말하고 있다고 해도, 어떤 배치인지는 불분명하다.

113) 제6장.

114) Mead, *Pistis Sophia*, p. 345.

115) Mead, *Pistis Sophia*, p. 256. 방점은 본서 저자에 의한다.

116) 이 구절에 대해서는, M. L. West, *The Orphic Poems* (Oxford: Oxford University Press, 1983), p. 23. 토론에 대해서는, Roy Kotansky, 'Incantations and Prayers for Salvation on Inscribed Greek Amulets', in Christopher A. Faraone and Dirk Obbink (eds.), *Magika Hiera* (Oxford: Oxford University Press, 1991), pp. 114-

16; E. Bikerman, 'The Orphic Blessing', *Journal of the Warburg Institute* 2:4 (1939), pp. 370-71. 최초의 오르페우스교의 단편집인 Otto Kern's *Orphicorum fragmenta* (Berlin: Weidmann, 1922)는 융이 아직 『새로운 책』에 몰두하고 있던 무렵 출판되었다. 최종적으로는 융은 이 저작을 잘 알게 되었지만(Jung, CW13, ¶412, n. 11), 『무의식의 심리학』을 썼을 때는 아직 그것은 출판되지 않았다. 그 때문에 Taylor, *The Mystical Hymns of Orpheus*, Mead's *Orpheus*, and Wilhelm Heinrich Roscher's *Ausfurliches Lexikon der griechischen und romischen Mythologie Lexicon* (Leiden: Teubner, 1884)를 참고로 했다.

117) *Hermetica*, CH XIII.

118) 예를 들면, *The Gospel of Philip*, in *The Apocryphal New Testament*, trans. and ed. M. R. James (Oxford: Clarendon Press, 1924), 12. 영혼이 행성의 행정 집행관을 우회할 수 있게 하는 의식적인 선언은 오르페우스교의 죽은 자를 위한 태블릿에 있는 말과 거의 동일하다. 융은 제임스의 책의 영어판과 독일어판 외에, 보다 이전의 의심스러운 문서의 영어 번역본과 독일어 번역본을 소유하고 있었다. 그 하나가 Alexander Walker, *Apocryphal Gospels, Acts, and Revelations* (Edinburgh: T&T Clark, 1911)에서, which contains the *Gospel of Philip*이 수용되어 있다.

119) Jung, CW15, ¶81.

120) 이 가정의 예가, Noll, *The Jung Cult*에 보인다.

121) 융은, *The Secret Doctrine*, 2 volumes (London: Theosophical Publishing House, 1888)의 영어 번역본과 *The Theosophical Glossary*, ed. G.R.S. Mead (London: Theosophical Publishing House, 1892) 등 블라바츠키의 여러 저작을 소유하고 있었다.

122) Jung, CW8, ¶59.

123) See Jung, CW7, ¶118.

124) Jung, CW18, ¶756.

125) Jung, CW7, ¶339. 그 외의 의견은, Jung, CW7, ¶494; Jung, CW10, ¶176; Jung, CW6, ¶279.

126) Jung, CW4, ¶749; Jung, CW6, ¶594.

127) G.R.S. Mead, 'The Quest' -Old and New (London: John M. Watkins, 1926), pp. 296-97.

128) 미드의 생애에 대한 자세한 내용은, Goodrick-Clarke and Goodrick-Clarke, *G.R.S. Mead*, p. 32. Leadbeater의 에피소드에 대해서는, Campbell, *Ancient Wisdom Revived*, pp. 114-18.

129) Mead, 'The Quest', pp. 296-7.

130) Noll, *The Jung Cult*, p. 69.

131) G.R.S. Mead to C. G. Jung, 19 November 1919, ETH–Bibliothek Zurich, Archives Hs 1056:29826.

132) Stephan Hoeller는 융과 미드가 서로를 방문한 것은 에라노스 회의에 참석하여 융과 잘 아는 종교사학자 길레스 퀴스펠과의 사적인 대화 덕분이라고 말한다. 미드의 편지는 이 진술을 뒷받침하고 있다. Hoeller, 'C. G. Jung and the Alchemical Revival', p. 35, n. 1.

133) 융은 메이링크의 모든 '오컬트' 소설을 입수했는데, 예를 들면 *Der Engel vom westlichen Fenster* (1927), *Fledermause: Sieben Geschichten* (1916), *Der Golem* (1915), *Das grune Gesicht* (1916), *Walpurgisnacht* (1917) 등이 있다. 융의 메이링크의 언급에 대해서는, Jung, CW6, ¶¶205, 426, and 630; Jung, CW7, ¶153; Jung, CW7, ¶¶153 and 520; Jung, *Dream Analysis*, pp. 276-94; Jung, *Modern Psychology*, I:110.

134) Nicholas Goodrick–Clarke, *The Occult Roots of Nazism* (London: Tauris Parke, 2004), p. 28.

135) 예를 들면, *Orpheus the Fisher* (1921); *Weltenmantel und Himmelszeit*, 2 volumes (1910); *L'origine babylonienne de l'alchimie* (1926); 'Pistis Sophia und Barbelo', *Angelos* 3:12 (1928), pp. 93-110; *Nachleben dionysischer Mysterienriten* (1928); and *Orphischdionysische Mysteriengedanken in der christlichen Antike* (Leipzig: Teubner, 1925)가 있다. 융이 아이슬러에 대해 언급하고 있는 출판물은 많이 있는데, 예를 들면 Jung, CW14, ¶610; Jung, CW9i, ¶553; CW12, ¶177 and Figs. 174 and 202.

136) Jung, CW9ii, ¶¶147, 162, 178, and 186.

137) Robert Eisler, *Man into Wolf* (London: Routledge & Kegan Paul, 1951).

138) Goodrick–Clarke and Goodrick–Clarke, *G.R.S. Mead*, pp. 15-16 and 27.

139) G. R S. Mead, *A Mithraic Ritual* (London: Theosophical Publishing Society, 1907). 미드는 그것을 주로 Dieterich, *Ein Mithrasliturgie*에 의거하여 썼다. 융은 『무의식의 심리학』에서 두 가지를 모두 인용했다.

140) Mead, *The Mysteries of Mithra*.

141) *PGM IV*로 알려진 이 문서는 19세기 초 이집트에서 발견된 고사본으로 14세기 초의 것으로 여겨지는 the Great Magical Papyrus of Paris의 일부이다.

142) Betz, *The "Mithras Liturgy"*, p. 37.

143) Betz, *The "Mithras Liturgy"*, p. 35; Fowden, *The Egyptian Hermes*, pp. 82-87과 168-172.

144) Franz Cumont, *Die orientalischen Religionen im romischen Heidentum* (Leipzig: Teubner, 1910), p. 217, n. 5.

145) Mead, *Fragments*, pp. 10, 16.

146) Mead, *Fragments*, p. 23.

147) 영지주의 교사 에데사의 바르다이산(154-222 ce)의 것으로 여겨지는 문서를 인용하여, 영지주의적 헤이마르메네의 개념을 설명하고 있는 Mead, *Fragments*, p. 398. Tim Hegedus, 'Necessity and Free Will in the Thought of Bardaisan of Edessa', *Laval theologique et philosophique* 69:2 (2003), pp. 333-44.

148) Mead, *Fragments*, p. 403.

149) 다양한 역사적 배경에서 '정묘체'에 대해서는, 상기 주 9와 77. '정묘한' 육체에 대한 신지학의 저작은, C. W. Leadbeater, *Man, Visible and Invisible* (London: Theosophical Publishing Society, 1902); Annie Besant, *Man and His Bodies* (LosAngeles, CA: Theosophical Publishing House, 1917).

150) 스토아 학파의 물질적 실체의 계급 부여에 대해서는, A.A. Long and D.N. Sedley, *The Hellenistic Philosophers*, Vol. 1 (Cambridge: Cambridge University Press, 1987), pp. 266-343; F. H. Sandbach, *The Stoics* (London: Duckworth, 1975), pp. 69-94.

151) Jung, CW11, ¶848. 융이 티베트의 바르도의 개념에 대한 정보를 얻은 것은, W. Y. Evans-Wentz (ed. and trans.), *The Tibetan Book of the Dead* (London, 1927)였다.

152) Jung, CW9i, ¶202.

153) Jung, CW5, ¶513. Henry Wadsworth Longfellow, *The Song of Hiawatha* (Boston: Ticknor and Fields, 1855).

154) Jung, CW9i, ¶392.

155) Jung, CW13, ¶137, n. 8.

156) G.R.S. Mead, *The Doctrine of the Subtle Body in Western Tradition* (London: J. M. Watkins, 1919); 인용은 pp. 12-13과 p. 20.

157) Mead, *The Doctrine of the Subtle Body*, p. 41.

158) Jung, CW16, ¶486.

159) Jung, CW12, ¶511.

160) Jung, CW14, ¶¶311 and 353.

161) Walker, 'The Astral Body in Renaissance Medicine', p. 123. Galen, *De Placitis Hippocratis et Platonis, VII, Opera Omnia*, ed. Kuhn, V.643에서 인용.

162) Paracelsus, *Samtliche Werke*, VIII:161-70. 융은 갈레노스에 따른 파라켈수스의 말을 Jung, CW13, ¶150; Jung, CW15, ¶¶19, 54에서 인용하고 있다.

163) Paracelsus, *Samtliche Werke*, XII:3 and 23. 융은 이 언급들을 CW8, ¶390에서 인용했다.

164) Ruland, *A Lexicon of Alchemy*, p. 182. Jung, CW13, ¶¶188, 194.

165) Jung, CW11, ¶160. '영적인' 연금술에 대해서는, Mircea Eliade, *The Forge and the Crucible* (Chicago: University of Chicago Press, 1956), p. 8; Lindsay, *Origins of Alchemy*, pp. 101-3. 연금술의 플라톤주의 및 신플라톤주의적 기반에 대해서는, Stanton J. Linden, *The Alchemy Reader* (Cambridge: Cambridge University Press, 2003), p. 3. 플라톤 자신의 말은, Plato, *Timaeus*, 27c-31b, 32c-34c, 36d-e, 47e-51b, 59b-c. 융에게 영향을 준 19세기의 '영적인' 연금술에 대한 저작은, Mary Anne Atwood, *A Suggestive Inquiry into 'The Hermetic Mystery'* (London: Trelawney Saunders, 1850).

166) Jung, CW13, ¶¶262-63.

167) Freud, SE18, p. 29.

168) Jung, *Psychology of the Unconscious*, p. 454. See also Jung, CW5, ¶185.

169) Jung, CW9ii, ¶216.

170) Jung, CW10, ¶843.

171) Mead, *Pistis Sophia*, 111.384.

172) Clement of Alexandria, *Stromata*, in *St. Clement of Alexandria*, ed. and trans. Alexander Roberts, James Donaldson, and Arthur Cleveland Cox (Buffalo, NY: Christian Literature Publishing, 1885), II.20.372에서의 인용.

173) Morton W. Bloomfield, *The Seven Deadly Sins* (East Lansing: Michigan State College Press, 1952).

174) 균형이 결여된 발달과 보상적 무의식적 강제로 인해 개인뿐만 아니라 문화도 고통받을 수 있다는 융의 생각에 대해서는, Jung, CW7, ¶¶283, 285, 287; Jung, CW10, ¶¶250, 295.

175) 헤르메스 문서의 년대에 대해서는, Fowden, *The Egyptian Hermes*, p. 3.

176) 헤르메스 문서의 융합적 성격에 대해서는, Brian P. Copemhaver, 'Introduction', in *Hermetica*, pp. xxvi-xxix; Peter Kingsley, *Ancient Philosophy, Mystery, and Magic* (Oxford: Clarendon Press, 1995), pp. 233-49; Fowden, *Egyptian Hermes*, pp. 14-22, 36-37, 91, 144, 178, 188-95.

177) Van den Broek, *Studies in Gnosticism and Alexandrian Christianity*, p. 1.

178) 예를 들면, Christopher Lehrich, *The Occult Mind* (Ithaca, NY: Cornell University Press, 2007), p. 4.

179) 예를 들면, 점성술에 관한 '기술적인' 헤르메스주의 논문 중 하나(*Book of the Configurations of Heimarmene which are Beneath the Twelve*)가 영지주의적인 『요한의 아포크리폰』의 나그 함마디 판에 이름으로 인용되어 있다. Lewis, *Cosmology and Fate*, p. 107. Pearson, *Gnosticism, Judaism, and Egyptian Christianity*, pp.

29-34.

180) 『포이만드레스』와 그 외의 헤르메스 문서에 대한 유대교의 기여에 대해서는, Pearson, *Gnosticism, Judaism, and Egyptian Christianity*, pp. 136–47; Birger A. Pearson, 'Jewish Elements in *Corpus Hermeticum* I (*Poimandres*)', in Roelof van den Broek and Cis van Heertum (eds.), *From Poimandres to Jacob Bohme* (Leiden: Brill, 2000), pp. 336–48.

181) Marsilio Ficino (trans.), *Mercurii Trismegisti: Pimander sive de potestate et sapientia Dei* (Treviso: Gerardus de Lisa, 1471). 융은 피치노의 라틴어 번역본을 바탕으로 한 희귀한 1574년판 *Mercurii Trismegisti: Pimandras utraque lingua restitutus* (Bordeaux: Simon Millanges, 1574)을 입수했다.

182) 베르텔로의 선집과 현존하는 헤르메스주의 논문의 미드에 의한 3권으로 이루어진 영어 번역본 *Thrice-Greatest Hermes* 외에도 융은 라이첸슈타인의 『포이만드레스』도 입수했다.

183) Jung, CW12, 408–10.

184) Jung, *MDR*, p. 230, and Jung, *Liber Novus*, pp. 218 and 360.

185) Jung, *Liber Novus*, p. 312.

186) 『포이만드레스』의 역사와 문헌에 대해서는, Peter Kingsley, 'Poimandres', *Journal of the Warburg and Courtauld Institutes* 56 (1993), pp. 1–24; Hans Dieter Betz, 'Hermetism and Gnosticism: The Question of the "Poimandres"', in Søren Giversen, Tage Petersen, and Podemann Sørensen, *The Nag Hammadi Texts in the History of Religions* (Copenhagen: Royal Danish Academy of Sciences and Letters, 2002), pp. 84–94.

187) CH I.25-26, in *Hermetica*, p. 6.

188) 이 죽은 자를 위한 태블릿, 즉 튜리에서 발견된 얇은 판자에 대해서는, Alberto Bernabe and Ana Isabel Jimenez San Cristobal, *Instructions for the Netherworld* (Leiden: Brill, 2008), p. 81.

189) Fowden, *The Egyptian Hermes*, p. 108; Merkur, 'Stages of Ascension', pp. 79–96.

190) 『포이만드레스』의 행성의 강제력에 대한 부분의 미드의 번역은, Mead, *Thrice-Greatest Hermes*, I:413.

191) Macrobius, *Commentary on the Dream of Scipio*, trans. William Harris Stahl (New York: Columbia University Press, 1990 [1952]), XII:13. Jung, *Psychology of the Unconscious*, p. 125.

192) 영혼 여행의 신화는 플라톤에 의해 *Republic*, X.614a–621d에 기술되어 있다. 플라톤주의·영지주의적인 어센트의 예는, *Trimorphic Protennoia* (NHC XIII, 1), trans. John D.

Turner; *Zostrianos* (NHC VIII, 1), trans. John H. Sieber; both in *The Nag Hammadi Library*.

193) Walter Scott (ed. and trans.), *Hermetica*, 4 volumes (Oxford: Clarendon Press, 1924-36), I:1-2. Lewis, *Cosmology and Fate*, p. 106, n. 10.

194) Andre-Jean Festugiere, *La revelation d'Hermes Trismegiste*, 4 volumes (Paris: Bibliotheque des textes philosophiques, 1946-54), I:30. 이 구분의 타당성에 문제가 있는 것에 대해서는, Copenhaver, *Hermetica*, p. xxvii; Fowden, *The Egyptian Hermes*, pp. 1-4, 140-41, 161-213. 융은 스콧의 번역본이나 페스투지에르의 번역본을 입수하지 못한 것으로 보인다.

195) 이들 잃어버린 저작들에 대해서는, Copenhaver, Hermetica, pp. xxxiv-xxxv; Lewis, *Cosmology and Fate*, p. 107.

196) 두 가지 예외에 대해서는 Robert Zoller (trans.), *Liber Hermetis*, 2 volumes (Golden Hind Press, 2000); *Kyranides* (London, 1685; repr. New York: Renaissance Astrology, 2010.). 융이 *Kyranides* 를 잘 알고 있었던 것에 대해서는, Jung, CW9ii, ¶138. Fowden, *The Egyptian Hermes*, pp. 87-89; David Bain, 'Μελανιτισγη in the *Cyranides* and Related Texts', in Todd Klutz (ed.), *Magic in the Biblical World* (Edinburgh: T&T Clark, 2003), pp. 191-213.

197) *CH* XIII.12.

198) Fowden, *The Egyptian Hermes*, p. 109. '적절한 순간'을 의미하는 카이로스에 대해서는, Jung, CW10, ¶585.

199) 이 기간 융은 자발적인 은둔 생활에서 벗어났다. 1928년에 *The Secret of the Golden Flower*에서 빌헬름과 협력했고, 이듬해에는 서양 연금술에 대한 그의 첫 번째 논문 'Paracelsus' (Jung, CW15, ¶¶1-17)을 발표했다. 1930년에는 the General Medical Society for Psychotherapy의 부회장이 되었고, 1932년에는 the Literary Prize of the City of Zurich를 수상했다. 같은 해, 『검은 책』의 기입을 종료했다. 1933년 아스코나에서 에라노스 회의가 시작되었고, 그 후 몇 년 동안 융이 투고하게 된 다수의 논문들 중 첫 번째 논문인 'A Study in the Process of Individuation' (Jung, CW9i, ¶¶525-626)를 발표했다. 1933년에는 ETH(취리히 공과대학)에서 강의를 시작했고, 1934년에는 the International General Medical Society for Psychotherapy를 설립하고, 초대 회장이 되었고, 그 잡지 *Zentralblatt fur Psychotherapie und ihre Grenzgebiete*의 편집자로 취임했다. 1935년에는 ETH의 명예 교수가 되었고, the Swiss Society for Practical Psychology를 설립했다.

200) Lynn Hayes, 'The astrology of Carl Jung and His Red Book' (2009), ⟨www.belief net.com/columnists/astrologicalmusings/2009/09/carl-jung-and-the-astrolo

gy-of.html〉; 'Carl Jung's "Red Book"', 〈 http://heavenlytruth.typepad.com/heavenly-truth/2009/09/carl-jungs-red-book-the-astrology-behind-the-publication-ofjungs-most-personal-work.html〉.

제6장

'다가올 길'

제6장
'다가올 길'

우리가 새로운 물병자리 유형의 사람에 대해 말할 때, 우리는 사실은
그 사람들에 의해 해방될 인간을 언급하고 있습니다. … 뉴에이지[352]

---

352 물고기자리의 시대에서 물병자리의 시대(Age of Aquarius)인 신시대(뉴에이지)로 이행한
다는 서양점성술 사상에 근거한다. 그노시스적 초월적 입장을 근거로 하여 물질적 세계에 의해
보이지 않는 신성한 진실을 얻는 것을 목표로 한다. 뉴에이지의 기원은 이미 19세기에 미국에서 발
전한 '신지학 협회'라는 묘한 학회에서 비롯되며, 그 궁극적 주장은 '종교의 가르침은 겉으론 모두
다르지만 실제론 전부 똑같다'는 것으로, 세상의 여러 종교의 가르침들을 통합하여 합일된 완전한
가르침을 얻을 수 있다고 주장한다. 이러한 종교통합적인 시도나 가르침은 이미 동양에서도 유불
선 합일이라든지 여러 가지가 있었으나, 뉴에이지 운동은 서양에서 기독교와 합리주의에 대한 비
판으로 방향을 잡음이 특징이다. 많은 당대의 지식인들이 과학과 합리성이 아닌 새로운 세계 구원
의 정신을 찾아 헤매었는데, 특히 반기독교적 성향이 강했던 이들은 서구 사회의 문제점을 모두 기
독교 탓으로 돌리며 동양 종교들을(힌두교, 불교 등)에서 답을 찾고자 노력했다. 기존에 있던 신지학
세력들은 크리슈나무리타라든지, 라즈니쉬라든지 인도 명상철학의 스승(소위 구루)들을 지식 사
회에 소개하여 결국 1960년대에 히피 정신의 메카가 되었고, 1970년대부터 본격적으로 '뉴에이
지'라는 단어를 언론에 보급하여 서구 사회에 크게 유행시키기에 이르렀다. 그래서인지 뉴에이지
중에서 인도 마니아가 가장 많았다. 그들의 사상은 여러 종교, 그 가운데에서도 특히 힌두교와 선불

의 에너지, 믿음, 흘러내리는 열정과 계시 … 이러한 진정한 '물병자리

사람'(Aquarians)은 … 새로운 정신의 대변자로, 그들 대부분이 새로운

주기의 시작에 그 정신을 해방시키기 위해 태어난 '매개체'라고 불러야

좋을지도 모릅니다.[1]

─ 댄 루디아르

쌍둥이자리[353]의 달이 끝났을 때, 사람들은 자신의 그림자를 향해

말을 걸었다. '당신은 나다' … 이렇게 둘이 하나가 되고, 이 충돌로 인

해 강렬한 일이 초래되었다. 바야흐로 그것은 의식의 봄으로, 문화라

고 불리는 것으로 그것은 그리스도의 시대까지 계속되었다. 하지만

물고기자리는 결합되어 있던 것이 분리되어 역방향의 영원한 법칙에

의해, 지옥과 위(하늘)의 세계가 되었을 때를 의미하지만 … 분리된 것

은 영원히 분리되어 있을 수는 없다. 그것은 다시 하나가 되고 곧 물

고기자리의 달은 끝나 버린다.[2]

─ 융

교에서 지대한 영향을 받았으며, 자연과 세상의 모든 것이 신이라는 범신론과 환생론, 인간이 신이
되거나 부처처럼 깨달아 세상에 얽매이지 않게 될 수 있다는 인신론 등등이 주요한 골자이다. 또한
1980년대 이후로 그러한 의도를 숨기고 자연보호 운동이나 마인드 컨트롤, 요가 등을 통해 은근히
뉴에이지 사상을 전 세계적으로 보급한다는 의혹을 받았다.

353 쌍둥이는 둘이지만 붙어있는 하나인데, 물고기자리는 아프로디테와 에로스가 서로 잃어버
리지 않게 하기 위해 입으로 묶었는데 하나는 하늘, 하나는 땅에 있어서 왔다 갔다 한다. 분리되었
지만 영원히 분리되지 않는다. 황도대는 반시계방향인데 보이는 것은 시계방향으로 간다. 쌍둥이
에서 황소를 거쳐 양자리에서 물고기자리로 간다. 물고기자리는 종교시대가 된다. 물병자리는 종
교가 없어진다. 내 자신이 종교가 될 수 있는 시대가 뉴에이지이다. 이것이 물병자리에서 시작된다.
자리는 2100년을 단위로 한다.

'뉴에이지'(New Age) 사상

    지난 20년간 이른바 뉴에이지 신앙과 활동에 대한 융의 영향에 대해 상당수의 학술 문헌이 나오고 있다.[3] 올라프 해머(Olav Hammer, 1958-현재)[354]는 리차드 놀을 본받아, 융을 컬트 같은 뉴에이지의 도사(導師)로 간주하여, 일종의 '현대 심리종교'(psycho religion)를 표현하는데 '융이안니즘'이란 말을 쓰고 있다.[4] 또한 폴 힐러스(Paul Lauchlan Faux Heelas, 1946-현재)[355]는 융을 H·P·블라바츠키와 게오르기 이바노비치 구르지예프 (Georges Ivanovich Gurdjieff, 1866-1949)[356]와 함께, 뉴에이지 사상 발전에 기여한 3대 인물 중 한 명으로 보고 있다. 구르지예프의 '제4의 길'로 불리는 영적인 체계는, 고차적인 의식상태 개발에 초점을 맞추고 있다.[5] 우터 하네그라프(Wouter J. Hanegraaff, 1961-현재)[357]도 놀을 본받아 융을 '전

---

354 오덴세 남부 덴마크 대학의 스웨덴 교수로 종교 역사 분야에서 일하고 있다. 해머는 스웨덴 어로 네 권의 책을 저술했으며, 한 권의 논문 「지식 주장: 신학에서 뉴에이지까지」(2001)을 썼다.

355 영국의 사회학자이자 인류학자이다. 그는 영성, 종교 및 근대성 분야에서 일하는 것으로 유명하며 삶의 '뉴에이지' 영성에 대한 특별한 언급이 있다. 최근의 출판물과 현재의 연구는 '신성한' 것과 '세속적'을 탐구한다.

356 러시아의 철학자, 신비주의, 영적 선생 그리고 아르메니아인 및 그리스인 혈통의 작곡가이다. 러시아 제국 귐리(현재의 아르메니아 귐리)에서 태어났다. 대부분의 인간은 통일된 의식을 소유하지 않기 때문에 인간의 삶은 최면적 몽유병 상태에 있지만 더 높은 상태의 의식으로 깨어나서 온전한 인간의 잠재성을 달성할 수 있다고 가르쳤다. 이러한 원리를 게오르기는 '워크'(The Work) 또는 시스템(The System)이라고 불렀다.

357 네덜란드 암스테르담 대학교의 Hermetic Philosophy History and related Currents 의 전임 교수이다. 그는 2005년부터 2013년까지 유럽 서양 밀교 연구 협회(ESSWE)의 첫 번째 회장으로 재직했다.

통적인 … 비교적 세계관과 뉴에이지 무브먼트의 열쇠가 되는 접점을 대표하는 현대 비교주의자(esotericist)'라고 보고 있다.[6]

융의 심리학 모델과 '뉴에이지' 사상 중에서도 의식의 확대를 강조하는 것과의 사이에는 분명 완만한 유사점이 있다. 그것은 융이 유력한 뉴에이지 사상의 토대가 되었던 19세기 후반의 오컬트의 부흥과 같은 정보원을 이용했다는 사실에 의해 일부는 설명할 수 있다. 즉, 헤르메스주의, 플라톤주의, 신플라톤주의, 영지주의, 유대교의 비교적인 견해와 실천 그리고 힌두교와 불교사상의 자유주의적인 면이다. 이런 뉴에이지의 많은 종교적 접근이, 19세기 말에는 이미 충분히 형성되어 있었다. 로데릭 메인(Roderick Main)**358**은 융의 생각과 뉴에이지 사상의 관계에 관한 논문에서 다음과 같이 의견을 말하고 있다.

"융 자신에 의한 오리지널 서술에 있어서조차, 융 심리학 그 자체가 뉴에이지 사상의 영향을 받았는지도 모른다고 보는 것은 가능하다. … 융이 뉴에이지 운동에 영향을 미친 것은 틀림없지만, 동시에 융 자신이 뉴에이지 종교에 영향을 받은, 혹은 그 대표자 중 한 사람이라고 볼 수도 있다."[7]

뉴에이지를 점성술적으로 정의되는 시대로 하는―다가올 '물병자리

358　옥스퍼드 대학교에서 고전학 학사 및 석사 학위를, 랭커스터 대학교에서 종교학 박사 학위를 취득했다. 그는 현재 영국 Essex 대학에서 일하고 있으며, 심리 사회 및 정신 분석 연구학과 교수이자 신화 연구 센터의 책임자이다. 그의 연구는 주로 융의 작품, 특히 종교, 신화, 문학 및 사회와 관련하여 중점을 둔다. 출판물은 특히 융의 동시성 개념에 관여했다.

의 시대'가 시작되려 한다고 가정한다―사고방식은 18세기 후반에 지금과 같은 형태를 취하게 되어 19세기에 결정화 되었다. 그리고 이 관념은 여전히 인기가 있다. 댄 루디아르는 물병자리의 시대가 2060년에 시작된다고 믿었는데, 그 '종자의 시기'는 1844-1846년에 시작되었다고 생각했다.[8] 우터 하네그라프는 중요한 저서『뉴에이지 종교와 서양문화』 (New Age Religion and Western Culture)에서 '좁은 의미에서' 뉴에이지는 다가오는 물병자리 시대에 대한 기대와 그에 부수되는 이 점성술상 별자리의 의미를 반영한 의식의 근본적인 변화에 초점을 맞추는 사상의 흐름이라고 했다. 아울러 하네그라프는 '넓은 의미'에서는 뉴에이지가 반드시 명확하게 점성술적 의미를 갖지 않으며 '일반적인 의미에서의' 혁신적 운동이라고 말하고 있다.[9]

이것은 현재의 많은 영성에 대해 검토할 때에 도움이 되는 관점이다. 그렇다고는 해도 넓은 의미에서 뉴에이지를 구성하는 것이 무엇인가 하는 것만으로도 저자들 사이에 일치된 의견을 찾기는 어렵다. 뉴에이지 사상의 기초를 이루는 생각의 대부분은 매우 오래되었고, 역시 현저하게 애매한 용어인 '근대'에 의해서도 그 요소는 별로 크게 변화되지 않았다. 이것은 큰 힘을 가지고 매우 문화적으로 적응력이 있는 몇몇 일관된 우주론과 인류학의 주제를 반영하는 한편, 2000년 이상 구조적 완전성을 유지하고 있으므로 '올드 에이지'로 볼 수도 있다. 뉴에이지는 현대의 지지자들이 '세속화'했다는 의미에서도, 특정한 조직화된 종교의 형태를 피한다는 의미에서도, 반드시 '비종교화'한 것도 아니다. 융은 이런 생각을 원형적으로 봤다. 그것은 '깊이의 정신'에 속하는 것이지 '이 시대의 정신'은 아니다.

뉴에이지의 사상―특히 자기인식과 신의 인식은 불가분하며 신을 안에서 찾을 수 있다는 확신—을 '근대의' 영성에서 특유의 것으로 보는 학자도 있다. 이 상정을 지지하는 문서의 증거는 없다. '신을 아는 것'과 '참나를 아는 것'의 동일시는, 헤르메스주의, 신플라톤주의, 영지주의, 초기 유대교의 비교적 문헌에 뚜렷이 표명되어 있다.[10] 이런 의미에서 하네그라프가 뉴에이지 사상의 근대성을 상정한 것은 오해를 불러일으켰고, 더 미묘한 차이를 고려하는 것이 좋은 역사적 시대, 문화, 인간의 표현 영역 사이에 뚜렷한 인위적 구분을 두었다. 그러나 넓은 의미에서의 뉴에이지 정의에 문제가 있다고 하더라도 다가올 뉴에이지에 대한 융의 생각은 분명히 하네그라프가 '좁은 의미에서'라고 부르는 카테고리에 속해 있다. 융은 물병자리의 상징체계를 반영하는 새로운 시대가 시작되려 했고, 그렇게 큰 변화에 직면해 집단의식에 갈등이 빚어질 수밖에 없으며, 그러한 장면에서 자신의 심리학이 중요한 공헌을 한다고 진심으로 믿었던 것 같기 때문이다.

알 속의 신[359]

1951년 두 번의 심장 발작 직후 융은 『아이온』을 저술했다.[11] 도판으로 고른 것은 학자들로부터 아이온, 이온, 크로노스, 주르반(Zervan)[360] 등 다양

---

359   크로노스가 낳은 이즈두바르, 태양을 뜻한다.

360   후기 조로아스터교의 일파 주르반교에 있어서의 창조신. 그 이름은 시간을 의미한다. 중세 조로아스터교 문헌의 신화에 의하면, 세계가 시작될 때에는 주르반만이 존재했다. 그는 오랜 시간에 걸쳐 선(至善)한 존재를 만들어 세상을 다스리게 하려고 했는데, 어느 때 그것이 가능할까 하는

한 이름으로 불리는 미트라교 신의 로마시대 조각상이다(표지그림 4).¹²⁾

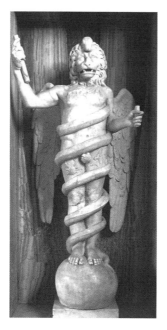

표지그림 4 미트라 신화의 사자 머리를 가진 신의 아이온,
로마시대 2-3세기, 바티칸 그레고리안의 세속미술관.

의구심이 들었다. 이 마음의 망설임으로 인해 주르반의 아이는 선한 존재와 악한 존재로 분열되고
말았다. 그것이 $\leftexclamdown$善의 신 오플마즈드(아후라 마즈다)와 전악(全惡)의 신 아흐리만(앙그라 마이뉴)
이다. 이리하여 세계는 이 쌍둥이 신들에 의해 창조됐고, 선과 악이 싸우는 전쟁터가 됐다고 한다.
주르반 신앙은 아케메네스 왕조 시대로 거슬러 올라가지만, 사산 왕조에 이르러서는 일파를 이룰
정도의 세력이 된다. 또 그리스 로마에도 신앙이 유입돼 아이온(Αιών, 영겁이라는 뜻)이라고 불렸
다. 원래 조로아스터교에서는 아후라 마즈다가 선악의 대립을 초월한 절대신의 지위에 있었으며,
선의 창조신 스펜타 마이뉴와 악의 창조신 아흐리만의 싸움을 재판(중재)하고 정의의 승리 정당성
을 보장하는 역할을 맡고 있었다. 그러나 훗날 신학에서 스펜타 마이뉴가 아후라 마즈다와 동일시
되었기 때문에 본래의 신학에 있어서 아후라 마즈다와 같은 절대신이 따로 필요해졌다. 주르반은
이런 사정 때문에 창조신으로 정립된 것으로 여겨진다.

『새로운 책』에 몰두했을 때, 융은 주로 『미트라 전례』의 디트리히가 쓴 독일어판과 미드의 영문판을 참고했다. 또한 미트라교에 관한 프랑 쿠몽의 두 권의 책, 즉 『미트라 밀의(密儀)』와 그보다 앞선 장대한 『미트 라의 밀의에 관한 문서와 기념상』(Textes et monuments figures aux mysteres de Mythra)도 입수했다.[13] 융은 쿠몽을 '미트라 신앙에 관한 탁 월한 권위'라고 불렀다.[14] 그러나 쿠몽은 로마의 미트라 숭배에 있어서 점성술의 중심적 중요성을 부정하고, 그 점성술적 도상은 사실 교단 초 기 '칼데아인'의 신앙에 속한다고 생각하며, 이 오래된 '오리엔트 기원의' 종파가 서양 신앙에 점성술의 '여러 가지 오류와 공포'를 가져다주었다 고 비난하고 있다.[15] 이 점에 대해서는 융은 찬성하지 않았던 것 같다.

최근 로저 벡(Roger Beck)[361]과 데이비드 울란지(David Ulansey)[362]는

---

[361]　토론토 대학의 명예교수이다. 그의 연구 관심사는 로마 제국의 종교, 특히 미트라스의 숭배 이다.

[362]　샌프란시스코의 캘리포니아 통합 연구 연구소(California Institute of Integral Studies) 의 철학과 종교 명예 교수(철학, 우주론 및 의식 프로그램). 종교, 비교 종교 및 문화 역사 (프린스턴 대학교 박사)의 학자이며, CIIS에서 가르치기 전에 버클리, 보스턴 대학, 바나드 대학 (컬럼비아 대 학), 버몬트 대학, 프린스턴 대학 및 태평양 대학원 연구소의 캘리포니아 대학 (University of California)의 학부에 있었다. 전문 분야는 고대 지중해 세계의 종교, 특히 고대 신비 종교, 영지주 의, 고대 우주론 및 초기 기독교이다. 또한 의식의 진화, 원형 심리학, 연금술 상징주의, 사이버 공 간의 형이상학, 심층 생태학을 적용하는 등 다양한 투기 분야의 과정을 가르쳤으며 샌프란시스코 C.G. Jung Institute에서 자주 강사로 일해 왔다. 책으로 『미트라 신비의 기원:고대 세계의 우주 론과 구원』은 옥스포드 대학 출판부에서 출판되었으며, 책 『신비:고대 신비와 의식의 진화(샌프란 시스코 융 연구소에서 발표 한 일련의 강의를 기반으로)』는 북대서양 도서 / 랜덤 하우스에서 나온 다. 또한 현재 옥스포드의 새로운 책인 The Other Christ: The Mysteries of Mithras와 The Origins of Christianity를 마무리하고 있다. 그리고 Scientific American에서 Journal of Biblical Literature에 이르기까지 다양한 곳에서 수많은 논문을 발표했다.

특히 로마시대 미트라교의 점성술적 기반에 주목하면서 쿠몽의 설에 이의를 제기했다.[16] 미트라교에 대한 고고학적 발견이 이러한 논란의 주된 전거가 되고 있다. 교단의 입문(Initiation)은 엄중히 비밀이 지켜져, 멤버들에 의해 직접 작성된 문헌은 전혀 존재하지 않는다. 유일하게 남아 있는 것은 오리게네스(Origen, 185?-254?)[363]나 포르필리오스 같은 고대 말기의 저자에 의한 언급으로, 그것도 전문(傳聞)에 근거하고 있는 경우가 많다.[17] 한편 아이온 상은 다수가 수세기를 견디고 남아 유럽의 로마시대 미트라 신전에서 발견되고 있다. 이들은 대개 날개와 사자의 머리를 가진 남성의 모습이고, 지팡이와 열쇠를 가지고 있으며, 뱀이 몸에 휘감겨 있어 보통—항상 그런 것은 아니다—주위 또는 몸에 황도 12궁의 사인이 있다.[18]

그리스어의 아이오노스(aionos)라는 말에는 여러 가지 다른 의미와 사용법이 있는데, 그 모두가 융이 『새로운 책』에서 예견한, 바로 가까이 다

---

363 알렉산드리아 학파를 대표하는 기독교의 교부이다. 매우 독창적인 신학 체계를 세웠기 때문에 이단과 논쟁하였고 교회와도 마찰을 일으켰다. 그는 금욕주의에 따라 스스로 고환을 자른 것으로 유명하다. 오리게네스는 그리스 문학과 철학, 원어에 대한 학문적인 관찰로써 성경 해석을 시도함으로써 그리스도교의 첫 성경학자가 되었다. 그의 성경 해석 방법에는 신플라톤주의를 통한 필론의 알레고리 방법이 많이 사용되었다. 오리게네스는 그의 책 De Principiis IV.2.4 에서 LXX의 잠언 22,20.21의 본문을 자기의 해석 원리로 채택하여 성경을 세 가지 방법(tripliciter, LXX)으로 해석할 것을 말하고 있다. 이 세 가지 방법이란 데살로니카 전서 5장 23절에 있는 인간의 세 가지 요소인 영과 혼과 몸을 각각 세 의미로 보는데 몸은 문자적 의미를, 혼은 도덕적 의미를, 영은 알레고리적인 의미를 가리킨다는 것이다. 비록 오리게네스는 문자적 의미를 무시하지 않았지만 영적 의미와 문자적 의미를 균형 있게 해석하지는 못했다. 오리게네스의 3중적 의미의 성경 해석 방법은 알레고리 성경 해석 방식인 4중적 의미의 해석 방법으로 변형되었고 아우구스티누스와 중세 해석자들에 의해 절대적으로 사용되었다.

가온 집단적인 심적 변화에 대한 융의 해석 방법과 관계가 있다.[19] 호메로스[364]와 헤로도토스[365]는 이 말을 개인의 일생을 표현하는 데 사용했다.[20] 에우리피데스[366]는 몇몇 헤르메스주의 논문과 마찬가지로 아이온을 신적인 존재로 의인화해 '많은 일을 일으키게 하는' '시간(크로노스[367])의 아들'이라고 불렀다.[21] 아이스킬로스[368]와 데모스테네스[369]는 이 말

364　고대 그리스 중 그리스 암흑기 말기에 활동했던 유랑시인이다. 현존하는 고대 그리스어로 쓰인 가장 오래된 서사시 『일리아스』와 『오디세이아』 및 그 밖에 여러 시의 작가이며, 맹인 시인으로 알려졌다. 그의 정확한 생몰 년대는 미상이고, 실존하지 않는 인물이라는 주장도 있다. 영어식 이름인 호머(Homer)로도 알려져 있다.

365　페르시아 제국 (현재 터키 보드룸)의 일부인 그리스 도시 할리카나수스(Halicarnassus)의 고대 그리스 역사가이자 지리학자였다. 그는 그리스-페르시아 전쟁에 대한 자세한 설명인 역사를 쓴 것으로 유명하다. 헤로도토스는 역사적 사건에 대한 체계적인 조사를 수행한 최초의 작가였다. 그는 '역사의 아버지'라고 불리며, 고대 로마 연설가 Cicero가 그에게 부여한 칭호이다. 헤로도토스는 그의 작품에 '전설과 공상적인 이야기'를 포함시킨 것에 대해 비판을 받아왔다. 동료 역사가 투키디데스(Thucydides)는 그가 엔터테인먼트를 위한 이야기를 만든다고 비난했다. 그러나 헤로도토스는 자신이 '본 것과 그에게 말한 것'을 보고했다고 설명했다. 역사의 상당 부분은 이후 현대 역사가와 고고학자들에 의해 확인되었다.

366　고대 아테네에서 활동한, 아이스킬로스, 소포클레스와 더불어 가장 뛰어나다고 평가 받는 비극 시인이다. 오늘날 그가 쓴 18편의 비극이 남아 있다. 합리적인 예지·자유주의적·인도주의적 사상을 내포한 그의 극은 근세 유럽 비극 문학에 큰 영향을 주었다.

367　크로노스(고대 그리스어: Χρόνος)는 그리스 신화와 소크라테스 이전의 그리스 철학에서 시간을 의미하는 단어로 그 이름 자체가 '시간'이란 뜻이며 그리스 태초신 중의 하나이다. 티탄인 크로노스(Κρόνος)와는 다른 신이다. 크로노스는 보통 형태가 따로 없는 무형의 신으로 묘사되거나 형태가 있는 경우 긴 수염을 가진 늙은 현자의 모습으로 묘사된다. 영어의 '크라니컬(chronicle: 연대기)', '크러널러지(chronology: 연대학)' 등 시간과 관계있는 단어들의 어원이 바로 이 크로노스에서 나왔다.

368　아이스킬로스(고대 그리스어: Αἰσχύλος Aiskhúlos, Aischylos, Æschylus, 영어: Aeschylus /ˈɛskɪləs/ 또는 /ˈiːskɪləs/, 기원전 525년/524년-기원전 456년/455년)는 고대 그리스의 대표적인 비극 작가이다. 비극예술의 창조에 기본적인 형태를 부여한 80여 편의 작품을 만

을 시대(epoch)와 세대(generation) 모두를 나타내는 데 사용했다.[22] 소포클레스[370]는 이것을 모이라의 개념과도 비슷한 사람의 숙명 혹은 규정으로 파악했다.[23] 헤시오도스[371]는 황금의 시대나 철의 시대라고 하는 시대를 정의하는데 사용했다.[24] 파울로[372]는 시대뿐 아니라 세상을 가리키는 데 사용했다.[25] 플라톤의 『티마이오스』[373]에는 아이오노스가 영원을 구성하는 요소인 반면, 크로노스는 천체의 운동을 통해 일시적으로 아이오노스를 나타낸다고 적혀 있다.

들었다. 현존하는 것으로는 7편의 작품과 다수의 단편 등이 있다.

369 데모스테네스(그리스어: Δημοσθένης, 기원전 384년-기원전 322년)는 고대 그리스 아테네의 저명한 정치가이자 웅변가였다. 아테네의 지도자로 그리스의 여러 폴리스의 자립을 호소하며 패권을 추구하는 필리포스 2세에 대항하여 반 마케도니아 운동을 전개했지만 뜻을 이루지 못하고 자살로 생을 마쳤다.

370 소포클레스(고대 그리스어: Σοφοκλῆς Sophoklēs, 기원전 497년-기원전 406년)는 고대 그리스 아테네의 비극 시인이다. 아이스킬로스·에우리피데스와 함께 그리스의 3대 비극 시인으로 꼽힌다.

371 헤시오도스(고대 그리스어: Ἡσίοδος Hēsíodos)는 기원전 7세기경 활동한 고대 그리스의 서사시인 작가로 호메로스와 함께 그리스 신화, 그리스 문학에서 중요한 역할을 하는 시인이다. 헤로도토스는 헤시오도스와 호메로스가 그리스인들에게 신을 만들어 주었다고 했다. 신화, 서사시, 교훈시 등을 지었으며 호메로스와 함께 후대 그리스, 로마의 작가들에게 영향을 주었다.

372 초기 기독교 사도이자 신약성서의 저자 중 한 명. 처음에는 산헤드린과 함께 예수의 신도들을 박해하였으나, 회심하여 예수를 믿는 자가 되어 헬레니즘 세계에 전도를 행하였다. 유대 이름으로 사우로라고도 불린다. 고대 로마의 속주 킬리키아의 주도 타르소스(지금의 터키 중남부 메르순 현의 타르수스) 태생의 유대인.

373 『티마이오스』(그리스어: Τίμαιος)는 기원전 360년경에 쓴 플라톤의 저작이다. 플라톤 저술들은 보통 세 시기로 구분하는데, 『티마이오스』는 그 가운데 세 번째 시기 작품에 해당한다. 소크라테스와 대화상대자들인 티마이오스, 크리티아스, 헤르모크라테스 그리고 익명의 한 사람 사이 이야기를 대화체로 쓰고 있으며 우주와 인간, 혼과 몸 등에 관해 이야기하고 있다.

"그런데 영원하다는 것이 그 생물의 본성이었지만, 생겨난 것에 영원이라는 성질을 완전히 부여하지는 못했다. 그럼에도 불구하고 신은 영원을 비추는 뭔가 움직이는 사상(似像, 아이오노스)을 만들려고 생각하고 우주를 질서잡음과 동시에 하나 속에 정지해 있는 영원을 비추는, 수에 의거해서 움직이는 불멸의 사상을 만들었다. 이 사상을 우리는 '시간(크로노스)'이라고 이름 붙였던 것이다."[26]

융은 아이온[374]의 개념을 점성술상의 시대―대략 2165년 이어지는 시대, 즉 그가 '플라톤 대년'이라고 믿었던 2만 6000년의 12분의 1―로, 인간의 종교적 상상력에서 생겨나 그 시대의 특성을 구체화하는 신의 이미지 양쪽으로 보는 사고방식을 좋아했던 모양이다. 이러한 점성술상의 시대는 춘분점 세차라는 천문현상, 즉 춘분점(1년 중에서 태양이 황도 12궁의 양자리의 사이에 들어갈 때)이 황도 12궁의 12별자리의 별들 사이를 점차 후퇴해 가는 움직임에 의해 표현된다.[27]

『피스티스 소피아』(pistis sophia)[375]에는 아이온은 우주의 특별한 영

---

374 고대 그리스어인 기간의 시간을 말하며, 시대와 세기, 사람의 생애와 같은 의미이다. 라틴어의 Saeculum이나 산스크리트의 kalpa(劫波)가 이와 비슷한 의미를 갖는다. 아이온은 기원 2세기부터 5세기경에 걸쳐, 로마 제국 내나 그 변경 지역에서 흥륭한 그노시스주의에서의 고차적인 靈, 혹은 초월적인 圈界를 나타내는 의미로 사용되었기 때문에 종교학적 사상적으로는 이런 의미로 잘 알려져 있다. 그리스철학 아이온은 '시대'나 '어떤 기간'을 의미하며, 점성술에서 물고기자리의 시대, 물병자리의 시대와 일맥상통한다. 마법이나 오컬트에서는 '텔레마'의 개념과 관련이 있다. 세계의 문화 일반적으로, 다양한 시대가 있고, 특징 있는 시간의 기간이 있다고 하는 개념은 일반적이다. 한편 아이온을 철학적으로 사색해 가면, 이 현상 세계에서의 시간의 형태가 아이온이라고 생각할 수 있다. 역사 또한 아이온으로 특징지어진다. 이런 배경에서 플라톤은 아이온을 영원의 의미로 사용한 것으로 알려졌다.

역을 지배하는 하늘의 힘이며, 그 영역 자체 즉 구제하는 주된 신이 구제의 일을 완수할 때 거치는 문, 혹은 문이 있는 황도 12궁의 별자리이기도 하다고 쓰여 있다.[28] 이에 비해 『미트라 전례』는 아이온을 황도 12궁의 별자리, 행성의 집행관 혹은 시대로서가 아니라 헬리오스 미트라스로도 불리는 활활 타오르는 원초의 지고한 신으로 묘사하고 있다. 융이 생각했던 것 같은 리비도, 즉 생명력의 이미지이다.[29] 이 영원한 존재의 비전이 의식의 목표이자 참가자들에게 일시적인 '불사화'를 가져온다.[30]

> "나는 오늘, 불사의 눈으로 볼 것이니—나는 죽어야 할 자의 자궁에서
> 태어난 죽어야 할 사람이지만 (지금은) 위대한 힘, 썩지 않는 올바른 손에
> 의해 가능하게 되었다—불사가 된 영혼 덕분에 불사하는($\alpha\theta\alpha\nu\alpha\tau\sigma\nu$)[376]

375 　1773년에 발견된 영지주의 텍스트이며, 아마도 서기 3세기와 4세기 사이에 쓰였을 것이다. 일부 학자들이 4세기 후반에 배치한 현존하는 원고는 변형된 예수에 대한 영지주의 집단의 가르침을 그의 어머니 마리아를 포함한 모인 제자들과 관련시킨다. 막달라 마리아와 마르다. (이러한 맥락에서 '변형된'은 그의 죽음과 부활 후에 예수를 가리키며, 그가 산에서 모세와 엘리야의 출현에 대해 말한 사건이 아니다) 이 본문에서 부활하신 예수는 열한 해 동안 제자들과 이야기하면서 낮은 신비만을 가르쳤다. 열한 해가 지난 후 그는 자신의 참옷을 받고, 이 집단이 존경하는 더 높은 신비들을 드러낼 수 있다. 소중한 신비들은 혼이 가장 높은 신성한 영역들에 도달하는 데 필요한 복잡한 우주론들과 지식과 관련된다. 원고의 처음 두 권의 책 중 상당 부분은 피스티스 소피아로 알려진 인물의 타락과 회복에 대한 신화를 요약하는 데 전념하고 있으며, 특히 회개의 기도와 솔로몬의 시편과 오데스 사이에 상세한 유사점을 제공한다. 많은 영지주의 텍스트와 체계에서 소피아는 주요 여성 신성이지만 『피스티스 소피아』에서 그녀는 신성한 영역 밖에서 기원하고 거주한다. 『요한계시록』(Apocryphon of John)과 같은 소피아 신화의 버전들에서 발견된 그녀의 타락과 구속의 평행선이지만 그 행위들은 모두 물질적인 aeons에서 일어나며, 그녀는 빛의 왕국 바깥의 열세 번째 aeon에 있는 그녀의 자리에서만 회복될 수 있다.

376 　아케메네스朝 페르시아 정원 1만 명의 정예부대이다. 페르시아 전쟁기에는 휴달네스가 이끌었다. 한 명의 병사가 쓰러지더라도 또 다른 새로운 병사가 곧바로 보충되어 전투에 참가해 싸웠

아이온, 불의 왕관의 주인이 오늘은 보일 것이다."[31]

의식의 후반부에서 '하늘의 일곱 가지 숙명', 즉 헤이마르메네를 지배하는 행성신에게 기도를 올린다. 그리고 아이온을 향해 그 주요 속성과 기능을 열거하면서 소환 호소가 이루어진다.

> "빛을 주는 자 그리고 불을 뿌리는 자, 불을 해방하는 자, 그 생명은 빛 속에. 불을 돌려 움직이는 불빛을 켜는 자. 당신은 뇌성이 울려 퍼지게 한다. 오오, 당신은 영광의 빛을 더하네. 빛나는 천공의 지배자. 오오, 별을 따르게(순종하게) 하는 자!"[32]

'별을 따르게 하는' 아이온은 영향력을 발출해 하늘의 각 층을 거느리고 지배한다. 그리고 『미트라 전례』에서는 입문(initiation) 참가자들에게 주어진 비전이, 적어도 얼마 동안은 헤이마르메네의 힘을 깨뜨리고, 신과의 동일화를 가능하게 하는 것이다.[33] 이미 살펴보았듯이 융은 이 천체의 강제력에 의한 속박으로부터의 해방을 자신의 직접적 체험이 갖는 통합의 힘과 관련지었다. 한편, 『전례』와 마찬가지로, 융은 이 상태의 영속성이 보장되지 않음을 명기하고 있다. 『전례』의 아이온을, 『새로운 책』에서 태양신임을 밝히는 불의 알에서 탄생한 거인 이즈두바르(Izduba)[377]의 말과

기 때문에 헤로도토스가 이를 가리켜 아타나토이 혹은 1만 기병이라고 부른 것이 기원이며 영어로 이모탈스(immortals 대원은 이모탈), 不滅隊 등으로도 불린다. 다만 아타나토이의 단어에 대해서는 페르시아어로 隨伴者를 뜻하는 '아누샤'가 전와(轉訛)됐을 가능성도 지적된다.

377   새로 발견된 Izdubar Tablet에 따르면 초기 신화적인 아시리아 영웅이며, 아마도 태양신의

비교해 보면, 융의 태양의 점성술적 상징에 대한 이해에 『미트라 전례』가 얼마나 큰 영향을 주었는지 알 수 있다.

> "불꽃(火焰)의 분류가 나의 빛나는 몸에서 용솟음-
>
> 나 자신도 타오르는 불길 속에 흔들리며-
>
> 나 자신도 끊임없이 밀려오는 생명이 가득한 불꽃의 바다를 헤엄쳐-
>
> 완전한 빛, 완전한 동경, 완전한 영원-
>
> ⋯
>
> 나는 완전한 태양이다."**378**, 34)

융의 아이온에 대한 기술에는 Kronos(사투르누스)의 이름도 포함되어 있지만, 그는 chronos(시간)으로 바꾸어, 이 인물의 사자와 비슷한 속성을 강조했다(Kronos는 그리스 신화의 대지와 농경의 신으로, 로마 신화의 농경의 신 사

한 형태였을 것이다. 그는 위대한 족장이었고, 거인들에게 공격당했을 때 에레흐 성을 구출했다. 그는 그의 아내 여신 이스타르를 위해 그에게 불충실함을 증명했고, 그를 파괴하기 위해 괴물 같은 황소를 보냈다. 이 동물들은 그의 충실한 친구이자 조언자인 신격화된 현자 헤아바니의 도움으로 죽일 수 있었는데, 그는 결국 탐부키(Tambukki)라고 불리는 알려지지 않은 곤충이나 파충류에 의해 살해되었다. 그 후 이즈두바르는 피부 장애에 시달리게 되었고, 그의 뱃사공 우르함시의 충고에 따라 대홍수에서 살아남은 현자 아드라하시스를 찾아 그의 병을 치료할 수 있을 것으로 생각되었다. 아드라하시스는 그의 요청에 응했고, 홍수의 전설을 상당히 자세하게 그와 관련시켰다. 에렉으로 돌아온 이즈두바르는 그의 치료법과 그의 후원자가 전하는 이야기에 대해 똑같이 기념하는 기념비를 세웠고, 마법의 도움으로 헤아바니의 영혼이 그와 교제하기 위해 일어섰다. 이즈두바르는 이 사건 이후에 왕이 된 것처럼 보이지만, 그의 역사는 신화적인 일련의 전설과 너무 뒤섞여 있어서 그의 실제 성격은 물론 그의 친족과 출생도 불확실하다.

378　『황금꽃의 비밀』에서 말하는 황금꽃이 피는 단계를 말한다. '내가 태양'이라는 주장은 조로아스터교에서도 확인이 된다.

투르누스와 동일시된다. chronos는 시간의 신으로, 별도의 신이다.).

> "미트라교에는 기묘한 시간의 신 아이온이 있다. 크로노스 또한 으레 사자 머리를 가진 인간의 모습으로 묘사되어 있기 때문에 '사자 머리의 신(Deus Leontocephalus)'379이라고도 불린다. 그 직립한 상에는 뱀이 휘감겨 있고, 뒤에서 앞으로 사자 머리 위에 뱀이 머리를 쳐들고 있다. ⋯ 그 밖에 몸에 짐승의 띠 동물상이 붙어있기도 하다. ⋯ 하지점의 궁인 사자380는 억제할 수 없는 욕망의 상징이다."35)

역설적이지만 융은 이 사자머리의 신을 태양뿐만 아니라 영지주의 집행관인 얄다바오트(Ialdabaoth)와 이 행성 집행관의 행성인 토성과도 연관시켰다.36) 아이온은 융에게 있어 많은 것을 의미했다. 그것은 모든 대립물을 받아들이는 불같은 리비도의 심벌, 황도 12궁을 둘러싼 태양의 진로에 의해 표현되는 시간의 심벌 그리고 그 자신의 호로스코프의 지배성(ruler)인 행성신 사투르누스-크로노스(Saturn-Kronos)를 인격화한 것이기도 하다. 즉 아이온은 융의 '개인적 다이몬'381인 필레몬, 즉 '마스터 오브 하우스'382의 보편적, 혹은 집단적 측면으로 볼 수도 있다.37) 그리고 융에게 아이온은 점성술상의 시대―물병자리의 시대―를 체현하는 것

---

379   미트라스 秘儀의 최고신.

380   사자자리가 7월 23일에 시작하기 때문에 하지점이다.

381   행성 그 자체를 말한다. 별에서 가장 힘을 발휘하는 것으로 점성술에서 알무텐이라고 한다.

382   마스터 별(알무텐)이 있는 하우스가 중요하기 때문에 마스터 오브 하우스다.

으로, 그 모습과 의미에 인간의 모습을 한 물병자리와 그것과 반대 (opposition)의 위치에 있는 사자의 모습을 한 사자자리가 결합되어 있다.383 『제1의 책』(*Liber Primus*)에 있는 초기 그림 중 하나로 새로운 아이온의 양극성을 상징하는 물병자리와 사자자리가 나타나 있다. 이 그림의 왼쪽 위에는 사자가 서고, 그 머리 위에 붉은 태양 원반이 있는데 대해, 푸른 예복을 입은 물을 가진 사람(뒤의 '성수를 뿌리는 사람'에서는 삐에로 같은 얼룩무늬 옷을 걸치고 있다)이 그림의 오른쪽 상단에 서서 붉은 병에서 물을 붓고 있다. 그의 왼쪽 어깨 부근에는 토성 기호가 적혀 있다.38) 윌리엄 버틀러 예이츠(William Butler Yeats, 1865-1939)384도 똑같은 황도 12궁의 양극성에 마음을 빼앗겨 대전의 괴멸적 결전(Armageddon)385 직후에 쓴 시 '재림'에서, 다가오는 뉴에이지의 그 자신의 비전을 융 자신의 것과는 다른 예언적 비관주의로 표현했다. 사자의 몸과 인간의 머리를 가진 무서운 존재가 혼돈과 사회질서 붕괴의 한복판을 '우리가 태어나야 할 시점에 이르러 베들레헴을 향해 느릿느릿 걷기 시작했다'는 것이다.39)

---

383 물병자리는 11하우스이고, 사자자리는 5하우스이다.

384 아일랜드의 시인이자 극작가이다. 20세기 영문학과 아일랜드 문학에 있어서 가장 영향력 있는 인물 중 한 명으로 평가받는다. 아일랜드의 영국계 프로테스탄트 집안에서 태어나 어린 시절부터 문학을 비롯하여 오컬트나 아일랜드 신화 등 초월적 주제에 관심을 품었고 이는 그의 문학적 성향에도 큰 영향을 미쳤다. 1889년 서완하고 탐미적인 첫 시집을 발간한 이후로 그의 시는 특유의 사실주의적 묘사를 발전시켜 나갔다. 1923년 노벨 문학상을 수상했다. 예술가인 잭 버틀러 예이츠의 형이며 존 버틀러 예이츠의 아들이다.

385 세상의 종말에 일어날 것으로 예언된 최후의 전투가 일어나는 장소를 말한다. 기독교에서 유래한 단어이지만 일반적인 세상의 종말을 말할 때도 쓰인다. 영어 발음에 따라 아마게돈, 아마겟돈 등으로도 부른다.

『새로운 책』에서 융은 그 자신이 뱀에 둘러싸여 '십자가에 못 박힌 사람처럼 팔을 뻗은' 사자 머리를 가진 신으로 변신한 것을 적고 있다.[40] 나중에 융은 이 비전을 아이온의 미트라교 도상과 명확하게 연관시키고 있다.[41]

"제 얼굴이 변한 것처럼 느껴졌던 야수의 얼굴은 미트라교 비의에서 유명한 레온투케팔루스(Leontocephalus)[386] '신'입니다. 똬리를 틀고 인간을 조여 올리는 뱀,[387] 조여 올린 인간의 머리 위에 놓인 뱀의 머리 그리고 그 인간의 얼굴은 사자의 얼굴을 하고 있다. 이와 같이 이 신의 상은 표시되고 있습니다."[42]

이 은근한 언급은, 융의『아이온』의 책머리에 있는 그림 선택에 지극히 개인적인 의미가 있음을 시사하고 있다.『새로운 책』에 있는 비전은『미트라 전례』의 비전과 마찬가지로 확대된 의식, 융의 용어로 말하면 인

---

386 미트라교의 가장 특징적인 아이콘들 중의 하나는 사자 머리를 한 나체의 인물인데 이 아이콘은 미트라에움에서 종종 발견된다. 사자 머리의 인물 아이콘을 레온토세팔린이라 한다. 레온토세팔린 아이콘에서는, 뱀이 사자 머리의 인물을 휘감고 있는데 뱀의 머리는 흔히 이 인물의 머리, 즉 사자 머리 위에 놓여 있으며, 뱀의 머리가 사자의 입 안에 들어가 있는 사례도 있다. 사자는 대부분 입을 벌리고 있는데 이것은 무서운 모습을 표현한 것이다. 이 사자 머리의 인물은 대개 4개의 날개를 가지고 있으며 손에 2개의 열쇠와 1개의 홀(笏, scepter)을 들고 있는데, 1개의 열쇠를 쥐고 있는 사례들도 있다.

387 영성 지혜를 상징한다. 사탄의 의미로도 쓰고 있다. 우르고로스는 인생의 시작과 끝, 윤회를 상징한다.

격의 보다 완전한 통합으로 이어지는 커다란 변화를 가져오는 일시적인 내적 체험을 묘사하고 있다. 융의 출생 호로스코프에서는 융 자신도 잘 알다시피 물병자리와 사자자리가 대각선 위치에 있는 것(opposition)이 지배적이다. 융의 탄생 때 물병자리가 상승했고, 태양은 사자자리에 위치해 있었다. 아이온이 상징하는 것이 집단적인 마음뿐만 아니라, 자기 자신의 마음에도 해당된다고 융이 생각한 것은 당연한 일이다.

물병자리의 시대

『새로운 책』의 첫 페이지에 있는 첫 번째 그림에는 중세 독일의 사본 스타일로 채색된 D의 글자가 삽입되어 있어, 이 작품의 첫머리 글 '다가올 길'('Der Weg des kommenden') 의 도입이 되어 있다.

그림 위쪽에는 점성술 기호가 나열된 '띠'가 보이고(표지그림 5), 천체가 있는 하늘색보다 밝은 파란색으로 칠해져 있다.[43] 각각의 전통적인 기호로 표현된 황도 12궁의 별자리는 시계 반대 방향으로 맨 왼쪽의 게자리부터 시작하여 쌍둥이자리, 황소자리, 양자리, 물고기자리로 이어져 맨 오른쪽의 물병자리로 끝난다. '띠' 중에서 물고기자리 기호로 표시되는 별자리와 물병자리 기호로 표시되는 별자리가 정확히 접하는 위치에 네 개의 광선을 내는 큰 별이 있다.

표지그림 5 다가올 길,『레드 북』. p. 229, ©2007 Foundation of the Works of C. G. Jung, used by permission of W. W. Norton & Co., Inc

이 별은 분명히 일 년에 한 번 있는 춘분 때의 태양을 나타내고 있다.[44)] 이 춘분점은 몇 세기에 걸쳐 천천히 별자리를 통과하며 후퇴 해 갔고, 융에 따르면 현재 물고기자리의 끝에 도달해 있어, 물병자리를 통과하는 2,165년의 여정에 들어가려 하고 있다. 융은 이 천문학적인 사건을 새로운 아이온, '다가올 길'이라고 불렀다. 그리고 나중에는 '신들의 변모의 시기(kairos)'라고 불렀다.[388, 45)]

『아이온』의 주요 주제는 인간 의식의 전환과 동시에 일어나는 신의 이미지의 전환으로, 그것은 물고기자리의 시대가 끝나는 것으로 나타난다. 물고기자리의 두 마리 물고기는 기독교에서 예수[389]와 사탄의 상징으로 간주되며, 물병자리 아이온의 도래는 새로운 상징, 즉 물을 가진 자로 상징되는 인간과 관련짓고 있다. 랜스 오웬스(Lance Owens)[390]는 『아이온』과 『새로운 책』을 이해하기 위해서는 양자를 상호 참조할 필요가 있다고

---

388 2월 21일 우수에 해당한다.

389 물고기라는 뜻의 그리스어 '익투스'(ΙΧΘΥΣ)는 '예수 그리스도는 하나님의 아들 구세주'라는 의미. 예수(Ιησους), 그리스도(Χριστος), 하나님(θεος), 아들(Υιος), 구세주(Σωτηρ)의 첫 머리 글자만을 따서 모으면 물고기라는 그리스어 '익투스'(ΙΧΘΥΣ)라는 단어가 됨.

390 1980년대에 Stephan A. Hoeller 박사와 함께 융에 대한 연구를 시작했다. 1994년 그는 영지주의 사제로 성임되었으며 에클레시아 그노스티카의 교구 사제로 봉사했다. 1995년에 그는 gnosis.org The Gnosis Archive를 설립했으며 고전 영지주의 저술의 주요 인터넷 아카이브의 편집자로 계속 활동하고 있다. 몇 년 동안 오웬스 박사는 유타 대학교에서 'C. G. Jung의 삶과 일'에 관한 한 학기 동안의 과정을 가르쳤다. 그는 융 심리학 및 영지주의 전통에 대해 자주 강의하고 있다. 2009년 『레드 북』이 발매된 이래로 오웬스 박사는 융, 레드 북, 융의 영지주의 비전에 초점을 맞춘 다섯 가지 주요 역사적 연구를 출판했다. 2013년 그는 취리히의 융 연구소에서 '융과 영지주의 전통'에 관한 과정을 발표했다. 'C.G. Jung and the Red Book'에 대한 그의 기사는 심리학과 종교 백과사전에 실렸다.

말한다. 『아이온』은 융이 말년에 『새로운 책』의 귀중한 체험을 합리적으로 설명하려 한 것이고, 두 작품은 '근본적으로 단단하게 연결되어 있다'는 것이다.[46] 『아이온』은 융 자신의 호로스코프에 대한 강한 관심보다도 더 비개인적인 점성술과의 연관성을 제시하고 있는 듯하다. 그러나 집단적 사이클에 대한 그의 접근방식에는 개인의 심적 동태에 대한 그의 인식과 같은 심리학 모델, 즉 원형, 유형론, 콤플렉스, 시간의 성질의 상징인 점성술의 시그니피케이터가 포함되어 있었다. 융은 점성술상의 새로운 시대(아이온)에 의해 나타나는 대전환은 각각 중심적 위치를 차지하고 있는 황도 12궁의 별자리와 그 지배 행성의 이미지에 비춰지고 있다고 생각했던 것이다.

"아무래도 심적 우성형질(dominante),[391] 즉 원형이나 '신들'의 배치에 변화가 생기고, 그것이 집단적 영혼의 장기적인 변용을 수반하거나, 그 원인이 되거나 하는 것 같다. 이 변화는 역사의 흐름 속에서 일어나며 그 흔적을 뚜렷이 남긴다. 우선 황소자리 시대에서 양자리 시대로, 이어 양자리 시대에서 물고기자리 시대로 바뀔 때가 그러했다. 그리고 물고기자리 시대의 시작은 기독교의 성립과 때를 같이 한

---

391 우성과 열성의 대립유전자가 결합되어 있을 때 나타나는 형질을 우성형질이라 한다. 우성이란 열성에 반대되는 개념으로 두 대립하는 유전 물질이 있을 때 상대적으로 우세한 것을 우성이라 한다. 우성 유전자의 예로는 완두콩의 유전자를 들 수 있는데 예를 들어, 동그란 완두콩의 유전자를 RR이라 하고 주름진 완두콩을 rr이라 할 때 RR이 rr에 반해 우성 인자라고 한다. Rr 자가 수분하면 RR Rr Rr rr의 잡종 2세대가 나오는데 여기서 우성 인자인 R을 포함하고 있는 완두콩은 동근 형질을 보이고 이를 우성형질이라 하고 R을 포함하고 있지 않는 완두콩은 주름진 형질을 보이고 이를 열성형질이라 한다.

다. 우리는 지금 큰 전환의 시기로 접어들고 있는데, 그것은 춘분점이 물병자리에 들어가는 때라고 생각해도 좋다."⁴⁷⁾

『아이온』이 종교적 표상에 나타난 변용의 역사적 성질을 논하는 데 비해, 『새로운 책』은 모든 개인은 집단의 일부이며, 집단의 미래는 개인의 의식에 의해 결정된다는 확신에 따라 다가오는 전환에 있어서 융 자신의 역할을 융 본인이 어떻게 이해하고 있는지를 밝히고 있다.⁴⁸⁾

춘분점의 움직임과 관련한 뉴에이지 개념을 융이 어디서 알았는지에 대해서는 상당한 추측이 이뤄져 왔다. 이것이 특히 중요한 것은 예로부터 떠돌고 있었던 뉴에이지가 물병자리의 시대라는 생각을 현대에 널리 퍼뜨린 최초의 사람이 융이라고 여겨졌기 때문이다. 이 물병자리의 시대라는 관념의 뿌리는 18세기 후반의 계몽주의에 있다. 이 무렵 태양신의 긴 계보 중 한 사람으로서 예수라는 기독교 인물에 초점을 맞춘 학술서가 다수 발표되었다.⁴⁹⁾ 니콜라스 캠피온(Nicholas Campion, 1953-현재)**392**에 따르면 이들 저작에서 제시된 생각은 세 가지 범주로 확연히 나눌 수 있다. 첫째는, 종교의 공통 기원을 확정하려는 시도, 둘째는 이 공통의 기원이 천체, 특히 태양숭배에 있다는 설이다. 그리고 세 번째는 베다라 불리는 인도의 성전(聖典)의 시기를 특정하기 위한 춘분점 세차의 이용이다.⁵⁰⁾ 이러한 18세기 책의 저자들은 아무도 융과 동시대의 점성술사가 했던 것과 같은 해석을 하지 않았지만, 그들은 모두 종교적 이미지와 개념의 역사적 발전에서 세차 이동 주기의 중요성을 강조하고 있었다.

---

392 영국의 점성가이자 점성술과 문화 천문학의 역사가이다.

1775년 프랑스의 천문학자이자 수학자인 장 실뱅 바이(Jean Sylvain Bailly, 1736-1793년)[393]가 모든 종교적 형태의 기원은 성계에 있다는 생각을 제창했다.[51] 그리고 바이에 이어 프랑스의 법률가이자 수사학 교수인 샤를-프랑수아 뒤퓌이(Charles-François Dupuis, 1742-1809)[394]는 『모든 종교의 기원』(*Origine de tous les cultes*)에서, 모든 종교는 태양숭배에서 나온 것이며 기독교도 태양신화의 한 형태에 지나지 않는다고 주장했다.[52] 뒤퓌이는 1세기 이상 후의 막스 하인델이나 융 자신과 마찬가지로 점성술의 처녀자리와 태양 구세주 어머니의 유사성에 주목했다. 뒤퓌이는 저서의 첫머리에 담긴 판화를 설명하며 '아이를 안고 별의 관을 쓰고 뱀 위에 선 여성은 하늘의 처녀라 불린다. … 그녀는 이시스,[395] 테미스,[396] 케레

---

393   프랑스의 천문학자이자 웅변가이다. 프랑스 혁명 초기의 지도자 중 한 명이기도 하였으나, 공포 시대에 단두대로 처형당하였다. 원래 그는 화가가 되려고 하였고, 한때는 비극을 적는 것을 즐기기도 하였다. 그는 니콜라 드 라카유의 영향을 받으면서부터 과학에 관심을 가지기 시작하였다. 그는 1759년의 혜성, 즉 핼리 혜성의 궤도를 계산하였고, 라카유의 황도대 내의 515개 별 관측을 정리하였다. 바이는 1763년 프랑스 과학 아카데미의 회원이 되었다. 1766년에는 목성의 위성에 대해서 서술한 논문인 'Essai sur la théorie des satellites de Jupiter'을 제출하였는데, 이 논문은 1763년에 제출한 논문의 확장판이었다. 1771년에는 목성의 위성의 밝기에 대한 논문인 'Sur les inégalités de la lumière des satellites de Jupiter'을 제출하였다.

394   프랑스 학자, 과학자 및 정치인이다. 그는 천문학을 좋아했고, 신화에 대한 지식을 이 새로운 연구에 더 가까이 가져왔다. 1778년부터 그는 우화의 신들이 별자리이고 신들의 이름이 별들의 이름과 동일하며, 그들의 모험은 별들의 과정과 상호 관계에 대한 우화적 표현일 뿐이라고 상상하게 되었다.

395   고대 이집트 신화에 나오는 여신으로 이집트의 9주신 중의 한 명이다. 이시스는 세트에게 살해 당한 오시리스의 아내이자 여동생이다. 또한 호루스의 어머니이며 게브의 딸이다. 세트의 위협을 피해 호루스를 낳아서 신성한 어머니의 모습으로 받아들여진다. 알렉산드리아의 그리스인들 사이에 널리 숭배되었으며 나중에 로마 제국에서도 여신 숭배가 유행했던 것으로 기록되고 있다.

396   그리스 신화의 법과 정의의 여신이다. 우라노스와 가이아(Gaia) 사이에서 태어난 12명의

스,[397] 에리고네,[398] 그리스도의 어머니로 이어져 왔다[53]'고 썼다.

뒤퓨이의 책머리에 넣는 그림(표지그림 6)은 보편적인 태양신앙과 춘분점 세차에 관련된 종교적 주제를 결합하였다. 왼쪽 위 구석의 하늘에 양자리와 황소자리라는 황도 12궁의 별자리가 있고, 양자의 중간점에 빛나는 태양이 있다. 즉 춘분점은 황소자리에서 양자리로 가로지르고 있으며, 그것은 판화에 표현된 여러 황소자리의 종교적 표현 형식(우주의 황소를 잡는 미트라스, 이집트의 아피스라고 불리는 성스러운 소, 금송아지)에서 양자리의 것(하늘의 신으로 왕위에 오른 제우스, 계약의 상자 앞 이스라엘인 대사제)으로의 이행이 나타나 있다. 도판 위의 중앙에는 기독교의 특면(特免, Christian dispensation)[399] 상징, 즉 네 명의 사도와 각각을 상징하는 동물,[400] 별의 관을 쓴 '천상의 처녀', 갓 태어난 태양을 뜻하는 유아 그리스도가 있다.

티탄 중 한 명이다. 제우스의 고모이자 두 번째 아내이기도 하다. 눈을 가리고 천칭과 검을 들고 있다. 눈을 가리고 있는 것은 보이는 것에 현혹되지 않고 마음의 눈으로 보기 위함을 상징하며, 천칭은 공정함, 검은 천벌을 상징한다.

397 그리스 신화에서 '죽음의 여신'이다. 흔히 단수보다는 복수로 취급되며 '밤의 여신' 뉙스의 딸들이다. 로마에서는 키케로 같은 사람이 동일한 여신들을 테네브라이(Tenebrae)로 불렀다.

398 그리스 신화에 나오는 이카리오스의 딸이다. 디오니소스에게 포도주 만드는 법을 배운 아버지는 이웃 사람들에게 포도주를 먹였는데 포도주에 취해 버린 그들은 독을 마셨다고 생각하여 그를 죽였다. 애견 마이라의 인도로 그녀는 아버지의 유해를 찾아내고 자신도 나무에 목을 매어 죽었다. 죽은 후 그녀는 하늘로 올라가서 처녀자리가 되었다.

399 휴거가 될 때 특별히 섭리로 벌을 면하게 되는 것이다.

400 마태는 천사–공기–탄생, 마가는 사자–불–부활, 누가는 황소–흙–희생, 요한은 독수리–물–승천을 상징한다.

FRONTISPICE.

표지그림 6 뒤퓨이(Dupuis)의 『모든 종교의 기원』(*Origines de tous les cultes,* Paris: H. Agasse, 1795)의 표지그림, (Paris: H. Agasse, 1795)

뒤퓨이는 물고기자리에서 물병자리보다도 황소자리에서 양자리로의 이행에 초점을 맞추고 있지만, 황소자리와 양자리 사이의 중간점에 있는 뒤퓨이의 태양 그림과 『새로운 책』 첫 페이지의 물고기자리와 물병자리의 중간에 있는 네 군데 뾰족한 융의 태양 사이에는 현저한 유사성이 있다. 융은 자신의 출판물에서 뒤퓨이를 전혀 언급하지 않았고, 융의 장서 카탈로그에도 『기원』은 실려 있지 않다. 그러나 아마도 그는 뒤퓨이의 책을 잘 알고 있었던 것 같다.

춘분점 세차와 종교적 표현형식 변화의 관련성에 대한 논의는 18세기 후반에서 19세기에 걸쳐 계속되었다. 프리메이슨에 관한 저서가 두 권 있는 프랑수아 앙리 스타니슬라 드 로르네이(Francois-Henri-Stanislas de l'Aulnaye, 1739-1830)[401]는 1791년에 『종교와 컬트의 일반 및 개별 역사』(*L'histoire generale et particuliere des religions et du cultes*)를 발표했다.[54] 캠피온(Campion)은, 이 저작은 춘분점의 물병자리로의 이동의 의미를 검토한 최초의 것으로, 드 로르네이는 1726년에 그것이 일어났다고 믿고 있었다.[55] 종교사가에서 그 저작이 블라바츠키에게 큰 영향을 주었던 고드프리 히긴스(Godfrey Higgins, 1772-1833[56])[402]는, 1836년에 출간한 『아나칼립시스』(*Anacalypsis*)[403]에서 춘분점의 황소자리에서 양자리로의 이동은 '도

---

401 스페인에서 출생하여 파리에서 사망한 프리메이슨 작가이다. *Rabelais* (1st ed., Paris, 1820)의 작품 편집자, *Don Quixote* (1821)의 번역본, 역사 작품 및 여러 음악 및 과학 논문의 저자.

402 영국의 치안 판사이자 지주였으며, 사회 개혁, 역사가, 골동품에 대한 저명한 옹호자이다. 그는 고대 신화에 관해 썼다. 그의 책 *Anacalypsis* 는 사후에 출판되었고, 다양한 종교 신화들 사이의 공통점을 주장하며 그는 아틀란티스의 잃어버린 종교로 거슬러 올라간다. 그는 '정치적 급진적인 개혁, 개혁 카운티 치안 판사 및 종교의 특이한 역사가'라고 불려왔다.

살된 어린 양'이 '도살된 황소'를 대체할 때라고 분명히 말하고 있다.[57] 19세기 후반, 영국의 시인이자 독일학 이집트 학자 제럴드 매시(Gerald Massey, 1828-1907)[404]는 춘분점이 황도 12궁의 별자리를 통과함에 따라 일어나는 종교적 표현 형식의 진화에 대해 자세히 설명하였다.[58] 영어로서의 최초의 물병자리 시대에 대한 언급이 보이는 것은 1887년에 개인적으로 출판된 '역사적 예수와 신화적 그리스도'라는 매시의 논문이다.[59]

> "기원전 2410년에는 천계의 기점이 양자리 사인에 위치하였으나, 기원전 255년에 다시 춘분점이 물고기자리 사인에 들어갔다. 금세기 (19세기) 말엽에 춘분점이 물병자리의 사인에 들어가면 예언이 '다시' 성취된다."[60]

이들 저자들―뒤퓌이, 드 로르네이, 히긴스, 매시―은 모두 종교적 표현 형식과 인식에서 일어나는 큰 집단적 변화를 신화로 설명했으며, 또한 신화를 세차 이동 사이클에 있어서의 황도 12궁의 특정 별자리와 연결시켰다. 융은 자신의 출판물에서 그들의 저서 중 어느 것도 언급하지 않았지만, 그래도 같은 생각이 『아이온』의 중심을 이루고 있다. 새로운 물병

403　*Anacalypsis*는 종교 역사가 Godfrey Higgins가 쓴 긴 두 권의 논문이며, 1836년에 사망한 후에 출판되었다. 이 책은 1,436쪽에 달하는 두 개의 쿼토 권으로 출판되었으며 수백 개의 참고문헌에 대한 세심한 언급이 포함되어 있다. 처음에는 200부의 한정판으로 인쇄되었고 1878년에 부분적으로 재인쇄되었으며 1927년에 350부의 한정판으로 완전히 재인쇄되었다. 1965년 University Books, Inc.는 미국을 위한 500세트와 출판사 노트와 포스트 페이스로 영국 영연방(British Commonwealth for British Commonwealth)에 500세트를 출판했다.

404　영국의 시인이자 강신술과 고대 이집트의 작가이다.

자리의 시대가 시작되는 시기에 대해 누구도 의견이 일치하지 않았던 것 같지만, 그것은 놀랄 것이 못 된다. 융 자신이 "별자리의 범위를 정하는 방법은 어느 정도 사람마다 다르다."고 말하고 있었기 때문이다.[61]

뉴에이지에 관한 고대 자료

뉴에이지의 시작을 춘분점 세차와 명확히 관련짓고 있는 문서는 근대가 되면서 처음으로 나타난 것은 확실하다. 그러나 융은 점성술상의 새로운 시대(아이온)가 시작되려 한다는 자신의 생각을 지지하는 더 오래된 자료가 있다고 믿고 있었다. 21세기 학자라면 보편주의자(universalist)의 비난을 받는 것을 신경을 써서 피하는 데 비해, 융은 머지않아 시작되는 물병자리의 시대라는 생각의 역사적 증거를 탐색함으로써, 용감하게 그것을 떠맡았다. 그러나 오랫동안 이어져 온 보편적 사고를 인정하지 않는다는 자세 자체가 뭔가 거기에 숨은 의도가 있음을 보여주는 것은 아닐까. 그리고 융의 직관적 비약은 엉뚱한 경우보다 옳은 경우가 더 많았던 것 같다. 연금술 문서에서 물병자리 시대의 타당성을 발견하려는 융의 조사의 한 예가 16세기 연금술사이자 의사인 하인리히 쿤라트(Heinrich Khunrath, 1560-1605[62])**405**의 경우로, 그는 그리 멀지 않은 미래의 어느

---

405 중세 말기 독일의 의사, 헤르메스주의자, 연금술사이다. 쿤라트는 파라켈수스의 영향으로 기독교 마법철학을 발달시켰고, 인간을 영원의 지혜에 이르게 하는 제1질료를 찾으려고 했다. 그는 루터교 신학의 동조자였으며 동시에 실험연금술사였고 자연철학자였다. 그의 연금술에 관한 주 저서는 『영원지혜의 원형극장』이다. 이 책은 1595년 함부르크에서 초판이 출간되었다. 이 책은 기독

시점에서 '토성(Saturn)의 시대'가 시작되고, 그것은 연금술의 비밀이 누구에게나 손에 닿는 것이 되는 시대의 예고임을 분명히 말하고 있다.

> "사적인 것이 모두 공공재산이 되는 토성의 시대는 아직 오지 않았
> 다. 그것은 사람이 아직, 같은 정신으로 선의에서 훌륭하게 이룬 것을
> 얻고 이용하지는 않기 때문이다."[63]

쿤라트의 경우, 춘분점 세차가 황도 12궁의 물병자리를 언급한 대목은 그의 문서 어디에도 없다. 그 밖에 근대의 연금술 어떤 문헌에도 이 생각은 등장하지 않는다. 그럼에도 쿤라트가 물병자리의 시대를 언급하고 있다고 융이 생각한 것은, 전통적으로 물병자리가 토성에 지배된다고 여겨졌기 때문이다. 1940년 취리히 공과대학에서 행한 강의에서 융은 쿤라트의 말을 인용한 후 다음과 같이 말했다.

> "쿤라트가 말하고 싶었던 것은 토성의 시대가 아직 시작되지 않았
> 다고 하는 점입니다. … 의문은, 요컨대 쿤라트가 토성의 시대라는 말
> 로 무엇을 표현했는가 하는 점입니다. 옛날 연금술사들은 물론 점성
> 술사이기도 했고, 점성술적인 방식으로 생각했습니다. 토성은 물병
> 자리 사인의 지배성이고, 쿤라트가 곧 다가올 다음 시대, 물병자리의

교와 마법을 조화시킨 연금술의 고전으로 여겨진다. 쿤라트의 저작은 당대의 루터교계에도 영향을 끼쳤다. 쿤라트의 저작 대부분은 사후에 출판되었기 때문에, 살아생전에는 이단적인 연금술 수행에 관한 반대에 부딪혔을 것으로 추측된다. 그는 1605년 9월 9일 드레스덴 또는 라이프치히에서 죽었다. 『영원지혜의 원형극장』은 1625년 소르본에서 금서목록으로 단죄되었다.

시대를 말했을 가능성은 충분히 있습니다. 그는 인류는 그때쯤이면 변해 있어서 연금술사의 비밀을 이해할 수 있을 거라고 생각하고 있었다고 짐작됩니다."[64]

융은 이 영향력이 큰 연금술사의 저작 중에, 물병자리의 시대가 비교적이고 심리학적 성질의 개시와 관련돼 있음을 보여주는 증거를 찾아냈다. 지금까지 숨겨져 왔던, 혹은 아직 알려지지 않았던 비밀이 집단의식 속에 나타나는 것은, 인류의 자기인식의 중요한 변용의 결과에 따른 것이기도 하였지만, 신의 원형의 내면화는 전 세계적으로 자기 파괴를 일으킬지도 모른다고 비관적으로 받아들이고 있었다. 그러나 융은 적어도 초기에는 뉴에이지가 가진 잠재적 가능성에 대해 낙관하고 있었던 것이다.

융은 영지주의 문헌 속에서도 세차 이동이 큰 종교적 변화의 징조라고 믿었던 것에 대해 '증거'를 찾았는지도 모른다. 다만 이 경우에도 쿤라트 저작의 경우와 마찬가지로 춘분점 세차 이동과 관련된 점성술상의 시대(아이온)에 대한 명확한 언급은 없다. '트리몰픽 프로테노이어'(Trimorphic Protennoia)라 불리는 영지주의 문서는, 행성 집행관과 그것이 지배하는 영역의 대붕괴에 대해 서술하고 있다. 호라스 제프리 하지스(Horace Jeffery Hodges)[406]는 영지주의의 헤이마르메네에 대한 강한 관심에 대한 논문에서, 이 천계의 큰 변화의 예언은 춘분점의 양자리에서 물고기자리로 이동하

---

406   미국 버클리 대학교에서 논문 'Food as Synecdoche in John's Gospel and Gnostic Texts'로 역사학 박사를 취득하였다. 독일 튀빙겐 대학, 오스트레일리아 뉴잉글랜드 대학, 이스라엘 히브리 대학에서 연구원으로 활동하였고 이화여대 교수를 역임하였다.

는 것에 대한 영지주의자들의 지식을 반영한 것이 아니겠느냐고 말하고 있다.[65] 세차 이동은 기원전 130년에는 이미 알려져 있었기 때문에 1세기의 점성술적 경향이 있는 영지주의자들은 그것을 눈치 챘을지도 모르지만, 그들이 그것을 '플라톤 년'이나 점성술상의 시대와 연결시켰다는 것의 증거가 될 문서는 남아 있지 않다. 그러나 비록 '트리몰픽 프로테노이어'가 실제로 세차 이동을 언급했더라도 그 문서의 정확한 사본이 나그 함마디[407]에서 발견된 것은 1945년이 되어서였으니, 융도 미드도 20세기 초에 그것에 대해 알 수 없었을 것이다. 그러나 융이 손에 넣을 수 있었던 또 다른 두 개의 영지주의 문서에, 천계의 '큰 변동'에 관한 것이 있다. 이레네우스(Irenaeus)가 말한 것처럼[66] 『요한계시록』(Apocryphon of John)은 구세주의 출현으로 천체가 가져다주는 숙명의 사슬이 파괴된다고 말하고 있다.

> "그(그리스도)는 7개의 하늘을 통해 내려왔다. … 그리고 점차 그들에게서 힘을 없앴다."[67]

---

407 1945년 이집트 북부 마을 Nag Hammadi 근처에서 발견된 초기 기독교 및 영지주의 텍스트의 모음이다. 봉인된 항아리에 묻혀있는 열세 개의 가죽으로 묶인 파피루스 대구는 무하메드 알 삼만(Muhammed al-Samman)이라는 지역 농부에 의해 발견되었다. 이 대구의 저술들은 대부분 영지주의 논문 52편으로 구성되어 있지만, 코퍼스 헤르메티쿰에 속하는 세 편의 작품과 플라톤 공화국의 부분적인 번역/변경도 포함한다. 영어로 된 Nag Hammadi 도서관에 대한 그의 소개에서, 제임스 로빈슨(James Robinson)은 이 대구가 인근 파코미안 수도원에 속해 있었을 수도 있으며 성 아타나시우스(Saint Athanasius)가 서기 367년 축제 서한에서 비 정식 서적의 사용을 비난한 후에 묻혔을 수도 있다고 제안한다. 이 텍스트의 발견은 초기 기독교와 영지주의에 대한 현대 학문의 추구와 지식에 큰 영향을 미쳤다.

『피스티스 소피아』에도, 하늘의 큰 '변동'에 대한 기술이 있다. 그러나 『요한계시록』과 마찬가지로 문서 속에 세차 이동에 대한 명확한 언급은 하나도 없다.

데이비드 울란지(David Ulansey)는 춘분점 세차가 미트라의 밀의(密儀) 타우록토니(Tauroctony),**408** 즉 우주의 황소를 물리치는(도살하는) 희생제의(供儀)의 중심적 이미지의 기초가 되었다고 주장하고 있다.[68] 그러나 울란지의 저작은, 융의 죽음 이후 28년 후인 1989년까지 출판되지 않았다. 다만 프로이트와 절교하기 이전조차 융은 미트라의 밀의에서 황소가 상징하는 것을 황소자리와 그 반대편의 위치에 있는 전갈자리의 양극성과 결합하여,**409** '능동적 리비도'와 '저항성(배타적) 리비도'의 형태로 '스스로를 멸망시키는 성욕'이라고 말하고 있다.[69] 『무의식의 심리학』을 쓸 무렵 융은 이미 별자리를 통과해 가는 춘분점의 움직임을 잘 알고 있었다.

"황소자리와 전갈자리는 분점(分点) 별자리로, 희생제의 장면 타우록토니가 주로 태양의 주기를 가리키고 있음을 확실히 나타내고 있는 … 황소자리와 전갈자리는 기원전 4300년부터 기원전 2150년 기간의 분점 성좌이다. 이 별자리들이 다른 별자리로 대체된 지 오래됐지

---

408 로마 미트라 신비의 중심적인 숭배 구조물에 붙여진 현대식 이름이다. 이 이미지에는 미트라가 황소를 죽이는 모습이 그려져 있으며, 따라서 그리스어 타우록토노스의 이름을 따 타우록토니라는 이름이 붙여졌다. 타우록토니는 고대 로마에서 타우로볼륨이라고 불리는 황소의 희생과는 구별된다. 타우로볼륨은 주로 키벨레와 무관한 사이비 종교의 일부분이었다.

409 황소자리는 금성의 지배를 받고 전갈자리는 화성의 지배를 받는다. 금성은 아름다움과 미, 긍정적이라면 화성은 욕정적이다. 황소는 능동적이라면 전갈자리는 저항적이다. 황소자리가 춘분점이면 전갈자리는 추분점이다.

만 기독교시대(Christian era, 물고기시대)가 되었어도 유지되었다."[70]

이처럼 이미 융은, 미트라교 도상의 의미와 관련하여 춘분점 세차에 관해 어떤 통찰에 도달하기 시작하고 있었다. 그러나 당시 미트라교에 대한 학술적 문헌—주로 쿠몽과 라이첸슈타인(Reitzenstein)의 저작과 디트리히(Albrecht Dieterich, 1866-1908)의 『미트라 전례』의 번역—은 세차 이동을 논하고 있지 않다. 미드도 자신의 미트라교에 대한 설명에서 논하지 않는다. 그렇지만 융은 황소자리와 전갈자리—기원전 4300-2150년의 기간을 지배했다고 그가 생각하는 점성술상의 시대(아이온)—는 '대체되고 나서 오래'지만, 고대 로마의 미트라스 숭배가 시작된 물고기자리 시대에조차, 발생과 재생의 강력한 상징으로서 아직 의미를 지니고 있었다고 믿었던 것이다.

세차 이동은 플라톤 시대에 아직 발견되지 않았기 때문에, 26000년의 이른바 플라톤 년은 결코 플라톤에 의해 기술된 것이 아니다. 플라톤은 '완전년'(perfect year)을 행성의 움직임과 항성의 하루하루 원운동의, 창조할 때 최초의 위치로의 회귀로 정의했다.[71] 로마의 점성술사 율리우스 피르미쿠스 마테르누스(Julius Firmicus Maternus)[410]는 플라톤과 마찬가지로 그것을 만료하면 천체가 세계가 창조되었을 때 놓인 최초의 위치로 돌아가는 30만년의 대주기에 대해 논하고 있다.[72] 피르미쿠스

---

410 로마에서 이교의 고전 교육을 받아 그리스어에 능했던 라틴어 작가이며 점성가이다. 그는 콘스탄티누스 1세와 그의 후임자의 치세기에 살았다. 세 가지 분야에 걸친 그의 경력은 그를 공공 변호인이자 점성술사로, 마침내는 그리스도교인 논객으로 만들었다.

(Firmicus)는 플라톤의 '완전년'을, 세계는 불과 물의 연속적인 대재앙을 겪은 뒤 재생된다는 스토아 철학의 신앙과 접목시킨 듯하다. 그러나 스토아 학파 사람들은 융이 말한 것과 같은 의식의 변용에 대해서는 아무 말도 하지 않고 있다―전에 있었던 것의 정확한 반복에 불과하다는 것이다.[73] 이 밖에도 고대의 여러 저자가 1만 5000년부터 2484년까지 다양한 길이의 대년을 제시하고 있다. 그러나 이들 견해 가운데 별자리를 통과하는 춘분점의 움직임에 근거한 것은 없었다.[74] 융이 물병자리 시대에 대한 그 자신의 매우 개인적인 해석에 대한 영감을 얻은 것은 근대 점성술, 신지학, 오컬트의 문헌에서였다.

뉴에이지에 관한 새로운 자료

다가올 아이온의 별자리인 물병자리의 의미에 대한 융의 독특한 해석은 고대나 중세의 어떤 자료에서도 그 기원을 찾을 수 없다. 융의 경우, 물병자리의 아이온에 대한 주된 인식은 대립하는 것의 통합, 신의 이미지의 내재화, 선과 악을 인간의 마음의 차원으로 인식하고 화해시키려는 노력 같은 주제에 관한 것이었다.

> "물고기(자리)를 대신하여 새로운 상징이 생기게 된다. 즉 인간의 전체성을 나타내는 심리학적 개념이다."[75]

1929년에 쓴 월터 로버트 코르티(Walter Robert Corti, 1910-1990) **411**에

게 보내는 편지에서 융은 새로운 의식의 탄생에 앞서 혼미의 시기가 올 것임을 예언했다.

> "우리는 도덕의 형이상학적 전제가 붕괴되고 있는 기독교 쇠퇴의 시대에 살고 있습니다. ⋯ 그것은 무의식적으로 불안과 시대의 충족을 고대하는 반응을 일으킵니다. ⋯ 혼란이 최고조에 이를 때, 즉 세계 역사의 네 번째 달 초에 새로운 계시가 찾아옵니다."[76]

'세계 역사의 네 번째 달'은 물병자리의 아이온이다. 융이 말하는 '세계의 역사'는, 기원전 4300-2150년을 차지했다고 융이 생각한 황소자리의 아이온에 해당하는 역사시대와 함께 시작된다. 융의 생각으로는, 머지않아 시작되는 집단적 변용은 개인 안에서 일어나기 때문에, 위험도 내포하는 긴 통합의 과정을 필요로 한다. 춘분점이 물병자리로 들어가는 움직임을 나타내는 그림이 최초로 제시되고, 새로운 시대의 남녀 양성의 어둠과 빛의 신 파네스-아브락사스에 자주 언급하고 있는 『새로운 책』은 융자신 안의 바로 이 통합 과정의 매우 개인적인 이야기라고 생각할 수 있다. 니체의 저작에 대한 융의 관심은 하늘의 물병자리—황도 12궁에서 그 이미지가 인간의 모습을 취하는 것은 세 가지(쌍둥이, 처녀, 물병) 밖에 없지만, 그 하나[77]—는 대립하는 것을 초월하는 '초인'을 상징하고 있는지도 모른다. 인류는 '선악의 피안'에 있는 결승점을 향해 나아가고 있다는

---

411 스위스의 철학자이자 작가이다. 1946년 전쟁으로 폐허가 된 국가의 노숙자 어린이와 고아들을 위한 페스탈로치 어린이마을 설립을 도왔다.

니체의 확신에는, 새로운 아이온에 나타나기를 융이 바라고 있는, 완전히 개성화된 인간이라는 생각으로 이어지는 데가 있다.[78] 그러나 니체는 결코 그가 말하는 초인을 물병자리와 연관시킨 적이 없다.

춘분점 세차에 근거한 의식의 변용에 대한 융의 기대의 근원이 된 현대의 전거로서 알기 쉬운 것이, 다가오는 뉴에이지라는 생각을 퍼뜨린 것이 분명한 신지학자들일지도 모른다. 블라바츠키는 히긴스, 매시 등의 저자들을 잘 알고 있었다. 그러나 그녀는 뉴에이지를 춘분점이 물병자리로 들어가는 것과 동일시하지 않고, 춘분점과 연관성이 있는 특정 항성과 조합한, '힌두의 코스몰로지 사고방식'(유가 개념)[412]이라고 그녀가 부르는 것을 더 선호했다.[79] 블라바츠키에 따르면 물 또는 불에 의한 부분적인 파괴(스토아 철학으로부터의 차용)와 12부분으로 이루어진 새로운 사이클을 가진 새로운 세계의 탄생에 이어, 세계에 12가지 변화가 일어난다고 한다. 그리고 이 생각은 이들 12개의 변화는 황도 12궁의 12성좌의 표현이라고 설명하는 '진정한 사비아[413] 교도의 점성술 교의'라고 블라바츠키는

---

412 인도에서는 하나의 우주가 존속되는 시간을 네 개의 기간(유가)으로 나눈다. 다르마를 황소에 비유하여 황소의 다리수로 각 유가의 특징을 표현한다. 다르마라는 황소가 다리 네 개를 모두 가지고 있어 온전히 서 있는 첫 번째 유가를 크리타(1728000년), 다리 하나가 부족하지만 아직은 굳건히 서 있는 두 번째 유가를 트레타(1296000년), 다리를 두 개만 가져 불안정한 세 번째 유가를 드와파라(864000년) 그리고 하나뿐인 다리로 위태롭게 서 있는 네 번째 유가를 칼리(432000년)라고 한다. 각 유가의 길이는 4:3:2:1의 비율을 이루고 있고 우주순환의 한 주기는 네 유가를 모두 합해 432만이다. 마지막 칼리 유가가 끝날 때 무서운 불이 일어나 전부 태워버린다. 김영, 『여섯 가지 키워드로 읽는 인도신화 강의』, 북튜브, 2022, 45-46쪽.

413 남아라비아의 고대 민족이었다. 그들은 옛 남아라비아 언어 중 하나인 사바에어를 사용했다. 그들은 현대 예멘에 사바 왕국을 세웠고, 세바의 성경적 땅으로 여겨졌는데, '남아라비아 왕국 중에서 가장 오래되고 가장 중요한 왕국'으로 여겨졌다.

말하고 있다.[80] 그러나 이러한 견해에 세차 이동은 관계없이 12변화는 2만 6000년의 세차 이동 주기를 구성하는 것이 아니라 수백만 년에 걸친 지구의 전체역사를 구성한다.

셰퍼드 심슨(Shepherd Simpson)은 뉴에이지 사상의 역사에 관한 논고에서 현대에 있어 '물병자리의 시대'라는 생각을 처음 전파한 것은 융이라고 주장하며, 그가 블라바츠키에게서 그 생각을 얻었을 리 없다고 지적했다.[81] 독일 비교주의자 루돌프 슈타이너(Rudolf Steiner, 1861-1925)의 인지학회는 신지학자들의 동양 편들기를 거부했지만 그들의 생각을 상당 부분 그대로 유지했고, 슈타이너 역시 뉴에이지의 생각에 찬동하여 '그리스도 재림의 시대'라고 불렀다. 그러나 슈타이너의 생각으로는 1899년에 시작된 이 뉴에이지는 물병자리의 시대는 아니다.

> "이행 시기에 대해서는 많은 이야기가 나오고 있다. 사실 우리는 막 어둠의 시대가 가고 새로운 시대가 시작되려고 하는 때에 살고 있다. 인간은 이 시대에 천천히, 점차 새로운 능력을 발달시킨다. … 이 시기에 시작되고 있는 것이, 인류가 새로운 영혼의 능력을 사용할 수 있도록 느긋하게 준비한다."[82]

이 '새로운 영혼의 능력'은 사실 물병자리에 속하긴 하지만 그것은 아직 준비단계일 뿐이라는 것이다. 슈타이너의 독특한 계산법에 따르면 물병자리의 시대는 3573년까지 시작되지 않았고, 현재의 세계는 아직 1413년에 시작된 물고기자리의 시대에 있다고 한다.[83] 슈타이너는 악의 문제에 대해 많은 기술을 남겼으며, 융과 마찬가지로 악은 단순한 '선의 결여'가 아니라 실재한다고 생각했다. 역시 융과 마찬가지로 슈타이너는 니체의 사상에 끌렸지만 동시에 혐오감도 품고 있었다.[84] 인간이 악의 책임을 져야 한다는 것도 이해하고 있었다.

> "지금까지 신은 인간을 돌봐 왔다. 하지만 지금 이 제5기 아틀란티스 시기[414]에서, 우리의 숙명, 선과 악에 대한 힘이 점차 우리 자신의 손에 넘어간다. 따라서 선과 악이 무엇을 의미하는지 아는 것 그리고 세계 속에서 그들을 인식할 필요가 있다."[85]

그러나 슈타이너는 융과 비교하면 영지주의에 훨씬 가까운 견해를 갖고 있었다. 악은 육체를 가진 세계에 속하며, 영지주의 행성 집행관과 마찬가지로 인간의 타고난 이기주의와 파괴성에 불을 지피는 작용을 하는 영적인 세력(루시퍼[415]와 아흐리만[416])이라고 해석했다. 그리고 슈타이너는

---

414   아틀란티스 시대 이후(BC 7227–AD 7893)는 지구의 물리적 진화의 다섯 번째 주요 시대이다. 처음에는 다섯 번째 루트 레이스라고도 불렸다. 루돌프 슈타이너의 현재 쓸모없는 신학적 사용법에 따르면, 그것은 아틀란티스의 침몰 이후에 시작되었으며 모든 것에 대한 모든 사람들의 전쟁으로 끝날 것이다. 그것은 일곱 개의 문화적 시대로 나뉘고 각각은 약 2160년 동안 지속되며, 무엇보다도 인간 영혼의 발전에 봉사한다. 현재 우리는 아틀란티스 이후의 5번째 문화 시대, 의식 영혼 시대에 살고 있다. 아틀란티스 시대 이후 시대가 끝날 무렵, 그에 상응하는 영적 성숙을 이룬 사람들은 더 이상 육체적인 형태로 지상에 육신화하지 않을 것이다. 이것은 이미 서기 5700년경, 즉 아틀란티스 이후 6번째 문화시대(인간의 지상 육화의 시작과 끝)가 끝날 무렵에 시작될 것이다. 그러나 인류의 더 큰 부분은 아리마닉 세력에 의해 더 오랫동안 지구에 묶여있을 수 있으며, 이는 그들을 규칙적인 발전에서 벗어나게 하기 위해서였다. 신지학에서는 1번째 뿌리 인종은 이더리, 2번째 하이퍼보레안, 3번째 레므리아, 4번째 아틀란티스, 5번째 아리안인, 6번째 영적인 존재, 7번째 푸시카라로 진행된다.

415   그리스도교 문화권의 악마이자 지옥의 왕으로, 악마 세력의 수장인 사탄이라는 호칭의 본인

선과 악의 통합을 도래가 임박한 물병자리 시대와 연관 짓지도 않았다. 슈타이너도 블라바츠키와 마찬가지로 새로운 아이온에 대한 융의 이해의 원천이 됐다고 보기는 어렵다.

1906년, 미드는 독자적인 뉴에이지의 사고방식을 제시하고 있다.

> "나도 저 뉴에이지의 새벽을 기다리고 있지만, 뉴에이지의 그노시스가 새로운 것인지는 의심스럽다고 생각하고 있다. 확실히 그것은 새로운 형태로 표명되겠지만, 그것은 형태가 무한히 있을 수 있기 때문이다. … 사실은 내가 믿고 있는 것이 올바르다면, 그노시스의 진수는 인간이 그를 인간으로 머무르고 있는 이원성의 한계를 초월할 수 있고, 의식적으로 신성한 존재가 될 수 있다는 신념에 있다."[86]

이 이원성 문제의 해결이라는 생각은 융이 말한 것에 훨씬 가까운 것이며, '다가올 길'에 적혀 있는 융의 비전에 미드는 중요한 발상을 주었는지도 모른다. 융은 『아이온』에서, 심리학적 맥락에서 미드의 기술에 대

이름이다. 일반적으로 천주교와 정교회권에서는 '천사의 자유의지로 인한 타락'이 가능하다고 본다. 천주교, 정교회에서는 '천사가 타락한 존재'를 인정하지 대중문화에서 흔히 말하는 루시퍼라는 이름의 악마, 내지는 동명의 타락한 천사의 존재'를 인정하는 것이 아니다. 루시퍼라는 단어는 '샛별'이라는 단어를 라틴어로 번역하면서 쓰인 단어로 고유명사가 아니다. 그래서 루시퍼가 진짜 사탄인가에 대한 의문도 있다. 개신교는 기본적으로 성경 이외의 기독교 전승은 인정하지 않으므로 루시퍼에 대한 공식적인 언급은 없다. 다만 근본주의 교회에서는 간혹 언급을 하기도 한다.

416 조로아스터교의 고대 신화에서 등장하는 절대 악이자 근본적인 어둠을 상징하는 존재. 본래 앙그라 마이뉴는 분리된 존재였으나 교리상에 논리적 모순이 생기기 때문에 후대에서 앙그라 마이뉴로 흡수되었고, 현재는 선과 진실의 근원인 아후라 마즈다와 반대되는 신으로서 앙그라 마이뉴와 동일개념이다.

해 상세히 서술하고 있다.

> "다음 플라톤 달(月), 즉 물병자리와의 동시성에 의해 대립 통합의 과제가 문제가 될 것이다. 그렇게 되면 악을 단순히 선의 결여로 탕감해 버리는 일이 허용되지 않게 되고 악의 실제 존재가 인정되어야 한다. 그러나 이 과제는 철학으로 해결될 수 없을 것이며 또한 국민경제학이나 정치나 역사적인 신앙고백으로도 무리이다. 이 과제를 해결할 수 있는 것은 단지 개개의 인간 이외에는 없다. 즉, 살아 있는 정신에 대한 원체험에 바탕을 두는 것밖에는 없다."[87]

다가올 아이온에 대한 융의 생각은 미래에 대한 예감으로 가득 차 있었다. 그러나 1960년대에 일어난 뉴에이지의 새벽은 브로드웨이 최초의 '컨셉'(concept) 뮤지컬 〈헤어(Hair)〉에서 볼 수 있듯이, '조화와 이해, 넘치는 공감과 신뢰의 시대'라는 꿈같은 일은 아닌 것이다.[88] 이러한 가사의 낭만적인 이상주의 그리고 그 문화적 배경은 더 낙천적이고 냉소적이지 않은 시대에 속한다. 제1차 세계대전 발발 1년 전인 1913년에 북유럽 전체를 뒤덮는 '피의 강'의 무서운 비전을 경험한[89] 융이 새로운 아이온의 시작을, 악이 '실재'라고 하는 인식을 전제로 하는 격렬한 고투가 될 것이라고 우선 예상한 것은 당연한 일이다.[417] 또한 미드는 '아이온의 사이클'을 언급했지만,[90] 자신의 출판물에서 이 사이클을 춘분점 세차와 연결시

---

417 대부분의 점성술사는 사건에 대해 예언적인 사고로 1차대전시기를 긍정적으로 본 데 비해 융만 분석심리학적인 입장에서 부정적인 환상을 가지고 있었다. 존 소번만이 융을 지지했다.

키지는 않았다. 뉴에이지는 그것이 무엇이든 미드에겐 물병자리의 시대가 아니었던 것 같다. 융은 고대 말기 여러 문서에 대한 통찰을 얻기 위해 미드의 저작에 눈을 돌렸지만 물병자리의 의미에 대한 발상은 다른 곳에서 찾은 듯하다.

융이 물병자리 시대에 대해 발상을 얻었을 가능성이 있는 인물은, 융에게 그의 점성술 지식의 많은 부분을 제공한 신지학적 경향이 있는 두 명의 점성술사 알란 레오와 막스 하인델이다. 레오는, 인류는 수천 년 전부터의 진화 사이클의 중간점에 있다는 블라바츠키의 생각을 신봉하고 있었다. 하지만 그는 춘분점 세차의 중요성을 무시할 수 없어 뉴에이지를 물병자리와 직접 연관시켰다. 1913년—융이 『새로운 책』 작업을 시작한 해—에 초판이 출간된 『비교적 점성술』(*Esoteric Astrology*)에서 레오는 다음과 같이 선언하고 있다.

> "지금 세상에서 시작되려는 '새로운 시대'를 위해, 나는 내가 진정한 점성술이라고 믿는 것을 표명하려는 더 이상 없는 충동에 사로잡혀 있다."[91]

이 말에는 물병자리에 대한 언급이 없다. 그러나 2년 전에 레오는, 물병자리의 시대가 1928년 3월 21일에 시작된다고 분명히 말하고 있었다.[92] 레오는 힌두교의 유가에 대한 블라바츠키의 생각과 세차 이동을 양립시키려고 무진 애를 썼지만, 그의 결론은 결국 융의 것에 가까웠던 것이다.

"황소자리는 칼리 유가의 초반에 황도 12궁의 첫 번째 사인(즉 백양 궁)에 있었고 따라서 춘분점은 거기에 있었다. 이때 사자자리는 하지, 전갈자리는 추분, 물병자리는 동지에 있었다. 그리고 이러한 사실은 세계 종교적 밀의의 절반—기독교 체계도 포함되는—에서 천문학적 중요사항이 되고 있다."[93]

레오의 생각으로는 세차 이동의 대주기는 영적인 진화와 관계가 있으며, 시작되어 가고 있는 물병자리의 시대는 이 주기의 전환점을 나타내는 것이다. 순수한 영혼의 영역으로 되돌아가는 인류의 느린 상승이 시작되는 것이다.[94] 융은 순수한 영혼의 세계로 돌아가지 않고, 심리학 모델을 사용하여 전체성과 대립물의 통합에 대해 논했지만, 이 점에 관해서는 원칙적으로 융도 레오에게 찬성했던 것 같다.

레오는 막연한 어투로 물병자리 시대를 묘사했지만 막스 하인델은 더 구체적이었다. 1911년에 결성된 그의 장미십자우방단의 목적에 관한 성명에서 다음과 같이 뉴에이지의 물병자리적 특성을 강조하고 있다.

"그것(장미십자우방단)은 물병자리 시대의 전조다. 물병자리 시대에는 태양은 세차 이동에 의해 물병자리를 통과해 이 사인으로 상징되는 사람의 지적이고 영적인 잠재력을 모두 발휘되게 한다."[95]

이들 확대되는 '지적 및 영적인 잠재력'은, 하인델에게 선과 악의 통합이라는 심리학적인 문제와는 관련이 없다. 1909년에 출판된『장미십자의 우주 개념』(*The Rosicrucian Cosmo-Conception*)에서, 하인델은 춘분점 세차 이동에 대해 자세히 설명하고, 그 주기 전체를 '세계년'(World-year)이라고 불렀다.[96] 뉴에이지가 언제 시작될지에 대해 의견이 일치하지 않아 통일된 견해는 보이지 않는다. 하인델도 예외 없이 물병자리의 시대는 '200-300년' 사이에는 시작되지 않을 것이라고 천명했다.[97]

하인델의 『별들의 메시지』가 융에게 유용했던 것은 황도 12궁의 각 별자리와 그 맞은편 별자리와의 양극성(polarity)과의 관계로 점성술상의 시대를 설명했기 때문이다. 물병자리 시대에는 마주 보는 별자리인 사자자리의 속성도 포함된다는 하인델의 생각은 점성술의 구조뿐 아니라 인간의 심리를, 상반되지만 동적 긴장으로 간주하는 경향이 있는 융에게 상당히 흥미 있는 것이었음에 틀림없다. 하인델은 이 주제를 1906년에 『별들의 메시지』에서 다음과 같이 제시했다.

> "세 쌍의 별자리(사인)가 두 짝이다. 첫 쌍이 게자리와 염소(마갈궁) 자리, 쌍둥이자리와 궁수자리, 황소자리와 전갈자리이다. 이들 짝이 된 사인에 인간의 진화와 종교의 역사를 읽을 수 있다. … 이것은 3개의 다른 시기로 나눌 수도 있다. 양자리(백양궁)와 천칭자리의 지배 아래 들어가는 모세에서 그리스도에 이르는 양자리 시대,[98] 물고기자리와 처녀자리의 가톨릭 신앙의 지배 아래 있는, 이 2000년의 물고기자리 시대 그리고 태양의 세차 이동에 의해 물병자리와 사자자리의 사인에 찬란함과 활기를 주는 물병자리 시대로 불리는 지난 2000년이다."[99]

하인델은 점성술상 시대의 종교적 상징체계에 대해서도 논하고 있다.

"신약성서에서 또 다른 생물, 즉 물고기가 주목을 받으면서 사도는 '인간을 잡는 어부'라고 불렸다. 그것은 당시, 세차 이동에 의해서 태양이 물고기자리의 커스프(cusp,**418** 경계선)에 접근하고 있었기 때문이며, 그리스도는 사람의 아들(물병자리)이 올 때의 일을 말했던 ⋯ 새로운 이상은 유대족의 라이언, 즉 사자자리(Leo)에서 발견될 것이다. 그때 신념을 따르는 용기, 성격의 강인함, 관련된 미덕이 사람을 걸맞게 창조의 왕으로 삼을 것이다."100)

하인델의 '사람의 아들'은 사자자리적인 '용기'와 '강인함'이라는 성질을 가져, 니체의 초인을 생각나게 하는 특징으로 가득 차 있다. 융은 하인델과 마찬가지로, 점성술상의 시대는 맞은편 위치에 있는 두 별자리가 상징하는 것을 반영하고 있다는 생각을 전개했다. 이는 『아이온』에서의 물고기자리-처녀자리의 양극성에 대한 융의 논란뿐만 아니라, 『새로운 책』에서도 이미지에 따라 다양한 방식으로 강조되고 있다. 예를 들어 『제1의 책』에 있는 초기 그림의 하나에는, 새로운 아이온 양극성의 상징인 물병자리와 사자자리가 표시되어 있고, 그 그림의 왼쪽 상단 머리 위에 붉은 태양 원반이 있는 사자가 서 있는 반면, 그림의 오른쪽 상단에는 푸른 의복을 입고 물을 가진 인물이 서 있고, 그 인물은 붉은 병에서 물을 붓고 왼쪽 어깨 옆에 토성의 기호가 적혀 있다.101) 이것은 융이 『새로운 책』에 물병자리와 사자자리의 양극성을 집어넣은 하나의 예일 뿐이다. 하지만 융은 새로운 아이온에 대해 하인델만큼 낙관적이지는 않았다. 융은 신지

418　12궁도(zodiac)에서 하나의 별자리가 끝나고 그 다음 별자리가 시작되는 사이.

학자나 20세기 후반의 '뉴에이지' 지지자와 같이, 대립하지만 통합하는 것이 영적인 의식의 보다 애정 깊은 고차 단계로 향하는 부드러운 길이라고는 생각하지 않았던 것이다. 그는 '인간 발달에서의 새로운 전진'[102]을 예견했지만, 물병자리 아이온으로의 이행을 인간이 자기를 파괴할 가능성이 있는 위험한 시기로 보았다. 1954년 4월에 빅터 화이트(Victor Francis White, 1902-1960)[419] 신부에게 쓴 편지에서 융은 물병자리 아이온으로의 이행에 대해 다음과 같이 언급하고 있다.

> "물병자리의 아이온은 사람이 본래, 신과 신인(God man)임을 뜻합니다. 이 방향을 나타내는 징표는 자기파괴라는 우주의 힘이 사람의 손에 주어져 있다는 사실에 있습니다."[103]

그리고 1년 후에는, 더 노골적으로 비판적인 논조로 아돌프 켈러(Adolf Keller, 1872-1963)[420]에게 쓰고 있다.

---

419 영국의 도미니카 사제이다. 그는 처음에는 융의 심리학에 깊은 매력을 느꼈지만, 융의 『직업에 대한 대답』이 영어로 출판되었을 때 그는 그것을 매우 비판적으로 리뷰했다. 화이트의 작품에는 영혼과 정신, 신과 무의식이 포함된다. 융과 화이트는 일련의 서신을 즐겼고, 융은 화이트의 아이디어에 깊은 인상을 받아 화이트를 볼링겐의 피정 집으로 초대했는데 그곳은 융의 아주 친한 친구들만 허락을 받았다. 융과 화이트 사이의 서신은 Lammers와 Cunningham(2007)에 의해 출판되었다. 화이트는 융을 크게 존경했지만, 그는 때때로 융에 대해 매우 비판적이었다. 예를 들어 그는 융의 에세이 「자아에 관하여」를 비판하고 융이 마니교 이원론에 너무 묶여 있다고 비난했다. 그는 또한 융의 칸티안주의에 대해 다소 비판적이었다. 동시에, 융은 예를 들어 악의 문제를 이해하는 수단으로서 민영화 보니의 교리에 대한 헌신에 대해 화이트에 대해 매우 비판적이었다.

420 스위스 개신교 신학자, 교수이다. 유럽중앙교회원조국(European Central Office for Ecclesiastical Aid)의 사무총장이었다. 아돌프 폰 하르낙과 아돌프 슐터와 함께 바젤과 베를린에

"그리고 지금, 우리는 물병자리로 옮기려 하고 있고, 이에 대해 시빌라의 책(Sibylline Books, 라틴어 : Libri Sibyllini)[421]은 '물병자리가 루시퍼의 잔인한 힘을 타오르게 한다'(Luciferi vires accendit Aquarius acres)고 말하고 있습니다. 이 묵시록적 전개는 이제 막 시작되었습니다."[104]

20세기의 역사를 보면, 융의 어두운 예언은 틀리지 않은 것 같다.

서 신학을 공부했으며, 제네바에서 철학, 미술사, 그리고 나중에 심리학을 공부했다. 1896년 안수 후 카이로(1896년), 부르그, 스타인 암 라인(1899년) 그리고 제네바(1904년)에서 개신교 공동체의 목사로 봉사했으며, 그곳에서 칼 바르트를 만나 친구로 삼았고, 마침내 취리히에 있는 성 베드로 교구 교회에서 만났다. 그는 프로이트, 융, 토마스 만, 슈바이처의 친구였으며, 따라서 20세기의 영적 경향에 영향을 받았다. 켈러는 정신 분석에 관심을 갖게 된 최초의 목회자 중 한 명이었으며 1907년에 융을 만났고, 나중에 1912년 뮌헨에서 열린 네 번째 정신 분석 회의에서 프로이트와 융 사이의 단절을 목격했다.

421 그리스어 육각계로 설정된 구두 발화의 모음으로 전통에 따라 로마의 마지막 왕인 타르키니우스 수퍼버스(Tarquinius Superbus)가 시빌에서 구입했으며 공화국과 제국의 역사를 통해 중대한 위기에 처했을 때 상담을 받았다. 오직 파편들만이 살아남았고 나머지는 잃어버리거나 고의적으로 파괴되었다.

새로운 아이온의 시작 시기

 뉴에이지의 시작 시기에 대해 저자들의 의견은 전혀 일치하지 않았다. 18세기 말에 드 로르네이는 물병자리의 아이온이 이미 1726년에 시작되었다고 믿고 있었다. 19세기 말에는 제럴드 매시가 기원전 255년에 예수의 '실제' 탄생과 함께 물고기자리의 시대가 시작되고, 춘분점은 1901년에 물병자리에 들어간다고 주장했다.[105] 알란 레오가 1928년 3월 21일—그 해 춘분의 날—이라는 아주 구체적인 날짜를 제시한 데 반해, 댄 루디아르는 1969년에 쓴 책에서 물병자리의 시대는 이미 1905년에 시작된 것이 아니냐고 말했다.[106] 그리고 루돌프 슈타이너는 20세기 초에 물병자리의 시대는 3575년까지 시작되지 않을 것이라고 확신하고 있었다.

 융은 새로운 아이온이 시작되는 시기에 대해 처음에는 다른 저자들과 마찬가지로 엄밀한 시기의 예측을 독자적으로 내놓았다. 1940년 8월에 H·G·베인즈(Helton Godwin Baynes, 1882-1943)[422] 앞으로 다음과 같이 썼다.

 "올해는 제가 25년 이상 기다려온 중대한 해입니다. … 1940년은

---

[422] 피터 베인즈(Peter Baynes)로도 알려져 있으며 영어권 분석심리학자이자 작가이며 융의 친구이자 번역가였다. 칼 융의 『심리유형』(Psychological Types)또는 『개별적 존재에 관한 심리학』(The Psychology of Individuation)으로 불리는 저서를 영문으로 번역한 것으로도 훌륭한 업적을 남겼다. 이 저작물은 『칼 융의 저작물모음집 제6권』(Collected Works Vol 6-CW6)으로 잘 알려져 있다. 이 CW6에는 칼 융이 국제정신분석학회 회장직 역임 중에 뮌헨에서 행한 연설문 '심리유형연구기고문'의 영문 번역문도 부록으로 수록되어 있다.

물병자리에 있는 첫 번째 별 자오선에 가까워지는 해입니다. 그것은 뉴에이지의 전조가 되는 지진입니다."[107]

이 해(年)의 산정은 비교적 문헌이 아니고, 대학에서 천문학 학위를 취득하기 위해서 1911년에 취리히로 옮겨 있던 레베카 알레이다 비겔(Rebekka Aleida Biegel, 1886-1943)[423]이라는 젊은 네덜란드계 유대인 천문학자에서 나온 것이다.[108]

그림 6.1 레베카 알레이다 비겔

---

[423] 전쟁 전 네덜란드의 학술 심리학과 응용 심리학 사이의 중개자였다. 연구를 통해 그녀는 네덜란드에서 목마름에 대한 심리 기술을 개발하고 형성했다.

그녀는 융의 환자가 된 후 그에게 훈련을 받고, 1916년에서 1918년 사이에 취리히에서 분석심리학 협회에 논문을 제출했다. 그러한 논문 중 하나가, 1916년에 제출된 「수학의 정신분석과의 유사성에 대하여」이다. 그녀의 논문에 나타난 견해에서 융은, '초월 기능'이라는 말이 나온 것은 비겔에게 힘입은 바 크다고 말하고 있다.[109] 그리고 융은 얼마 후 같은 해에 쓴 소논문에 초월 기능은 "같은 이름의 수학 함수와 나름대로 공통점이 있다(초월 기능도 초월 함수도 영어로는 transcendental function)."라고 말해, '의식과 무의식의 내용의 결합'이라고 정의하고 있다.[110] 그리고 1917년에 다시 '초월 기능의 개념이 고등수학에도 있음'을 최근에 발견했다고 적고 있다.[111]

1918년에 비겔은, 당시에는 도심부였던, 글로리아 스트라세에 있던 취리히 천문대에서 일할 때 융에게 자료를 보낸 적이 있고, 융은 그 봉투에 '점성술'이라고 기입해 자택의 책상 안에 보관하였다.[112] 비겔은 상당한 노력을 들여서 춘분점—태양이 매년 양자리 사인의 최초 한번 들어갈 때—이 언제 물고기자리와 물병자리에 있는 각 별과 나란히 될지를 나타내는 긴 계산 리스트를 작성했다. 이 계산 외에, 비겔의 첨부하는 편지에 물병자리의 아이온의 시작 시기로서 가능성이 있는 것이 3가지 적혀 있었다. 1940년(춘분점이 물고기자리의 마지막 별과 물병자리의 첫 번째 별의 중간점과 나란함)과 2129년, 2245년(춘분점이 물병자리 내의 두 개의 다른 별과 나란히, 그 중 어느 하나가 이 별자리 시대의 '시작'이라고 생각된다)이다.[113] 1940년이라는 비겔이 제시한 첫 번째 시기에 따르면, 융이 물병자리 시대의 '전조가 되는 지진'이라고 부른 것은, 제2차 세계대전 최악의 시기의 몇 가지 사건과 일치한다. 이즈음 독일군이 노르웨이, 덴마크, 벨기에, 네덜란드, 프랑스에 침입해 히틀러가 무솔리니와 추축동맹(樞軸同盟)을 맺고, 런던에서 전격전이 시작되면서 최대의 강제수용소인 아우슈비츠-비르케나우[424]가 폴란드에 개설되었고, 거기서 이후 5년간 1백만 명 이상의 사람들이 죽임을 당한 것이다.

융은 나중에 물병자리의 아이온 시작 시기에 별 관심을 갖지 않게 됐다. 1958년에 쓴 「물고기자리」라는 소논문[114]에서, 춘분점은 "제 3천년기 안에 물병자리에 들어간다."라고 말하고 있다.[115] 이 패러그래프의 각주에서 융은, 바람직한 기점을 이용하면 새로운 아이온의 도래는 '서기 2000년에서 2200년 사이가 된다'고 하지만, '이 기일은 매우 애매'해서, 그것은 '주지하고 있는 것처럼 별자리의 경계 설정은 약간 사람에 따라 다르기' 때문이라고 설명하고 있다.[116] 그러나 융은 날짜가 '애매'하고 '사람마다 다르기' 때문이라고 하더라도 물병자리 아이온의 도래는 다가왔고, 그 첫 충격은 유쾌하지 않다는 평생에 걸친 확신을 버리지 않았다.

예수의 출생 차트

융은 예수를 물고기자리 아이온의 화신이자 중요한 상징으로 믿었고, 아이온 자체의 시작 시기에 대하여 예수의 탄생일을 밝히는 데 큰 관심을

---

424 독일 나치 강제 수용소 및 집단 학살 수용소(1940~1945, Auschwitz Birkenau German Nazi Concentration and Extermination Camp). 아우슈비츠 강제 수용소는 나치 독일이 유태인을 학살하기 위하여 만들었던 것으로 폴란드의 오시비엥침에 있다.

가지고 있었다. 예수의 출생 시기에 관심을 가진 사람은 융 한 사람만은 아니지만, 집단 무의식의 원형적 패턴과의 관계에서 그것이 중요하다고 생각한 사람은 그 혼자였다. 융은 18세기 후반 이후의 광범위한 참고문헌을 소유하고 있었는데, 그것들은 이미 황도 12궁의 물고기자리 이미지와 기독교 신앙의 중요한 상징인 물고기를 그리스도와 명확하게 연결시키고 있었다. 이들 참고문헌 중에는 1906년에 출판된 E·M·스미스(E.M. Smith)의 『더 조디아』(*The Zodia*)도 있는데, 스미스는 "근대 점성술의 사고방식은 … 물고기자리와 그리스도를 관련짓고 있다."고 기술하고 있다.[117]

예수의 '진정한' 출생 호로스코프 탐색은 당연히 고대 말기 이교 점성술사들에게는 별로 흥미 있는 일이 아니었지만, 그래도 8세기 아랍 세계에서 시작된 예수의 출생도 탐구는 지금까지 계속되고 있다.[118] 그러나 그것은 반드시 예수의 호로스코프와 물고기자리 시대의 도래를 동일시하는 것과 관계가 있었던 것은 아니다. 아랍 점성술사들은 오히려 목성과 토성의 '그레이트 뮤테이션 사이클(great mutation cycle)'과의 관계에 있어 예수의 탄생에 관심을 갖고 있었다. 이 두 행성은 약 20년마다 황도를 따라 합(conjunction)[425]의 위치에 서는데, 이 합이 같은 원소 사인으로서의 합으로 돌아오는데 960년이 걸린다.[426] 천년 가까운 '그레이트 뮤테이션 사이클'은, 목성과 토성의 합이 세계사의 큰 사이클과 왕들의 성쇠의 근거가 된다는 사산조[427] 페르시아 초기의 점성술 이론에 근거했다.

---

425 두 행성이 한곳에 인접해 있는 또 하나의 좌상을 합이라고 한다.

426 2019-2020년도에 물병자리에서 토성과 목성이 그레이트 뮤테이션 사이클이 일어났다.

그림 6.2 케플러에 의한 목성과 토성의 그레이트 뮤테이션 사이클도[119]

융은 아부 마샤르(Abu Ma'shar, 787-886)와 같은 아라비아 해석자의 저작에다 17세기 초에 이 사이클에 대해 논한 케플러[428]의 저작도 잘 알고 있어 역사상의 목성과 토성의 사이클을 간과하지 않았다.[120]

---

427 이란 제국 또는 사산제국은 아르다시르 1세가 세운 고대 이란 왕조로 아르다시르 1세의 조부가 속한 사산족의 이름을 딴 것이다. 페르시아 제국의 한 왕조라는 뜻으로 사산조 페르시아(사산왕조 페르시아) 또는 사산조(사산 왕조)로 불리기도 한다.

428 독일의 수학자, 천문학자, 점성술사이자 17세기 천문학 혁명의 핵심 인물이었다.

13세기 점성술사이자 마법사이며 예수가 태어날 때 처녀자리가 상승했다고 주장한 알베르투스 마그누스(Albertus Magnus, 1193-1280)의 저작[121])도, 그에 찬성했던 14세기 추기경 피에르 다일리(Pierre d'Ailly, 1351년-1420)[429]의 의견[122])도 융은 무시하지 않았다. 역시 융이 마음에 들어 했던 근대의 점성술사 제롬 칼다누스(Jerome Cardanu, 1501-1576)[430]는 동지 바로 뒤인 12월 25일이라는 전승되는 날짜를 사용해 예수의 호로스코프를 작성했다. 칼다누스는 기원전 1년을 탄생년으로 할 것을 제안했다.[123]) 이 차트에서는 처녀자리가 아닌 천칭자리가 상승한다. 융은 『아이온』에서 이들 '그리스도를 위한 이상적인 호로스코프'를 모두 비교했고[124]), 예수의 '올바른' 생일은 기원전 7년이라고 결론지었다. 그것은 그 해 물고기자리에서의 목성과 토성의 합이 '극단적으로 크고 매우 밝았기' 때문이다. 게다가 이 두 천체는 처녀자리의 화성에서 반대각을 맺고 있었다. [125]) 또한 융은 생일로 12월 25일을 채용하지 않고 독일의 천문학자 오스왈드 게르하르트(Oswald Gerhardt, 1862-1949)의 계산에 따라 목성, 토성, 화성의 배치가 정확했던 5월 29일을 제안했다.[431][126]) 이에 따르면 예수의 태양의 별자리는 쌍둥이자리가 된다. 이것은 융이 물고기 아이온의 지배적인 원형적 주제 중 하나라고 생각하는 '적대적 형제의 모티브'[432]에 어울

---

429 프랑스 신학자, 점성가, 로마 카톨릭 교회의 추기경이다.

430 이탈리아에서 태어나 로마에서 죽었다. 수학자로 널리 알려져 있으나 본업은 의사였다. 점성술사, 도박사, 철학자이다.

431 사자자리에 목성이 있고, 황소자리에 토성이 있고, 서로 90도가 되어 나쁜 각을 이루고 있다. 자신의 무의식을 나타내는 달은 사수자리에 머문다. 화성은 쌍둥이자리에 머문다.

432 태양이 쌍둥이자리에서 화성과 함께 위치하는 것은 예수의 출생 날짜의 호로스코프 분석이

리는 것이 된다.

물고기자리의 상징을 둘러싼 논의에서 점성술상의 도상에 대한 융의 관점은, 성격묘사로서의 별자리가 아니라 황도 12궁 심벌의 원형적 의미와 그것이 인간의 마음에 '신의 닮은 모습'으로 나타날 때의 이미지—'참 나'의 이미지와 같은—에 분명히 목표를 정한 것이었다.

> "신이라는 이미지는 마음의 위계 제도 속의 지고의 가치로서, 또한
> 최고 권위로서 참 나에 직결되는 것 또는 동일한 것이다. 그리고 신의
> 이미지에 생기는 모든 것은 참 나에 영향을 미친다."[127]

따라서 각 황도 12궁 아이온의 종교적 상징은 상상계적 형상(imaginal form) 속에서 역사의 특정 시대에 대한 집단적 마음의 '최고의 가치와 지고의 권위'를 충실히 반영하고 있다. 『새로운 책』의 첫머리에서 융은 이 변화하는 신의 이미지의 중요성을 강조했다.

> "그것은 다가올 신 자신이 아니라 신의 이미지이며, 이 이미지가 초
> 의미(supreme meaning) 속에 나타나는 것이다. 신은 하나의 이미지이
> 며 신을 숭배하는 자는 초의미의 이미지 속에서 숭배해야 한다."[433,
> 128]

고, 물고기자리는 예수의 출생과 더불어 시작하는 시대이다. 적대적 형제는 카인과 아벨을 상징하며 적대적 형제의 모티브는 물고기자리 아이온의 원형적 주제이다.

433 선과 악을 뛰어넘는 다가올 신의 이미지가 최고의 의미를 뜻한다.

레베카 비겔(Rebekka Biegel)은 춘분점의 움직임에 따라 기원전 4년을 물고기자리 아이온의 시작으로 삼았다. 융은 그 정확히 3년 전인 기원전 7년에 일어난 목성과 토성의 합에 흥미를 가진 적도 있어, 이 배치가 예수 탄생의 전조로서 나타난 '베들레헴의 별'[434]이었다고 결론지었다.

> "그리스도는 물고기자리 시대(아이온)의 선두에 서 있다. 기원전 7년의 물고기자리의 목성과 토성의 대회합(coniunctio magna)를 알고 있었던 교양 있는 기독교인이 있었다는 것은 결코 있을 수 없는 일은 아니다. 또 복음서의 보고에 따르면 그리스도의 탄생지마저 찾은 칼데아인들이 있었다는 것도 결코 있을 수 없는 일은 아니다."[129]

융은 이제부터 시작될 물고기자리 아이온의 '초의미'라는 그리스도의 이미지를 물고기자리라는 황도 12궁의 사인으로 목성과 토성의 대회합과 접목시켰다.[130] 그리고 융은 물병자리의 아이언을 개인이 신의 이미지를 내재화하는 시대로 간주했던 것이지 새로운 아이온의 새로운 화신이 '밖으로' 나타날 줄은 생각하지 못했다. 그는 예수의 '재림'을 믿는 슈타이너의 생각과 '새로운 세계의 교사(new world teacher)'를 고대하는 애니 베상트(Annie Besant, 1847-1933)의 생각을 받아들이기를 거부했던 것이다.

> "우리는 이제 이 시대의 성스러운 향유를 부은 자가 육체가 되어서

---

434 동방박사는 조로아스터교의 점성술사였다.

는 나타나지 않는 신임을 깨닫는다. 그것은 인간은 아니지만, 인간의 아들이며, 게다가 영혼에 있어서이지 육체가 되어 나타나는 것은 아니므로 오직 그는 신의 잉태 자궁으로서 인간의 영혼을 통해서만 태어난 것이다."[131]

『새로운 책』의 새로운 시대의 신 파네스(Phanes)[435]도 결코 인간은 아니다. 플라톤의 세계 영혼과 마찬가지로, 그/그녀는 남녀 양성으로 구상(球狀)을 하고 있다.[132] 융은 누군가 한 사람이 새로운 섭리의 시대정신을 구현한다고는 생각하지 않았다. 물병을 든 사람은 '자기를 나타내는 것 같다[133]'고 생각했던 것이다. 그는 자신의 역할을 중요하게 여겼지만, 어떤 화신으로서가 아니라 개인으로서 출판물을 통해 내재화라는 어려운 심리학적 과정을 밝히는 데 도움을 줄 수 있다고 생각했다. 융의 물병자리의 아이온에 대한 인식은 따지고 보면, "이 별자리의 본질과 숙명은 '인간성'(humanity) 한마디로 나타난다."[134]고 주장한 알란 레오의 인식을 반영하고 있다.

---

435 그리스 로마 신화에 나오는 신이다. 생산의 여신으로 태고의 프로토게노이(Protogenoi) 중 한 명이다. 오르페우스교에서는 빛의 신이자 생산의 신으로 오르페우스교 신화의 창조신이다. 시간의 신 크로노스가 품고 있던 알에서 태어난 태초의 빛과 생산성을 상징하는 최초의 신적 존재로 성애의 신 에로스와 동일시된다.

Notes

1) Dane Rudhyar, *Astrological Timing* (New York: Harper & Row, 1969), pp. 166-67.

2) Jung, *Liber Novus*, pp. 314-15.

3) 문헌 등 참고가 되는 개관은, David John Tacey, *Jung and the New Age*(Hove: Brunner-Routledge, 2001).

4) Hammer, *Claiming Knowledge*, pp. 67-70. '통상적인 의미에서의 심리학 이론보다도 오히려 연금술에서의 개념과 닮아 있는' 융의 원형의 개념에 대한 Hammer의 고찰은, pp. 437-40. 놀은 '융이안니즘'이라는 말을 사용한다. Noll, *The Jung Cult*, pp. 7-9 and 291-94.

5) Paul Heelas, *The New Age Movement* (Oxford: Blackwell, 1996), p. 46. Gurdjieff 자신의 저서는, G. I. Gurdjieff, *Meetings with Remarkable Men* (London: E. P. Dutton, 1964). P. D. Ouspensky, *In Search of the Miraculous* (New York: Harcourt, Brace, 1949).

6) Hanegraaff, *New Age Religion*, p. 497.

7) Roderick Main, 'New Age Thinking in the Light of C. G. Jung's Theory of Synchronicity', *Journal of Alternative Spiritualities and New Age Studies* 2 (2006), pp. 8-25, p. 9; Hanegraaff, *New Age Religion*, pp. 521-22.

8) Rudhyar, *Astrological Timing*, p. 167.

9) Hanegraaff, *New Age Religion*, p. 94.

10) Hanegraaff, *New Age Religion*, pp. 421-513; Alex Owen, 'Occultism and the "Modern Self" in Fin-de-Siecle Britain', in Martin Daunton and Bernhard Rieger (eds.), *Meanings of Modernity* (Oxford: Berg, 2001), pp. 71-96. 신은 안에서 발견될 수 있고, '신을 아는 것'은 '참 나를 아는 것'이라는 생각은 Plotinus, Ennead I:6.7과 Ennead VI:9.11에 명시되어 있다.

11) Jung, CW9ii. 원래는 *Aion: Untersuchungen zur Symbolgeschichte* (*Psychologische Abhandlungen* VIII, Zurich: Rascher Verlag, 1951)로 출판되었다.

12) *Aeon*은 그리스어로 *Aion* (Αιων)의 라틴어 철자이다. 크로노스(Κρονος)는 헤시오도스의

*Theogony*에 있는 것처럼, 아버지 우라노스를 거세한 후 신들의 지배자가 되었던 고대 그리스의 타이탄(거인족)이다. 크로노스는 로마의 신 사투르누스(영어로 새턴)과 연관이 되었고, 그것은 그리스어로 쓰여진 프톨레마이오스의 『테트라비블로스』에서 행성 토성에 사용된 이름이다. *Chronos* (χρονος)는 그리스어로 시간을 의미한다. Zervan (또는 Zurvan)은 페르시아의 조로아스터교 이전의 신으로, 그 이름은 그리스어 *chronos* 처럼 '시간'을 의미한다. 역사의 유한한 시간뿐만 아니라 '무한한 시간'의 지배자, 즉 그로부터 모든 것이 태어난 원초의 빛이다. 이 신은 오르페우스교의 파네스와 많은 유사점을 가지고 있다. Greene, *The Astrological World of Jung's 'Liber Novus'*, chapter 6.

13) Franz Cumont, *Textes et monuments figures relatifs aux mysteres de Mythra* (Brussels: Lamertin, 1896).

14) Jung, *Psychology of the Unconscious*, p. 83.

15) Franz Cumont, *The Mysteries of Mithra*, trans. Thomas J. McCormack (Chicago: Open Court, 1903), pp. 125-26.

16) David Ulansey, *The Origins of the Mithraic Mysteries* (Oxford: Oxford University Press, 1991); Roger Beck, *Planetary Gods and Planetary Orders in the Mysteries of Mithras* (Leiden: Brill, 1988); Roger Beck, *The Religion of the Mithras Cult in the Roman Empire* (Oxford: Oxford University Press, 2006).

17) Origen, *Contra Celsum*, trans. Henry Chadwick (Cambridge: Cambridge University Press, 1953), 6:21-22; Porphyry, *De antro nympharum*, in Thomas Taylor (ed. and trans.), *Select Works of Porphyry* (London: Thomas Rodd, 1823), 5-6.

18) Cumont, *The Mysteries of Mithra*, p. 105.

19) Owens, 'Jung and Aion', p. 268.

20) Homer, *Iliad* 5.685, 16.453, 19.27, 22.58; Homer, *Odyssey* 5.160; Herodotus, *Histories*, 1.32. 이들 번역과 다음 번역은 〈www.perseus.tufts.edu〉에서 볼 수 있다.

21) Euripides, *Heracleidae*, trans. Ralph Gladstone (Chicago: University of Chicago Press, 1955), 900; *Corpus Hermeticum*, 11.

22) Aeschylus, *The Seven Against Thebes*, ed. and trans. David Grene, Richmond Lattimore, Mark Griffith, and Glenn W. Most (Chicago: University of Chicago Press, 2013), 219; Demosthenes, *On the Crown*, trans. A. W. Pickard-Cambridge, in A. W. Pickard-Cambridge (ed. and trans.), *Public Orations of Demosthenes*, 2 volumes (Oxford: Clarendon Press, 1912), 18.199.

23) Sophocles, *Trachiniae*, 34.

24) Hesiod, *Theogony*, 609.

25) Paul, *Romans*, 12.2.

26) Plato, *Timaeus*, 37d.

27) 황도 12궁 별자리(항성으로 구성된)와 황도 12궁 사인(황도의 구분)은 동일하지 않다. 이것은 기원전 2세기부터 천문학자들에게 알려져 왔다. 세차 이동 현상의 설명은, Patricia Viale Wuest, *Precession of the Equinoxes* (Atlanta: Georgia Southern University, 1998).

28) Mead, *Pistis Sophia*, 14.

29) Jung, *Psychology of the Unconscious*, pp. 104–5; 110–11; 500, n. 21; 520, n. 14.

30) Betz, The *"Mithras Liturgy"*, p. 1.

31) Mead (trans.), *A Mithraic Ritual*, II.3. Betz, The *"Mithras Liturgy"*, pp. 518–1, p. 51.

32) Mead (trans.), *A Mithraic Ritual*, V:3. Betz, The *"Mithras Liturgy"*, pp. 591–03, p. 53.

33) '이 불사화는 일년에 세번 일어난다': Betz, The *"Mithras Liturgy"*, p. 748, p. 57.

34) Jung, *Liber Novus*, p. 286.

35) Jung, *Psychology of the Unconscious*, pp. 313-14. Mead, *The Mysteries of Mithra*, pp. 70–71과 비교.

36) Jung, CW9ii, ¶¶128 and 325; Jung, CW13, ¶275. Jung's remarks about the lionheaded Ialdabaoth and Saturn were first published in 1949, but the identity of the planet and the Gnostic archon is stated in Wolfgang Schultz, *Dokumente der Gnosis* (Jena: Diederichs, 1910), p. 103, where Jung would have encountered it no later than his painting of Izdubar in 1915. 사자 머리를 가진 얄다바오트와 토성에 대한 융의 견해가 1949년에 처음 발표되었지만, 이 행성과 영지주의 행정 집행관의 동일성은 Wolfgang Schultz, *Dokumente der Gnosis* (Jena: Diederichs, 1910), p. 103에서 서술되어 있어, 융은 1915년에 이즈두바르 그림을 그리기 전에 그것을 접했을 것이다. Jung later gave as his own references Origen's *Contra Celsum*, Bousset's *Hauptprobleme der Gnosis*, and Mead's translation of *Pistis Sophia*. As the former was cited in *Psychological Types* (1921) and the latter two in *Psychology of the Unconscious* (1911-12), Jung was already familiar with the idea of Saturn as the Deus Leontocephalus while he was working on *Liber Novus*. See above, n. 17. 융은 나중에 자신의 참고문헌으로 Origen, *Contra Celsum*, Bousset's *Hauptprobleme der Gnosis*, 미드의 『피스티스 소피아』 번역본을 들었다. *Contra Celsum*은 『유형론』(1921)에서, 뒤의 두 개는 『무의식의 심리학』(1911–12)에

서 인용되었듯이, 융은 『새로운 책』에 열중하는 동안 토성을 데우스 레온투케팔루스로 생각하는 것에 이미 익숙했다. 위의 주석 17.

37) 『새로운 책』에서 아이온으로서의 오르페우스교의 파네스에 대해서는, Greene, *The Astrological World of Jung's 'Liber Novus'*, chapter 6.

38) 이 그림은 *Liber Primus*, folio v(r)에 있다. 이 그림 속에 있는 문장에 대해서는, Jung, *Liber Novus*, p. 243. 융 자신의 호로스코프와 관련된 이 그림에 대한 통찰력 있는 토론에 대해서는, Safron Rossi, 'Saturn in C. G. Jung's Liber Primus: An Astrological Meditation', *Jung Journal* 9:4 (2015), pp. 38-57에서 읽을 수 있다.

39) William Butler Yeats, *The Second Coming* (1919), in *Collected Poems of William Butler Yeats* (London: Macmillan, 1933), p. 211.

40) Jung, *Liber Novus*, p. 252.

41) 영지주의 도상에서 알다바오트라는 레온투케파르스적 존재에 대해서는, M. J. Edwards, 'Gnostic Eros and Orphic Themes', *Zeitschrift fur Papyrologie und Epigraphik* 88 (1991), pp. 25-40.

42) Jung, *Analytical Psychology*, p. 98.

43) 이 그림이 물고기자리에서 물병자리로의 춘분점 세차 이동을 묘사한다는 견해에 대해서는, Shamdasani, *C. G. Jung: A Biography in Books*, p. 117; Owens, 'Jung and Aion', p. 271.

44) 위의 注 28.

45) Jung, CW10, ¶585.

46) Owens, 'Jung and Aion', p. 253.

47) Jung, CW10, ¶589.

48) Jung, CW10, ¶536.

49) 이 주제를 자세히 설명하고 있는 더 최근의 저작에 대해서는, Fideler, *Jesus Christ, Sun of God*; Herbert Cutner, *Jesus* (New York: Truth Seeker, 1950), pp. 129-164.

50) Nicholas Campion, *Astrology and Popular Religion in the Modern West* (Farnham: Ashgate, 2012), p. 22.

51) Jean Sylvain Bailly, *Histoire de l'astronomie ancienne, depuis son origine jusqu'a l'establishment de l'ecole d'Alexandrie* (Paris: Debure, 1775); Jean Sylvain Bailly, *Traite de l'astronomie indienne et orientale* (Paris: Debure, 1787).

52) Charles Dupuis, *Origine de tous les cultes, ou religion universelle* (Paris: H. Agasse, 1795).

53) Charles Dupuis, *Planches de l'origine de tous les cultes* (Paris: H. Agasse, 1795), p. 6.

54) Francois-Henri-Stanislas de L'Aulnaye, *L'histoire generale et particuliere des religions et du cultes* (Paris: J. B. Fournier, 1791).

55) Campion, *Astrology and Popular Religion*, pp. 22-23. Godwin, *The Theosophical Enlightenment*, pp. 69 and 82.

56) William Emmette Coleman, 'The Sources of Madame Blavatsky's Writings', in Vsevolod Sergyeevich Solovyoff, *A Modern Priestess of Isis* (London: Longmans, Green, 1895), Appendix C, pp. 353–66.

57) Godfrey Higgins, *Anacalypsis*, 2 volumes (London: Longman, Rees, Orme, Brown, Green, and Longman, 1836), II:110–11.

58) Gerald Massey, 'The Hebrew and Other Creations, Fundamentally Explained', in *Gerald Massey's Lectures* (London: Private Publication, 1887), pp. 105–40, on p. 114.

59) Campion, *Astrology and Popular Religion*, p. 24; Hammer, *Claiming Knowledge*, pp. 248–49.

60) Gerald Massey, 'The Historical Jesus and Mythical Christ', in *Gerald Massey's Lectures* (London: Private Publication, 1887), pp. 1–26, on p. 8.

61) Jung, CW9ii, ¶149, n. 84.

62) Khunrath에 관한 상세한 것은, Peter Forshaw, 'Curious Knowledge and Wonder-Working Wisdom in the Occult Works of Heinrich Khunrath', in R.J.W. Evans and Alexander Marr (eds.), *Curiosity and Wonder from the Renaissance to the Enlightenment* (Farnham: Ashgate, 2006), pp. 107–130.

63) Jung, *Modern Psychology*, Vol. 5–6, p. 156. Heinrich Khunrath, *Von hylealischen, das ist, pri-materialischen catholischen, oder algemeinem naturlichen Chaos, der naturgemessen Alchymiae und Alchemisten* (Magdeburg, 1597), p. 36에서 인용. 융은 쿤라트의 저서 초판인 1597년판을 입수했다.

64) Jung, *Modern Psychology*, Vol. 5–6, p. 156.

65) Horace Jeffery Hodges, 'Gnostic Liberation from Astrological Determinism', *Vigiliae Christianae* 51:4 (1997), pp. 359–373.

66) Irenaeus, *Haer*. I:29–30.

67) Irenaeus, *Haer*. I:30.12.

68) Ulansey, *The Origins of the Mithraic Mysteries,* pp. 49–51, 76–81, 82–84.

69) Jung, Letter to Sigmund Freud, 26 June 1910, in *The Freud-Jung Letters*, p. 336. Jung, CW5, ¶665, n. 66; Noll, 'Jung, the Leontocephalus', p. 67. 황소자리에 대한 융의 묘사와 *The Mysteries of Mithra*, p. 63에서의 미드의 묘사 '황소를 훔치는 신

(미트라)은 오컬트적으로는 생식을 의미한다'를 비교하라. Jung, Letter to Sigmund Freud, 22 June 1910, in *The Freud–Jung Letters*, p. 334.

70) Jung, *Psychology of the Unconscious*, pp. 226–7 and p. 523, n. 60. 타우록토니는 황소를 도살하는 미트라라는 특징적인 예배대상 이미지이다.

71) Plato, *Timaeus*, 39d.

72) Julius Firmicus Maternus, *Of the Thema Mundi*, in Taylor (trans.), *Ocellus Lucanus*.

73) 스토아 학파의 코스몰로지에 대해서는, A. A. Long, *From Epicurus to Epictetus* (Oxford: Oxford University Press, 2006), pp. 256–84; John Sellars, *Stoicism* (Berkeley: University of California Press, 2006), pp. 99–100.

74) 마크로비우스는 15,000년을 제안했고, Aristarchus는 2,484년을 제안했다. J. D. North, *Stars, Mind, and Fate* (London: Continuum, 1989), pp. 96–115의 고찰.

75) Jung, CW9ii, ¶286.

76) Jung, Letter to Walter Robert Corti, 12 September 1929, in *C.G. Jung Letters*, Vol. 1, pp. 69–70.

77) 다른 둘은 쌍둥이자리 제미니와 처녀자리이다. 무생물인 천칭자리를 제외한 나머지 별자리들은 모두 동물로 표현된다.

78) Friedrich Nietzsche, *Also sprach Zarathustra* (Chemnitz: Ernst Schmeitzner, 1883–84). 이 작품에는 다양한 영어 번역이 있다.

79) 블라바츠키의 '시대'에 대한 논의는, Blavatsky, *Isis Unveiled*, II:443, 455–56, 467–69; Blavatsky, *The Secret Doctrine*, II:198–201.

80) Blavatsky, *Isis Unveiled*, II:456.

81) 〈www.oocities.org/astrologyages/ageofaquarius.htm〉, October 2009. 이 URL 은 이미 유효기한이 지났지만, 아카이브에 보관되어 있다.

82) Rudolph Steiner, *The Reappearance of Christ in the Etheric* (Spring Valley, NY: Anthroposophic Press, 1983), pp. 15–19.

83) Campion, *Astrology and Cosmology in the World's Religions*, pp. 194–95.

84) Rudolph Steiner, *Friedrich Nietzsche, Ein Kaempfer Gegen Seine Zeit* (Weimar: E. Felber, 1895).

85) Rudolph Steiner, *Evil*, ed. Michael Kalisch (Forest Row: Rudolf Steiner Press, 1997; original publication, *Das Mysterium des Bosen*, Stuttgart: Verlag Freies Geitesleben, 1993), p. 56.

86) Mead, *Echoes*, I:47.

87) Jung, CW9ii, ¶142.

88) '헤어'(1967), 책과 가사는 제임스 라도와 제롬 라그니, 음악은 골트 맥더모트로부터. 가사는 '아쿠엘리아스 Aquarius'로부터.

89) Jung, *MDR*, pp. 199–200.

90) Mead, *Echoes*, I:46.

91) Leo, *Esoteric Astrology*, p. v.

92) Alan Leo, 'The Age of Aquarius', *Modern Astrology* 8:7 (1911), p. 272.

93) Alan Leo, *Dictionary of Astrology*, ed. Vivian Robson (London: Modern Astrology Offices/L. N. Fowler, 1929), p. 204. 이 작품은 사후에 출판되었다

94) 물병자리 시대에 대한 레오의 생각에 대한 더 자세한 내용은, Nicholas Campion, *What Do Astrologers Believe?* (London: Granta, 2006), p. 36.

95) Max Heindel, *The Rosicrucian Mysteries* (Oceanside, CA: Rosicrucian Fellowship, 1911), p. 15.

96) Heindel, *The Rosicrucian Cosmo-Conception*, pp. 159–60.

97) Heindel, *The Rosicrucian Cosmo-Conception*, p. 305.

98) 하인델이 Arian(양자리의)을 Aryan(아리아인)과 함께 쓴 것은 그 자신의 사회 종교적 의도가 반영된 것일 수도 있지만, Aryan의 철자는 황도 12궁의 양자리와는 관련이 없다.

99) Heindel, *Message of the Stars*, p. 12.

100) Heindel, *Message of the Stars*, pp. 25–27.

101) 이 그림은 *Liber Primus*, folio v(r)에 있다. 테두리로 둘러싸인 문장은, '당신의 출생 별자리는 불길하고 변화하는 별이다. 오오! 다가오는 아이여, 그것은 놀라운 일이며, 당신이 틀림없이 신이라는 것을 입증하게 될 것입니다.'라고 단언하고 있다. Jung, *Liber Novus*, p. 243.

102) Jung, CW9ii, ¶141.

103) Letter to Father Victor White, 10 April 1954, in *C.G. Jung Letters*, II:167.

104) Letter to Adolf Keller, 25 February 1955, in *C.G. Jung Letters*, II:229.

105) Gerald Massey, *The Natural Genesis*, 2 volumes (London: Williams & Norgate, 1883), Vol. 2, pp. 378–503.

106) Rudhyar, *Astrological Timing*, p. 115.

107) Letter to H. G. Baynes, 12 August 1940, in *C.G. Jung Letters* I.285.

108) 비겔의 이집트 천문학에 대한 논문 *Zur Astrognosie der alten Agypter*는, 융과 서신을 주고받은 지 3년 후에 출판되었다(Gottingen: Dieterichsche Universitats-Buckdruckerei, 1921). 비겔에 대한 자세한 내용은, A. C. Rumke and Sarah de Rijcke, *Rebekka Aleida Beigel (1886-1943): Een Vrouw in de Psychologie* (Eelde: Barkhuism, 2006). 비겔의 사진은, Stichting Archief Leids Studentenleven, Leiden으로부터.

109) 소누 샴다사니의 개인적인 편지(2014년 7월 28일).

110) Jung, CW8, ¶131.

111) Jung, CW7, ¶121, n. 1.

112) 이 자료들은 어느 공식 아카이브에도 파일로 되어 있지 않았다. 친절하게도 안드레아스 융이 조사를 허락해 주었고, 다른 서류와 함께 파일되어 있던 것이 아니라 책상의 특별한 장소에 보관되어 있었기 때문에 융에게 개인적으로 매우 중요한 것이었음에 틀림없다고 말했다.

113) 융은 『아이온』을 집필할 무렵까지 비겔의 계산을 수정했다. CW9ii, ¶149, n. 84에서, '출발점이 물고기자리 오미크론 별이라면' 2154년, '프톨레마이오스의 『알마게스트』'에 있는 별의 목록에 따라, 출발점이 알파 1130이라면' 1997년이라고 밝히고 있다. 또한, 비겔은 기원전 4년에 춘분점이 물고기자리의 첫 번째 별에 도달했다고 말했는데, 당초 융은 이 년차를 '진정한' 그리스도의 탄생년으로 받아들였으나 나중에 기원전 7년으로 수정했다.

114) Jung, CW9ii, ¶¶127-149.

115) Jung, CW9ii, ¶149, n. 88.

116) Jung, CW9ii, ¶149, n. 84.

117) Jung, CW9ii, ¶149, n. 85. E. M. Smith, *The Zodia, or The Cherubim in the Bible and the Cherubim in the Sky* (London: Elliot Stock, 1906), p. 280에서 인용.

118) James H. Holden, 'Early Horoscopes of Jesus', *American Federation of Astrologers Journal of Research* 12:1 (2001).

119) Johannes Kepler, *De stella nova in pede Serpentarii* (Prague: Pavel Sessius, 1606), p. 25, 1583년부터 1763년까지 목성과 토성의 결합을 보여준다. 사진은 Wikimedia Commons로부터.

120) 목성과 토성의 주기와 Abu Ma'shar's *De magnis coniunctionibus*에 대한 융의 고찰은, CW9ii, ¶¶130-138.

121) 예수의 출생 호로스코프에 대해 논하고 있는 Albertus Magnus' *Speculum astronomiae* 의 영어 번역은, Paola Zambelli, *The Speculum astronomiae and its Enigma* (Dordrecht: Kluwer Academic, 1992). 융이 알베르투스 마그누스에 대해 언급한 것은, Jung, CW9ii, ¶¶130, 133, 143, 404.

122) Pierre d'Ailly, *Tractatus de imagine mundi Petri de Aliaco* (Louvain: Johannes Paderborn de Westfalia, 1483). 다일리의 예수 호로스코프에 대해서는, Ornella Pompeo Faracovi, *Gli oroscopi di Cristo* (Venice: Marsilio Editori, 1999), p. 104. 융이 다일리에 대한 언급은, Jung, CW9ii, ¶¶128, 130 n. 35, 136, 138, 153-54, 156.

123) Faracovi, *Gli oroscopi di Cristo*, p. 130.

124) Jung, CW9ii, ¶130 n. 39.

125) Jung, CW9ii, ¶130.

126) Oswald Gerhardt, *Der Stern des Messias* (Leipzig: Deichert, 1922).

127) Jung, CW9ii, ¶170.

128) Jung, *Liber Novus*, p. 229. 융의 신의 이미지와 존재론적 의미에서의 신의 존재의 구별에 대해서는, Jung, *Liber Novus*, p. 229, n. 7.

129) Jung, CW9ii, ¶172. Chaldaeans(칼데아인)은 고대에 있어서는 '점성술사'의 동의어이다. Cicero, *De divinatione*, II:44.93.

130) Jung, CW9ii, ¶¶147 and 162.

131) Jung, *Liber Novus*, p. 299 and n. 200.

132) 세계 영혼의 천체성에 대해서는, Plato, *Timaeus*, 37d.

133) Jung, *MDR*, p. 372.

134) Leo, *Astrology for All*, p. 44.

제7장

결론

제7장
결론

그(소크라테스)는, 그가 자신의 다이몬이라고 부르는 신성한 목소리
로부터 조언을 받은 적이 있다고 자주 사람들 앞에서 말하곤 했다. …
그는 친구들로부터 거짓말쟁이나 공상가라고 생각되지 않도록 주의
해야 했다. 그래도 그가 자신에게 밝혀졌다고 주장하는 것이 사실이
아니라는 것을 알게 된다면 어떻게 그런 비난을 받지 않고 넘어갈 수
있겠는가.[1]

— 크세노폰[436]

---

[436] 기원전(430년경-354년경)은 고대 그리스의 사상가 및 저술가이다. 소크라테스의 제자로
서 플라톤과 동문수학한 사이이다. 크세노폰은 그가 살았던 기원전 4세기에 대한 역사와 소크라테
스의 말, 고대 그리스의 생활사에 대한 기록을 남겨 유명하다. 그는 기원전 5세기 말과 4세기 전반
에 정계와 지식인 사회에 큰 영향을 미쳤던 스파르타 임금 아게실라오스나 철학자 소크라테스와 같
은 사람과 친분이 두터웠던 것으로 보인다. 그의 저서들 가운데는 철학으로도 역사학으로도 분류

무의미함은 생명의 충족을 방해하고, 따라서 병과 같은 것이다. 의미는 아주 많은 것—아마 모든 것—을 다 견딜 수 있게 한다. 어떤 과학도 신화를 대체할 수 없을 것이고, 신화는 어떤 과학도 만들어 낼 수 없다. 이 말은, 신화는 '신'이 아니라 신성한 생명이 사람에게 계시된 것이기 때문이다.[2]

— 융

'저 성가신 일은 죽어서도 계속된다'[3]

공개된 발언, 편지, 개인적인 문서고에 있는 자료를 근거로 할 때 융이 깊고 영속적으로 점성술에 관심을 가졌다는 점은 논란의 여지가 없다. 또한 해석학 기법 면에서나 심적 과정의 상징적 서술이라는 점에서도, 점성술이 그에게 연금술만큼이나 중요했고, 자신의 성인기(成人期)를 통해 그가 심리요법적 치료에서 적극적으로 이용했던 도구였다고 볼 수 있다. 그러나 학계와 임상 세계에서는 융의 점성술에 대한 관심이나 심리학 모델 개발에 관한 점성술의 중요성 등은 거의 조사되지 않은 채로 있다.

20세기 후반에 쓰여진 융의 전기에 점성술에 대한 언급이 없는 것은

할 수 있는 저작이 상당한데, 실제로 그는 고대에는 일차적으로 철학자, 그 다음으로는 역사학자로 간주되었다. 그는 자신의 조국 아테네이에서 추방되어 스파르타와 가까이 지내며 중간 입장에서 남다른 경험을 쌓을 수 있었고, 따라서 자신이 살던 급변의 시대를 직시하는 보기 드문 통찰력을 갖출 수 있었다. 그 후 소아시아에서 전쟁에 참가하였으며 귀국 후 엘리스에서 은퇴하였다. 저작으로는 『헬레니카』, 『아나바시스』, 『소크라테스 회상』, 『키로파에디아』 등이 있다.

예상할 수 있는 일이다. 또 자신에게 있어서 점성술의 중요성을 융이 말하고 있어도, 『융 자서전』을 편찬하는 데 있어서 아니엘라 야페(Aniela Jaffé, 1903-1991)[437]가 그것을 제외해 버렸다고 해도 의외는 아니다. 그러나 21세기가 되면서 좀 더 포괄적이고 다원론적인 방식의 연구 견지가 넓어지고 있는데, 아직까지 (점성술에 대한) 언급이 없다는 사실이 놀랍다. 고대 로마 이래의 담나티오 메모리아이(Damnatio memoriae, 기록의 말소)[438] 관습을 이용하는 경향의 한 예를 데이비드 테이시(David Tacey)[439]의 저서 『융과 뉴에이지』(Jung and the New Age)에서 찾아볼 수 있다. 이 연구서가 다루는 범위는 넓지만, 융의 점성술에 대한 언급은 전혀 없는 것이다. 점성술은 뉴에이지의 중요한 특징을 이루는 요소이며, 또한 현대의 뉴에이지 사상과 융 자신의 이론 개발에 많은 발상을 주었던 19세기 말(Fin de siècle)[440]의 오컬트 부흥의 중심을 이루는 것임에도 불구하고 말

437　스위스의 심리학자이다. 칼 융과 다년간 함께 일한 심리학자로서 칼 융의 제자이기도 했다. 조지프 헨더슨, 마리루이즈 폰 프란츠, 욜란데 야코비 등과 함께 융 학파의 일원이었다. 한편 이들은 생전에 모두 5장으로 구성된 칼 융의 저서인 『인간의 상징』 또는 『사람의 상징』(Man and His Symbols, 1961년)으로 불리는 책을 각기 한 분야씩 나누어 집필에 참여하였다.

438　기록말살형(記錄抹殺刑)은 특정한 사람이 기억되어서는 안 된다는 형벌을 뜻한다. 로마 원로원에서 반역자나 로마에게 불명예를 끼친 자들에게 대해서 내리는 형벌이었다. 로마에 남겨져 있는 역사 기록, 모든 그림 및 조각상에 새겨진 이름이 지워져서 로마에 존재하지 않았던 사람처럼 취급받게 되었고, 이름을 공개적으로 언급하는 행위를 가급적으로 피하게 되었다. 고대에는 기록물의 종류가 적었기 때문에 특정인을 삭제하는 작업이 더 쉬웠다. 실제로는 삭제 과정이 완벽하게 진행되지 못했기 때문에 누군가가 지워졌다는 것을 확인할 수 있었다.

439　호주의 작가 및 학제 간 학자이다. 그는 멜버른의 라 트로브 대학교(La Trobe University)의 문학 명예 교수이자 캔버라의 호주 기독교 문화 센터(Australian Centre for Christianity and Culture)의 연구 교수이다.

440　세기말(世紀末)이란 한 세기의 끝무렵을 말한다. 원래는 19세기 말엽인 1880년대-1890

이다.[4] 마찬가지로, 그 자신의 점성술뿐만이 아니라, 현대 점성술에 대한 융의 영향은 꽤 크지만, 테이시의 책에서는 이것도 논하고 있지 않다.

융의 점성술에 대한 관심이 거론될 때조차 그 취급방식은 마찬가지로 문제가 있다. 예를 들면, 융의 점성술 실천을 시간이 지남에 따라 관심이 없어지는 것, 혹은 그의 이론이나 실천에 아무것도 중요한 의미를 두지 않는 일종의 괴상한(eccentric) 취미에 지나지 않고, 마치 거대 호박에 대한 무해한 집착과 같은 것으로 간주하고 있는 저자도 있다. 융의 동시성에 대한 생각을 분석한 로데릭 메인(Roderick Main)의 『시간의 파열』(The Rupture of Time)[441]은 융의 점성술에 대한 관심과 그 심리학적 해석의 중요성을 충분히 인정하고 있다. 그러나 메인은 1950년대에 융은 점성술을, 동시성의 기능에 대한 다른 생각으로 '치환했다'라고 하는 의미의 말을 쓰고 있다.[5] 그러나 실제로는, 융이 단지 더 새롭고, 더 넓게 받아들여지는 점성술적 심파티아를 정의하는 방법을 찾아냈다는 것인지도 모른다. 융이 점성술의 정당성에 대한 과학적 설명을 찾으려는 노력을 결코 멈추지 않았음은 분명하다. 하지만 융이 말년에 점성술에 대한 관심에서 벗어났다는 생각은 앙드레 바르보에게 보낸 긴 글이나, 아일라 프로고프에게 모든 심리요법가가 점성술을 배워야 한다고 권했을 뿐 아니라, 임종

년대를 가리키는 말이었다. 이 시대는 권태, 냉소, 염세, 퇴폐가 만연한 시대였지만 동시에 새 시대의 시작에 대한 전망이 모색되던 시기기도 했다. 20세기말에도 비슷한 사회풍조가 있었다.

441 융의 동시성 이론은 서구의 주류 현대 문화의 확고한 가정에 근본적으로 도전한다. 그것은 융의 심리학 이론 중 가장 매력적이지만 어렵고 혼란스러운 것 중 하나이다. 시간의 파열(the rupture of time)은 융이 동시성에 대해 실제로 무엇을 의미했는지, 왜 그 아이디어가 그에게 그렇게 중요한지, 그리고 그것이 현대 서구 문화에 대한 그의 생각을 어떻게 알렸는지 명확히 하는 것을 목표로 한다.

때 딸에게 '저 귀찮은(성가신) 일은 죽어서도 계속된다'고 말한 것과 모순된다. 메인은 융의 당초의 점성술에 대한 관심을 20세기 초에 일어난 비교의 '유행'으로 보는 듯하며, 융이 이 주제에 몰두한 것이 개성화, 콤플렉스, 유형론 같은 그의 심리학 모델 형성에 어떻게 도움이 되었는지에 대해서는 논하지 않고 있다.

융의 점성술에 대한 심취가 진지했다는 것을 인정하는 것도 있다. 그러나 그들은 그의 심리학이 사실은 전혀 심리학이 아니며, 심리학을 가장한 모종의 비교주의(에소테리시즘)로, 따라서 심리학 및 정신의학의 연구나 실천의 과학적 체계의 범위 안에 있는지 의심스럽다는 주장을 정당화하는 근거로 이용하고 있다. 이런 입장은 리차드 놀과 우터 하네그라프(Wouter J. Hanegraaff, 1961-현재) 두 사람에게 전형적으로 인정된다. 놀은 융의 점성술에 대한 관심이 G.R.S. 미드의 영향으로 증대된 신지학 지식으로부터 파생되어,[6] 이 신지학의 심취가 융의 '종교를 만드는 경향'의 중요한 부분을 형성해, 융 자신의 오컬트 '무브먼트'를 낳는 노력이라고 칭해지는 것을 조장했다고 말하고 있다.[7] 그러나 융은 신지학이나 인지학 같은 무브먼트에 대해 꽤 회의적이었고, 그것은 주로 그것들에게 심리학적 통찰이 결여되어 있었기 때문임을 놀은 간과했던 모양이다. 융 자신의 저작이 아니라, 주로 놀의 견해를 기초로 융의 분석을 한 것 같은 하네그라프는, 융은 인간의 마음에 대해 설명하는데, '코스몰로지에 유래하는 모델'에 '의지했다'라고 주장하고 있어, 마치 그러한 코스몰로지적 모델이 마음 자체 이외의 외적인 것에서 생겨난 것이기 때문에 심리학에는 부적절하다고 말하는 것 같다. 더욱이 하네그라프의 말에 의하면, 융의 저작은 '종교적 신앙에 과학적 타당성을 부여하고' 있지만, 결국 융은 프로이트보다 블라바츠키 쪽이 공통점이 더 많으며, 그것은 그가 '내적 태양의 컬트'를 전파하는 '현대의 비교주의자'이기 때문이라고 말한다.[8]

처음부터의 확신과 그러한 이해에 대한 '연구자의 선입견'을 자각하고, 보다 면밀하고 중립적인 위치에 서는 노력을 하면서 증거를 살펴보면, 보다 적절한 질문을 하는 것이 가능하게 될 것이다. 예를 들어, 어떤 종류의 점성술을 융은 하고 있었는가? 그는 그것을 어디에서 배웠나? 왜 그것을 유용한 것으로 체험하고, 어떤 방식으로 체험했는가? 그것이 오래 지속되어 온 것을 어떻게 이해하고, 그 통찰을 심리학에 어떻게 편입시켰는가? 이 책에서는 융이 성인기에 걸쳐 지속된 점성술과 깊고 영속적인 관계뿐만 아니라 그가 어떻게 점성술을 정의하고 인간의 마음이라는 맥락의 범위 내에서 점성술의 상징을 어떻게 이해하고 있었는지, 그리고 점성술은 그가 심리학 모델을 개발하는 데 있어서 어떻게 통찰과 구조적 요소를 부여했는가 하는 것도 밝히려고 했다.

점성술의 보다 표면적인 것―예를 들면, '당신의 별자리는 무엇?'이라는 추측 게임―도 융에게 주목할 만한 가치가 없었던 건 아니다.

> "가끔은 생일을 모르면서 그 사람의 별자리를 놀라울 정도로 정확하게 알아맞히는 사람도 있습니다. 지금까지 저도 두 번 그런 경험을 했습니다. … 어떤 사람이, 저의 태양은 사자자리이고 달은 황소, 어센턴트는 물병자리라고 말해서 저는 깜짝 놀랐습니다. 도대체 어떻게 알았을까요."[9]

이것은 오이코데스포테스(oikodespotes) 같은 복잡한 주제에 비하면 평범한 코멘트로 보일 수 있다. 그러나 바그너, 모차르트, 슈베르트의 장점을 아는 사람은, 동시에 재즈나 대중음악도 즐길 수 있을 것이다. 마치 종교의 여러 학파에 '학문적' 표현과 '구어적' 표현이 모두 있는 것과 마찬가지로, 경계적인 지식영역에도 이러한 폭이 있다. 거듭 말하자면, 이런 경계적 영역에서는 '고상'과 '저속'의 구별은 유동적이고, 더 말하면 존재하지 않을지도 모른다.[10] 융의 점성술의 학술적 측면과 일상적 측면 양쪽의 이해는, 행성이나 황도 12궁의 물질적인 '영향'을 믿는 것이 아니라, 주기적인 시간 성질의 상상계적 묘사로서의 점성술의 심리학적 중요성에 바탕을 두고 있다. 융이 점성술을 배우기 시작할 무렵, 별점 칼럼이 있었다면 분명히 그는 플로티노스와 『미트라 전례』 중 한 구절을 번역하는 틈틈이, 매일 《노이에 취르허 차이퉁지》(*Neue Zürcher Zeitung*)[442]에서 자신의 호로스코프를 확인하고 있었을 것이다.

융은 점성술의 유효성을, 주기적인 시간의 성질을 상징적인 이미지로 인식하고 축약하는 인간의 타고난 경향과 결부시켜, 소우주(개인)와 대우주(집단 무의식)의 공시적 혹은 공명관계에서 근거를 구했다. 융의 생각으로는, 소우주에도 대우주에도 '사이코이드'적 특성이 있는 것이다. 육체적인 것과 심적인 것은 많은 영지주의의 논문에 나와 있듯이 영혼과 물질의 존재론적 이원성이 아니라, 기본적 통일성을 갖는 것의 다양한 표현이라는 것이다. 이것이 그의 점성술을 영적인 영역과 물질적인 영역을 통합

---

442 스위스 취리히에 본사를 둔 독일어 일간지 신문으로, 그 이름은 '새 취리히 뉴스'라는 의미이다. 1780년 잘로몬 게스너(Salomon Gessner)에 의해 《Zürcher Zeitung》라는 이름으로 창간되고 1821년 현재의 이름으로 개칭한 후 그대로 이어져 오고 있다. 발행수는 약 30만 부로, 스위스의 대표적인 신문사 중 하나로 잘 알려져 있다.

하는 다른 상징적인 틀이나 연금술, 타로, 주역과 같은 이른바 점술의 실천과 연결시키고 있다. 이 모든 것들은 같은 이유로 그의 흥미를 끌었다. 이런 상징적 틀은 융에게 있어 기본적인 인간의 심리학적 패턴을 나타낸다. 그중에서도 가장 중요한 것이 그것에 의해 무의식은 심벌을 만드는 상상의 기능을 이용하여 의식이 되고자 하며, 그리하여 개인의 인격, 궁극적으로는 집단적인 마음 자체에 또 다른 통합과 충족을 이끄는 큰 여행(great journey)이라는 것이다.

학문(sciéntia)[443]과 기예(ars)

점성술에는 심리학과 마찬가지로 많은 정의가 있어, 단일 지식과 행위로 보기는 어렵다. 왜냐하면 그것은 경계적인 영역에 속해 있으며, 점성술은 그 역사를 통해 다른 패러다임이나 다른 문화적 배경 속으로 나아가 은신해 왔고, 때와 장소에 따라 스스로를 과학, 예술, 종교, 점, 심리학, 철학, 시적 은유와 같은 다양한 형태로 자인해 왔기 때문이다. 독일 태생의 점성술사 알렉산더 루파티(Alexander Ruperti, 1913-1998)[444]는 융의 분석심리학과 앨리스 베일리(Alice Ann Bailey, 1880-1949)의 신지학 저작에서 크게 영향을 받아 다음과 같이 서술하였다.

---

443 1. 앎, 지식, 학식, 숙지, 정통, 조예. 2. 학문, 학술, 학(學), 과학, 전문적인 지식체계, 3. 이론, 원리.

444 유명한 점성가였다. 그는 Dane Rudhyar의 영향을 많이 받았다. 1984년 Alexander Ruperti는 Humanist Astrology Network(RAH)를 설립했다.

"대문자 A가 붙는 하나의 점성술(Astrology)은 존재하지 않는다.**445** 시대마다 그때그때의 점성술에 각 문화가 하늘의 움직임에서 어떤 질서를 보았는지, 그 문화가 하늘과 땅 사이에 어떤 관계를 찾아냈는지가 나타나 있다."[11]

점성술을 '믿는가' 안 믿는가(그리고 융이 '믿었는지' 아닌지)의 문제는, '믿음(信)'이란 무엇인가를 정의하는 것만큼이나 성가신 문제이다. 이는 스스로 점성술을 실천하거나 점성술사에게 의견을 구하는 많은 사람들이, 자신의 태도를 '믿는 것', 즉 '신앙'에 속하는 것이라고는 생각하지 않고, 경험이나 습득한 지식의 하나라고 생각하기 때문이다.[12] 융은 '신자'가 아니라 자신에게 있어서 그것이 '도움이 된다'는 이유로 점성술에 깊이 파고드는 사람들 중 한 명이었다. 다만 융은 다른 많은 점성술사와 마찬가지로 어떤 구조 혹은 이유에서 그런 것인지 납득할 만한 과학적 설명을 생각해 낼 수는 없었다. 융의 동시성 이론은 당대의 합리적 사고법으로도 받아들여지지만 결국 심파티아라는 고대 개념의 개서(改書)이다. 이것은 종교적인 것을 포함하지 않고 초월적인 신에 대한 선험적인(a priori) 신앙을 필요로 하지 않는 말로 표현한 것이다. 그러나 코스몰로지적 모델로서의 심파티아는 현대 정신의학에 의해 만들어진 어떤 모델 못지않게 심리학적인 것이다. 그것은 결국 인간의 마음에 의해 만들어진 것이기 때문이다. 현대의 명확하게 규정된 '종교'와 '과학'의 경계는, 인간의 상상이라는

---

445 통시대적인 점성술이 대문자 점성술(Astrology)이고, 시대마다 다른 점성술이 소문자 점성술(astrology)이다.

경계적인 영역에서는 흔들려 사라져 버릴 우려가 있다. 그리고 동시성을 과학적으로 '증명'하려는 시도는 융 자신이 점성술을 이용한 실험에서 보였듯이 실패하는 경향이 있다. 그것은 관찰자 그리고 관찰의 순간이 관찰되는 것만큼이나 실험의 큰 부분을 차지하고 있다. 영구적인 주기적 때(時)의 성질이 과학적 검증을 원하는 사람들을 기쁘게 하기 위해 멈출 수는 없는 것이다.

융의 점성술에 대한 접근은 당시로서는 특이했고, 그것은 점성술 상징체계의 내적, 심리학적 차원의 깊은 조사를 포함한 것이었다. 그러나 그의 관심도가 널리 알려져 있더라도 융이 일하던 환경 속에서 점성술은, 대부분의 사람들에게 융의 심리학 이론을 더럽히고 의심스럽게 만드는 '신앙'으로 여겨지고 있었다. 융의 마이클 포드햄과의 서신이나, 케리 베인즈에게 보내는 프로고프의 편지는 융이 자신의 점성술적인 일을 공표하는 것에 대해 얼마나 불안해했는지를 증명하고 있다. 오늘날 많은 사람들에게 있어 신문이나 잡지의 점과 관련한 칼럼이 점성술에 대해 알고 있는 것의 전부이며, 그러한 대중을 대상으로 쓰였지만 일견 천박한 내용이 학계나 심리요법에 종사하는 사람들에게 이 주제를 더욱 진지하게 조사할 마음을 꺾어 왔다. 20세기 초에는 현재와 같은 점(占)에 대한 칼럼은 없었지만,[13] 점성술에 대한 편견은 그 당시 성장기에 있던 과학주의 속에 이미 굳건히 뿌리를 내리고 있었다.[14] 학문적 역사적 견지에서 융의 점성술을 찾으려면 지적 관용이 필요하겠지만 많은 분석가들 그리고 많은 역사학자—융 자신과 마찬가지로 집단의 편견이나 의견의 영향을 받기 쉬운—는 점성술 탐구를 해낼 각오가 되어 있지 않은 경우가 많았던 것이다.

융의 스키엔티아(scientia, 학문)와 아르스(ars, 技藝) 사이의 힘겨운 갈등이, 『새로운 책』에 거인 이즈두바르(Izdubar)와의 만남의 장면으로 애처롭게 쓰여 있지만, 그것은 그에게만 국한된 것은 아니다.[15] 그것은 고대로부터 계속 존재해 왔으며, 점성술이 '주류(main stream)'에서 당시 문화의 종교나 철학의 여러 학파에게 필수적인 부분이었을 때조차 플라톤주의자, 소요 학파,[446] 스토아 학파, 회의론자들의 철학적 논의에 그 입장의 어려움을 보여주는 증거가 있다.[16] 『새로운 책』은 융의 갈등의 깊이와 강도의 주목할 만한 개인적 증거이지만, 그 속에는 감각에 의한 측정 가능한 증거와 내적 체험의 비합리적 증거 사이에 있는, 근본적으로 인간적이라고도 할 수 있는 특유의 긴장 관계가 나타나 있다. 이 긴장 관계는 인류가 우주 속에서의 자신들의 위치에 대해 추측하려고 시도해 온 오랫동안 계속 들끓고 거품이 일었던 것 같다. 융의 심리학 모델은 합리적인 사고, 과학적인 방법론—당연히 어떤 특정한 문화적 배경 속에서 '과학'이 어떻게 정의되느냐에 따라 변동하는—경계적인 영역에 대한 체험에 기초한 증거에 대해, 문명적으로 대화할 여지를 찾을 수 있는 일종의 중립지대를 만들어내려는 개인의 노력으로 볼 수 있을지도 모른다. 20세기로의 전환기에 영국의 오컬티즘 세계에서도 이와 같은 노력이 이루어졌다.

---

446 아리스토텔레스학파는 아리스토텔레스가 학도들과 산책하면서(페리파테인) 강의하고 논의한 페리파토스(산책길)에서 유래되어 페리파토스학파(소요학파, Peripatetic school)라고도 불린다.

"서브리미널이라는 영역에 관해 훌륭한 것은, 그것이 모든 종류의 불가사의한 현상이나 초자연 현상이 일어나기 위한 공간을 제공해 준 것으로 … 지금 우리에게는 그러한 것이 속할 수 있는 이론상의 장이 있다. 머릿속 생각의 진실성에 관한 이 중립성은 빅토리아 시대 후기의 잉글랜드에서 심리학을 과학자, 성직자, 강령술사가 잘 만날 수 있는 편리한 완충지대로 만들었다."[17]

사람이 '이 시대의 영혼'─경험과학이 유일한 권위적인 세계관으로 유지되리라는 신념─을 끝까지 관철하면, 그러한 접근의 잠재적 가치는 물리칠 수 있을지 모른다. 그러나 '서브리미널'이라는 중립지대마저 전쟁터가 되었다. 이 영역에 대한 학문적 연구는 아무래도 '종교주의자'(실천자이기도 한 경우가 많다)와 '경험적 역사주의 진영'(통상 실천자는 아니다)이라는 두 진영으로 나뉘고 있는 듯하며, '그 대표자의 상당 부분이 연구와 개인적 신조 표명의 구별을 존중하는 것을 거부한다면'[18], 하나의 학문영역으로서의 에소테리시즘 연구의 미래는 위태로워질 것이라는 경고도 있다. 이 발언은 언뜻 경험주의에 호의적으로 보이지만, 여기에도 순수한 객관성을 이상으로 하는 개인적 신조가 나타나 있어, 개인적 의도가 없는 객관성이 실현되는 것이 정말 가능한가 하는 의문이 생겨도 이상할 것이 없다. 융은 점성술을 이용한 실험에 있어서 가능한 한 '개인적 신조의 표명'이 없는 결과를 얻어내려고 과감하게 시도했지만, 그 자신이 인정하고 있듯이 어떤 실험의 결과도 과학적으로 엄격하더라도, 결국은 연구자의 마음의 영향을 받기 마련이다. 융을 괴롭히고, 점성술 및 그와 같은 종류의 '점술'에 대한 심취에 관해 여러 그룹에서 계속되고 있는 논쟁을 해결할 수는 없으며, 적당한 사려 깊음—논의에 개인적 의견이 들어가는 것은 불가피함을 인정하지만, 그러한 의견을 가능한 한 '괄호'로 묶으려는 연구자 측의 태도—을 가지고 탐구하는 수밖에 없다. 융이 다음과 같이 밝힌 것은 그런 마음 때문이다.

> "모든 심리학—나 자신도 포함되는—은 주관적 고백의 성격을 가지고 있다. … 모든 심리학은 한 인간의 작품이며, 주관으로 채색되어 있다."[19)]

'이 시대의 영혼'

융의 발상의 대부분이 플라톤에서 촉발되기는 한 것 같지만, 플라톤이 이성에 의해 지식을 획득하는 개인의 능력과 대조적으로 집단의 의견을 불신하고 있었음이, 그의 『대화편』의 여러 대목에서 확연히 드러나고 있다.[20)]

> "올바른 의도라는 것도 역시, 우리 안에 머무는 동안에는 가치 있고 모든 좋은 일을 성취시켜 준다. 하지만 그것은 오랫동안 가만히 있으려고는 하지 않고, 인간의 영혼 속에서 도망쳐 버리는 것이기 때문에, 그다지 대단한 가치가 있다고는 말할 수 없는—사람이 그러한 의도를 원인(근거)의 사고에 의해서 묶어 버리지 않는 동안은 말이지. … 그리고 이렇게 얽매이면, 그동안 의도했던 것들은 우선, 첫 번째로 지

식이 되고, 나아가 영속적인 것이 된다. 이런 점이야말로 지식이 바른 생각(의도)보다 높이 평가받는 이유이다."**447,** 21)

플라톤과 마찬가지로, 융은 '집단심리'로 간주한 것을 의심스러워했다. 이것은 '엘리트주의적'으로 해석되는 경우도 있지만, 사실 계급, 교육 혹은 경제 같은 문제와는 별 상관이 없다.22) 융의 말에 의하면, '집단심리'는—태어나서 사회적 입장, 교육, 물질적 조건 여하를 불문하고—집단과의 동일화라는 안전을 누리기 위해 개인의 이성, 가치관, 경험, 의식을 스스로 버리는 것이며, 이때 집단은 반성을 하거나 책임을 느끼지 않고, 무의식적인 공포, 공격성, 증오, 탐욕을 발산시킬 자유를 요구할지도 모른다.

> "모든 집단의 움직임은 예상하듯이 다수자로 이루어진 경사면을 쉽게 미끄러져 내려간다. 여럿이 있는 곳이면 안심이다. 여럿이 믿고 있는 것이라면 물론 정말 틀림없다. 여럿이 원하는 일이라면 노력할 가치가 있고, 필요하며, 따라서 좋은 일임에 틀림없다. 다수의 항의에는 억지로 원하는 바를 들어주는 힘이 있다. … 이런 종류의 사회적 상황이 대규모로 일어나는 곳에서는 어디에서나, 반드시 전제정치로의 길이 열려 개인의 자유는 정신적으로도 육체적으로도 노예 상태에 빠진다."23)

---

447 의도는 개인적인 것이고, 지식은 집단적인 것이다. 그런데 지식을 높이 평가하고 의도는 낮게 평가한다.

플라톤이 귀족정치에서 과두정치, 민주정치, 전제정치로 정치체제가 점점 냉소적으로 되어가는 30년에 이르는 펠로폰네소스전쟁의 시대를 살았던 것처럼, 융은 집단심리에 의해 몰아닥친 두 번의 세계대전의 참상을 헤쳐 나갔다. 그리고 두 사람이 체험한 일을 생각하면, 융에게도 플라톤에게도 그 불신을 정당하게 여기는 상당한 이유가 있었다고 할 수 있을 것이다.[24]

그리고 플라톤과 마찬가지로 융도 집단의 행복에 필수적인 것으로서 개인의 책임감에 큰 가치를 두었다.[25]

"세상에서 일이 잘 안되면, 그것은 개인에게 무언가 안 좋은 점이 있기 때문이고, 즉 나에게 뭔가 좋지 않은 점이 있기 때문이다. 따라서 나에게 분별이 있다면, 먼저 자기 자신을 바로잡을 것이다. 그러기 위해서는—외부의 권위는 이제 나에게는 아무런 의미도 없기 때문에—인간 마음의 영원한 사실을 근거로 논할 수 있듯이, 자기 존재의 가장 깊은 곳에 대한 지식이 필요하다."[26]

점성술에 심취되어 있었지만, 융은 인생의 유위전변(有爲轉變, 만물은 항상 변하여 머물지 않음, 또 그렇게 덧없음)을 행성 배치의 '탓'으로 돌리지 않았고, 숙명을 인격을 갖지 않은 하늘의 질서에 의해 부과된 외적이고 취소 불가능한 힘으로 간주하지도 않았다. 셰익스피어에 등장하는 카시우스(Cassius, 기원전 85-기원전 42)[448]의 '브루투스, 숙명의 별 때문이 아니다. 우

---

[448] 가이우스 카시우스 롱기누스(Gaius Cassius Longinus)는 로마 공화정 말기의 정치인이

리의 죄다'라는 말처럼, 다만 융의 생각으로는 그것은 인간이 '비참한 몰골이기' 때문이 아니다.[27] 그렇지 않고 개인이 내면을 보는 것을 좋아하지 않기 때문이며, 그것이 미지의 강제력에 의해 일어나는 무의식적 선택과 결과의 연쇄를 가져와 개인의 삶뿐만 아니라 집단의 삶과 역사까지도 운명 짓는 것처럼 보이는 것이다.[28]

21세기 초에 점차 밝혀지게 된 것이지만, '이 시대의 영혼'은 인생을 통해 융의 마음을 차지했던 것처럼 '커다란' 의문을 피하려는 경향이 있는 것 같다. 악의 본질, 개인의 삶의 의미와 목적, 개인이나 집단을 움직이게 하는 깊은 동기, 인간 괴로움의 수수께끼 같은 것들은 요즘 많은 심리학자 그룹에서 인기 있는 화제는 아니다. 그러한 테마는 부적절하다고 받아들여질 만한 의견의 지뢰밭이 될 수도 있기 때문이다. 그 대신 무의식적 원인을 찾는 데 시간이나 비용을 들이지 않고 증상을 없애는 방법—의약, 심리요법 혹은 사회적 방법—을 찾아내는 데 노력을 기울이고 있다. 그리고 역사는—개인적이든 집단적이든—이제 현재의 딜레마를 이해하는 데 꼭 필요한 도구라고는 생각되지 않는다. 영국 국민 보건 서비스 웹사이트에는 다음과 같이 쓰여 있다.

"인지행동요법(Cognitive Behavioral Therapy)[449]은 사고방식과

자 군인으로 율리우스 카이사르 암살의 주동자이며 마르쿠스 브루투스의 매제였다.

449 지금과 여기(here and now)를 강조하고 다양한 방법을 통해 인지의 변화를 촉진하는, 목표지향적이고 해결중심적인 치료이다. 정신 건강을 향상시키는 데 가장 널리 사용되는 증거 기반 학습인 심리 사회적 개입이다. 경험적 연구에 따라 CBT는 현재의 문제를 해결하고 인지(예: 사고, 신념 및 태도), 행동 및 정서적 규칙에 도움이 되지 않는 패턴을 변경하는 것을 목표로 하는 개인 대

행동방식을 바꾸는 것에 의해 문제를 잘 처리할 수 있도록 하는 일종의 회화요법으로 … 인지행동요법은 과거의 문제에 초점을 맞추는 것이 아니라 현재의 문제에 대처한다. 일상적으로 심리상태를 개선할 실제적인 방법을 탐구한다."[29]

어떤 심리요법의 경우에도 마찬가지지만 이런 접근법의 유효성이 지금 벌어지고 있는 논란의 주제이다.[30] 양쪽 세계의 가장 좋은 점을 조합하려고 노력해서 인지적 기법과 분석적 기법을 혼합하여 '통합' 모델을 만든 심리치료가나 트레이닝 그룹도 있다.[31] 그러나 영국에서는 현재 권위자 집단에는 '인지행동요법'이 선호되고 있고, 모든 유파의 심리요법 트레이닝 그룹이—융 학파의 그룹도 포함—이제는 그것을 실시하는 전문가가 국민보건 서비스로부터의 추천과 자금을 확보하고 싶다면 인지적 기법을 받아들일 수밖에 없는 상황이다.[32]

어려운 것은 결국 인지적 기법의 유용성이 낮은 데 있는 것이 아니라, 현재의 상태와 처지에만 주목함으로써 생겨나는 과거와 연속감의 절단에 있는 것인지도 모른다. 인류사의 내적 측면을 이해하는 것이—사상사, 종교사, 가족이나 복수의 세대에 걸친 이야기의 정서적 역사 중 어느 것으로 그것을 찾는다고 해도—보다 나은 미래의 전망이 열리는 전환점이 될지도 모른다. 이것이 융 자신의 생각이었다. 융은 그것을 아직 프로이트와 함께 일하고 있던 무렵 꾸었던 꿈에 나타난, 층층이 된 '나의 집'에

처 전략의 개발에 중점을 둔다. 원래 우울증을 치료하기 위해 고안되었으며 지금은 보다 광범위한 정신 건강 상태의 호전을 위해 사용된다.

대한 서술로 생생하게 표현하고 있다. 융의 꿈의 집 위층에는 '로코코 양식' 가구가 놓여 있었다. 1층은 더 오래돼서 15세기나 16세기 것이었다. 돌계단이 지하실로 통했고, 그것은 고대 로마 시대의 것이었다. 융이 이 지하실 바닥을 더 자세히 보니 석판 하나를 들어 올릴 수 있는 고리가 있었다. 계단이 하나 더 있어 바닥으로 이어졌고, 거기에서 그는 '원시시대 문화의 유물 같은 흩어진 뼈와 부서진 토기'를 발견했다.[33] 융은 이 꿈을 '일종의 마음의 이미지'로 해석했다. 지면보다 훨씬 위쪽에 있는 로코코 양식의 큰방은 개인적 의식을 나타내고, 1층은 제1단계의 무의식을 상징하고 있었다. 융이 아래로 내려갈수록 주위는 어두웠고, 유물은 낡고 보편적으로 되었다.

> "그것은 나에게서 개인적인 마음 아래에 선험적(a priori)으로 존재
> 하고 있는 집단적인 마음의 최초의 암시였다. 이를 나는 우선 마음의
> 작용 초기 양식의 흔적으로 보았다. 나중에 경험을 거듭할수록, 그리
> 고 더욱 신뢰할 수 있는 정보를 바탕으로 나는 그것들이 본능의 형태,
> 즉 원형이라고 인정했다."[34]

융에게 역사는 고립된 사건들이 선상에 나열된 일람표, 즉 앨런 베넷 (Alan Bennett, 1934-현재)[450]의 연극의 등장인물들이 말하듯 '그저 차례차

---

450 영국의 배우, 작가, 극작가, 시나리오 작가다. 그는 리즈에서 태어나 옥스퍼드 대학에 다녔고 그곳에서 역사를 공부하고 옥스퍼드 레뷰에서 함께 공연을 했다. 그는 몇 년 동안 대학에서 중세사를 가르치고 연구하기 위해 머물렀다. 1960년 에딘버러 페스티벌에서 더들리 무어, 조나단 밀러, 피터 쿡과 함께 풍자적인 리뷰로 작가와 연주가로서의 그의 협연은 그에게 즉각적인 명성을 가

례로 일어나는 일[35]'은 아니었다. 인간의 창조성과 파괴성의 더 깊은 내면의 역사가 융의 심리학적 이해의 기초를 이루고 있었다. 그가 지적했듯이 점성술은 과거 심리학을 아우르며 심리학 자체 역사의 토대가 되었다. 융은 '이 시대의 영혼'과 대조적으로 역사가 가장 중요하다는 괴테와 같은 생각을 갖고 있었다.

> "3천년 역사로부터
> 배우고 주의를 기울이지 않는 자는
> 여전히 경험이 없는 채로
> 어둠 속에서 하루하루를 살아가도록 하라."[36]

'이 시대의 영혼'은 또한, 개인의 문제는 사회적, 경제적 요인 혹은 기후적 요인에서조차 생기는 것이지 심리학적인 것이 아니라는 확신을 갖고 있는 듯하다. 그래서 적절한 정부, 적절한 법률, 과학적 제도에 의한 적절한 개입을 통해 '치료'할 수 있을 것이라고 믿는 것이다. 그러나 과학계는 그 측정장치가 도움이 되지 않거나 부적당할지도 모르는 경계적 영역에서조차, 자신들이 완벽한 교황처럼 오판이나 무지와는 인연이 없다고 믿는 경우가 너무나 많다. 융은 상당한 고통이라고 하는 대가를 수반하면서까지, 융 자신이 '깊은 영혼'이라고 부른 것에 궁극적으로, 그리고 되돌릴 수 없는 형태로 충성하려고 했다—그것이 현재 일반적으로 받아들여

저다 주었다. 학계를 포기하고 1968년에 제작한 그의 첫 번째 연극인 〈40년 온(Forty Years On)〉을 집필하는 것으로 방향을 틀었다.

지고 있는 집단적인 세계관에 대립한 것이었다고 해도. 융이 큰 열의를 가지고 연구한 낡은 종교와 철학의 모든 학파는, 이 '깊은 영혼'을 인간이 끊임없이 그 표현 형태를 갱신해 온 노력의 발로라고 융에게는 보였던 것이다.

'깊은 영혼'을 소환하다

융이 자신의 호로스코프 속에서 자신과 동일시했던 행성 원형의 의식적 소환에 몰두한 것, 그러한 소환의 결과로 『새로운 책』에 많은 인물이 등장하고 있는 것은 융이 능동적 상상이라고 부른 기법의 역사적 뿌리를 잘 모르는 사람들에게는 곤혹스러울 뿐만 아니라 충격적인 가설로 여겨질 수 있다. 그러나 마법과 능동적 상상의 관계는 융 자신에 의해 설명되었기 때문에, 고대 말기 테우르기아 의식과 『새로운 책』을 가져오게 될 '내적 이미지의 추구'를 융이 스스로 연결시킬 수 없었던 것이 아니냐는 주장은 설득력이 없다. 융은 자신이 행성 '신'을 원형으로 파악하고 있는 것, 능동적 상상의 목적은 원형적 영향력과 개인의식의 대화를 성립시키는 것이라는 것도 천명하고 있다. 중세부터 초기 근대의 마도서 『미트라전례』와 같은 점성술적인 마법서, 점성술을 자신의 코스몰로지에 통합한 플로티노스, 이암블리코스, 프로클로스와 같은 신플라톤주의의 테우르기아 신봉자에게 관심을 기울인 것, 융이 자신의 출생 차트에 상징적으로 나타나 있다고 믿었던 내적 갈등에 상상계(imaginal)적—바꿔 말하면 마법적으로—으로 대처하려는 의도적이고 의식적인 노력을 했을 가능성이 높다는 것을 강하게 보여 준다.

이러한 내적 작업의 목적은 고대 말기 선조들과 마찬가지로 융에게도, 의식을 융이 '참 나'라고 여겼던 큰 마음의 중심과 통합함으로써 인격의 변용을 가져오는 것이었다. 이암블리코스와 그의 신봉자인 테우르기스트들은 그 중심을 신, 다이몬 등으로, 혹은 만물의 발출 근원인 플라톤주의적 일자(一者)로 보는 등 여러 가지 형태로 이해하고 있었다. 상징과 이미지를 이용해 통합을 지향하는 그들의 탐구행위는 심파티아를 바탕으로 한 것이었다. 이 행위가 융의 개성화라는 개념으로 다시 나타난 것이다. 융은 이 작업이 자연스럽지만 무의식적인, 때로는 불필요할 정도로 고통스럽고 또 실패하기까지 하는 여행으로 이뤄지는 것임을 시사했다. 융은 '자연이 불완전한 채로 두는 것을 연금술이 완성한다'라는 연금술의 격언을 즐겨 인용했고,[37]—완벽함이라는 생각이 아니라 전체성이라는 생각을 선호한 것도 감안하면—그것이 융이 개발하고 실천한 심리요법의 목적인 것이다.

융은 숙명 전반 그리고 특히 천체가 가져다주는 숙명을 패러독스로 여겼다. 점성술가로서의 견지에서 보면, 기독교 신학자 타티안(Tatian)[451]이 생각했던 것처럼 사람이 '영적으로 재생'할 때마다 그에 따라 새로운 호로스코프를 만들 수 있다는 종교적 확신을 가지는 것도 없다면, 타고난 호로스코프를 폐기하거나 새로 부여하라고 주문할 수도 없다.[38] 숙명은 분명

---

451 아디아베네의 타티아누스 또는 시리아인 타티아누스, 또는 아시리아인 타티아누스는 2세기의 아시리아 기독교 작가이자 신학자였다. 타티아누스의 가장 영향력 있는 작품은 『디아테사론』(*Diatessaron*)으로, 5세기까지 시리아어를 사용하는 교회들에서 네 복음서의 표준 텍스트가 된 네 복음서의 성경적 의역, 즉 '조화'이며, 그 후 페시타판의 네 개의 개별 복음서에 자리를 내주었다.

하고 고정돼 있다는 생각을 받아들이는 점성술사도 있지만, 심리학적 경향이 강한 점성술사들은 숙명을 다층적이고 협상의 여지가 있는 것으로 간주한다. 융의 생각에 호로스코프의 숙명은 큰 난제를 제시한다. 결국 사람은 '해야 할 일을 기꺼이 자유롭게' 해야 하지만, '기꺼이'와 '자유롭게'라는 부사는 인간의 노력에 의해 강제하거나 소거할 수 없는, '영원한 사실'—원형 그 자체—와 자유의지에 의한 의식적인 협조를 의미한다. 자유의지는 융에게는 다이몬의 뜻을 존중하고 받아들이는 것을 말한다. 그리고 그와 동시에 인격과 다이몬이 모두 있을 수 있는 가장 창조적인 방식으로 꽃피울 수 있는 대화와 변용의 가능성도 포함하고 있다.

융의 문맥에서 인격과 '참 나'의 결혼은 완벽함을 목표로 해서는 실현될 수 없고, 또 완벽한 삶을 이끄는 것도 아니다. 출생 호로스코프에 나타난 어려운 문제를 사람이 '초극' '극복' 혹은 '치료'할 수 있다는 생각은, 융에게는 부조리하게 느껴졌을 것이다. 그리고 동시에 문제의 이유를 이해하려 하지 않고 숙명이 강요한 고통을 그저 고개만 숙이고 받아들일 뿐이라는 자세도 융에게는 똑같이 부조리한 것으로 비쳤을 것이다. 융이 열심히 추구한 이상은 전체성이다. 그것은 호로스코프가 상징하는, 때로는 고통스러운 투쟁과 실패를 수반하는 갈등 속을 살 것을 요구하는 것이기도 하다. 그러나 그런 삶은 갈등 속에서 의미와 목적을, 그리고 자기 자신의 진실에 대한 충성을 발견하게 될 것이다. 서양의 점성술에 해당한다고 융이 바라본 동양의 주역 또한, 마찬가지로 역설적 인식을 드러낸다.

"성인은 도덕에 조화 순응하여 의리에 어긋나지 않도록 마음먹고,
천하의 도리를 다하여 인간의 본성을 다 알고 천명을 아는 경지에 도

달한 것이다"39), **452**

심리학 영역에서나 점성술 영역에서 융에게 궁극적으로 중요했던 것은 지적 추론이나 과학적 방법론보다 경험이었다. 지극히 설득력 있는 합리적인 반론에 노출되어도, 혹은 그러한 반론이 과학자로서 훈련받은 융 자신에게서 제시된 것이라 해도 경험을 중히 여겼던 것이다. 인생의 종말이 가까웠던 1959년 10월에, 융은 BBC의 〈페이스 투 페이스〉(Face to Face)**453**라는 TV 프로그램에서 방송진행자 존 프리먼(John Freeman)**454**과 인터뷰를 했다. 프리먼이 융에게 아직도 신을 믿느냐고 묻자 융은 이렇게 대답했다.

"지금요? 대답하는 것은 어렵습니다. 제가 아는 것은 믿을 필요가 없다는 것입니다. 저는 알고 있습니다."

프리먼은 융에게 점성술을 '믿고 있는지' 묻지 않았다. 그러나 그 대답도 같았을 것이다.

452　주역 설괘전 제1장. "和順於道德 而理於義 窮理盡性 以至於命".

453　원래 1959년에서 1962년 사이에 방송된 BBC 인터뷰 TV 프로그램으로, 휴 버넷(Hugh Burnett)이 제작하여 35개의 에피소드를 진행했다. 전직 정치인 존 프리먼(John Freeman)의 통찰력 있고 종종 탐구하는 인터뷰 스타일은 당시의 다른 프로그램과 분리되었다. 〈Face to Face〉는 1989년 Jeremy Isaacs와 함께 면접관으로 부활하여 1998년까지 운영되었다.

454　존 호레이스 프리먼 MBE 소령(1915.2.19.–2014.12.20.)은 영국 정치인, 외교관, 방송인, 영국 육군 장교였다. 그는 1945년부터 1955년까지 왓포드의 노동당 의원(MP)이었다.

Notes

1) Xenophon, *The Memorable Thoughts of Socrates*, trans. Edward Bysshe (London: Cassell, 1888), p. 10. 융은 이 작품의 두 종류의 독일어 번역본을 가지고 있었다.

2) Jung, *MDR*, p. 373.

3) 융은 죽기 직전에 그의 딸 그레트에게 점성술을 설명했는데, Baumann-Jung, 'The Horoscope of C. G. Jung', p. 55에 인용되어 있다.

4) 뉴에이지 현상으로서의 점성술에 대해서는, William Sims Bainbridge, *The Sociology of Religious Movements* (London: Routledge, 1997), pp. 363-85.

5) Main, *The Rupture of Time*, pp. 75-77.

6) Noll, *The Jung Cult*, pp. 67-69.

7) Noll, *The Jung Cult*, p. 270.

8) Hanegraaff, *New Age Religion*, pp. 496-505.

9) Jung, *Dream Analysis*, Vol. 1, p. 405.

10) 종교의 '통속적' 표현과 '공식' 표현에 대해서는, Leonard Norman Primiano, 'Vernacular Religion and the Search for Method in Religious Folklife', *Western Folklore* 54:1 (1995), pp. 37-56.

11) Alexander Ruperti, 'Dane Rudhyar', *The Astrological Journal* 32:2 (1986), p. 57.

12) Campion, *What Do Astrologers Believe*, pp. 59-72. 점성술은 '신앙' 또는 '믿음'을 동반한다는 가정의 예는, Bart J. Bok and Margaret W. Mayall, 'Scientists Look at Astrology', *Scientific Monthly* 52:3 (1941), pp. 233-244.

13) 점 칼럼의 역사에 대해서는, Kim Farnell, *Flirting with the Zodiac* (Bournemouth: Wessex Astrologer, 2007), pp. 123-42; Campion, *Astrology and Popular Religion*, pp. 69-84.

14) '과학주의'의 역사에 대해서는, Casper Hakfoort, 'Science Deified', *Annals of Science* 49:6 (1992), pp. 525-44; Gregory R. Peterson, 'Demarcation and the Scientistic Fallacy', *Zygon* 38:4 (2003) pp. 751-761.

15) Greene, *The Astrological World of Jung's 'Liber Novus'*, chapter 2.

16) 이러한 토론의 예에 대해서는, James Allen, *Inference from Signs* (Oxford: Oxford

University Press, 2001).

17) David S. Katz, *The Occult Tradition* (London: Jonathan Cape, 2005), p. 140.

18) Wouter J. Hanegraaff, 'Introduction: The Birth of a Discipline', in Antoine Faivre and Wouter J. Hanegraaff (eds.), *Western Esotericism and the Science of Religion* (Leuven: Peeters, 1998), pp. xii–xiii.

19) Jung, CW4, ¶¶774–775.

20) 융의 *Collected Works*에 있는 플라톤의 많은 인용에 대해서는, Jung, CW20, 'Plato'. 원형으로서의 플라톤적 이데아(Jung, CW8, ¶275; Jung, CW9i, ¶5), 세계 영혼에 대한 플라톤의 주장(Jung, CW5, ¶¶404–06, 649; Jung, CW9ii, ¶¶380, 389; Jung, CW18, ¶1361) 등이 있다. 플라톤이 집단을 신용하지 않았던 것에 대해서는, Plato, *Republic*, 6.476d–6.506c; Plato, *Meno*, 97d; Plato, *Crito*, 44–47; Plato, *Phaedrus*, 260a.

21) Plato, *Meno*, 98a.

22) 융이 이 용어를 사용한 것에 대해서는, Jung, CW3, ¶513; Jung, CW9i, ¶¶225, 228; Jung, CW10, ¶¶453–477. 융이 '엘리트주의자'라는 견해에 대해서는, Nicholas Lewin, *Jung on War, Politics and Nazi Germany* (London: Karnac Books, 2009), pp. 145–46.

23) Jung, CW10, ¶¶538–539.

24) 정치 체제와 그 주기적 변천에 대한 플라톤의 논고에 대해서는, Plato, *Republic*, 8.546–79.

25) 플라톤이 집단 내에서 개인의 책임을 강조한 것에 대해서는, Plato, *Laws*, III:389b–d; Plato, *Republic*, IV:434d–e.

26) Jung, CW10, ¶329.

27) William Shakespeare, *Julius Caesar*, I.ii.140–41.

28) 더 큰 개인적 의식과 책임을 요구하는 융의 열정적인 호소는, Jung, CW10, ¶¶488–588.

29) 'Cognitive Behavioural Therapy: Introduction', at 〈www.nhs.uk/conditions/ Cognitivebehavioural-therapy/Pages/Introduction.aspx〉.

30) Andrew C. Butler, Jason E. Chapman, Evan M. Forman, and Aaron T. Beck, 'The Empirical Status of Cognitive-Behavioural Therapy', *Clinical Psychology Review* 26:1 (2006), pp. 17–31; Tullio Scrimali, *Neuroscience-Based Cognitive Therapy* (London: John Wiley & Sons, 2012).

31) 이 혼합수법은 '인지분석요법'이라고 부르기도 한다. the Association for Cognitive Analytic Therapy의 웹사이트 〈www.acat.me.uk/page/home〉 특히, 〈www.acat. me.uk/page/acat+newsletter+4+december+2011〉의 Susie Black의 논문 'CAT, Jung and Neuroscience'.

32) Hilary Platt, 'Fighting for Professional Survival', *Psychotherapist* 48 (2011), pp. 29-32, 그리고 이번 호에 있는 다른 관련 논문. 이것은 the UK Council for Psychotherapy 의 잡지이다.

33) Jung, *MDR*, pp. 182-83.

34) Jung, *MDR*, pp. 184-85.

35) Alan Bennett, *The History Boys* (London: Faber & Faber, 2004), p. 85.

36) Johann Wolfgang von Goethe, *West-Eastern Divan*, trans. Edward Dowden (London: J. M. Dent, 1914; originally published as *West-ostlicher Divan*, Stuttgart: Cotta, 1819), V:74.

37) 융은 이 누군지 알 수 없는 연금술사의 말을 여러 가지로 말을 바꾸어 인용했다. Jung, CW8, ¶560; Jung, CW14, ¶422; Jung, *MDR*, p. 284.

38) 타티아누스에 대해서는, Lewis, *Cosmology and Fate*, p. 159.

39) Richard Wilhelm and Cary F. Baynes (trans.), *The I Ching or Book of Changes* (New York: Pantheon, 1950), p. 281.

참고문헌

융 원전

선집

Jung, C.G., *Psychiatric Studies*, CW1, trans. R.F.C. Hull (London: Routledge & Kegan Paul, 1957)

———, *Experimental Researches*, CW2, trans. Leopold Stein (London: Routledge & Kegan Paul, 1969)

———, *The Psychogenesis of Mental Disease*, CW3, trans. R.F.C. Hull (London: Routledge & Kegan Paul, 1960)

———, *Freud and Psychoanalysis*, CW4, trans. R.F.C. Hull (London: Routledge & Kegan Paul, 1961) 정명진 역, 『칼융이 본 프로이트와 정신분석』, 부글북스, 2018.

———, *Symbols of Transformation*, CW5, trans. R.F.C. Hull (London: Routledge & Kegan Paul, 1956)

———, *Psychological Types*, CW6, trans. R.F.C. Hull (London: Routledge & Kegan Paul, 1971) 정명진 역, 『칼융의 심리유형』, 부글북스, 2014.

———, *Two Essays on Analytical Psychology*, CW7, trans. R.F.C. Hull (London: Routledge & Kegan Paul, 1972)

———, *The Structure and Dynamics of the Psyche*, CW8, trans. R.F.C. Hull (London: Rout-ledge & Kegan Paul, 1960)

———, *The Archetypes and the Collective Unconscious*, CW9i, trans. R.F.C. Hull (London: Routledge & Kegan Paul, 1959)

———, *Aion: Researches into the Phenomenology of the Self*, CW9ii, trans. R.F.C. Hull (London: Routledge & Kegan Paul, 1959) 김세영, 정명진 역, 『아이온』, 부글북스, 2016.

———, *Civilization in Transition*, CW10, trans. R.F.C. Hull (London: Routledge & Kegan Paul, 1964)

————, *Psychology and Religion*, CW11, trans. R.F.C. Hull (London: Routledge & Kegan Paul, 1958)

————, *Psychology and Alchemy*, CW12, trans. R.F.C. Hull (London: Routledge & Kegan Paul, 1953) 정명진 역, 『심리학과 연금술』, 부글북스, 2023.

————, *Alchemical Studies*, CW13, trans. R.F.C. Hull (London: Routledge & Kegan Paul, 1967)

————, *Mysterium Coniunctionis*, CW14, trans. R.F.C. Hull (London: Routledge & Kegan Paul, 1963) 김세영 역, 『융합의 신비』, 부글북스, 2017.

————, *The Spirit in Man, Art, and Literature*, CW15, trans. R.F.C. Hull (London: Rout-ledge & Kegan Paul, 1966)

————, *The Practice of Psychotherapy*,CW16,trans.R.F.C. Hull (London: Routledge & Kegan Paul, 1954)

————, *The Development of Personality*, CW17, trans. R.F.C. Hull (London: Routledge & Kegan Paul, 1954)

————, *The Symbolic Life*, CW18, trans. R.F.C. Hull (London: Routledge & Kegan Paul, 1977)

————, *General Index to the Collected Works*, CW20 (London: Routledge & Kegan Paul, 1979) Other cited works by Jung in English and German

Jung, C.G., *Wandlungen und Symbole der Libido*, published in two parts in *Jahrbuch für psychoanalytische und psychopathologische Forschungen* (Leipzig), III–IV (1911-12; repr. Leipzig: Dueticke Verlag, 1912)

————, 'Versuch einer Darstellung der psychoanalytischen Theorie', in *Jahrbuch für psychoanalytische und psychopathologische Forschungen* 5 (Vienna and Leipzig, 1913)

————, 'The Theory of Psychoanalysis', *Psychoanalytic Review* (New York), 1 (1913-14), pp. 1-4 and 2 (1915)

————, *Collected Papers on Analytical Psychology*, ed. and trans. Constance E. Long (London: Baillière, Tindall and Cox, 1916)

————, *Psychology of the Unconscious*, trans. Beatrice M. Hinkle (New York: Moffat, Yard, 1916)

————, *Studies in Word-Association: Experiments in the Diagnosis of Psychopathological Conditions Carried Out at the Psychiatric Clinic of the University of Zürich*, trans. M.D. Eder (London: William Heinemann, 1918)

————, 'The Psychological Foundations of Belief in Spirits', *Proceedings of the*

Society for Psychical Research 31 (1920)

———, *Psychologische Typen* (Zürich: Rascher Verlag, 1921)

———, 'Die Bedeutung der schweizerischen Linie im Spektrum Europas', *Neue Schweitzer Rundschau* 24:6 (1928), pp. 1-11

———, 'Über den Archetypus mit besonderer Berücksichtigung des Animabegriffes', *Zentralblatt für Psychotherapie und ihre Grenzgebiete* 9:5 (1936), pp. 259-75

———, *The Integration of the Personality*, trans. Stanley Dell (New York: Farrar & Rinehart, 1939)

———, *Aion: Untersuchungen zur Symbolgeschichte, Psychologische Abhandlungen* VIII, (Zurich: Rascher Verlag, 1951)

———, Letters to Michael Fordham, 15 December 1954; 9 November 1954; 20 October 1954; Michael J. Fordham, Letter to C.G. Jung, 10 January 1955; Wellcome Library, London, PP/FOR/C.1/1/2:Box 7

———, 'Exercitia spiritualia of St. Ignatius of Loyola', in *Modern Psychology: Notes on Lectures Given at the Eidgenössische Technische Hochschule, Zürich by Prof. Dr. C.G. Jung, October 1933-July 1941*, 3 volumes, trans. and ed. Elizabeth Welsh and Barbara Hannah (Zürich: K. Schippert, 1959-60), Vol. 3 -4, pp. 153-57

———, *Modern Psychology: Notes on Lectures Given at the Eidgenössische Technische Hochschule, Zürich by Prof. Dr. C.G. Jung, October 1933-July 1941*, 3 volumes, trans. and ed. Elizabeth Welsh and Barbara Hannah (Zürich: K. Schippert, 1959-60)

———, *Memories, Dreams, Reflections*, ed. Aniela Jaffé, trans. Richard and Clara Winston (London: Routledge & Kegan Paul, 1963), pp. 194-225 조성기 역, 『카를 융 기억 꿈 사상』, 김영사, 2007. 이부영 역, 『회상 꿈 그리고 사상』, 집문당, 2012.

———, 'The Psychological Aspects of the Kore', in C.G. Jung and C. Kerényi, *Essays on a Science of Mythology: The Myth of the Divine Child and the Mysteries of Eleusis* (Princeton, NJ: Princeton University Press, 1963)

———, *Analytical Psychology: Its Theory and Practice* (London: Routledge & Kegan Paul, 1968) 정명진 역, 『분석심리학』, 부글북스, 2016.

———, *C.G. Jung Letters*, 2 volumes, ed. Gerhard Adler, trans. R.F.C. Hull (London: Rout-ledge & Kegan Paul, 1973-76)

———, 'Letters to Oskar Schmitz, 1921-1931', trans. James Kirsch, *Psychological*

Perspectives 6:1 (1975), pp. 79-95

———, *The Visions Seminars*, 2 volumes (Zürich: Spring, 1976)

———, *Septem Sermones ad Mortuos: Written by Basilides in Alexandria, the City Where East and West Meet*, trans. Stephan A. Hoeller, in Stephan A. Hoeller, *The Gnostic Jung and the Seven Sermons to the Dead* (Wheaton, IL: Theosophical Publishing House, 1982), pp. 44-58

———, *Dream Analysis: Notes of the Seminar Given in 1928-1930 by C.G. Jung*, ed. William C. McGuire (London: Routledge & Kegan Paul, 1984) 정명진 역, 『환상 분석』, 부글북스, 2019.

———, *Introduction to Jungian Psychology: Notes of the Seminar on Analytical Psychology Given in 1925 by C.G. Jung*, ed. William McGuire and Sonu Shamdasani (Princeton, NJ: Princeton University Press, 1989)

———, *Jung's Seminar on Nietzsche's Zarathustra*, ed. James Jarrett (Princeton, NJ: Princeton University Press, 1997) 김세영 역, 『칼 융, 차라투스트라를 분석하다』, 부글북스, 2017.

———, *Visions: Notes of the Seminar Given in 1930-1934 by C.G. Jung*, ed. Claire Douglas, 2 volumes (Princeton, NJ: Princeton University Press, 1997)

———, *Children's Dreams: Notes from the Seminar Given in 1936-1940*, ed. Lorenz Jung and Maria Meyer-Grass, trans. Ernst Falzeder and Tony Woolfson (Princeton, NJ: Princeton University Press, 2008)

———, *The Red Book: Liber Novus*, ed. Sonu Shamdasani, trans. Mark Kyburz, John Peck, and Sonu Shamdasani (New York & London: W.W. Norton, 2009)

———, *Jung on Astrology*, selected and introduced by Keiron le Grice and Safron Rossi (Abingdon: Routledge, 2017)

1차 자료

Abraham von Worms, *Die egyptischen großen Offenbarungen, in sich begreifend die aufgefundenen Geheimnisbüher Mosis; oder des Juden Abraham von Worms Buch der wahren Praktik in der uralten götlichen Magie und erstaunlichen Dingen, wie sie durch die heilige Kabbala und durch Elohym mitgetheilt worden. Sammt der Geister - und Wunder-Herrschaft, welche Moses in der Wüste aus dem feurigen Busch erlernet, alle Verborgenheiten der Kabbala umfassend* (Cologne: Peter Hammer, 1725)

Agrippa, Heinrich Cornelius von Nettesheim, *De occulta philosophia libri tres* (Cologne: J. Soter, 1533)

——, *De incertudine & vanitate omnium scientiarum declamatio omiectium* (Cologne: T. Baumann, 1584)

——, *De incertidome & vanitate omnium scientiarum & artium liber* (Hagae-Comitum: A. Ulacq, 1653)

——, *Die Cabbala des H.C. Agrippa von Nettesheim*, trans. Johann Scheible and Friedrich Barth (Stuttgart: Johann Scheible, 1855)

——, *Magische Werke sammt den geheimnisvollen Schriften des Petrus von Abano, Pictorius von Villingen, Gerhard von Cremona, Abt Tritheim von Spanheim, dem Buche Arbalel, der sogenannten Heil*, 3 volumes (Berlin: Hermann Bardsdorf, 1916)

——, *Magische Werke samt den geheimnisvollen Schriften des Petrus von Abano, Pictorius von Villingen, Gerhard von Cremona, Abt Tritheim von Sponheim, dem Buche Arbatel, der sogenannten Heil. Geist-Kunst und verschiedenen anderen*, 2 volumes (Vienna: Amonesta-Verlag, 1921)

Anonymous,'Ancient Landmarks: From the Neoplatonists to H.P.B.', *Theosophy* 28:2 (1939), pp. 53-57

'Astrologers' Weekend', *Picture Post: Hulton's National Weekly*, 29 April 1939, pp. 3-4

Atwood, Mary Ann, *Hermetic Philosophy and Alchemy: A Suggestive Inquiry into 'The Hermetic Mystery' with a Dissertation on the More Celebrated of the Alchemical Philosophers* (London: Trelawney Saunders, 1850)

Bachofen, Johann Jacob, *Das Mutterrecht: Eine Untersuchung über die Gynaikokratie der alten Welt nach ihrer religiösen und rechtlichen Natur* (Stuttgart: Krais und Hoffmann, 1861)

Bailey, Alice A., *Esoteric Astrology: A Treatise on the Seven Rays, Volume III* (New York: Lucis, 1951)

Bailey, George H., 'The Descent to Birth and the Soli-Lunar Interchanges', *Modern Astrology* (1915); repr. as 'The Prenatal Epoch and the Soli-Lunar Interchanges', *Astrologer's Quarterly* 3:2 (1929)

Bailly, Jean Sylvain, *Histoire de l'astronomie ancienne, depuis son origine jusqu'à l'établissement de l'école d'Alexandrie* (Paris: Debure, 1775)

——, *Traite de l'astronomie indienne et orientale* (Paris: Debure, 1787)

Basil of Caesarea, *Hexaemeron*, trans. Blomfield Jackson (Amazon CreateSpace,

2014)

Berthelot, Marcellin, *Les origines de l'alchemie* (Paris: Georges Steinheil, 1885)

——, *Collection des anciens alchemistes grecs*, 3 volumes (Paris: Georges Steinheil, 1887-88)

Besant, Annie, *A Study in Consciousness: A Contribution to the Science of Psychology* (London: Theosophical Publishing Society, 1904)

Biegel, Rebekka Aleida, *Zur Astrognosie der alten Ägypter* (Göttingen: Dieterichsche Universitäts-Buckdruckerei, 1921)

Blavatsky, H.P., *Isis Unveiled: A Master-Key to the Mysteries of Ancient and Modern Science and Theology*, 2 volumes (London: Theosophical Publishing, 1877)

——, *The Secret Doctrine: The Synthesis of Science, Religion, and Philosophy*, 2 volumes (London: Theosophical Publishing, 1888)

——, *The Theosophical Glossary*, ed. G.R.S. Mead (London: Theosophical Publishing House, 1892)

——, *Collected Writings, 1874-1891*, 15 volumes, ed. Boris de Zirkoff (Wheaton, IL: Theosophical Publishing House, 1966)

Bouché-Leclercq, Auguste, *L'astrologie grecque* (Paris: Ernest Leroux, 1899)

Bousset, Wilhelm, *Hauptprobleme der Gnosis* (Göttingen: Vandenhoeck & Ruprecht, 1907)

Brunner, Cornelia, *Die Anima als Schicksalsproblem des Mannes* (Zürich: Rascher Verlag, 1963)

Buch Abramelin das ist Die egyptischen großen Offenbarungen. Oder des Abraham von Worms Buch der wahren Praktik in der uralten götlichen Magie (Leipzig: Editions Araki, 2001)

Bundy, Murray Wright, *The Theory of Imagination in Classical and Medieval Thought* (Urbana: University of Illinois Press, 1927)

Cardanus, Jerome [Girolamo Cardano], *Commentarium in Ptolemaeum de astrorum iudiciis*, in Girolamo Cardano, *Opera omnia* (Lyons: Charles Sponius, 1663)

Carter, Charles E.O., *An Encyclopaedia of Psychological Astrology* (London: Theosophical Publishing House, 1924)

——, *The Astrological Aspects* (London: Theosophical Publishing House, 1930)

Coleman, William Emmette, 'The Sources of Madame Blavatsky's Writings', in Vsevolod Sergyeevich Solovyoff, *A Modern Priestess of Isis* (London: Longmans, Green, 1895), Appendix C, pp. 353-66

Cory, Isaac Preston, *Ancient Fragments of the Phoenician, Chaldean, Egyptian, Tyrian, Carthaginian, Indian, Persian, and Other Writers; With an Introductory Dissertation; And an Inquiry into the Philosophy and Trinity of the Ancients* (London: William Pickering, 1832; repr. London: Reeves and Turner, 1876)

Creuzer, Georg Friedrich, *Symbolik und Mythologie der alten Völker, besonders der Griechen* (Leipzig: K.W. Leske, 1810-12)

————— (ed.), *Plotini Enneades cum Marsilii Ficini Interpretatione Castigata; primum accedunt Porphyryii et Procli Institutiones et Prisciani Philosophi Solutiones* (Paris: Dübner, 1855)

Crowley, Aleister, *777 and Other Qabalistic Writings of Aleister Crowley*, ed. Israel Regardie (London: Ordo Templi Orientis, 1912; repr. York Beach, ME: Samuel Weiser, 1973)

Cumont, Franz, *Textes et monuments figurés relatifs aux mystères de Mythra* (Brussels: H. Lamer-tin, 1896)

—————, *Die Mysterien des Mithra* (Leipzig: Teubner, 1903; repr. 1911)

—————, *Die orientalischen Religionen im römischen Heidentum: Vorlesungen am Collège de France* (Leipzig: Teubner, 1910)

D'Ailly, Pierre, *Tractatus de imagine mundi Petri Aliaco, et varia ejusdem auctoris, et Joannis Gersonis opuscula* (Louvain: Johannes de Westphalia, 1483)

Damascius, *Dubitationes et solutiones de primis principiis in Platonis Parmenidem*, 2 volumes (Paris: Ruelle, 1889)

Delatte, Louis, *Textes latins et vieux français relatifs aux Cyranides* (Paris: Droz, 1942)

De l'Aulnaye, François-Henri-Stanislas, *L'histoire générale et particulière des religions et du cultes de tous les peuples du monde, tant anciens que modernes* (Paris: J.B. Fournier, 1791)

—————, *Récapitulation de toute la maçonnerie, ou Description et explication de l'hiéroglyphe universel du maître des maîtres* (privately published, Paris, 1812)

—————, *Thuileur des trente-trois degrés de l'écossisme du rit ancien, dit accepté, auquel on a joint la rectification, l'interprétation et l'étymologie des mots sacrés, de passe, d'attouchement, de reconnaissance* (privately published, Paris, 1813)

Deussen, Paul, *Allgemeine Geschichte der Philosophie*, 2 volumes (Leipzig: F.A. Brockhaus, 1894)

Dieterich, Albrecht, *Abraxas: Studien zur Religionsgechichte des spätern Alterums* (Leipzig: Teubner, 1891)

————, *Ein Mithrasliturgie* (Leipzig: Teubner, 1903)

Dionysius the Areopagite, *Was mir das Jenseits mitteilteas Der mystische Weg und innere Doktor Johannes Fausts Magia naturalis et innaturalis, oder dreifacher Höllenzwang, letztes Testament und Siegelkunst* (Stuttgart: Scheible, 1849)

Drews, Arthur C., *Plotin und der Untergang der antiken Weltanschaunng* (Jena: Diederichs, 1907)

————, *Die Christusmythe* (Jena: E. Diederichs, 1910)

Dupuis, Charles, *Origine de tous les cultes, ou religion universelle* (Paris: H. Agasse, 1795)

————, *Planches de l'origine de tous les cultes* (Paris: H. Agasse, 1795)

Eisler, Robert, *Weltenmantel und Himmelszelt: Religionsgeschichtliche Untersuchungen zur Urgeschichte des antiken Weltbildes*, 3 volumes (Munich: C.H. Beck, 1910)

————, *Orpheus the Fisher: Comparative Studies in Orphic and Early Christian Cult Symbolism* (London: J.M. Watkins, 1921); originally published as a series of articles in *The Quest* 1:1 (1909), pp. 124-39; 1:2 (1910), pp. 306-21; 1:4 (1910), pp. 625-48

————, *Orphisch-dionysische Mysteriengedanken in der christlichen Antike* (Leipzig:Teubner, 1925)

————, *L'origine babylonienne de l'alchimie: A propos de la découverte récente de recettes chimiques sur tablettes cunéiformes*, trans. Robert Bouvier (Paris: La Renaissance du Livre, 1926)

————, 'Pistis Sophia und Barbelo', *Angelos: Archiv für Neutestamentliche und Kulturkunde* 3:1-2 (1928), pp. 93-110

————, 'Nachleben dionysischer Mysterienriten?', *Archiv für Religionswissenschaft* 27 (1928), pp. 171-83

————, *Man into Wolf: An Anthropological Interpretation of Sadism, Masochism, and Lycanthropy* (London: Routledge & Kegan Paul, 1951)

Epiphanius, *Ausgewählte Schriften* (Munich: Josef Kösel, 1919)

Festugière, André-Jean, *La révélation d'Hermès Trismégiste*, 4 volumes (Paris:

Bibliothèque des textes philosophiques, 1946-54)

Ficino, Marsilio, *Mercurii Trismegisti: Pimander sive de potestate et sapientia Dei* (Treviso: Gerardus de Lisa, 1471)

Flambart, Paul [Paul Choisnard], *Preuves et bases de l'astrologie scientifique* (Paris: Bibliothèque Chacornac, 1921)

Flamel, Nicolas, *Le Livre des figures hiéroglyphiques* (Paris: Veuve Guillemot, 1612)

Fliess, Wilhelm, *Der Ablauf des Lebens: Grundlegung zur Exakten Biologie* (Leipzig: F. Deuticke, 1906)

Fortune, Dion, *The Goat-Foot God* (London: Norgate, 1936)

———, 'Types of Mind Working', in Dion Fortune and Gareth Knight, *An Introduction to Ritual Magic* (Loughborough: Thoth, 1997), pp. 32-39

Frazer, James, *The Golden Bough: A Study in Magic and Religion* (New York: Macmillan, 1922)

Frey-Rohn, Liliane, Interview with Gene Nameche, C.G. Jung Biographical Archive 1968-73, Countway Library of Medicine, Harvard University, Interview 2, p. 25

Gerhardt, Oswald, *Der Stern des Messias: das Geburts- und das Todesjahr Jesu Christi nach astronomischer Berechnung* (Leipzig: Deichert, 1922)

Ginzburg, Christian D., *The Kabbalah: Its Doctrines, Development, and Literature* (London: Longmans, Green, 1863)

Heindel, Max, *The Rosicrucian Cosmo-Conception, or Mystic Christianity* (Oceanside, CA: Rosicrucian Fellowship, 1909)

———, *The Rosicrucian Mysteries* (Oceanside, CA: Rosicrucian Fellowship, 1911)

———, *The Message of the Stars: An Esoteric Exposition of Medical and Natal Astrology Explaining the Arts of Prediction and Diagnosis of Disease* (Oceanside, CA: Rosicrucian Fellowship, 1918)

———, *Simplified Scientific Astrology: A Complete Textbook on the Art of Erecting a Horoscope* (London: L.N. Fowler, 1928)

Henry, Paul and Hans-Rudolf Schwyzer (eds.), *Plotini opera. Porphyrii vita Plotini: Enneades I-III* (Paris: Desclée de Brouwer, 1951)

———, *Plotini opera. Enneades IV-VI* (Paris: Desclée de Brouwer, 1959)

Higgins, Godfrey, *Anacalypsis: An Attempt to Draw Aside the Veil of the Saitic Isis or an Inquiry into the Origin of Languages, Nations and Religions*, 2 volumes (London: Longman, Rees, Orme, Brown, Green, and Longman, 1836)

Hinkle, Beatrice, 'Jung's Libido Theory and the Bergsonian Philosophy', *New York Medical Journal* 30 (1914), pp. 1080-86

Inge, William Ralph, *Christian Mysticism, Considered in Eight Lectures Delivered Before the University of Oxford* (London: Methuen, 1899)

Irenaeus, *Irenaei episcopi lugdunensis contra omnes haereses* (Oxford: Thomas Bennett, 1702)

———, *Des heiligen Irenäus fünf Bücher gegen die Häresine*, trans. Ernst Klebba (Munich: Josef Kösel, 1912)

James, William, 'Frederic Myers's Service to Psychology', *Popular Science Monthly* (August 1901), pp. 380-89

———, *The Varieties of Religious Experience: A Study in Human Nature* (London: Longmans, Green, 1902)

Janet, Pierre, *The Major Symptoms of Hysteria: Fifteen Lectures Given in the Medical School of Harvard University* (New York: Macmillan, 1924)

Kern, Otto (ed.), *Orphicorum fragmenta* (Berlin: Weidmann, 1922)

Khunrath, Heinrich, *Von hylealischen, das ist, pri-materialischen catholischen, oder algemeinem natürlichen Chaos, der naturgemessen Alchymiae und Alchemisten* (Magdeburg: Andreas Genen, 1597)

King, Charles William, *The Gnostics and Their Remains: Ancient and Medieval* (London: Bell & Dalby, 1864)

Knorr von Rosenroth, Christian, *Kabbala denudata, seu, Doctrina Hebraeorum transcendentalis et metaphysica atque theologica: opus antiquissimae philosophiae barbaricae ... in quo, ante ipsam translationem libri ... cui nomen Sohar tam veteris quam recentis, ejusque tikkunim . . . praemittitur apparatus [pars 1-4]*, 3 volumes (Sulzbach/Frankfurt: Abraham Lichtenthal, 1677-84)

Krafft, Karl Ernst, *Le premier traité d'astro-biologie* (Paris: Wyckmans, 1939)

Kyranides: The Magick of Kirani, King of Persia and of Harpocration: Containing the Magical and Medicinal Vertues of Stones, Herbs, Fishes, Beasts and Birds (London: n. p., 1685; repr. as *Kyranides: On the Occult Virtues of Plants, Animals, and Stones: Hermetic and Talismanic Magic*; New York: Renaissance Astrology, 2010)

Leadbeater, C.W., *Man, Visible and Invisible* (London: Theosophical Publishing Society, 1902) Leo, Alan, *Astrology for All, Part I: Individual and Personal*

Characteristics as Represented by the Sun and Moon; Part II, Casting the Horoscope* (London: Modern Astrology Office, 1899)

———, *How to Judge a Nativity* (London: Modern Astrology Office, 1903)

———, *The Progressed Horoscope* (London: Modern Astrology Office, 1905)

———, *Astrology for All* (London: Modern Astrology Office, 1910)

———, *The Key to Your Own Nativity* (London: Modern Astrology Office, 1910)

———, 'The Age of Aquarius', *Modern Astrology* 8:7 (1911), p. 272

———, *The Art of Synthesis* (London: Modern Astrology Office, 1912)

———, *Esoteric Astrology* (London: Modern Astrology Office, 1913)

———, *Mars: The War Lord* (London: Modern Astrology Office/L.N. Fowler, 1915)

———, *Saturn: The Reaper* (London: Modern Astrology Office, 1916)

———, *Dictionary of Astrology*, ed. Vivian Robson (London: Modern Astrology Office/L.N. Fowler, 1929)

Leo, Bessie, *The Life and Work of Alan Leo, Theosophist – Astrologer – Mason* (London: Modern Astrology Office/N.L. Fowler, 1919)

Longfellow, Henry Wadsworth, *The Song of Hiawatha* (Boston, MA: Ticknor and Fields, 1855)

Machen, Arthur, 'The Novel of the White Powder', in Arthur Machen, *The Three Impostors* (London: John Lane, 1895), pp. 95-111

Maier, Michael, *Symbola aureae mensae duodecim nationum* (Frankfurt: Julius Ägidius von Negelein, 1617)

Mann, Thomas, *Doktor Faustus: Das Leben des deutschen Tonsetzers Adrian Leverkühn, erzählt von einem Freunde* (Frankfurt: S. Fischer, 1947)

Marc Aurel, *Selbstbetrachtungen*, trans. Otto Kiefer (Leipzig: E. Diederichs, 1903)

Massey, Gerald, *The Natural Genesis, or Second Part of a Book of the Beginnings: Concerning an Attempt to Recover and Reconstitute the Lost Origins of the Myths and Mysteries, Types and Symbols, Religion and Language, with Egypt for the Mouthpiece and Africa as the Birthplace*, 2 volumes (London: Williams and Norgate, 1883)

———, *Gerald Massey's Lectures* (London: Private Publication, 1887)

———, 'The Hebrew and Other Creations, Fundamentally Explained', in *Gerald Massey's Lectures* (London: Private Publication, 1887), pp. 105-40

———, 'The Historical Jesus and Mythical Christ', in *Gerald Massey's Lectures* (London: Private Publication, 1887), pp. 1-26

Mead, G.R.S., 'Pistis-Sophia', Lucifer 6 (March 1890-August 1890), pp. 107-13, 230-39, 315-23, 392-401, 489-99; Lucifer 7 (September 1890-February 1891), pp. 35-43, 139-47, 186-96, 285-95, 368-76, 456-63; Lucifer 8 (March 1891-August 1891), pp. 39-47, 123-29, 201-4

——, Orpheus (London: Theosophical Publishing Society, 1896)

——, Pistis Sophia: A Gnostic Miscellany: Being for the Most Part Extracts from the Book of the Saviour, to Which Are Added Excerpts from a Cognate Literature (London: Theosophical Publishing Society, 1896)

——, 'The Lives of the Later Platonists', Lucifer 18 (March-August 1896), pp. 185-200, 288-302, 368-80, 456-69; Lucifer 19 (September 1896-February 1897), pp. 16-32, 103-13, 186-95

——, 'Hermes the Thrice-Greatest According to Iamblichus an Initiate of the Egyptian Wisdom', Theosophical Review 25 (September 1899-February 1900), pp. 9-19

——, Fragments of a Faith Forgotten: Some Short Sketches Among the Gnostics Mainly of the First Two Centuries (London: Theosophical Publishing Society, 1906)

——, Thrice-Greatest Hermes: Studies in Hellenistic Theosophy and Gnosis, 3 volumes (London: Theosophical Publishing Society, 1906)

——, Echoes from the Gnosis (London: Theosophical Publishing Society, 1906-8)

——, A Mithraic Ritual, Volume 6 of Echoes from the Gnosis (London: Theosophical Publishing Society, 1907)

——, The Mysteries of Mithra, Volume 5 of Echoes from the Gnosis (London: Theosophical Publishing Society, 1907)

——, The Chaldean Oracles, published As Volume 8 of Echoes from the Gnosis (London: Theosophical Publishing Society, 1908)

——, The Doctrine of the Subtle Body in Western Tradition: An Outline of What the Philosophers Thought and Christians Taught on the Subject (London: J.M. Watkins, 1919)

——, 'The Quest' - Old and New: A Retrospect and Prospect (London: John M. Watkins, 1926)

Mercurii Trismegisti: Pimandras utraque lingua restitutus, D. Francisci Flussatis Candellae industria (Bordeaux: Simon Millanges, 1574)

Meyrink, Gustav, Der Golem (Leipzig: Kurt Wolff, 1915)

———, *Das grüne Gesicht* (Leipzig: Kurt Wolff, 1916)

———, *Fledermäuse: Sieben Geschichten* (Leipzig: Kurt Wolff, 1916)

———, *Walpurgisnacht* (Leipzig: Kurt Wolff, 1917)

———, *Der Engel vom westlichen Fenster* (Bremen: Schünemann, 1927)

Müller, F. Max, *Lectures on the Origin and Growth of Religions as Illustrated by the Religions of India* (London: Longmans, Green, 1878)

———, *Vorlesungen über den Ursprung und die Entwickelung der Religion* (Strasbourg: Trübner, 1880)

———, *Theosophy: Or, Psychological Religion: The Gifford Lectures Delivered Before the University of Glasgow in 1892* (London: Longmans, Green, 1917)

Myers, F.H.W., *Human Personality and Its Survival of Death* (London: Longmans, 1903)

Mylius, Johann Daniel, *Philosophia reformata* (Frankfurt: Luca Jennis, 1622)

Nietzsche, Friedrich, *Also sprach Zarathustra: Ein Buch für Alle und Keinen* (Chemnitz: Ernst Schmeitzner, 1883-84)

Paracelsus, *Sâmtliche Werke: 1. Abt. Medizinische, naturwissenschaftliche und philosophische Schriften*, VIII, ed. Karl Sudhoff, 14 volumes (Munich and Berlin, 1922-33), pp. 161-70

———, *Liber de nymphis, sylphis, pygmaeis et salamandris et de caeteris spiritibus*, in *Sämtliche Werke*, 1:14.7, ed. Karl Sudhoff and Wilhelm Matthiessen (Munich: Oldenbourg, 1933)

Pearce, Alfred J., *The Weather Guide-Book: A Concise Exposition of Astronomic-Meteorology* (London: Simpkin, Marshall, 1864)

———, *The Science of the Stars* (London: Simpkin, Marshall, 1881)

——— (ed.), *The Future: A Monthly Magazine of Predictive Sciences and Events of the Day* (1892-94)

Philo Alexandrinus, *Philonis Iudaei, scriptoris eloquentissimi, ac philosophi summi, lucubrationes omnes quotquot haberi potuerunt: cuius opera uterque est integritati restitutus* (Basel: Sigmund Gelen, 1561)

———, *Opera quae supersunt*, 6 volumes, ed. Leopold Cohn and Paul Wendland (Berlin: Walter de Gruyter, 1898-1915)

Quillard, Pierre (trans.), *Le livre de Jamblique sur les mystères* (Paris: Libraire de l'art indépendant, 1875)

Raphael, *The Key to Astrology, Containing a Complete System of Genethliacal*

        Astrology (London:
W. Foulsham, 1896) Regardie, Israel, *The Tree of Life: A Study in Magic* (London: Rider, 1932)

———, *An Account of the Teachings, Rites, and Ceremonies of the Hermetic Order of the Golden Dawn*, 4 volumes (Chicago: Aries Press, 1937-40; repr. as one volume, St Paul, MN: Llewellyn, 1989)

———, *The Philosopher's Stone: A Modern Comparative Approach to Alchemy from the Psychological and Magical Points of View* (London: Rider, 1938)

Reitzenstein, Richard, *Poimandres: ein paganisiertes Evangelium: Studien zur griechisch-äegtischen und frühchristlichen Literatur* (Leipzig: Teubner, 1904)

———, *Die hellenistische Mysterienreligionen* (Leipzig: Teubner, 1910)

———, *Mysterionreligionen nach ihren Grundgedanken und Wirkungen* (Leipzig: Teubner, 1910)

———, *Das iranische Erlösungsmysterium: religionsgeschichtliche Untersuchungen* (Bonn: A. Marcus and E. Weber, 1921)

Rhine, J.B., *Extra-Sensory Perception* (Boston, MA: Boston Society for Psychic Research, 1934)

———, *New Frontiers of the Mind: The Story of the Duke Experiments* (New York: Farrar & Rinehart, 1937)

Rohde, Erwin, *Seelencult und Unsterlichkeitsglaube der Griechen*, 2 volumes (Tübingen: Mohr, 1903)

Roscher, Wilhelm Heinrich, *Ausfürliches Lexikon der griechischen und römischen Mythologie Lexicon* (Leipzig: Teubner, 1884) Rudhyar, Dane, *The Rebirth of Hindu Music* (Adyar: Theosophical Publishing House, 1928)

———, *The Astrology of Personality: A Reinterpretation of Astrological Concepts and Ideals in Terms of Contemporary Psychology and Philosophy* (New York: Lucis Trust, 1936)

———, *Astrological Timing: The Transition to the New Age* (New York: Harper & Row, 1969)

———, *The Transition to the New Age* (London: Harper & Row, 1969)

———, *The Planetarization of Consciousness* (New York: Harper, 1972)

———, *The Astrology of America's Destiny: A Birth Chart for the United States of America* (New York: Random House, 1974)

Ruland, Martin, *Lexicon alchemiae sive Dictionarium alchemisticum* (Frankfurt: Zachariah Palthenus, 1612)

Saturn Gnosis: Offizielles Publikations-Organ der deutschen Gross-Loge Fraternitas Saturni Orient Berlin

Scheible, Johann (ed.), *Das sechste und seibente Buch Mosis, das ist: Mosis magische Geisterkunst, das Geheimnis aller Geheimnisse. Sammt den verdeutschten Offenbarungen und Vorschriften wunderbarster Art der alten weisen Hebrer, aus den Mosaischen Buchern, der Kabbala und den Talmud zum leiblichen Wohl der Menschen* (Stuttgart: Scheible, 1849)

Schmitz, Oskar A.H. *Geist der Astrologie* (Munich: Müller, 1922)

Schultz, Wolfgang, *Dokumente der Gnosis* (Jena: Diederichs, 1910)

Seneca, Lucius Annaeus, *L. Annaei Senecae rhetoric opera, quae extant Integris Nicolai Fabri, Andr. Schotti, accuratissimo aucta* (Amsterdam: Elsevier, 1672)

————, *L. Annaei Senecae operum tomus secundus: in quo epistolae et quaestiones naturales* (Amsterdam: Elsevier, 1673) Sepharial, *The New Manual of Astrology: In Four Books* (Philadelphia, PA: David McKay, 1898)

————, *Directional Astrology: To Which Is Added a Discussion of Problematic Points and a Complete Set of Tables Necessary for the Calculation of Arcs of Direction* (London: Rider, 1921)

————, *How to Read the Crystal; or Crystal and Seer* (London: Foulsham, 1922)

————, *The Solar Epoch: A New Astrological Thesis* (London: Foulsham, 1925)

Silberer, Herbert, *Probleme der Mystik und ihre Symbolik* (Vienna: Hugo Deller, 1914; published in English as *Problems of Mysticism and Its Symbolism*, trans. Ely Jelliffe Smith (New York: Moffat, Yard, 1917); repr. as *Hidden Symbolism of Alchemy and the Occult Arts*, New York: Dover, 1971)

Smith, E.M., *The Zodia, or the Cherubim in the Bible and the Cherubim in the Sky* (London: Elliot Stock, 1906)

Smith, George, 'The Chaldean Account of the Deluge', *Transactions of the Society of Biblical Archaeology* 1-2 (1872), pp. 213-34

Staudenmaier, Ludwig, *Die Magie als Experimentelle Narurwissenschaft (Magic as an Experimental Science)* (Leipzig: Akademische Verlagsgesellschaft, 1912)

Steiner, Rudolf, *Friedrich Nietzsche, Ein Kaempfer Gegen Seine Zeit* (Weimar: E. Felber, 1895)

———, *Das Mysterium des Bösen: Zehn Vorträge* (published posthumously: Stuttgart: Verlag Freies Geitesleben, 1993)

Strauss, Heinz Arthur, *Psychologie und astrologische Symbolik: eine Einführung* (Zürich: Rascher Verlag, 1953)

———, *Astrologie: Grundsätzliche Betrachtungen* (Leipzig: Kurt Wolff, 1977)

Strauss, Heinz Arthur and Sigrid Strauss-Klöbe, *Die Astrologie des Johannes Kepler: Eine*

Auswahl aus seinen Schriften (Munich: Oldenbourg, 1926)

Strauss-Klöbe, Sigrid, 'Über die psychologische Bedeutung des astrologischen Symbols', in *Eranos Jahrbuch 1934, Band 2: Ostwestliche Symbolik und Seelenführung* (Zürich: Rhein- Verlag, 1935)

———, *Kosmische Bedingtheit der Psyche: Kosmische Konstellation und seelische Disposition* (Oberbayern: O.W. Barth, 1968)

———, *Das kosmopsychische Phänomen: Geburtskonstellation und Psychodynamik* (Freiburg: Walter-Verlag, 1977)

Theatrum chemicum, Praecipuous selectorum auctorum tractatus de Chemiae et Lapidis Philosophici Antiquitate, 4 volumes (Strasbourg, 1602-13)

Thierens, A.E., *The General Book of the Tarot* (London: Rider, 1930)

———, *Elements of Esoteric Astrology: Being a Philosophical Deduction of Astrological Principles* (Philadelphia, PA: David McKay, 1931)

Thorburn, James MacCaig, 'Mysticism and Art', *The Monist* 30:4 (1920), pp. 599-617

———, 'Analytical Psychology and the Concept of Individuality', *International Journal of Ethics* 35:2 (1925), pp. 125-39

———, *Art and the Unconscious* (London: Kegan Paul, Trench, Trubner, 1925)

———, 'Do the Gods Exist?', *Harvest* 6 (1959), pp. 72-87 Thorburn, J.M., A.H. Hannay, and P. Leon, 'Artistic Form and the Unconscious', *Proceedings of the Aristotelian Society* 13 (1934), pp. 119-58

Von Goethe, Johann Wolfgang, *Faust: Der Tragödie erster Teil* (Stuttgart: J.G. Cotta, 1808)

———, *West-östlicher Divan* (Stuttgart: Cotta, 1819)

———, *Faust: Der Tragödie zweiter Teil* (Stuttgart: J.G. Cotta, 1828-29)

Waite, A.E., *The Real History of the Rosicrucians: Founded on Their Own Manifestoes, and on Facts and Documents Collected from the Writings of Initiated Brethren* (London: George Redway, 1887)

———, *The Key to the Tarot: Being Fragments of a Secret Tradition Under the Veil of Divination* (London: William Rider & Son, 1909)

———, *The Secret Doctrine of Israel: A Study of the Zohar and Its Connections* (London: William Rider & Son, 1912)

———, *The Real History of the Rosicrucians and the Brotherhood of the Rosy Cross* (London: William Rider & Son, 1924)

———, *The Holy Kabbalah: A Study of the Secret Tradition in Israel* (London: Williams & Norgate, 1929)

White, William, *Emanuel Swedenborg: His Life and Writings*, 2 volumes (London: Simpkin, 1867)

Wilhelm, Richard, *Das Geheimnis der goldenen Blüte: Ein chinesisches Lebensbuch* (Munich: Dorn, 1929)

———, *The Secret of the Golden Flower* (London: Kegan Paul, Trench, Tubner, 1931)

Yeats, William Butler, *The Second Coming* (1919), in William Butler Yeats, *The Collected Poems of William Butler Yeats* (London: Macmillan, 1933), p. 211

———, *A Vision: An Explanation of Life Founded upon the Writings of Giraldus and upon Certain Doctrines Attributed to Eusta Ben Luka* (Private Publication, 1925; repr. New York: Macmillan, 1939)

———, *The Autobiography of William Butler Yeats* (New York: Macmillan, 1953)

번역된 1차 자료

Abraham von Worms, *The Book of the Sacred Magic of Abramelin the Mage*, trans. Samuel Lid-dell MacGregor Mathers (London: John M. Watkins, 1900)

———, *The Book of Abramelin*, ed. Georg Dehn, trans. Steven Guth (Lake Worth, FL: Nicolas-Hays, 2006)

Aeschylus, 'The Seven Against Thebes', in *Aeschylus 1: The Persians, the Seven Against Thebes, the Suppliant Maidens, Prometheus Bound*, ed. and trans. David Grene, Richmond Lattimore, Mark Griffith, and Glenn W. Most (Chicago: University of Chicago Press, 2013)

Agrippa, Henry Cornelius, *Three Books of Occult Philosophy (De occulta philosophia)*, ed. Donald Tyson, trans. James Freake (St. Paul, MN: Llewellyn, 2004 [1993]; first complete English translation, James Freake, London: Gregory Moule, 1651)

The Ante-Nicene Fathers, ed. and trans. Alexander Roberts, James Donaldson, and

A. Cleveland Coxe, 10 volumes (Buffalo, NY: Christian Literature Publishing, 1885)

Apocryphon of John, trans. Frederik Wisse, in James M. Robinson (ed.), The Nag Hammadi Library in English (Leiden: Brill, 1977), pp. 98-116

Apuleius, The Golden Ass, trans. Thomas Taylor (Frome: Prometheus Trust, 1997)

Bachofen, Johann Jacob, Myth, Religion and Mother Right, trans. Ralph Manheim (Princeton, NJ: Princeton University Press, 1967)

Betegh, Gábor (ed. and trans.), The Derveni Papyrus: Cosmology, Theology, and Interpretation (Cambridge: Cambridge University Press, 2004)

Betz, Hans Dieter (ed. and trans.), The Greek Magical Papyri in Translation (Chicago: University of Chicago Press, 1986)

—— (ed. and trans.), The "Mithras Liturgy": Text, Translation and Commentary (Tübingen: Mohr Siebeck, 2003)

Bonatti, Guido, Liber Astronomiae, 4 volumes, ed. Robert Hand, trans. Robert Zoller (Berkeley Springs, WV: Golden Hind Press, 1994-96)

Charcot, Jean-Martin, Clinical Lectures on Diseases of the Nervous System (Leçons sur les maladies du système nerveux [1886]), trans. Thomas Savill, ed. Ruth Harris (London: Routledge, 1991)

Charles, R.H. (trans.), The Book of Enoch, or 1 Enoch (Oxford: Clarendon Press, 1912)

Cicero, M. Tullius,'De divinatione', in On Old Age, On Friendship, On Divination, trans. W.A. Falconer (Cambridge, MA: Harvard University Press, 1970)

Clement of Alexandria, 'Stromata', in St. Clement of Alexandria: Selected Works, in The Ante- Nicene Fathers: The Writings of the Fathers Down to A.D. 325, ed. and trans. Alexander Roberts, James Donaldson, and Arthur Cleveland Cox, Vol. 2 (Buffalo, NY: Christian Literature Publishing, 1885), pp. 299-568

Copenhaver, Brian P. (ed. and trans.), Hermetica: The Greek Corpus Hermeticum and the Latin Asclepius in a New English Translation (Cambridge: Cambridge University Press, 1992)

Cumont, Franz, The Mysteries of Mithra, trans. Thomas J. McCormack (Chicago: Open Court, 1903)

Demosthenes, On the Crown, trans. A.W. Pickard-Cambridge, in A.W. Pickard-Cambridge (ed. and trans.), Public Orations of Demosthenes, 2 volumes (Oxford: Clarendon Press, 1912)

Dillon, John (ed. and trans.), *Fragments of Iamblichus' Commentary on the Timaeus* (Leiden: Brill, 1973)

Euripides, *The Heracleidae*, trans. Ralph Gladstone, in *Euripides 1: Alcestis/The Medea/The Heracleidae/Hippolytus*, ed. Richmond Lattimore and David Grene, trans. Ralph Gladstone (Chicago: University of Chicago Press, 1955)

Evans-Wentz, W.Y. (ed. and trans.), *The Tibetan Book of the Dead: Or the After-Death Experiences on the Bardo Plane, According to Lama Kazi Dawa-Samdup's English Rendering* (Oxford: Oxford University Press, 1927)

Firmicus Maternus, Julius, *Ancient Astrology, Theory and Practice: The Mathesis of Firmicus Mater-nus*, trans. Jean Rhys Bram (Park Ridge, NJ: Noyes Press, 1975)

Freud, Sigmund, *The Interpretation of Dreams*, SE5, trans. James Strachey (London: Hogarth Press/Institute of Psychoanalysis, 1953)

———, *Three Essays on the Theory of Sexuality and Other Works*, trans. James Strachey, SE7 (London: Hogarth Press/Institute of Psychoanalysis, 1953)

Freud, Sigmund and Joseph Breuer, *Studies on Hysteria*, SE2, trans. James Strachey (London: Hogarth Press/Institute of Psychoanalysis, 1955)

Freud, Sigmund and C.G. Jung, *The Freud-Jung Letters*, ed. William McGuire, trans. Ralph Manheim and R.F.C. Hull (London: Hogarth Press/Routledge & Kegan Paul, 1977)

Frey-Rohn, Liliane, *From Freud to Jung: A Comparative Study of the Psychology of the Unconscious*, trans. Fred E. Engreen and Evelyn K. Engreen (New York: Putnam, 1976; repr. Shambhala/Daimon Verlag, 1990)

Ganss, George E. (trans.), *The Spiritual Exercises of Saint Ignatius: A Translation and Commentary* (Chicago: Loyola Press, 1992)

Godwin, Joscelyn, *The Theosophical Enlightenment* (Albany: SUNY Press, 1994)

——— (trans.), *Hypnerotomachia Poliphili: The Strife of Love in a Dream* (London: Thames and Hudson, 1999)

Gospel of Philip, in M.R. James (ed. and trans.), *The Apocryphal New Testament: Being the Apocryphal Gospels, Acts, Epistles, and Apocalypses* (Oxford: Clarendon Press, 1924), p. 12

Gospel of Thomas, NHC II.2.50, trans. Helmut Koester and Thomas O. Lambdin, in James McConkey Robinson and Richard Smith (eds.), *The Nag Hammadi Library in English* (Leiden: Brill, 1977), pp. 117-30

Gregory of Nyssa, *On the Soul and Resurrection*, trans. Catherine P. Roth (Yonkers, NY: St.Vladimir's Seminary Press, 1993)

Herodotus, *The Histories*, trans. Robin Waterfield (Oxford: Oxford University Press, 1998)

Hesiod, *Theogony and Works and Days*, trans. M.L. West (Oxford: Oxford University Press, 1988)

Homer, *The Iliad of Homer*, trans. Richmond Lattimore (Chicago: University of Chicago Press, 1951)

——, *The Odyssey of Homer*, trans. Richmond Lattimore (New York: Harper & Row, 1967)

Iamblichus, *On the Pythagorean Life*, trans. Gillian Clark (Liverpool: Liverpool University Press, 1989)

——, *De mysteriis*, trans. Emma C. Clarke, John M. Dillon, and Jackson P. Hershbell (Leiden: Brill, 2004)

——, *Iamblichus of Chalcis: The Letters*, trans. John M. Dillon and Wolfgang Polleichtner (Atlanta, GA: Scholars Press, 2009)

Ibn Ezra, Abraham, *The Book of the World*, trans. Shlomo Sela (Leiden: Brill, 2010)

'J.K.' [Julius Kohn] (ed. and trans.), *Splendor Solis: Alchemical Treatises of Solomon Trismosin, Adept and Teacher of Paracelsus* (London: Kegan Paul, Trench, Trubner, 1920)

Kahn, Charles H. (trans.), *The Art and Thought of Heraclitus: An Edition of the Fragments with Translation and Commentary* (Cambridge: Cambridge University Press, 1981)

Kant, Immanuel, *Critique of Practical Reason*, trans. Lewis White Beck (Upper Saddle River, NJ: Prentice-Hall, 1993)

Karr, Don (ed. and trans.), *Liber Salomonis: Cephar Raziel, British Library Sloane MS 3826:2r57r* (2007-10), at ⟨www.digital-brilliance.com/kab/karr/Solomon/LibSal.pdf⟩

Kerényi, Karl, 'Kore', in C.G. Jung and Carl Kerényi, *Essays on a Science of Mythology: The Myth of the Divine Child and the Mysteries of Eleusis*, trans. R.F.C. Hull (Princeton, NJ: Princeton University Press, 1969), pp. 101-55

Lewy, Hans (ed. and trans.), *Chaldaean Oracles and Theurgy: Mysticism, Magic, and Platonism in the Later Roman Empire* (Paris: Institut d'Études Augustiniennes, 2011 [1956])

Macrobius, *The Saturnalia*, trans. Percival Vaughan Davies (New York: Columbia University Press, 1969)

———, *Commentary on the Dream of Scipio*, trans. William Harris Stahl (New York: Columbia University Press, 1990 [1952])

Marcus Aurelius, *Meditations*, trans. Martin Hammond (London: Penguin, 2006)

Marsanes, NHC X.5.24-26, trans. Birger A. Pearson, in James McConkey Robinson (ed.), *The Nag Hammadi Library in English* (Leiden: Brill, 1977), pp. 417-26

Masson, Jeffrey Moussaieff (ed and trans.), *The Complete Letters of Sigmund Freud to Wilhelm Fliess, 1887-1904* (Cambridge, MA: Harvard University Press, 1985)

Müller, Ernst (ed. and trans.), *Der Zohar: Das Heilige Buch der Kabbala* (Vienna: Heinrich Glanz, 1932)

Origen, *Contra Celsum*, trans. Henry Chadwick (Cambridge: Cambridge University Press, 1953)

Peterson, Joseph (ed. and trans.), *The Sixth and Seventh Books of Moses:Or, Moses' Magical Spirit Art Known as the Wonderful Arts of the Old Wise Hebrews, Taken from the Mosaic Books of the Kabbalah and the Talmud, for the Good of Mankind* (Lake Worth, FL: Ibis Press, 2008)

Piché, D. (ed. and trans.), *La condamnation parisienne de 1277* (Paris: Vrin, 1999)

Plato, *Plato in Twelve Volumes*, trans. W.R.M. Lamb (London: William Heinemann, 1925)

———, *The Collected Dialogues of Plato*, ed. Edith Hamilton and Huntington Cairns (Princeton, NJ: Princeton University Press, 1961)

Plotinus, *The Enneads*, trans. Stephen MacKenna, 6 volumes (London: Medici Society, 1917- 30; repr. London: Faber & Faber, 1956)

———, *Enneads*, 7 volumes, trans. A.H. Armstrong (Loeb Classical Library, 1966-88)

Plutarch, *On the Daimonion of Socrates: Human Liberation, Divine Guidance and Philosophy*, ed. Heinz-Günther Nesselrath, trans. Donald Russell, George Cawkwell, Werner Deuse, John Dillon, Heinz-Günther Nesselrath, Robert Parker, Christopher Pelling, and Stephan Schröder (Tübingen: Mohr Siebeck, 2010)

Porphyry, *De antro nympharum*, trans. Thomas Taylor, in Thomas Taylor (ed. and trans.), *Select Works of Porphyry; Containing His Four Books on Abstinence from Animal Food; His Treatise on the Homeric Cave of the Nymphs; and His*

Auxiliaries to the Perception of Intelligible Natures
(London: Thomas Rodd, 1823)

——, *Introduction to the Tetrabiblos*, in *Porphyry the Philosopher, Introduction to the Tetrabiblos, and Serapio of Alexandria, Astrological Definitions*, trans. James Holden (Tempe, AZ: American Federation of Astrologers, 2009)

Poseidonius, *The Fragments*, 2 volumes, ed. and trans. L. Edelstein and I.G. Kidd (Cambridge: Cambridge University Press, 1972)

Proclus, *On the Sacred Art and On the Signs of Divine Possession*, ed. Stephen Ronan, trans. Thomas Taylor and Alexander Wilder (London: Chthonios Books, 1989)

——, *Commentary on Plato's Timaeus*, ed. and trans. Harold Tarrant (Cambridge: Cambridge University Press, 2007)

——, *Commentary on Plato's Timaeus*, trans. Dirk Baltzly (Cambridge: Cambridge University Press, 2010)

Ptolemy, *Tetrabiblos*, ed. and trans. F.E. Robbins (Cambridge, MA: Harvard University Press, 1971)

Reitzenstein, Richard, *Hellenistic Mystery-Religions: Their Basic Ideas and Significance*, trans. John E. Steely (Pittsburgh, PA: Pickwick Press, 1978)

Ronan, Stephen (ed.), Thomas Taylor and Alexander Wilder (trans.), *Porphyry's Letter to Anebo and Iamblichus' On the Mysteries* (Hastings: Chthonios Books, 1989)

Ruland, Martin, *A Lexicon of Alchemy or Alchemical Dictionary, Containing a Full and Plain Explanation of All Obscure Words, Hermetic Subjects, and Arcane Phrases of Paracelsus*, trans. A.E. Waite (London: privately printed, 1892; repr. York Beach, ME: Samuel Weiser, 1984)

Savedow, Steve (ed. and trans.), *Sepher Rezial Hemelach: The Book of the Angel Rezial* (York Beach, ME: Samuel Weiser, 2000)

Schopenhauer, Arthur, *Prize Essay on the Freedom of the Will*, trans. Eric F.J. Payne, ed. Günter Zöller (Cambridge: Cambridge University Press, 1999)

Scott, Walter (ed. and trans.), *Hermetica: The Ancient Greek and Latin Writings Which Contain Religious or Philosophic Teachings Ascribed to Hermes Trismegistus*, 4 volumes (Oxford: Clarendon Press, 1924-36)

Sperling, Harry and Maurice Simon (trans.), *The Zohar*, 5 volumes (London: Soncino Press, 1931-34) Steiner, Rudolf, *The Way of Initiation, or How to Attain*

Knowledge of the Higher Worlds, trans. Max Gysi (London: Theosophical Publishing Society, 1910)

———, An Outline of Occult Science, trans. Max Gysi (London: Theosophical Publishing Society, 1914)

———, Friedrich Nietzsche: Fighter for Freedom, trans. Margaret Ingram de Ris (Englewood, NJ: Rudolf Steiner, 1960)

———, The Reappearance of Christ in the Etheric (Spring Valley, NY: Anthroposophic Press, 1983)

———, Evil: Selected Lectures, ed. and trans. Michael Kalisch (Forest Row: Rudolf Steiner Press, 1997)

———, The Secret Stream: Christian Rosenkreutz and Rosicrucianism: Selected Lectures and Writings (Great Barrington, MA: Anthroposophic Press, 2000)

Taylor, Thomas (trans.), Ocellus Lucanus, on the Nature of the Universe; Taurus, the Platonic Philosopher, on the Eternity of the World; Julius Firmicus Maternus, of the Thema Mundi; Select Theorems on the Perpetuity of Time, by Proclus (London: John Bohn, 1831)

———, The Hymns of Orpheus: Translated from the Original Greek, With a Preliminary Dissertation on the Life and Theology of Orpheus (London: T. Payne, 1792); repr. The Mystical Hymns of Orpheus (London: B. Dobell, 1896); repr. The Mystical Hymns of Orpheus (London: Robert Triphoon, 1824); repr. Hymns and Initiations (Frome: Prometheus Trust, 1994)

Thomas Aquinas, Summa Contra Gentiles, trans. Anton C. Pegis, James F. Anderson, Vernon J. Bourke, and Charles J. O'Neil (New York: Hanover House, 1955)

Trimorphic Protennoia (NHC XIII.1), trans. John D. Turner, in James McConkey Robinson (ed.), The Nag Hammadi Library in English (Leiden: Brill, 1977), pp. 461-70

Vettius Valens, The Anthology, trans. Robert Schmidt (Berkeley Springs, WV: Golden Hind Press, 1993-96)

Von Goethe, Johann Wolfgang, West-Eastern Divan, trans. Edward Dowden (London: J.M. Dent, 1914)

Von Hardenberg, Friedrich [Novalis], Heinrich von Ofterdingen: A Romance, trans. John Owen (Cambridge: Cambridge Press, 1842)

Walker, Alexander (trans.), Apocryphal Gospels, Acts, and Revelations (Edinburgh: T&T Clark, 1911)

West, M.L. (ed. and trans.), *The Orphic Poems* (Oxford: Oxford University Press, 1983)

Wilhelm, Richard and Cary F. Baynes (trans.), *The I Ching or Book of Changes* (New York: Pantheon, 1950)

Xenophon, *The Memorable Thoughts of Socrates*, trans. Edward Bysshe (London: Cassell, 1888)

Zoller, Robert (trans.), *Liber Hermetis: Book of Hermes*, 2 volumes (Golden Hind Press, 2000)

2차 자료

Addey, Crystal,'Oracles, Dreams, and Astrology in Iamblichus' *De mysteriis*', in Patrick Curry and Angela Voss (eds.), *Seeing with Different Eyes: Essays in Astrology and Divination* (Newcastle: Cambridge Scholars Press, 2007), pp. 35-58

———, 'Oracles, Religious Practices, and Philosophy in Late Neoplatonism', *Practical Philosophy* 8:2 (2007), pp. 31-35, at ⟨www.practical-philosophy. org.uk⟩

———, 'Divine Possession and Divination in the Graeco-Roman World: The Evidence from Iamblichus' *On the Mysteries*', in Bettina E. Schmidt and Lucy Huskinson (eds.), *Spirit Possession and Trance: New Interdisciplinary Perspectives* (London: Continuum, 2010), pp. 171-81

———, 'In the Light of the Sphere: The "Vehicle of the Soul" and Subtle-Body Practices in Neoplatonism', in Geoffrey Samuel and Jay Johnston (eds.), *Religion and the Subtle Body in Asia and the West* (London: Routledge, 2013), pp. 149-67

Addison, Ann,'Jung, Vitalism, and "the Psychoid": An Historical Reconstruction', *Journal of Analytical Psychology* 54 (2009), pp. 123-42

Allen, James, *Inference from Signs: Ancient Debates About the Nature of Evidence* (Oxford: Oxford University Press, 2001)

Allen, Michael J.B., Valery Rees, and Martin Davies (eds.), *Marsilio Ficino: His Theology, His Philosophy, His Legacy* (Leiden: Brill, 2002)

Altmann, Alexander,'Myth and Symbol', *Philosophy* 20:76 (1945), pp. 162-71

Andresen, Jensine (ed.), *Religion in Mind: Cognitive Perspectives on Religious Belief, Ritual, and Experience* (Cambridge: Cambridge University Press, 2001)

Armstrong, A.H.,'Was Plotinus a Magician?', *Phronesis* 1:1 (1955), pp. 73-79

―――― (ed.), *Later Greek and Early Medieval Philosophy* (Cambridge: Cambridge University Press, 1967)

Arroyo, Stephen, *Astrology, Psychology, and the Four Elements: An Energy Approach to Astrology and Its Use in the Counseling Arts* (Davis, CA: CRCS, 1975)

Aythos, *Die Fraternitas Saturni: Eine saturn-magische Loge* (Munich: ARW, 1979)

Bain, David, 'Μελανιτιςγη in the *Cyranides* and Related Texts: New Evidence for the Origins and Etymology of Alchemy', in Todd Klutz (ed.), *Magic in the Biblical World: From the Rod of Aaron to the Ring of Solomon* (Edinburgh: T&T Clark, 2003), pp. 191-213

Bainbridge, William Sims, *The Sociology of Religious Movements* (London: Routledge, 1997)

Barbault, André, *De la psychanalyse à l'Astrologie* (Paris: Seuil, 1961)

―――― , *From Psychoanalysis to Astrology: The Bridge Between the Soul and the Cosmos* (Munich: Hugendubel, 1991 [1961])

―――― , 'L'astrologia, psicologia del profondo dell'antichità', *Ricerca '90* 48 (2001), pp.105-13

Barker, Eileen and Margit Warburg (eds.), *New Religions and New Religiosity* (Aarhus: Aarhus University Press, 1998)

Barnard, G. William,'Diving into the Depths: Reflections on Psychology as a Religion', in Diane Jonte-Pace and William B. Parsons (eds.), *Religion and Psychology: Mapping the Terrain* (London: Routledge, 2001), pp. 297-318

Barton, Tamsyn, *Ancient Astrology* (London: Routledge, 1994)

Baumlin, James S.,'Reading/Misreading Jung: Post-Jungian Theory', *College Literature* 32:1 (2005), pp. 177-86

Beck, Roger, *Planetary Gods and Planetary Orders in the Mysteries of Mithras* (Leiden: Brill, 1988)

―――― , *The Religion of the Mithras Cult in the Roman Empire: Mysteries of the Unconquered Sun* (Oxford: Oxford University Press, 2006)

Becker, Ken L., *Unlikely Companions: C.G. Jung and the 'Spiritual Exercises' of Ignatius of Loyola: An Exposition and Critique Based on Jung's Lectures and Writings* (Leominster: Gracewing/ Inigo, 2001)

Beebe, John, 'Can There Be a Science of the Symbolic?', in Kelly Bulkeley and

Clodagh Weldon (eds.), *Teaching Jung* (Oxford: Oxford University Press, 2011), pp. 255-68

Bell, Lynn, *Cycles of Light: Exploring the Mysteries of Solar Returns* (London: CPA Press, 2005)

Bennett, Alan, *The History Boys* (London: Faber & Faber, 2004)

Benz, Ernst, *The Mystical Sources of German Romantic Philosophy*, trans. Blair R. Reynolds and Eunice M. Paul (Eugene, OR: Pickwick, 1983)

Berchman, Robert M. and John F. Finamore (eds.), *History of Platonism: Plato Redivivus* (New Orleans, LA: University Press of the South, 2005)

Bernabé, Alberto and Ana Isabel Jiménez San Cristóbal, *Instructions for the Netherworld: The Orphic Gold Tablets* (Leiden: Brill, 2008)

Bernardini, Riccardo, *Jung a Eranos* (Milan: FrancoAngeli, 2011)

Besterman, Theodore, *Crystal-Gazing* (London: Rider, 1924)

Betz, Hans Dieter, 'Hermetism and Gnosticism: The Question of the "Poimandres"', in Søren Giversen, Tage Petersen, and Podemann Sørensen, *The Nag Hammadi Texts in the History of Religions* (Copenhagen: Royal Danish Academy of Sciences and Letters, 2002), pp. 84-94

Bikerman, E., 'The Orphic Blessing', *Journal of the Warburg Institute* 2:4 (1939), pp. 370-71

Bishop, Paul, 'Thomas Mann and C.G. Jung', in Paul Bishop (ed.), *Jung in Contexts: A Reader* (London: Routledge, 1999), pp. 154-88

——, *Analytical Psychology and German Classical Aesthetics: Goethe, Schiller, and Jung* (London: Routledge, 2009)

Bishop, Paul (ed.), *Jung in Contexts: A Reader* (London: Routledge, 1999)

Black, Stephen, 'The Stephen Black Interviews', in William McGuire and R.F.C. Hull (eds.), *Jung Speaking* (Princeton, NJ: Princeton University Press, 1977)

Black, Susie, 'CAT, Jung and Neuroscience' (2011) at ⟨www.acat.me.uk/page/acat+n ews letter+4+december+2011⟩

Bloomfield, Morton W., *The Seven Deadly Sins* (East Lansing: Michigan State College Press, 1952)

Blumenthal, Henry J. and Robert A. Markus (eds.), *Neoplatonism and Early Christian Thought* (Farnham: Ashgate, 1981)

Bok, Bart J. and Margaret W. Mayall, 'Scientists Look at Astrology', *Scientific Monthly* 52:3 (1941), pp. 233-44

Bonazzi, Mauro and Christoph Helmig (eds.), *Platonic Stoicism, Stoic Platonism: The Dialogue Between Platonism and Stoicism in Antiquity* (Leuven: Leuven University Press, 2007)

Brain, Peter, *Galen on Bloodletting: A Study of the Origins, Development, and Validity of His Opinions, with a Translation of the Three Works* (Cambridge: Cambridge University Press, 1986)

Brainard, F. Samuel, 'Defining "Mystical Experience"', *Journal of the American Academy of Religion* 64:2 (1996), pp. 359-93

Bremmer, Jan N. and Jan R. Veenstra (eds.), *The Metamorphosis of Magic: From Late Antiquity to the Early Modern Period* (Leuven: Peeters, 2002)

Brenner, E.M., 'Gnosticism and Psychology: Jung's *Septem Sermones ad Mortuos*', *Journal of Analytical Psychology* 35 (1990), pp. 397-419

Brodie-Innes, J.W., et al., *Astrology of the Golden Dawn*, ed. Darcy Küntz (Sequim, WA: Holmes Pubishing Group, 1996)

Brooke, Roger, 'Jung in the Academy: A Response to David Tacey', *Journal of Analytical Psychology* 42:2 (1997), pp. 285-96

Budiansky, Stephen, *The Character of Cats* (London: Weidenfeld and Nicolson, 2002)

Bulkeley, Kelly and Clodagh Weldon (eds.), *Teaching Jung* (Oxford: Oxford University Press, 2011)

Burckhardt, Jacob, *The Civilization of the Renaissance in Italy: An Essay (Die Kultur der Renaissance in Italien: Ein Versuch, 1860)*, trans. Samuel George Chetwynd Middlemore (New York: Doubleday, 1878)

Burnet, John, *Early Greek Philosophy* (London: A&C Black, 1920)

Burrow, John, *A History of Histories: Epics, Chronicles, Romances and Inquiries from Herodotus and Thucydides to the Twentieth Century* (London: Penguin, 2009)

Butler, Andrew C., Jason E. Chapman, Evan M. Forman, and Aaron T. Beck, 'The Empirical Status of Cognitive-Behavioural Therapy: A Review of Meta-Analyses', *Clinical Psychology Review* 26:1 (2006), pp. 17-31

Callahan, John F., 'Greek Philosophy and the Cappadocian Cosmology', *Dumbarton Oaks Papers* 12 (1958)

Campbell, Bruce F., *Ancient Wisdom Revived: A History of the Theosophical Movement* (Berkeley: University of California Press, 1980)

Campion, Nicholas, 'Sigmund Freud's Investigation of Astrology', *Culture and Cosmos* 2:1 (1998), pp. 49-53

——, *What Do Astrologers Believe?* (London: Granta, 2006)

——, *A History of Western Astrology, Vol. 2: The Medieval and Modern Worlds* (London: Continuum, 2009)

——, *Astrology and Cosmology in the World's Religions* (New York: NYU Press, 2012)

——, *Astrology and Popular Religion in the Modern West: Prophecy, Cosmology and the New Age Movement* (Farnham: Ashgate, 2012)

——, 'Is Astrology a Symbolic Language?', in Nicholas Campion and Liz Greene (eds.), *Sky and Symbol* (Lampeter: Sophia Centre Press, 2013), pp. 9-46

Campion, Nicholas and Patrick Curry (eds.), *Sky and Psyche: The Relationship Between Cosmos and Consciousness* (Edinburgh: Floris Books, 2005)

Campion, Nicholas and Liz Greene (eds.), *Astrologies: Plurality and Diversity* (Lampeter: Sophia Centre Press, 2011)

——, *Sky and Symbol* (Lampeter: Sophia Centre Press, 2013)

Campion, Nicholas and Nick Kollerstrom (eds.), *Galileo's Astrology: Culture and Cosmos* 7:1 (2003)

Carducci, Bernardo J., *The Psychology of Personality: Viewpoints, Research, and Applications* (Chichester: John Wiley & Sons, 2009)

'Carl Jung's "Red Book": The Astrology Behind the Publication of Jung's Most Person al Work' (2009), at ⟨http://heavenlytruth.typepad.com/heavenly-truth/200 9/09/carljungs-red-book-the-astrology-behind-the-publication-of-jungs -most-personal-work. html⟩.

Casement, Ann, *Carl Gustav Jung* (London: Sage, 2001)

Chapman, Graham, John Cleese, Eric Idle, Terry Jones, Michael Palin, and Terry Gilliam, 'The All-England Summarize Proust Competition', *BBC*, 16 November 1972 as Episode 5, Season 3 of *Monty Python's Flying Circus*

Charet, F.X., *Spiritualism and the Foundations of C.G. Jung's Psychology* (Albany: SUNY Press, 1993)

Childs, Gilbert, *Rudolf Steiner: His Life and Work* (Hudson, NY: Anthroposophic Press, 1996)

Chodorow, Joan (ed.), *Jung on Active Imagination* (Princeton, NJ: Princeton University Press, 1997)

Clymer, R. Swinburne, *The Rosy Cross, Its Teachings* (Quakertown, PA: Beverly Hall, 1965)

Collins, Brendan, 'Wisdom in Jung's Answer to Job', *Biblical Theology Bulletin* 21 (1991), pp. 97-101

Cooperman, Bernard Dov (ed.), *Jewish Thought in the Sixteenth Century* (Cambridge, MA: Harvard University Press, 1983)

Corbin, Henry, *Avicenna and the Visionary Recital*, trans. Willard R. Trask (New York: Pantheon, 1960)

———, 'Mundus Imaginalis, or, the Imaginary and the Imaginal', trans. Ruth Horine, *Cahiers internationaux de symbolisme* 6 (1964), pp. 3-26

Couliano, Ioan P., 'The Angels of the Nations and the Origins of Gnostic Dualism', in Roelof van den Broek and M.J. Vermaseren (eds.), *Studies in Gnosticism and Hellenistic Religions* (Leiden: Brill, 1981), pp. 78-91

———, *Psychanodia I: A Survey of the Evidence Concerning the Ascension of the Soul and Its Relevance* (Leiden: Brill, 1983)

———, *Eros and Magic in the Renaissance*, trans. Margaret Cook (Chicago: University of Chicago Press, 1987)

Crane, Joseph, *Astrological Roots: The Hellenistic Legacy* (Bournemouth: Wessex Astrologer, 2007)

Curry, Patrick, *A Confusion of Prophets: Victorian and Edwardian Astrology* (London: Collins & Brown, 1992)

———, 'Astrology', in Kelly Boyd (ed.), *The Encyclopedia of Historians and Historican Writing* (London: Fitzroy Dearborn, 1999), pp. 55-57

———, 'The Historiography of Astrology: A Diagnosis and a Prescription', in Günther Oestmann, H. Darrel Rutkin (eds.), and Kocku von Stuckrad, *Horoscopes and Public Spheres: Essays on the History of Astrology* (Berlin: Walter de Gruyter, 2005), pp. 261-74

Curry, Patrick and Angela Voss (eds.), *Seeing with Different Eyes: Essays in Astrology and Divination* (Newcastle: Cambridge Scholars Press, 2007)

Cutner, Herbert, *Jesus: God, Man, or Myth? An Examination of the Evidence* (New York: Truth Seeker, 1950)

Dan, Joseph (ed.), *The Christian Kabbalah: Jewish Mystical Books and Their Christian Interpreters* (Cambridge, MA: Harvard University Press, 1997)

———, 'Book of Raziel', *Encyclopaedia Judaica* 13 (2007), pp. 1591-93

Daunton, Martin and Bernhard Rieger (eds.), *Meanings of Modernity: Britain from the Late- Victorian Era to World War II* (Oxford: Berg, 2001)

Davies, Charlotte Aull, *Reflexive Ethnography: A Guide to Researching Selves and Others* (London: Routledge, 1999)

Davies, Owen, *Magic: A Very Short Introduction* (Oxford: Oxford University Press, 2012)

Dawson, Terence, 'Jung, Literature, and Literary Criticism', in Polly Young-Eisendrath and Terence Dawson (eds.), *The Cambridge Companion to Jung* (Cambridge: Cambridge University Press, 1997), pp. 255-80

De Mijolla, Alain (ed.), *The International Dictionary of Psychoanalysis*, 3 volumes (Farmington Hills, MI: Cengage Gale, 2004)

Dillon, John M., *The Middle Platonists* (Ithaca, NY: Cornell University Press, 1997)

——, 'Iamblichus' Defence of Theurgy: Some Reflections', *International Journal of the Platonic Tradition* 1 (2007), pp. 30-41

Dodds, E.R., 'Theurgy and Its Relationship to Neoplatonism', *Journal of Roman Studies* 37:1-2 (1947), pp. 55-69

——, *The Greeks and the Irrational* (Berkeley: University of California Press, 1957)

——, 'The Astral Body in Neoplatonism', in Proclus, *The Elements of Theology: A Revised Text with Translation, Introduction, and Commentary*, trans. E.R. Dodds (Oxford: Clarendon Press, 1963), pp. 313-21

Dourley, John P., *The Intellectual Autobiography of a Jungian Theologian* (Lampeter: Edwin Mellen Press, 2006)

Dronke, Peter (ed.), *A History of Twelfth-Century Western Philosophy* (Cambridge: Cambridge University Press, 1992)

Durand, Gilbert, 'Exploration of the Imaginal', in Benjamin Sells (ed.), *Working with Images: The Theoretical Base of Archetypal Psychology* (Woodstock, CT: Spring, 2000), pp. 53-68.

Dykes, Benjamin N., *Traditional Astrology for Today: An Introduction* (St. Paul, MN: Cazimi Press, 2011)

Eagleton, Terry, *Literary Theory: An Introduction* (London: Blackwell, 1996)

Edighoffer, Roland, 'Rosicrucianism: From the Seventeenth to the Twentieth Century', in Antoine Faivre and Jacob Needleman (eds.), *Modern Esoteric Spirituality* (New York: Crossroad, 1992), pp. 186-209

Edinger, Edward F., *Ego and Archetype* (New York: Putnam, 1972)

Edwards, M.J., 'Gnostic Eros and Orphic Themes', *Zeitschrift für Papyrologie und Epigraphik* 88 (1991), pp. 25-40

Eliade, Mircea *The Forge and the Crucible: The Origins and Structures of Alchemy* (Chicago: University of Chicago Press, 1956)

Ellenberger, Henri F., *The Discovery of the Unconscious: The History and Evolution of Dynamic Psychiatry* (New York: Basic Books, 1970)

Evans, R.J.W. and Alexander Marr (eds.), *Curiosity and Wonder from the Renaissance to the Enlightenment* (Farnham: Ashgate, 2006)

Eysenck, Hans Jurgen and David K.B. Nias, *Astrology: Science or Superstition?* (New York: St. Martin's Press, 1982)

Faivre, Antoine and Wouter J. Hanegraaff (eds.), *Western Esotericism and the Science of Religion* (Leuven: Peeters, 1998)

Faivre, Antoine and Jacob Needleman (eds.), *Modern Esoteric Spirituality* (New York: Crossroad, 1992)

Faivre, Antoine and Karen-Clare Voss,'Western Esotericism and the Science of Religion', *Numen* 42:1 (1995), pp. 48-77

Fanger, Clare (ed.), *Invoking Angels: Theurgic Ideas and Practices, Thirteenth to Sixteenth Centuries* (University Park: Penn State University Press, 2012)

Faracovi, Ornella Pompeo, *Gli oroscopi di Cristo* (Venice: Marsilio Editori, 1999)

Faraone, Christopher and Dirk Obbink (eds.), *Magika Hiera: Ancient Greek Magic and Religion* (Oxford: Oxford University Press, 1991)

Farnell, Kim, 'A Brief Biography of Alan Leo' (2006), at ⟨www.skyscript.co.uk/Alan_Leo. html⟩

——, *Flirting with the Zodiac* (Bournemouth: Wessex Astrologer, 2007)

——, 'Seven Faces of Raphael', at ⟨www.skyscript.co.uk/raphael.html⟩

——, 'That Terrible Iconoclast: A Brief Biography of Sepharial', at ⟨www.skyscript.co.uk/sepharial.html⟩ Fideler, David, *Jesus Christ, Sun of God: Ancient Cosmology and Early Christian Symbolism* (Wheaton, IL: Quest Books/Theosophical Publishing House, 1993)

Fields, Stanley and Mark Johnston, *Genetic Twists of Fate* (Cambridge, MA: MIT Press, 2010)

Finamore, John F., *Iamblichus and the Theory of the Vehicle of the Soul* (Chico, CA: Scholars Press, 1994)

Flowers, Stephen E., *The Fraternitas Saturni or Brotherhood of Saturn: An*

Introduction to Its History Philosophy and Rituals (Smithville, TX: Rûna-Raven Press, 2006 [1990])

Fodor, Nandor, *Freud, Jung and Occultism* (New Hyde Park, NY: University Books, 1971)

Forshaw, Peter, 'Curious Knowledge and Wonder-Working Wisdom in the Occult Works of Heinrich Khunrath', in R.J.W. Evans and Alexander Marr (eds.), *Curiosity and Wonder from the Renaissance to the Enlightenment* (Farnham: Ashgate, 2006), pp. 107-30

Foster, Mary LeCron, 'Symbolism: The Foundation of Culture', in Tim Ingold (ed.), *The Companion Encyclopedia of Anthropology* (London: Routledge, 1994), pp. 366-95

Fowden, Garth, *The Egyptian Hermes: A Historical Approach to the Late Pagan Mind* (Princeton, NJ: Princeton University Press, 1993)

Frater V.D., *Die Fraternitas Saturni heute* (Büllingen: Verlag Ralph Tegtmeier Nachf, 1994)

Gersh, Stephen, *From Iamblichus to Eriugena* (Leiden: Brill, 1978)

Gerson, Lloyd P., *The Cambridge Companion to Plotinus* (Cambridge: Cambridge University

Press, 1996) Gerson, Lloyd P. (ed.), *The Cambridge History of Philosophy in Late Antiquity*, 2 volumes (Cam

bridge: Cambridge University Press, 2010)

Gilbert, Robert A., *A.E.Waite: Magician of Many Parts* (Wellingborough: Crucible, 1987)

——, *The Golden Dawn Scrapbook: The Rise and Fall of a Magical Order* (Slough: Quantum, 1997)

Giversen, Søren, Tage Petersen, and Podemann Sørensen (eds.), *The Nag Hammadi Texts in the History of Religions* (Copenhagen: Royal Danish Academy of Sciences and Letters, 2002), pp. 84-94

Godwin, Joscelyn, *The Theosophical Enlightenment* (Albany: SUNY Press, 1994)

Gombrich, Ernst H., 'Icones Symbolicae: The Visual Image in Neo-Platonic Thjought', *Journal of the Warburg and Courtauld Institutes* 11 (1948), pp. 163-92

Goodman, Lenn E. (ed.), *Neoplatonism and Jewish Thought* (Albany: SUNY Press, 1992)

Goodrick-Clarke, Clare and Nicholas Goodrick-Clarke, *G.R.S. Mead and the Gnostic Quest* (Berkeley, CA: North Atlantic Books, 2005)

Goodrick-Clarke, Nicholas, *The Occult Roots of Nazism* (London: Tauris Parke, 2004)

Graf-Nold, Angela, 'C.G. Jung's Position at the Swiss Federal Institute of Technology Zürich', *Jung History* 2:2, at ⟨www.philemonfoundation.org/resources/jung _history/volume_2_issue_2⟩

Greenbaum, Dorian Gieseler, *Temperament: Astrology's Forgotten Key* (Bournemouth: Wessex Astrologer, 2005)

———, 'Allotment and Fate: Lots in Ancient Astrology', *Astrological Journal* 56:2 (2014), pp. 27-31

———, *The Daimon in Hellenistic Astrology: Origins and Influence* (Leiden: Brill, 2015)

Greene Liz,'Is Astrology a Divinatory System?', *Culture and Cosmos* 12:1 (2008), pp. 3-30

———, 'Signs, Signatures, and Symbols: The Language of Heaven', in Nicholas Campion and Liz Greene (eds.), *Astrologies: Plurality and Diversity* (Lampeter: Sophia Centre Press, 2011), pp. 17-46

———, *Magi and Maggidim: The Kabbalah in British Occultism, 1860-1940* (Lampeter: Sophia Centre Press, 2012)

———, *The Astrological World of Jung's 'Liber Novus': Daimons, Gods, and the Planetary Journey* (London: Routledge, 2017)

Gurdjieff, G.I., *Meetings With Remarkable Men* (London: E.P. Dutton, 1964)

Guthrie, W.K.C., *Orpheus and Greek Religion* (Princeton, NJ: Princeton University Press, 1952)

Hair, book and lyrics by James Rado and Gerome Ragni, music by Galt MacDermot (1967)

Hakfoort, Casper, 'Science Deified: Wilhelm Osstwald's Energeticist World-View and the History of Scientism', *Annals of Science* 49:6 (1992), pp. 525-44

Hakl, Hans Thomas, *Eranos: An Alternative Intellectual History of the Twentieth Century*, trans. Christopher McIntosh (Montreal: McGill-Queens University Press, 2013)

Halbertal, Moshe, *Concealment and Revelation: Esotericism in Jewish Thought and Its Philosophical Implications* (Princeton, NJ: Princeton University Press,

2007)

Hammer, Olav, *Claiming Knowledge: Strategies of Epistemology from Theosophy to the New Age* (Leiden: Brill, 2004)

Hanegraaff, Wouter J., *New Age Religion and Western Culture: Esotericism in the Mirror of Secular Thought* (Leiden: Brill, 1996)

——, 'Introduction: The Birth of a Discipline', in Antoine Faivre and Wouter J. Hanegraaff (eds.), *Western Esotericism and the Science of Religion* (Leuven: Peeters, 1998), pp. vii–xvii

——, 'Romanticism and the Esoteric Connection', in Roelof van den Broek and Wouter J. Hanegraaff (eds.), *Gnosis and Hermeticism: From Antiquity to Modern Times* (Albany: SUNY Press, 1998), pp. 237-68

——, 'How Magic Survived the Disenchantment of the World', *Religion* 33 (2003), pp.357-80

——, *Esotericism and the Academy: Rejected Knowledge in Western Culture* (Cambridge: Cambridge University Press, 2012)

Hart, Susan, *Brain, Attachment, Personality: An Introduction to Neuroaffective Development* (London: Karnac, 2008)

Haule, John Ryan, 'Freud and Jung: A Failure of Eros', *Harvest* 39 (1993), pp. 147-58

——, 'Personal Secrets, Ethical Questions', in Diane Jonte-Pace and William B. Parsons (eds.), *Religion and Psychology: Mapping the Terrain* (London: Routledge, 2001), pp. 151-67

Hayes, Lynn, 'The Astrology of Carl Jung and His Red Book' (2009), at ⟨www.beliefnet. com/columnists/astrologicalmusings/2009/09/carl-jung-and-the-astrolo gy-of.html⟩

Heelas, Paul, *The New Age Movement: The Celebration of the Self and the Sacralization of Modernity* (Oxford: Blackwell, 1996)

Hegedus, Tim, 'Necessity and Free Will in the Thought of Bardaisan of Edessa', *Laval théologique et philosophique* 69:2 (2003), pp. 333-44

Helleman, Wendy Elgersma, 'Plotinus and Magic', *International Journal of the Platonic Tradition* 4 (2010), pp. 114-46

Henderson, James L., *A Bridge Across Time: The Role of Myths in History* (London: Turnstone, 1975)

Hillman, James, *Loose Ends: Primary Papers in Archetypal Psychology* (Zürich: Spring, 1975)

——, 'Plotino, Ficino, and Vico as Precursors of Archetypal Psychology', in James Hill

man,*Loose Ends: Primary Papers in Archetypal Psychology* (Zürich: Spring, 1975), pp. 146-69

——, 'Some Early Background to Jung's Ideas: Notes on C.G. Jung's Medium by Stephanie Zumstein-Preiswerk', *Spring* (1976), pp. 123-36

——, 'Jung's Daimonic Inheritance', *Sphinx* 1 (1988), pp. 9-19

——, *The Soul's Code: In Search of Character and Calling* (London: Bantam, 1996)

——, 'Heaven Retains in Its Sphere Half of All Bodies and Maladies', paper given at 'Cycles and Symbols III: The Return of Soul to the Cosmos' Conference, Isis Institute, San Francisco, CA, February 1997, at ⟨www.springpub.com/astro. htm⟩

——, 'The Azure Vault: The Caelum as Experience', in Nicholas Campion and Patrick Curry (eds.), *Sky and Psyche: The Relationship Between Cosmos and Consciousness* (Edinburgh: Floris Books, 2006), pp. 37-58

Hillman, James and Sonu Shamdasani, *Lament of the Dead: Psychology After Jung's Red Book* (New York: W.W. Norton, 2013)

Hodges, Horace Jeffery, 'Gnostic Liberation from Astrological Determinism: Hipparchan "Trepidation" and the Breaking of Fate', *Vigiliae Christianae* 51:4 (1997), pp. 359-73

Hoeller, Stephan A., *The Gnostic Jung and the Seven Sermons to the Dead* (Wheaton, IL: Theosophical Publishing House, 1982)

——, *Gnosticism: New Light on the Ancient Tradition of Inner Knowing* (Wheaton, IL: Theosophical Publishing Society, 1982)

——, 'C.G. Jung and the Alchemical Revival', *Gnosis* 8 (1988), pp. 34-39

Hoffman, Leon,'Varieties of Psychoanalytic Experience: Review of *The Red Book*', *Journal of the American Psychoanalytic Association* 58 (2010), pp. 781-85

Holden, James H., *A History of Horoscopic Astrology* (Tempe, AZ: American Federation of Astrologers, 1996)

——, 'Early Horoscopes of Jesus', *American Federation of Astrologers Journal of Research* 12:1 (2001)

Hone, Margaret, *The Modern Textbook of Astrology* (London: L.N. Fowler, 1950)

Hood, Ralph W., Jr.,'The Construction and Preliminary Validation of a Measure of Reported Mystical Experience', *Journal for the Scientific Study of Religion*

14 (1975), pp. 29-41

Horowitz, Asher and Terry Maley (eds.), *The Barbarism of Reason: Max Weber and the Twilight of Enlightenment* (Toronto: University of Toronto Press, 1994)

Horowitz, Maryanne Cline (ed.), *New Dictionary of the History of Ideas*, 6 volumes (Detroit, MI: Charles Scribner's Sons, 2005)

Horton, Scott, 'Inside Jung's *Red Book*: Six Questions for Sonu Shamdasani', *Harper's Magazine*, 12 July 2014, at ⟨http://harpers.org/blog/2009/10/inside-jungs-_red-book_-six-ques tions-for-sonu-shamdasani/⟩

Howe, Ellic, *Urania's Children: The Strange World of the Astrologers* (London: William Kimber, 1967)

Hubbs, V.C., 'German Romanticism and C.G. Jung: Selective Affinities', *Journal of Evolutionary Psychology* 4:1-2 (1983), pp. 4-24

Hughes, Aaron, 'The Three Worlds of ibn Ezra's Hay ben Meqitz', *Journal of Jewish Thought and Philosophy* 11:1 (2002), pp. 1-24

Huskinson, Lucy, *Nietzsche and Jung: The Whole Self in the Union of Opposites* (London: Rout-ledge, 2004)

Idel, Moshe, 'The Magical and Neoplatonic Interpretations of the Kabbalah in the Renaissance', in Bernard Dov Cooperman (ed.), *Jewish Thought in the Sixteenth Century* (Cambridge, MA: Harvard University Press, 1983), pp. 186 -242

Iribarren, Isabel and Martin Lenz (eds.), *Angels in Medieval Philosophical Inquiry* (Aldershot: Ashgate, 2008)

Jansen, Diana Baynes, *Jung's Apprentice: A Biography of Helton Godwin Baynes* (Einsiedeln, Switzerland: Daimon Verlag, 2003)

Jensen, Ferne (ed.), *C.G. Jung, Emma Jung, and Toni Wolff: A Collection of Remembrances* (San Francisco, CA: Analytical Psychology Club of San Francisco, 1982)

Johnston, Sarah Iles, 'Introduction: Divining Divination', in Sarah Iles Johnston and Peter T. Struck (eds.), *Mantikê: Studies in Ancient Divination* (Leiden: Brill, 2005), pp. 1-28

Johnston, Sarah Iles and Peter T. Struck (eds.), *Mantikê: Studies in Ancient Divination* (Leiden: Brill, 2005)

Jonas, Hans, *The Gnostic Religion: The Message of the Alien God and the Beginnings of Christianity* (Boston, MA: Beacon Press, 1958)

Jonte-Pace, Diane and William B. Parsons (eds.), *Religion and Psychology: Mapping the Terrain* (London: Routledge, 2001)

Kassenbrock, Brian W., *Novalis and the Two Cultures: The Chiasmic Discourse of Mathematics, Philosophy, and Poetics* (unpublished PhD dissertation, Department of Germanic Languages and Literatures, New York University, 2009)

Katz, David S., *The Occult Tradition: From the Renaissance to the Present Day* (London: Jonathan Cape, 2005)

Katz, Steven T. (ed.), *Mysticism and Language* (Oxford: Oxford University Press, 1992)

Kaylo, Janet, 'Imagination and the Mundus Imaginalis', *Spring* 77 (2007), pp. 107-24

Kilcher, Andreas, 'The Moses of Sinai and the Moses of Egypt: Moses as Magician in Jewish Literature and Western Esotericism', *Aries* 4:2 (2004), pp. 148-70

Kim, J.C. and S.M. Dumecki, 'Genetic Fate-Mapping Approaches: New Means to Explore the Embryonic Origins of the Cochlear Nucleus', *Methods in Molecular Biology* 493 (2009), pp. 65-85

Kingsley, Peter, 'Poimandres: The Etymology of the Name and the Origins of the Hermetica', *Journal of the Warburg and Courtauld Institutes* 56 (1993), pp. 1-24

——, *Ancient Philosophy, Mystery, and Magic: Empedocles and Pythagorean Tradition* (Oxford: Clarendon Press, 1995)

Kirsch, Thomas B., *The Jungians: A Comparative and Historical Perspective* (London: Routledge, 2012)

Kline, Rangar, *Ancient Angels: Conceptualizing Angeloi in the Roman Empire* (Leiden: Brill, 2011)

Klutz, Todd (ed.), *Magic in the Biblical World: From the Rod of Aaron to the Ring of Solomon* (Edinburgh: T&T Clark, 2003)

Knapp, Bettina L., *A Jungian Approach to Literature* (Carbondale: Southern Illinois University Press, 1984)

Koenig, Peter-Robert, 'Did You Know Oscar R. Schlag?', at ⟨www.parareligion.ch/sunrise/schlag1.htm⟩

Kontos, Alkis, 'The World Disenchanted, and the Return of Gods and Demons', in Asher Horowitz and Terry Maley (eds.), *The Barbarism of Reason: Max Weber and the Twilight of Enlightenment* (Toronto: University of Toronto

Press, 1994), pp. 223-47

Kotansky, Roy, 'Incantations and Prayers for Salvation on Inscribed Greek Amulets', in Christopher A. Faraone and Dirk Obbink (eds.), *Magika Hiera: Ancient Greek Magic and Religion* (Oxford: Oxford University Press, 1991), pp. 114-16

Kugelman, Robert, 'Review of *The Red Book*', *Journal of the History of the Behavioral Sciences* 47:1 (2011), pp. 101-4

Kuhn, Thomas, *The Structure of Scientific Revolutions* (Chicago: University of Chicago Press, 1962)

Laks, André and Glenn W. Most (eds.), *Studies on the Derveni Papyrus* (Oxford: Oxford University Press, 2001)

Lehman, J. Lee, *Classical Solar Returns* (Atglen, PA: Schiffer, 2012)

Lehrich, Christopher, *The Occult Mind: Magic in Theory and Practice* (Ithaca, NY: Cornell

University Press, 2007) Lesses, Rebecca Macy, 'Speaking with Angels: Jewish and Greco-Egyptian Revelatory Adjurations', *Harvard Theological Review* 89:1 (1996), pp. 41-60

—— *Ritual Practices to Gain Power: Angels, Incantations, and Revelation in Early Jewish Mysticism* (Harrisburg, PA: Trinity Press, 1998)

Lewin, Nicholas, *Jung on War, Politics and Nazi Germany: Exploring the Theory of Archetypes and the Collective Unconscious* (London: Karnac Books, 2009)

Lewis, H. Spencer, *Rosicrucian Questions and Answers with Complete Answers* (San Jose, CA: Supreme Grand Lodge of AMORC, 1969)

Lewis, James R., *The Astrology Book: The Encyclopedia of Heavenly Influences* (Canton, MI: Visible Ink Press, 2003)

Lewis, Nicola Denzey, *Cosmology and Fate in Gnosticism and Graeco-Roman Antiquity* (Leiden: Brill, 2013)

Linden, Stanton J. (ed.), *The Alchemy Reader: From Hermes Trismegistus to Isaac Newton* (Cambridge: Cambridge University Press, 2003)

Long, A.A., *From Epicurus to Epictetus: Studies in Hellenistic and Roman Philosophy* (Oxford: Oxford University Press, 2006)

Long, A.A. and D.N. Sedley, *The Hellenistic Philosophers*, Vol. 1: *Translation of the Principle Sources with Philosophical Commentary* (Cambridge: Cambridge University Press, 1987)

Louth, Andrew, *The Origins of the Christian Mystical Tradition: From Plato to Denys* (Oxford: Oxford University Press, 1983)

Luck, Georg, *Arcana Mundi: Magic and the Occult in the Greek and Roman Worlds* (Baltimore, MD: Johns Hopkins University Press, 1985)

MacIntyre, Alasdair,'Is Understanding Religion Compatible With Believing?', in Russell T. McCutcheon (ed.), *The Insider/Outsider Problem in the Study of Religion: A Reader* (London: Cassell, 1999), pp. 37-49

MacLennan, Bruce J.,'Evolution, Jung, and Theurgy: Their Role in Modern Neoplatonism', in Robert M. Berchman and John F. Finamore (eds.), *History of Platonism: Plato Redivivus* (New Orleans, LA: University Press of the South, 2005), pp. 305-22

Main, Roderick, *The Rupture of Time: Synchronicity and Jung's Critique of Modern Western Culture* (Hove: Brunner-Routledge, 2004)

———, 'New Age Thinking in the Light of C.G. Jung's Theory of Synchronicity', *Journal of Alternative Spiritualities and New Age Studies* 2 (2006), pp. 8-25

——— (ed.), *Jung, Synchronicity, and the Paranormal* (London: Routledge, 1997)

Marjanen, Antii and Petri Luomanen (eds.), *A Companion to Second-Century Christian 'Heretics'* (Leiden: Brill, 2008)

Martindale, Philippa, '"Against All Hushing Up and Stamping Down": The Medico-Psychological Clinic of London and the Novelist May Sinclair', *Psychoanalysis and History* 6:2 (2004), pp. 177-200

Maslow, Abraham, *Toward a Psychology of Being* (London: John Wiley & Sons, 1968)

Mayo, Jeff, *Astrology: A Key to Personality* (London: Teach Yourself Books, 1964)

Mazur, Zeke, '*Unio Magica*, Part I: On the Magical Origins of Plotinus' Mysticism', *Dionysius* 21 (2003), pp. 23-52

———,'*Unio Magica*, Part II: Plotinus, Theurgy, and the Question of Ritual', *Dionysius* 22 (2004), pp. 29-56

McCutcheon, Russell T. (ed.), *The Insider/Outsider Problem in the Study of Religion: A Reader* (London: Cassell, 1999)

McGillion, Frank,'"The Influence of Wilhelm Fliess" Cosmology on Sigmund Freud', *Culture and Cosmos* 2:1 (1998), pp. 33-48

McGuire, William and R.F.C. Hull (eds.), *C.G. Jung Speaking: Interviews and Encounters* (Princeton, NJ: Princeton University Press, 1977)

McIntosh, Christopher, *The Rosicrucians: The History, Mythology, and Rituals of an*

Esoteric Order (York Beach, ME: Weiserbooks, 1998)

Merkur, Dan, *Gnosis: An Esoteric Tradition of Mystical Visions and Unions* (Albany: SUNY Press, 1993)

———, *Mystical Moments and Unitive Thinking* (Albany: SUNY Press, 1999)

———, 'Stages of Ascension in Hermetic Rebirth', *Esoterica* 1 (1999), pp. 79-96

———, *Crucified with Christ: Meditation on the Passion, Mystical Death, and the Medieval Invention of Psychotherapy* (Albany: SUNY Press, 2007)

Merlan, Philip,'Plotinus and Magic', *Isis* 44:4 (1953), pp. 341-48

Miller, David L., 'Misprision: Pitfalls in Teaching Jung in a University Religious Studies Department', in Kelly Bulkeley and Clodagh Weldon (eds.), *Teaching Jung* (Oxford: Oxford University Press, 2011), pp. 29-50

Mulacz, W.P.,'Oscar R. Schlag', *Journal of the Society for Psychical Research* 60 (1995), pp. 263-67

Murray, Gilbert, *Four Stages of Greek Religion* (Oxford: Oxford University Press, 1912)

Myers, Isabel Briggs, *An Introduction to Type: A Guide to Understanding Your Results on the Myers-Briggs Type Indicator* (Oxford: Oxford Psychologists Press, 2000 [1990])

Neugebauer, Otto E.,'The Study of Wretched Subjects', *Isis* 42:2 (1951), p. 111

Neumann, Erich, *The Origins and History of Consciousness* (Princeton, NJ: Princeton University Press, 1954)

———, *The Great Mother* (Princeton, NJ: Princeton University Press, 1955)

Noll, Richard, *The Jung Cult: Origins of a Charismatic Movement* (Princeton, NJ: Princeton University Press, 1994)

———, 'Jung the *Leontocephalus*', in Paul Bishop (ed.), *Jung in Contexts: A Reader* (London: Routledge, 1999), pp. 51-91

North, John D., *Stars, Mind, and Fate: Essays in Ancient and Medieval Cosmology* (London: Continuum, 1989)

Oestmann, Günther and H. Darrel Rutkin (eds.), and Kocku von Stuckrad, *Horoscopes and Public Spheres: Essays on the History of Astrology* (Berlin: Walter de Gruyter, 2005)

Olyan, Saul M., *A Thousand Thousands Served Him: Exegesis and the Naming of Angels in Ancient Judaism* (Tübingen: Mohr Siebeck, 1993)

Ouspensky, P.D., *In Search of the Miraculous* (New York: Harcourt, Brace, 1949)

Owen, Alex,'Occultism and the "Modern Self " in Fin-de-Siècle Britain', in Martin
Daunton and Bernhard Rieger (eds.), *Meanings of Modernity: Britain from
the Late-Victorian Era to World War II* (Oxford: Berg, 2001), pp. 71-96

―――, *The Place of Enchantment: British Occultism and the Culture of the Modern*
(Chicago: University of Chicago Press, 2004)

Owens, Lance S.,'Jung and Aion: Time, Vision, and a Wayfaring Man', *Psychological
Perspectives: A Quarterly Journal of Jungian Thought* 54:3 (2011), pp. 253-
89

Page, Sophie,'Uplifting Souls: The *Liber de essentia spirituum* and the *Liber
Razielis*', in Claire Fanger (ed.), *Invoking Angels: Theurgic Ideas and
Practices, Thirteenth to Sixteenth Centuries* (University Park: Penn State
University Press, 2012), pp. 79-112

Panofsky, Erwin, *Renaissance and Renascences in Western Art*, 2 volumes
(Stockholm: Almqvist & Wiksell, 1960)

Patai, Raphael, *The Jewish Alchemists: A History and Sourcebook* (Princeton, NJ:
Princeton University Press, 1995)

Pavlov, Ivan Petrovich, *Conditioned Reflexes: An Investigation of the Physiological
Activity of the Cerebral Cortex*, trans. G.V. Anrep (Oxford: Oxford University
Press, 1927)

Pearson, Birger A., *Gnosticism, Judaism, and Egyptian Christianity* (Minneapolis,
MN: Fortress Press, 1980)

―――, 'Jewish Elements in *Corpus Hermeticum* I (*Poimandres*)', in Roelof van den
Broek and Cis van Heertum (eds.), *From Poimandres to Jacob Böhme:
Hermetism, Gnosis and the Christian Tradition* (Leiden: Brill, 2000), pp. 336-
48

―――, 'Basilides the Gnostic', in Antii Marjanen and Petri Luomanen (eds.), *A
Companion to Second-Century Christian 'Heretics'* (Leiden: Brill, 2008), pp.
1-31

Peck, M. Scott, *The Road Less Travelled: A New Psychology of Love, Traditional
Values, and Spiritual Growth* (London: Hutchinson, 1983)

―――, *People of the Lie: The Hope for Healing Human Evil* (London: Rider, 1988)

Peterson, Gregory R., 'Demarcation and the Scientistic Fallacy', *Zygon* 38:4 (2003),
pp. 751-61

Pittinger, David J.,'Measuring the MBTI . . . And Coming Up Short', *Journal of Career*

Planning and Employment 54:1 (1993), pp. 48-52

Platt, Hilary,'Fighting for Professional Survival', *Psychotherapist* 48 (2011), pp. 29-32

Popovic, Mladen, *Reading the Human Body: Physiognomics and Astrology in the Dead Sea Scolls and Hellenistic-Early Roman Period Judaism* (Leiden: Brill, 2007)

Primiano, Leonard Norman,'Vernacular Religion and the Search for Method in Religious Folklife', *Western Folklore* 54:1 (1995), pp. 37-56

Progoff, Ira, *The Symbolic and the Real: A New Psychological Approach to the Fuller Experience of Personal Existence* (New York: McGraw-Hill, 1973)

Quispel, Gilles, *Gnosis als Weltreligion: Die Bedeutung der Gnosis in der Antike* (Zürich: Origo Verlag, 1951)

———, *Gnostica, Judaica, Catholica: Collected Essays of Gilles Quispel*, ed. Johannes van Oort (Leiden: Brill, 2008)

Raff, Jeffrey, *Jung and the Alchemical Imagination* (York Beach, ME: Nicolas-Hays, 2000)

Raine, Kathleen, *Yeats, the Tarot, and the Golden Dawn* (Dublin: Dolmen Press, 1972)

Raitt, Suzanne, 'Early British Psychoanalysis and the Medico-Psychological Clinic', *History Workshop Journal* 58 (2004), pp. 63-85

Raman, B.V., *How to Judge a Horoscope*, 2 volumes (Columbia, MO: South Asia Books, 2000)

Reichert, Carl-Ludwig,'Oskar Adolf Hermann Schmitz', in *New German Biography*, Vol. 23 (Berlin: Duncker and Humblot, 2007), pp. 254-55

Riffard, Pierre, *L'esoterisme* (Paris: Laffont, 1990)

Rist, John M., *The Stoics* (Berkeley: University of California Press, 1978)

———, 'Plotinus and Christian Philosophy', in Lloyd P. Gerson (ed.), *The Cambridge Companion to Plotinus* (Cambridge: Cambridge University Press, 1996), pp. 386-413

Robinson, James McConkey and Richard Smith (eds.), *The Nag Hammadi Library in English* (Leiden: Brill, 1977)

Roling, Bernd,'The Complete Nature of Christ: Sources and Structures of a Christological Theurgy in the Works of Johannes Reuchlin', in Jan N. Bremmer and Jan R. Veenstra (eds.), *The Metamorphosis of Magic: From Late*

Antiquity to the Early Modern Period (Leuven: Peeters, 2002), pp. 231-66

Rosenmeyer, Thomas G., *Senecan Drama and Stoic Cosmology* (Berkeley: University of California Press, 1989)

Rudolph, Kurt, *Gnosis: The Nature and History of Gnosticism*, trans. P.W. Coxon, K.H. Kuhn, and R. McL. Wilson (Edinburgh: T&T Clark, 1984)

Rümke, A.C. and Sarah de Rijcke, *Rebekka Aleida Beigel (1886-1943): Een Vrouw in de Psychologie* (Eelde: Barkhuism, 2006)

Ruperti, Alexander, 'Dane Rudhyar: A Seed-Man for the New Era', *Astrological Journal* 32:2 (1986), p. 57

Russell, D.A., 'Some Texts Similar to *De genio*', in Plutarch, *On the Daimonion of Socrates: Human Liberation, Divine Guidance and Philosophy*, ed. Heinz-Günther Nesselrath, trans. Donald Russell, George Cawkwell, Werner Deuse, John Dillon, Heinz-Günther Nesselrath, Robert Parker, Christopher Pelling, and Stephan Schröder (Tübingen: Mohr Siebeck, 2010), pp. 201-6

Samuel, Geoffrey and Jay Johnston (eds.), *Religion and the Subtle Body in Asia and the West* (London: Routledge, 2013)

Samuels, Andrew, *Jung and the Post-Jungians* (London: Routledge & Kegan Paul, 1985)

Sandbach, F.H., *The Stoics* (London: Duckworth, 1975)

Saunders, Barbara R., *Ivan Pavlov: Exploring the Mysteries of Behavior* (Berkeley Heights, NJ: Enslow, 2006)

Schäfer, Peter, 'Jewish Magic Literature in Late Antiquity and the Early Middle Ages', *Journal of Jewish Studies* 41:1 (1990), pp. 75-91

Scharfstein, Ben-Ami, *The Roots of Bergson's Philosophy* (New York: Columbia University Press, 1943)

Schaverien, Joy, *The Revealing Image: Analytical Art Psychotherapy in Theory and Practice* (London: Jessica Kingsley, 2009)

Schmidt, Bettina E. and Lucy Huskinson (eds.), *Spirit Possession and Trance: New Interdisciplinary Perspectives* (London: Continuum, 2010)

Scholem, Gershom, *Jewish Gnosticism, Merkabah Mysticism, and Talmudic Tradition* (New York: Jewish Theological Seminary, 1970)

———, *Kabbalah: A Definitive History of the Evolution, Ideas, Leading Figures and Extraordinary Influence of Jewish Mysticism* (New York: Meridian, 1978)

———, 'The Concept of Kavvanah in Early Kabbalah', in Alfred Jospe (ed.), *Studies in*

Jewish Thought: An Anthology of German Jewish Scholarship (Detroit, MI: Wayne State University Press, 1981), pp. 162-80

——, On the Mystical Shape of the Godhead: Basic Concepts in the Kabbalah, trans. Joachim Neugroschel (New York: Schocken Books, 1991)

——, Alchemy and Kabbalah, trans. Klaus Ottman (Dallas: Spring, 2006)

Scrimali, Tullio, Neuroscience-Based Cognitive Therapy: New Methods for Assessment, Treatment and Self-Regulation (London: John Wiley & Sons, 2012)

Secret, François, 'Sur quelques traductions du Sefer Raziel', Revue des Études Juives 128 (1969), pp. 223-45

Segal, Alan F., 'Heavenly Ascent in Hellenistic Judaism, Early Christianity and Their Environment', in Aufstieg und Niedergang der römischen Welt (ANRW), Vol. 2, ed. W. Haase (Berlin: De Gruyter, 1980), pp. 1333-94

——, Life After Death: A History of the Afterlife in Western Religion (New York: Doubleday, 2012)

Segal, Robert A., 'Jung's Very Twentieth-Century View of Myth', Journal of Analytical Psychology 48:5 (2003), pp. 593-617

——, 'Jung as Psychologist of Religion and Jung as Philosopher of Religion', Journal of Analytical Psychology 55:3 (2010), pp. 361-84

—— (ed.), The Gnostic Jung, Including 'Seven Sermons to the Dead' (Princeton, NJ: Princeton University Press, 1992)

Sellars, John, Stoicism (Berkeley: University of California Press, 2006)

Sells, Benjamin (ed.), Working with Images: The Theoretical Base of Archetypal Psychology (Wood-stock, CT: Spring, 2000)

Serrano, Miguel, C.G. Jung and Hermann Hesse: A Record of Two Friendships (Einsiedeln, Switzerland: Daimon Verlag, 1998)

Seznec, Jean, The Survival of the Pagan Gods: The Mythological Tradition and Its Place in Renaissance Humanism and Art, trans. Barbara F. Sessions (New York: Pantheon, 1953)

Shalit, Erel, The Complex: Path of Transformation from Archetype to Ego (Toronto: Inner City Books, 2002)

Shamdasani, Sonu, Cult Fictions: C.G. Jung and the Founding of Analytical Psychology (London: Routledge, 1998)

——, 'Memories, Dreams, Omissions', in Paul Bishop (ed.), Jung in Contexts: A

Reader (London: Routledge, 1999), pp. 33-50

——, *Jung and the Making of Modern Psychology: The Dream of a Science* (Cambridge: Cambridge University Press, 2003)

——, *C.G. Jung: A Biography in Books* (New York: W.W. Norton, 2012)

Shamdasani, Sonu (ed.), *Jung contra Freud: The 1912 New York Lectures on the Theory of Psychoanalysis* (Princeton, NJ: Princeton University Press, 2011)

Shaw, Gregory, 'Theurgy: Rituals of Unification in the Neoplatonism of Iamblichus', *Traditio* 41 (1985), pp. 1-28

——, *Theurgy and the Soul: The Neoplatonism of Iamblichus* (University Park: Penn State University Press, 1995)

——, 'Neoplatonic Theurgy and Dionysius the Areopagate', *Journal of Early Christian Studies* 7:4 (1999), pp. 573-99

——, 'The Talisman: Magic and True Philosophers', in Angela Voss and Jean Hinson Lall (eds.), *The Imaginal Cosmos: Astrology, Divination and the Sacred* (Canterbury: University of Kent, 2007), pp. 25-34

Sheldon-Williams, I.P., 'The Greek Christian Platonist Tradition from the Cappadocians to Maximus and Eriugena', in A.H. Armstrong (ed.), *Later Greek and Early Medieval Philosophy* (Cambridge: Cambridge University Press, 1967), pp. 421-534

Sherry, Jay, *A Pictorial Guide to The Red Book* (Archive for Research in Archetypal Symbolism, ARAS Connections, 2010), at ⟨https://aras.org/sites/default/files/docs/00033Sherry. pdf⟩

Silverstone, Liesel, *Art Therapy Exercises: Inspirational and Practical Ideas to Stimulate the Imagination* (London: Jessica Kingsley, 2009)

Singer, Thomas and Samuel L. Kimbles (eds.), *The Cultural Complex: Contemporary Jungian Perspectives on Psyche and Society* (London: Routledge, 2004)

Smart, Ninian, *The Science of Religion and the Sociology of Knowledge* (Princeton, NJ: Princeton University Press, 1973)

Smythe, William E. and Angelina Baydala, 'The Hermeneutic Background of C.G. Jung', *Journal of Analytical Psychology* 57 (2012), pp. 57-75

Solovyoff, Vsevolod Sergyeevich, *A Modern Priestess of Isis* (London: Longmans, Green, 1895)

Sperber, Dan, *Rethinking Symbolism*, trans. Alice L. Morton (Cambridge: Cambridge Univerity Press, 1974)

Struck, Peter T., *Birth of the Symbol: Ancient Readers at the Limits of Their Texts* (Princeton, NJ: Princeton University Press, 2004)

———, 'A World Full of Signs: Understanding Divination in Ancient Stoicism', in Patrick Curry and Angela Voss (eds.), *Seeing with Different Eyes: Essays in Astrology and Divination* (Newcastle: Cambridge Scholars, 2007), pp. 3-20

Sulloway, Frank J., *Freud, Biologist of the Mind: Beyond the Psychoanalytic Legend* (Cambridge, MA: Harvard University Press, 1992)

Swan, Wendy, 'C.G. Jung's Psychotherapeutic Technique of Active Imagination in Historical Context', *Psychoanalysis and History* 10:2 (2008), pp. 185-204

Swanson, R.N., *The 12th-Century Renaissance* (Manchester: Manchester University Press, 1999)

Swatos, William H. and Daniel V.A. Olson (eds.), *The Secularization Debate* (New York: Rowman & Littlefield, 2000)

Tacey, David John, *Jung and the New Age* (Hove: Brunner-Routledge, 2001)

———, 'The Challenge of Teaching Jung in the University', in Kelly Bulkeley and Clodagh Weldon (eds.), *Teaching Jung* (Oxford: Oxford University Press, 2011), pp. 13-27

Taylor, Anne, *Annie Besant: A Biography* (Oxford: Oxford University Press, 1991)

Thomas, Keith, *Religion and the Decline of Magic* (London: Weidenfeld & Nicolson, 1971)

Thompson, Michael, *Roots and Role of Imagination in Kant: Imagination at the Core* (unpublished PhD dissertation, University of South Florida, 2009)

Thrower, James, *Religion: The Classical Theories* (Edinburgh: Edinburgh University Press, 1999)

Torijano, Pablo A., *Solomon the Esoteric King: From King to Magus, Development of a Tradition* (Leiden: Brill, 2002)

Tsantsanoglou, K., 'The First Columns of the Derveni Papyrus and Their Religious Significance', in André Laks and Glenn W. Most (eds.), *Studies on the Derveni Papyrus* (Oxford: Oxford University Press, 2001), pp. 93-128

Ulansey, David, *The Origins of the Mithraic Mysteries: Cosmology and Salvation in the Ancient World* (Oxford: Oxford University Press, 1991)

Ulinov, Ann Bedford, 'Teaching Jung in a Theological Seminary', in Diane Jonte-Pace and William B. Parsons (eds.), *Religion and Psychology: Mapping the Terrain* (London: Rout-ledge, 2001), pp. 51-59

Vallée, Gérard, *A Study in Anti-Gnostic Polemics: Irenaeus, Hippolytus, and Epiphanius* (Waterloo, ON: Wilfrid Laurier University Press, 1981)

Van den Broek, Roelof, 'The Creation of Adam's Psychic Body in the *Apocryphon of John*', in Roelof van den Broek and M.J. Vermaseren (eds.), *Studies in Gnosticism and Hellenistic Religions* (Leiden: Brill, 1981), pp. 38-57

——, *Studies in Gnosticism and Alexandrian Christianity* (Leiden: Brill, 1996)

——, *Gnostic Religion in Antiquity* (Cambridge: Cambridge University Press, 2013)

Van den Broek, Roelof and Wouter J. Hanegraaff (eds.), *Gnosis and Hermeticism: From Antiquity to Modern Times* (Albany: SUNY Press, 1998)

Van den Broek, Roelof and Cis van Heertum (eds.), *From Poimandres to Jacob Böhme: Hermetism, Gnosis and the Christian Tradition* (Leiden: Brill, 2000)

Van den Broek, Roelof and M.J. Vermaseren (eds.), *Studies in Gnosticism and Hellenistic Religions* (Leiden: Brill, 1981)

Van Oort, Johannes, 'Manichaeism: Its Sources and Influences on Western Christianity', in Roelof van den Broek and Wouter J. Hanegraaff (eds.), *Gnosis and Hermeticism: From Antiquity to Modern Times* (Albany: SUNY Press, 1997), pp. 37-51

Von Franz, Marie-Louise, *Alchemical Active Imagination* (Irving, TX: Spring, 1979)

——, 'On Active Imagination', in Ian Baker (ed.), *The Methods of Treatment in Analytical Psychology* (Fellbach: Verlag Adolf Bonz, 1980), pp. 88-99

Voss, Angela and Jean Hinson Lall (eds.), *The Imaginal Cosmos: Astrology, Divination and the Sacred* (Canterbury: University of Kent, 2007)

Walker, D.P.,'The Astral Body in Renaissance Medicine', *Journal of the Warburg and Courtauld Institutes* 21:1-2 (1958), pp. 119-33

——, *Spiritual and Demonic Magic: From Ficino to Campanella* (London: Warburg Institute, 1958)

Wallis, Richard T. and Jay Bregman (eds.), *Neoplatonism and Gnosticism* (Albany: SUNY Press, 1992)

Wasserstrom, Stephen, *Religion After Religion: Gershom Scholem, Mircea Eliade, and Henry Corbin at Eranos* (Princeton, NJ: Princeton University Press, 1999)

Wear, Sarah Klitenic and John M. Dillon, *Dionysius the Areopagite and the Neoplatonist Tradition: Despoiling the Hellenes* (Farnham: Ashgate, 2007)

Webb, James, *The Occult Establishment* (London: Richard Drew, 1981)

Wehr, Gerhard, *An Illustrated Biography of Jung*, trans. M. Kohn (Boston, MA:

Shambhala, 1989)

———, 'C.G. Jung in the Context of Christian Esotericism and Cultural History', in Antoine Faivre and Jacob Needleman (eds.), *Modern Esoteric Spirituality* (New York: Crossroad, 1995), pp. 381-99

———, *Jung and Steiner: The Birth of a New Psychology*, trans. Magdalene Jaeckel (Great Barrington, MA: Anthroposophic Press, 2002)

Wels, Henrik,'Late Medieval Debates on the Location of Angels After the Condemnation of 1277', in Isabel Iribarren and Martin Lenz (eds.), *Angels in Medieval Philosophical Inquiry* (Aldershot: Ashgate, 2008), pp. 113-27

Wilson, Robert McLachlan, 'Gnosis and the Mysteries', in Roelof van den Broek and M.J. Vermaseren (eds.), *Studies in Gnosticism and Hellenistic Religions* (Leiden: Brill, 1981), pp. 451-66

Wind, Edgar, *Pagan Mysteries in the Renaissance* (London: Faber & Faber, 1968)

Winnicott, D.W.,'Review of C.G. Jung, *Memories, Dreams, Reflections*', *International Journal of Psycho-analysis* 45 (1964), pp. 450-55

Wolfson, Elliot R., 'Merkavah Traditions in Philosophical Garb: Judah Halevi Reconsidered', *Proceedings of the American Academy for Jewish Research* 57 (1990-91), pp. 179-242

———, *Through a Speculum That Shines: Vision and Imagination in Medieval Jewish Mysticism*

(Princeton, NJ: Princeton University Press, 1997)

———,'Theosis, Vision, and the Astral Body in Medieval German Pietism and the Spanish Kabbalah', in Nicholas Campion and Liz Greene (eds.), *Sky and Symbol* (Lampeter: Sophia Centre Press, 2013), pp. 119-42

Wuest, Patricia Viale, *Precession of the Equinoxes* (Atlanta: Georgia Southern University, 1998)

Yates, Frances A., *Giordano Bruno and the Hermetic Tradition* (London: Routledge & Kegan

Paul, 1964)

———, *The Rosicrucian Enlightenment* (London: Routledge & Kegan Paul, 1972)

Yoshida, Hiromi, *Joyce and Jung: The 'Four Stages of Eroticism' in A Portrait of the Artist as a*

Young Man (New York: Peter Lang, 2007) Young-Eisendrath, Polly and Terence Dawson (eds.), *The Cambridge Companion to Jung* (Cambridge: Cambridge

University Press, 1997) Zambelli, Paola, *The Speculum astronomiae and Its Enigma* (Dordrecht: Kluwer Academic, 1992) Ziomkowski, Robert, 'Neoplatonism', in Maryanne Cline Horowitz (ed.), *New Dictionary of the History of Ideas*, 6 volumes (Detroit, MI: Charles Scribner's Sons, 2005), 4:1628

Zoller, Robert, *Fate, Free Will and Astrology* (New York: Ixion Press, 1992)

———, *Tools & Techniques of the Medieval Astrologer, Book One: Prenatal Concerns and the Calculation of the Length of Life* (London: New Library, 2001)

Websites

⟨www.capt.org/research/psychological-type-journal.htm#⟩

⟨http://wildhunt.org/blog/tag/liber-novus⟩

⟨www.fraternitas.de⟩

⟨www.oocities.org/astrologyages/ageofaquarius.htm⟩

⟨www.philemonfoundation.org/resources/jung_history/volume_1_issue_2⟩

⟨www.nhs.uk/conditions/Cognitive-behaviouraltherapy/Pages/Introduction.aspx⟩

⟨www.acat.me.uk/page/home⟩

찾아보기

점성술과 융 심리학

융 사상의 기원으로서 점성술과 마법

© 글로벌콘텐츠, 2023

1판 1쇄 인쇄__2023년 08월 20일
1판 1쇄 발행__2023년 08월 30일

지은이__리즈 그린(Liz Greene)
옮긴이__조남호, 이원우, 정선형
펴낸이__홍정표
펴낸곳__글로벌콘텐츠
　　　　등록__제25100-2008-000024호

공급처__(주)글로벌콘텐츠출판그룹
　　　　대표_홍정표 이사_김미미 편집_임세원 강민욱 백승민 권군오 기획·마케팅_이종훈 홍민지
　　　　주소__서울특별시 강동구 풍성로 87-6
　　　　전화__02) 488-3280 팩스__02) 488-3281
　　　　홈페이지__http://www.gcbook.co.kr
　　　　이메일__edit@gcbook.co.kr

값 27,000원
ISBN 979-11-5852-395-4 93180